宋論

全本全注全译

（上）

〔明〕王夫之 著
谦德书院 译注

團結出版社

图书在版编目(CIP)数据

宋论 / (明) 王夫之著 ; 谦德书院译注. -- 北京 : 团结出版社, 2023.10

ISBN 978-7-5126-9836-9

Ⅰ. ①宋… Ⅱ. ①王… ②谦… Ⅲ. ①史评—中国—宋代 Ⅳ. ①K244.07

中国版本图书馆CIP数据核字(2022)第213602号

出版：团结出版社

(北京市东城区东皇城根南街84号 邮编：100006)

电话：(010) 65228880 65244790 (传真)

网址：www.tjpress.com

Email：65244790@163.com

经销：全国新华书店

印刷：大厂回族自治县德诚印务有限公司

开本：145×210 1/32

印张：24.75

字数：475千字

版次：2023年10月 第1版

印次：2023年10月 第1次印刷

书号：978-7-5126-9836-9

定价：88.00元 (全二册)

《谦德国学文库》出版说明

人类进入二十一世纪以来，经济与科技超速发展，人们在体验经济繁荣和科技成果的同时，欲望的膨胀和内心的焦虑也日益放大。如何在物质繁荣的时代，让我们获得内心的满足和安详，从经典中获取智慧和慰藉，或许是我们不二的选择。

之所以要读经典，根本在于，我们应当更好地认识我们自己从何而来，去往何处。一个人如此，一个民族亦如此。一个爱读经典的人，其内心世界必定是丰富深邃的。而一个被经典浸润的民族，必定是一个思想丰赡、文化深厚的民族。因为，文化是民族之灵魂，一个民族如果不能认识其民族发展的精神源泉，必定就会失去其未来的生机。而一个民族的精神源泉，就保藏在经典之中。

今日，我们提倡复兴中华优秀传统文化，当自提倡重读经典始。然而，读经典之目的，绝不仅在徒增知识而已，应是古人所说的“变化气质”，进一步，是要引领我们进德修业。《易》曰：“君子以多识前言往行，以畜其德。”实乃读经典之要旨所在。

基于此理念，我们决定出版此套《谦德国学文库》，“谦德”，即本《周易》谦卦之精神。正如谦卦初六爻所言：“谦谦君子，用涉大川”，我们期冀以谦虚恭敬之心，用今注今译的方式，让古圣先贤的教诲能够普及到每一个人。引导有心的读者，透过扫除古老经典的文字障碍，从而进入经典的智慧之海。

作为一套普及型的国学丛书，我们选择经典，不仅广泛选录以儒家文化为主的经、史、子、集，也将视野开拓到释、道的各种经典。一些大家所熟知的经典，基本全部收录。同时，有一些不太为人熟知，但有当代价值的经典，我们也选择性收录。整个丛书几乎囊括中国历史上哲学、史学、文学、宗教、科学、艺术等各领域的基本经典。

在注译工作方面，版本上我们主要以主流学界公认的权威版本为底本，在此基础上参考古今学者的研究成果，使整套丛书的注译既能博采众长而又独具一格。今文白话不求字字对应，只在保证文意准确的基础上进行了梳理，使译文更加通俗晓畅，更能贴合现代读者的阅读习惯。

古籍的注译，固然是现代读者进入经典的一条方便门径，然而这也仅仅是阅读经典的一个开端。要真正领悟经典的微言大义，我们提倡最好还是研读原本，因为再完美的白话语译，也不可能完全表达出文言经典的原有内涵，而这也正是中国经典的魅力所在吧。我们所做的工作，不过是打开阅读经典的一扇门而已。期望藉由此门，让更多读者能够领略经典的风采，走上领悟古人思想之路。进而在生活中体证，方能直趋圣贤之境，真得圣贤典籍之大用。

经典，是古圣先贤留给我们的恩泽与财富，是前辈先人的智慧精华。今日我们在享用这一份恩泽与财富时，更应对古人心存无尽的崇敬与感恩。我们虽恭敬从事，求备求全，然因学养所限、才力不及，舛误难免，恳请先贤原谅，读者海涵。期望这一套国学经典文库，能够为更多人打开博大精深之中华文化的大门。同时也期望得到各界人士的襄助和博雅君子的指正，让我们的工作能够做得更好！

团结出版社

2017年1月

前 言

史学大家陈寅恪先生言："华夏民族之文化，历数千载之演进，造极于赵宋之世。"在中国历史发展的长河中，宋朝是上承五代十国、下启元朝的一个朝代，它结束了五代十国的动荡分裂，实现了较长时间的相对稳定。是中国历史上商品经济、文化教育、科学创新、海上贸易等多个方面高度繁荣的时代，并且作为当时的世界大国，在多个方面都处于世界领先地位。

《宋论》是明清之际大思想家王夫之的史论著作。王夫之在深度研究宋代历史的整个过程及诸多细节后，把对各代帝王将相的审视评鉴与"王朝怎样由兴至衰至亡"这个问题紧密联系，由此评析他们的得失功过，觉察王朝盛衰转变的根由。

王夫之（1619—1692），湖南衡阳人，字而农，号薑斋，清兵南下时王夫之在衡山举兵抵抗，失败后去了桂林，担任南明桂王行人司行人，晚年居湖南衡阳石船山，世称"船山先生"。明代灭亡后，王夫之隐居治学，著书一百余种，此后一直默默无名。直到同治初年（1862），曾国藩在金陵（今江苏南京）刊刻《船山遗书》，使王夫之的著作得以汇聚成册、流传四方。《船山遗书》所收录王夫之作品七十种三百余卷，其中《宋论》及《读通鉴论》就是其中的两种史论著作，尤为著名，也表达了他对中国古代通史的完整评论。

《宋论》定稿于康熙三十年（1691），是王夫之逝世前一年所著，也是他思想较为成熟时期的著作，可以说书中的史论是他一生思考的最后成果，值得重视和研究。王夫之饱读儒家经典，博涉经史子集，既精细又广博，这也使得他的学术视野更为宏博宽阔，因此他的学术思想也自成一家，相比一般学者，他的史评有与众不同的分析和论点，让读者更加深刻地体会到他的思想，极受启发。

《宋论》共十五卷，以宋代帝王在位的先后顺序分卷论述，从宋太祖陈桥兵变，定都开封建立北宋政权；经靖康之乱后都城南迁，宋高宗建立南宋；至宋怀宗祥兴二年（1279）南宋灭亡，共历经18位帝王。一卷一帝，只有最后的度宗、端宗及祥兴帝怀宗，因时间太短而合为一卷。全书通过对每位帝王在位时所涉人物、事件的功过得失的评述，以及对诸多历史细节的考察，探讨宋王朝由盛转衰终至灭亡的原因。史与论的有机结合，让读者更完整地了解宋代历史发展演变的渊源以及其中的得失。

关于宋代的兴亡，王夫之在书中论证分析指出，最主要因素之一是宋王朝的“重文抑武”，在赵普的一步步推波助澜下，宋太祖对军事将领的猜疑心越来越重，从“杯酒释兵权”开端，后续衍生为一种隐而不宣的法则，王夫之称之为“不言之隐”，这种“不言之隐”甚至演变为被宋代各届帝王所遵循，这种对军事将领的不信任，使宋王朝的军事力量逐渐衰弱至不堪，而迫不得已成为北方少数民族欺辱的对象，最终使宋王朝走向灭亡。正如王夫之在文末所说“自轩辕迄夏后以力挽天纲者，糜散于百年之内”。中华民族从黄帝以来建立的天维地纪也在宋代消糜殆尽了。

王夫之身处明末清初，又是一个社会大动荡时期，明朝被称为是短暂恢复中原文化的一代，但也走了同一条亡国之路。所以说明一个王朝的军事力量不强大，那么民族与文化也将受到重大破坏甚至灭亡。这也正是各朝各代应吸取的经验教训。

《宋论》中王夫之的论点并不是空谈，其中不仅依托了系统的史实事件，更是对一些突出性的人物进行了突出的分析。如王夫之对宋太祖的欣赏“不谓之盛德也不能”，如宋太祖建国后曾刻石碑并让子孙继位后都来跪读碑文，“一保全柴氏子孙；二不杀士大夫；三不加农田之赋”，三条戒语展现的正是宋太祖治理国家的圣贤之德。又如在论述史弥远时，虽然提到他降金乞和、陷害忠良、独揽朝纲，很多学者会认为史弥远与韩侂胄、贾似道、秦桧属同一类人物。但王夫之却认为“则取史弥远而等之三凶，未可也”。原因如下：其一“弥远怀变易之心，然且密属余天锡、郑清之以徐察其德性”，即他在操纵更换太子之时，依然不忘私下命人考核太子德行，可见虽是为了自己私利，但也没忘了使国家安宁。其二“然诛止侂胄，而不及将领，密谋预备，固未忘北顾之忧”，是说他在他诛杀韩侂胄时，没有波及其他将领，且顾及北方忧患。所以，王夫之评价他为“故弥远者，自利之私与利国之情，交萦于衷”。

文中对于宋朝的人与事、善与恶，王夫之都以独特的史学视角并结合详尽史料，做出精彩而深刻的分析和评论，得出非同于寻常人的道理，值得我们仔细研读与借鉴。

本书在充分尊重原本基础上，对照所搜集的各种抄本和校勘记，对全文加以点校整理。整体排版形式采取题解、原文、注释、译文，四部分层次鲜明，“题解”起到统括之用，提纲挈领地概括每任宋帝所处的背景，及王夫之在该卷的主要论点，当卷主旨突出。因全文涉及人物事件较多，所以在“注释”部分做的更细化，对人名及人物生平事件、地名、相关史实及个别生僻字均做了解释，力求让读者有个立体化认知。“译文”在保证原文原义基础上，根据前后文意，揣测王夫之思想的深刻性，翻译更流畅通达。为读者深入研读《宋论》一书提供参考。由于才疏学浅，其中不妥之处，敬请诸位读者指正。

目 录

上 册

下 册

卷一 太祖

扫码听谦德君为您导读

【**题解**】宋太祖赵匡胤（927—976），宋朝开国皇帝。五代后汉时投奔枢密使郭威从军，在柴荣病重时升为殿前都点检，成为禁军最高统帅。960年在“陈桥兵变”中黄袍加身被拥为帝，同年登基，国号“宋”，史称宋朝或北宋。976年去世，在位16年。期间先后平定荆南、武平、后蜀、南汉及南唐等割据政权，完成了全国大部的统一。通过“杯酒释兵权”解除了禁军将领及地方藩镇的兵权，加强了中央集权。

赵匡胤对子孙有三条诫命：一、保全柴氏子孙；二、不杀士大夫；三、不加农田之赋。王夫之对此予以高度赞扬，称为盛德。此外，宋太祖还厚待柴氏、礼遇降王、施行赈济、禁止滥施刑罚、增加官吏俸禄、崇尚儒生等等举措，一改五代十国以来对百姓的毒害和对士人的轻视，百姓得以休养生息。这些都说明宋太祖暗合于慈心、俭朴和简约的大道，他不造作、不居功，不贪求明君的美名，也不自高自夸而苛求于人。而是脚踏实地、力所能及，从容地因势利导，从而造就了宋初百年间国家安定、人民康乐、文教繁荣的局面。所以王夫之认为，自汉朝光武帝以来，宋太祖之德超出其他帝王之上。

一

宋兴，统一天下，民用宁，政用乂[①]，文教用兴，盖于是而益以知天命矣。天曰难谌[②]，匪徒人之不可狃也[③]，天无可狃之故常也；命曰不易，匪徒人之不易承也，天之因化推移，斟酌而曲成以制命，人无可代其工，而相佑者特勤也。

【注释】①乂（yì）：治理；安定。

②谌（chén）：相信。

③狃（niǔ）：习惯、拘泥；习惯了不愿改变。

【译文】宋朝兴起，统一了天下，百姓得以安宁，国政得以治理，文化礼教得以繁荣，大概从这里更可以明了天命了。天是难信难测的，不仅人对于天不可因循测度，而且天也没有可以因循的固定常态。命，可以说是不容易的，不仅人对于命运不易承担，而且天的因势利导、演化推移，根据万事万物的特性而在曲折中斟酌运作以成其天命，人无法代天之功，而天对人事的护佑却是非常殷勤的。

帝王之受命，其上以德，商、周是已；其次以功，汉、唐是已。诗曰："鉴观四方，求民之莫。"德足以绥万邦[①]，功足以戡大乱，皆莫民者也。得莫民之主而授之，授之而民以莫，天之事毕矣。乃若宋，非鉴观于下，见可授而授之者也。何也？赵氏起家什伍，两世为裨将，与乱世相浮沉，姓字且不闻于人闲，况能以惠泽下流系邱民之企慕乎！其事柴氏也②，西征河东，北拒契丹，未尝有一矢之勋；滁关之捷，无当安危，酬以节镇而已逾其分。以德之无积也如彼，而功之仅成也如此，微论汉、唐底定之鸿烈，即以曹操之扫黄巾、诛董卓、出献帝于阽危、夷二袁之僭逆，刘裕之俘姚泓、馘慕容超、诛桓玄、走死卢循以定江介者，百不逮一。乃乘如狂之乱卒控扶以起，弋获大宝，终以保世滋大，而天下胥蒙其安。呜呼！天之所以曲佑下民，于无可付托之中，而行其权于受命之后，天自谌也，非人之所得而豫谌也，而天之命之也亦劳矣！

【注释】①绥（suí）：安抚；使平定。

②柴氏：指五代后周。郭威建立后周，死后由养子柴荣继位，即后周第二位皇帝。赵匡胤跟从郭威西征河东、北拒契丹，乃至柴荣北伐契丹，赵匡胤也一直跟随。

【译文】帝王承受天命，最上等的是凭借德行，商、周二朝就是如此；其次是依靠功绩，汉、唐两朝就是如此。《诗》上说："察视四方，以求百姓安定。"德行足以安抚万邦，功绩足以平定大乱的，都是能够安定百姓的人。上天得到能够安定万民的君主而授之以天命，然后百姓就此得以安定，上天的作用就算是完成了。至于像宋朝这种情况，并非是上天鉴察人间，见到了可以授予天命的人然后授以天命的。为什么这样说呢？赵氏起家于行伍，两代人都是军中偏将，在乱世中起伏不定，可谓名不见经传，又怎么谈得上惠泽百姓、被万民所仰慕呢？他事奉柴氏的时候，西征河东，北抗契丹，未曾射过一箭；在滁关打的胜仗，也不关乎后周王朝的安危，封奖他为节度使已经算是破格了。像他没有厚德的积累，而功绩也仅是如此，且不论汉唐平定天下的丰功伟绩，即便是与曹操扫平黄巾军、诛杀董卓、把汉献帝从重重危险中救出，平定袁绍和袁术的谋逆叛乱，乃至刘裕俘获姚泓、斩下慕容超的首级、诛杀桓玄，把卢循赶到穷途末路而死以平定江南等等这些功绩相比，也是百不及一。但赵氏却乘借着如同发狂的乱兵辅助而起，得到了皇帝的宝座，最终还保有国土而不断壮大，以至全天下人都承蒙此举而安定下来。呜呼！上天之所以在曲折中保佑民众，在没有可以托付的人之中，却托命于赵匡胤以行使王权，这是天命自身使然啊，并非是人自觉想要完成天命。而天这样授命也够辛劳的了！

商、周之德，汉、唐之功，宜为天下君者，皆在未有天下之前，因而授之，而天之佑之也逸。宋无积累之仁，无拨乱之绩，乃载考其临御之方，则固宜为天下君矣；而凡所降德于民以靖祸乱，一在既有天下之后。是则宋之君天下也，皆天所旦夕陟降于宋祖之心而启迪之者也。故曰：命不易也。

【译文】商、周两朝的德行，汉、唐两朝的功绩，之所以应该为天下之主，都是在没有得天下之前就已经具备了应该成为天下之君的条件。因而上天把天下授命给他们，上天要助佑他们也很轻松。而宋朝没有仁德的积累，没有平乱的功绩，但通过考察它治理天下的方法，则固然应该成为天下的君主；而它以各种恩德赐予民众以免除祸乱，都是在它得了天下之后。因此，宋朝之所以能够君临天下，都是天命日日夜夜降临于宋太祖之心而启迪他的效果。所以说，天命是不可以改变的啊。

兵不血刃而三方夷，刑不姑试而悍将服，无旧学之甘盘而文教兴①，染掠杀之余风而宽仁布，是岂所望于兵权乍拥、寸长莫著之都点检哉？启之、牖之②、鼓之、舞之，俾其耳目心思之牖，如披云雾而见青霄者，孰为为之邪？非殷勤佑启于形声之表者，日勤上帝之提撕，而遽能然邪！佑之者，天也；承其佑者，人也。于天之佑，可以见天心；于人之承，可以知天德矣。

【注释】①甘盘：商朝著名的学者和贤臣。曾辅佐商王武丁成为中兴之主。此处比喻学识渊博、博古通今的学者、哲人。

②牖（yǒu）：窗户。此处为使之开启、开通、通达之意。

【译文】没有大开杀戒就平定了各地的割据者，刑罚还未实施悍将就臣服了，没有饱学硕儒而文教繁荣，受五代攻杀抢掠之余风影响却能广布宽仁，这难道可以期待那个忽然之间拥有了兵权、身无所长的都检点赵匡胤吗？启发他，通达他，鼓动他，激励他，使他的耳目心思开窍，如同拨开云雾看到青天一样，这是谁做的呢？要不是由表及里殷勤启发他、帮助他，日日辛勤提点他的上天，谁能够一下子就做到如此呢！护佑他的，是上天；被帮助的，则是人。在天的殷勤帮助中，可以看到天意；在人被天帮助的过程中，可以明了天的恩德。

夫宋祖受非常之命，而终以一统天下，底于大定，垂及百年，世称盛治者，何也？唯其惧也。惧者，恻悱不容自宁之心，勃然而猝兴，怵然而不昧，乃上天不测之神震动于幽隐，莫之喻而不可解者也。

【译文】宋太祖接受了上天非同寻常的天命，而最终统一天下，以至天下大定，还能延续百年的时间，世人称为盛治，这是因为什么？原因只在于他的戒惕之心。戒惕，指的是小心警惕而不由自主的心态，这种心态忽然间兴起，戒惧而让人不蒙昧，这是上天不可测度的灵明在幽隐之中震动着宋太祖的心，没办法比喻说明而又不能摆脱。

然而人之能不忘此心者，其唯上哲乎！得之也顺，居之也安，而惧不忘，乾龙之惕也①；汤、文之所以履天祐人助之时，而惧以终始也。下此，则得之顺矣，居之安矣，人乐推之而已可不疑，反身自考而信其无歉；于是晏然忘惧，而天不生于其心。乃宋祖则幸非其人矣。以亲，则非李嗣源之为养子②，石敬瑭之为爱婿也③；以位，则非如石、刘、郭氏之秉钺专征，据岩邑而统重兵也；以权，则非郭氏之篡，柴氏之嗣，内无赞成之谋，外无捍御之劳，如嗣源、敬瑭、知远、威之同起而佐其攘夺也。推而戴之者，不相事使之俦侣也；统而驭焉者，素不知名之兆民也；所与共理者，旦秦暮楚之宰辅也；所欲削平者，威望不加之敌国也。一旦岌岌然立于其上，而有不能终日之势。权不重，故不敢以兵威劫远人；望不隆，故不敢以诛夷待勋旧；学不夙，故不敢以智慧轻儒素；恩不洽，故不敢以苛法督吏民。惧以生慎，慎以生俭，俭以生慈，慈以生和，和以生文。而自唐光启以来，百年嚣陵噬搏之气，寖衰寖微，以消释于无形。盛矣哉！天之以可惧惧宋，而日夕迫动其不康之情者，“震惊百里，不丧匕鬯”。帝之所出而天之所以首物者，此而已矣。然则宋既受命之余，天且若发童蒙，若启甲坼④，萦回于宋祖之心不自谌，而天岂易易哉！

【注释】①乾龙之惕：《周易》乾卦卦辞多以龙为喻，其九三爻辞为：“君子终日乾乾，夕惕若”，简称乾龙之惕。惕：小心、谨慎、警惕之意。

②李嗣源（867—933）：后唐第二位皇帝，初为唐末将领李克用养子，克用之子李存勖建立后唐，李存勖死后李嗣源即位。

③石敬瑭（892—942）：五代十国时期后晋开国皇帝。本为后唐明宗李嗣源帐下名将，冲锋陷阵，战功卓著。后迎娶李嗣源之女。后唐末帝清泰三年（936年）举兵反叛，受契丹支援灭了后唐，建立后晋称帝。

④甲坼（chè）：甲为植物种子的外壳，坼为裂开，将要发芽生长。

【译文】然而，能够不忘此心的人，恐怕只有贤哲之人才能如此吧！得天下也顺利，坐天下也安稳，却能不忘怀戒惕之心，这正是《周易》乾卦所说的惕惧啊！商汤、周文王在得到天佑人助的时候，却始终怀有惕惧之心，也就是这样的吧。等而下之者，得天下也顺利，坐天下也安稳，别人乐于推举自己也不怀疑，自我反思也觉得没有亏欠别人什么；于是便安然自足而忘记了戒惕之心，那么上天的启示也便不会显现在他的心中了。幸亏宋太祖不是这样的人。就亲疏关系而论，赵匡胤不是像李嗣源那样身为皇帝的养子，也不是像石敬瑭那样身为皇帝的爱婿；就官位而言，也不像石敬瑭、刘知远、郭威那样执掌兵权、能征善战，占据险要之地而统帅重兵；就权力而论，既不像郭威篡权，又不像柴荣继位，在朝廷内没有助于成功的谋略，在外又没有抵御外敌的功绩，也没有像李嗣源、石敬瑭、刘知远、郭威那样有人共同起兵并辅佐其争夺天下。推举爱戴他的人，是不曾长久共事的同僚；而他统驭的人，则是素不知其名的万民百姓；同他共理朝政的人，是朝秦暮楚的宰相辅臣；他想要削平击败的，则是他威望所不及的敌国。一旦危险地立于这些人之上而成了一国之君，就有随时可能地位不保的危险。权力不重，因而不敢用兵权威慑远方之敌；威望不高，就不敢诛杀旧日的功臣；学问不深厚，就不敢以智慧轻视儒士；恩泽不足，就不敢用苛刻的刑法来督查官吏和百姓。由戒惕而生谨慎，由谨慎而生俭让，由俭让而生仁慈，由仁慈而生和谐，由和谐而生文治。而自从唐僖宗光启年间以来，百年的争夺杀戮之气越来越衰微，以至于消失于无形。真是了不起啊！上天用可戒惕的事物令宋太祖戒惕，又日夜扰动他谨慎戒惕不蒙昧之心绪。正如《周易》震卦所说的“震惊百里，他就能够不丧失社稷之权”。说的就是天帝之所发出的启迪以及上天之所以引导统御万物的方法，就是这样的吧！然而在宋太祖已经受命之后，上天又像启发童蒙幼儿、启萌种子发芽一样启发他，使戒惕之情萦回于宋太祖之心而不得其解，上天的这番功夫岂是很容易的！

虽然，彼亦有以胜之矣，无赫奕之功而能不自废也，无积累之仁而能不自暴也；故承天之佑，战战栗栗，持志于中而不自溢。则当世无商、周、汉、唐之主，而天可行其郑重仁民之德以眷命之，其宜为天下之君也，抑必然矣。

【译文】虽然如此，宋太祖也有其过人之处，他虽然没有显赫的功绩和深厚的仁德，但他不自暴自弃，故而能得到上天的护佑，他战战兢兢，心怀大志而不自满。于是在当时那个时代没有像商、周、汉、唐那样的开国之君，而上天仍然可以用它郑重爱民的仁德来眷顾宋太祖，所以他应当成为天下之君，也是必然的了。

二

韩通足为周之忠臣乎[①]？吾不敢信也。袁绍、曹操之讨董卓，刘裕之诛桓玄，使其不胜而身死，无容不许之以忠。吾恐许通以忠者，亦犹是而已矣。藉通跃马而起，闭关而守，禁兵内附，都人协心，宋祖且为曹爽[②]，而通为司马懿[③]，喧呼万岁者，崇朝瓦解，于是众望丕属，幼君托命，魁柄在握，物莫与争，贪附青云之众，已望绝于冲人[④]，黄袍猝加，欲辞不得，通于此时，能如周公之进诛管、蔡[⑤]，退务明农，终始不渝以扶周社乎？则许之以忠而固不敢信也。

【注释】①韩通（？—960）：五代后周军事将领，历仕后晋、后汉、后周三朝，在周世宗柴荣在位时期屡建奇功。柴荣驾崩后，赵匡胤陈桥兵变，韩通打算组织军队抵抗，为王彦升所杀。赵匡胤登基后，追赠其为中书令。

②曹爽（？—249）：字昭伯，魏国大司马曹真长子，三国时期曹魏宗室、权臣。239年，明帝曹叡病危，将幼帝曹芳托孤于曹爽、司马懿。曹芳即位后，曹爽与司马懿共同执政。后逐步削去司马懿军权，大权独揽。249年，司马懿发动高平陵政变，解除曹爽大将军职务，不久其因谋反之罪被屠灭三族。

③司马懿（179—251）：字仲达，三国时期魏国政治家、军事谋略家，魏国权臣，西晋王朝的奠基人。司马懿自幼聪明多大略，博学多闻。曹芳继位后，司马懿遭到曹爽排挤而失去军权。司马懿起兵政变解除曹爽

军权，权力重新落入司马氏手中。司马懿死后，其孙司马炎建立晋朝。

④冲人：年幼的人。多为古代帝王自称的谦辞。

⑤周公：姬姓名旦，亦称叔旦、周公旦，生卒年不详。周文王姬昌第四子，周武王姬发的弟弟。西周开国元勋，杰出的政治家、军事家、思想家、教育家。管、蔡：指管叔鲜、蔡叔度。周武王死后，其子成王年幼，周公旦摄政。而管叔鲜、蔡叔度等不服，遂联合殷贵族武庚和东夷反叛。周公率师东征，平定叛乱。之后又建洛邑为周的东都，使西周政权得以稳定。后还政于成王，成就千古佳话。周公是孔子最推崇的人之一，是孔子心目中的圣人和学习榜样。

【译文】韩通称得上是后周的忠臣吗？我不敢相信。这就如同袁绍、曹操讨伐董卓，刘裕诛杀桓玄，假若他们不能成功而身死人手，那就不能不称他们是忠臣。我恐怕称韩通是忠臣，也类似如此吧。假设当时韩通在得知赵匡胤陈桥兵变之后跃马而起，关上城门来防守，禁军的士兵在内依附，整个都城的人齐心拥护，那么宋太祖就是曹爽，而韩通就要变成了司马懿。喧呼万岁的人一眨眼就没有了，而韩通就变成众望所归，年幼的君主也将被托命，他大权在握，没有谁能与相争。贪图高升而依附的众人，已对年幼的君主不怀希望，而黄袍突然加在身上，想推辞也推辞不掉。韩通在此时，能像周公旦那样进则诛讨管叔鲜、蔡叔度，退则致力于促进农业发展，始终不渝地扶助后周社稷吗？相信他做不到。所以，称许韩通为忠臣的说法，我是不敢相信的。

然则通之以死抗宋祖者，其挟争心以逐柴氏之鹿乎？抑不敢诬也。何也？宋祖之起，非有移山徙海之势，蕴崇已久而不可回。通与分掌禁兵，互相忘而不相忌。故一旦变起，奋臂以呼而莫之应。非若刘裕之于刘毅①，萧道成之于沈攸之②，一彼一此，睨神器而争先获，各有徒众，以待决于一朝者也。无其势者无其志，无其志者不料其终，何得重诬之曰：通怀代周之谋而忌宋祖乎？

【注释】①刘裕（363—422）：字德舆，南朝刘宋王朝的开国皇帝。初为东晋北府军的下级军官，在长期征战中，逐步掌握大权，后自立为帝。刘毅（？—412）：字希乐，东晋末年将领，少有大志。大将军桓玄篡位建立桓楚后，他与刘裕起兵讨伐，后又协助刘裕讨伐卢循之乱。刘毅雄居一方，内心忌妒刘裕，不肯屈居其下，暗中扩充势力。刘裕亦视刘毅为一大威胁，后发兵攻打刘毅，刘毅战败自缢。

②萧道成（427—482）：字绍伯，南朝齐高帝。沈攸之（？—478）：字仲达，南北朝时期宋朝名将。升明元年（477年），萧道成弑杀后废帝，拥立宋顺帝。沈攸之作为车骑大将军而起兵讨伐，失利于郢城。升明二年（478年），败还江陵，自缢而死。

【译文】然而，韩通之所以拼死抵抗宋太祖，他是带着争斗之心来抢夺柴氏的天下吗？恐怕也不敢这样诬蔑他，为什么呢？宋太祖崛起之时，并非是有排山倒海的力量、酝酿很久而不可挽回那种情势。韩通与宋太祖共同执掌禁军，互无往来但彼此也并不猜忌。因此一旦时局生变，奋臂高呼也没人响应。不像刘裕和刘毅、萧道成和沈攸之，他们彼此各自为营，觊觎皇位而相互争夺，等待有一天决一胜负。没在那样的形势下的人就没有那样的野心，没有那样野心的人就无法预料他的最终结局，所以怎么能够这样过分地诬蔑说：韩通有取代后周的野心所以才猜忌宋太祖呢？

夫通之贸死以争者，亦人之常情，而特不可为葸怯波流者道耳。与人同其事而旋相背，与人分相齿而忽相临，怀非常之情而不相告，处不相下之势而遽视之若无；有心者不能不愤，有气者不能不盈。死等耳，亦恶能旦颉颃而夕北面[1]，舍孤弱而即豪强乎！故曰：贸死以争，亦人之常情，而勿庸逆料其终也。

【注释】①颉颃（xié háng）：不相上下，彼此抗衡之意。

【译文】韩通冒死相争，也不过是人之常情，只是不便和那些胆小怕事随波逐流的人谈论罢了。本来是同僚，共事君主，却忽然间反过来了，本来平起平坐却忽然成为君臣，心怀不同寻常之心而不通知，本来势力不相上下却忽然间被等闲视之；有心之人不能不愤慨，有志气的人不能不怒气冲冲。死都是一样的，但又怎么能转眼就对刚刚还并肩而立的人俯首称臣呢？又怎么能舍弃孤弱的幼主而屈就豪强之势呢？所以说韩通冒死相争，也是人之常情，而不用预料其结局会是如何。

呜呼！积乱之世，君非天授之主，国无永存之基，人不知忠，而忠岂易言哉？人之能免于无恒者，斯亦可矣。冯道、赵凤、范质、陶谷之流，初所驱使者，已而并肩矣；继所并肩者，已而俯首矣；终所俯首者，因以稽颡称臣[1]，骏奔鹄立，而洋洋自得矣；不知今昔之面目，何以自相对也！则如通者，犹有生人之气存焉，与之有恒也可矣，若遽许之曰周之忠臣也，则又何易易邪！

【注释】①稽颡（qǐ sǎng）：以额触地的敬礼。颡，额头。

【译文】呜呼！长期战乱的时代，君主并非上天授命的君主，国家没有长久存在的根基，臣子也不知道尽忠，这个忠心又岂是那么容易说的呢？人如果能够避免做一个没有操守的人，这大概就可以了吧？冯道、赵凤、范质、陶谷这些人，当初被他们驱使的人，不久就和他们并肩而坐了；接着，这些并肩而坐的人，不久又要对他低头了；最终，这些要向他低头的人，又要向他叩头称臣，像骏马奔驰似地奔向他、像鹄鸟伸长脖子似地期盼他，而且还洋洋自得，不知今天的自己与往昔的自己，如何自相面对！那么像韩通这样的人，还有一种壮烈的气概，称他有始有终有操守是可以的，但如果草率地称他为后周的忠臣，又哪里那么容易呢！

三

太祖勒石，锁置殿中，使嗣君即位，入而跪读。其戒有三：一、保全柴氏子孙；二、不杀士大夫；三、不加农田之赋。呜呼！若此三者，不谓之盛德也不能。德之盛者，求诸己而已。舍己而求诸人，名愈正，义愈伸，令愈繁，刑将愈起；如彼者，不谓之凉德也不能。求民之利而兴之，求民之害而除之，取所谓善而督民从之，取所谓不善而禁民蹈之，皆求诸人也；驳儒之所务，申、韩之敝帚也①。

【注释】①申、韩：战国时法家申不害和韩非的并称，后世以“申韩”代表法家，强调法制，所谓“不别亲疏，不殊贵贱，一断于法”。

【译文】太祖在石碑上刻上碑文，放在殿中并锁住，让后继的君主即位时入殿跪读。碑文有下面三条诫命：一、保全柴氏子孙；二、不杀士大夫；三、不加农田之赋。呜呼！像这样的三条诫命，不称它是盛德也是不可能的。盛德的表现在于求之于自己而已。舍己而求于他人，名目越正当，道理越申明，法令也就越繁琐，刑罚也就更多地产生；像这样的，不称它为薄德也不可能。追求民利而加以兴建，寻求民害而加以革除，拿所谓的善而督促民众顺从，拿所谓的不善而禁止民众践行，这都是求于他人；驳杂不纯的儒生所追求的，不过是法家申不害、韩非敝帚自珍的破扫把而已。

夫善治者，己居厚而民劝矣，谗顽者无可逞矣；己居约而民裕矣，贪冒者不得黩矣。以忠厚养前代之子孙，以宽大养士人之正气，以节制养百姓之生理，非求之彼也。捐其疑忌之私，忍其忿怒之发，戢其奢吝之情[①]，皆求之心、求之身也。人之或利或病，或善或不善，听其自取而不与争，治德蕴于己，不期盛而积于无形，故曰不谓之盛德也不能。

【注释】①戢（jí）：收敛。

【译文】善于治理天下的人，自己以忠厚自居而民众自然就受到影响和劝勉而变得厚道，喜欢谗言以及顽鄙之人就不能得逞了；自己以节制自居而民众自然就变得宽裕，贪婪冒功之人就不能亵渎了。以忠厚养前代王朝的子孙，以宽大培养士人的正气，以节制养育百姓的生计产业，这不是求于他人。捐弃其猜疑猜忌的私心，平息其忿怒的发作，收敛其奢侈和悭吝的不良心态，这都是求之于己心、求之于己身的。而别人对于这些或以为利或以为害，或认为善或认为不善，也听任他们自行取舍而不与其相争，大治天下的德行蕴于己身，不期盼繁盛而却在无形中逐渐累积繁盛，所以说不称其为盛德也不可能。

求之己者，其道恒简；求之人者，其道恒烦。烦者，政之所繇紊[1]，刑之所繇密，而后世儒者恒挟此以为治术，不亦伤乎！子曰：“道之以政，齐之以刑[2]。”政刑烦而民之耻心荡然，故曰不谓之凉德也不能。

【注释】①繇（yóu）：古通“由”。

②道之以政，齐之以刑：出自《论语·为政》篇，全句为：“道之以政，齐之以刑，民免而无耻。道之以德，齐之以礼，有耻且格。”古时士大夫皆熟悉论语，故此处只引用其前半句，后半句自可意会。今人则需补全全句才方便准确理解。

【译文】求之于己的人，其道总是很简明的；求之于他人的人，其道总是很烦琐复杂的。烦琐，所以国政由此而紊乱、刑罚由此而繁多，而后世的儒者总是以此作为治国的方略，难道不是有害的吗！孔子说：“用政令来治理百姓，用刑罚来约束百姓，百姓可暂时免于罪过，但不会感到不服从治理是可耻的；如果用道德来引导百姓，用礼教来教化百姓，则百姓不但有廉耻之心，而且会纠正自己的错误。”所以一旦政令和刑罚繁琐了，就会使民众的廉耻之心荡然无存，所以说不称之为薄德是不可能的。

文王之治岐者五，五者皆厚责之上而薄责之吏民者也。五者之外，有利焉，不汲汲以兴[1]；有害焉，不汲汲以除；有善焉，不汲汲督人之为之；有不善焉，不汲汲禁人之蹈之。故文王之仁，如天之覆下土，而不忧万物之违逆。夫治国、乱国、平国，三时也。山国、土国、泽国，三地也。愿民、顽民、庸民，三材也。积三三而九，等以差；其为利、为害、为善、为不善也，等以殊；而巧历不能穷其数。为人上者必欲穷之，而先丧德于己矣。言之娓娓，皆道也；行之逐逐，皆法也；以是为王政，而俗之偷、吏之冒、民之死者益积。无他，求之人而已矣。

【注释】①汲汲（jí jí）：形容心情急切，热衷于营求。

【译文】周文王治理岐山有五件事，这五事都是多责于上位之人而少责于普通官吏和民众的。五事之外，如果有利，也不汲汲于兴建；如果有害，也不汲汲于除灭；如果有善，也不汲汲于督促人们去作；如果有不善，也不汲汲于禁止人们去实行。所以文王的仁政，如同上天包覆下土，而不担忧万物会违背。大治之国、大乱之国、不好不坏之国，这是国家随时间变化的三种状态。多山的国土、多平原的国土、多湖泊的国土，这是国家的三种地理状态。良善质朴之民、顽鄙不化之民、不好不坏之民，这是国民的三种素质。三乘三为九，就有了九种差别等级；如果再分别其中有利、有害、有善、有不善的不同，又有了更多不同等级；于是对于这里面的全部差别等级，就算是善于历算的人也不能穷尽其中的变化奥妙了。民众之上的首领如果一定要算清其中的无尽差别，首先就已经自己丧失了道德。说起来娓娓动听，都可以说是治国之道；施行起来急急忙忙，都可以成为法律；但是以此作为治国之政略，则俗民的偷心、官吏的贪黩、民众的死亡就会越积越多。这没有别的，只不过是因为求之于他人而已。

宋有求己之道三焉，轶汉[①]、唐而几于商、周，传世百年，历五帝而天下以安，太祖之心为之也。逮庆历而议论始兴，逮熙宁而法制始密，舍己以求人，而后太祖之德意渐以泯。得失之枢，治乱之纽，斯民生死之机，风俗淳浇之原，至简也。知其简，可以为天下王。儒之驳者，滥于申、韩，恶足以与于斯！

【注释】①轶（yì）：超过。

【译文】宋朝治国有三条求己之道，于是超过了汉朝、唐朝而几乎接近于商朝、周朝，王朝传续了百年，历经五代皇帝而天下得以安宁，这是基于宋太祖之心而成的。等到了宋仁宗庆历年间，杂议开始兴盛了，再到宋神宗熙宁年间变法开始，刑罚制度开始细致繁多了，这是舍弃了要求自己而对他人提出要求，于是自此以后宋太祖的仁德心意就逐渐消失了。得失与治乱的枢纽，民众生死的关键，风俗淳厚或浇薄的根源，是非常简单的。知道大道至简，就可以成为天下的君王。而儒家驳杂不纯的学者，掺杂了申不害、韩非的学说，哪里足以明白这些呢！

四

自太祖勒不杀士大夫之誓以诏子孙，终宋之世，文臣无欧刀之辟。张邦昌躬篡，而止于自裁；蔡京、贾似道陷国危亡，皆保首领于贬所。语曰："周之士贵"，士自贵也。宋之初兴，岂有自贵之士使太祖不得而贱者感其护惜之情乎？夷考自唐僖、懿以后，迄于宋初，人士之以名谊自靖者，张道古、孟昭图而止；

其辞荣引去、自爱其身者，韩偓、司空图而止；高蹈不出、终老岩穴者，郑遨、陈抟而止。若夫辱人贱行之尤者，背公死党，鬻贩宗社[1]，则崔胤、张浚、李磎、张文蔚倡之于前，而冯道、赵凤、李昊、陶谷之流，视改面易主为固然，以成其风尚。其他如和凝、冯延已、韩熙载之俦，沉酣倡俳之中，虽无巨慝[2]，固宜以禽鱼畜玩而无庸深惜者也。士之贱，于此而极。则因其贱而贱之，未为不惬也。恶其贱，而激之使贵，必有所惩而后知改，抑御世之权也。然而太祖之于此，意念深矣。

【注释】①鬻（yù）：卖。

②慝（tè）：邪恶；罪恶；恶念。

【译文】自从宋太祖立下不杀士大夫的誓言以诏示子孙，至宋朝结束，文臣都没有被打被杀之罪。张邦昌另立国号，也仅让他自尽而已，蔡京、贾似道使国家陷入危亡，都能仅仅是贬官而还是保住了脑袋。前人说："周朝的士尊贵"，这是因为那时的士自尊自重而自贵。宋朝刚开始兴起之时，岂有自尊自重的士大夫能让宋太祖不鄙夷而感动产生护惜之情的？考察自唐朝僖宗、懿宗以后，直到宋朝初兴年间，人们中有名望有操守以自律的，有张道古、孟昭图二士；也有推辞荣华富贵而引身离去、自爱其身的，有韩偓、司空图二士；也有超脱世外、在山野岩穴中度过一生的，有郑遨、陈抟二士。至于那些为人不知耻辱而且行为低贱尤其过分的，违背公义、党同伐异，出卖国家宗庙社稷的人，则有崔胤、张溶、李磎、张文蔚等人倡导于前，而冯道、赵凤、李昊、陶谷之流，把摇身一变改换主上视为理所当然，而形成了一种风尚。其他的如和凝、冯延巳、韩熙载之流，沉湎于歌妓俳优之中，虽然没有大的罪恶，显然是以禽鸟鱼兽为乐而不应为之深感痛惜之人。士人低贱至此也是达到极点了。那么因为他们的低贱而贱待他们，也不能说不对。如果厌恶他们的低贱，而激励他们变得高贵起来，那就必须有所惩治后才知道改变，这恐怕也是统御天下的一种权术。但宋太祖在这里则有更深的用意。

昔者周衰，处士横议，胁侯王，取宠利，而六国以亡。秦恶其嚣，而坑儒师吏以重抑之。汉之末造，士相标榜，鷙击异己[①]，以与上争权，而汉以熸[②]。曹孟德恶其竞，而任崔琰、毛玠督责吏治以重抑之。然秦以贾怨于天下[③]，二世而灭。孟德死，司马氏不胜群情，务为宽纵，而裴、王之流，倡任诞以大反曹氏之为，而中夏沦没。繇此观之，因其贱而贱之，惩其不贵而矫之者，未有能胜者也。激之也甚，则怨结而祸深；抑之也未甚，则乍伏而终起。故古之王者闻其养士也，未闻其治士也。聪明才干之所集，溢出而成乎非僻，扶进而导之以兴，斯兴矣。岂能舍此而求椎鲁犷悍之丑夷，以与共天下哉！其在诗曰："鸢飞戾天，鱼跃于渊"；"周王寿考，遐不作人"。飞者，不虞其飏击也。跃者，不虞其纵壑也。涵泳于天渊之中，而相期以百年之效，岂周士之能自贵哉？文王贵之也。老氏之言曰："民不畏死，柰何以死威之？"近道之言也。民不畏死，而自有畏者。并生并育于天地，独以败类累人主之矜全，虽甚冥顽，能弗内愧于心？况乎业已为士，聪明才干不后于人，诗书之气，耳已习闻，目已习见，安能一旦而弃若委土哉！夫太祖，亦犹是武人之雄也。其为之赞理者，非有伊、傅之志学，睥睨士气之淫邪而不生傲慢[④]，庶几乎天之贮空霄以翔鸢，渊之涵止水以游鱼者矣。可不谓天启其聪，与道合揆者乎！而宋之士大夫高过于汉、唐者，且倍蓰而无算，诚有以致之也。因其善而善之，因其不善而不善之，以治一家不足，而况天下乎？河决于东，遏而回之于西，未有能胜者也。以吏道名法虔矫天下士，而求快匹夫婞婞之情，恶足以测有德者之藏哉！

【注释】①鷙（zhì）：凶猛、勇猛。

②熸（jiān）：火熄灭。

③贾怨：招致怨恨。

④睥睨（pì nì）：斜着眼看，侧目而视，有厌恶或高傲之意。

【译文】从前周朝末年趋向衰微，不任官职的士人们恣意评论，恐吓诸侯君王，取得恩宠利禄，而齐、楚、燕、韩、赵、魏六国因此灭亡。秦国厌恶士人的嚣张，于是焚书坑儒坑杀儒家学者，对士人严加抑制。东汉末年，士人们彼此标榜，攻击异己，以此和君上争权，而东汉因此灭亡。曹操厌恶士人们彼此标榜争竞，于是任用崔琰、毛玠督查吏治，以此严加抑制士人。但秦朝因被天下人怨恨而仅仅两代就灭亡了。曹操死后司马氏也不能压制众人的心意而务求宽容放纵，于是裴頠、王弼之流倡导放任不羁来抵消、反对曹操的做法，结果华夏终于沉沦。由此看来，顺应士人的低贱而贱待他们，或者惩戒他们的贱行而加以矫正，两者都没有好结果。矫正激励过火了，就会与其结怨而灾祸深重，抑制他们如果不够严厉，就会短暂的压伏而最终还会起来。所以古时的仁王只听说养士的，从未听说他们治士的。士人们汇集了人间的聪明才干，满溢而流出来了就变成过失和邪恶了，但如果加以扶助和引导使之兴盛，那才是真正的兴盛。哪能舍弃士人而寻求粗鲁犷悍之辈共同掌管天下呢！《诗》经中说："老鹰展翅飞上蓝天，鱼儿摇尾跃在深渊"，又说："周文王寿命长久，善于培养人材"。飞，而不担心它飞扬击破天。跃，而不担心它跃出深渊。让他们在天空高飞，在深渊中鱼跃，而期待用百年的时间转变见效，这是周朝的士人自尊自重而变得高贵的吗？不，这是周文王的涵容培育使他们高贵的。老子在《道德经》中也说过："民众不怕死，你又怎能用死来威胁他呢？"这是接近大道的说法啊。民众虽然不怕死，但他们自有畏惧的东西。与其他人共同生养在天地间，却独自成为败类而连累君主怜惜保全自己，即使他虽然非常愚顽不灵，能无愧于心吗？何况已经成为士子，聪明才干不落后于他人，《诗》《书》也是常闻、常读，怎能一转眼就像抛弃泥土一样抛弃了呢！说到宋太祖，就相当于是武人中的英雄。他用以治理天下的，并没有伊尹、傅说那样的志向和学养，他嫌恶士人风气的低贱邪恶，但是自己却并不傲慢，这几乎就像天有空旷的云霄让老鹰飞翔、深渊有广大的静水让鱼畅游一样了。这能不说是上天开启了他的聪明，而与大道相符合吗！而宋朝的士大夫高明超过汉朝、唐朝的，数倍而不止，确实是有原因的。以其善而鼓励之，以其不善而去除之，这用来治理一家都不足，何况天下呢？河水在东岸决堤，却在西岸遏止它，这样是不可能如愿的。用官吏守则及法律规条来矫正天下士人，以求满足匹夫愤恨不平的心情，这哪能探测到有德之人的深浅呢！

五

语有之曰："得士者昌。""得"云者，非上必自得之以为己得也。下得士而贡之于上，固上之得也；下得士而自用之以效于国，亦上之得也。故人君之病，莫大乎与臣争士。与臣争士，而臣亦与君争士；臣争士，而士亦与士争其类；天下之心乃离散而不可收。书曰："受有亿兆人，离心离德"。非徒与纣离也，人自相离，而纣愈为独夫也。人主而下，有大臣，有师儒，有长吏，皆士之所自以成者也。人主之职，简大臣而大臣忠，择师儒而师儒正，选长吏而长吏贤。则天下之士在岩穴者，以长吏为所因；入学校者，以师儒为所因；升朝廷者，以大臣为所因。如网在纲，以群效于国。不背其大臣，而国是定；不背其师儒，而学术明；不背其长吏，而行谊修。悉率左右以燕天子，群相燕也。合天下贤智之心于一轨，而天子之于士无不得矣。和气翔洽，充盈朝野，寖荣寖昌，昌莫盛焉。"得士者昌"，此之谓也。

【译文】古语有这样的说法："得士的人会昌盛。"所谓的"得"，不是君主必须亲自得到才算是自己得到。下面的人得了士人推荐给君主，这固然是君主得了士人；下面的人得了士人而自己任用以报效国家，这也是君主得了士人。所以君主最大的毛病莫过于与臣下争士人。君与臣争夺士人，那么臣也就会与君争夺士人；臣与臣彼此争夺士人，而士人也就会与士人彼此争夺其同类；如此则天下之人心就都离散而不可挽回了。《尚书》里说："纣王统领亿兆人，但却与之离心离德"。不光是与纣王离心离德，人们之间也离心离德，于是纣王就更成为独夫了。君主之下，有大臣，有儒家师长，有官长吏员，这都是由士人自己成就的。君主的职责，是择优选拔大臣、儒家师长和官长吏员，自然就有忠臣、鸿儒和贤吏等等人才了。于是天下士人中的隐逸者，就凭借着官长吏员为国效力；士人中已进入学校的，就凭借着儒家师长为国效力；士人中已经升到朝廷为官的，就凭借着大臣为国效力。这就好像网中有纲，可以得到提纲挈领的功效，使得群策群力共同报效国家。不违背大臣，则国家安定；不违背儒家师长，则学术昌明；不违背官长吏员，则社会风气就能变好。大臣、儒家师长、官长吏员都统率左右与天子亲近安乐，整个群体就都能亲近安乐了。把天下贤人智士之心合到一个轨道上，那么天子就把所有的士人都得到了。自然和气融洽，充满朝野，渐渐地繁荣昌盛，昌盛得没法超越了。所谓的“得士者昌”，说的就是这种情况。

大臣不以荐士为德，而士一失矣；师儒不以教士为恩，而士再失矣；长吏不以举士为荣，而士蔑不失矣。乃为之语曰：“拜爵公门，受恩私室①，非法也。”下泮涣而不相亲，上专私而不能广，亿兆其人而亿兆其心，心离而德离，鲜不亡矣。故人主之病，莫甚于与下争士也。

【注释】①拜爵公门，受恩私室：晋代开国功臣羊祜经常向朝廷举贤荐才，但被举荐的人从不知晓，他如此保密是为防止有人因受其举荐而登门谢恩，不想因为办公事而受到私人的好处。他常说：“拜官公朝，谢恩私门，吾所不敢也。”

【译文】大臣不以向君主推荐士人为德行，这是首次失去士人；儒家师长不以教育士人为恩情，这是再次失去士人；官长吏员不以荐举士人为荣耀，那么士人就全都失去了。这就有了这样的话：“在朝廷上拜受官爵，却在私人家里接受恩情，这是非法的。”下面已经涣散而不相亲了，上面又专于私心而不能广荐人才，虽有亿兆的万民而万民都人心不齐，离心离德，这样很少有不灭亡的。所以君主的毛病，莫过于与下面的人争夺士人。

自唐以来，进士皆为知举门生，终其身为恩故；此非唐始然也，汉之孝廉，于所举之公卿州将，皆生不敢与齿，而死服三年之丧，亦人情耳。持名法以绳人者，谓之曰不复知有人主。人主闻之，愤恚不平，曰：彼得士而我失之矣。繇是而猜妒刻核之邪说，师申、韩以束缚缙绅，解散士心，使相携贰，趋邪径，腾口说，以要人主。怀奸擅命之夫，自矜孤立，而摇荡国是。大臣不自信，师儒不相亲，长吏不能抚。于是乎纲断纽绝，而独夫之势成。故曰：“不信乎朋友，弗获乎上矣。”朋友不信，上亦恶得而获之哉！少陵长，贱妨贵，疏闲亲，不肖毁贤，胥曰[①]：“吾知有天子而已。”岂知天子哉？知爵禄而已矣。

【注释】①胥（xū）：皆，都。

【译文】自唐朝以来，进士都是由大臣主持科举应试而选拔出来的门生，门生终身都视大臣为恩人；这不是唐朝才如此的，汉朝举孝廉，被举之人一生都不敢与负责察举的公卿州将同列，死后还要服丧三年，这也是正常的人情。拿名教礼法来批判人的，就说这是不知道还有君主。君主听到了也愤愤不平，说：大臣们得到了士人而我失去士人了。由此就产生了猜疑嫉妒而要严厉核查的邪说，以申不害、韩非的法家学说为师以束缚士大夫，使士大夫人心离散，彼此怀有二心而走上邪路，滋长不良言论，以此要挟君主。他们心怀奸诈妄发政令，以自己的独特孤立而自夸自大，由此而动摇了国家政治。大臣们也缺乏威信了，儒家师长也不彼此亲近了，官长吏员也不能亲抚了。于是国家的纲纪断绝，而君主独夫孤立的形势就形成了。所以说："得不到朋友的信任，就不能得到上级的信任。"朋友互不信任，在上的人又怎么能得到他们作为人才呢！年少的人陵越年长的人，低贱的人妨害高贵的人，疏远的人离间亲近的人，不肖的人诋毁贤能的人，都说："我知道有天子而已。"这哪是知道有天子呢？只是知道有爵禄而已。

夫士之怀知己也，非徒其名利也；言可以伸，志可以成，气以类而相孚①，业以摩而相益。易曰："拔茅茹以其汇。"拔不以其汇，而独茎之草，不足以葺大厦久矣。大臣，心腹也；师儒，耳目也；长吏，臂指也。以心应耳目之聪明，以耳目应臂指之动作，合而为一人之身，而众用该焉。其互相离者，不仁者也。不仁者痿以死，如之何君臣争士而靳为己得也②！

【注释】①孚（fú）：使人信服。

②靳（jìn）：不肯给予；吝惜。

【译文】士人们念知己之恩，不只是单纯为了名利，也是为了自己的言论可以流布，志向可以实现，同气相求就可彼此信服，学业观摩而彼此提高。《周易》说："拔出茅草就连带了它的同类。"拔茅草不带出它的同类，那就只是一茎之草，不足以长久地维持大厦。大臣，是君主的心腹；儒家师长，是君主的耳目；官长吏员，是君主的胳臂和手指。以心呼应耳目的聪明，以耳目呼应胳臂手指的动作，合起来就是一个人的全身，于是各种功用就都具备了。各个部分不相呼应，那就是个麻木不仁的人。麻木不仁的人就会萎缩而死，那么为什么君臣都要互相争夺士人并且吝惜地只能自己得到呢！

太祖之欲得士也已迫，因下第举人挝鼓言屈，引进士而试之殿廷，不许称门生于私门。赖终宋之世不再举耳。守此以为法，将与孤秦等。察察之明，悁悁之忿，呴呴之恩，以抚万方，以育多士，岂有幸哉！岂有幸哉！

【译文】宋太祖想得到士人的心情已很急迫，因为落第举人击鼓喊屈，就引见之而在皇宫内考试，不许进士在私下里对负责考试的官员自称门生。幸亏直到宋朝结束了也没再次这样做。如果固守这个做法以为成规，那么就将与孤立的秦朝一样了。以察察之明，愤愤之不平，轻巧之恩惠，用来安抚万方，用来培养人才，岂有可能！岂有可能！

六

太祖数微行，或以不虞为戒，而曰："有天命者，任自为之。"英雄欺人，为大言耳。其微行也，以己之幸获，虞人之相效，察群情以思豫制，私利之褊衷[①]，猜防之小智，宋德之所以衰也。野史载其乘辇以出，流矢忽中辇板，上见之，乃大言曰："射死我，未便到汝。"流矢者，即其使人为之也。则微行之顷，左右密护之术，必已周矣。而谏者曰"万一不虞"，徒贻之笑而已。

【注释】①褊（biǎn）：狭小；狭隘。

【译文】宋太祖数次微服出行，有人以怕有不可预料的风险为由建议停止这种做法，太祖却说："有天命的人，任自做什么也不怕。"这是英雄欺人的大话。他的微服出行，因为自己幸运地得了皇位，所以担心别人仿效，因此就要了解众人的动态，以思考预案加以防范，这是因为私利的狭隘之心，是猜忌和防范他人的小聪明，所以宋朝的德行也就衰落了。野史记载宋太祖乘坐辇舆出宫，忽然被箭射中了车板，太祖见了就大声说："射死我，也未必就轮到你。"箭就是他事先派人射的。如此可知他在微服出行之时，左右严密保护必定已经非常周全了。而进谏的人说"万一有什么不可预料的风险"，这只是让人笑话而已。

凡人主之好微行也有三，此其一也。其下，则狂荡嬉游，如刘子业诸君耳。其次，则苛察以为能，而或称其念在国民，以伺官箴之污洁、民生之苦乐、国事之废举者也。若此者，其求治弥亟，其近道弥似，其自信弥坚；而小则以乱，大则以亡。迄乎乱与亡而不悔其失，亦愚矣哉！何也？两足之所至，两目之所觇[1]，两耳之所闻，斤斤之明，詹詹之智，以与天下斗捷，未有能胜者也。

【注释】①觇（chān）：窥视；观测。

【译文】凡是君主爱好微服出行有三种情况，像宋太祖这种是其中之一。其次一等的，就是放浪游乐，像刘宋第六位皇帝刘子业等人那样的。再次一等的，就是以苛察人事为能。那么有人会说这种微服出行其用意是利国利民，以此伺察官吏是贪渎还是廉洁、民生是苦还是乐、国政是废还是兴。要是这样的话，他求国家得到治理越是急迫，他越像是接近了大道，他的自信也越是坚定；但结果却是小则导致政治混乱，大则遭至灭亡。到了国家动乱与灭亡的程度还不思悔改，也算是愚蠢了！为什么这么说呢？人的两腿能走到的地方，两眼能窥视的事情，两耳能听到的消息，斤斤计较的察察之明、琐碎微小的智慧，以此来和整个天下相斗，没有能胜出的。

且夫人主而微行，自以为密，而岂果能密邪？趾未离乎禁闱，期已泄于近幸；形一涉乎通逵，影已彻乎穷巷；此之伺彼也有涯，而彼之伺此也无朕。于是怀私挟佞者，饰慧为朴，行谄以戆，丑正而相许，党奸而相奖，面受其欺，背贻其笑，激怒沽恩，而国是不可复诘矣。即令其免乎此也，一事之得，不足以盖小人；一行之疵，不足以贬君子；一人之恩怨，不足以定仁暴；一方之利病，不足以概海隅。而偶得之小民者，无稽弗询[1]，溢美溢恶，遂信为无心之词，自矜其察微之睿，以定黜陟，以衡兴革，以用刑赏，以权取与，而群臣莫敢争焉。此尤不待奸人之诡道相要，而坐受其蠹。小之以乱，大之以亡，振古如斯，而自用者不察，良足悲已！

【注释】①稽：查核，稽查。

【译文】而且君主微服出行，自以为保密，难道真能做到保密吗？脚还没有离开皇宫，行期就已经泄漏给身边的近侍了；身形一到了大街，影响就已体现在小巷里了；我窥伺你是有限的，而你窥伺我则是无形的。于是心怀叵测的奸佞之人，狡诈伪装成朴实，以憨愚的外貌行谄谀之事，丑化正直的人而彼此推许，偏袒奸人而彼此夸奖，当面受了他的骗，背后还被他嘲笑，甚至激怒君主以求君恩，这样国家大政就无法再彻底问清楚了。假使君主能避免此弊，但他以此微服私访处理好一件事的所得，不足以全面抑制住小人；他了解的某人的一点毛病，也不足以由此而贬低一个君子；一个人的恩怨，也不足以完全判定该人是仁爱还是凶暴；地方的利害得失，也不足以认定全国都是如此。而偶然从小民那里的所得，无法查核难以咨询，过分的赞美或贬低，也都以为这正是无心之词，于是以能了解到细微情况的聪明而自满，以此来决定大臣的官职升降，来衡量国政的兴废，来决定赏罚，来权衡剥夺或赐与，而群臣不敢与君主相争。这不用等奸人欺诈来蒙蔽君主就已经坐受其害了。小则会导致政治混乱，大则会遭至灭亡。古往今来都是如此，而刚愎自用的人却不能察觉，实在是太可悲了啊！

夫欲成天下之务，必详其理；欲通天下之志，必达其情。然而人主之所用其聪明者，固有方也。以求俊乂，冢宰公而侧陋举矣[①]；以察官邪，宪臣廉而贪墨屏矣[②]；以平狱讼，廷尉慎而诬罔消矣[③]；以处危疑，相臣忠而国本固矣。故人主之所用智以辨臧否者，不出三数人，而天下皆服其容光之照。自朝廷而之藩牧，自藩牧而之郡邑，自郡邑而之乡保。听乡保之情者，邑令也；听邑令之治者，郡守也；听郡守之政者，藩牧也。因是而达之廷臣，以周知天下之故。遗其小利，惩其大害，通其所穷，疏其所壅。于是而匹夫匹妇私语之情，天子垂旒纩而坐照之以无遗[④]。天下之足，皆吾足也；天下之目，皆吾目也；天下之耳，皆吾耳也。能欺其独知，而不能掩其众著，明主之术，恃此而已矣。愚氓一往之情辞，不屑听也。而况宵人之投隙以售奸者哉！

【注释】①冢宰（zhǒng zǎi）：吏部尚书。

②宪臣：指御史。宋代指提点刑狱，即后之按察使。

③廷尉：古代司法审判机构官职名。

④旒纩（liú kuàng）：有垂旒与黈纩为饰的帝王冠冕。亦借指帝王视听或帝王。

【译文】想要治理天下，必须详明其道理；想明了天下人的志向，必须通达民情。然而君主要使用他的聪明才智，也是有方法的。想求英雄才俊，吏部尚书公正公平，就会把埋没的人才举荐上来；想考察官吏的正邪，御史清廉那么贪官污吏就会被屏退了；想要没有冤假错案，廷尉审慎判案，冤假错案就减少消失了；想要处理危险和疑难之事，宰相大臣忠心辅国，国家的根本就稳固了。所以君主应用才智来辨别善恶得失，只要不出三五个人，而天下都会蒙受其恩光照耀。其恩光从朝廷传到州，从州传到郡县，从郡县传到乡村的保甲。听取乡村保甲情况的，是县令；听取县令情况的，是郡里的太守；听取郡守情况的，是地方大员。由此而使各级情况汇报到朝廷大臣，于是得以周知天下的动态。放下小利，惩治大害，疏通那些困顿和壅塞。于是匹夫匹妇的私人耳语，天子头戴冠冕而坐也能照鉴无遗。天下人之足，都是我之足；天下人的眼，都是我之眼；天下人的耳，都是我之耳。你可以欺骗一个人的见识，却不能蒙蔽众人的明察，明主治理天下，依靠的就是这个而已。于是愚民的一面之词就不屑一听了，更何况那些投机钻空的小人兜售奸邪呢！

古之圣王，询刍荛、问工瞽、建鞀鼓[①]，以达臣民之隐者，为己救过也，非以察人也。微行者反是，察愈密，听愈惑，自贻败亡而不悟。故曰良足悲已！故微行者有三，而皆君道之所恶。若宋祖者，即不微行，亦岂有攘臂相仍以夺其所夺于人者乎？则亦均之乎愚而已矣。

【注释】①刍荛(chú ráo)：割草打柴的人，引申为普通百姓。刍，割草。荛，打柴。工瞽(gǔ)：古代乐官。瞽，瞎眼。古代乐官多为瞽人担任。鞀(táo)鼓：有柄的小鼓。古代帝王选拔贤才和征询民意时所用。

【译文】古代的圣王，询问割草打柴之人、询问演奏音乐之人、陈设鞀鼓征询民意，以了解臣民的隐情，这都是为自己补救过失，而不是用来探察他人的。微服出行则与此相反，探察越是隐密，听到的东西越是迷惑，自己让自己遭至败亡还不能醒悟。所以说实在是很可悲的！所以微服出行有三种情况，但都是为君之道所应杜绝的。像宋太祖这样的人，即使不微服出行，难道还会有人攘臂高呼来夺走他从别人手中夺来的君位吗？由此说来这也同样是愚蠢的做法。

七

刘禅、孙皓之容于晋，非晋之厚也，诚有以致之也。刘先主以汉室之裔，保蜀土，奉宗祧，任贤图治，民用乂安，尚矣。孙文台奋身郡将，讨董卓，复雒京，父子三世，退保吴、楚，民不受兵者百余年。天之所佑，人之所怀，司马氏弗能重违而绝其世，有不可绝者在也。禅昏闇，皓虽虐，非称兵首难、煽乱天纪者；降为臣仆，足偿其愆，而恶容殄灭乎？李煜、孟昶、刘鋹以降王而享国封，受宾恪之礼，非其所应得者也，宋之厚也。迹其先世，无积累之功，无巩固之守，存乎蓬艾之闲，偷以自王，不足以当白马之淫威久矣。其降为皂隶，可无余憾。而优渥之礼加乎其身，故曰：宋之厚也。

【译文】刘禅、孙皓受到西晋的宽待，这并非西晋的宽厚，而是有原因的。蜀国的刘备以汉王室后裔的身份，保守西蜀领土，尊奉汉朝的宗族谱系，任用贤能励精图治，万民由此而安定，这已经很好了。吴国的孙坚以州郡军将之身奋战，讨伐董卓，恢复东汉雒京，父子三代，退守三吴和荆楚地区，使这里的民众不遭受战争的蹂躏一百多年。他们，是上天所助佑的，是人民所感怀的，所以司马氏不能过分地违背上天和民意而断绝他们的后世子孙，这是他们有不能灭绝的理由存在。刘禅虽然愚昧，孙皓虽然暴虐，但他们都不是首先挥师发难、破坏天之纲纪之人，所以投降后为晋朝的臣仆，已经足以抵偿了，哪里再容灭绝他们呢？李煜、孟昶、刘鋹以投降的君王的身份而享有封国，受国宾之礼，这不是他们应该受到的待遇，而是因为宋朝的宽厚。考察他们的祖先，没有累积的功勋，没有守土的担当，幸存于蓬草之间，苟且自称为王，他们早就难挡宋军的军威了。那么他们投降后即使成为普通的差役，也可以没有遗憾了。可宋朝还是以优渥的礼遇对待他们，所以说这是宋朝的宽厚。

虽然，责蜀、粤、江左之亢僭争衡[①]，不夙奉正朔于汴、雒，而以俘虏之刑处之，则又不可。臣服者，必有所服也；归命者，必有所归也；有君而后有臣，犹有父而后有子也。唐亡以来，天下之无君久矣。朱温，贼也；李存勖、石敬瑭，沙陀之部夷也；刘知远、郭威，乘人之熸，乍踞其位，犹萤之耀于夜也。剖方州而称帝，仅得其十之二三。特以汴、雒之墟为唐故宫之址，乘虚袭处，而无识者遂题之以正统。如是而欲雄桀足恃者纳土称臣，以戴为共主，天其许之而人其顺之乎？故徐温、孟知祥、刘岩之与朱、李、石、刘相为等夷，而非贼非夷，较犹愈焉。则其后嗣之守土不臣，势穷而后纳款，固君子所矜，而弗容苛责者也。

【注释】①僭（jiàn）：超越本分。古时指地位在下的人冒用地位在上的人的名义或礼仪、器物。

【译文】虽然如此，批评西蜀、南粤、江南非礼僭越称王而与宋朝抗衡，没有及早尊奉汴梁、洛阳的王权，而以俘虏的刑罚来对待他们，这也是不可以的。所谓的臣服，一定要让他有所臣服的；所谓的归顺，一定要有能让他归顺的；有君而后有臣，如同有父而后有子一样。唐朝灭亡以来，天下没有真正的君主已经很久了。朱温，是奸贼；李存勖、石敬瑭，是沙陀人的外夷部族；刘知远、郭威，乘人之危而突然地占据别人的王位，就像萤火虫在夜间发光一样不足以承当君主的赫赫光明。割据一方而称帝，而且仅得天下的十分之二、三，只是因为其中有汴梁和洛阳，只是因为这是唐朝旧日皇宫所在，而他乘虚而占领下来，于是没有见识的人就以此而定为正统。要是像这样的话，让那些雄杰送上土地给某人来称臣，就把此人奉为天下的共主，上天会认可此人吗？众人会顺服此人吗？所以徐温、孟知祥、刘岩与朱温、李存勖、石敬瑭、刘知远相比，他们既非奸贼也非夷狄，比朱、李、石、刘要好很多。那么他们的后人守住自家领土拒不称臣，在大势已定无力回天后才认败投诚，这本该是君子所同情的，而不应该对他们苛责。

若夫因乱窃立，穷蹙而俘，宜膺王者之诛；则抑必首乱以劫夺，而非有再造之志者耳。项羽虽负罪有十，而诛秦犹因义愤，故汉高封鲁公以厚葬之，而不掩其功。王莽之乱，人心思汉，诸刘鹊起，而隗嚣、公孙述、张步、董宪之流，俶扰天纪，以殃求莫之民。杨广凶淫，民虽靡止，而窦建德、萧铣，徐圆朗乘之以掠杀既困之民；刘武周、梁师都、薛仁杲倚戎狄以戕诸夏；王世充受隋宠命，狐媚而售其攘夺。凡此者，皆首祸于天下，无已乱之情而利于乱者也。故虽或降附，而?街之悬，邸民咸快。其与蜀、粤、江南，不可同日而语矣。王者上溯天心，下轸民志[1]，操不爽之权衡以行诛赏，差等之殊，不容紊也。徐温佐杨行密以御毕师铎、秦宗权之毒，而江、淮安。江、淮之乱，非杨、徐始之也。刘岩坐拥百粤，闭关自擅，而不毒民以与吴、楚争强。孟知祥即不据蜀疆，石、刘惴惴以偷立，契丹外逼，诸镇内讧，救死不遑，固无能越剑阁以绥两川也。则此三方者，未尝得罪于天人，嗣子保其遗业，婴城以守，众溃而后降，苟非残忍惎害以为心，亦恶能以窦建德、萧铣之诛，违理而逞其淫刑乎！

【注释】①轸（zhěn）：悲痛、伤痛。

【译文】至于那些趁着天下大乱而乘机称帝，而在他们走投无路的时候被俘，是可以对他们加以诛罚的；但那也只是针对那些首先祸乱天下以劫夺民众的贼人乱党，而不是惩罚那些想要惩罚乱党欲图再造天下的人。所以项羽虽然有十项罪行，但他起兵诛秦还是因为义愤，而汉高祖还是封他为鲁公并且厚葬了他，也没有掩盖他的功绩。王莽之乱，人心思念汉朝旧制，众多刘姓的王室宗亲纷纷起兵，而隗嚣、公孙述、张步、董宪之流，却扰乱上天的纲纪，祸害想要安定的人民。杨广凶暴荒淫，民众虽然受害没有休止，但窦建德、萧铣、徐圆朗则乘机割据，杀掠那已经困苦的人民；刘武周、梁师都、薛仁杲依仗着戎狄以残害华夏；王世充则受隋朝的恩宠和任命，却用狐媚的方式争夺皇位。凡是这种情况的，都是首先祸乱天下的人，不是想制止动乱而是想利用动乱的。所以他们虽然有的投降归附了，但杀了他们并在大街上悬首示众，老百姓还是拍手称快。他们和西蜀、南粤、江南的徐温、孟知祥、刘岩相比，就不可同日而语了。君主向上承溯天心，向下体察民意，掌握着不能有分毫差错的权力来施行赏罚，这种种不同的差别是不容紊乱的。徐温辅助杨行密来抵御毕师铎、秦宗权的毒害，而江、淮于是得以安宁。江、淮之乱，不是由杨行密、徐温肇始的。刘岩坐拥百粤地区，闭关独掌大权，但不毒害百姓来与吴、楚争锋。孟知祥就算不据守西蜀边陲，石敬瑭、刘知远也只能惴惴不安地偷安，契丹在外逼迫，各方军队在内又内讧，救死都来不及，当然不可能越过剑阁以平定两川地区了。这样说来，徐温和杨行密、刘岩、孟知祥这三方，未尝得罪于上天和人民，那么其后嗣子孙守住祖先遗留的家底闭城自守，直待军队溃散之后才向宋朝投降，如果不是残忍毒害之心，又哪能像对窦建德、萧铣那样的诛杀，违背天理而对他们滥用刑罚呢！

天之所怒者，首乱者也；人之所怨者，强争者也。仁有不可施，义有不可袭，必如宋祖之优处降王，而后可曰忠厚。

【译文】上天所愤怒的，是首先祸乱天下的人；众人所怨恨的，是恃强凌弱的人。仁有时也不可施用，义有时也不可照搬，定要像宋太祖那样优待投降的君王，那才可以称得上忠厚。

八

口给以御人[1]，不能折也。衡之以理，度之以势，即其御我者以相诘，而固无难折。夫口给者，岂其信为果然哉？怀不可言之隐，相诱以相劫，而有口给之才，以济其邪说，于是坐受其穷。唯明主周知得失祸福之原，秉无私以照情伪之始终，则不待诘而其辩穷矣。曹翰献取幽州之策，太祖谋之赵普。普曰："翰取之，谁能守之？"太祖曰："即使翰守之。"普曰："翰死，谁守之？"而帝之辩遂穷。是其为言也，如春冰之脆，不待凿而自破，而胡为受普之御也！

【注释】①口给：口辩，口才敏捷。能言善辩。

【译文】靠能言善辩来驾驭别人，不能让人真正折服。如果以理服人，再根据形势来判断，直接用他反驳我的理由来反问他，那就不难让他理屈。那些能言善辩的人，难道他所说的他自己也确定无疑吗？心怀难言的隐情，用言语来诱导来劫夺他人，那善辩的口才反而助成他的邪说，于是被他说得无言以对。只有明君才能周知得失祸福的根源，内心无私而如镜照出人心情伪的来龙去脉，那么不用反问就可以让善辩者词穷了。曹翰向太祖献上夺取幽州的计策，太祖便去找赵普商量。赵普说："曹翰夺取了幽州，谁能守住它？"太祖说："就让曹翰来守。"赵普说："曹翰死了，谁来守幽州？"于是太祖就无言以对了。如果按上面的道理来看赵普所说的话，就像春天的薄冰一样脆，不用凿它自己就破了，又何必受赵普的摆布呢！

取之与守，其难易较然矣。劳佚饥饱之势既殊，而攻者处可进可退之地，人无固志，守则生死之争也。能夺之于强夷之手，而畏其不保乎？因其城垒，用其人民，收其刍粮，则蚁附者不能争我于散地。况幽州者，负西山，带卢沟，沓嶂重崖以东迤于海，其视瀛、莫、河朔之旷野千里，可恣胡骑之驰突者奚若？得幽州，则河朔之守撤；不得幽州，则赵、魏之野，莫非边徼[①]。能守赵、魏，而不能守幽州乎？忧曹翰死而无能守幽州者，则姑置之，徒不忧守赵、魏之无人，抑将尽取大河南北而授之契丹也与？翰死而不能更得翰，则幽州之取愈亟矣。所患者，幽州不易得耳。既已得之，而使翰经理守之之事，则虽不如翰者，倚其所缮之营堡，食其所储之米粟，用其所备之甲兵，自可百年而屹然以山立。繇汉以来，踞燕山以北狄，岂人皆如翰，而短垣卒不可逾，又何忧翰之不再得哉？

【注释】①徼（jiào）：巡察。

【译文】进攻与防守，其难易是显然的。进攻的劳顿与防守的闲佚、进攻的饥饿与防守的饱足既然不相同，而进攻者处于可进可退之地，没有确定不拔的意志，他随时可能放弃。而防守则生死攸关只能背水一战了。能从强大的夷人手里夺取下来，还怕守不住它吗？借助它的城墙堡垒，利用他的人民，储备那里的粮草，那么对方兵力即使如蚁附般密集也很难发挥出优势，不用我四处分兵作战，这就有利于我防守方集中优势兵力。何况幽州这个地方背靠西山，有卢沟如腰带般环绕，又有重叠的山崖向东绵延到大海，这样的地势比起能让胡人骑兵恣意奔驰作战的千里旷野瀛州、莫州、河北来又怎样呢？得到了幽州，则河北的防守就可撤除了；得不到幽州，则河北的赵、魏平原就都成了需要置兵防守的边境了。而且能守住赵、魏平原，还不能守住幽州吗？担忧曹翰死了就无人能守住幽州暂且不说，为什么就不担心无人来守赵、魏平原呢？难道要把整个大河南北都送给契丹吗？曹翰死了就不能再有曹翰了，那么攻取幽州就更为急迫了。所担心的只是幽州不容易攻下来而已。既已得到了幽州，而让曹翰主管防守幽州，那么就算是不如曹翰的人，依靠曹翰所修缮的军营堡垒，吃着他所储备的军粮，用着他所储备的盔甲兵戈，自可如高山一样屹立百年。从汉朝以来，就一直是占据燕山以抵御北方的狄人，难道是人人都像曹翰一样能征惯战，以至于守卫的矮墙狄人始终不可逾越？显然不是如此。又何必担心像曹翰这样的将领不能再得到呢？

虑之远者，亦知其所可知而已。吕后问汉高以社稷之臣，至于一再，则曰：“非汝所知。”非独吕后之不知，汉高亦不知也。所可知者，育材有素，抡选有方，委任之以诚，驾驭之以礼，则虽百年以后之干城，皆早卜其勋名之不爽。何事于曹翰膂力方刚之日，而忧其难继哉？逆料后之无良将，而靳复其故宇；抑将料子孙之无令人，而早举中夏投之戎狄，以免争战之劳与？

【译文】虑事长远的人，也只能知道他所能知道的而已。吕后问汉高祖谁是能担当国家重任的社稷之臣，一问再问，最后汉高祖也只能说："不是你能知道的。"不但吕后不能知道，汉高祖也不能知道。所能知道的，就是培育人才要训练有素，选拔人才要有正确方法，委任人才要有诚心，驾驭人才要有礼节，那么就是百年后能保家卫国的大臣，也都能早早就分毫不差地料定其功勋名望。何至于还在曹翰年富力强的时候就担心在他之后没有后继之人呢？是预判以后没有良将，现在就考虑恢复故土，还是预判子孙没有杰出人才，而早早地把华夏送给戎狄，以免以后的战争之苦呢？

故普之说，口诚给也；以其矛，攻其盾，破之折之，不待踟蹰，而春冰立泮。然而以太祖之明，终屈于其邪说也，则抑有故矣。谓谁能守者，非谓才不足以守也；谓翰死无能如翰者，非谓世无如翰之才者也。普于翰有重疑矣。而太祖曰："无可疑也。"普则曰："舍翰而谁可弗疑也？"幽燕者，士马之渊薮也[1]。天宝以来，范阳首乱，而平卢、魏博、成德相踵以叛。不惩其失，举以授之亢衡强夷之武人，使拊河朔以瞰中原，则赵氏之宗祏危矣！呜呼！此其不言之隐，局蹐喔嘶于闺闱，而甘于朒缩者也[2]。不亦可为大哀者乎！夫直北塞垣之地，阻兵而称乱者，诚有之矣。汉则卢绾、陈豨、彭宠、卢芳；唐则始于安禄山，终于刘仁恭父子。然方跃以起，旋仆以灭，亡汉唐者，岂在是哉？且其拥兵自保，而北狄阑入之祸消，虽倔强不戢，犹为我吠犬以护门庭也。迨及朱温屠魏博，李存勖灭刘守光，而后契丹之突骑长驱于河、汴，而莫之能遏。御得其道，则虽有桀骜之夫而无难芟刈[3]。即其不然，割据称雄者，犹且离且合，自守其疆域，以为吾藩棘。此之不审，小不忍而宁掷之敌人，以自贻凭陵之祸。四顾怀疑，密谋而安于弃割，弗能告人曰吾之忧在此也，则口给之言，入乎耳而警于心；普曰：“翰未可信也，继翰者愈可疑也”，则画河自守，鞭易及而马腹无忧耳。宋之君臣匿情自困，而贻六百年衣冠之祸，唯此而已矣。

【注释】①渊薮（yuān sǒu）：渊，鱼聚集的地方。薮，兽聚集的地方。渊薮比喻人事物聚集之地。

②朒（nǜ）：亏缺；不足。

③芟刈（shān yì）：芟，割草，引申为除。芟刈引申为杀戮。

【译文】所以赵普的说法，确实是能言善辩；但是如果用他的矛攻他的盾，不用犹豫之间就会像春天的冰马上化冻一样折服他。然而以宋太祖的明智，最终仍然屈服于赵普的邪说，那也是有原因的。说谁能守卫幽州，不是说能力不足以守卫幽州；而是说曹翰死了就再没有曹翰了，而不是说世上没有如曹翰一样有才能的人。赵普对曹翰有很深的猜疑，而宋太祖说：“曹翰没有什么可疑的。”赵普则说：“除了曹翰还有谁是可以不怀疑的呢？”幽州之地，富于兵士和战马。自唐朝天宝年间以来，范阳节度使首先叛乱，然后平卢、魏博、成德相继反叛。不惩罚这种罪过，反而把幽州交给能抗衡外夷的其他军阀，结果让他能坐拥河北而窥视中原，那么赵家的宗室河山就危险了！呜呼！这就是他的难言之隐，只好在密室里感叹，而甘心让河北的军事部署处于软弱不足的状态，难道不应为他们而大大地悲哀吗！而在北方的关塞边境地区拥兵称乱的，确有其人。在汉朝有卢绾、陈豨、彭宠、卢芳，在唐朝则是从安禄山开始，到刘仁恭父子结束。但是这些人都是才跳出来叛乱，随即就倒下灭亡了，使汉、唐两朝灭亡的，岂是因为这个？况且他们拥兵自保，反而免除了北方狄人侵入的灾祸，虽然他们倔强不顺，但还能像狗一样起到为朝廷看护门庭的作用。等到朱温屠杀了魏博，李存勖消灭了刘守光，而后契丹的突击骑兵就可以长驱直入黄河、汴梁地区而无人能够遏止他们。处理得好的话，则虽然有桀骜不驯的人也不难加以除灭。即使不能如此，割据称雄的人也是忽离忽合的，他们各自守着他们的疆域，正好可以作为朝廷的藩篱。看不到这一点，小事不能忍耐而宁可把北方要地扔给敌人，就是自己造成被人欺侮的灾祸。环顾四周而无人不怀疑，密谋之后而安心放弃，却不能告诉别人说我的担忧在此，那么那些善辩的话语，听进耳朵就可以让心里警觉；赵普说："曹翰是不可信的，曹翰之后的继任者则更为可疑"，于是宁愿以黄河为界而自守，在鞭长可及的地区安于现状。宋朝君臣的这种想法给自己增添了困扰，而且还为华夏留下了六百年的灾祸，只是因为这个。

乃若普者，则又不仅是。以幕客之雄，膺元勋之宠，睥睨将士，奄处其上，而固无以服其心也。陈桥之起，石守信等尸之，而普弗与；下江南，收西川，平两粤，曹彬、潘美等任之，而普弗与；则当时推诚戮力之功臣，皆睨普而愤其轧己，普固有不与并立之势，而日思亏替之以自安。所深结主知以使倚为社稷臣者，岂计安天下以安赵氏哉？唯折抑武臣，使不得立不世之功以分主眷而已。故其受吴、越之金，而太祖曰："彼以为天下事尽繇书生也。"则太祖亦窥见其情，徒疑忌深而利其相制耳。

【译文】至于像赵普这样的人，则又不仅仅如此而已。他作为幕僚中的雄才，被开国元勋恩宠，傲视将士，高居其上，本来就不能让众武将心服。陈桥兵变之时，石守信等人促成其事，赵普没有参与；以后攻下江南、收服西川、平定两粤，是曹彬、潘美等人担当其任的，赵普也没有参与；那么当时为宋太祖赵匡胤赤胆忠心戮力攻杀的功臣，都看不起赵普，还为赵普倾轧自己而愤愤不平，赵普本有和他们势不两立之势，于是天天想着削弱替换他们而保自己的平安。他是因为深得君主信任而使君主把自己当成社稷之臣的，哪里是为了安定天下来安定赵家王朝呢？他只是压制武将，使他们不能建绝世大功而分得君主的眷爱。所以他在接受吴越的金钱时，宋太祖说："他还以为天下事都由书生做主呢。"可见宋太祖也已看破他的私心了，只是由于太祖对武将也有很深的猜忌所以利用赵普与武将相互牵制罢了。

惟然，而太祖之任普也亦过矣。不仁者，不可与托国。则他日之惎害其子弟以固宠禄，亦何不可忍也！诚欲崇文治以消桀奡与[①]！则若光武之进伏湛、卓茂，以敦朴纯雅之风，抑干戈之气，自足以靖方夏而化强悍。若湛、茂等者，皆忠厚立心，而无阴鸷钳伏之小知者也。故功臣退处，而世效其贞。当宋之初，岂无其人，而奚必此怀椠倚门、投身戎幕之策士乎？弗获已，而窦仪、吕余庆之犹在也，其愈于普也多矣。险诐之人，居腹心之地，一言而裂百代之纲维。呜呼！是可为天下万世痛哭无已者也。

【注释】①桀奡（jié ào）：桀，相传为夏朝的暴君；奡，即浇，相传为夏朝时残暴好斗的人。桀鏖，泛指残暴好斗的人。

【译文】虽然如此，宋太祖重用赵普也是太过了。不仁之人，不能托付国事给他。否则他日他祸害君主的子弟来巩固自己的恩宠和俸禄，又是多么难以忍受！真想崇尚文治以消除残暴风俗的话，那就像汉光武帝那样引进伏湛、卓茂，以其敦朴纯良的风气，抑止消融残暴杀伐之气，自然足以安定华夏而归化强悍之人。像伏湛、卓茂这样的人，都是忠厚之心，没有险恶地钳制别人的小聪明。所以当这样的功臣退位之后，世人都追随仿效他们的忠贞。在宋朝的初年怎么没有这样的人呢？又何必重用赵普这种投身幕僚的策士呢？就算还得不到这种人，那时候窦仪、吕余庆还在呢，他们比赵普还是强很多。阴险邪恶的人，位居心腹重地，他的一句话就破坏了百代的纲纪。呜呼！这真是要天下万世为之痛哭不已的事情啊。

九

曹翰之策取幽州，勿虑其不可守也，正惟欲取之而不克。何以明其然也？兵者，非可乍用而胜者也，非可于小康之世，众志惰归而能当大敌者也。宋承五代之余，人厌干戈，枭雄之气衰矣。江南、蜀、粤之君臣，弄文墨，恣嬉游，其甚者淫虐逞而人心解体，兵之所至，随风而靡，宋于是乘之以有功。彼未尝誓死以守，此未尝喋血以争，如项羽、公孙述、窦建德、薛举之几胜几负而始克者也。乃天下已收其八九，而将卒之情胥泮涣矣。以此而骤与强夷相竞，始易视之，中轻尝之，卒且以一衄而形神交馁[1]。故太宗之大举北伐，惊溃披离而死伤过半。孰是曹翰之奋独力以前，而可保坚城之遽下邪？虽然，抑岂无以处此哉？汉高帝尝困于白登矣，至武帝而幕南可无王庭；唐高祖尝称臣于突厥矣，至太宗而单骑可使却走。夫汉与唐，未尝不偃戈息马以靖天下也；未尝不制功臣使蹲伏而不敢窥天位也；特不如赵普者惴惴畏人之有功，而折抑解散之，以偷安富贵。则迟之又久，而后起者藉焉，何忧天下之无英杰以供驱使哉？句践，一隅之君耳，生聚之，教训之，卒以沼吴。惟长颈鸟喙之难与共功②，而范蠡去，文种诛，以终灭于楚。一得一失之几，决于君相之疑信，非繇天下之强弱，其亦审矣。

【注释】①衄（nǜ）：本意为鼻孔出血。泛指损伤；挫败。馁（něi）：丧失勇气。

②长颈鸟喙：出自《史记·越王句践世家》："越王为人长颈鸟喙，可与共患难，不可与共乐。"这是在句践平定吴国之后范蠡离开了越国，临行前写信给大夫文种说："越王的脖子长，嘴像鸟嘴一样尖，这种人只可以与其共患难，不能与其共享乐。"后来越王句践果然逼死了文种。

【译文】曹翰谋划攻占幽州，不用担心他不能守住幽州，而应担心他攻不下来。凭什么这么说呢？用兵，不是临时一用就能取胜的，也不能在小康之世，众人意志已经懈怠时抵御大敌。宋朝在五代之后，人们都已经厌恶战争了，枭雄之气已经衰弱了。而江南、西蜀、南粤割据的君臣，往往舞文弄墨，恣情嬉游，甚至有人过分荒淫而人心涣散，于是宋兵所至他们随风而倒，宋朝是在这种情况下乘势进军而成功的。对方未尝誓死防守，己方也未曾拼死攻坚，像过去的项羽、公孙述、窦建德、薛举那样经过几胜几负才最终攻克。而且此时天下已攻占了十之八九，将士的斗志也都涣散了。在这种形势下突然与外国强敌交战，开始时以为很容易，中间轻率尝试，终于因一次挫败而身心都丧失了勇气。所以宋太宗大举北伐，大军溃败时惊恐混乱而死伤过半。这与曹翰自己奋力向前，而保证能很快地攻下幽州相比，哪种结果更好呢？虽然如此，难道就没办法处理好这种局势了吗？汉高祖曾在白登被匈奴围困，但是到汉武帝时就能让匈奴在沙漠之南不敢宣示领土；唐高祖曾向突厥称臣，而到唐太宗的时候单骑就能让突厥使臣撤退。汉朝和唐朝，未尝不偃兵息武以安定天下，也未尝不抑制功臣使之不敢窥伺帝位，只是不像赵普那样惴惴不安地怕别人有功，而意图打压分散他们，以使自己偷安富贵。那么如此延续很久后，就会有后起者利用这种局面，哪里需要担忧天下没有英雄豪杰效命呢？句践，偏居一隅的小国君主而已，他用十年的时间聚集力量，又用十年的时间教化训练，终于灭了吴国。只是他的长颈、嘴尖之相显露出他是不可共富贵之人，于是范蠡才离开越国，而文种也被句践诛杀，越国终于被楚国所灭。这一得一失的幽微之处，取决于君主和宰相对其他人是多疑还是信任，而不是由于天下力量的强弱，这也很清楚了。

以普忮害之小慧，而宋奉之为家法，上下师师，壹于猜忌。狄青、王德用且如芒刺之在背，惟恐不除焉。故秦桧相，而叩马之书生知岳侯之不足畏。则赵普相，而曹翰之策不足以成功，必也。翰之以取幽州自任也，翰固未之思也。

【译文】赵普嫉害他人的小聪明，被宋朝尊奉为家法，上师下从，一样都存猜忌之心。对狄青、王德用这些善战的武将就像芒刺在背，唯恐不能除掉。所以秦桧当上了宰相，就有书生知道岳飞不足畏惧。那么赵普做宰相，而曹翰的策略不能成功也是必然的了。曹翰以攻取幽州自任，但他对此却未能深思啊。

十

记曰：“礼从其朔。”朔者，事之始也；从之者，不敢以后起之嗜欲狎鬼神也。又曰：“礼，时为大。”时者，情之顺也；大之者，不忍于嗜欲之已开，而为鬼神禁之也。是故燔黍而有敦黍①，捭豚而有燔肉，玄酒而有三酒，太羹而有和羹。不废其朔，质也，而将其敬，不从其情，则文也；不违其时，文也，而致其爱，不蕲乎美，则质也。兼敦而互成，仁人孝子之以事鬼神者乃尽之。

【注释】①燔黍（fán shǔ）：原始社会未有炊具，将黍米在石头上烤炙而食。下文中捭豚、玄酒、太羹、笾、豆、铏、俎、敦、彝等等，均为古时人们祭祀所用之器物或食物。

【译文】《礼记·礼运》中说：“礼从其朔。”朔，是事情的开始和根源。遵从之，不敢以后来产生的嗜欲而轻辱鬼神。又说：“礼，时为大。”时势，是人情后天的产物；以时势为大，是不忍心嗜欲的产生，而为鬼神所禁止。所以用火烧的石头烤黍米，再用器皿盛黍米。用手撕开猪肉，再用火烧烤猪肉。用水代酒，再用酿造的酒。用不加调味的太羹，再用各种调味的和羹。不废根源，那是质朴的体现，而用礼仪传达敬意而不是完全随顺人情，则是礼仪修养的体现；不违背时势，这是外在的礼仪修养。表达内心的敬爱而不求外在的礼仪，则是内在的质朴。兼具内心的真情实感而与外在的礼仪修养相结合，二者相辅相成，那么仁人孝子用以敬事鬼神的道理就可说是完备了。

祭用笾、豆，周制也；夏殷以上，固有不可尽考者矣。不可考者，无自而仿为之，则以古之所可考者为朔。祭之用笾、豆、铏、俎、敦、彝，仿周制而备其器，所以从朔而将其敬，非谓必是而后为鬼神之所歆也。尊其祖而不敢亵，文治也，而质为之诎矣。太祖欲撤之，而用当时之器，过矣。过则自不能晏然于其心，而必为之怵惕，故未几而复用之。然而其始之欲用当时之器，以顺情而致养，亦未甚拂乎道也。歉然不惬，而用祖考之所常御；怵然中变，而存古人之所敬陈；皆心也。非资闻见以仿古，徇流俗以从时也。爱不忍忘，而敬不敢弛；质不忍靳，而文不敢替；故两存之。于其必两存者，可以察仁孝之动以天者矣。

【译文】祭祀使用笾、豆，这是周朝的制度；夏朝、殷朝以前，当然有些情况已经不能完全考察清楚了。不可考察的事情自然无从效仿，那么就用古人中还能考察清楚的作为依据。祭祀使用笾、豆、铏、俎、敦、彝这些器皿，是仿照周朝的制度需要具备的，所以从这个根源开始再加上敬重的礼仪，而不是说非得这样做了才能使鬼神享用。遵守这样的仪则是表示尊重祖先而不敢亵渎，这是文治修养的表现，但只是这样的话内心敬重祖先的质朴真情的表达就不充分了。宋太祖想撤掉周朝祭祀的那些器皿而使用当时的器皿，这就不妥当了。不妥当了自然不能安心，内心必定会惴惴不安，所以不久就又恢复原状了。然而他开始时想用当时的器皿以顺乎人情来表达对祖先的奉养，也不算很违背大道。使用祖先们常用的器皿又感到不惬意，又因内心不安而恢复原状保留古人所使用的器皿，这都是出于他的心。他不是因为看到古人是这样做的才刻意仿效古人的，也不是为了顺从众人的习惯而顺乎时势的。他是因为对祖先敬爱而不忍忘怀，但是恭敬的礼仪也不敢懈怠；质朴的感情不忍过于追求仪式感，但外表的礼仪典范也不敢有所替代，于是外在的礼仪修养与内在的质朴感情两者都同时并存了。在他兼顾礼仪典范与质朴感情这点上，就可以看到仁孝之心的萌动是出于天性。

虽然，其未研诸虑而精其义也。古者天子诸侯之事其先，岁有祫，时有享，月有荐。荐者，自天子达于庶人，而祭以等降。祭以文昭敬，位未尊而敬不得伸；荐以质尽爱，苟其亲者而爱皆可致。夫祭必有尸，有尸而有献斯有酢，有酢斯有酬，有酬斯有绎，周洽弥纶，极乎文而不欲其相渎。故尊罍设，玄酒陈，血膋燔，牲升首，太羹具，振古如斯。而笾、豆、铏、俎、敦、彝，皆法古以重用其文，而后尊之也至；尊之也至，而后敬无不伸。若夫荐，则有不必其然者矣。荐非不敬，而主乎爱；主乎爱，则顺乎其时，而以利得其情。古之荐者，所陈之器、所献之味无考焉。意者唯其时而不必于古与！其器，习用而安之；其味，数尝而甘之；仁人孝子弗忍绝也，则于荐设之焉可矣。且夫笾、豆、俎、铏，亦非隆古之器矣；和羹、燔炙，亦非隆古之食矣；古今相酌，而古不废今，于祭且然，而况荐乎？汉、唐以下，所谓祭者皆荐也，未有舍今以从古者也。唯不敢不以从朔之心，留十一于千百，则笾豆相仍，用志追崇之盛。而古器与今器杂陈，古味与今味互进，酌其不相拂者，各以其候而递用之，极致其敬爱，必有当也。而太祖未之讲耳，卒然而撤之，卒然而复之，义不精而典礼不定，过矣。然而其易之之情、复之之心，则固诚有于中憬然而不容抑者存也。有王者起，推此心以求合精于义，而质文交尽，存乎其人焉。非可以意之偶发而废兴之也。

【译文】虽然如此，他还没有精心钻研而精通其义。古代天子诸侯们祭祀他们的祖先，每年有袷，每季有享，每月有荐。荐献，是从天子直到普通人都奉行的，但祭祀的规格是按照等级逐级降低的。祭祀是用外在的礼仪典范来彰显恭敬，不是尊贵的官员就没有足够条件来用礼仪典范以表达恭敬；但荐献则不然，荐献其根本在于内在的淳朴感情，只要是他的亲人对祖先有真情实感就都是可以表达的。凡是祭祀就必有主持祭祀的人，有主持祭祀的人就会有献酒有酬答，有酬答就会有第二天的再祭，这样才使祭祀周到完备无所不包，在外在的礼仪典范上达到极致而不令其亵渎。所以才要设置尊罍这样的酒器，陈列玄酒，燔烧带血的肥肉，准备好太羹，自古以来就是如此。而笾、豆、铏、俎、敦、彝，都是效法古人而重视其礼仪典范的，然后对祖先的尊重恭敬就得以体现；尊重得以体现，那么对祖先的敬重也就充分表达了。至于荐献，有时候就不必如此了。荐献不是以礼仪上的典范为主，而以内心的真情实感为主；以真情实感为主，就符合自然之情，而用荐献来表达。古时人们荐献时所陈列的器物、所献祭物的味道已经不能考查了。估计是应乎当时的习俗而并非一定要符合古人的典范吧！所以其祭器，用日常所用的也能心安；所献祭物的滋味，品尝后觉得美味就可以荐献了；仁人孝子不忍心使祖先死后再也吃不到，所以就在荐献时献上这些也就可以了。而且笾、豆、俎、铏等器皿，也不是远古时的器皿了；和羹、燔炙之肉等等，也不是远古时的食物了；古今对比斟酌，古时就已经不再用比他们更早时期的物品了，甚至在祭祀时都是如此，更何况荐献呢？汉朝、唐朝以后，所说的祭祀都只是荐献而已，他们也没有舍弃他们当时的习惯而遵从古时的做法。只是他们不敢不尊重古人的传统，对古时的千百般祭祀器物制度中保留其中的十分之一，所以才仍然使用笾豆等器皿，用来表达尊崇推重古人之意。而古时的器物与当今的器物混杂着使用，古时的食物与今时的食物同时进献，只要它们能彼此搭配没有不和谐的，就各自按照当时的情形而递相使用它们，用以充分表达对祖先的敬仪与真情，这就一定是合适的举措了。而宋太祖对此并没有精心研究，忽然之间撤掉古时的祭器祭物，又忽然之间恢复使用，对其义理没有精到的理解而相关的仪则典范也不确定，这就不妥当了。但是他改换祭器与祭物、后来又重新恢复的心情，则固然是内心的真情实感而不容否定。如果有能称王于天下的人兴起，以这种心情而探索追求其义理，而使祭祀的内在质朴与外在的礼仪典范全都达到极致，那就只能看有没有这种人了。这不是偶发的心意可以随意废除或恢复的。

十 一

省官以清吏治，增俸以责官廉，开宝之制，可谓善矣。虽然，有说。语云：“为官择人，不为人建官。”此核名实、求速效之说也，非所以奖人材、厚风俗、劝进天下于君子之道也。郡县之天下，其为州者数百，为县者千余。久者六载，速者三载，士人之任长吏者，视此而已。他则委琐之簿、尉，杂流兼进者也。以千余县岁进一人，十年而溢于万，将何以置此万人邪？且夫岁进一人之不足以尽天下之才也，必矣。古之建国也，其子、男之国[①]，提封之壤，抵今县之一二乡耳。而一卿、三大夫、九上士、二十七中士、八十一下士，食禄于国，为君子而殊于野人者且如此。进而公、侯，又进而天子之廷，凡其受田禄而世登流品者，不可以纪。故其诗云："济济多士，文王以宁。"以文王之德，且非是而无以宁也。育人材以体天成物，而天下以靖。故易曰："上天下泽，履，君子以辨上下、定民志。"民志于民而安于利，士志于士而安于义，勿抑其长，勿污其秀，乃以长养善气，礼乐兴，风俗美，三代之所以敦厚弘雅，迎天地之清淑者；岂在循名责实、苟求速效之闲哉？

【注释】①子、男：周代分封的诸侯有五等爵位：公、侯、伯、子、男，子、男是相对低等的爵位。下文中的公、侯则是高等爵位。

【译文】官吏减员以澄清吏治，增加俸禄来求官吏的清廉，这是开宝年间的制度，可以说是很好的。虽然如此，还是有值得评论的地方。古人说过："为官职而选择人，而不是为人而设立官位。"为官职而选择人，这是为了让名实一致、追求速效而提出的说法，却不是奖励人才、淳厚风俗、劝勉天下入君子之道的方法。郡县制的天下，其中州有数百个，县有一千多个。士人担任郡县的长官，时间长的有六年，时间短的只有三年，都是如此而已。其他下级种种吏员如主簿、县尉之类，则是兼用其他杂人来担任的。按一千多个县每年进用一人，十年就超过一万了，这一万多人如何安置呢？而且每年进一人也不足以搜罗尽全天下的人才，这是一定的。古人建立诸侯封国，其中低级的子爵、男爵一级的诸侯国，分封的国土面积，只抵得上现在一个县的一两个乡而已，却设有一卿、三大夫、九上士、二十七中士、八十一下士，他们都在封国内享受俸禄，君子与平民百姓的差别是这样的。进而至于公爵、侯爵，又进而乃至天子的朝廷，凡是享受封国和俸禄而且世代流传的，其数多得不可记录。所以《诗》里说："人才济济士人多，文王以此而安宁。"以文王的德行，尚且没有这么多人才都无法安宁。所以培育人才以顺天心而成就万物，天下于是安宁。所以《周易》中说："上卦为天，下卦为泽，这是履卦。君子以此而分辨上下之位，安定人民的志向。"万民之志是安居乐业丰衣足食，士人的志向就是行为有操守而安于道义，不用抑制他们各自的长处，不用涂污他们的雅秀，以此来养育善良的风俗，于是礼乐兴盛，风俗良善，这是夏、商、周三代之所以能敦厚宏雅，迎来天地的清新美善的原因啊；岂是固执地坚持必须名实一致、贪求速效而成的呢？

士之有志，犹农之有力也。农以力为贤，力即不勤，而非无其力；士以志为尚，志即不果，而非无其志。士之知有善，犹工贾之知有利也。工贾或感于善，而既已知利，必挟希望之情；士或惑于利，而既已知善，必忌不肖之名。为人上者，因天之材，循人之性，利导之者顺，屈抑之者逆。学而得禄者，分之宜也；菀而必伸者，人之同情也。今使为士者限于登进之途，虽受一命，抑使迁延坷坎，白首而无除授之实，则士且为困穷之渊薮。则志之未果者，求为农而力不任，且疾趋工贾，以不恤旧德之沦亡。其黠者，弄唇舌，舞文墨，炫淫巧，导讼讦，以摇荡天下，而为生民之大蠹。然后从而禁之，乱且自此而兴矣。是故先王建国，星罗棋布，而观之于射，进之于饮，一乡一遂，皆有宾兴之典，试于司马而授之以事，岂其人之果贤于后世哉？所以诱掖而玉之成者，其道得也。

【译文】士人而有志向，就好像农民有力气一样。农民以有力气为高明，就算他不勤快，也不能说他是没有力气；士人以有志向为高尚，就算志向不能实现，也不能说他没有志向。士人知道向善，就像工人商人知道去逐利一样。工人商人或许会被善所感动，但既然已经知道了利益所在，还是会有希望得利之心的；士人或许会被利益迷惑，但既然已经知道了向善，也还是会忌讳不善的声名的。在上的人君，利用人天生的才能，体察人的本性，用好处去引导他们，这是顺；压抑而使他们屈服，这是逆。士人学习进修而后获得官禄，这是他应得的；压抑之后必会爆发，这也是人之常情。如今的士人只有进入仕途升进官位取得俸禄一条路，虽然获得了一次任命，又很迂延坎坷，头发白了也没有得到授官的实际好处，那么士人将要成为穷困潦倒的聚集地了。那么那些志向没有实现的士人，想当个农民却没力气，于是就奔向工商之途，而不再关注品德会丧失了。于是其中的狡黠之人，就会玩弄口舌，舞文弄墨，炫耀奇技淫巧，帮助人们打官司，于是天下动荡不太平，他们就成为了民众的大害。然后因此而设法禁止他们，祸乱就此就要产生了。所以古代的先王分封诸侯国，如同星罗棋布一般，使大家都有机会得到安置。比如通过射礼，通过饮礼等等方式，每个乡村每条街道，都有推举贤人的制度，让各色人才在司马那里接受测试再授予职事。这哪里是这些人真的比后世人更贤明呢？所以先王能诱导他们、玉成他们，才是他们的得以入仕的方法。

夫论者但以吏多而扰民为忧耳。吏之能扰民者，赋税也，狱讼也，工役也。虽衰世之政，三者之外无事焉。抑考周官六典，任此以督民者，十不二三；而兴学校、典礼乐、治宾旅、莅祀事、候灾祥、庀器服者[①]，事各一司，司各数吏，咸以上赞邦治、下修邦事，劝相之以驯雅之业，而使向于文明。固不能以其喜怒滥施于卑贱，贪叨猎取于贫民弱族也。则吏虽繁，而治固不棼；又何十羊九牧，横加鞭挞之足忧哉？任之以其道也，兴之以其贤也，驭之以其礼也，黜之陟之以其行也。而赋税、狱讼、工役之属，无冗员，无兼任，择其人而任之以专。则吏治之清，岂犹有虑；而必芟之夷之，若芒刺在体之必不能容邪？乃若无道之世，吝于俸而裁官以擅利，举天下之大，不能养千百有司。而金蚀于府，帛腐于笥，粟朽于窌，以多藏而厚亡[②]。天所不佑，人所必仇，岂徒不足以君天下哉？君子所弗屑论已。

【注释】①庀（pǐ）：治理。

②多藏而厚亡：语出《老子》第四十四章："甚爱必大费，多藏必厚亡。"意指喜爱得太厉害，就定会为此而花费大量金钱。储藏的越多，而损失的也越多。

【译文】那些爱发议论的人往往担心官吏多会扰民。官吏能够扰民的，是收赋税，打官司和征劳役这三者。即使是衰世末世的国政，这三样之外也没有别的能扰民的了。再来看《周礼》和《六典》，用这三者来督查民众的官吏，不到十中之二、三；而兴办学校、主掌礼乐、治理旅客、参与祭祀事务、占测灾害祯祥、处理器物与服饰这些事情的，每项事物都有一个部门，每个部门都有几名官吏，都是向上协助国家治理、向下处理国家具体事务，以顺服雅致之事来劝化，而使国民趋向文明。显然不能让官员因个人的喜怒而向下民滥加骚扰，以及出于贪婪而从贫弱的民众手中谋取好处。如此则虽然官吏很多，而国家的治理也不紊乱；又哪里需要担忧会出现那种十只羊有九个牧羊人，从而对羊群横加鞭挞的情况呢？这是因为用合适的方法来任用官员，以其贤能来选拔官员，以礼来化导官员，以其行为来赏罚官员所致。而收赋税、打官司、征劳役这些官员，是没有多余冗员的，没有兼任，只要选择恰当的人专职去做。那么吏治的清廉难道还用担心吗？何必定要削减官吏数量，就像芒刺在背一样必定不能相容呢？至于无道的年代，舍不得多给俸禄于是通过官吏减员来求利，难道以天下之大，还不能养千百个官员吗？而金钱在库府中腐蚀，布帛在箱子里腐烂，粮食在地窖里变质，这就是所谓的储藏越多而损失的也越多。上天所不保佑的，也一定是人们所愤恨的，岂止是不足以君临天下呢？君子不屑于评论这件事而已。

十二

军兴，刍粮、糗糒[①]、器仗、舟车、马牛、扉屦、帟幕、械具，日敝日增，重以椎牛酾酒赏功酬谋之费，不可殚极，未有储畜未充而能兴事以图功者也。于是而先储其盈以待事，谋国者所务详也。虽然，岁积月累，希一旦而用，则徒以受财之累，而事卒不成。太祖立封椿库[②]，积用度之余，曰：“将以图取燕、云。”

志终不遂，而数传之后，反授中国于北狄，则事卒不成之验也。积财既广，既启真宗骄侈之心以奉鬼神；抑使神宗君臣效之，以箕敛天下，而召怨以致败亡；则财之累也。

【注释】①糗糒（qiǔ bèi）：干粮。

②封椿库：宋叶梦得《石林燕语》三："太祖初平诸伪国，得其帑藏金帛，以别库储之，曰：'封椿库'，本以待经营契丹也。其后三司岁经所用，常赋有余，亦并归之。"封椿库是宋太祖设立的储藏仓库，将平定诸国所得的金帛及每年的财政盈余储存起来，以作为收复燕、云的经费。

【译文】军队要出动，粮食、干粮、各种器具兵器、舟船车辆、牛马、各种草鞋、帷幕、器械用具，天天都有损耗，天天都要增加，再加以杀牛滤酒犒赏功臣谋士等费用，无法计算，没有储备不足而擅自兴起大事就能成功的。于是事先储备充足以等待大事，这是谋划国家大事的人定要详细考虑的。虽然如此，如此长年累月地积累，以求一朝之用。但没想到恰恰反被钱财拖累而大事不成。宋太祖建立的封椿库，就是将开支用度后的节余储存起来，说："将要靠它来收复燕、云十六州。"然而愿望最终没有实现，但传了几代之后，反而被北方的狄人得到，这就是大事不成的验证。积聚的财物已经很多了，这不仅开启了宋真宗的骄侈之心以侍奉鬼神，还使宋神宗君臣效仿，聚敛天下的财物而招至怨恨而最终败亡，这都是钱财的拖累啊。

财可以养士，而士非待余财以养也。谢玄用北府兵以收淮北，刘宋资之以兴；郭子仪用朔方兵以挫禄山，肃宗资之以振。岂有素积以贸死士哉？非但拔起之英，徒手号召，百战而得天下也。盖兵者，用其一旦之气也，用其相习而不骇为非常之情也，用其进而利、坐而不足以享之势也。恃财积而求士以养之，在上者，奋怒之情已奄久而不相为继；在下者，农安于亩，工安于肆，商安于旅；强智之士，亦既清心趋于儒素之为；在伍者，既久以虚名食薄糈，而苦于役；应募者，又皆市井慵惰之夫，无所归而寄命以糊口。国家畜积丰盈，人思猎得，片言之合，一技之长，饰智勇以前，而坐邀温饱，目睨朝廷，如委弃之余食，唯所舐龁[①]，而谁忧其匮？一日之功未奏，则一日之坐食有名，稍不给而溃败相寻以起，夫安所得士而养之哉？锱铢敛之，日崩月坼以尽之，以是图功，贻败而已矣。

【注释】①龁（hé）：咬。

【译文】钱财可以养士兵，而士兵却不是用多余的财物来养的。谢玄用北府兵而收复了淮河以北，刘宋以此而得以兴起；郭子仪用朔方军挫败了安禄山，唐肃宗因此而得以振作。他们岂有平素积累的钱财以招募敢死之将士呢？不仅有突然崛起的英杰，而且也有空手号召而招募来的兵勇，就百战之后而得天下了。所谓的用兵，就是用将士们的士气，用他们习于面对危险而不畏惧的勇气，用他们前去作战才有利可得、坐着不动就不足以安享太平的形势。依靠积聚的钱财而求士进而养士，那么在上之人的激愤之情已经太久而不能持续了；在下之人的农民已经安于田亩，工人已经安于作坊，商人已经安于行旅了；勇猛有智的士人，也已清心而趋向于儒生的作为了；行伍中的人，既然已经长期以虚名而享用微薄的军饷，而为兵役所苦；应招募而入伍的新兵，又往往是市井中慵散懒惰之人，没有地方可去而到军队中糊口活命。国家储备充足，人们都想从中猎得一份，只要有只言片语之处合乎要求，只要稍有一技之长，就装出有智有勇的样子前来应募，应募成功之后就坐求温饱，斜眼看着朝廷，就如同抛弃的剩余食物，只知舔吃，谁还会担心国家储备的匮乏？一日的战功未有，就能因为有名在册而坐享一天的粮饷，粮饷稍微短缺点就有溃败之相显现，这样怎能得士进而养士呢？一点一滴地积聚的财富，数日数月间就用光，靠这来取得成功，只能带来溃败而已。

且夫深智沉勇决于有为者，非可望于中材以下之子孙也。吾之积之，将以有为也，而后之人不能知吾之所为，而但守吾之所积，以为祖德。其席丰而奢汰者勿论矣；驯谨之主，以守藏为成宪，尘封苔蔽，数无可稽，犹责填入者无已。奸人乘之，窃归私室，而不见其虚。变乱猝生，犹将死护其藏，曾不敢损其有余以救祸。迨其亡，徒赠寇仇，未有能藉一钱之用，以收人心而拯危败者。财之累，于斯酷矣！岂非教积者之作法于凉哉？

【译文】况且那些深谋远虑、勇猛果敢、有所作为的人，不可寄望于中等才能以下的人的后代子孙。我的积蓄本是将要有所作为的，而后代子孙不知我的用意，而只是守着我的积蓄，只是把这个当成是祖上的恩德而已。那些花钱大手大脚而奢侈的人就不用说了，就是那些柔顺谨慎的子孙，也会以守着祖上的积蓄为成法而一成不变，使积蓄的钱财堆满了灰尘，数量也无法统计，还不停地积极搜求钱财。若有奸人利用机会偷偷地拿到自己私宅中，后代子孙甚至还看不出积蓄已经减少了。一旦变乱突然发生的时候还要死死地守护这些积蓄，不敢拿出其中的一部分来救灾。等到他灭亡的时候就相当于白白地赠送给了仇敌，没能从中拿出一分钱用来收聚人心而拯救危局。钱财的拖累在这种情况下就显得太残酷了！岂不是教人积蓄的人的做法在德行上太凉薄了吗?

天下之财，自足以应天下之用，缓不见其有余，迫不见其不足。此有故存焉：财盈，则人之望之也赊；财诎，则人之谅之也定。见有余者，常畏其尽；见不足者，自别为图。利在我，则我有所恋，而敌有所贪；利不在我，则求利于敌，而敌无所觊。向令宋祖乘立国之初，兵狃于战而幸于获，能捐疑忌，委腹心于虎臣，以致死于契丹，燕、云可图也。不此之务，而窃窃然积金帛于帑[①]，散战士于郊，曰：“吾以待财之充盈，而后求猛士，以收百年已冷之疆土”，不亦迷乎！翁妪之智，畜金帛以与子，而使讼于邻，为达者笑。柰何创业垂统思大有为者，而是之学也！

【注释】①帑（tǎng）：指贮藏钱财的府库。

【译文】天下的财物，正好足够应付天下的开支，松缓时也不见它有多余，紧张时也不见它有不足。这是有原因的：钱财充裕，人们对它的指望就会奢侈；钱财不足，人们也就会体谅这种困境而精打细算。看到钱财有余的人常担心它会花光；看到钱财不足的人，自然会别有所图。钱财在我手里，则我对它有所眷恋，而敌人也有所贪；钱财不在我手里，就会向敌人手中夺取，而敌人也不会觊觎我。假如从前宋太祖在建国之初，军队还习于作战而且期待作战以获取好处的时候，能够捐弃对武将的怀疑和猜忌之心，向虎将披肝沥胆托付任命，他们就会拼死与契丹作战，则燕、云十六州就可以夺回了。不致力于此，却积蓄钱财在库府之中，把战士解散放到郊野，说：“等我钱财积攒够了，再寻求壮士来收复已经丧失了百年的疆土”，这不是迷惑吗？如同老头老太太的智谋，储藏钱财留给子孙，而让子孙与邻居相争讼，被聪明人看笑话。为何创业建国而要大有作为的人却去学这个做法呢！

十 三

宋初定开宝通礼，书佚不传。大抵自唐开元礼而上至于周礼，皆有所损益矣。妇服舅姑斩衰三年[①]，则乾德三年从大理寺尹拙等奏也。本生父母得受封赠，则淳化四年允李昉之请，赠其所生父超太子太师、母谢氏太夫人始；而真宗天禧元年，遂令所后父母亡、得封本生父母，遂为定制也。斯二者，皆变古制，而得失可考焉。

【注释】①服：服丧。舅姑：古指公公婆婆。斩衰（cuī）：丧服名。唐朝亲属按亲疏程度分五服：斩衰，齐衰，大功，小功，缌麻。衰，通“缞”，是“五服”中最重的丧服。用最粗的生麻制布再缝制，断处外露不缉边，丧服上衣叫“衰”，因此称为“斩衰”。表示毫不修饰以尽哀痛，服期三年。诸侯为天子，臣为君，男子及未嫁女为父，承重孙（长房长孙）为祖父，妻妾为夫，均要服“斩衰”。

【译文】宋朝初年制定《开宝通礼》，书已亡佚没有流传下来。大体上从唐代《开元礼》乃至向上追溯到《周礼》，都有所增减。儿媳妇为公公婆婆服三年斩衰之丧，则是始于乾德三年接受了大理寺卿尹拙等人的奏请。本人的生身父母可以得到朝廷的封号和表彰，则是始于淳化四年接受了李昉的请求，表彰他的生父李超为太子太师、表彰他的母亲谢氏为太夫人；而在宋真宗天禧元年，则令如果所承继的父母已亡故、可以转封自己亲生父母，就此成为常规制度。这两条，都是改变了古代的制度，而其中的得失是可以考察的。

礼有不可变者，有可变者。不可变者，先王亦既斟酌情理，知后之无异于今，而创为万世法；变之者非大伦之正也。可变者，在先工之世，尊尊亲亲，各异其道，一王创制，义通于一，必如是而后可行；时已变，则道随而易，守而不变，则于情理未之协也。人之大伦五[①]，唯君臣、父子、夫妇极恩义之至而服斩，兄弟则止于期矣，朋友则心丧而止矣，其他皆君臣、父子、夫妇之推也。舅姑虽尊，繇夫妇而推，非伦之正也。妇人不贰斩，既嫁从夫者，阴阳合而地在天中，均之于一体，而其哀创也深。夫死从子，其义虽同，而庶子不为其长子斩，庶子之妻亦如之，则非适长之不斩，不视从夫而重，虽夫殁无异，一姓之中，无二斩也。是则伉夫于父[②]，而妻道尽矣。推而之于舅姑，不容不降也。异姓合，而有宾主之道焉。故妇初执笲以见舅姑[③]，拜而舅姑答之。生答其拜，殁而服期，君子不以尊临人而废礼，所以昭人伦之辨也。

【注释】①大伦五：大伦是古代社会的基本伦理准则。《孟子·公孙丑下》："内则父子，外则君臣，人之大伦也。"五伦则是指五种人伦关系和言行准则，即古人说君臣、父子、兄弟、夫妇、朋友五种人伦关系。

②伉（kàng）：对等；相称（指配偶）。

③笲（fán）：古代一种盛物的竹器。

【译文】礼的制度有不可改变的，也有可以改变的。不可改变的，是古代先王已斟酌情理，知道后世与当时不会有不同，于是创建为万世不变的通法；对此加以改变，就不合乎基本伦理的正道了。可以改变的，是在古代先王的时代，尊敬尊贵的人，亲近亲爱的人，分别有不同的方式，一位君主创建了制度，在义理上是贯通一体的，必须像这样才可行；但时代已经变化之后，则道理方法也随之而改变，墨守成规而不改变，就又不合情理了。人的基本伦理有五项，其中君与臣、父与子、夫与妇之间的恩义最重，所以要服三年的斩衰，兄弟间则是服一年的丧服，而朋友之间是在心中守丧就可以了，其他的服丧等级都是由君与臣、父与子、夫与妇的守丧关系而推定的。公婆虽然也是尊者，也是由夫妇的关系而推定来的，不属于最基本的伦理关系。妇人不两次服斩衰，出嫁之后安从于丈夫，是阴与阳相合，阴代表妇代表地，阳代表夫代表天，出嫁后就是地在天中，合起来就是一体，所以丈夫去世她的哀痛创伤就非常深。丈夫死了，妇人就安从于儿子，其道理虽然相同，但庶子不对长子服斩衰，庶子之妻也是这样，不是非长子就不服斩衰，而是不像为丈夫守丧的规格那么重，虽然与丈夫去世没有多大区别，但一姓之中没有两次斩衰。这是把丈夫与父亲对等，而为妻之道就完备了。由此而推演来看媳妇与公婆的关系，就不能不降低。异姓合为一家，就有宾主之道在里面。所以妇人刚嫁进门要手托笲来拜见公婆，下拜之后公婆就会回礼。公婆活着的时候对媳妇的下拜回礼，去世之后要服一年的丧，君子不因地位尊贵就废坏礼仪，这是为了昭示人伦的区别啊。

今之夫妇，犹古之夫妇也。则自唐以上，至于成周，道立于不易，情止于自靖，而奚容变焉？若尹拙之言曰："夫居苫块[①]，妇被罗绮，夫妇齐体，哀乐宜同。"其言陋矣。哀乐者，发乎情，依乎性者也。人各自致，而奚以同于夫哉？妇之于夫，其视子之于父也奚若？父斩子期，亦云哀乐异致非父子之道乎？子之居丧也，非见母不入于内，则妇之得见于夫者无几。虽不衰麻，自有质素，祭不行，而无馈笾亚献盛饰之服，苟为礼法之家，亦何至被罗绮以与衰麻相闲乎？妇有父母之丧，夫不举乐于其侧，缘情居约，哀者哀，而哀已节者固不以乐乱之，亦无俟强与同哀，而为不及情之贰斩矣。自宋失之，而相沿迄今，以渎典礼，此不可变者，变而失其正也。

【注释】①苫（shān）：用草做成的盖东西或垫东西的器物。古礼，为父母守丧时，孝子以草垫为席，土块为枕，以表丧痛的心情。

【译文】今日的夫妇，就像古代的夫妇一样。那么自唐朝以前，一直追溯到西周，道立于不变的基础上，人情止于自安的基础上，对此岂容改变呢？如尹拙所说："丈夫守丧用草席草垫和土块，妇人却穿绫罗绸缎，夫妇本为一体，哀和乐应该相同。"此言就浅陋了。哀乐，是发自人情，依于人性的。人们自己或哀或乐，为什么会和丈夫相同呢？妇对于夫，他看儿子和看父亲相比是如何的呢？为父守丧三年，为子守丧一年，也能说哀乐不同就不是父子之道了吗？儿子在服丧的时候，若不是来见母亲就不能进入内室，那么媳妇能见到丈夫的机会就没多少了。虽不穿衰麻的丧服，自有平常的素服可穿，不举行祭祀，不用穿献祭酬答的盛装服饰，如果是守古礼之家，又何至于因为穿绫罗绸缎和穿衰麻丧服而不团结不和睦呢？媳妇在自己父母有丧事时，丈夫就不会在她身边演奏音乐，在这种心情下自然会过简约的生活。哀者自哀，而已经节哀的丈夫固然不会用演奏音乐来扰乱她的哀伤，但也不必强行与她一同哀伤，甚至穿上不合人情的斩衰丧服。自从宋朝在此事上做错之后，相沿至今，亵渎了礼法，这是本不可变的制度却加以改变，结果失去了礼法的正道。

若夫为人后者，以所后之父母为父母，而不得厚其私亲，周礼也；非周之尽一天下万世于不可变者也。夫周则有厚道矣。天子诸侯则有世守，卿大夫则有世禄，仰承天职、上事宗庙者，相承也。抑有百世之宗，五世之宗，以合族而饬家政。故嗣国嗣位之适子与其宗子而未有子[①]，则必豫择其昭穆之等亲且贤者以建为嗣[②]。大位奸窥，危病邪伺，不豫则争乱繇此而作。汉之桓、灵，唐之武、宣，听废置于妇寺之手，其炯鉴已。立后以承统，而道壹于所尊，不得以亲闲之，示所重也。后世自天子而外，贵贱无恒，奋身自致，庙祧不立，宗子不尊。所谓为人后者，以私爱置，以利赖干，未尝见贵游之子出后于寒门，素封之支承嗣于窭室。又况鄫灭于莒、贾篡于韩之渎伦败化者，相仍以乱。则“谓他人父”“谓他人母”，割其天性之恩，以希非望之获，何有于尊亲？而执古以律今，使推恩靳于罔极，不亦悖乎？

【注释】①适子：同“嫡子”，指正妻所生的儿子。

②昭穆：宗庙的辈次排列。昭穆制度是指宗庙制度之一。民间祠堂神主牌的摆放次序也就是昭穆制度。

【译文】至于过继给别人为后的子孙，以他所承继的父母为父母，不应该对其亲生父母过于亲厚，这是周礼的规定；这不是周朝周尽天下万世之理而不变的。周朝是很厚道的。天子诸侯是可以世代传承的，卿大夫是可以世袭官禄的，向上承继这种天职、对祖先事奉宗庙，这就是前后相承。也有传承百代的宗族，也有传承五代的宗族，是合族为一体而整饬家政的。所以继承国位的嫡子与宗子如果没有儿子，那就必须预先选择符合辈分的亲族中的贤者立为继承人。尤其是君主的皇位被奸人窥伺，君主病重病危之时邪佞小人在一旁窥伺，不预先指定继承人则争乱由此而生。汉朝的桓帝、灵帝，唐朝的武宗、宣宗，听任妇人和宦官废立太子，这都是历史的前车之鉴。立太子以继承君位大统，使大道一统于尊上，不能以亲密关系而离间，这都表示君统的重要。后世自天子以外，人的贵贱忽上忽下不能长久，都是靠自身努力而达到的，帝王那种继承的宗庙没法建立，对嫡长子的位置也没办法像皇太子那样得到重视。所谓过继给人作子孙的，是由私人的爱乐而立的，以利益求得的，未尝见过豪门望族的子孙过继给寒门之家作子孙，也没有见过素有封号的家族在穷人家子孙中寻人过继作后嗣的。又何况莒国灭绝鄫国、韩氏篡夺贾国这种亵渎伦理败坏风化的，其所造成的祸乱相继不绝。那么“称他人父”“称他人母”，割除天性之恩而求过望的好处，这是尊重亲人吗？而以古礼使父子之恩永远保持，不是有违道理吗？

若李昉者，吾不知其何以出后于人，而致青云、依白日，极人世之通显。或怀呴呴之惠[1]，忘覆载之恩，曾不念位晋三公之身为谁氏之身也，其忍也乎哉！非以世禄而受荣名，非以宗祧故而为养子，前之失也，补过未晚也。且夫古非尽人而有为之后者也，故礼有无后之祭焉。苟非宗子与有世禄，庙祀不因己而存亡，从子可资以继祖，则子之有无，天也；人不可以其伪干天而强为骈拇枝指者也。僭立后者非法，觊觎以忘亲为人后者非人，古所不敢不忍者也，奚容假古礼以薄于所生也哉？今之后，非古之后也。李昉之请，天禧之制，变之正也。

【注释】①呴呴（xǔ xǔ）：温和貌。

【译文】比如李昉这个人，我不知道他为什么被过继给别人，而能青云直上，得到人世间极致的显达。有人因为受到温和呵护的恩惠，忘记了覆育和包容的大恩，却不想想官至三公之身的是谁的身体，能忍心吗？不是因为世袭而受的荣禄功名，不是因为宗族祭祀的原因而成为养子，这是以前的过失，现在补救还不晚。而且古人不是所有人都有后人的，所以礼制中也有无后人的祭祀仪式。如果不是嫡子而世袭官禄，宗庙祭祀不因为自已而有存亡的区别，以叔伯之子来承嗣祖先，那么有没有儿子就是天意；人不能勉强上天而成为多余的分枝。僭越自身身份而立继承人是非法的，觊觎好处而忘记亲人而来当别人后人的不算是人，这是古代不敢不忍心的，怎能容许借古礼的名义来薄待亲生父母呢？现今的后人，不是古时的后人。李昉的请奏，天禧年间的制度，是改变古礼的正道。

是故因亦一道也，革亦一道也。其通也，时也；万古不易者，时之贞也。其塞也，时也；古今殊异者，时之顺也。考三王，俟百世，精义以中权，存乎道而已矣。

【译文】所以因循也是道，改变也是道。其通达之处，是时势使然；万古不变的，是时势中坚定不变者。其否塞不通之处，也是时势使然；古今不同的，是顺应时势的变化。考察古代的三王时代，再来面对后世的百代，精于礼法而合乎权变，这就合于大道了。

十 四

将欲公天下而不私其子乎？则亦惟己之无私，而他非所谋也。将欲立长君、托贤者、以保其国祚乎？则亦惟己之知所授，而固不能为后之更授何人者谋也。故尧以天下授舜，不谋舜之授禹也；舜以天下授禹，不谋禹之授启也。授禹，而与贤之德不衰；授启，而与子之法永定。舜、禹自因其时、行其志，而上协帝心，下顺民志，尧、舜岂能豫必之哉？

【译文】想要天下为公而不私爱自己的子孙吗？那么只有自己做到无私，其他的方式就不用考虑了。想要立长子为君，将国家托付给贤人，以保住国家的社稷吗？那么也只有按自己现在所知道的而传给某人，而显然不能谋划到某人之后再传给什么人的事。所以尧把天下传给舜，不会考虑舜再传给禹；舜把天下传给禹，不会考虑禹再传给启。天下传给禹，而将天下传给贤人的德行就没有衰减；天下传给启，而将天下传给子孙的制度就永久确定下来。舜、禹各自根据他们的时势而实现他们的志向，而上合天心，下顺民意，尧、舜岂能预先确定呢？

吴寿梦为四世之谋，而僚死于光；宋穆公为三世之谋，而与夷死于冯。杂公私以行其意欲，及乱之生，慝作于骨肉而不可止。宋太祖惩柴氏之托神器于冲人而传之太宗，可也。乃欲使再传廷美，三传德昭，卒使相戕，而大伦灭裂，岂不愚乎！我以授之太宗，我所知也。太宗之授廷美，廷美之授德昭，非我所能知也。臣民之不输心于太宗之子，而奉廷美、德昭，非我所能知也。尧、舜不能必之于舜、禹，而己欲恃赵普之一人，以必之于再传之后乎？变不可知者，天之数也；各有所怀而不可以强者，人之情也。以人而取必于天，以一人而取必于无定之臣民，则天人无权，而惟己之意欲；圣人之不为此也，所以奉天而顺人也。且使太宗而能舍其子以传之弟与从子也，不待吾之郑重也。如其不能，则骨已朽，言已寒，与闻顾命之赵普且笑我为误，而况拜爵衔恩于太宗之廷者乎？以己意期人，虽公而私；观之不达，虽智而愚；乃以不保其子弟，不亦悲乎！

【译文】吴国的寿梦作了四代人的长久谋划，而吴王僚却被公子光杀死；宋穆公作了三代人的长远谋划，而公子与夷却被公子冯杀死。混杂着私心来处理公事以实现他的意愿，等到祸乱产生时，哪怕骨肉相残的凶祸也无法制止。宋太祖以柴氏把帝位托付给年幼的儿子为借鉴，而传位给太宗，这是可以的。却又想继续再传给弟弟赵廷美，三传给儿子赵德昭，终于使太宗与他们彼此戕害，而人伦根本遭到破坏，岂不是太愚了吗？我传给太宗，这是我能知道的。太宗再传给赵廷美，赵廷美再传给赵德昭，这就不是我所能预料的了。臣民能不能倾心于太宗之子，而奉廷美、德昭为帝，这也不是我所能预料的。尧、舜也不能确定舜和禹会怎样传位，而太祖却想依靠赵普一个人，使再传之后的事都能确定，这可能吗？变化中不可预料的，这是天数；各自怀有各自的心意而不可强加，这是人情。作为人而想人定胜天，作为一个人一定要确定臣民的心意，那么天与人就都没有了权力，而只剩下自己的欲望了。圣人不这样做事，而是上奉天意、下顺民心。假使太宗能放弃自己的儿子而传位给弟弟和侄子，那就用不着我这样郑重其事地谋划了。如果不能，那么尸骨已朽，话也冷了，顾命大臣赵普听了这话会嘲笑我的错误，何况那些在朝廷上身居高位享有国恩的人呢？用自己的想法来猜度别人，虽然是公其实也是私，眼光不通达，虽然是智慧其实也还是愚蠢，因此而保不住自己的弟弟和儿子，不也是可悲的吗！

十 五

三代以下称治者三：文、景之治，再传而止；贞观之治，及子而乱；宋自建隆息五季之凶危，登民于衽席[①]，迨熙宁而后，法以斁[②]，民以不康。繇此言之，宋其裕矣。夫非其子孙之克绍、多士之赞襄也。即其子孙之令，抑家法为之檠括[③]；即其多士之忠，抑其政教为之薰陶也。呜呼！自汉光武以外，爰求令德，非宋太祖其谁为迥出者乎？

【注释】①登民于衽（rèn）席：拔诸水火，登于衽席，这是一句成语，意思是把人从水火中拉出来，放在床席上。比喻解救困境中的百姓。

②斁（dù）：败坏。

③檠括（qíng kuò）：约束矫正。

【译文】夏、商、周三代以后人称治世的有三个：文、景之治，传了两代就终止了；贞观之治，到儿子登位后就乱了；宋朝自宋太祖建隆年间登基以来五代的凶乱之气渐渐安息，民众过上太平日子，直到宋神宗熙宁年间王安石变法后，法又败坏了，万民因此而又不得安宁。由此说来，宋朝的治世时间更长久。这不仅仅是他的子孙能够继承祖业、有众多人才加以襄助就行的，固然他的子孙很优秀，也还要有家法对他们进行约束和矫正；固然宋朝的人才很多而且很忠诚，也还要有教化对他们进行熏陶。呜呼！从汉朝光武帝之外，要寻找有德的帝王，不是宋太祖还有谁能比他更高明呢？

民之恃上以休养者，慈也、俭也、简也[①]；三者于道贵矣，而刻意以为之者，其美不终。非其道力之不坚，而不足以终也；其操心之始无根，而聊资以用，怀来之不淑，不能久掩也。文、景之修此三者无余力矣。乃其慈也，畜刑杀于心而姑忍之；其俭也，志存厚实而勤用之；其简也，以相天下之动而徐制其后也。老氏之术，所持天下之柄者在此，而天人不受其欺。故王道至汉而阙，学术之不贞者为之也。唐太宗之慈与俭，非有异心也，而无固志。故不为已甚之行以售其中怀之秘，与道近矣；然而事因迹袭，言异衷藏，蒙恩者幸承其惠，偏枯者仍罹其伤。若于简，则非其所前闻矣。繁为口说，而辨给夺人；多其设施，而吏民滋扰。夫惟挟恢张喜事之情，则慈穷而忿起，俭困而骄生，恶能凝静以与人休息乎？是三君者，有老氏处錞之术以亘于中，既机深而事必诡；有霸者假仁之美以著于外，抑德薄而道必穷。及身不偾[②]，犹其才足以持之，不能复望之后嗣，固其宜矣。

【注释】①慈也、俭也、简也：《老子》第六十七章："我有三宝，持而保之：一曰慈，二曰俭，三曰不敢为天下先。"慈、俭、简与此相呼应。

②偾（fèn）：败坏；搞糟。

【译文】百姓依赖君主得以休养生息的方法，是慈心、俭朴和简约，这三条于大道来说是珍贵的，但过于刻意造作而为之者，其好处也不会持久。这不是他的道力不够坚定，而是因为这种刻意而为的造作不足以维持长久。他的这种心态在开始时就没有牢固根基，而是暂且拿来应用，其感怀归附民众之心有掺杂而不纯真，所以不能长久维持。文、景二帝修行慈心、俭朴和简约这三者不遗余力，以慈心来说，虽有刑杀而于心不忍；以俭朴来说，心存厚实而物尽其用；以简约来说，观察天下的变化而慢慢在之后调整。以老子的方法，执掌天下的根本就在于此，而天和人不受他欺骗。所以王道到了汉朝就残缺了，这是学术上的不正所导致的。唐太宗的慈与俭，不是他有慈与俭之外的想法，而是他没有坚持的心志，所以他不做过分的行为以实现心中的私意，这是与道接近的；然而行事因袭前人的事迹，言不由衷，受恩者有幸得到好处，未曾受恩者仍然会受到伤害。至于简约，就不是他从前人那里所能听到的了。言语太多，而舌辩过人，过多的举措，而吏民颇受烦扰。只是怀着张扬喜事的心情，则慈心没有了而愤恨出现了，俭朴没有了而骄奢出现了，怎能凝静安息让民众休息呢？这三位君主，心存老子淳朴自处的方法，但却以机心做事而必然诡秘，有的则是霸者外现仁义而内在德薄而道穷。虽然其自身还不至于败坏，是因为他们的才能还足以维持，但已经不能再指望后嗣子孙了，这是本该如此的。

宋祖则二者之患亡矣，起行闲，陟大位，儒术尚浅，异学不乱其心。怵于天命之不恒，感于民劳之已极，其所为厚柴氏、礼降王、行赈贷、禁淫刑、增俸禄、尚儒素者，一监于夷狄盗贼毒民侮士之习，行其心之所不安，渐损渐除，而苏其喘息。抑未尝汲汲然求利以兴、求病以去，贸愚氓之愉快于一朝，以不恤其久远。无机也，无袭也，视力之可行者，从容利导，而不尸自尧自舜之名，以矜其美，而刻责于人。故察其言，无唐太宗之喋喋于仁义也；考其事，无文、景之忍人之所不能忍，容人之所不能容也；而天下丝纷之情，优游而就绪；瓦解之势，渐次以即安。无他，其有善也，皆因心者也。惟心之绪，引之而愈长；惟心之忧，出之而不妄；是以垂及百年，而余芳未歇。无他，心之所居者本无纷歧，而行之自简也。简以行慈，则慈不为沽恩之惠；简以行俭，则俭不为贪吝之媒。无所师，故小疵不损其大醇；无所仿，故达情而不求详于文具。子曰："善人为邦百年，可以胜残去杀[①]。"或以文、景当之者，非也；老氏之支流，非君子之所愿见也。太祖其庶几矣！

【注释】①善人为邦百年，可以胜残去杀：语出《论语·子路》。这是孔子说的话，意指善人治化国家百年，人人都得到感化，残暴之事就没有了，而刑罚杀戮自然也就用不着了。

【译文】宋太祖则没有这两种过失，他起身就相对而言比较安闲，登上君位，而儒家修养尚浅，异端学说不能扰乱他的心。他忧惧天命无常，痛感于民众的劳苦已达极致，他厚待柴氏、礼遇降王、施行赈济、禁止滥施刑罚、增加官吏俸禄、崇尚儒生等举措，有鉴于夷狄盗贼毒害百姓、轻视士人，而对这些令他心中不安的事也都加以改变，以令其渐渐减损渐渐消除，而使百姓有所喘息。而且他也不是急急忙忙地兴利除弊，以期在一天之内就让愚民欢喜却不考虑长远的后果。他没有过于造作的机心，也没有因袭前人的做法，而是看到确实是力所能及的，就从容地因势利导，而不居功于得到尧舜般的美名，也不以自己的才能自高自矜而苛求于人。所以观察他的言论，不像唐太宗那样喋喋不休于仁义，考察他的行事，没有文帝、景帝那样能忍人所不能忍、容人所不能容。而天下纷扰的人心，在优哉游哉中就平定就位了；而瓦解不安的形势，在渐次之中就日渐平安了。这不是因为别的，他有这些善行，都是因为他的善心。只要善心初萌，引发下去就会更加增长；只要心是诚肯的，由此而引发的行为就不会狂妄。所以能延续百年而余韵未歇。这没有别的，心所在之处本来没有纷歧，而行为自然很简约。以简约来行慈心，则慈心中就不求让人感恩戴德；用简约来行俭朴，则俭朴不会成为贪婪和吝啬的借口。没有师法别人，所以小瑕疵不能掩蔽整体的醇厚；没有仿效他人，所以事情做得通情达理而不一定有详明的章法。孔子说：“善人治国百年，就可以化解残暴、去除杀戮了。”有人认为文帝、景帝做到了这一点，这是不对的。他们是老子学说的支流，不是君子愿意看到的，而宋太祖就几乎做到了！

虽然，尤有其立本者存焉。忍者薄于所厚，则慈亦非慈；侈者必夺于人，则俭亦非俭。文帝之忮淮南，景帝之削吴、楚，太宗之手刃兄弟也；本已削，而枝叶之荣皆浮荣矣。宋祖受太后之命，知其弟不容其子，而赵普密谮之言[①]，且不忍著闻，而亟灭其迹。是不以天位之去留、子孙之祸福，斫其恻怛之心；而不为之制，廓然委之于天人，以顺母而爱弟，蹈仁者之愚而固不悔。

汉、唐之主所安忍怀惭而不能自戢者，太祖以一心涵之，而坦遂以无忧。惟其然也，不忍之心所以句萌甲坼，而枝叶向荣矣。不忍于人之死，则慈；不忍于物之殄，则俭；不忍于吏民之劳，则简。斯其慈俭以简也，皆惟心之所不容已。虽粗而不精，略而不详，要与操术而诡于道、务名而远于诚者，所繇来远矣。仁民者，亲之推也；爱物者，民之推也。君子善推以广其德，善人不待推而自生于心。一人之泽，施及百年，弗待后嗣之相踵以为百年也。故曰：光武以后，太祖其迥出矣。

【注释】①谮（zèn）：谗毁；诬陷。

【译文】虽然如此，还有更为本质的东西。能忍的人，就薄待了应与厚待的人，则慈也不慈了，奢侈的人一定会从他人手中夺取，则俭也就不俭了。文帝猜忌淮南王，景帝削除吴、楚之国，唐太宗亲手杀死兄弟，根本已削断，而枝叶的茂盛就只是虚浮的茂盛了。宋太祖受杜太后之命，知道他弟弟不能容忍自己的儿子，而赵普秘密诬陷的说法也不忍它曝光，而很快地除去了其痕迹。这是不因皇位的得失、子孙的祸福，而砍削他的恻隐之心，而且也不采取措施，心胸开阔地任由天与人自便，以顺从母亲而爱护弟弟，以致到了愚仁的程度也没有后悔。汉、唐的君主虽然心怀惭愧不能安心却又不能不猜忌和杀伐，宋太祖一心涵容这些，于是由此而坦然无忧。正是由于他能这样，不忍之心才会像种子一样破壳萌芽，更能枝繁叶茂。不忍别人的死，是慈心；不忍暴殄天物，是俭朴；不忍官吏百姓的操劳，是简约。这是他通过简约而达到慈心和俭朴的，都只是因为内心的不忍心而已。虽然还比较粗疏而不够精致，比较简略而不够详细，但是要和靠权术而违背大道、务虚名而心无诚恳的人相比较，那差别就太大了。仁心爱民，这是爱亲人之心的扩大和发扬；爱护万物，这是爱民之心的扩大和发扬。君子善于扩大发扬以增长他的德性，善人更能不用扩大发扬就自然而有这些善心。一个人的恩泽就长达百年，而不是靠后代子孙之力才长达百年的。所以说：在汉朝光武帝以后，宋太祖是超出他人的。

卷二 太宗

扫码听谦德君为您导读

【题解】宋太宗赵炅（939—997），本名赵匡义，开宝九年（976年）宋太祖驾崩后，年仅38岁的赵匡义开始继位，开始了长达二十一年的统治。即位后两年，吴越王钱俶和割据漳、泉二州的陈洪进均纳土归降。后又亲征太原灭北汉，结束了近九十年的藩镇割据局面。后两次攻辽都遭失败，从此对辽采取守势。在位期间走上了"崇文抑武"的道路，"崇文抑武"也成了宋朝"祖宗家法"的重要内容。

针对太宗厚待钱俶的归附，王夫之给予了高度评价，说这比汉光武帝对待窦融的归附还要宽厚。而且由此让两浙地区得以休养生息，从而奠定了宋高宗的立国之基。

太宗时编纂《册府元龟》《太平御览》等大型图书时，是用江南、西蜀的降臣来担任编修工作的。王夫之认为这是因为此二地相对安定，文化传承未断，所以其降臣正可发挥其文化才学。这并非是束缚英才的手段，而是记载嘉言懿行、从而恩泽万世的德政。

对国家社稷重臣的任免，王夫之提出宜有长远眼光，不宜更替过频。在长期观察确定人选之后，应给予时日让其从长计议，避免因急功近利而拔苗助长。而且更替频繁也让政令朝令夕改，人民无所适从，不利长治久安。

关于读书，王夫之也提到了几种误区，如有人标新立异炫耀才学只为彰显自我，有人拿腔拿调、内容短浅却长篇大论拖沓冗长等等，这些都是值得我们引以为鉴的。

一

钱氏之归宋，与窦融之归汉，仿佛略同。宋之待之也，视光武之待融，固相若也，而宋加厚矣。融之初起，与光武比肩事主，从更始以谋复汉室，非有乘时徼幸之心也。更始既败，独保西陲，而见推为盟主，亦聊以固圉而待汉之再兴。其既得通光武也，绝隗嚣而助攻嚣之师，嚣亡，陇土归汉，融无私焉。则奉版图以入朝，因而礼之，宠以上公，锡以茅土，适足以相酬，而未有溢也。而钱氏异矣。乘唐乱以起于草泽，心固董昌之心也；要唐命以擅有东土，情亦杨行密之情也。徒以西有强吴与争而恐不敌，故假拜表以弹压众心，何尝有共主在其意中哉！唐亡而朱温篡，则又北面事贼，假温之力以掣吴之右臂：自王自霸，鲸食山海，而富无与匹。及宋之兴，虽曰奉朔，亦聊以事朱、李、石、刘者事宋，观望其兴衰而无固志。宋之攻江南也，名为助宋，而投闲抵巇[①]，坐收常州为己有。僭伪向尽，乃始执玉以入庭；恋国主之尊，犹不自释也。太宗踵立，中原大定，始卷土以来归。宋之得之，岂钱氏之能授宋也哉？若然，则宋之加厚于钱氏也，不已过乎！

【注释】①抵巇（xī）：指钻空子。巇，缝隙。

【译文】吴越王钱俶归顺宋朝，与窦融归顺汉朝，大体类似。宋朝对待钱氏，与汉光武帝对待窦融，固然也是相似的，但宋朝对待钱氏更为优厚。窦融最初起事，与光武帝并肩事奉君主更始帝，跟从更始帝打算恢复汉室，是没有乘机侥幸窃取帝位之心的。但到后来更始帝失败了，窦融独自镇守西部边疆，而被众人推为盟主，也只是暂时以固守西部而等待汉王朝的复兴罢了。在他与光武帝通好之后，就拒绝隗嚣而且还帮助攻打隗嚣的部队，当隗嚣灭亡，陇地就归属于汉朝了，而窦融于此也并无私心。那么当他将版图奉送给汉朝并归投汉朝，因此而给他礼遇，给以上公的恩宠高位，且赐与封地，也正好足以酬答他的贡献，而光武帝的赐予并没有超出他的奉献。而钱氏就不同了，他乘着唐末的混乱而起兵于民间，他的用心固然就类似于董昌一样；又请求唐朝封命而占据东方的土地，其情形也是类似于杨行密一样。但是因为西方有强大的吴与他相争而怕无法对抗，就依着朝廷的封官文书来弹压众人之心，其心中是否有以唐朝为共主的想法呢？唐朝灭亡后朱温篡权，又北面称臣于朱温，依朱温之力牵制吴的右翼；他既是王又是霸，拥有山海的物产资源，其富裕无人能比。等到宋朝兴起之后，虽说他也遵奉宋朝的皇权，但和当年事奉朱温、李嗣源、李存勖、石敬瑭、刘知远的态度类似，有观望之心而并没有决定。宋朝攻打江南时，他名义上帮助宋朝，但乘机坐收常州据为己有。各地僭越的割据势力将被全面征服时，于是拿着玉器来到宋朝表示归顺；但仍然留恋着当国王的尊贵，难以自行放弃。太宗继位之后，中原非常安定了，于是献上土地前来归服。宋朝得到吴越国，岂是钱氏能给予宋朝的呢？如果是这样，那么宋朝对钱氏的优待就比光武帝对窦融的优待还要优厚，这不是已经超过了吗？

夫置人之情伪，以审己之得失，则予夺正；洁己之愉怫，以谅人之从违，则恩怨平。斯二者，君子之道也，而宋其庶矣。钱氏虽僻处一隅，非宋敌也；而以视江南、粤、蜀，亦足以颉颃，而未见其诎。主无荒淫之愆，下无离叛之慝，画疆自守，綦岸有余；使不量力而闭关以谢宋，则必勤师远出，争战经时而后下之。使然，则白骨横野，流离载道，吴、越之死者积，而中国亦已疲矣。且夫钱俶者，非崛起卒伍，自我得而自我失者也。仰事其先，则宗庙之血食久矣；俯临其下，受禄而立庭众矣。一旦削南面之尊，就班联之次，委故宫于茂草，撤祖庙之榱桷[①]，夫岂不有痛心于此者？则迟回依恋，不忍遽束手而降附，人各有情，谁能即决于俄顷。不得已而始率宗族子孙以思媚于一王，因以保先王？留之赤子，俾安于陇亩，而无暴骨之伤；则不忍苛责以显比之不夙也，道宜然也。而宋能折节以勤恩礼，力修长者之行，固非骄倨自大者所能知，久矣。有可责而弗责也，可弗厚而必厚矣。故曰君子之道，而宋其庶矣。休养两浙之全力，以为高宗立国之基，夫诚有以贻之也。

【注释】①榱桷（cuī jué）：屋椽。

【译文】把别人情态的真假放下，来审查自己的得失是非，于是就能正确做出赏罚的决定；让自己的喜怒之心清净安息下来，以体谅他人的顺从或者违背，于是就能平复以往的恩怨。这二者是君子之道，而宋朝差不多都做到了。钱氏虽然偏安一隅，不是宋朝的敌人；但他与江南、南粤、西蜀的割据力量相比，也足以匹敌而不算弱小。其主上没有荒淫的过失，臣下没有叛乱的罪恶，封疆为界以自守，高傲有余；如果他不自量力地闭关自守来对抗宋朝，则宋朝必然会出动大军远征，经过一番争战而后才能攻下它。真要如此的话，则尸横遍野，老百姓由于战乱而颠沛流离，吴、越的死人堆积如山，而中原也会因此而疲惫。而且钱俶也不是从行伍中崛起，自己夺下吴越又自己失去吴越的。上看他的先祖，则吴越国的宗庙祭祀已经存在很久了；下看其朝政，则接受官禄而立于吴越国朝廷的人很多。一旦失去了国王的高贵尊位，而置身于臣属的位次之中，旧有的王宫荒废在杂草之中，祖庙的屋椽也被人撤掉，难道还有人经历了这些还会对此不感到痛心吗？所以他才犹豫依恋旧国，不愿意早早地归附宋朝，这也是人之常情，谁能在转眼间就做出如此决定？不得已才率宗族子孙而向宋朝帝王示好，以此而保住先王用心守护的赤子，使他们安息于陇亩中，而免于暴露尸骨的伤痛。那么就不忍心苛责他不早早归附宋朝，显然这样做也是合适的。而宋朝能降低姿态来施恩礼遇钱氏，修行长者之行，这不是骄傲自大的人所能明白的，宋朝这样做已经很久了。别人有可责备之处而不苛责他，可以不予厚待的而一定要给予厚待，所以说君子之道，宋朝几乎是做到了。休养两浙地区的全部力量，以此作为宋高宗立国之根基，这实在是有其原因而给后人留下这个结果的。

二

不仁之人，不可以托国。悟而弗终托之，则祸以讫；不悟而深信，虽悟而终托之，乱必自此而兴。明察有余，而弗悟者不鲜，固有甚难知者在也。有人于此，与之谋而当，与之决而断，与之言而能不泄，察之于危疑之际而能不移；若此者，予之以仁而不得，斥之以不仁而亦不得，故难知也。虽然，自有弗难知者在矣。处人父子、兄弟、夫妇之间，而投巇承旨以劝之相忮相戕者，则虽甚利于我而情不可测。盖未有仁未绝于心，而忍教人以忮害其天伦者也。持此以为券，而仁不仁之判，若水与火之不相容，故弗难知也。

【译文】不仁的人，不可以把国家托付给他。醒悟了而最终没有托付给他，那么灾祸就由此而结束；没有醒悟而且深信他，或者虽然醒悟但最终还是因为各种原因而托付给他，灾祸定会由此而生。明察有余却不能醒悟的人不少，这确实有非常难知的理由在里面。在这种情况下，有人能谋划得当，有决有断，不露风声，在危难猜疑的时刻也能坚定不移；像这样的人，说他是仁也不对，说他不仁也不对，所以说难知。虽然如此，还是有不难知的理由在里面。处于别人的父子、兄弟、夫妇之间，却乘机而引人彼此猜忌彼此残害，那么这样子虽然非常有利于我也是不可测的。没有人会在仁心还未曾断绝的时候就忍心教人因为猜忌而残害人家的亲人。以此为证据，那么仁与不仁的判别，就像水火一样不相容，所以说又是不难知的。

张子房、李长源之智也，求之于忠谨而几失之。而于汉高帝、唐肃宗、德宗父子猜嫌之下，若痛楚之在肺肝，曲为引譬，深为护持，以全其天性之恩。则求之于忠谨而不得者，求之于仁而仁亦至矣。乃汉、唐之主弗托以国也，使怀忧疑以去。若夫举宗祊民社委之以身后长久之图[①]，则往往任之不仁者而不疑；于是而杨素、徐世绩、赵普之奸售焉。此三人者，谋焉而当，决焉而断，与之言而不泄，处危疑而不移者也。而其残忍以陷我于戕贼，则独任之而不恤。呜呼！天下岂有劝人杀其妻子兄弟而可托以社稷者乎？杨玄感之反，非玄感之狂也，素之志也。素不死，杨广在其目中，而隋之鹿素得之矣。徐敬业之起兵，非义师也，世绩之杀王后立武氏，欲以武氏乱唐而夺其蹊田之牛也[②]。敬业之力不足以胜武氏耳。世绩不死，纵武氏而后操之，中宗之愚，且为司马德宗，而唐移于徐氏矣。夫赵普，亦犹是也。所与太祖誓而藏之金匮者，曰立长君、防僭夺也。廷美、德昭死矣，太宗一旦不保而普存，藐尔之孤，生死于普之股掌。然则所云防僭夺者，特以太祖死，德昭虽弱，而太宗以英姿居叔父之尊，己慝必不可伸；姑授太宗以俟其身后之冲人，而操纵唯己。故曰：普之情，一素于杨广、世绩于武氏之情。非苛摘之也。

【注释】①祊（bēng）：古代称宗庙之门。亦指庙门内设祭之处。宗祊亦即宗庙。

②夺其蹊（xī）田之牛：蹊田夺牛为一成语，因别人的牛践踏了自己的田地，而把牛抢走了。后指罪轻罚重。

【译文】张良、李泌的智谋，如果以忠诚谨慎为标准来寻求那么几乎会失去这样的人才。而在汉高祖、唐肃宗、唐德宗父子猜疑嫌弃之时，如同痛在肺肝般，所以婉转地引导和譬喻，深深地加以保护，以保全他们天性中的恩情。那么以忠诚谨慎为标准来寻求人才而寻求不到，但用仁爱来寻求就寻到了。但汉朝、唐朝的君主不能以国相托，使他们心怀担忧和疑虑而离开。如果把整个国家宗庙社稷都委托给某人以求自己身死后的长治久安，则往往是托付给不仁的人却没有怀疑，于是就有杨素、徐世绩、赵普的奸谋得逞。这三个人，谋划得当，有决有断，不露风声，在危难猜疑的时刻也能坚定不移；但是他们的残忍却将我陷入对亲人的残害之中，却听任之而没有同情怜悯。呜呼！天下岂有劝人杀他的妻子兄弟却把国家宗庙社稷托付给他？杨玄感的反叛，不是由于杨玄感的狂妄，而是杨素的意图。杨素不死，杨广在他眼里，而隋朝的天下杨素就得到了。徐敬业起兵不算正义之师，徐世绩支持唐高宗杀王皇后而立武则天，是想利用武则天搅乱唐朝天下而趁乱谋利。徐敬业的力量不足以战胜武则天。徐世绩不死，放任武则天而后操纵她，而唐中宗的迟钝，恐怕会成为晋代的司马德宗，唐朝的天下就会移到徐氏的手里。而赵普也是如此。他与宋太祖立誓而收藏在金匮中的，说的是册立长子为君、以防别人篡夺宋朝天下。而赵廷美、赵德昭已经死了，太宗一旦驾崩而赵普还在，那么赵家的幼子孤儿，其生死都操纵在赵普的股掌之中。这样看来，所谓的防止有人篡夺宋朝的天下，只是以宋太祖已死，而赵德昭虽然弱小，但以宋太宗的英武居于叔父的尊位，赵普自己的阴谋必定不能得逞，所以姑且把君位传给太宗以待太宗驾崩后的幼子孤儿，那就都由自己掌握了。所以说：赵普的心理，类似杨素对于杨广、徐世绩对于武氏的心理。这不是苛求他。

试取普之终始而衡之，其于子房、长源也奚若？而于素、世绩，其异者又几何也？导人以戕杀其天伦者为何等事，而敢于人主之前，无惮于心，无疑于口；非至不仁者，谁敢为之而谁忍为之乎？太宗觉之矣。酬赏虽隆，而终寄腹心于崛起之李昉、吕端，罢普以使死于牖下，故宗社以安。太祖未悟也，发吴、越之瓮金，受雷德骧之面愬[①]，亦既备察其奸；犹且曰：此忠我者，仁足以托。恶知其睨德昭而推刃之心早伏于谮毁太宗不听之日邪？虽然，无难知也。凡普之进谋于太祖者，皆以钳网太祖之故旧元勋而敛权于己也。不仁之不可掩，已久矣。

【注释】①愬（sù）：报告、诉说。通“诉”。

【译文】试用赵普自始至终的行为处事来衡量，他与张良、李泌相比怎么样？而与杨素、徐世绩相比，其不同又有几多？引导别人残杀他的亲人，这是何等罪恶，却敢于在人主之前说出来，心中没有恐惧，口中没有犹疑；不是极为不仁的人，谁敢做这种事而又谁忍心做这种事呢？宋太宗觉察到了。对他的酬答赏赐虽然很重，但最终还是把心腹寄托于后来崛起的李昉、吕端身上，罢免了赵普而让他死在家里，于是国家社稷得以安宁。宋太祖却没有醒悟，有人揭发赵普收受吴越国成瓮的黄金，又遭到雷德骧的当面申诉，也已经完全觉察到他的奸邪，但还是说：他是忠于我的，他的仁心足以托付后事。哪里知道他斜眼看着赵德昭的杀害之心，早已潜伏于诋毁宋太宗而未被听信之日呢？虽然如此，这也是不难知的。凡是赵普向宋太祖献计献策，都是用来钳制太祖的故旧元勋武将而把权力收在自己手中的。他的不仁之心难以掩盖已经很久了。

三

观于赵普、卢多逊进退之际，可以知普之终始矣。

普在河阳上表自诉曰：“外人谓臣轻议皇弟，臣实预闻皇太后顾命，岂有闲然？”太祖得表，手封而藏之宫中。夫所谓轻议者，议于太祖之前也。议与不议，太祖自知，普何庸表诉？苟无影迹，太祖抑可宣诸中外，奚必密缄以俟他日？然则欲盖弥章之心见矣。传弟者，非太祖之本志，受太后之命而不敢违耳。迨及暮年，太宗威望隆而羽翼成，太祖且患其逼，而知德昭之不保。普探志以献谋，其事甚秘，卢多逊窥见以擿发之[1]。太祖不忍于弟，以遵母志，弗获已而出普于河阳，交相覆蔽，以消他日之衅隙。则普当太祖时以毁秦王者毁太宗，其术一也。

【注释】①擿（tī）：揭发。

【译文】观察赵普、卢多逊在官场升降进退之际的表现，就可以了解赵普自始至终的行为处事了。

赵普在河阳上书说：“外人说我轻率冒昧地议论皇弟，我确实听闻了皇太后的顾命遗言，岂有不同看法呢？”太祖得到了赵普的上书，亲手封藏在宫中。所谓的轻率议论，是在太祖面前议论的。议论或不议论，太祖自己就知道，赵普何必上书解释？如果毫无踪影，太祖也可以公之于众，何必密封起来留待日后呢？如此则欲盖弥彰之心就显露出来了。传位给皇弟，这不是太祖的本意，而是受太后的遗命而不敢违背。等到了晚年，太宗的威望已高且羽翼已成，太祖担心他的进逼，而知道赵德昭是保不住的。赵普探求太祖的心意而献计献策，其事非常隐秘，卢多逊窥见了予以揭发披露。太祖不忍心害死皇弟，而且要遵守母亲的遗命，不得已就把赵普贬到河阳，互相掩盖，以消除后日的隔阂和猜忌。那么赵普在太祖的时候用诋毁秦王赵廷美的方法来诋毁太宗，这个方法是一样的。

太宗受其面欺，信藏表之言以为戴己。曾不念立廷美者，亦太后之顾命也，普岂独不预闻？而导太宗以置之死，又何心邪？普之言曰："太祖已经一误。"普之情见矣。普于太祖非浅也，知其误而何弗劝之改图？则当日陈不误之谋于太祖而不见听，小人虽谲，不期而自发其隐，恶能掩哉？太宗亦渐知之矣，崇以虚荣，而不委之以机要；故宋琪以两全为普幸，普亦殆矣！特其胁顾命以临太宗，而又曲成其贼害，则心知多逊前此之谮，非普所本无，而弗能施以鈇锧也[①]。杜后之命非正也；卢多逊守太后之命，始之欲全太宗于太祖之世，继之欲全秦王于太宗之世，则非不正也。太后之命虽不正，而疑妒一生，戈矛必起；天伦为重，大位为轻，爱子之私，不敌奉母之志；多逊之视普，其立心远矣。

【注释】①鈇锧（fū zhì）：又作"鈇质"，古代斩人的刑具。借指腰斩之罪。锧，垫在下面的砧板。

【译文】太宗受他当面欺骗，相信了那封藏的上书中的话，以为赵普拥戴自己。却未曾想到立赵廷美继位，这也是太后的遗命，赵普难道唯独没有听到吗？而他引导太宗把廷美置于死地，又是什么居心呢？赵普说："太祖已经失误一次了。"赵普的心理由此可见。赵普和太祖的关系不浅，知道太祖的失误为何不劝他改正？那么当初向太祖献不失误之策而未被听从，小人虽然诡谲，不期然间而自己暴露了隐情，又怎能掩盖呢？太宗也渐渐看出来了，以空洞的恩荣抬举他，而不把机要大权委托于他；所以宋琪认为太宗君臣两全是赵普的幸运，可见赵普也是很危险的！只是凭着顾命大臣的身份来面对太宗，而迂曲地达成对秦王廷美的残害，于是就知道卢多逊以前说赵普的那些坏话，不是赵普没有那些事，只是不能腰斩他罢了。杜太后的遗命不正；卢多逊遵守太后遗命，开始是想在太祖之世保全太宗，后来则是想在太宗之世保全秦王赵廷美，这并非不正。杜太后的遗命虽然不正，一旦猜疑妒忌之心一生，杀害之事就必然随之而起；一家人的天伦为重，而君位为轻，爱自己孩子的私心，敌不过遵奉母亲遗愿的心志；以卢多逊的作为来看赵普，他的立心远远胜过赵普。

夫普则诚所谓鄙夫者耳。子曰：“苟患失之，无所不至。”患失而无不可为者，识之所及，志之所执，习之所安，性之所成，以是为利用安身之至要，而天下之道无出于此。切切然患之，若疾疢之加于身而不能自已[①]。是故苟其所结之友，即以患失为待友之信，则友匿之。苟其所奉之君，即以患失为事君之忠，而君宠之。为友患失，而阿附朋党，倾危善类，以为友固其荣利。为君患失，而密谋行险，戕害天伦，以为君遂其邪心。夫推其所患以与君友同患，君与友固且怀之以没世；恶知迷以导迷，既陷于大恶而不能自拔；且患之之情既切，则进而患得者无涯；杨素、徐世绩之阴谋，不讫于子孙之援戈以起而不已，皆鄙夫之所必至者乎！

【注释】①疢（chèn）：热病。也泛指疾病。

【译文】赵普真是所谓的人品鄙下之人。孔子说：“如果害怕失去某些利益，就什么坏事都敢做。”害怕失去利益而什么坏事都敢做，那么他就会以见识能想到的、意志所执着的、习性所安的、天性所成的东西，来作为利益自身的根本方法，以为天下之道无不是如此。非常担心害怕失去利益，就像得了病一样不能停止。所以他假使要交结朋友，就会以害怕失去利益作为对待朋友的原则，则朋友就亲近他。假使他要侍奉君主，就以害怕失去利益作为侍奉君主的忠诚，而君主就宠信他。害怕失去利益以待朋友，就会结党成群朋比为奸而危害善人，以为朋党能巩固他的荣禄利益。害怕失去利益以侍奉君主，就会秘密策划危险的事，残害亲人，以为君主能实现他的邪心。这是以为自己担心害怕的事别人也是如此，如此把君主朋友也带坏了之后，他们也都怀着这种担忧而终身如此，哪知道这是以迷导迷，引人陷于大恶之中而不能自拔；而且他们担心害怕失去利益的心理既然已经很深了，那么他们进而期待得到的心理也就无穷无尽了。杨素、徐世绩的阴谋，不到他们的子孙拿起武器叛乱就不会停止，这都是鄙下之人必然要走到的一步啊！

唐亡以后，鄙夫以成奸之习气，熏灼天下而不可浣。普以幕客之雄，沉溺尤至，而机械愈深，虽见疑于英察之主，而终受王封，与冯道等。向非太宗亟进儒臣以荡涤其痼疾，宋且与五季同其速亡。周世宗之英断，岂出太宗下哉？然一传而遽斩者，鄙夫充位为之也。故曰：“鄙夫可与事君也与哉！”不可与友以事君，则君不可使之事己，所固然矣。

【译文】唐朝灭亡后，鄙下之人形成的奸恶之习，熏得全天下都难以洗清。赵普作为幕僚中的雄杰，尤为沉溺于此，而机心更深，虽然被优秀明察的君主所怀疑，而最终还是受到封赏，与冯道类似。如果不是太宗迅速重用儒臣以洗荡当时的痼疾，那么宋王朝怕是会与五代一样迅速灭亡。周世宗的英明果断，难道不如太宗吗？但只是单传了一代就突然断绝了，这就是鄙下之人占据朝廷官位所导致的。所以孔子说："鄙下之人可以和他共同事奉君主吗？"不可共同事奉君主的人，那么君主也不可让他事奉自己，就是理所当然的了。

四

不教之兵，可使战乎？曰："不可。"日教其兵，可使战乎？曰："固不可也。"世所谓教战者：张其旗帜，奏其钲鼓[1]，喧其呼噪，进之、止之，回之、旋之，击之、刺之，避之、就之；而无一生一死、相薄相逼之情形，警其耳目，震其心神。则教之者，戏之也。日教之者，日戏之也。教之精者，精於戏者也。勍敌在前[2]，目荧魄荡，而尽忘之矣。即不忘之，而抑无所用之。是故日教其兵者，不可使战也。

【注释】①钲（zhēng）鼓：古代行军时，击鼓表前进，敲钲表停止。故用钲鼓比喻军事。

②勍（qíng）敌：实力强大的敌人。旗鼓相当的有力对手。

【译文】未加训练的士兵，能让他们去打仗吗？回答是："不可以。"每天都在训练的士兵，能让他们去打仗吗？回答是："更不可以。"世人所谓的军事训练，就是张开旗帜，擂鼓敲钲，呐喊鼓噪，让他们前进、停止、回来、旋转、砍击、刺杀、躲避、接近等等；而没有你死我活、生死逼迫的情形来令他们耳目警惕，心神震动。如此的训练就相当于让他们游戏。每天训练他们，就相当于每天让他们游戏。训练专精的，也就相当于游戏专精了。一旦强敌在前就会目眩魂飞，平时的所学全都忘记了。即使不忘记的也无法在实战中使用出来。所以每天都训练的士兵，不可让他们打仗。

虽然，抑岂可使不教之兵以战哉？夫教战之道无他，以战教之而已矣。古之教战也，教之于四时之田。禽，如其敌也；获禽，如其杀敌也；驱逆，如其挑战也；获而献禽，如其计功以受赏也。趋利而唯恐失，洞中贯脑而唯恐毙之不速，众争追逐而唯恐其后于人，操必杀之心而如不两立。以此而教，行乎战之事矣。然而古之用兵者，邻国友邦之争，怒尽而止，非夷狄盗贼之致死于我而不可与之俱生，以禽视敌，而足以战矣。夫人与人同类，则不容视其死如戮禽而不动其心。敌与我争命，则不如人可杀禽，而禽不能制人之死命。以此为教，施之后世，犹之乎其有戏之心；但习其驰射进止之节，而不能鼓临事之勇，于战固未有当也。况舍此而言教战，黩武也；黩之以戏而已矣。

【译文】虽然如此，难道能让未加训练的士兵去作战？其实练兵之道没有别的，以实战来训练士兵就可以了。古代的练兵，是在四季的田猎时进行的。禽鸟就如同他们的敌人；捕获禽鸟，就如同杀敌一样；驱逐禽鸟，就如同对敌挑战；捕获后献出猎物，就如同计功受赏。追逐利益只怕失去，击穿其身体头脑只怕它死得不快，大伙争相追逐只怕自己落了后，怀着必杀之心就像势不两立一样。这样训练士兵才可以打仗。然而古代用兵，与邻国友邦的相争，怒气发泄完就停止了，而不是像对夷狄盗贼那样非得要杀死他而不能与之共存。所以拿禽鸟来当敌人就足以打仗了。而人与人是同类，所以就不能看着人的死去如同杀死禽鸟一样无动于衷。敌人与我拼命，就不同于人可以杀死禽鸟，而禽鸟不能杀人那样了。以此来练兵到后来，其中还是有游戏之心，只能训练其驰马射箭前进停止的节奏，而不能训练其临战的勇气，对于作战而言就还不够。何况连这都不用而谈训练，那就是亵渎武力，不过是用游戏的形式来亵渎武力而已。

夫营垒有制，部队有法，开合有势，伏见有机，为将者务知之，而气不属焉，则娴习以熟，而生死成败之介乎前，且心目交荧而尽失其素。况乎三军之士，鼓之左而左，鼓之右而右，唯将是听，而恶用知兵法之宜然哉！所恃以可生可死而不可败者，气而已矣。气者，非可教而使振者也。是故教战者，唯数试之战，而后气以不骇而昌。日习之，日教之，狎而玩之，则其败愈速。是故不得百战之士而用之，则莫若用其新。昔者汉之击匈奴也，其去高帝之时未及百年，凡与高帝百战以定天下者虽已略尽，而子孙以功世彻侯，皆以兵为世业，习非不夙，而酎金之令[①]，削夺无余。武帝所遣度绝幕、斩名王、横驰塞北者，卫青、霍去病、李广、程不识、苏建、公孙敖之流，皆拔起寒微，目未睹孙、吴之书，耳未闻金鼓之节，乃以用其方新之气，而威行乎朔漠。其材官健儿以及数十万之众，天子未闻亲临大阅，将吏未暇日教止齐，令颁于临戎之日，驰突于危险之地，即此以教之而已足于用。故教战者，舍以战教，而教不如其无教，教者，戏而已矣。

【注释】①酎（zhòu）金之令：又称酎金律。酎，是重酿的醇酒。汉朝皇帝举行祭祀宗庙时，诸侯需要献酎和黄金助祭，称为酎金。

【译文】军营和堡垒合乎制度，部队动作合乎法度，军阵的开合有气势，埋伏和现身符合时机，作将领的人务必要明白这些。但如果失去气势了，那么即使平时训练得非常娴熟，但在生死成败的关头，就会目迷心乱而将平时娴熟的东西全部忘记。何况三军之军士，号令他们向左就向左，号令他们向右就向右，只听将领的指挥，哪里需要知道兵法应该怎样怎样呢！可以依恃而可生可死但不可败的，只有气势而已。但气势又不是单靠训练就能振作的东西。所以军事训练，只有多次尝试着实战，而后气势才会因为不害怕不恐惧而得以振作。每天练兵，每天教导，习以为常就像是游戏了，那么一旦临阵就会很快战败。所以得不到身经百战的士兵，那就不如用新兵。从前汉朝攻打匈奴，离汉高祖的时候不到百年，凡是和汉高祖一起身经百战而平定天下的人虽然大体都已不在了，但其子孙还是因功而世袭为侯爵，都以军事为世代的事业，对军事的学习不可谓不早，但是因汉武帝的酎金令，而把这些人都削去了爵位和封地。汉武帝派遣的那些横穿沙漠、斩杀匈奴名王、横行塞北的人，如卫青、霍去病、李广、程不识、苏建、公孙敖这些人，都选拔自出身低微之家，既没有读过孙子、吴起的兵书，也没有听过擂鼓敲钲的声音，而是用他们初出茅庐的锐气，而将汉朝的国威在北方的沙漠中显扬出来。其中的材官健儿及数十万的精兵，天子也未曾亲自检阅，将领们也没有时间每天训练他们军令及队形，而且还是在临将出兵的日子才颁布的命令，就在危险的战场上冲锋陷阵了，而就这样训练他们就够用了。所以练兵，除了这种练兵方法以外就不如不练，而平时的训练，不过是游戏而已。

虽然，抑有说焉。有数战而不可使战者，屡试之弱敌，幸而克捷，遂欲用之于勍敌也；则宋之用曹彬、潘美以争幽州是已。此数将者，皆为宋削平割据以统一天下者也，然而其效可睹矣。刘鋹之虐也，孟昶之荒也，李煜之靡也，狃于乍安，而尽弛其备，兵一临之，而如春冰之顿释；河东差可自固，而太祖顿于坚城之下，太宗复亲御六军，躬冒矢石，而仅克之；则诸将之能，概可知已。幸人之弱，成其平国之功，整行长驱，卧鼓偃旗，而敌已溃；未尝有飞矢流于目睫，白刃接于肘腋，凶危不测之忧也。方且以仁厚清廉、雍容退让、释天子之猜疑，消相臣之倾妒，迨雍熙之世而益老矣。畏以勋名见忌，而思保富贵于暮年之情益笃矣。乃使贸首于积强之契丹，岐沟之死伤过半；岂旌麾不耀云日，部伍不缀星辰，以致敌之薄人于无法哉？怙其胜小敌者以敌大敌，突骑一冲，为生平所未见，而所习者不与之相应，不熠何待焉。张齐贤曰[①]："择卒不如择将。"诸将之不足以一战也，夫人而知之矣。

【注释】①张齐贤（942—1014）：字师亮，北宋名臣。为相前后二十一年，曾与契丹作战，颇有战绩。对北宋初期政治、军事、外交各方面都作出了极大贡献。

【译文】虽然如此，还有其他需要说的。有屡次作战而不可让他作战的，比如多次与弱敌作战而侥幸取胜，于是就想用他与强敌对垒；宋朝用曹彬、潘美去夺取幽州就是如此。这几位将领，都是为宋朝削平各地割据政权而统一天下的人，然而其效果大家都看到了。南汉刘鋹的残暴，后蜀孟昶的荒淫，南唐李煜的奢靡，他们都习惯了暂时的安定，而完全放松了战备，宋军一旦逼近，他们就像春天的冰块一样顿时消融。河东则仅能自保，而将宋太祖阻于坚城之下，宋太宗后又率领六军亲征，并亲身冒着危险指挥，才勉强将其攻克；那么宋朝各位将领的才能，就由此而大致可知了。幸亏是对方弱小，才成就了他们平定割据势力的战功，他们的军队长驱直入，还未等偃旗息鼓，敌人就已溃败；而不曾冒着流箭在眼前飞射、白刃在身边挥舞这种不测的凶险。而且将领们还正要以仁厚清廉、雍容退让来消除天子的猜疑，化解宰相大臣的倾轧忌妒，而且到了太宗雍熙年间，诸将就更老迈了。害怕功高震主而受到猜忌，而想在晚年保住平安富贵的心理也更强了。这时要他们去和越来越强悍的契丹作战，结果在岐沟之战中死伤过半；难道是宋军的旌旗不能照亮天日、部队的数量不如天上的繁星，以至敌军的攻击是乱来的吗？不是这样的。而是因为他们仰仗着战胜弱敌的战斗经验而与强敌作战，敌人的突击骑兵一冲击，是我军生平所未见的，而所娴熟的战法都用不上，不失败又等什么呢？张齐贤说：“挑选好士卒不如挑选好将领。”诸位将领之不足一战，是人人都知道的了。

夫宋岂无果毅跅之材，大可分阃而小堪奋击者乎[①]？疑忌深而士不敢以才自见，恂恂秩秩，苟免弹射之风气已成，舍此一二宿将而固无人矣。岐沟一蹶，终宋不振，吾未知其教之与否，藉其教之，亦士戏于伍，将戏于幕，主戏于国，相率以嬉而已。呜呼！斯其所以为弱宋也欤！

【注释】①分阃（kǔn）：指出任将帅或封疆大吏。

【译文】难道宋朝就没有果敢坚毅不拘泥，大可担任将帅、小可奋勇抵敌的人吗？不是的。这是由于君主对武将的猜忌深重，而人才也不敢表现出自己的才能罢了。于是那种小心谨慎、努力自保以免被人弹劾指责的风气就形成了，所以除了这一两位老将之外就再没有别人了。岐沟一战失败之后，整个宋朝都未能再次振作起来。我不知道他们是否练过兵，假使练兵，也只是士兵游戏于部队，将领游戏于幕府，君主游戏于国家，彼此互相游戏而已。呜呼！这就是宋朝之所以软弱不振的原因所在吧！

五

数变之言，志士耻言之，英主恶闻之。其尚口而无所择也，已贱者也；其诡随而无定操也，不令者也；其反激以相颠倒也，怀奸者也。张齐贤不失为伉直之臣，太宗非听荧之主，宜其免焉。乃当瓦桥战后，议者欲速取幽、燕，齐贤力陈其不可。越六年，齐贤与王显同任枢密，而曹彬、潘美等大举北伐，取岐沟之牧。帝谓齐贤曰："卿等视朕今后作如此事否？"而齐贤愧咎不遑①，则岐沟之役，齐贤实赞成之，何前后之相盭戾邪②？齐贤不以反覆为耻，太宗不以反覆加诛，夫岂其愦愦之至斯哉？乃取齐贤前日之言而覆理之，则齐贤之志，未尝须臾忘幽、燕者也。

【注释】①遑（huáng）：空闲；闲暇。

②盭戾（lì lì）：背谬。

【译文】说话又频繁改变，有志之士觉得耻辱，英明的君主也厌恶听到。那些喜欢口不择言说话没有准则的人，已经是低贱了；而那些没有是非随波逐流、没有固定操守只知迎合的人，更是不肖；至于那些反言相激以颠倒是非的人，就是心怀奸邪的人了。张齐贤不失为刚直之臣，太宗也不是听信谣言易被迷惑的君主，所以能避免以上这几种方式也是理所固然的。可是在瓦桥关之战后，议事的大臣想迅速夺取幽、燕地区，张齐贤极力表示不可以。六年后，张齐贤与王显同任枢密使，而曹彬、潘美等人大举北伐，遭到岐沟之败。太宗对张齐贤说："你们看朕今后还做不做这种事？"而张齐贤惭愧自咎不已，可见岐沟之战，张齐贤实际上是赞成的，他为什么前后态度互相违背呢？张齐贤不以前后违背为耻，太宗也不以他前后变化而加以处罚，这难道是他们昏聩到了这种地步了吗？拿张齐贤以前说过的话再来体察，就知道张齐贤的心里未曾一刻忘记幽、燕地区啊。

其云"择卒不如择将，任力不如任人。"择将而任之，岂徒以守内地而为偷安之计邪？而太宗卒不能庸。其于将也无所择；醇谨自持之曹彬已耳，朒缩不前之潘美已耳，因仍而委之，无所择也。其于人也不欲任；曹彬之谦谨而不居功，以避权也；潘美之陷杨业而不肯救，以避功也。将避权而与士卒不亲；将避功而败可无咎，胜乃自危；贸士卒之死以自全，而无有不败者矣。虽有都部署之名，而知上之任之也无固志，弗获已而姑试焉，齐贤亦知其不可而姑听焉。于是而齐贤久蕴之情，不容不降志以相从矣。

【译文】张齐贤说："挑选好士卒不如挑选好将领，用力量不如用人。"挑选好的将领而任用，难道只是守护内地而作苟且偷安的打算吗？而太宗最终也没能用他的建议。他对将领们也没有好的人选，只有淳朴谨慎自律的曹彬和畏缩而不主动的潘美而已，仍然委任他们而无所选择。他们自己也不想担任将领，曹彬谦虚谨慎而不居功，以避开大权；潘美在杨业陷于危险时不肯救援，是为了避功。将领避开大权而与士卒不亲密，将领避功而战败也无可责怪，取胜了反而令自己危险不安；以士卒的死换取自己的保全，这就没有不败的。虽有都部署的位置，但知道君主的任命也不是坚决的认定，只是不得已而姑且一试而已，张齐贤也知道这不可以而只能姑且听从。于是张齐贤心里一直想要做的就不得不改变而听从太宗了。

夫齐贤既知其不可，而不以去就争之，何也？呜呼！舍此，而宋之事无可为矣。契丹之得十六州也，得其地，得其人矣。得其地，则缮城郭，列堡戍，修岩险，知宋有欲争之情，益儆而日趋于巩固。得其人，则愈久而其心愈不回也。当石晋割地之初，朔北之士民，必有耻左衽以悲思者[①]。至岐沟败绩之岁，凡五十年，故老之存者，百不得一。仕者食其禄，耕者习其事，浮靡之夫，且狎其嗜好而与之俱流。过此无收复之望，则其人且视中夏为绝域，衣冠为桎梏，礼乐为赘疣，而力为夷争其胜。且唯恐一朝内附，不能与关南之吏民争荣辱，则智者为谋，勇者为战，而终无可复之期矣。故有志之士，急争其时，犹恐其已暮，何忍更言姑俟哉！

【注释】①左衽（rèn）：上衣在左侧开襟。这是中国古代某些少数民族的服装样式，不同于中原人民的右衽。后用来指代受异族的统治。

【译文】张齐贤既然知道此事不可，而不用自己罢官来争取，这是为什么呢？呜呼！若不如此，那么宋朝就没有可做的事了。契丹得到了十六州，得到了这些土地，就得到了这土地的人民。得到了土地，就修缮城郭，多建堡垒，在山岩险要处设置关卡，知道宋朝有想要夺回的心，自然愈加警惕而日趋巩固。得了民心，则时间越久就越难让他们回心转意。当初后晋石敬瑭割让十六州的时候，北方当地的士民中必有耻于受异族统治并为此而悲伤的人。到了岐沟战败那一年，总共五十年了，当时还活着的老辈人，一百个也不剩下一个了。做官的人享受着契丹的俸禄，种地的农民也习惯了契丹的治理，浮华奢靡的人更是随顺自己的嗜好而与之同流合污。所以过了这个时候就没有收复的希望了，而且这些人会把华夏视为遥远的异国，把汉人的衣冠仪节视为桎梏，把华夏的礼乐制度视为累赘，而力争夷人得胜。而且还唯恐一旦归附了宋朝，自己不能与关南的官吏人民争荣辱，那么智者就将为契丹出谋划策，勇者就将为契丹奋勇作战，而宋朝就再也没有收复故土之日了。所以有志之士争分夺秒还嫌太晚，哪忍心姑且等待以后呢？

且夫志于有为者，败固其所不讳也。汉高之夷项羽，武帝之攘匈奴，光武之破赤眉，郭子仪之平安、史，皆屡败之余，气不为苶[①]，而惩其所失，卒收戡定之功。彬、美既衅而后，齐贤有代州之捷，尹继伦有徐河之胜；将非无可择，人非无可任，耶律隆绪屡胜之骄兵非无可挫。用兵者，胜亦不可恃也，败亦不可沮也。赞成北伐，何足以为齐贤病哉！而奚庸谏止焉？

【注释】①苶（nié）：痴呆；精神不振。

【译文】而且那些立志有所作为的人，战败了他们也并不讳言失败。汉高祖战胜项羽，汉武帝赶走匈奴，汉光武帝打败赤眉军，郭子仪平定安史之乱，都是在屡次失败之后，士气并未丧失，而是以失败为借鉴，终于战胜敌人而平定的天下。曹彬、潘美失败之后，张齐贤在代州取得了胜利，尹继伦也在徐河取得了胜利；所以将领不是无人可以挑选，人材不是没人可以任用，耶律隆绪屡次战胜的骄兵也不是不可挫败。用兵这件事，得胜了也不可倚仗，战败了也不用沮丧。赞成出兵北伐，怎么足以诟病张齐贤呢！又怎么用得着对太宗北伐进行劝谏而阻止呢？

唯是太宗悔非所悔，宋琪、王禹偁相奖以成乎怯懦，齐贤于是亦无如此虚枵之君与大臣何[①]；徒有孤出以当一面，少寄其磊砢之壮志而已。故知齐贤之始终以收复为心，而非游移数变无有定情者也。太宗亦深知其有忧国之忱，特不自胜其疑忌消沮之私，岂听荧乎？繇其言，察其情，君子是以重为齐贤悲也。

【注释】①枵（xiāo）：指空虚。

【译文】只是太宗后悔不该后悔的事情，宋琪、王禹偁得到奖赏而令胆怯守成的风气得以形成，张齐贤也对如此虚弱的君臣没有办法，只有孤身离开到代州独当一面，稍稍寄托他难以伸展的壮志而已。所以可知张齐贤始终是想要收复幽、燕地区的，而不是飘忽不定没有固定主意的人。宋太宗也深知他有忧国的热忱，只是不能克服太宗自己对武将的猜忌和想要削弱的私心，哪里是被谣言所蛊惑呢？根据他的言论，体察他的心理，所以君子尤其为张齐贤感到悲哀。

六

太宗修册府元龟、太平御览诸书至数千卷①，命江南、西蜀诸降臣分纂述之任。论者曰：太宗疑其怀故国、蓄异志，而姑以是縻之，录其长，柔其志，销其岁月，以终老于柔翰而无他。呜呼！忮人之善而为之辞以擿之，以细人之心度君子之腹，奚足信哉？

【注释】①册府元龟、太平御览：《册府元龟》与《太平广记》《太平御览》《文苑英华》合称“宋四大书”，而《册府元龟》的规模居四大书之首，数倍于其它各书。《册府元龟》为政事历史百科全书性质的史学类书。《太平御览》全书以天、地、人、事、物为序，分成五十五部，可谓包罗古今万象。书中共引用古书一千多种，保留了大量宋朝以前的文献资料，是中国传统文化的宝贵遗产。

【译文】宋太宗编纂《册府元龟》《太平御览》等书多至数千卷，命江南、西蜀的降臣分担纂述的任务。有人评论说：“太宗怀疑他们怀念故国、蓄藏谋反之志，而姑且用修书来系缚他们，用他们的长处，柔化他们的意志，消磨他们的岁月，让他们在笔墨中终老而没有别的图谋。”呜呼！猜忌他人的长处而找个说法以披露他们，这是用小人之心度君子之腹，如何值得相信呢？

杨业，太原之降将也，父子握兵，死士为用，威震于契丹；谤书迭至，且任以边圉而亡猜。张洎、徐铉、句中正之流，浮华一夫，自诩不为之用，纵之蹙而不足以游[①]，夫人而知之矣。李煜降而不能有他，曹彬谅之，而任其归邸。已灰之烬，不可复炊，二三弄颖之士，固不屑为之重防也。张洎之视诸人，智计较为敏给，亦任之政柄，与参坐论，其余可知已。宋所忌者、宣力之武臣耳，非偷生邀宠之文士也。乃其所以必授纂修之事于诸降臣者有故。自唐乱以来，朱温凶戾，殄杀清流，杜荀鹤一受其接纳，而震栗几死。陷其域中者，人以文藻风流为大戒，岂复有撩猛虎而矜雅步者乎？李存勖、石敬瑭皆沙陀之孽，刘知远、郭威一执帚之佣也。犷悍相沿，弓刀互竞，王章以毛锥司榷算[②]，且不免噪啄于群枭。六籍百家，不待焚坑，而中原无慭遗矣。抑且契丹内蹂，千里为墟，救死不遑，谁暇闵遗文之废坠？周世宗稍欲拂拭而张之，而故老已凋，新知不启。王朴、窦仪起自燕、赵，简质有余，而讲习不夙，隔幕望日，固北方学士之恒也。唯彼江东、西蜀者，保国数十年，画疆自守，兵革不兴，水涘山椒[③]，縢缄无损[④]；故人士得以其从容之岁月，咀文苑之英华。则欲求博雅之儒，以采群言之胜，舍此二方之士，无有能任之者。太宗可谓善取材矣。

【注释】①纵之壑而不足以游：参见卷一太祖四："飞者，不虞其飚击也。跃者，不虞其纵壑也。"这里是形容张洎、徐铉、句中正等人如同鱼跃不能跃出深渊一样，形容他们没有那么大的才能。

②榷（què）算：征收算赋。榷，税。

③涘（sì）：水边。椒，山顶。

④縢缄（jiān téng）：封固。

【译文】杨业，是守卫太原的降将，父子两代手握兵权，有敢死之士效命，威震契丹；而诽谤的书信纷纷来到，宋太宗仍然任用他守卫边陲而没有猜疑。张洎、徐铉、句中正这些人是浮华之人，自诩不被宋朝所用，但又像鱼跃不能跃出深渊一样没有那么大的才能，人们都知道这一点。李煜投降而不可能有其他变故，曹彬明知于此，所以放他回到宫中。已经熄灭的灰烬不可能复燃，两三个卖弄文墨之人，固然不屑于对他们严加防备。以张洎来和其他人相比较，张洎头脑计谋较为敏捷，也给了他官职让他效力共谋国策，那么其他的人就更可想而知了。宋朝所忌讳的，是善于使用武力的武将而已，而不是苟且偷生以求恩宠的文人。至于宋朝之所以一定要把编纂丛书的任务交给这些降臣是有原因的。自唐朝动乱以后，朱温凶残暴戾，杀死清流雅士，杜荀鹤一旦被其接纳，而震惊战栗得几乎死掉。在朱温控制的地区，人们都以文辞风雅之事为大戒，怎么会有人以文雅自矜而去撩拨猛虎呢？李存勖、石敬瑭都是沙陀人的后裔，刘知远、郭威不过是一个拿扫帚的佣人。于是粗犷凶悍相沿袭，弓箭刀枪相争斗，王章用毛笔计算税赋的征收，还不免被成群的俗人所攻讦。六经和诸子百家之说，不用焚书坑儒，在中原就已经没有遗留残存了。还有契丹的入侵蹂躏，千里国土变成废墟，救死都来不及，谁还有闲暇悲悯前人的文化遗产被破坏被毁弃呢？周世宗稍想加以整理而使之发扬，但是有学问的故人都已凋零，新生代的学养也无法启蒙成长。王朴、窦仪出身于燕、赵地区，简约质朴有余，而没有学术讲习的传统，如同隔着帷幕看太阳而无法看清楚，这是北方学者的通常状态。唯有江东、西蜀地区，保有国土数十年，划分疆界以自守，没有战事相摧残，那里的水边山顶都未损伤，所以那里的人得以在从容的岁月里吸收文苑的英华。那么想找到博雅的儒者，来采集众人言论的精华，除了这两个地方的人，没有别人能胜任了。宋太宗可以说是善于取用人才了。

光武之兴道艺也，雅乐仪文，得之公孙述也。拓拔氏之饰文教也，传经定制，得之河西也。四战之地，不足以留文治，则偏方晏处者存焉。蒙古决裂天维，而两浙、三吴，文章盛于晚季；刘、宋、章、陶藉之以开一代之治，非姚枢、许衡之得有传人也。繇此言之，士生礼崩乐圮之世，而处僻远之乡，珍重遗文以须求旧之代，不于其身，必于其徒，非有爽也。坐销岁月于幽忧困菀之下者，殆所谓自弃者与！道胜者，道行而志已得；文成者，文著而心以亨。奚必任三事、位彻侯，而后足以荣与？汉兴，功臣名多湮没，而申培、伏胜遗泽施于万年。然则以纂述为束缚英才之徽纆者[1]，细人之陋也。以沮丧君子而有余疚已。

【注释】①徽纆（mò）：古代狱具，指缚绑俘虏或罪犯的绳索。此处引申为囚禁、限制、束缚有才之人。

【译文】汉光武帝复兴的学术、技能以及礼乐文化，是从公孙述那里得来的。拓跋氏兴办文化教育，传述的经典、定立的典范，是从河西的学者那里得来的。四面八方都要应敌作战的地区很难保留文化学术，但却能在未经战火蹂躏的边隅地区得以保存。蒙古分割破裂了天地的纲维，而两浙、三吴地区在元朝晚期文章很繁荣兴盛；刘基、宋濂、章溢、陶安以此而开启一代的文治，而不是由于姚枢、许衡的学问后继有人。由此而言，士人生长在礼崩乐坏的时代而身处偏远地区反而是好事，他能把古人的文化遗产珍重地传承下来，以等待文化回暖的那一天，这不是应在他们本人身上就是应在他们弟子身上，这是没有差错的。在幽暗忧闷艰苦的时候无所作为而消磨岁月，大概这就是所谓的自暴自弃之人吧！大道的兴盛，是大道得以施行而志愿已满；文化的成功，在于文章已经流传而内心也亨通了。何必非得担任公、侯的高位后才能令文化繁荣呢？汉朝兴起，功臣的名字如今大多都已湮没无闻了，可是申培、伏胜遗留的恩泽却可以延续到万年之后。那些把编纂典籍视为是束缚英才的手段的，这是小人的陋见。以此令君子感到沮丧的人是有罪疚的。

七

人之可信者，不贪不可居之名；言之可信者，不传不可为之事。微生之直[①]，仲子之廉[②]，君子察其不谌。室远之诗[③]，漂杵之书[④]，君子辨其不实。人恶其饰言饰行以乱德也，言恶其溢美溢恶以乱道也。君子之以敦实行、传信史、正人心、厚风俗者，诚而已矣。

【注释】①微生之直：指微生高，鲁国人，孔子弟子，以直爽著称。《论语·公冶长》："子曰：'孰谓微生高直？或乞醯焉，乞诸其邻而与之。’”指有人向微生高要点醋，他本没有，却向邻居讨点来给人家。因此孔子说微生高不直。

②仲子之廉：陈仲子，齐国人，也叫做田仲。《孟子·滕文公下》：“孟子曰：‘于齐国之士，吾必以仲子为巨擘焉。虽然，仲子恶能廉？充仲子之操，则蚓而后可者也。’”这里指孟子对田仲的廉存质疑。

③室远之诗：《论语·子罕》：“唐棣之华，偏其反而。岂不尔思，室是远而。子曰：‘未之思也，夫何远之有？’”这是引用了古人的诗，说：“唐棣树的花，翩翩地摇摆。难道我不想念你？只是家住得太远。孔子评论说：‘他不是真的想念，真想念的话，又何远之有呢？’”

④漂杵之书：《尚书·武成》篇说到牧野之战时，周武王的军队把殷纣王的军队杀得血流漂杵，孟子评论说《武成》的说法不完全真实，有夸张的成分。

【译文】人的可信之处，在于不贪过誉而不相匹配的声名；言论的可信之处，在于不传播不可做的事。微生高的耿直，田仲的廉洁，君子察知其不准确。“室远”这样的诗篇，记载血流漂杵这种说法的文字，君子辨别其并非完全信实。人们嫌恶那种以伪装的言行而扰乱德性的人，嫌恶那种过分夸大而扰乱大道的言论。君子用来使行为敦厚、让真实的历史得以流传、使人心端正、让风俗淳厚的方法，只是诚信而已。

江州陈兢九世同居，而太宗岁赐以粟，盖闻唐张公艺之风①，而上下相蒙以矜治化也。九世同居，天下亦多有之矣。其宅地广，其田牧便，其习业同，未可遽为孝慈友爱，人皆顺以和也。公艺之告高宗也，曰“忍”。夫忍，必有不可忍者矣。则父子之谇语，妇姑之勃溪②，兄弟之交愈，以至于斁伦伤化者皆有之。

公艺悉忍而弗较，以消其狱讼仇杀之大恶而已。使其皆孝慈友爱以无尤也，则何忍之有邪？故公艺之言，犹不敢增饰虚美以惑人，为可信也。传陈兢之家者曰："长幼七百口，人无闲言。"已溢美而非其实矣。又曰："有犬百余，共一牢食，一犬不至，群犬不食。"其诞至此，而兢敢居之为美，人且传之为异，史且载之为真，率天下以伪，君子之所恶夫乱德之言者，非此言哉？

【注释】①张公艺（577—676）：生于北齐承光元年，以治家有方而名垂青史。历经北齐全隋唐三朝而不衰，多位皇帝彰表其德。有张公百忍之说传世。

②勃溪：亦作"勃豀"。吵架，争斗。

【译文】江州的陈兢九代人一起居住生活，而宋太宗每年都赏赐他们粮食，大概是听闻了唐代张公艺的事迹，于是上下相承而以国家的教化自得。九代人一同居住生活，天下之大也是常有的。他们的住宅广大，田地牧场交通方便，所学和工作也大体相同，但这不能立即就说他们全都是孝慈友爱，人们都是安顺和睦相处的。张公艺告诉唐高宗一个忍字，既然有一个忍，就说明一定有不可忍的事情。那么父子之间的斥责，婆媳之间的争吵，兄弟之间的交往，以至于败坏伦理有伤风化的事也会有的。张公艺都安忍而不计较，以此消除狱讼仇杀之类的大恶事。假使全家都孝慈友爱没有过失，那还要忍什么呢？所以张公艺的话，没有伪装美化以迷惑人，是可信的。有人传言说陈兢家族："全家族长幼七百多口人，人与人之间没有不和睦的话。"这是美化而不属实的说法了。又说："狗有一百多条，在一个圈里吃食，一只狗不来吃食，整群的狗都不来吃食了。"其不信实如此，而陈兢还自居以为美谈，人们传为异谈，而史书未辨真假而记载为真，全天下都随着作假，君子所嫌恶的那种扰乱德性的言论，不就是这种吗？

人而至于百，则合食之顷，一有不至，非按而数之，且不及察矣。犬而至百，坌涌而前[①]，一犬不至，即智如神禹，未有能一览而知者，奚况犬乎？计其家七百口之无闲言，为夸诞之说，亦如此而已矣。尧、舜之有朱、均，文王之有鲜、度，天不能私其美于圣人之家。子之贤不肖，天也。天之化，未有能齐者也；何独于陈氏之家，使皆醇谨以若于长者之训耶？而曰："自陈崇以至于兢，教之有方，饬之有道，家训立而人皆劝。"则尧之于子，既自以则天之德立范于上；而又使事舜于畎亩，以薰陶其气质；陈氏之德十百于尧，其教也十百于舜，庶乎可矣。不然，慧者、愚者、强者、柔者、静者、躁者、咸使整齐专壹，而无朱、均、鲜、度之梗化于中，陈氏何德以堪此？取尧、舜犹病之美，夸乡原非刺之无，兢之伪，史之诬，岂待辨而明哉？

【注释】①坌（bèn）：聚积。

【译文】人数如果多到上百，那么在一起吃饭的时候，有一个没来，如果不是按人头来数，就不能发现。狗多到上百成群地奔来，一只狗没来，就算有大禹一般的智慧，也不可能看一眼就知道，何况是狗呢？如此说来他家七百口人之间没有不睦的话，是夸大不实的说法，也是类似这样的。尧有丹朱、舜有商均这样的儿子，文王有管叔鲜、蔡叔度这样的儿子，上天也不能因为私心而让圣人之家十全十美。子孙的贤与不肖，这是天命。上天的化育，没有能使之整齐如一的，为什么独独对陈氏家族，却使他们全都淳厚恭谨而符合长者的训导呢？还说：“从陈崇直到陈兢，都是教导有方，整饬有道，家训建立后大家都被劝化而遵循不渝。”那么尧对于他的儿子，既然自己已经效法上天之德而树立了模范，还让儿子在田亩中事奉舜来熏陶其气质，如此还不能让儿子成为贤人。那么陈氏的德性必须是十倍百倍于尧，其教育也是十倍百倍于舜，才差不多可以做到。否则的话，七百多人的家族，有聪慧的、有愚笨的、有刚强的、有柔顺的、有安静的、有烦躁的，让他们都整齐划一，而没有像丹朱、商均、管叔鲜、蔡叔度那种顽梗不化的人在其中，陈氏有何等德行可以做到如此？以尧、舜都还做不到的事情来作为陈氏的美德，夸耀陈氏没有乡间伪善之人的指责，陈兢的虚假，史书的未辨真伪，哪用辨别才能明白呢？

且以陈氏之族如彼其善矣，又何赐粟以后，九世之余，寂寂无足纪数；而七百口敦仁崇让之子弟，曾无一人能树立于宋世哉？当唐末以后之丧乱，江州为吴、楚交争之冲。陈氏所居，僻远于兵火，因相保以全其家，分数差明，而无讼狱仇杀之衅。陈氏遂栩栩然以自矜，有司乃栩栩然以夸异，太宗且栩栩然以饰为时雍之化[①]，相率为伪，而犬亦被以荣名。史氏传其不足信者，而世信之；妄人售，而为父兄者恤虚名以渎伦纪；君子所以为世道忧也。

【注释】①时雍：亦作“时邕”“时雝”“时廱”，指时世太平。

【译文】假设陈氏家族真的有如上所说的那些美德，又为什么在皇帝赏赐粮食以后，传承九代之久，仍然寂然无闻而没有值得记载的事迹。而且七百多口敦厚仁爱谦虚礼让的子孙，没有一个能在宋朝有所作为而闻名于世的呢？在唐末以后的动乱中，江州是吴、楚相争的要冲，陈氏所居住的地方，偏僻而远离战火，于是得以保全其家，大体尚可，而没有讼狱仇杀的斗争。陈氏就居功自大，而国家也加以夸奖，宋太宗也以此来美化他时世太平的教化，互相都不真实，而陈家的狗也有了美名。史家传颂了陈氏这不可全信的事迹，而世人都相信了；妄人得逞，而做父亲做兄弟的人也随之而看重虚名亵渎了人伦纲纪。所以君子为世道担忧啊。

夫君子之齐家，以化及天下也。不为不可成，不居不可久，责备贤者而善养不才，立异以使之同，昭辨以使之壹，贤者易以笃其恩，不肖无以增其慝。是以命士而上[①]，父子异宫，不欲其相黩也；五世而降，功缌以绝，不欲其强饰也；立庭之训，止于诗礼；夜饮之戒，严于朝廷；三十授田，而田庐分处；八口以外，而饥寒自赡；无相杂也，则无相竞也。使九世可以同居，族以睦而分以明，则先王胡不立此以为制，而文昭武穆[②]，必使有国有家各赐族以使自为纪哉？化不可骤，情不可强，天不可必，人不可不豫为之防。故伪行伪言不宣，上以诚教，下以诚应。同人之道，类族辨物，而于宗则吝；家人之义，嘻嘻失节，而威如以孚。垂世立教，仁之至、义之尽矣。假诡之行，矜夸之说，荧惑天下，饰大美以鬻名利，天性受诬而人纪以亡，读史者又何艳焉！

【**注释**】①命士：古代称受有爵命的士人。

②文昭武穆：古代宗法制度，宗庙位次，始祖庙居中，以下父子递为昭穆，左为昭，右为穆。祭祀时，子孙也按昭穆，左右排列行礼。文昭武穆：指周文王于周为穆，武王则为昭，成王又为穆。

【译文】君子整治家政，是以此为基而把教化普及到天下。不做不可能成的事，也不做不可能长久的事。责备贤人而善于教育无德无行的人，让他们看到不同而使之相同，明辨差别而使之一致，于是贤者更有恩德，而不肖之人也不会增加他的奸佞。所以自受有朝廷爵命的士人以上，父子就居住在不同的房间，以免相互玷污；隔了五代以后就要降低丧服的等级，不用正式丧服，这是不想让人过于勉强造作；平常对子孙的教育，只用《诗》和《礼》；夜间饮宴的戒令，甚至比朝廷中还要严格；三十岁后给予田地，而田地和住所都各自独立分开；八口以外的人，他们的饥寒就要自己承担；家里人不相混杂，就没有彼此竞争了。假使九代人可以共同居住，整个家族还很和睦而各种分别还很清楚明白，那么先王为什么不建立这样的制度，而是实行自古以来的宗庙制度，一定要让其有国有家，各自赐给姓氏来开始自己家族的纪年呢？改变不可急迫，人情不可勉强，天意不可确定，人不可不预先准备。所以虚假的言行不加以宣扬，在上的人以诚来教化，在下的人以诚来响应。《周易》“同人”卦说，君子要明白物以类聚，人以群分的道理，以此明辨事物，而只知同宗不加分别就鄙陋了；《周易》“家人”卦说，在妇女和孩子嘻笑失节的时候要有威严，则终会吉祥。如此这样流传后世、设立教化，就是仁至义尽了。夸张奇怪的做法和矜夸的言说迷惑了天下，巧扮成大德以求名利，天性被扭曲，而人的纲纪也灭亡了，读史书的人对此又何必艳羡呢！

八

三代而下，遂其至性，贞其大节，过而不失其中，幽光内韫[①]，垂五百余年，人无得而称者[②]，其楚王元佐乎[③]！

【注释】①韫（yùn）：包藏、蕴含。

②无得而称者：《论语·泰伯篇》："子曰：'泰伯，其可谓至德也已矣。三以天下让，民无得而称焉。'"泰伯是周文王姬昌的伯父。为了让才大德高的姬昌有机会治理国家，他多次让出王位。孔子对这种美德非常推崇，多次予以高度赞扬。

③楚王元佐：即赵元佐（965—1027），宋太宗赵光义长子，宋真宗赵恒同母兄，母为元德皇后李氏。跟随宋太宗征战北方，封为楚王。因同情秦王赵廷美，后因病发疯而废为庶人。宋真宗即位后恢复楚王爵位。宋仁宗即位后，迁江陵牧，增加食邑。

【译文】夏、商、周三代以后，实现最高人性，大节坚贞，虽稍有过分之处而大体不失中道，幽远的光明在内部蕴藏，过了将近五百余年，人们都不知道该怎样称赞他，这就是楚王元佐吧！

元佐，太宗之元子也。太宗遂其传子之志，则天下者，元佐之天下也。杜后之命曰：太祖传二弟，而旋授德昭。即令太宗恤遗命，全秦王而授之位，秦王立，其犹从母命也，德昭虽死，而惟吉存；使其不然，则秦王且私授其子，此吴光与僚先后得国之势也。元佐其犹夷昧、余祭之子，位不得而及焉，必矣。太宗挟传子之私，忌秦王而致之死，岂忧己位之不固哉？为元佐计，欲坐收而奄有之尔。故曰：如太宗之志，天下者元佐之天下也。

于是而元佐憬然发其天性之恻悱，以质鬼神，以对天下，必欲曲全叔父，以免君父于不仁。愤太宗之不听也，激烈佯狂，纵火焚宫，示不可以君天下。进则有九五之尊，退则膺庶人之罚，万一父怒不测而死及之，亦且甘之如饴。呜呼！是岂三代以下教衰俗圮之得再见者哉？废为庶人，而元佐之心得矣。得其心者，得其仁也。是伯夷、泰伯之所以弁髦人爵[①]，寝处天彝，而保此心以复于礼者也。

【注释】①伯夷：商末孤竹国君长子，与兄弟叔齐互相让位纷纷出走。后来周武王伐殷纣王，二人出于道义不食周粟，在首阳山隐居，最后饿死。弁髦（biàn máo）：比喻弃置无用之物。弁，黑色布帽。髦，童子眉际垂发。

【译文】赵元佐，是宋太宗的长子。太宗如果实现他的传子之志，那么天下就是赵元佐的了。杜太后的遗命说："太祖传位给二弟宋太宗，之后再传给赵德昭。"即使宋太宗遵重遗命，保全弟弟秦王赵廷美而把皇位传给了他，而秦王即位后还尊重遗命的话，那么赵德昭虽然死了，他的儿子赵惟吉还在；假使不然，那么秦王私自传位给自己的儿子，这就是吴国公子光与公子僚先后夺得王位的形势了。赵元佐就好比是夷昧、余祭的儿子，王位不能得到继承是必然的了。宋太宗怀有传位给儿子的私心，猜忌秦王赵廷美而想让他死，难道是担忧自己君位不稳吗？这是为赵元佐打算，想坐收天下为己有而已。所以说：如果按宋太宗的心意，天下就是元佐的天下了。而元佐却醒悟而表现出天性中的恻隐之心，以此质问鬼神，以此面对天下，一定要想办法保全叔父秦王赵廷美，以免自己的君父成为不仁之人。他对太宗不听他的意见而非常愤慨，激怒暴烈假装发疯纵火烧皇宫，来表示自己不想要君临天下。前进一步就是九五之尊，退后一步就是贬为庶人，哪怕万一父亲发雷霆之怒而要处死他，他也会甘之如饴。呜呼！这难道是夏商周三代以后教化衰微风俗崩坏后还能再次看到的吗？被废为庶民，而元佐的心却是满意了。实现了他的心愿，就是实现了他的仁义。这就是伯夷、泰伯之所以对世间的官爵无动于衷，而甘愿在天地自然中安身，而安于此心以恢复古礼的原因所在。

东海王强之安于废[①]，父不欲畀以天下也[②]。宋王成器之屈于玄宗[③]，弟有社稷之元功，己不得而居其上也。父志存焉，人心归焉，不敢与争，而仅以自保其王爵，议者犹且奖之。元佐以逸获之天下，脱屣而求惬其孤心，岂彼所能企及哉？乃廷无公论之臣，史无阐幽之笔，且以建储称寇准之忠[④]，拥戴诧吕端之节，实录所纪，又为燕不得与及李后、王继恩谋立之说，曲毁其至德。故司马氏曰："伯夷虽贤，得孔子而名益著。"世无君子，信流俗倾妒之口，掩潜德而曲诬之，后世之史，不如其无史也，多矣。

【注释】①东海王强：即东海王刘彊（"彊"同"强"，25—58）。东汉开国太子，母为废后郭圣通。刘强因母后被废而请求废除自己的太子位而愿被封为蕃国，于是被封为东海王。刘强到了封地，几次上书让还东海，光武帝不许，并把刘强的奏章宣示给公卿过目。而王夫之则认为是汉光武帝不想把天下传给刘强。

②畀（bì）：给与。

③宋王成器（679—741）：李成器，唐睿宗嫡长子。武则天死后，是李隆基和太平公主起兵除掉韦后及安乐公主，才使睿宗登位。睿宗初继位时本以李成器为太子，但因李隆基功大，李成器主动面见睿宗反复推辞太子之位让给李隆基，后李隆基继位为唐玄宗，封成器为宋王。

④寇准（961—1023）：字平仲，华州下邽（今陕西渭南北）人。宋太宗时为参知政事，真宗时与参知政事毕士安同为宰相（授同中书门下平章事）。契丹南下犯宋时，寇准力请真宗亲征，最终订立“澶渊之盟”。后寇准被王钦若排挤而罢相，后又数次出相罢相，被贬谪，病逝于雷州。

【译文】东海王刘强安于被废，是因为父亲未决定把天下交给他。宋王李成器屈从于唐玄宗李隆基，是因为弟弟李隆基有保卫社稷的首功，自己不能在他之上。父亲的意愿得以实现，人心得以归附，不敢与兄弟相争，而得以保全自己的王爵之位，评议的人还要褒奖他。赵元佐以轻松就能得到的天下，对天下无所顾恋如同脱下鞋子一般，而只求满足自己的心意，这难道是东海王刘强和宋王成器能比得上的吗？可惜朝廷没有能主持公论的大臣，史书也没能阐明此幽微之意，还以寇准和宋太宗商榷太子人选的表现而称赞寇准的忠诚，因吕端拥戴而使太子顺利继位而惊诧吕端的节操，《实录》所记载的内容，又是赵元佐未能参加宴会而纵火以及李后、王继恩在太宗病危时谋划立元佐为帝的说法，都在歪曲诋毁元佐的美德。所以司马迁说：“伯夷虽然贤良，也是在得到孔子的称赞后他的名声才更加广为人知。”世上没有君子，于是相信流俗诽谤忌妒的说法，掩盖君子潜藏的阴德而歪曲诬陷他，后世的史书记载不实，不如没有史书，类似的事例也较多了。

太宗怒，欲安置之于均州，百官谏而止者，知其志之正而理之伸也。真宗立，复楚王之封，加天策将军之号，待以殊礼者，知其弃万乘以全至性，而李后之谋，必其所不就也。太宗愧之，真宗安之，而不能动廷臣国史之心；流俗之迷而不觉，有如是夫。或曰：泰伯不欲有天下，逃之句吴，而元佐终受王封，何也？曰：周未有天下，而句吴为殷之蛮服；古有公子去国而为羁之礼，则有余地以听泰伯之徜徉。宋则一统六寓，而元佐奚适焉？若其终受王封也，藉令秦王立，惟吉继，而太宗既君天下，致平康，则其元子固当为王；王者，元佐之应得也。不为天子而德已至，奚婞婞然致怒天伦，效陈仲子之为哉！

【译文】太宗发怒，想把元佐安置到均州去，百官进谏后才停止，这是知道他的志向正直，而在道义上也得以伸张。真宗继位后，又恢复了元佐的楚王封爵，还加上天策将军的称号，用特殊规格的礼节对待他，这是知道元佐能抛弃帝位以保全他至善的本性，而李后等人的谋划，他一定是没有参与的。太宗为此而感到惭愧，真宗也尽量给他好的安置，这些都不能打动朝廷大臣和史官的心；流俗之人的迷惑不觉，竟然像这样啊！有人说：泰伯不想得到天下，于是逃到句吴，而元佐最终被封王，这是什么道理？回答说：周朝并没有控制全天下，而句吴是殷朝的蛮服之地；古有公子离开本国到异国为客的礼制，那么就有多余的地方可供泰伯前去安居。而宋朝则一统了天下，那么元佐还能去哪呢？至于他最终接受君主所封的王爵，那么假设秦王即位，之后是惟吉继位，而太宗既然已经君临天下，天下得以太平康乐，那么他的长子本就当封王；王，本是元佐应得的。不当天子而德行已达极致，又何必出于内心不满而导致父子间彼此气愤，去仿效陈仲子那种行为呢！

乃于是而见宋之无人也。德昭之死，廷美之窜，大乱之道，太宗之巨慝也。立其廷者，以刚直称，则窦偁、姚坦；以昌言称，则田锡、张齐贤；以方正称，则李昉、吕端；皆所谓贤臣也。而俯首结舌，听其安忍戕性以行私，无敢一念开国之先皇者。仅一卢多逊卫太宗于前，护秦王于后，无忘金匮之言；而赵普之邪说一张，附致深文以窜死。昏霾掩日月之光，仅露孤光于元佐，有心者自知择焉。奚必孔子，而后可致伯夷于青云，存乎人心之不死者而已矣。

【译文】从这里就可以看出宋朝没有人才了。赵德昭的死，赵廷美的流放，这是大乱之道，是太宗的大污点。站在宋朝朝廷上的人，以刚直而著称的，则是窦偁、姚坦；以敢于谏言而著称的，则是田锡、张齐贤；以贤良方正而著称的，则是李昉、吕端；他们都是所谓的贤臣。而低头不语，听任太宗因为私心而做残忍的事，不敢念及开国的先皇宋太祖。仅有一个卢多逊先是努力保全宋太宗，后是尽心保全秦王赵廷美，未曾忘记金匮文书中的话；而赵普的邪说一得以宣扬，就附会罗织种种罪名把赵德昭、赵廷美或者逼死或者流放。昏暗的阴霾遮掩了日月的光芒，只有赵元佐的表现才显现出一线光明，有心的人自会知道如何选择了。何必非要靠孔子才能令伯夷的美名传扬直上青云，能流传于人们的心中不灭就可以了！

九

太宗谓秦王曰："人君当淡然无欲，勿使嗜好形见于外。"殆乎知道者之言也夫！且夫人之有所嗜好而不能自已者，吾不知其何以然也。耳目口体于天下之物，相得而各有合，欲之所自兴，亦天也。匪徒小人之所依，抑君子之所不能去也。然而相得者，期于得而止；其合也，既合而固可无求。匪徒崇高富贵者之易于属猒[①]，抑贫窭之子可致而致焉者也。

【注释】①属猒（yàn）：饱足，满足。畎，饱，饱足。

【译文】太宗对秦王赵廷美说："作为人君应当淡然无欲，不要使嗜好表现在外表上。"这几乎是快要明晓大道的话吧！人们有所嗜好而不能自己控制，我不知道为什么会如此。人的耳朵、眼睛、嘴巴、身体对于天下的事物，各自有它能匹配而相合的对象，所以欲望自己就产生了，这是天生的。不只是小人如此，就是君子也不能摆脱欲望。然而人的器官与事物的匹配，应该是匹配上就完了；人的器官与事物的相合，也应该是相合了就不再想多求。若能如此，那么不仅身居高位和富贵的人容易满足，就是贫贱之子也是想要做就能做到的。

故夫人之所嗜，亦大略可睹矣。居海国者，不嗜麕麇[①]；处山国者，不嗜鳆蛤。未闻其名，则固不慕也；未尽其致，则固不耽也。然则世之有所嗜好而沉迷不反者，皆著见于外而物得乘之以相惑耳。繇是而销日糜月，滥喜狂怒，废事丧德，戕天物，耗财用，导慆淫[②]，迩宵小，抵于败国亡家而不悟。岂果其嗜好之不可遏哉？群然取一物而贵之，则贵矣；群然取一物而安之，则安矣。有所贵而忘其贱，有所安而忘其本不足以安：时过事已，而不知当日之酷好者何心。若是者，吾又恶知其何以然哉？

【注释】①麕麋（jūn mí）：指外貌似鹿而较大的哺乳动物。麕，指獐子。麋，指麋鹿。

②慆（tāo）：贪。

【译文】所以人的嗜欲，也是大略可以知道的。住在海边的人，不嗜好麕麋；住在山里的人，不嗜好鳆蛤。没有听说过其名字，当然就不会想要它；没有体会到它的好处，当然就不会沉迷于它。那么世上有所嗜好而沉迷不返的人，都是外露了自己的执着而外物得以乘机迷惑他而已。由此而消磨岁月，因得失而或者过分的喜爱或者发狂的愤怒，耽误了正事而且丧失了德行，残害天生之物，消耗财物用品，导致了贪婪和荒淫，亲近了小人，直至国败家亡也不醒悟。难道果真是他的嗜好不能遏制吗？大众都珍视而求取一种东西，它就贵重了；大众都安适于某一物，那么它就变得让人追求它的安适之处了。有所重视就忘了它的平常普通，有所安适就忘了它本不足以让人安适：等到时间过去了，事情完结了冷静下来反思，却不知当时对它那么爱好是什么心理。像这样的，我又怎么知道它为什么会是这样呢？

卫懿公之于鹤也，唐玄宗之于羯鼓也，宋徽宗之于花石也，达者视之，皆无殊于瓦缶之与块土凡虫也，而与之相守以不离。求其故而不得，设身而代为之思，盖触目喜新，偶动于中而著见于外，窥之者曲以相成，习闻数见，浮言胥动，随以流而不可止耳。口之欲止于味，而山珍海错者，非以味也，以其名也。体之欲止于适，而衣珠玉者，非以适也，以其名也。一夫偶以奇而炫之，无识者相因而和之，精而益求其精，备而益求其备；乃至胡椒之八百斛，杨梅仁之十石，不知何所当于嗜欲，而必汲汲以求者如此。呜呼！以口还口，而味亦靳矣；以目还目，而色亦靳矣；以耳还耳，而声亦靳矣；以体还体，而衣被器用游观之所需者亦靳矣。过此，则皆流俗浮游之言转相传述，溢于其分。而劳形、怵神、殃民、殄物，役役以奔走[1]，至死而不释。呜呼！是其愚也，吾且恶知其何以然哉？

【注释】①役役：劳苦不息的样子。

【译文】卫懿公喜好鹤，唐玄宗喜好羯鼓，宋徽宗喜好花石，由通达的人看来，都与瓦砾土块及普通的虫子没有什么不同，他们却与之难舍难离。我想不明白为什么，但设身处地替他们琢磨，大概是因为看在眼里而猎奇，自己偶尔心动了而表现在外，窥伺的人就想办法满足他，多次看到并把玩之后，流言都传开了，于是就随波逐流而不可遏止了。口的满足在于滋味，但山珍海味诱惑人的不是滋味，而是因为它们的名称。身体的满足在于舒适，但穿珍珠佩玉器诱惑人的不是舒适，而是因为它们的名称。一个人偶尔用这些东西炫示稀奇，没有见识的人跟着随声附和，把吃和穿的都做到精益求精，完备之上更求完备；乃至于元载家里收藏着胡椒八百斛，王仲嶷向童贯一次就送了杨梅仁几十石，不知是什么原因这么匹配于他们的嗜好，以至于要像这样汲汲而求。呜呼！在口里尝来尝去，美味也会变得无味；在眼里看来看去，好看的东西也会变得不再吸引人；在耳里听来听去，美妙的声音也会变得平常普通；在身上享受来享受去，那些好衣服被褥器具以及游玩的东西等等也会变得不再舒适。超过这些之外的，就都是流俗的浮夸不实的互相传述，浮夸而超过了它的实际。但却使身形劳累、精神忧虑、祸害民众、暴殄天物，劳苦不息的奔波，到死也不能放手。呜呼！这是他们的愚蠢，我又怎么知道它为什么会是这样呢？

故君子之无欲，不爽于理者，无他，耳目口体止于其分，不示人以殊异之情，则人言之沓至，稗官之妄述[1]，导谀者之将顺，鬻技者之蛊惑，举不以易吾耳目口体之素。然则淡然无欲者，非无欲也；欲止于其所欲，而不以流俗之欲为欲也。

【注释】①稗官：小官，后也称野史小说为稗官。这里指野史作者。

【译文】所以君子之所以没有欲望，不违背道理，这没有别的，只是让耳目口体安止于它的本分，不向人显示自己独有的爱好，那么流言的纷至沓来，野史的虚妄表述，谀辞奉承的顺从，卖弄技巧者的蛊惑，都不能改变我耳目口体的本来状态。如此的话淡然无欲不是没有欲望，而是欲望仅此而已，不以流俗的欲望当做自己的欲望。

夫流俗之欲而荡其心，夫人之所不能免也。奚以治之？其惟有以镇之乎！太宗曰："朕无他好，惟喜读书。"所以镇之也。镇之者，息其纷纭，抑其竞躁，专凝其视听而不迁；古今成败得失之故，迭至而相警，以域其聪明；其神闲，其气肃，其几不可已，其得不能忘。如是，而流俗之相荧者，不待拒而自不相亲。以是而形见于外，天下之饰美以进者，相奖以道艺。其人非必贤，其所习者抑不诡于正矣；其学非必醇，其所尚者固不损于物矣。因而精之，因而备之，而道存焉。故太宗之择术善矣。宋儒先以格物穷理为身、心、意、知之所自正，亦此道焉耳。

【译文】流俗的欲望动摇人心，凡是人几乎都不能避免。如何来治理它呢？只有靠镇住它吧！太宗说："朕没有其他的爱好，只喜欢读书。"这就是镇住欲望的东西。镇住它，就是止息内心的纷扰动荡，安定斗争和浮躁之心，专一凝聚自己的视听感官于一而不迁移；古今成败得失的借鉴不断来到眼前而引起警策，让聪明的施展专一于此；于是他的精神闲适，气质肃穆，将要达到这种境界时几乎不可停止，已经达到这种境界后就不会忘记。若能如此的话，那么流俗的蛊惑，不用排斥它就自然不会与之亲近。而内在的精神境界表现在外，那么对天下修饰美德而求出仕做官的人，就用大道和学问来奖励他。此人并非一定是个贤人，但他所学习的不会违背正道；此人的学问不一定淳厚，但他所尊尚的必定不会危害事物。如此而达到精深，如此而达到完备，大道就在这里了。所以太宗的选择是很好的。宋代的儒家学者用穷究事物的道理而达到身、心、思想、灵知的本自端正，也是此理。

虽然，但言读书，而犹有所患。所患者，以流俗之情临简编，而简编之为流俗用者不鲜也。故萧绎、杨广、陈叔宝、李煜以此而益长其慆淫。岂徒人主然哉？凡为学者皆不可不戒也。夫苟以流俗之心而读书，则读书亦嗜好而已。其销日糜月废事丧德也，无以愈。如是者其淫有三，不知戒而蹈之者众，故不可不戒也。物求其名，形求其似，夸新竞丽，耽僻摘险，以侈其博，如是者谓之色淫。师鲰儒之章程[①]，殉小生之矩步，析音韵以求工，设机局以相应，曳声引气，意短言长，如是者谓之声淫。读可喜之言而如中酒，读可怒之事而如操戈，嬉笑以谐心，怒骂以快意，逞其气以击节于豪宕之篇，弛其志以适情于闲逸之语，心与俱流，情将日荡，如是者谓之志淫。此三淫者，非所读之书能病之也。风、雅兼贞淫之什，春秋有逆乱之书；远流俗，审是非，宁静以镇耳目之浮明，则道贞于一。轩輶之语[②]，里巷之谣，无不可益也。非是而涉猎六籍，且有导人以迷者；况史册有繁言，百家有琐说乎？班固之核也，蔡邕之典也，段成式、陆佃之博也，苏轼、曾巩之辨也，以是而猎荣名，弋物望，又奚异于烂羊之关内侯、围棋之宣城守、宣淫之控鹤监乎？无他，以读书为嗜好，则适以导人于欲也？惟无欲而后可以读书。故曰：太宗之言，殆知道者之言也。

【注释】①鲰（zōu）：小杂鱼。引申为短小愚陋的人。

②轩輶（yóu）：使臣所乘的车。此处指代各地方言。

【译文】虽然如此，只是读书的话还是有所不足的。不足之处是，用流俗的心情面对典籍，而典籍被流俗改变也是不少的。所以萧绎、杨广、陈叔宝、李煜就因此而更助长了他们的贪婪和荒淫。岂只是君主才会这样呢？凡是治学的人都不可不加以警惕。如果用流俗的心态来读书，则读书也变成了嗜好而已。其消磨日月、耽误正事、丧失道德，没有别的什么能超过它的。这样做的害处有三，不知道警戒而不知不觉落在此中的人很多，所以不能不加以警戒。事物追求它的名称而非本质，外在追求它的形似而非神似，夸耀新奇以展示自己，沉迷于幽僻险峻之处来浪掷他的博学，这些就称之为外色的荒淫。以陋儒的章程为师，遵循见识浅薄的学者的规矩和格式，沉迷音韵以求得诗词的工整，设置巧妙的布局以求相应，拿腔拿调，内容短浅却长篇大论拖沓冗长，这些就称之为声音的荒淫。读到可喜之言就如同享受美酒，读到可怒之事就如同手持武器即将战斗，嬉笑怒骂快意恩仇，读到豪侠气概的文章就击节赞赏，读到闲适安逸的词句就意志松弛，其心与作品随波逐流，其情志将会日加摇荡，这些就称之为意志的荒淫。这三种害处，不仅仅是所读的书让他受害的。《诗》的风、雅部分里也有贞洁和浮淫的篇章，《春秋》里也有叛逆作乱的内容；如果远离流俗，审定是非，宁静安息其心来镇住耳目的虚浮之光，大道就会统一于一。各地的方言，里巷的歌谣，无不都有对人有益的内容。如果不如此而去博览六经，那么里面也会遇到引人迷惑的东西，何况史书里有繁多的言论，诸子百家有繁琐的主张呢？班固的核查，蔡邕的典雅，段成式、陆佃的博学，苏轼、曾巩的善辩，以此来猎取荣耀的名望、博取众人的倾心，又和滥封俗人为关内侯、赢了围棋而得到宣城守、宣示荒淫的控鹤监有什么不同呢？没有别的，这是他们以读书为嗜好，恰好是导人走向欲望了。所以只有没有欲望而后才可以读书。所以宋太宗的话，几乎是快要明晓大道的话吧！

十

论治者佥言久任，为州县长吏言之耳。夫岂徒牧民者之使习而安哉！州县之吏去天子远，贤不肖易以相欺；久任得人，则民安其治；久任失人，则民之欲去之也，不能以旦夕待，而壅于上闻。故久牧民之任，得失之数，犹相半也。至于大臣，而久任决矣。

【译文】议论治国的人都说官吏要长期任职才好，这是为州县的长官而说的。这哪里只是治民之人熟习职事了社会就安定了呢！州县的官吏远离天子，贤或者不贤的人都更容易欺骗他；若是合适的人长期任职，那么民众都会安于他的治理；若是不合适的人长期任职，那么民众想让他离开的急迫心情，恨不得一夜之间就实现。可是又因为言路不通而不被上面所知。所以州县的官吏长久任职，其实是得失参半的。至于朝廷里的大臣则必定是长久任职。

国家之政，见为利而亟兴之，则奸因以售；见为害而亟除之，则众竞于嚣。故大臣之道，徐以相事会之宜，静以需众志之定，恒若有所俟而不遽，乃以熟尝其条理，而建不可拔之基。志有所愤，不敢怒张也；学有所得，不敢姑试也。受政之初，人望未归；得君之始，上情未获；则抑养以冲和，持以审固，泊乎若无所营，渊乎若不可测，而后斟酌饱满，以为社稷生民谢无疆之恤。期月三年之神化，固未可为大贤以下几幸也。乃秉政未久，而已离乎位矣。欲行者未之能行，欲已者未之能已，授之他人，而局又为之一变。勿论其君子小人之迭进，而荑稗窃嘉谷之膏雨也[①]。均为小人，而递相倾者，机械后起而益深；均为君子，而所学异者，议论相杂而不调。以两不相谋之善败，共图一事之始终，条绪判于咫寻，而得失差以千里。求如曹参之继萧何，守画一之法以善初终者，百不得一也。且惟萧何之相汉，与高帝相为终始，绪已成，而后洞然于参之心目，无所容其异同。向令何任未久而参代，亦恶能成其所未就以奏治定之功！况其本异以相攻，彼抑而此扬者乎！

【注释】①荑稗：似禾，果实比谷子小，可食。荑，通“稊”。《孟子·告子上》：“五谷者，种之美者也；苟为不熟，不如荑稗。”荑稗窃嘉谷之膏雨，这是形容后任的不贤之人享受了先任治理所形成的良好局面。

【译文】国家的政务治理，如果看到好处就急着要兴办，那么奸邪也容易借此机会而得逞；如果看到害处就急着要除去，那么众人也会竞相大叫。所以大臣之道，是慢慢地观察评估事情的机宜，安静地判断众人意志的坚定程度，永远像有所等待一样不急迫，然后再深思熟虑事情的来龙去脉，而由此建立不可动摇的根基。心志有所愤慨，不敢轻易就因愤慨而有所施行；学习有所心得，也不敢轻易就去尝试。刚开始受任官职，人们对我还没有形成良好的期待；刚开始侍奉君主，君主的信任也还没有充分建立；那么就要用冲虚和穆的精神来养德，以审慎坚持来自守，淡泊得就像无所经营，深沉得不可测度，而后斟酌态势到众望所归的地步了，再为社稷民生施行无尽的救济。期待几个月三两年就收到神奇的变化，这本来就不是大贤哲以下的普通人所可侥幸获得的。欲求速效的话就往往是刚执政不久，就要面临离职了。结果就是想做的事没有做成，想停止的事也没能停止，就要将职权交给他人了，而局面又因为换人而为之一变。先不说君子与小人迭相更替这种事，光是让后来者沾光都值得一说。而且如果前任后任都是小人，那么二者交接时而彼此倾轧，权术手段就更为升级。如果前后两人都是君子，而学问修养认识的不同，那么也会造成两者的施政纲领混杂而不协调。以前后两任不能相互协调而容易失败为前提，而来共同谋划一件事的成功，那么事情的头绪在两人咫尺之间的分化，其得失之处就差在千里万里了。想要找到如同曹参继承萧何那样的范例，其前任后任两个人都信奉遵守统一的理念而善始善终，这种情况一百个里也找不到一个。而且萧何在汉朝做宰相，与汉高祖自始至终共事，其前面的头绪已经完成了，所以之后的曹参能对这些都洞然于心，不容他再有不同做法。假使萧何做宰相不久就让曹参代替了，又怎能成就萧何所未完成的事业而取得国家安定之功呢！更何况那些本来就学养认知不同而彼此批评、批驳他人自以为是的人呢！

夫爰立作相者[①]，非骤起衡茅、初登仕版者也；抑非久历外任、不接风采者也。既异乎守令之辽阔而不深知，则可不可决之于早，既任之而固可勿疑；奚待历事已还，而始谋其进退。故善用大臣者，必使久于其任，而后国是以不迷，君心以不眩。宋自雍熙以后，为平章、为参知、为密院、总百揆掌六师者[②]，乍登乍降，如拙棋之置子，颠倒而屡迁。夷考其人，若宋琪、李昉、李穆、张齐贤、李至、王沔、陈恕、张士逊、寇准、吕端、柴禹锡、苏易简、向敏中、张洎、李昌龄者，虽其闲不乏侥幸之士，而可尽所长以图治安者，亦多有之。十余年闲，进之退之，席不暇暖，而复摇荡其且前且却之心，志未伸，行未果，谋未定，而位已离矣。则求国有定命之訏谟[③]，人有适从之法守，其可得与？以此立法，子孙奉为成宪，人士视为故事。其容容者，既以传舍视黄扉[4]，浮沉于一日之荣宠；欲有为者，亦操不能久待之心，志气愤盈，乘时以求胜。乃至一陟一迁，举朝视为黜陟之期，天子为改纪元之号；绪日以纷，论日以起，嚣讼盈廷，而国随以敝。垂法不臧，非旦夕之故矣。

【注释】①爰（yuán）立：拜相。

②揆（kuí）：事务；政事。

③訏谟（xū mó）：远大宏伟的谋划。

④传舍：古代供行人休息住宿的处所。黄扉：古代丞相、三公、给事中等高官办事的地方，因其门涂为黄色，故称黄扉。

【译文】那些官拜宰相的人，不是从草泽中骤然出现、一步到位就直接拜为宰相的，也不是长期在地方任职、没有奉侍过君主的。宰相不同于地方官，因为君主对地方官的了解太少而不深知，所以很早就可以判断某人是否可以担任宰相。而既已任命为相后当然就对他不再怀疑了，哪用等到经历过诸多事件以后，才开始商议对他的任免呢？所以善于任命大臣的，一定是让他长期任职，而后国家大计就不会迷惑，君主的心意也不会眩惑。宋朝从雍熙年间以来，设置了平章事、参知政事、知枢密院事等官职来总掌各种政务及统领全国军队，这些官职的任免是忽升忽降的，就像笨拙的棋手下棋落子一样，颠三倒四而又多次变化不定。考察这些被任命为相的人，比如宋琪、李昉、李穆、张齐贤、李至、王沔、陈恕、张士逊、寇准、吕端、柴禹锡、苏易简、向敏中、张洎、李昌龄等人，虽然其中偶有侥幸得到官位的，但多数还都是可以施展他的长处以图国家长治久安的人才。十多年间的任免，他们的座位还没暖和呢就要离职，而又动摇他们不知是该前进以求升职还是该退步回去的心情，于是他们的志向都没有得以实施，行为还未见到成效，谋略尚未能最终确定，就已经要离开了官位了。这样想让国家有稳定的长远规划，人民有适宜的规则法令可以遵守，能办到吗？以此为成法而不变的话，那么子孙奉为成法，人们视为惯例。那些随波逐流的人，就会把朝廷视为旅馆，在短暂的荣宠中浮沉；而那些想有所作为的人，也因顾虑不能长期任职而充满不满，就希望能抓紧时机以施展自己的抱负。乃至于他们的一升一迁，满朝大臣都看作是某种任免的迹象，甚至天子也为此而改变年号；国家政务的头绪一天天变得纷乱，人们的议论一天天都在出现，愚蠢而顽固的争论充满朝廷，而国家也随之灭亡。流传给后人的制度不善，这不是一朝一夕的原故。

夫宋之所以生受其敝者，无他，忌大臣之持权，而颠倒在握，行不测之威福，以图固天位耳。自赵普之谋行于武人，而人主之猜心一动，则文弱之士亦供其忌玩。故非徒王德用、狄青之小有成劳，而防之若敌国也。且以寇准起家文墨，始列侍从，而狂人一呼万岁，议者交弹，天子震动。曾不念准非操、懿之奸，抑亦无其权藉；而张皇怵惕，若履虎之咥人，其愚亦可嗤也。其自取孤危，尤可哀也。至若蔡京、秦桧、贾似道之误国以沦亡，则又一受其蛊，惑以终身，屹峙若山，莫能摇其一指。立法愈密，奸佞之术愈巧。太宗颠倒其大臣之权术，又奚能取必于闇主？徒以掣体国之才臣，使不能毕效其所长。呜呼！是不可为永鉴也欤！

【译文】宋朝之所以有这种敝病，没有别的，只是因为猜忌大臣持有大权，而把大臣颠来倒去，行使其不可测的威权，以巩固帝位而已。自从赵普对武将谋划了杯酒释兵权的行动以来，君主的猜忌之心也动了，而文弱的士人也被君主所猜忌了。所以不只是王德用、狄青这种小有功绩的人就防范他们如同敌国一样，就算寇准以文墨起家，开始只是入于侍从行列，可是有狂人一高呼“万岁”，议政的人就交相弹劾他，而天子也大受震动。不去考虑寇准不是曹操、司马懿那种奸臣，而且他也没有权势，而君主自己就张皇警惧，就像踩到虎尾巴害怕被虎咬一样，其愚也可笑。其自取孤危的境地更是可悲。至于像蔡京、秦桧、贾似道的误国而令国家沦亡，则是皇帝一旦受到他们的蛊惑，就终身被迷惑，其迷惑就像屹立的高山一样谁也不能动摇它。如此一来，宋朝的立法越是严密，而奸佞小人的对策就越是机巧。宋太宗颠倒大臣的权术，愚钝暗弱的君主哪会运用呢？却唯独限制了忠于国家有才能的大臣，使他们不能充分施展自己的所长。呜呼！这还不能永远作为鉴戒吗！

十一

自唐渔阳之乱，藩镇擅士自殖，迄于割据而天下裂。有数郡之土者，即自帝自王，建蚁封之国。养兵将，修械具，僭仪卫，侈宫室，立百官，益以骄奢，其用不赀。户口农田之箕敛，史不详其虐取者奚若，概可知其溪壑之难填矣。然而固不给也。于是而海国之盐，山国之茶，皆官榷卖；又不足，则榷酒、税农器之令，察及毫毛。迨宋之初，未能除也，皆仍僭伪之陋也。

【译文】自从唐朝的渔阳之乱以来，藩镇擅自争取士人以自我发展，以至于最终天下割据。占有数郡领土的人，就自己称帝称王，建立如蚁穴般的小封国。他们养兵将，修造兵械器具，僭越礼仪制度，大修宫室，妄立百官，骄奢日益，自然费用开支很大。于是就从农田户口中聚敛，史书上没有充分记载他们是如何搜刮百姓的，但大体可知他们是欲壑难填的。然而还是入不敷出，于是海边国家的盐，山地国家的茶，就全都由官府专卖了；还不够，就又实施酒专卖、对农器收税的法令，一丝一毫也要详察。这些现象直到宋朝初年也未能废除，这都是继承了僭越的割据势力的陋习。

然就此数者论之，唯农器之税，为虐已甚。税兴而价必涌贵，贫民不赡，则器不利而土荒，民之贫，日以酷矣。榷酒者，官吏降为当垆之佣保①，辱人贱行之尤也。而抑有可通之理焉。唯海之有盐，山之有茶，农人不得而有也，贫民不得而擅其利也，弃耒耜以营牢盆②，舍原隰而趋冈阜③，富民大贾操利柄以制耕夫之仰给，而军国之盈虚杳不与之相与；则逐末者日益富，力田者日益贫，匪独不均，抑国计民生之交蹙矣。故古者漆林之税，二十而五，车乘牛马，税之于商，先王之以敦本裕民，而持轻重之衡以低昂淳黠者，道莫隆焉。则斯二者多取之，以宽农田之税，仁之术，义之正也。虽偏方之主，立为程法，其迹若苛；而有王者起，又恶得而废焉？

【注释】①当垆（lú）：指卖酒。垆，放酒坛的土墩。

②耒耜（lěi sì）：古代一种像犁的翻土农具。也泛指农具。

③原隰(xí):广大平坦和低洼潮湿的地方。统称平原。

【译文】但是就这几件事来论的话,只有农器税虐民是过分的。农器税开始征收了,那么物价就必定变得很贵,贫民就难以自给,那么因为农器不便得到而土地也就荒芜了,农民的贫困就日益严重了。酒开始专卖,官吏就降格为卖酒的酒保了,这在对人的羞辱和低贱的行为中是属于尤为严重的。但这里还是有可以说得通的道理。唯有这海里的盐,山中的茶,农民不能经营得利,贫民也不能从中擅自取利,他们放弃农具来用牢盆煮盐,放弃平原而趋往山冈,而富民和大商人则掌握了取利之权,而耕夫就要依靠他们的供给了,而军队和国家的财政盈亏与此又不相关;那么追逐利润的人越来越富裕,而耕田的人则越来越贫穷,不仅是财富不均,连国计民生也都随之窘迫了。所以古代征收漆林税,是二十取五的比率,车辆和牛马,向商人收税,先王以此来使国家重视农业根本以及让民众富裕,还以货币的轻重来压、抬淳朴或聪明的人,大道无比兴盛。那么这两者的征取过多,以缓解农民的负担,这是仁心仁术,是正义之道。虽然偏处一隅的君主立了此法,表面看像是严苛的,但当全天下称王者兴起时,又怎能废除它呢?

若夫酒,则尤有道存焉。古之为酒者,以疗疾,以养老,以将敬于宾祭。而过饮之禁,自禹以来,垂戒亟焉。天子所不敢耽,圣人所不敢旨,则愚贱贫寒之子,不敢恣其所欲,素封纨袴之豪,不得听其所嗜。故周官有萍氏之讥[①],恶人之易得而饮也。商贾贸贩之不可缺也,民非是无以通有无而赡生理,虽过徼民利,而民亦待命焉。若夫酒,则藉其无之,而民生自遂;且能永无之,而民气尤醇。乃其流既久,而不可以乍绝,则重税之，而酤者不得利焉。税重价增，而贫者不得饮焉。岂非厚民生正风俗者之所大快哉？然则税之已重，而不为民病者，莫酒若也。榷酒虽辱，而税酒则正，又何疑乎？百家之市无悬帘，则日暮无狺争之狂子[②]；三时之暇无巷饮，则长夏无称贷之穷民；又何病焉！淳化五年，罢官卖而使输课，折衷之允得者也。新法行而官卖复行，乃至以歌舞诱人之沉湎，恶足以体太宗之至意乎？

【注释】①萍氏：古官名。《周礼》中的秋官之下设有萍氏之官，负责一国河流与酒的相关管理，其中也包括劝人少喝酒等。

②狺（yín）：犬吠声。比喻议论中伤之声，比喻争辩不休。

【译文】至于酒，则更有道理在其中。古代用酒以治病，以养老，以接待宾客和在祭祀中表示敬意。而过分饮酒的禁令，自从大禹以来就很多了。天子也不敢耽迷饮酒，圣人也不敢称美它，那么愚贱贫寒人家的子孙，也不敢恣意饮酒，富有的豪杰，也不能放任他的嗜好。所以《周礼》中有萍氏之官来管理有关酒的事务，这是嫌恶人们太容易得到酒而痴迷于它。商贾贸易是不可缺少的，没有商贩贸易民众就不能互通有无而维持生活，虽然从人民手中取利教多，但民众也认可。至于酒，如果没有的话，而民生自会成功；如果能永远没有酒，则民风会更为淳厚。只是由于饮酒的风俗已经很久了而不便突然禁断，那么就对酒征收重税，而使卖酒的人不能得利。税重价高，那么贫穷的人就不能喝酒了。这不正是福利民生和端正民俗的大快人心的好事吗？如此说来，虽然征税很重而民众却不觉得不好的，没有什么能比得上对酒征税了。专卖酒虽然是对官吏的辱没，但对酒征税则是正当的，这又有什么疑问呢？大市场中没有挂着酒帘子的酒店，那么从早到晚就没有呼喊争执的狂人；早午晚三时街巷里没人喝酒，那么夏天就没有借贷赊账的穷人，所以对酒征税又有什么弊病呢！太宗淳化五年，免除酒的官府专卖权而让人交税，这是综合权衡后的折衷公允之策。如果新法实行后还让官府专卖，甚至于用歌舞引诱人沉湎于酒杯，这哪能体会到太宗的美意呢？

税不一，而莫先于酒，其次茶也，又其次盐也。三者之轻重，准诸道而可得其平。唯农器之税，至景德六年而后罢，太宗于此疏矣。

【译文】收税不一致而要改变的话，莫过于先改酒税，其次茶税，再次盐税。这三者税收的轻重，用大道来衡量的话就可以达到公平。只有农器的税，是宋真宗景德六年才免除的，太宗在这一点上疏忽了。

十二

古有云："受降如受敌。"非但行陈之闲，诈降以诱我而覆我也。果于降而无以驭之，示以瑕而使乘，激其怨而使愤，益其骄而使玩，其祸皆深于受敌。受敌而不竞，一败而止，屡败而犹足以振，患在外也。受降而无以驭之，则患在内而无以解。梁之于侯景，身毙国倾，朱异受之也。唐之于河北，兵连祸结，仆固怀恩受之也。或激之，或骄之，祸一发而不知所以防。而不仅此也，无以激之，而无以绥之，犹激也；无以骄之，而无以服之，犹骄也。则宋之于李继捧是已①。

【注释】①李继捧（962—1004）：宋朝初年党项族的首领。太平兴国五年（980年），定难节度使、其兄李继筠卒，李继捧嗣位。宋太宗授他为定难军节度使。太平兴国七年（982年），李继捧因年轻而众心不服，主动到开封府朝觐放弃世袭。宋太宗大喜，授继捧彰德军节度使，并有重赏。其后，李继捧的族弟李继迁反宋，宋太宗用赵普之计，重新任命李继捧为定难节度使，并赐名赵保忠。后疑李继捧通敌李继迁，宋太宗将他免官。封宥罪侯，赐第京师。

【译文】古人有这样的一种说法："接受降敌和与敌人作战差不多。"不仅是在巡行军阵之间的危险，而且也有诈降来引诱我而颠覆我的。如果对降敌无法驾驭，表现出弱点而让人有机可乘，做事不当而使其激愤，增其骄慢而又驱使玩弄他们，其祸害都比直接作战更严重。与敌作战而失败，吃一次败仗就完了，就算屡次战败也还有重振的机会，因为其害处是在外的。接受降敌而无法驾驭，则祸害在内而难以化解。南朝梁对于侯景，虽接受侯景投降而无法驾驭他，结果自身死亡国家也灭了，朱异也承受了这场灾祸。唐朝对于河北的藩镇，接受他们的归顺而无法驾驭，结果是兵连祸结，仆固怀恩承受了这场灾祸。有的是激怒了对方，有的是让对方骄傲了，灾祸一旦发生就不知道如何防范。而且不仅如此，没有激怒他，但也无法安抚他，这还是类同于激怒他；没有让他骄傲，但也无法让他臣服，这还是类同于使他骄傲。宋朝对于李继捧就是如此。

李氏自唐以来①，世有银、夏②，阻于一方；无可归之主；衣被器具之需，仰给于中国者不赡，翘首以望内集者，固其情也。

及是，河东之下三年矣。仅隔一水而即宋疆。僭伪削平，风声远讫，卷土而来，披襟而受之，易易也。而正未易也。银、夏之在西陲，士马精强，风俗犷戾，十九同于外夷，固非钱氏蹙处海滨、文弱不振之比也。则受之也，岂得以受钱氏者受之乎？太上之受远人也以德，其次以恩，其次以略，又其次以威。唯德与威，非一旦之积也。宋之德而既凉矣！其恩，则呴呴之仁，不足以抚骄子；其威，则瓦桥关之围，莫州之败，岐沟之衅，天子亲将，倾国大举，而死伤过半，亟议寝兵；李氏入而深测之矣。三者无得而待焉，则受之之略，不容不审也。

【注释】①李氏：唐朝黄巢起义，各路诸侯勤王。因拓跋思恭平乱有功而被唐僖宗封为夏绥银节度使（后为定难军节度使），并赐姓为李。

②银、夏：指银州（今陕西米脂西北）、夏州（今陕西横山西）。

【译文】西夏的李氏自唐朝以来，世代坐拥银州、夏州，在边陲之地阻隔一方，没有可以归顺的君主；其衣服器具的需求，靠的是中原的供给但又不足够，所以翘首期盼归附内地宋朝，显然是理所当然的。到此时，河东已经被攻克三年了，仅隔一条河就是宋朝的疆土了。僭越的割据政权已经削平，宋朝的威名传到远方，让李氏献出领土来向宋朝归顺，宋朝敞开胸襟而接受他，是非常容易的。而实际上恰恰是不容易的。银州、夏州地处西方边陲，兵强马壮，风俗粗犷乖张，十分之九类同于外夷，显然不是吴越的钱俶处于海滨那种文弱不强之势所能相提并论的。那么接受李氏，岂能以接受钱氏归附的方法来接受李氏呢？至上的让远方归附的方式是用道德，其次是用恩惠，再次是用谋略，再其次是用武力。但道德和武力又不是一天两天就能积累成的。宋朝的道德已经衰弱了，而它的恩惠则是细弱的仁爱，不足以安抚骄傲之人；而它的武力则在瓦桥关被围、莫州战败、岐沟战败，而天子亲自率军，倾国之力兴兵，却死伤过半而急忙提出休兵的时候表现出来了，李氏如果归附了，他对宋朝武力状况的了解就会很深了。道德、恩惠、武力三者不可依靠，那么接受他的谋略就不能不加以审查。

继捧既移镇彰德，而四州易帅矣。帅之者，谁使而可邪？使能择虎臣以镇抚，鼓厉其吏士而重用之，既可以断契丹之右臂；而久任之部曲，尚武之边民，各得效其材勇以图功名；继迁虽逃，无能阑入而摇荡之，四州安矣。乃岂无可遣之帅？而托非其人。非无可遣也，夙将如曹彬，而弭德超得行其离闲；血战如杨业，而潘美等得谤以叛离；固不欲付马肥士勇盐池沃壤于矫矫之臣也。夫既不能尔矣，则继捧虽奉版以请吏，而以恩怀之，使仍拥定难之节，无失其世守；薄收其贡税，渐设其佥判[①]，以待其定而后易制之；且勿使迁居内地，窥我设施，以相玩而启戎心，不犹愈乎？且夫欲降者，继捧与其二三僚幕而已。其从之以入者，倔强之心，未尝一日而去于其怀。故继迁之走，旋起收之而乐为之用。还继捧于故镇，则部落民庶既得内附之利，而无吏治之扰。继迁无以蛊众心，而嚣张渐革，无难折棰而收之矣[②]。

【注释】①佥（qiān）判：即签判，签书判官厅公事的简称。为宋代各州幕职，协助州长官处理政务及文书案牍。

②折棰：谓用短杖即可制敌，比喻轻易制敌取胜。

【译文】李继捧既然已经改任为彰德军节度使，则夏州中的四州就已换了主帅了。那么这四州的主帅，还可以用谁呢？假使能选派一名虎臣镇守安抚四州，鼓励四州的官民而重用他们，这样既可以斩断契丹的右臂，又可让长期任用的部下及尚武的人民都能施展其才能以图功名；那么李继迁虽然逃脱，也没有人能随便进入而动摇四州之地，四州就安定了。难道没有可选派的主帅吗？可是还是托付给了不恰当的人。这不是没有人选可以选派，比如老将曹彬，可是弭德超却得以离间他与太宗的关系；能英勇血战的杨业，而潘美等人却得以诽谤他叛逃；太宗本就不想把兵强马壮的盐池沃土托付给英勇威武的大臣。既然不能把四州托付给恰当的主帅，那么李继捧虽然献上土地请求派官治理，就还是用恩惠来安抚他，让他仍然担任定难军节度使一职，并没有失去李氏世袭的官位；再减少他的贡品和赋税，逐渐派签判等官员，以待大局安定之后容易驾驭他；而且不要让他迁居内地以窥探我朝的设施而与宋朝熟稔后想要用兵，这样做不也还好吗？而且想要投降的，只是李继捧和两三个幕僚而已，而那些跟随继捧来的人，他们的倔强之心时刻都是如此。所以李继迁的叛逃，很快就能招拢来这些人而且愿意为李继迁效命。让李继捧回到原来的土地，那么其部落的民众既已得到归附中原的好处，也没有吏治问题的扰乱。李继迁也就难以蛊惑人心，他的嚣张气势也就逐渐改变，这样不需费力就可以收复夏州了。

是策也，唯乘其初附而销萌于未乱，则得也。迨继迁复振之后，守臣歼，疆土失，赵普乃用之以纵继捧而使归，则中国已在其目中，徒以长寇而示弱。则继捧北附于契丹，继迁且伪降以缓敌；卒至帝制自雄，虔刘西土[1]，掣中国以纳赂于北狄，而日就亡削。谋之不臧，祸亦烈矣。乃当日者，处堂之君相，栩栩然曰："天下已定，百年割据之远人怀音归我，披襟以受之，无难也。"不已妄乎？无其德，不建其威；恃其恩，不知其略；有陨自天之福，非其人不克承也。是故东汉之绝西域，宣德之靳交趾，诚有戒心焉。保天下以无虞者，唯不可动以小利而思其永，斯以得怀远招携之道，固非宋之所能胜任也。

【注释】①虔刘：劫掠；杀戮。

【译文】这个策略，只有乘着李继捧刚刚归附，而把萌芽消除在祸乱尚未开始之时，这样才能成功。等到继迁重新振奋了，那时候戍边的大臣被歼，疆土丧失，赵普才采用此策略让继捧回归，但中国的情况他已经了然，此时再这样做，只是助长了敌寇之势而显得宋朝在示弱。那么继捧向北归顺了契丹，继迁则诈降作为缓兵之计，而终于称帝称雄劫掠西陲，还牵制了中国，向北狄交纳财物而日渐削减。谋略的不完善，其祸也是够严重的。遥想当时，处于朝廷的君主和宰相自得地说："天下已经安定，远方百年之久的割据势力都向我归心，我们敞开胸襟来接受他们，这并不难。"这不是妄言吗？没有那种道德，也没有足够的威势；依靠行使恩惠，不知道策略；虽有自天而降的福气，但不是恰当的人也承受不了。所以东汉隔断西域，明朝宣德年间放弃交趾，这都是有戒心的。如此而保有天下无忧，只是不可用小利动人而求长期的结果，这才是让远方归附之道，而这显然不是宋朝所能胜任的。

十 三

为君子儒者，亟于言治，而师申、商之说，束缚斯民而困苦之，乃自诧曰："此先王经理天下大公至正之道也。"汉、唐皆有之，而宋为甚。陈靖请简择京东西荒地及逃民产籍；募民耕作，度田均税[①]，遂授京西劝农使；陈恕等知其不可行，奏罢之，而黜靖知陈州。论者犹惜靖说之不行，为恕等咎。呜呼！非申、商之徒以生事殃民为治术者，孰忍以靖之言为必可行乎？圣王不作，而横议兴，取诗、书、周礼之文，断章以饰申、商之刻核，为君子儒者汩没不悟，哀我人斯，死于口给，亦惨矣哉！今姑勿论其言，且问其人。靖，太常博士也。非经国之大臣，无田赋之官守，出位以陈利害者何心？及授以陈州之民社，则尸位以终，于民无循良之绩，于国无匡济之能，斯其人概可知矣。故夫天下无事而出位以陈利国便民之说者，其人皆概可知也。必其欲持当国大臣之长短，思以胜之，而进其党者也；不则其有所忮忌于故家大族而倾之也；不则以己之贫，嫉人之富，思假公以夺人者也；不则迎君与大臣之意旨，希得当以要宠利者也。即不然，抑偶睹一乡一邑之敝，动其褊衷，不知天下之不尽然，而思概为改作者也。如是者，览其章奏，若有爱民忧国之忱；进而与之言，不无指天画地之略；及授以政，则面墙而一无能为。是其为浮薄侥幸之匹夫也，逆风而闻其膻，而皮相者乐与之亲。书曰："何畏乎巧言、令色、孔壬？"诚畏之也。

【注释】①均税：北宋税制，先丈量田地，后按肥瘠分等定税。

【译文】作为君子儒，急于讲治国之道而期待速效，而以申不害、商鞅的学说为师，束缚民众而使他们困苦，而自己又惊诧道："这是先王治理天下的大公至正之道啊。"汉朝、唐朝都有这种人，而宋朝尤为严重。陈靖想要选出京东京西的荒地以及逃亡民众的田产，招募民众耕作，丈量田地后按肥瘠分等定税，于是让他担任京西劝农使；陈恕等人知道这是不可行的，奏请罢免此事，而把陈靖贬为陈州知州。议政的人还惋惜陈靖的方法未能施行，是陈恕等人的过失。呜呼！要不是申不害、商鞅之徒以无端生事、祸害民众作为治国方法的话，谁忍心说陈靖的方法一定可行的呢？圣王未出现，而出现了很多大胆的议论，拿《诗》《书》《周礼》中的文字断章取义，来掩饰申不害、商鞅的刻薄寡恩做法，而君子儒至死不悟，可悲啊，这些人死于这些能言善辩的说法，也很惨啊！现在姑且不讨论他的说法，只是问问他这个人。陈靖，是太常博士，不是治国的大臣，也不是收取田赋的地方官，超出自己的本分而陈说利害，这是什么用心？等到授命他为陈州知州，则尸位素餐以告终，对于百姓没有奉公守法的政绩，对于国家没有挽救时势艰难，救助当今人世的能力，这样的人就大体可知了。所以天下无事而超出本分来陈述利国便民之策的人，其人都是大体可知的。一定是他抓住了执政大臣的短处，想要胜过执政大臣，而进用自己的同党；不然就是对某些世家大族心怀嫉妒而想要倾覆人家；再不然就是因为自己贫贱，嫉妒别人的富裕，想要借公家之手来夺取他人财产；再不然就是通过迎合君主和大臣的意旨，希望顺他们的心而得到荣宠。即使不是这样，或是偶然看到一乡一邑的弊病而打动了他褊狭的内心，却不知天下不是都如此的，却想一概都改变过来。像这样的人，看他的奏章，好像有爱民忧国的热忱，进一步和他交谈，也并非没有指天画地的谋略，但真要授命给他官职，就像面壁一样什么事也做不了。这是浮浅而侥幸的匹夫。就像逆风中闻到膻味一样，有的人对他只有肤浅的了解就乐于与他亲近。《尚书·皋陶谟》说：“怎么会畏惧善于花言巧语、察言观色、大奸佞之人呢？”但实在是怕这种人。

乃若其言，则苟实求诸事理而其奸立见。唯夫国敝君贪，大臣无老成之识，于是而其言乃售。今取靖言而按之，所谓荒地者，非荒地也；所谓逃民产籍者，非逃民也。自汴、晋交兵，迄于契丹之打草谷，京东、西之凋残剧矣。张全义、成汭之仅为拊循，周世宗以来之乍获休息，乃有生还之游子，侨寓之羁人，越陌度阡，薄耕以幸利，而聊为栖息。当陈靖陈言之日，宋有天下三十二年耳。兵火之余，版籍错乱，荒莱与熟地，固无可稽；逃亡与归乡，抑无可据。则荒者或耕，逃者或复，幸有脱漏以慰鸿雁之哀鸣，百年大定以还，自可度地度人，以使服赋率。靖固知其非荒非逃，而假为募民之说，俾寸土一民，词穷而尽敛之。是役一兴，奸民之讦发，酷吏之追偿，无所底止，民生蹙而国本戕。非陈恕等力持以息其毒，人之死于靖言者，不知几何矣。唐之为此者，宇文融也[①]，而唐以乱。宋之季世为此者，贾似道也[②]，而宋以亡。托井地之制于周官，假经界之说于孟子，师李悝之故智而文之曰利民，袭王莽之狂愚而自矜其复古，贼臣之贼也。而为君子儒者，曾以其说之不行为惆怅乎？

【注释】①宇文融（？—730）：京兆万年（今陕西西安）人。唐开元初任监察御史。时值土地兼并严重，人口流失，税收不足。他建议检括逃亡户口和籍外占田，充使搜括户口，并自任劝农使，清出大量土地。后任宰相，但仅在相位99天即遭罢相，贬为汝州刺史。开元十八年（730年），因人检举贪污，流配崖州（今海南三亚），卒于途中。

②贾似道（1213—1275）：南宋台州（今浙江天台）人，南宋晚期权相。景定二年（1261年），他提倡以强硬的手段阻止富人囤积谷物，随后提倡公田法，限制所有人占有的土地数量，超出限定的土地由国家买为公田，然后将公田的收入偿付军需。虽遭到大地主阶层的强力反对，但贾似道极力推行共计十二年。

【译文】如果都按他所说的话，认真实在地探求事理，他的奸邪立即就显现出来了。只是由于国家衰败君主贪婪，大臣没有老成的认识，于是他的建议才得以施行。现在就以陈靖所说来分析考察，他所谓的荒地其实不是荒地，他所谓的逃亡民众也不是逃亡之民。自从后梁与后晋开战以来，到契丹的四出掠夺百姓，京东、京西就凋败多了。张全义、成油也仅是做了一些抚慰工作。到周世宗以来，人民才忽然获得短暂的休养生息，这才有生还的游子，侨居的旅人，越过无数田间小路不顾奔波地回到田地中从事耕种，期待着一点收获，而姑且栖息于此。当陈靖陈述其建言的时候，宋朝已统治天下三十二年了。战火之余，户籍土地错乱，荒地与熟地更无从确定，人民是逃亡的还是回乡的，也没有依据来判断。那么，荒地或许有人耕种，逃亡的人或许返乡，幸而有脱漏的可以安慰他们深切的哀鸣。百年的安定以后，自可丈量土地、核查人口，以让他们按比率纳税。陈靖固然知道这不是荒地，也不是逃亡之民，而以募民为借口，使仅有寸土的小民无言以对，而将他们的土地都收走。这个工程一旦实施，奸民的揭发，酷吏的追偿就没有底线了，民生穷困而国本也损伤了。如果不是陈恕等人极力反对以避免这种毒害，被陈靖的建言害死的人就不知会有多少了。唐朝这样做的是宇文融，而唐朝因此而发生大乱。宋朝末世这样做的是贾似道，而宋朝也由此而亡。借口《周礼》中的井田制度，借口《孟子》中土地分界的说法，效法李悝的老办法而遮掩说为了利民，沿袭王莽的愚狂而自夸为复古，这是贼臣中的贼臣。作为君子儒，会由于他的建言未曾实施而惆怅吗？

夫三代之制，见于典籍者，既已略矣，若其画地域民，而俾任土作贡者，则有以也。古之人民，去茹毛饮血者未远也，圣人教之以耕，而民皆择地而治，唯力是营；其耕其芜，任其去就，田无定主，而国无恒赋。且九州之土，析为万国，迨周并省，犹千有八百诸侯，自擅其土以取其民，轻重法殊，民不堪命。故三代之王者，不容不画井分疆，定取民之则，使不得损益焉。民不自为经界，而上代为之。非此，则择肥壤，弃瘠原，争乱且日以兴，芜莱且日以广。故屈天子之尊，下为编氓作主伯之计，诚有不得已也，夫岂以限万世而使必服其征哉！乃其所谓再易者[①]，非必再易也；一易者[②]，非必一易也；其莱田[③]，非必莱也；存其名，不核其实，勤者不禁其广耕，而田赋止如其素。故自上农以至下农，其获五等。岂百亩之所获，勤惰如是其差乎？莱地之耕否使然耳。

【注释】①再易：三年中休耕两年。这是根据土地肥瘠不同而实施的轮耕制方式。再易的田地为下等田。

②一易：三年中休耕一年的，为一易。属于中等田。

③莱田：荒地。

【译文】夏、商、周三代的制度见于典籍的，都已经很粗略了，至于他们划分土地边界让人民按此居住，并根据土地的具体情况而确定贡赋的品种和数量，则是有原因的。古代的人民，离茹毛饮血的时代还不远，圣人教他们耕作，而人民都选择土地耕作，全靠的是力气；其土地是耕种还是荒芜，都听任他们去留，田地没有固定的主人，而国家也没有确定的赋税。而且九州的土地分封成上万的封国，到了周朝对诸侯封国进行合并和废除，还是有一千八百个诸侯，各自拥有其土地而向民众收取赋税，各诸侯赋税的轻重不一，人民不堪接受。所以夏商周三代的君王不能不划分井田分其疆界，确定收取赋税的法度，使他们不能随意增减。民众不是自己划定的田地疆界，而是由上面代他们划定的。若非如此，那么大家对土地都挑肥拣瘦，争乱就将每天发生，荒地也会一天天增多。所以天子屈尊，下来为编户之民主持划界，这实在是不得已的，怎么会是为了制定万世的成法而使他们一定要遵守纳税呢！而且他所谓的三年中休耕两年的下等田，也不是必须三年中休耕两年；所谓的三年中休耕一年的中等田，也不是三年中必须休耕一年；所谓的荒地，也不一定是荒地；虽然还保留着这样的名称而不核实其是否属实，勤劳的人也不禁止他耕种得更多，而田赋还是保持不变。所以自上农至下农，其收获分为五等，难道是一百亩的收获会因勤劳与懒惰而有这么大差别吗？其实只是因为他多耕了荒地才有的这么大差别。

及汉以后，天下统于一王，上无分土逾额之征，下有世业相因之土，民自有其经界，而无烦上之区分。至于兵火之余，脱锋刃而务灾畬者[①]，或弱民有田而不敢自列于户，或丁壮有力而不但自垦其田。夫亦患田之不辟而民之不勤，百姓不足而国亦贫耳。无与限之，弗劳募也。名为募而实为综察，以与归飞之雁争稻粱，不已惨乎！

【注释】①畬（shē）：焚烧田地的草木，用草木灰做肥料。这样耕种的田地叫畬田。

【译文】到汉朝以后，天下统一于一个帝王，上没有自己所分土地的超额征税，下则有世代传下来的耕地，人民有自己土地的边界，而不用麻烦上面为他们划分。至于战火之余，远离兵戈而烧荒耕作的人，有的因为贫弱而虽有田地却不敢将其置于自己户下，有的则是人丁强壮有力而不只耕种自己家的田地。也担心田地撂荒、民众不勤耕作，这样百姓收获不够而国家也随之贫困了。不用限制他们，不用劳心劳力去募民耕种。名义上是募民耕种，实际上变成了对民众的综理核查，变成了农民、官家和鸟雀三家同争粮食，不是很惨吗？

夫如靖者流，妒匹夫匹妇之偷得一饱，而为富有四海之天子益锱铢升斗之利。孟子曰："辟草莱、任土地者，次于上刑[①]。"非若此俦，其孰膺明王之鈇钺邪[②]？不劝而自劝者，农也；劝农者，厉农者也。头会箕敛，而文之曰"劝"。夫申、商亦何尝不曰"吾以利民"哉！而儒者诬先王易简之德，以申、商之纤密当之，晋陈靖以与周公齿。道之不明，莫斯为甚矣。

【注释】①此句：《孟子·离娄》上："故善战者服上刑，连诸侯者次之，辟草莱、任土地者次之。”意思是说好战之人应受最重的刑罚，勾结诸侯的人次之，而开垦荒地、扰乱田制的再次之。这是指开垦土地后，诸侯就可以分土地给人民耕作以增加税赋，无端增加农民负担，故而也要受刑。

②鈇钺（fū yuè）：斫刀和大斧。是腰斩、砍头用的刑具。

【译文】像陈靖这类人，妒忌百姓偶尔吃了一顿饱饭，而替富有四海的天子计较升斗小利。孟子说：“开垦荒地并将其分给人民耕种以图增加税赋的诸侯，所受的刑罚仅次于重刑。”如果不是这种人，还有谁会承受明主的斩刑呢？不用劝而自己就会努力的，是农民；劝农民努力的，实际上却害了农民。按人头来征税，却还遮掩说是劝农民努力，那申不害、商鞅又何尝不是说“我在利民”呢！而儒家学者扭曲了先王的简易之德，而用申不害、商鞅的纤密条文顶替，把陈靖拔高得可与周公相提并论。大道之不明，没有比这个更严重的了。

卷三 真宗

扫码听谦德
君为您导读

【题解】宋真宗赵恒（968—1022），宋太宗第三子，北宋第三位皇帝，997—1022年在位。执政前期勤于政事，减免五代以来欠税。后辽军南下，在宰相寇准促使下，亲征迎击辽军取胜而签订和约，同意每年给契丹金银作为岁币，史称"澶渊之盟"，自此宋辽百年间再无战争。真宗执政后期听信了天书符瑞之说，于是封禅泰山、祭祀汾阳，广建宫观。乾兴元年（1022年）驾崩，共在位25年。

真宗时代鼓励儒家讲学，开启了书院模式之始。继此以后陆续有大儒辈出，如后世闻名的周敦颐、程颢、程颐、张载、朱熹等等著名理学家，皆受益于此制度，从而形成了宋朝大儒频出、学术鼎盛的局面。王夫之非常支持民间书院传播儒学，认为可以补教化之不足，起到移风易俗的作用。而韩侂胄以"伪学"为名而打击儒家学者，王夫之认为这对于学术发展来说危害非常大。

一

咸平四年，诏赐九经于聚徒讲诵之所，与州县学校等，此书院之始也。嗣是而孙明复、胡安定起，师道立，学者兴，以成乎周、程、张、朱之盛。及韩侂胄立伪学之名，延及张居正、魏忠贤，率以此附致儒者于罪罟之中，毁其聚讲之所，陷其受学之人，钳网修士，如防盗贼。彼亦非无挟以为之辞也。固将曰：“天子作君师，以助上帝绥四方者也。亦既立太学于京师，设儒学于郡邑，建师长，饩生徒[①]，长吏课之，贡举登之，而道术咸出于一。天子之导士以兴贤者，修举详备，而恶用草茅之士，私立门庭以亢君师，而擅尸其职，使支离之异学，雌黄之游士，荧天下之耳目而荡其心。”为此说者，听其言，恣其辩，不核其心，不揆诸道，则亦娓娓乎其有所执而不可破也。然而非妨贤病国，祖申、商以虔刘天下者，未有以此为谋国之术者也。

【注释】①饩（xì）：这里指赠送食物。

【译文】宋真宗咸平四年（1001），下诏赐《易》《诗》《书》《周礼》《仪礼》《礼记》《左传》《公羊传》《穀梁传》这儒家的九经给聚集人众讲习经书之处，以及州县的学校等，这是书院模式的开始。继此以后就有孙明复、胡安定这些讲学者出现，师道于是建立，学者渐渐兴盛，后来就出现了周敦颐、程颢、程颐、张载、朱熹这些著名的理学家，形成了学术鼎盛的局面。后来韩侂胄提出“伪学”的说法，之后明朝的张居正、魏忠贤延续这种说法而且以此名义将儒家学者陷于罪网之中，破坏他们的讲习场所，陷害听讲之人，钳制修学之士如同提防盗贼。他们也不是没有说法，比如他们说："天子作为君主、作为师长，是协助上帝安定四方的。既然已经在京师设立了太学，又在郡县设立了儒学，设置了学校的师长，给求学的学子发放粮食，由官长对他们考课，用贡举的方式选拔他们为官员，于是道术都是统一的。天子引导士人而令贤者兴起，其修学和选举制度都已详尽完备了，而不希望民间的草根阶层私设门庭而与君主师长相抵牾，因擅自承担教学而使支离破碎的异端学说、信口雌黄的游士来荧惑天下学子的耳目、动摇他们的心灵。"提出这种说法的人，如果听他恣意辩说，而不检查他的心，不琢磨真正的道理，那么他所说的也是娓娓动人而不可批驳的。然而如果不是阻碍贤人、危害国家，以申不害、商鞅为师而残害天下的人，就不会用这种理论作为治国的方略。

孔子之教于洙、泗，衰周之世也。上无学而教在下，故时君不能制焉。而孔子以为无嫌。彼将曰："今非周纲解纽之代，不得尸上天木铎之权也[①]。"呜呼！佞人之口给，不可胜穷，而要岂其然哉？

【注释】①木铎（duó）：铎，古代宣布政令或有战事时用的大铃。木铎是以木为舌的铜质大铃。后来比喻宣扬教化的人，有时又特指孔子宣扬儒家思想。

【译文】孔子在山东洙水、泗水之间教育学生，那时是周朝衰败的时代。朝堂之上没有学术而教育下落到民间，所以当时的君主不能制止民间的教育。而孔子认为自己在民间从事教育是不会妨碍什么的。但是那些指责"伪学"的人将会这样说："现在不是周朝那种纲纪衰解的时代了，民间学者不可以承担上天讲学的权力。”呜呼！奸佞的人之善于诡辩不可穷尽，但真是他们所说的那样吗？

三代之隆，学统于上，故其诗曰：“周王寿考，遐不作人。”然而声教所讫，亦有涯矣，吴、越自习文身，杞、莒沦于夷礼，王者亦无如之何也。若太学建于王都，而圻内为方千里[①]，庠序设于邦国[②]，而百里俭于提封[③]；则春弦夏诵，礼射雅歌，远不违亲[④]，而道无歧出；故人易集于桥门，士乐趋于鼓箧。迨及季世，上之劝之也不勤，而下有专师之函丈矣。况乎后世之天下，幅员万里，文治益敷，士之秀者，不可以殚计，既非一太学之所能容。违子舍，涉关河，抑立程限以制其来去，则士之能就学于成均者[⑤]，盖亦难矣。若夫州县之学，司于守令，朝廷不能多得彬雅之儒与治郡邑，而课吏之典，又以赋役狱讼为黜陟之衡，虽有修业之堂，释菜之礼[⑥]，而迹袭诚亡，名存实去，士且以先圣之宫墙，为干禄之捷径。课之也愈严，则遇之也益诡；升之也愈众，则冒之也愈多。天人性命，总属雕虫，月露风云[⑦]，祇供游戏。有志之士，其不屑以此为学也，将何学而可哉？恶得不倚赖鸿儒，代天子而任劳来匡直之任哉？

【注释】①圻（qí）：京畿。天子直辖之地，亦指京城所领的地区。

②庠（xiáng）序：古代的地方学校，后也泛称学校或教育事业。殷代叫庠，周代叫序。

③提封：版图，疆域。

④违亲：不侍奉父母。

⑤成均：古代的大学。泛称官设的最高学府。

⑥释菜：古代入学时祭祀先圣先师的礼仪。

⑦月露风云：比喻无用的文字。

【译文】夏、商、周三代的兴盛，学术统一于朝堂之上，所以当时的《诗》说："周文王寿命长久，善于培养人才。"然而天子的教化所及毕竟有限，吴、越当时还有文身的习俗，杞、莒两国则陷入了夷人的礼仪规范中，周天子也无可奈何。像太学只建在天子的王都之中，而天子直接管辖范围也只有方圆千里，在各邦国中虽设有学校，但邦国的疆土也只有百里左右；如此则春天抚弦、夏天读诵，学习礼、射及诗歌，还能侍奉父母，而所学之道也没有分歧，所以学子们易于在学校门前聚集，士子们也乐于入校学习。到了末世，朝堂之上劝人入校学习已不积极努力了，而在下的民间也有了专门的老师。更何况后世的天下幅员万里，文化教育更加普及，士子中的精英数量之多都没法统计，已经不是一所太学能容下的了。更何况读书人离开家舍不能侍奉父母，而跋涉山川关隘去求学，还要设置规章制度以限制其来去，那么读书人能进入最高学府来读书也是很难了。至于州县级别的学校则是由州县的长官来管理的，朝廷也找不到那么多文雅的儒学大家来管理州县的学校，而对官吏考课的制度，又是根据赋役狱讼等事作为考核升降的标准，所以虽然设有进修的学校场所，有祭祀先圣先师的礼仪制度，但也是走走形式，没有了原本的真诚求学求道的精神。名义上还在学习，实质则已衰微，士人们把先圣流传的学问当成了求利禄的捷径。对士人的考课越严，则士人们应付的方法就越诡诈；选拔为官的士人越多，不合格的冒充者也就越多。圣人们讲求的天人之道、性命之学，都成了雕虫小技不被重视，而无用的文字反而成为了士人们的游戏工具。有志的士人不屑于这样的学习，可他们还能在哪里学到别的什么呢？如此说来，怎能不依靠真正的鸿学大儒，替天子来承担补救、匡正、传扬文化教育的重担呢？

君子于此，以道自任，而不嫌于尸作师之权者，诚无愧也。道不可隐而明之，人不可弃而受之，非若方外之士，据山林以傲王侯也；非若异端之师，亢政教以叛君父也。所造者，一王之小子；所德者，一王之成人。申忠孝之义，劝士而使之亲上；立义利之防，域士而使之靖民。分天子万几之劳，襄长吏教思之倦；以视抡文之典[1]，不足以奖行，贡举之制，不足以养恬，其有裨于治化者远矣。当四海一王之世，虽尧、舜复起，不能育山陬海澨之人材而使为君子[2]。则假退处之先觉，以广教思，固其所尸祝而求者也。为君子者，又何愧焉？教行化美，不居可纪之功，造士成材，初无邀荣之志。身先作范，以远于饰文行干爵禄之恶习，相与悠然于富贵不淫、贫贱不诎之中。将使揣摩功利之俗学，愧悔而思附于青云。较彼抡才司训之职官，以诗书悬利达之标，导人弋获者，其于圣王淑世之大用，得失相差，不已远乎？

【注释】①抡：挑选；选拔。

②山陬（zōu）海澨（shì）：山隅和海边。泛指荒远的地方。

【译文】君子在这种情况下以弘传大道为己任，不忌讳别人的非议而承担下教育学子的责任，是问心无愧的。大道不能隐没而要加以阐明，不可抛弃人民而是要接受他们来求学，这不像那些世外高人，隐居在山林中而对王侯也一视同仁；也不像那些异端的学者，与国家的政教对抗而背叛君主。讲学的大儒们所培养的，是君主的平民百姓；所成就的，是君主统领下成就道义的人。他们申张忠、孝之义，引导士民尊重爱戴在上的君主与师长；他们划分义与利的界线，使士人自律有操守而使民众心服而安定。他们分担了天子日理万机的劳苦，侧面辅助而减少了官吏们教化的倦怠；而只根据文章选拔人才的制度虽能知其人之才学，却不足以褒奖其人的行谊，而科举考试的制度，也不足以培养人们恬淡的胸怀，所以大儒们讲学对于国家的教化是大有帮助的。当此四海一统于一个帝王的时代，虽然尧、舜这样的圣主重新出现，恐怕也不能把山边和海角的人才都培养成君子，那么通过退居民间的先知先觉者弘扬推广教化，本就是他们所期待和追求的事业。身为君子，对此又有什么惭愧呢？教学得以风行，民俗变得和谐美好，而他们不居功；他们造就士人成才，一开始就没有邀功领赏的动机。以身作则领先示范，以使众人远离那种只修饰表面形式而实际只为求爵禄的恶习，于是金钱和地位不能迷惑他的思想，贫贱不能改变他的操守，师徒们一同在这种大丈夫境界中悠然自处。于是那些寻求功利的普通人也见贤思齐，为自己的私心而感到惭愧、悔过。这和那些选拔人才、管理讲习的官员们，以及把诗书作为求得利禄的手段，引人从中猎取功名的人相比的话，他们对于圣王济世的辅助教化作用，其得失相差不也是很远的吗？

然则以书院为可毁，不得与琳宫梵宇之庄严而并峙[1]；以讲学为必禁，不得与丹灶刹竿之幻术而偕行；非妒贤病国之小人，谁忍为此戕贼仁义之峻法哉？宋分教于下，而道以大明，自真宗昉[2]；视梁何胤钟山之教加隆焉，其功伟矣。考古今之时，推邹、鲁之始[3]，达圣王之志，立后代之经，以摧佞舌，忧世者之责也，可弗详与？

【注释】①琳宫梵宇：琳宫，仙宫，指道观。梵宇，指佛寺。

②昉（fǎng）：起始。

③邹、鲁：指邹国、鲁国，孟子是邹国人，孔子是鲁国人，所以邹、鲁后来即代表儒家的孔子和孟子。

【译文】那些认为书院是可以毁掉的，不得与庄严的佛寺道观同时并存；民间讲学是必须禁止的，不得与炼丹和刹竿等奇术同时并行；如果不是嫉贤妒能、危害国家的小人，谁会忍心制定这种残害仁义的严刑峻法呢？宋朝这种学者在民间分别讲学而大道得以大大地阐明，是从宋真宗开始的；这比南朝梁的何胤在钟山宣讲佛法更加兴盛，其功劳是伟大的。考察古今的时代变化，推求儒家初创时的孔、孟学说，实现圣王的志向，树立后代传习的不变原则，以此来驳倒奸佞的言论，这是忧心世道的人的责任，能不详加阐述吗？

二

汉武帝之告匈奴曰："南越王头已县阙下，单于能战[1]，可来"，而匈奴远遁。是道也，齐桓公用之，逾卑耳，伐山戎，为燕辟地，然后南次陉亭，而楚人服罪。故曰："不战而屈人之兵。"非不战也，战功成于彼，而威自伸于此也。中国之自寻兵也，则夷狄必乘之以讧。非徒晋之八王争而刘、石起，即汉、唐之始，汉夷秦、项而冒顿益骄，唐平僭伪而突厥方骋。何也？斗不出于其穴，知其力之已疲也。若夫胥为夷狄矣，强弱之情势虽辽绝而不相知，抑以其意揣而类推之。谓犷戾驰突无制之勇，风飘雨骤而不可御者，彼犹我也。中国能以其长，破其阻，歼其众，得其君长，郡县其部落，则我亦犹彼，而何弗惴惴焉？志曰："先人有夺人之心。"非夺之于方战之谓也。夺之于未战之前，不战而屈，即战而已先馁，其衄败可八九得矣。

【注释】①单（chán）于：对匈奴首领的称呼。

【译文】汉武帝昭告匈奴说："南越王的头颅已经悬挂在皇宫门下，单于要是能战，可以前来。"而匈奴远遁他方。这个方法齐桓公也用过，他越过卑耳河，讨伐山戎，为燕国开辟疆土，然后南下驻扎在陉亭，而附近的楚国已经服罪。所以说："不用开战别人就屈服了。"不是不开战，而是在别处作战成功了，而军威自然延伸至此。中国如果自己内部就用兵开战的话，那么夷狄就一定会利用这个机会。不仅仅是晋朝的八王之乱使刘渊、石勒乘机而起，就是在汉朝、唐朝的初年，汉朝灭掉了秦朝和项羽，而匈奴的冒顿就更加骄狂；唐朝平定了各地的割据势力，而突厥就乘机战马驰骋。这是为什么呢？因为中国在自己内部相斗，外人看到就知道中国的力量已经疲弱而无力外顾了。如果同样是夷狄外族，彼此之间的强弱情势虽然相距遥远而互不相知，但可以比类推测而猜到对方的情况。所谓粗犷乖张驰骋突击无法抵敌的勇猛，如飘风骤雨一般不可抵御，对方也和我是一样的。中国如果能以自己的长处击破夷狄的阻挡，歼灭他们的队伍，俘虏君主，将部落纳为我们的郡县，那么我也就和他们一样了，他们又如何不胆战心惊呢？书上说："用兵时先声夺人，有夺取敌人之心的威慑力量。"而不是说在作战时才夺取。在未战之前就夺取掉，那么不用作战他就屈服了，一旦开始作战他就已经先气馁了，那么战败对方就已经十拿九稳了。

李继迁死，德明嗣立，曹玮上言："国危子弱，愿假精兵擒德明送阙下，复河西为郡县。"此一时也，固宋室兴替之大机；而庸主具臣畏葸偷安，猥云德致，拒玮之谋，降诏招抚。悲夫！宋之自折入于犬羊，为千古憾，虽有虎臣，其将如之何哉！玮之为将，非徒言无勇，徒勇无谋，稽其后效，概可睹矣。世为勋臣，宋抑待以肺腑，睥睨孤豚[①]，游其几俎。诚假以精兵，推心授钺，四州斗绝一隅，孺子植根未固，功之夙成在玮心目闲，亦在天下后世心目闲也。德明知其不敌，且敛手归朝，而听我之建置西陲，以掣契丹之右臂；百年逋寇[②]，平以一朝，威震贺兰而声驰朔漠。固将曰：今之中国，非昔之中国也。耶律隆绪其敢轻举以向澶州胁盟要赂乎？善用兵者，欲其攻瑕也，而又不欲攻其已瑕者也。舍瑕而攻坚，则挫于坚，而瑕者亦玩。怯于坚而攻其已瑕，则胜之不足为武，而坚者谅其无能。夫唯处于瑕不瑕之闲，而乘瑕以破其坚，则足以震勍寇之心，而制之以气。李继迁之强狡，固契丹之所惮也。而暴死之顷，弱子抚不辑之众，人心离而无为之效死，以为坚而有瑕可攻，以为瑕而人知其坚，不知其瑕。则功一就，而震叠迄于遐荒，其必然之势矣。

【注释】①孤豚：小猪。
②逋（bū）：逃亡。

【译文】李继迁死后，他的儿子李德明继位，这时候曹玮建言：

“现在西夏国家危险、幼主弱小，我希望通过朝廷发精兵，活捉李德明送到皇宫门下，收复河西之地为国家的郡县。”这个时候，显然是有关宋朝兴衰成败的重要关头，但是平庸的君主和占着官位无所作为的大臣胆怯偷安，以德政为由拒绝了曹玮的建议而下诏书招抚李氏。可悲啊！宋朝自己折节于他们是千古遗憾，虽有虎将又能怎么样呢！曹玮作为将领，不是只会说而不勇武的人，也不是有勇无谋的人，看他后来的战绩，就可以大体看到了。曹家世代都是立功的武将，宋朝若能诚心相待，他将傲视李德明如同小猪一样把他捉到宰杀的案板上。如果宋朝真的给曹玮精兵，真心授予其兵权，那么李氏所在的夏州孤立于西北一隅，李德明年幼根基未稳，出兵得胜早就被曹玮预料到了，也被天下后世的人们预料到了。李德明自知不是对手，就将束手归顺来朝见，听从宋朝在西部边境设立建制，以牵制契丹的右翼；百年来未被收服的敌寇一天就平定了，贺兰山区都将震动而朝廷的声威还将远达北方沙漠地区。他们显然会说：现在的中国，不是往日那个中国了。契丹的耶律隆绪还敢轻举妄动出兵到澶州以要挟宋朝签约索取金帛吗？善于用兵的人，是希望攻击敌人的弱点，但又不是想攻击敌人已有的弱点。放弃敌人的弱点而攻击其精锐，就会被他的精锐所挫败，而他原来的弱点也会轻视你。对敌人的精锐感到畏难而攻击他已有的弱点，则取胜了也不能说是强大，而敌人的精锐也会看出你的无能。只有处于似弱非弱之间，而利用其弱点攻破其精锐力量，才足以震惊强敌的心，而用气势制服他们。李继迁兵强又狡诈，显然是契丹所忌惮的。而李继迁暴毙之时，继位的幼主统帅众人不顺服，人心分离而无人为他拼死效命，外似坚固而有弱点可攻，以为是弱点而人们又知道其精锐力量的强大而不知他的弱点，那么一旦成功，就会使我军的军威传到边远荒僻之地，这就是必然之势了。

且不但此也。宋之所以召侮于契丹者，气先茶也。昔之收巴蜀、入两粤、下江南，皆以众凌寡，乘其瓦解而坐获之。一试之白草荒原、控骑鸣镝之地，边声一起，而气已先夺。夫河西亦塞外矣，引置之凶危之地，而捷报以可就之功，则将视朔漠之骄子，亦犹是可走可馘之虏，气已先增十倍；而又得李氏数世之积，以使趋利而争进。且以士为吾士，人为吾人，士马为吾士马，使若玮者抚而用之，渡一苇以向云中，则幽、燕在其股掌，南取甘、凉，内撤延、环之守，关中固而汴、雒得西面之屏藩。何至澶州之警一闻，盈廷项缩，遽欲走金陵，走巴、蜀，为他日海门窜死之嚆矢哉[①]？

【注释】①嚆（hāo）矢：带着响声的箭，比喻事物的开端或先行者。

【译文】而且还不仅仅是如此。宋朝之所以招来契丹的羞辱，在于自己的气势先已丧失了。以前收服巴蜀、进入两粤、攻下江南，都是凭借我方兵多将广而对方势单力薄的优势，利用对方的瓦解而坐收成功的。但一旦在满是白草的荒原、遍地骑马射箭的地方尝试，边境的钲鼓声一响起，我方的士气就先已被对方夺走。而李家所在的河西也属于塞外了，如果能把李家引到凶险之地，打可以打的赢的仗，那么战胜的捷报就会传来，此时士气鼓舞，再看北方沙漠中骄傲的契丹，也不过是可以驱逐或战胜的俘虏了，我方的士气就已经先增加了十倍；而且又将会获得李家几代人的积蓄，所以将士们都会奋勇争先。攻下之后再把李家的人才变成我方的人才，兵马变成我方的兵马，而以像曹玮一样的大将安抚、任用他们，然后乘船渡过黄河向云中进发，那么河北北部及辽宁一带就在我方的掌握之下了，再南下夺取甘肃的甘州、凉州，向内撤到陕西延安、甘肃环县一带进行防御，关中地区就很稳固，而开封、洛阳地区也有了西方的屏障了。何至于一听到河南濮阳的军事警报，就满朝廷都缩回脖子，想马上就逃到金陵，逃到重庆、四川，成为日后逃到海上或死于海中的开端呢？

玮谋不行，德明之诏命一颁，而契丹大举之师逾年即至，其应如响，而宋穷矣。况德明不翦，延及元昊，蕞尔小丑[①]，亢为敌国，兵衄将死，趣奉金缯，祸迄于亡而不已。一机之失，追救末繇。呜呼！谋国如斯，孰谓宋有人邪？周莹、王继英之尸位中枢，不足责也。张齐贤、李沆之咎[②]，又奚辞哉？沆之言曰："少有忧勤，足为警戒。"此士燮内宁外患之邪说也。沆者，宋一代柱石之臣也，而何是之述焉？

【注释】①蕞（zuì）尔：小，多指地区小。

②李沆（hàng 946—1004）：字太初，州肥乡（今河北肥乡）人。北宋时期名相。李沆以清静无为治国，注重吏事，尤为注意戒除人主骄奢之心，有"圣相"之美誉，史称其为相"光明正大"。去世后谥号"文靖"，故又被称为"李文靖"。

【译文】曹玮的谋略未能施行，给李德明的诏命一颁布，不到一年，契丹就大举兴兵来到河南濮阳，就像回声一样，而宋朝就无路可走了。何况李德明不翦除，拖到其子李元昊立国的时候，原来一个小丑，竟然成为可与宋朝抗衡的敌国，宋朝兵败将死，只好奉上金钱绢帛，其祸一直延续到宋朝灭亡都没有停止。一次机会失去了，再来补救就没有办法了。呜呼！国策制定得像这样，谁说宋朝有人才呢？周莹、王继英在朝廷占据核心地位，不值得责备。而张齐贤、李沆的过失，又怎能推辞得掉呢？李沆说："有些忧虑和勤苦，足以让国家保持警戒。"这是三国时期士燮提出的内部安宁就必定会有外部忧患的邪说。李沆，是宋朝的柱石之臣，何以也说这种话呢？

三

凡上书陈利病，以要主听，希行之者，其情不一，其不足听则均也。其一，大奸挟倾妒之心，己不言以避指摘，而募事外之人，讦时政之失，以影射执政，激天子以废置，掣任事者之肘而使去，因以得遂大奸之所怀。其一，怀私之士，或欲启旁门以幸进，或欲破成法以牟利，其所欲者小，其言之也大，而借相类之理以成一致之言，杂引先王之正训，诡附于道，而不授人以攻击。其一，小有才而见诎，其牙慧笔锋，以正不足，以妄有余，非为炎炎娓娓之谈，不足以表异，徼幸其言之庸，而身因以显。此三者，皆怀慝之奸，訹君相以从己[①]，而行其胁持者也。

【注释】①訹（xù）：引诱，诱惑。恫吓。

【译文】凡是上书陈说利弊，想要君主听信并实施的，其人的心理不一样，但一样的是他们的说法都不值得听。上书的人有好几种，其中之一是大奸之人怀着倾轧妒忌之心，自己不说而躲避别人的指摘，却招募事外之人让他们抨击时政的过失来影射执政者。激怒天子采取措施处置，让主事之人掣肘而使其离职，于是得以达成大奸之人的恶意。还有一种，是有自己私心的士人，或者想走旁门而被进用，或者想破坏成规而牟利，他们的欲望是小，但他们说的话却很大，而且还借助类似的道理而形成一种协调统一的说法，杂乱地引用先王的正当教诫，却诡诈地依附于此而不让人抓住把柄。还有一种，是小有才能而又比上不足，他的口才和文字做正事就不足，做诞妄之事就有余，不用漂亮的娓娓之谈就不足以表现自己的与众不同，侥幸地期待自己的言论被君主采纳，而自身由此而得以声名显赫。这三种人，都是心怀恶意的奸人，诱导君主和宰相听从自己的言论，而实现他对君主和宰相的挟持。

非此，则又有闻君之求言也亟，相之好士也甚，踸踔而兴[①]，本无定虑，搜索故纸，旁问涂人，以成其说；叩其中怀，亦未尝信为可行，而姑试言之，以耀人之耳目。非此，则又有始出田野，薄游都邑，受一命而登仕籍，见进言者之耸动当时，而不安于缄默，晨揣夕摩，索一二事以为立说之资，而掇拾迂远之陈言以充幅；亦且栩栩然曰："吾亦为社稷计灵长，为生民拯水火者也。"以自炫而已矣。

【注释】①踸踔（chěn chuō）：跳跃。也指独立特行，与众不同。

【译文】若非如此，那么还有一种人，他听说君主很期待建言以兴邦，宰相也非常礼贤下士，于是他们就跳出来了。他们本来没有确定深入的思考，而是在故纸堆中搜索资料，又征询路人的意见而形成他的说法；考察他们的内心，也不信自己的说法是可行的，只是姑且试着说说看，以在人前炫耀。还有一种，他刚从民间出来，在京都大郡略有游历，被任命而登上仕途，看到献言献策的人一时间耸动人心，自己就不安于寂寞，早晚揣摩，拿一两件事作为立说的依据，又用迂腐不切实际的陈词滥调以充篇幅，还得意地说："我也是为社稷的长治久安而考虑的，是为了从水火中拯救出百姓。"以此来自我炫耀。

非此，则抑有诵一先生之言，益以六经之绪说，附以历代之因革，时已异而守其故株，道已殊而寻其蠹迹；从不知国之所恃赖，民之所便安，而但任其闻见之私，以争得失；而田赋、兵戎、刑名、官守，泥其所不通，以病国毒民而不恤。非此，则有身之所受，一事之甘苦，目之所睹，一邑之利病，感激于衡茅，而求伸于言路。其言失也，亦果有失也。其言得也，亦果有得也。而得以一方者，失于天下；得以一时者，失于百年。小利易以生愚氓之喜，隐忧实以怵君子之心。若此者，心可信也，理可持也，而如其听之，则元气以伤，大法以圮，弊且无穷。而况挟前数者之心以诬上行私，而播恶下士者乎？故上书陈利害者，无一言之足听者也。

【译文】如果还不是这样，那么还有一种人，他承袭了某位先生的话，再增添一些六经中的说法，附加上历代的沿革变化，时代已经不同了他还在守株待兔，大道已经变化了他还在寻找过往的遗迹，从来不知道国家所依赖的是什么、民众所利便和安心的是什么，而只是听任自己有限的见闻，而争论事情的得失。而田赋、军事、法律、人事等事务，都拘泥不通，哪怕自己的意见危害国家民众了也不能觉察体恤。如果还不是这样，那就是从自身经历中，对某一件事亲身品尝过其中甘苦，由此而耳闻目睹一个地方政事的利弊，在草庐中有所感怀有所激动，而想让自己的建议得以表达被上面听到。他所说的失误，也确实有这种失误。他所说的得当之处，也确实是得当的。但在一个地方得当，不一定在整个天下都是得当的；在一个时期是得当的，在百年中就不确定也是得当的。小利容易让愚民产生喜悦，而背后的隐忧则让君子感到担忧。像这种人，其心是可信的，其道理是真实的，但是如果听信他的说法，则国家的元气有可能会受伤，大的法度也可能会被毁坏，弊病也可能很大。何况更多的情况是怀着前面提到的那些不良用心来欺骗君主宰相以实现他的私心，并且把恶果传播给其他人呢？所以上书陈说利弊的，他们的说法都不值得听。

李文靖自言曰："居位无补，唯中外所陈利害，一切报罢，可以报国。"所谓大臣者，以道事君。此可以当之矣。道者安民以定国，至正之经也。秉道以宅心而识乃弘，识唯其弘而志以定，志定而断以成，断成而气以静，气静而量乃可函受天下而不迫。天下皆函受于识量之中，无不可受也，而终不为之摇也。大矣哉！一人之识，四海之藏，非有道者，孰能不惊于所创闻而生其疑虑哉？

【译文】李文靖自己说："居于官位对于国家没有补救，只是对朝廷内外上书陈述利弊的奏疏，一律都不批准，以此来报国。"所谓的大臣，就是根据大道来事奉君主，像李文靖这种人就符合这种标准了。道，是通过安民来定国的至正的原则经略。秉承大道、安住大道于心，他的见识就会弘广，见识弘广，他的意志就由此而确定稳固，意志确定稳固，他的决断就得以形成，决断形成了，他的气质才会安静，气质安静，他的度量就可以涵容承受整个天下而从容不迫。整个天下都涵容承受于他的度量之中，就没有什么不可接受的，而始终不会被动摇。伟大啊！一个人的见识度量，有四海那么广大，若不是有道之人，谁会因为初次听到这种说法而不疑惑呢？

夫天下有其大同，而抑有其各异，非可以一说竟也久矣。其大同者，好生而恶死也，好利而恶害也，好逸而恶劳也。各守其大经，不能无死者，而生者众矣；不能无害者，而利者长矣；不能无劳者，而逸者达矣。天有异时，地有异利，人有异才，物有异用。前之作者，历千祀，通九州，而各效其所宜；天下虽乱，终亦莫能越也。此之所谓伤者，彼之所自全；此之所谓善者，彼之所自败。虽仁如舜，智如禹，不能不有所缺陷以留人之指摘。识足以及此矣，则创制听之前王，修举听之百执，斟酌听之长吏，从违听之编氓[①]，而天下各就其纪。故陈言者之至乎吾前，知其所自起，知其所自淫；知其善而不足以为善，知其果善而不能出吾之圜中。蝉噪而知其为夏，蛩吟而知其为秋，时至则鸣，气衰则息，安能举宗社生民以随之震动？而士自修其素业，民自安其先畴，兵自卫其职守，贤者之志不纷，不肖之奸不售。容光普照，万物自献其妍媸，识之所周，道以之定。故曰："天下之动，贞于一者也。"文靖之及此，迥出于姚元之、陆敬舆、司马君实之表，远矣。

【注释】①编氓：编入户籍的平民。指平民。

【译文】天下，有大处的相同，也有各种的差异，不是用一种说法就可以说完的，这已经很久了。天下的大处相同，指的是人们都喜欢生存而嫌恶死亡，喜欢好处而嫌恶害处，喜欢安逸而嫌恶劳苦。各自持守大的不变原则，不能没有死的人，而活着的众多；不能没有害处，而好处是长久的；不能没有劳苦，而安逸的人达到了。天有不同的时令，地有不同的利益，人有不同的才能，物有不同的用处。前代制定成法的人，经历了上千次的祭祀，通达于九州，而让各种事物各自发挥其独特的效用；天下虽然大乱，最终也不能违背它。在这里是所谓的伤害，在那里则是保全；在这里是所谓的善，在那里则会失败。哪怕仁爱如大舜一样，智慧如大禹一样，也不能不有所欠缺而留给人们指摘。见识到这一层了，那么创立制度要听从于前朝的圣王，修改和实施要听从于百官，评判商议要听从于官吏，听还是不听要听从于平民，如此则天下的人就各就各位了。所以陈述意见的人来到我面前，我就知道他从何处来的，知道他在执着什么，知道他的善不一定足以为善，知道他真是为善也不能超出我的见识度量之外。蝉鸣了就知道是夏天了，蟋蟀叫了就知道是秋天了，时节到了就会鸣叫，气息衰竭了就会止息，怎能让整个社稷百姓都随之震动呢？于是士人自会修行他往日的学业，民众自会安心于他原先的工作，士兵自会安守他的职责，贤人的意志不乱我心，小人的奸邪不能得逞。容光普照，万物自然显现出它本来的美丑，见识周密周到，大道于此而得以安定。所以《周易·系辞》说："天下的变动，也是在贞一的大道中。"李文靖领悟到了这一点，不同于姚崇、陆贽、司马光的浅层认识，超出很远。

前乎此者丙吉，后乎此者刘健，殆庶几焉。其他虽有煌炫之绩，皆道之所不许也。以安社稷不足，而况大人之正物者乎？有姚元之，则有张说；有陆敬舆，则有卢杞；有司马君实，则有王安石；好言而莠言兴[①]，好听而讼言竞。唯文靖当国之下，匪徒梅询、曾致尧之屏息也；王钦若列侍从而不敢售其奸[②]；张齐贤、寇准之伉直而消其激烈；所以护国家之元气者至矣。文靖没，宋乃多故，笔舌争雄，而郊原之妇子，不能宁处于枲园瓜圃之下矣。诗曰："高山仰止，景行行止。"高者，不易攀也；景者，无有歧也；道之所以覆冒万物而为之宗也。岂易及哉！岂易及哉！

【注释】①莠（yǒu）言：丑恶之言；坏话。

②王钦若（962—1025）：北宋宰相，字定国，临江军新喻县人（今江西省新余市）。宋真宗、宋仁宗时两度为宰相。善迎合帝意，与丁谓、林特、陈彭年、刘承畦被称为"五鬼"。澶渊之战时主张迁都金陵，受到宰相寇准弹劾。澶渊之盟签订后，他认为这是城下之盟，使真宗罢除寇准。大中祥符初年，迎合宋真宗伪造天书，争献符瑞，促成封禅泰山。

【译文】之前有丙吉，之后有刘健，这两人大概也差不多了。其他人虽然也有辉煌的政绩，但都是大道所不认可的。他们安定社稷还是不够的，更何况像圣人那样化正万物呢？有姚崇就会有张说；有陆贽就会有卢杞；有司马光就会有王安石；他们都是政见彼此相悖而相争的大臣。所以喜欢言说，就会有恶言产生，喜欢听取意见，就会有彼此批驳的言论出现。只有李文靖主政之时，不仅梅询、曾致尧都屏息不语，王钦若身列侍从之位也不敢实施他的狡诈；张齐贤、寇准虽为人刚直，李文靖也消融了他们的激烈之风，所以说李文靖保护国家的元气达到了极致。李文靖去世后，宋朝才多有变故，大家在文字上、在舌辩上彼此争雄，而郊野的妇人孩子，也不能在家里的菜园瓜圃之下安然自处了。《诗》中说到："如高山般为人仰止，如大道般为人遵循。"高，就不易攀登；大，就没有歧路；所以大道能遍及万物而为一切的宗主。这岂是容易达到的呢！岂是容易达到的呢！

四

澶州之役[①]，寇平仲折陈尧叟[②]、王钦若避寇之策，力劝真宗渡河决战，而日与杨大年饮博歌呼于帐中。故王钦若之谮之曰："准以陛下为孤注。"其言亦非无因之诬也。王从珂自将以御契丹于怀州，大败以归而自焚；石重贵自将以追契丹于相州，诸将争叛而见俘于虏；皆孤注也。而真宗之渡河类之。且契丹之兵势方张，而饮谑自如，曾无戒惧，则其保天子之南归，而一兵不损，寸土不失，似有天幸焉，非孤注者之快于一掷乎？则钦若之谮，宜其行矣。

【注释】①澶州：又称开德府，北宋时地名，今为河南濮阳县。997年宋真宗赵恒几次御驾亲征抵御契丹，最终定下澶渊之盟（即澶州）。

②寇平仲：即寇准。

【译文】澶州之役，寇准驳斥了陈尧叟、王钦若提出的躲避敌寇的策略，力劝宋真宗渡河与敌人契丹决战，而他每天与杨大年在军帐中饮酒赌博高歌欢呼，所以王钦若事后在宋真宗面前挑拨说："寇准是把陛下您孤注一掷了。"他的话也不是凭空的诬陷。五代时后唐末帝王从珂亲率大军在怀州抗击契丹，大败而归后就自焚而死；后晋出帝石重贵亲自率军在相州追击契丹，部下众将争相叛变，而他自己也被契丹俘虏；这都是孤注一掷。而真宗北渡檀渊与此也是类似的。而且契丹的兵势正盛，而寇准饮酒戏乐自如，好像没有忧虑一样，那么他最后保护天子南归，而且也未曾损失一兵一卒，寸土不失，好像是有天助一般，这不是孤注一掷吗？所以王钦若对寇准的中伤，也是行得通的。

呜呼！盈宋之庭，铮铮自命者充于班序，曾无一人能知准之所恃，而惊魂丧魄，始挠其谋，终妒其功，高琼、杨亿以外，皆巾帼耳。后之论者曰："准以静镇之也。"生死存亡决于俄顷，天子临不测之渊，而徒以静镇处之乎？则论者亦冯拯、王钦若之流匹，特见事成而不容已于赞美，岂知准者哉？无所见而徒矜静镇，则景延广十万横磨之骄语，且以速败，而效之者误人家国，必此言矣。夫静镇者，必有所以镇而后能静也。谢安围棋赌墅，而挫苻坚于淝水，非但恃谢玄北府之兵也。慕容垂、朱序、张天锡之撑持实久矣。夫平仲所恃者奚在哉？按事之始终，以察势之虚实，则洞若观火矣。愚者自不察耳。

【译文】呜呼！整个大宋的朝堂之上，铮铮自命之人充斥文武两班，却没有一个人能知道寇准依靠的是什么。他们都惊魂丧胆，开始时是阻挠寇准的谋略，最终则忌妒寇准的功绩，除了高琼、杨亿两人之外，其他人就像是女人了。后来的人评论说：“寇准是用镇静镇住局面的。”可是在决定生死存亡的刹那，天子面临不可测的深渊，而只靠镇静镇住局面来处置就可以了吗？那么这些评论者也是冯拯、王钦若之类的人了，看见事情成功了而不容不赞美，怎么算是真的了解寇准呢？没有见识而只能夸寇准镇静以安定局面，可是后晋大将景延广也说过“十万口横磨剑”之类的骄人之语，但还是迅速败亡一样，那么效仿他而贻误他人国家的，也一定是这句话。所谓的以镇静镇住局面，一定是有能镇的东西之后才能静的。东晋的谢安下围棋赌别墅期间，而东晋大军就在淝水把苻坚挫败了，这不只是单单依靠谢玄的北府兵就可以的，而是慕容垂、朱序、张天锡各自在事前都早已就有安排了。那么寇准依靠的东西在哪里呢？考察事情的来龙去脉，观察形势的虚实变化，就会洞若观火了。只是愚人自己察觉不到罢了。

观其形势，固非小有所得而遽弭耳以退也。乃增卅万之赂，遂无一矢之加，历之数十年，而无南牧之马。岂萧挞览之偶中流矢，曹利用之口给辩言，遂足戢其戎心哉？兵甫一动，而议和之使先至，利用甫归，而议和之使复来，则其且前且却、徜徉无斗志者，概可知也。契丹之灭王从珂也，石敬瑭为之内主；其灭石重贵也，杜威、赵延寿为之内主，契丹不能无内应而残中国，其来旧矣。此内之可恃者也。且今之契丹，非昔之契丹矣。隆绪席十六州之安，而内淫于华俗；国人得志于衣锦食粱，而共习于恬嬉。至是而习战之将如休哥辈者，亦已骨朽。其入寇也，闻李继迁以蕞尔之小丑，陷朔方，胁朝廷，而羁縻弗绝；及其身死子弱，国如浮梗，而尚无能致讨，且不惜锦绮以饵之使安。宋之君臣，可以虚声恐喝而坐致其金缯，姑以是胁之，而无俟于战也。则挟一索赂之心以来，能如其愿而固将引去，虏主之情，将士之志，三军之气，胥此焉耳矣。故其攻也不力，其战也不怒，关南之士，亦可得则得，不得则已之本情；兵一动而使频来，和之也易，而攻之也抑无难。平仲知之深，持之定，特兵谋尚密，不欲昌言于众以启哓哓之辩论耳。使乘其不欲战之情而亟攻之，因其利我之和而反制之，宁我薄人，必胜之道也。平仲曰："可保百年无事。"非虚语也。此外之可恃者也。

【译文】回顾当时的形势，契丹的胃口显然不是略有所获就能很快满足而平息战事退兵的。澶渊之盟后增加了三十万的岁币，于是不再有一支流箭射来，数十年间契丹也没有南下侵入的兵马，难道是因为契丹统帅萧挞览偶然被流箭射死、宋方使臣曹利用的能言善辩就足以让契丹打消了作战意图吗？契丹的大军才一出动，与宋朝议和的使臣就先期到来，而曹利用刚一返回，契丹议和的使臣又再次到来，那么契丹这种且进且退、趑趄不前而无斗志的心态就大体可知了。契丹之所以能消灭王从珂，是有石敬瑭为内应；之所以能消灭石重贵，是有杜威、赵延寿为内应，契丹向来不能在没有内应的情况下而残害中国，这已经很久就是如此了。这是寇准在国内可以依靠的有利因素。而且这时的契丹，也不是以前的契丹了。契丹皇帝耶律隆绪安于得到了幽云十六州，而且还被汉族风俗所浸润；契丹国人也满足于小康生活，都习惯于安适恬淡的生活。此时契丹善战的将军如耶律休哥等人也已死去。而契丹的入侵，是听说李继迁那么一个小国也能攻陷宋朝的朔方地区，威胁宋朝，而宋朝还不断安抚；等到李继迁死后，他的幼主儿子还很弱小，国如浮萍一样不稳，而宋朝还不去讨伐，还不惜用华丽的丝绸使其安心。那么对于宋朝的君臣，可以用虚张声势的恐吓而坐享宋朝的金帛，那么姑且以此来威胁宋朝，而不是真要作战。于是契丹就抱着这种恐吓求利的心态而来，能达到目的的话自然就会撤兵，契丹首领的心情，将士们的志愿，三军的士气，就只是如此而已。所以他们攻城就不会用全力，作战也不勇猛，关南的土地，能得到就得到，得不到也没关系，因为他们原先就没有这些土地，这是他们的本来状态。所以其军队才一出动，而议和的使臣就频频前来，讲和也很容易，而打败他们也不太费力。寇准对这种情况非常明白，所以立场非常坚定，只是因为军事谋略必须保密，怕公告大众而引起人们的议论纷纷而已。如果我们利用契丹不真想作战的心理而猛攻他们，利用他们以议和为主的心情而反制他们，宁由我方来攻击对方，这就是必胜之道。寇准说："由此可保百年无战事。"这不是虚无的空话。这是寇准在外部可依靠的有利条件。

可恃之情形，如彼其昭著，六军之士，欢呼震野，皆已灼见无疑。唯钦若、尧叟、冯拯之流，闻边情而不警于耳，阅奏报而不留于目；挟雕虫之技，傲将吏而不使尽言；修鹄立之容[①]，迨退食而安于醉梦；羽书洊至，惊于迅雷；金鼓乍闻，茫如黑雾；则明白显易之机，在指掌之闲，而莫之能喻。已而虏兵忽退，和议无猜，且不知当日之何以得此于契丹。则其云孤注者，虽倾妒之口，抑心所未喻，而亿其必然也。

【注释】①鹄（hú）立：如鹄延颈而立，形容盼望等待。

【译文】如上所说，可以依靠的内、外有利条件是那样明显，而且宋朝大军的将士欢呼震野，都已明显看到无疑了。只有王钦若、陈尧叟、冯拯之流，听到边境战报并不警惕，看到军情奏疏也不注意，怀揣着雕虫小技，傲视武官而不让他们畅所欲言，表现出期盼的样子，等到退朝后就安于醉梦的生活中。而边境的军情战报一再传来，突然就像听到炸雷一样震惊，刚刚听到军队的钲鼓之声，茫茫然如同掉进黑雾。于是本是显而易见的东西，哪怕就在指掌之间他们都不能理解。后来契丹军队忽然退走，和议已经没有疑问了，他们还不知道当时是因为什么取得的成功。那么他所说的"孤注"，虽然是出于倾轧妒忌，但也说明他们心中其实没有明白，而猜度寇准是真把真宗孤注一掷了。

故体国之大臣，临边疆之多故，有密用焉，而后可以静镇。密者缜也，非徒其藏而不泄也。得将吏之心，而熟审其奏报；储侦谍之使，而曲证其初终；详于往事，而知成败之繇；察其合离，而知强弱之数。故蹲伏匿于遐荒，而防其驰突；飞镝交于左右，而视若虻蠓；无须臾之去于心者，无俄顷之眩于目。其密也，斯以暇也；其暇也，斯以奋起而无所惴也。谢安石之称诗曰："訏谟定命，远犹辰告。"命定于夙而时以告，猷斯远矣。夫岂易言静镇哉！

【译文】所以治理国家的大臣，面对边疆多变的形势，是有了秘密的韬略，而后才能以镇静镇住多变的局面。所谓的密，就是缜密的意思，而不只是深藏不露而已。得到将士、官员们的拥护爱戴，仔细分析他们的奏报，设置侦察敌情的人员，而详尽地考察事情的来龙去脉；对历史了解得非常详细透彻，因此而知道成败的根源；观察各方势力的离合变动，而知道各方的强弱变化情况。所以派人潜伏于荒野之中，以防备敌人的突袭；流箭在左右纷飞，也能保持冷静，视之如同蚊虫；没有一刻是掉以轻心的，没有一刻是心眩眼乱的。由于这样的缜密，所以才能表现得很闲暇，由于这样的闲暇，所以才能一旦奋起而无所畏惧。谢安引用《诗》中的话说：“深谋大略来确定命运的走向，远大的规划及时传达于众。”命运先已确定而择时宣告，谋划如此深远啊。所以怎能轻易就说是用镇静镇住局面的呢！

五

王旦受美珠之赐[①]，而俯仰以从真宗之伪妄，以为荧于货而丧其守，非知旦者，不足以服旦也。人主欲有所为，而厚贿其臣以求遂，则事必无中止之势，不得，则必不能安于其位。及身之退，而小人益肆，国益危。旦居元辅之位，系国之安危，而王钦若、丁谓[②]、陈彭年之徒，侧目其去，以执宋之魁柄。则其迟回隐忍而导谀者，固有不得已于斯者矣。

【注释】①王旦（957—1017）：字子明，大名府莘县（今山东省聊城市莘县）人。北宋初名臣，兵部侍郎王祜之子。真宗年间为宰相十二年，为人正派，知人善任，太宗、真宗时期内外政策的主要制订者之一。

②丁谓（966—1037）：字公言，号谓之，苏州府长洲县（今江苏省苏州市）人。北宋初年宰相。丁谓自幼才智过人，然而为人狡诈，善于对真宗迎合献媚，与王钦若、林特、陈彭年、刘承畦以奸邪著称，人称“五鬼”。后与宰相寇准对立严重，以谗言促成寇准罢相，夺取其相位。后因包庇宦官之事受到群臣弹劾，被一贬再贬。

【译文】王旦接受了真宗赐与的美珠，于是一言一行都顺从真宗哪怕是荒诞的的心意，人们以为他是被钱财迷惑了内心而失去了操守，这其实并没有真正认识王旦，也不足以让王旦心服口服。君主如果想要做什么，而用厚赏财物来收买大臣以求实现其意愿的话，那么君主想要做的事情必定不会半途而废。而如果君主意愿不能达成，那么大臣的位置就危险了。一旦大臣退位，小人就更加肆无忌惮了，国家就更危险了。王旦身居宰辅大臣之首，身系国家的安危，而王钦若、丁谓、陈彭年之流，一直斜眼盼着他早日离开相位而自己执掌朝纲。那么，王旦的犹豫和忍耐，甚至逢迎真宗，也是有不得已的原因的。

真宗之夙有侈心也，李文靖知之久矣。澶州和议甫成，而毕士安散兵归农[①]，罢方镇[②]，招流亡，饰治平之象，弛不虞之防，启其骄心，劝之夸诞，非徒钦若辈之导以恬嬉也。钦若曰：“唯封禅可以镇服四海[③]，夸示外国。”言诚诞矣。然而契丹愚昧，惑于禨祥，以戢其戎心者抑数十年。则旦知其不可，而固有不能遏抑者也。钦若、谓之奸，旦知之矣。陈彭年上文字，旦瞑目不视矣。钦若之相，旦沮之十年矣。奉“天书”而悒怏，死且自愧，激而欲披缁矣。然而终不能已于顺非从欲之恶者，于此而知大臣之不易于任也。使旦而为孙奭，则亦可以“天岂有书”对也。使旦而为周起，则亦可以“毋恃告成”谏也。即使旦已处外而为张咏，亦可以乞斩丁谓争也。且使旦仍参政而为王曾[④]，犹可以辞会灵宫使自异也。今既委国而任之我，外有狡虏，内有群奸，大柄在握，君心未厌，可以安上靖邦、息民弭患。而愤起一朝，重违上旨，虚位以快小人之速进，为国计者，亦难言之。故曰大臣不易任也。虽然，旦之处此也，自有道焉。旦皆失之，则彷徨而出于苟且之涂，弗能自拔，其必然矣。澶州受盟纳贿之耻，微钦若言，君与大臣岂能无愧于心？恬然以为幸者，毕士安葸畏之流耳。旦既受心膂之托，所用雪耻而建威者，岂患无术哉？任曹玮于西陲，乘李德明之弱而削平之，以断契丹之右臂，而使詟于威[⑤]，可决策行也。兵初解而犹可挑，戍初撤而犹可置，择将帅以练士马，慎守令以实岩邑，生聚教训，举天下之全力以固河北而临幽、燕，可渐次兴也。能然，则有以启真宗愤耻自强之心，作朝气以图桑榆之效，无用假鬼神以雪前羞，而钦若不能逞其邪矣。

【注释】①毕士安（938—1005）：本名毕士元，字仁叟，小字舜举，代州云中（今山西大同）人。宋真宗即位后累迁吏部侍郎、同平章事，成为宰相，大力推荐寇准。澶渊之战时支持寇准决策，力主宋真宗亲征，最终促成“澶渊之盟”的达成。

②方镇：指掌握兵权、镇守一方的军事长官。

③封禅（shàn）：封为“祭天”，禅为“祭地”，意指古代帝王在太平盛世或天降祥瑞之时，祭祀天地的大典，一般由帝王亲自到泰山举行。

④王曾（977—1038）：字孝先，青州益都（今山东青州）人，北宋名

相。咸平年间，连中三元，以将作监丞通判济州。累官吏部侍郎，两拜参知政事。曾规谏宋真宗造天书、修宫殿之事。宋仁宗即位后，以计智逐权臣丁谓。

⑤詟（zhé）：惧怕；丧胆。

【译文】真宗一直就有奢侈的习气，李文靖早就知道了。澶渊之盟的和议刚刚达成，毕士安就解散军队让士兵回家务农，罢免各地的军事长官，招抚流亡之民，营造太平的氛围，而松弛了对意外战事的防备，引发了真宗的骄心，助长了他的夸诞之情，而不仅是王钦若之流引导真宗于嬉乐。王钦若说："只有封禅才可以镇服四海，向外国夸耀。"这么说真是荒诞。然而契丹愚昧，迷于吉凶福祸的兆头，而收敛了争战之心也有数十年。那么王旦虽然知道这事不可行，但也显然是制止不了的。王钦若、丁谓的奸邪，王旦已经知道了。陈彭年上书陈词，王旦闭眼不看。王钦若任宰相，王旦已经阻挠了十年了。王旦手捧"封禅天书"而感到压抑不安，临终时还为此事而感到惭愧，甚至还要披上袈裟。然而终究不免于做违心的事，可见大臣是很不容易当的。如果王旦是孙奭，那也可能会用"天怎么会有书"来应对真宗。如果王旦是周起，也可能会用"不要依仗封禅当做成功"来劝谏真宗。如果王旦是已贬到地方的张咏，也可能会以请求斩杀丁谓来相争。如果王旦是王曾，还可能以辞掉会灵宫使以表达自己的异议。但既然现在已经把国家大政托付给了我，而外有狡诈的敌寇，内有结党成群的奸臣，而大权现在握于我手，君主对我还报有信任而未厌弃我，所以我就应该安定君主和国家、让老百姓休养生息、消弭祸患。如果争一时之短长愤然而起，严重违背君主的话，那么就会被罢官空出相位而让小人迅速填补，那么真为国家长远考虑的话就很难办了。所以说大臣是很不容易当的。虽然如此，王旦面对这种局势也还是有办法的。但这些办法王旦没有做，自然就走上了犹豫彷徨苟且偷安的道路而不能自拔，这也是必然的了。澶渊之盟交纳金帛的耻辱，如果不是王钦若的说法，君主与大臣岂能无愧于心？安然而以此为万幸的人，是毕士安这种胆怯畏惧的人。王旦既然接受了担任心腹重臣这种委托，他可以用来雪耻和建立威信的，怎么会担心没有办法呢？比如他可以任命曹玮到西部边陲，乘着李德明的弱小而削平他，以此来切断契丹的右臂，而使契丹畏惧宋朝的军威，这是可以作为决策而施行的。兵事刚刚停止还可以再次发动起来，边防刚刚撤除还可以再次设置起来，选择将帅训练兵马，让边境的守关将领严阵以待，完善关卡的装备，充实边关的城邑，学习越王句践用十年的时间聚集力量，又用十年教化训练，发动全天下的力量以巩固河北而面对契丹占领的幽、燕地区，宋朝就可以渐渐兴盛起来了。如果能这样，那么就可能引发真宗欲图雪耻的自强之心，振作朝气以图补救，不用借借鬼神之事来洗雪澶渊之盟的羞耻，而且王钦若的奸邪也就不会得逞。

如其才不逮，则其初膺爰立之命，不可不慎也。旦之登庸，以寇准之罢相也。钦若不能与同朝，则旦亦不可与钦若并用。乃钦若告旦以祥瑞之说，旦无以处之，而钦若早料其宜无不可。则旦自信以能持钦若，而早已为钦若所持。夫其为钦若持，而料其不能为异者，何也？相位故也。使旦于命相之日，力争寇准之去，而不肯代其位，则钦若之奸不摧而自折，真宗之惑不辨而自释，亦奚至孤立群奸之上，上下交胁以阿从哉？进退之际，道之枉直存焉，旦于此一失，而欲挽之于终，难矣！既乏匡济之洪猷，以伸国威而定主志；抑不审正邪之消长，以慎始进而远佞人；虽有扶抑之微权，而不容不诎。要而言之，视相已重，而不知其重不在位，而在所以立乎其位者也。

【译文】如果才能力不从心，那么当初接受丞相任命的时候就不可不谨慎。王旦被任命，是因为寇准被罢免宰相之职。王钦若不能与寇准同朝并立，那么王旦也是不能和王钦若同朝并立的。但当王钦若告诉王旦天降祥瑞之说，而王旦无法妥善应对处置的时候，王钦若就料到王旦当了宰相也不会不许可的。那么王旦相信能控制王钦若，其实早被王钦若控制了。王旦被王钦若控制，而料定他不能提出异议，这是为什么呢？原因就在于宰相的位置。如果王旦在被任命为相的时候，极力为寇准鸣冤不应被罢相，而自己也不肯接替他的相位，那么王钦若的奸邪就不摧自败，真宗的迷惑也不用辩解自己就明白了，又何至于王旦孤身一人立于结党成群的奸人之上，以至于上下都胁迫他而被迫违心地附和他们呢？进退之际，大道的曲直就在其中了，王旦在这里的一个失误，而最终想要加以挽回，就很困难了！既然缺乏匡辅国家救济大众的宏才大略，以扬我国威而安定君主的心志；又不能审辨正邪双方力量的增减变化，以力争寇准回来而使奸佞小人远离；那么他为相后虽然有辅助君主抑制奸人的小权力，却不能不对他们屈服。简而言之，视相位太重，却不知道宰相之重不在于官位，而在于凭什么能立于相位。

宋之盛也，其大臣之表见者，风采焕然，施于后世，繁有人矣；而责以大臣之道，咸有歉焉。非其是非之不明也，非其效忠之不挚也，非其学术之不正也，非其操行之不洁也，而恒若有一物焉，系于心而不能舍。故小人起从而蛊之，已从而玩之，终从而制之；人主亦阳敬礼而阴菲薄之。无他，名位而已矣。夫君子乐则行，方行而忧，忧即违也；忧则违，方违而乐，乐又可行也。内审诸己，而道足以居，才足以胜，然后任之也无所辞。外度诸人，而贤以汇升，奸以夙退，然后受之也无所让。以此求之张齐贤、寇准、王曾、文彦博、富弼、杜衍诸贤[①]，能超然高出于升沈兴废之闲者，皆有憾也。而且适遇真宗眷注之深，则望愈隆，权愈重，所欲为者甚殷，所可为者甚赜[②]；于是而濡轮曳尾以求济，而不遂其天怀，以抱愧于盖棺，皆此为之矣。

【注释】①文彦博（1006—1097）：字宽夫，汾州介休（今山西介休）人。曾两度为相，一生历仕仁、英、神、哲四朝，任将相五十年。神宗时反对王安石变法，出任地方官。秉公执法，被世人称为贤相。富弼（1004—1083）：字彦国，洛阳（今河南洛阳）人，北宋名相。曾与范仲淹等人共同推行庆历新政。宋神宗时，反对王安石变法，出判亳州。后退居洛阳，继续请求废止新法。元祐元年（1086年），配享神宗庙庭，宋哲宗亲篆其碑首为"显忠尚德"。为昭勋阁二十四功臣之一。杜衍（978—1057）：字世昌，越州山阴（今浙江绍兴）人。北宋名臣，唐朝名相杜佑之后。仁宗时为御史中丞、知审官院、枢密使、同平章事，支持"庆历新政"，为相百日而罢，出知兖州。

②赜（zé）：精妙；深奥。

【译文】宋朝的兴盛，其大臣的表现出众，光彩焕发并影响后世的，这种大臣很多；但如果用大臣之道的高标准来责求他们，那么就都还略有不足。不是他们是非不明，不是他们的忠诚不恳切，不是他们的学术不正确，也不是他们的德行操守有污点，而是他们心中常常系着一个东西而不能舍弃。所以小人兴起时就能蛊惑他们，随从小人之后就被玩弄，最终就被小人所控制，君主也是表面上敬重他们而内心中菲薄他们。这原因没有别的，就是名位而已。君子觉得喜乐就会行动，行动中忽然感到忧虑，忧虑就表明所行与所愿有可能相违背；在违背时随着外界的变化可能又喜乐了，喜乐就又可行了。向内审查自己，德行是否走在大道上，才能是否足以胜任，然后接受任命也就无所推辞了。向外观察别人，如果是贤人就使其升进，是奸人就早早斥退，然后接受任命也就无所推让了。用这种标准来衡量张齐贤、寇准、王曾、文彦博、富弼、杜衍这些优秀的贤臣，能超然于官位的升降兴废的，他们还有所缺憾。而王旦正好遇到真宗对他有深深的信任和眷顾，他的声望越高，权位越重，想要作成的事甚为殷切，所可以达成的事甚为精妙。在如此情况下努力完成拯济天下的大业，但不能实现他的抱负，以至于心怀愧疚而去世，这都是因为名位的缘故。

呜呼！世教之衰，以成乎习俗之陋也。童而习之，期其至而不能必得，天子而下，宰相而已。植根于肺腑，盘结而不可锄。旦之幼也，其父祐植三槐于庭[1]，固已以是为人生之止境，而更何望焉。后世之人材所繇与古异也，不亦宜乎！

【注释】①植三槐：王旦之父王祐为尚书兵部侍郎，为官心地纯正，世多称其阴德。曾在庭前栽了三棵槐树，说："将来我的子孙一定会有位至三公者。"后果然王旦被他言中而拜相。后以"植三槐"比喻对子孙的厚望和信赖。

【译文】呜呼！随着世道教化的衰微，民间的习俗也自然变得鄙陋了。人们从小就习惯于这种观念：期待将来有一天能够达到的最高位置，在天子以下，就只有宰相之位了。这种观念扎根于肺腑之中，盘根错节而不能锄掉。王旦年幼时，他父亲王祐在庭院中种了三棵槐树，期望子孙官至三公，显然是把这个作为人生的最高理想了，至于更高的精神境界就没有期待了。后世的人才由此而与古人不同，不也是理所当然的吗！

六

宋初，吏治疏，守令优闲。宰执罢政出典州郡者，唯向敏中勤于吏事。寇准、张齐贤非无综核之才也，而倜傥任情，日事游宴；故韩琦出守乡郡①，以“昼锦”名其堂；是以剖符为休老之地②，而不以民瘼国计课其干理也③。且非徒大臣之出镇为然矣。遗事所纪者，西川游宴之盛，殆无虚月，率吏民以嬉，而太守有“遨头”之号。其他建亭台，邀宾客，携属吏以登临玩赏，车骑络绎，歌吹喧阗，见于诗歌者不一。计其供张尊俎之费，取给于公帑者，一皆民力之所奉也；而狱讼征徭，且无暇以修职守；导吏民以相习于逸豫，不忧风俗之日偷，宜其为治道之木？蠹也滋甚。然而历五朝、百余年闲，民以恬愉，法以画一，士大夫廉隅以修④，萑苇草泽无揭竿之起。迄乎熙宁以后，亟求治而督责之令行，然后海内骚然，盗夷交起。繇此思之，人君抚有四海，通天下之志以使各得者，非一切刑名之说所可胜任，审矣。

【注释】①韩琦（1008—1075）：字稚圭，号赣叟，宋英宗即位后封为魏国公，故世又称之韩魏公。曾与范仲淹在西北共同防御西夏，时称“韩、范”。又与范仲淹、富弼等人推行“庆历新政”。仁宗晚年，力请立太子，即后来继位的英宗。神宗时，屡次上书抵制王安石变法。

②剖符：古时帝王建国后封赏有功的诸侯将士，将符节剖分为二，君臣各执一半，作为信守的证明，叫做“剖符”。后引申为分封、授官。

③瘼（mò）：病；疾苦。

④廉隅：棱角。也比喻端正不苟的行为和品性。

【译文】宋朝初年，吏治宽松，州郡的地方官长是悠闲的。宰相罢官后到州郡任职的，只有向敏中这个人能够勤于治事，而寇准、张齐贤不是没有这个才能，但却倜傥放任，每天多是游玩饮宴，所以韩琦外任州郡长官时，就以“昼锦”命名其厅堂，这是把所受的官职当作了休息养老的地方了，而不对民间疾苦、国家大计等事用心了。而且不仅是大臣外放地方官如此，根据宋人的遗事记载，西川游玩饮宴风气之盛，几乎没有哪个月是空闲的，带着属吏和民众一同游玩，而太守甚至还有“遨头”的称号。其他如修建亭台，邀请宾客，带着属吏登山玩水观光游乐，车马络绎不绝，歌舞音乐喧嚣杂闹，这在宋人的诗歌中能见到不少。估计这种游玩的费用，其中取自于公款的，都是民众贡献的；而地方上的狱讼征赋徭役等事，怕是没有多少时间来做好本职工作了；引导属吏和人民习于安逸玩乐，不忧心风俗的日益败坏，确实使治国之道更蠹坏了。然而经历了五朝皇帝、一百多年，民众也变得安适愉乐，国家的制度也达一统，士大夫在品行上也有修养，民间也没有揭竿而起造反的。到了宋神宗熙宁年间以后，急切地追求治国而以法令进行督责，然后海内动荡不安，盗贼的叛乱和外夷的入侵交相出现。由此想来，君主想要安抚四海，贯通天下人的志向以使人们各得所安，这不是那些主张以刑罚和法律来治国的学说所能胜任的，这是很显然的。

子曰：“一张一弛，文武之道也。”张弛之用，敬与简之并行不悖者也。故言治者之大病，莫甚于以申、韩之惨核，窜入于圣王居敬之道。而不知其病天下也，如揠苗而求其长也。

【译文】孔子说：“一张一弛，是文武之道。”紧张与松弛的应用，如同诚敬与简约的并行不悖一样。所以说到治国的大弊病，莫过于用申不害、韩非的残酷峻刻之法混杂到圣王的居敬之道中。而不知这会伤害天下，如同拔苗助长一样。

夫俭与勤，于敬为近，治道之美者也。恃二者以恣行其志，而无以持其一往之意气，则胥为天下贼。俭之过也则吝，吝则动于利以不知厌足而必贪。勤之亟也必烦，烦则责于人以速如己志而必暴。俭勤者，美行也；贪暴者，大恶也；而獘之流也，相乘以生。夫申、韩亦岂以贪暴为法哉？用其一往之意气，以极乎俭与勤之数，而不知节耳。若夫敬者，持于主心之谓也。于其弛，不敢不张以作天下之气。于其张，不敢不弛以养天下之力。谨握其枢机，而重用天下，不敢以己情之弛而弛天下也，不敢以己气之张而张天下也。故敬在主心，而天下咸食其和。

【译文】节俭与勤勉，与诚敬是相近的，都是良好的治国之道。但如果依仗这二者来恣意施行自己的意志而一意孤行意气用事的话，那么这两者也都会成为天下的祸害。节俭太过分了就是吝啬，吝啬的话，就会为利所动而不知满足，于是必然会变得贪婪。勤勉太过就一定会烦琐，烦琐的话，就会要求别人迅速符合自己的意志，于是必然会变得残暴。节俭与勤勉，是美德；而贪婪与残暴，是大恶；这两个弊端的形成，却是与美德有紧密关系的。其实申不害、韩非子何尝是想要效法贪婪和残暴呢？但是他们意气用事一意孤行，过于急迫地追求节俭和勤勉的效果，而不知道温和的节奏。至于诚敬，则是说心中所持有的根本态度。在天下弛缓过于宽松的时候，不敢不使之紧张、严肃起来以振作天下的气势。在天下紧张严肃的时候，不敢不使之弛缓、宽松下来以蓄养天下的力量。谨慎地掌握着张弛变化的枢机，而小心地将其用之于天下，不敢因为自己个人喜好弛缓宽松而让天下也弛缓宽松，不敢因为自己个人喜好紧张严肃而让天下也紧张严肃。所以诚敬是在于内心所持有的根本态度，而天下全都随之安享和谐。

夫天有肃，则必有温矣；夫物有华，而后有实矣。上不敢违天之化，下不敢伤物之理，则易简而天下之理得，固非外儒术而内申、韩者之所能与也。以己之所能为，而责人为之，且以己之所不欲为强忍为之，而以责人；于是抑将以己之所固不能为，而徒责人以必为。如是者，其心恣肆，而持一敬之名，以鞭笞天下之不敬，则疾入于申、韩而为天下贼也，甚矣！

【译文】上天有肃杀之秋，就必定有温和之春；植物有了花朵，而后就会有果实。上不敢违背上天的化育，下不敢伤害万物的道理，那么虽然简易而天下的道理却得到了，这显然不是外表儒家而内里是申不害、韩非子思想之流所能做到的。用自己能做到的来要求别人也这样做，而且用自己不想做但勉强做的来要求别人，于是或者就会拿自己所做不到的来要求别人必须这样做。像这样的人，他内心的恣意放肆，拿一个诚敬的名义来鞭挞天下的不诚敬之处，就会很快成为申不害、韩非子的思想代言人而成为天下的贼人了，这真是太过分了！

夫先王之以凝命守邦而绥天下也，其道协于张弛之宜，固非后世之所能及。而得其意以通古今之变，则去道也犹近。此宋初之治，所以天下安之而祸乱不作者也。三代之治，其详不可闻矣。观于聘、燕之礼，其用财也，如此其费而不吝；饮、射、烝、蜡之制[①]，其游民也，如此其裕而不烦。天子无狗马声色玩好之耽，而不以宵旦不遑者督其臣民；长吏无因公科敛、取货鬻狱之恶，而不以寝处不宁者督其兆庶。故皇华以劳文吏，四牡以绥武臣，杕杜以慰戍卒，卷阿以答燕游，东山咏结缡之欢，芣苢喜春游之乐，皆圣王敬以承天而下宜乎人者。其弛也，正天子之张于密勿以善调其节者也。

【注释】①饮、射、烝（zhēng）、蜡（zhà）：饮、射指饮酒和射箭的礼仪，如天子有此礼，民间亦有。烝，古代特指冬天的祭祀。蜡，古代一种年终祭祀。烝、蜡又泛指各种祭祀。

【译文】先王以严整的教令来守护社稷、安定天下，其道合乎张弛的恰当分寸，这不是后世的人所能达到的。掌握了这种方法的精髓而通达古今的变化，那么其距离大道也是很近的。这就是宋朝初年的治国之道，能让天下安宁而且也没有祸乱的原因所在。夏、商、周三代的治国之道其详情已经不能知道了。看其当时的聘问、宴乐之礼，他们使用的财物，如此之多而不吝啬；当时的饮、射、烝、蜡等礼仪，让民众游玩，如此丰裕而不烦琐。天子不曾迷失于声色犬马的嗜好，也不会因为没有白天晚上都忙于公事而责查官吏；下面的官长吏员也没有假借公务而对民众征收聚敛、强取豪夺以及借狱讼收受贿赂的恶行，也不会督责老百姓让他们忙得顾不上休息。所以《诗》经里《皇华》篇慰劳了文官，《四牡》篇安定了武将，《杕杜》篇慰问了戍卒，《卷阿》篇则是宴游中的酬答，《东山》篇则歌咏了结婚的喜庆，《芣苜》篇描述了春游之乐，这些都是圣王在诚敬中上承天意而下顺民心的情况。这一张一弛的驰缓之处，恰恰是天子在不知不觉的紧张中，以恰如其分的分寸节奏调节而形成的。

宋初之御天下也，君未能尽敬之理，而谨守先型，无失德矣。臣未能体敬之诚，而谨持名节，无官邪矣。于是而催科不促，狱讼不繁，工役不扰，争讦不兴。禾黍既登，风日和美，率其士民游泳天物之休畅，则民气以静，民志以平。里巷佻达之子弟，消其嚣凌之戾气于恬愉之下，而不皇皇然逐锥刀于无厌[①]；怀利以事其父兄，斯亦平情之善术也。奚用矫情于所不堪，惜财于所有余，使臣民迫束纷纭，激起而相攘敚哉[②]？易曰："乾始能以美利利天下，不言所利。"不言利者，利之所以美也。内申、韩而外儒术，名为以义正物，而实道之以利也。区区以糜财为患者，守瓶之智，治一邑而不足，况天下乎！

【注释】①锥刀：比喻微薄，微细。也特指微利，或追逐微利。

②攘敚（duó）：掠夺。

【译文】宋朝治理天下之初，君主未能完全达到诚敬的境界，只是谨慎地持守着先前的成法，而没有失德的行为。大臣也未能体味到诚敬的精神，只是谨慎地持守着为臣的名节，没有邪恶作为。于是征收赋税并不急促，判刑治罪的案子不多，也不用大工程扰民，彼此之间也没有争论攻击。五谷丰登，风和日丽，带领着士人百姓们在天地万物之中休息欢畅，于是民俗安静下来了，民众的心志和平了。街头巷里的轻佻子弟，在恬适欢愉中潜移默化地消除了喧嚣凌人的戾气，而不是永不满足地追逐蝇头小利；承受着这种优越环境而事奉他们的父亲兄长，这也是让民众心志和平的好办法。何必非得逼迫人不堪忍受，在钱财有余的情况下也过于吝惜，使臣民受到种种约束逼迫，激发众人生出事端而彼此争抢呢？《周易》中说："乾卦能以丰厚的利益利益天下，但它却不自己标榜其利天下的功绩。"不标榜自己利天下的功绩，这样的利益才更美好更伟大。内用申不害、韩非的法家思想，而外表打着儒家的旗号，名义上是用"义理"来矫正事物，而实际上却是以利益来引导。见识短浅而过于担心浪费的人，用守护瓶口不外泄的小聪明，治理一个城邑都不行，何况治天下呢！

夫财之所大患者，聚耳。天子聚之于上，百官聚之于下，豪民聚之于野。聚之之实，敛人有用之金粟，置之无用之窖藏。聚之之心，物处于有余而恒见其不足。聚之之弊，辇之以入者不知止，而窃之以出者无所稽。聚之之变，以吝陋激其子孙，而使席丰盈以益为奢侈。聚之之法，掊克之佥人日进其术[①]，而蹈刑之穷民日极于死。于是而八口无宿舂，而民多捐瘠[②]；馈餫无趋事[③]，而国必危亡。然且曰："君臣上下如此其俭以勤，而犹无可如何也。"呜呼！劳形怵心以使金死于藏，粟腐于庾，与耳目口体争铢两以怨咨。操是心也，其足以为民上，而使其赤子自得于高天广野之中乎？

【注释】①掊（póu）克：聚敛；搜括。以苛税聚敛财物。

②捐瘠（jí）：饥饿而死。

③馈饆（yùn）：运送粮饷。

【译文】财物的大患在于聚敛。天子是在上面聚敛，百官是在下面聚敛，而豪强是在民间聚敛。聚敛的行为，是把人们有用的金钱粮食，放进无用的窖藏之中。聚敛的心理，是在财物有余的情况下也还总觉得不足。聚敛的弊病，是用车载着装进仓库而不知停止，却被人偷窃出去而无法核对清楚。聚敛引发的变化，是用吝啬鄙陋的习惯影响他的子孙，而使饮食丰盛日益被视为奢侈。聚敛的方法，是用搜括钱财的小人日益完善他的方法，而逼得触犯刑律的穷困百姓日益穷困而至于死地。于是八口之家没有隔夜的粮食，而民众多饥饿而死；没有粮饷可以送配，而国家必定危亡。然而还有人会说："君臣上下如此节俭勤勉，却还是无可奈何。"呜呼！劳心劳力而使金钱死藏在仓库里，粮食腐烂在粮仓里，与民众饥饿的身体锱铢必较的争夺而引发人们的怨恨。保有这种心态，他能作为民众之主而使他的赤子百姓们在高天阔野中恬淡自得吗？

夫官资于民，而还用之于其地，则犹然民之得也。贡税之入，既以豢兵而卫民，敬祀而佑民，养贤而劝民；余于此者，为酒醴豆边特赐之需，而用之于燕游，皆田牧市井之民还得之也。

通而计之，其纳其出，总不出于其域，有费之名，而未尝不惠。较之囊括于无用之地者，利病奚若邪?

【译文】官府所用的财物取之于民，而还用之于民，则仍然还是民众的。赋税的收入，既已用于养兵而保卫民众，恭敬地祭祀而保佑民众，养育贤人而劝导民众，此外的部分，是作为酒水祭祀用品以及特别赏赐的需要，而用之于宴乐和巡游，也还是让农民牧民市井之民又重新得到了。通通统计起来，其收入和支出，总体上还是应用在这个地域的，这样虽有消费之名，而民众未尝没有得到实惠。与聚敛在无用之地相比，两者的利与害又如何呢?

子曰："奢则不孙[①]。"恶其不孙，非恶其不啬也。传曰："俭，德之共也。"俭以恭己，非俭以守财也。不节不宣，侈多藏以取利，不俭莫大于是。而又穷日殚夕、汲汲于簿书期会，以毛举纤微之功过，使人重足以立，而自诧曰勤。是其为术也，始于晏婴，成于墨翟，淫于申、韩，大乱于暴秦；儒之驳者师焉。熙、丰以降，施及五百年，而天下日趋于浇刻。宋初之风邈矣！不可追矣！而况采薇、天保雅歌鸣瑟之休风乎[②]?

【注释】①奢则不孙：出自《论语》述而篇："子曰：'奢则不孙，俭则固。与其不孙也，宁固。'"孙，通"逊"，恭顺、谦逊。孔子的意思是，豪华奢侈了就不恭顺了，节俭了就鄙陋了。如果两害相权取其轻的话，与其不恭顺，宁可鄙陋为好。

②《采薇》：《诗》经中小雅的一篇。薇，是一种可食的野生豆类。

周武王平殷之后，伯夷、叔齐以此为耻，义不食周粟，到首阳山采薇而食。这里是指君主有容人之量，接纳了义人不为天子纳税的生活方式。《天保》是《诗》经中小雅中的一篇，据小序，是说君主能谦下以成其政，臣能不居功而把功绩归于君主而报答君主。形容君臣上下和谐，不为钱财而对臣民盘剥。

【译文】孔子说："豪华奢侈了就不恭顺了。"这是厌恶不恭顺，不是厌恶不节俭。《左传》中说："节俭，是品德的共同点。"但节俭是为了使自己恭敬，而不是通过节俭来守财。不节俭就不能保证财物的充分利用，奢侈地多聚敛而取利，这是最大的不节俭。而又整天整夜地汲汲于记录计算，以微小的功过使人们为之束手束脚而不敢自由活动，还自我标榜为勤勉。这种方法，开始于晏婴，完成于墨翟，到申不害、韩非就过分了，而到了暴秦时为乱最大，儒生中的驳杂者却以此为师。在宋神宗的熙宁、元丰年间后，延续了五百年之久，而天下日益变得浇薄刻酷。宋朝初年那种平和宽松的风气已很遥远了！不可追及了！更何况《诗》经中《采薇》《天保》篇中那种雅歌琴瑟的休心息虑之风呢？

七

宋之以隐士征者四：陈抟、种放、魏野、林逋[①]。夫隐，非漫言者。考其时，察其所以安于隐，则其志行可知也。以其行，求其志，以其志，定其品，则其胜劣固可知也。抟之初，非隐者也。唐末丧乱，僭伪相仍，抟弃进士举，结豪侠子弟，意欲有为。其思复唐祚，与自欲争衡也，两不可知，大要不甘为盗窃之朱温、沙陀之部族屈，而思诛逐之；力不赡，志不遂，退而隐伏，乃测天地之机，为养生之术，以留目而见澄清之日。迨宋初而其术成矣，中国有天子，而志抑慰矣。闲心云住，其情既定，未有能移之者。而天子大臣又以处轩辕集者待抟[②]，则不知抟也弥甚。但留其所得于化机之一端，传之李挺之、穆伯长以及邵氏。虽倚于数，未足以穷神化于易简而归诸仁义，则抑与庄周互有得失而不可废也。抟之所用以隐者在此。使其用也，非不能有为于世，而年已垂百，志不存焉，孰得而强之哉？若种放，则风斯下矣。东封西祀，蹑屩以随车尘，献笑益工，腼颜益厚；则其始授徒山中高谈名理者，其怀来固可知已。世为边将，不能执干戈以卫封疆，而托术于斯，以招名誉；起家阀阅，抑不患名不闻于黼座，诟谇交加，植根自固，恶足比数于士林邪！

【注释】①陈抟（871—989）：字图南，号扶摇子，亳州真源（今河南鹿邑县）人。道家著名人物。后唐长兴三年（932年），陈抟去京城洛阳应考进士，名落孙山。后隐居武当山九石岩，又常游历于华山、武当山之间。数次被多位君主召见，分别被赐“白云先生”“希夷先生”等称号。种放（955—1015）：字明逸，河南洛阳人。七岁能写文章，精于易学。不应科举，父亡随母隐居终南山，讲学为生。两次被推荐入朝而推辞，后因张齐贤荐举而面圣。而后数年中奔走于朝廷与终南山之间，数次归山后又数次再度出山入仕。但晚年侈靡丧清节。魏野（960—1020）：字仲先，号草堂居士，北宋诗人。宋真宗请魏野出山为官，魏野辞谢。死后朝廷旌表为“陕州处士”。一生清贫，却又不随波逐流，为后人称道。林逋（967—1028）：字君复，北宋著名隐逸诗人。书载性孤高自好，喜恬淡，勿趋荣利。后隐居杭州西湖，结庐孤山。终生不仕不娶，惟喜植梅养鹤，自谓

“以梅为妻，以鹤为子”。常驾小舟遍游西湖诸寺庙，与高僧诗友相往还。死后赐谥“和靖先生”。

②轩辕集：唐朝会昌时人。年过数百时，其颜色不衰。唐宣宗尝问以长生之道，集曰：“撤声色，去滋味，哀乐如一，德施无偏，自然与天地合德，日月齐明，则致尧舜禹汤之道，而长生久视之术何足难哉。”

【译文】宋朝以隐士身份征召来朝的人有四位：陈抟、种放、魏野、林逋。说到隐士，这不是个随随便便的说法。考察隐士所处的时代，观察他为何安于隐居，那么他的志愿和行为就可以知道了。根据隐士的行为，分析隐士的志愿，根据隐士的志愿，确定隐士的品位，那么隐士的优劣高下就可以知道了。陈抟一开始不是隐士，时值唐朝末年天下大乱，僭越称王称帝者连续不断，陈抟放弃了继续进士科举的打算，而与豪侠子弟相交结，意图有所作为。他是想要复兴唐室，还是想要和这些割据者争衡，现在已不可知了，但大体上还是不甘心屈服于盗窃唐朝帝位的朱温和沙陀部族的统治，而想要诛杀驱逐他们；但自己的力量不够，抱负不能实现，就退身隐居，于是能测天地之机，成就了养生的道术，以使自己能活着看到天下澄清的那一天。到宋朝初年他的养生之术已经成功了，而中国也有了天子，他的志愿也得以安慰了。陈抟其心闲淡而隐居于山水云雾之中，他的心意既已安定了，就没有人能改变它了。可是天子大臣们却用唐朝皇帝对待轩辕集的方式来对待陈抟，他们是太不了解陈抟了。陈抟把自己高深道学中的一小部分，传给了李挺之、穆伯长以及邵雍。他的方法虽然依赖数理之学，未能穷尽事物变化之妙理以达到简易的程度并归于仁义之中，但还是与庄周的学说互有短长而不可废除。陈抟之所以隐居的道理就在于此。如果他的道术得以应用，并非不能在世间有所作为，但他到宋朝初定天下时已经年近百岁，早年的抱负已经不复存在了，谁还能勉强他呢？至于种放，他的风度就比不上陈抟了。他伴随真宗东到泰山封禅，西到汾阴祭祀，追随着君主的车马，陪着笑脸腆着脸皮，他开始时在山中教学授徒高谈理学的作为，暗含被君主任用的意愿就可以知道了。种放家世代为守边的武将，但他未能拿起武器来保卫边疆，而假借此术以求名誉；他出身于官宦人家，也不担心名声不被君主听闻，却用这种方法而引来人们的诟病诘问，自己培植根基以巩固自己的地位，哪里值得与士大夫相提并论呢！

魏野、林逋之视此，则超然矣。名已达于明主，而交游不结轸于公卿；迹已远于市朝，而讽咏且不忘于规谏。贫其义也，而安以无求；乐其情也，而顺以自适。教不欲施，非吝于正人也，以求己也。书不欲著，非怠于考道也，以避名也。若是者，以隐始，以隐终。志之所存，行则赴之，而隐以成。与抟异尚，而非放之所可颉颃久矣。

【译文】魏野、林逋与种放相比，就显得超然了。他们的名声已经传到明主耳边，却不与公卿交游来往；他们的行迹已经远离了朝廷与城市，而诗文的讽咏却还未忘记规劝谏议。贫穷而安于道义，于是就安心而无所求；愉悦于他们的心境，于是就顺从这种心境而闲然自适。他们不传教，不是因为他们吝于教化他人，而是因为他们只是以此修养内求丁己的。他们也不想编撰书籍，不是因为懈怠于大道，而是为了避免虚名。像这样的人，以隐居开始，以隐居告终。其志愿就在于隐居，而行为就跟上了，于是隐居也就得以完成。他们和陈抟的志趣不同，但也不是种放能比的。

乃以其时考之。则于二子有憾焉。子曰："有道则见，无道则隐。"云有道者，岂时雍之代，无待于我，但求明主之知以自荣哉？苟非无道，义不可辱，固将因时之知我不知而进退也。今二子者，当真宗之世，君无败德，相不嫉贤，召命已臻，受禄不诬；而长守荒山，骄称巢、许[①]，不已过乎？前乎此者，郑云叟也；后乎此者，苏云卿、吕徽之也。皆抢攘之世，道在全身，而二子非其时也。

【注释】①巢、许：巢为巢父，许为许由，都是三代中尧帝时代的隐士。巢父山居不营世利，年老以树为巢而寝其上，故时人号曰巢父。许由隐于沛泽，人称其贤。尧帝以天下让给巢父，巢父不肯受，又让给许由，许由不受而逃于箕山。

【译文】但是如果以他们所处的时代来考量，那么这两位隐士还是有所遗憾的。孔子说："天下有道就显现，天下无道就隐居。"所谓的有道，难道是在太平年代，天下治理不缺我一人，所以只要明主能赏识我，我能自我荣耀就行了吗？如非无道之世，道义是不可辱的，当然要根据时代是否赏识我而决定进退。而现在这两位隐士在真宗之世，君主没有败坏的德行，宰相也不嫉贤妒能，召见的诏命已经颁布，所受的官禄也是真实的，却长期守在荒山中，其行径比类巢父、许由，不是有些过分了吗？在他们之前的，还有郑云叟；在他们之后的，还有苏云卿、吕徽之。他们都是身处乱世，当时他们的适宜之道在于保全自身，而魏野、林逋则不是处于那个时代。

乃以实考之，抑有不足为二子病者。真宗召命下征之时，宋有天下方五十年，而二子老矣！江南平、太原下之去此也，三十二年尔。则二子志学之始，固犹在割据分争之日也。惩无定之兴亡，恶乱人之去就，所决计以自命者，行吟坐啸于山椒，耿介之志一定，而所学者不及于他。迨天下之既平，二子之隐局已就，有司知而钦之，朝士闻而扬之，天子加礼而愿见之，皆曰："此隐君子也。"夫志以隐立，行以隐成，以隐而见知，因隐而受爵；则其仕也，以隐而仕，是其隐也，以仕而隐；隐且为梯荣致显之捷径，士苟有志，孰能不耻哉？伊、吕之能无嫌于此者，其道大，其时危，沟中之民，翘首以待其浣涤，故莘野、渭滨，非为卷娄集膻之地[①]。若二子之时，宋无待于二子也。二子之才，充其所能为，不能轶向敏中、孙奭、马知节、李迪而上之也。一日晋立于大廷，无所益于邱山；终身退处于岩穴，无所损于培塿。则以隐沽清时之禄，而卒受虚声之诮，二子之所不忍为，念之熟矣。岸然表异，以愧夫炫孤清而徼荣宠者，抑岂非裨益风教以效于天下与来世哉！

【注释】①卷娄集膻：卷娄，羊的别名。集膻，指羊肉的膻味吸引蚂蚁。卷娄集膻，一般是用羊肉的膻味吸引蚂蚁，来比喻大舜的仁行吸引百姓都喜欢亲近他，所以他多次搬迁居处都自成都邑。

【译文】如果以实际情况来考量，那么魏野、林逋二人也有理由不该受到指责和诟病。真宗下诏征召这两位隐士的时候，宋朝已经平定天下五十年了，而二人已经老了！而平定江南、攻克太原也有三十二年了。那么二人早年有志于学的时候，显然还是在割据势力彼此纷争的年代。他们苦于国家兴亡的变化不定，厌恶乱臣贼子的来来去去，他们就暗自决定在山林中或行或坐或吟或啸，这种耿介之志一旦确定，那么他们所学的东西就不涉及其他内容了。等到天下已经太平了，二人的隐居之势已经形成，官府知道了而加以钦敬，朝廷及士子们听说后也加以表扬，天子礼遇而愿意召见他们，大家都说："这是隐居的君子。"他们的志向是隐居，行为也是做到了隐居，他们因为隐居而被人赏识，因为隐居而得到官爵；那么的出仕做官就是因为隐居而得来的，那么他们的隐居，就是为了做官而隐居的；如此则隐居反而成了获得荣耀和显赫地位的捷径，如果士人真的有志向，谁能不以此为耻辱呢？伊尹、姜尚也是先隐而后做官，他们不忌讳出来做官的原因，是因为他们的道大，而时局也处于危亡之秋，沦落在沟壑中的民众，翘首以待有人来除去他们的苦难，所以伊尹、姜尚所处的有莘之野和渭水之滨，不是他们吸引民众聚集的安居乐业之地。而魏、林二人的时代，宋朝并不期待他们安邦定国了。二人的才能，充其量也不能超过向敏中、孙奭、马知节、李迪之上了。一旦晋升立于朝廷之上，对国家社稷也没有多少助益；而终身退隐于山林中，对小土丘也没有多少损害。那么以隐居换来清平时代的官禄而终归受到人们的非议，是魏、林二人所不忍心做的，他们对此已经考虑很成熟了。他们以此表示出与众人的不同，使那些标榜孤独清贫而内心却想追求荣华富贵的人感到惭愧，这不也是有益于风俗教化而可使天下和来世都可以效法的吗！

君臣之义，高尚之节，皆君子之所重也。而要视其志之所存。志于仕，则载质策名而不以为辱；志于隐，则安车重币而不足为荣。苟非辱身贱行之伪士，孰屑以高蹈之名动当世而希君相之知乎？嗣是而后，陈烈以迂鄙为天下笑，邵康节志大而好游于公卿之闲，固不如周子之不卑小官，伊川之不辞荐召，为直伸其志而无枉于道也。存乎其心之所可安者而已矣。

【译文】君臣之间的道义，高尚的节操，这都是君子所重视的，但这也要看他的志愿所在来决定。如果志愿在出仕做官，那么因仕宦而列入官吏的名策就不以为是羞辱；志愿在于做隐士，那么就算用安车重币来请也不以为荣。如果不是自甘堕落的虚伪之士，谁屑于用隐士的高名来打动世人而希求君主宰相的赏识呢？在此以后，陈烈因为迂腐鄙陋而受到天下人的嘲笑，邵雍志向远大而喜欢在公卿间交游，就不如周敦颐不以小官为卑下、程伊川不推辞朝廷的征召了，他们都是为了能直接伸张他们的抱负而不枉于大道才这样做的。他们这样做，只是按照自己的志愿所安而如实的行事而已。

八

寇平仲求教于张乖崖，乖崖曰："霍光传不可不读。"平仲读之，至"不学无术"而悟，曰："张公谓我。"夫岂知其悟也，正其迷也？故善听言者之难，善读书者之尤难也，久矣。

【译文】寇准向张咏求教，张咏说："《汉书·霍光传》不可不读。"寇准读《霍光传》，读到"不学无术"就明白了，说："张公这是在说我啊。"他哪里知道这种明白，其实正是他在迷惑呢？所以真正听明白别人的话是很难的，而善于读书把书读通就更难了，这种情况已经很久了。

班史云学，吾未知其奚以学也；其云术，吾未知其术何若也。统言学，则醇疵该矣；统言术，则贞邪疑矣。若夫乖崖之教平仲也，其云术者，贞也；则其云学者，亦非有疵也。奚以知其然邪？乖崖且死，以尸谏，乞斩丁谓头置国门，罢宫观以纾民命。此乖崖之术，夫岂摧刚为柔，矫直为曲，以希世免祸而邀荣之诡术哉？

【译文】班固《汉书》里所说的“学”，我不知道他是如何学的，他所说的“术”，我不知道他的术是什么样的。笼统地说“学”，那么这种学中既有精华也有瑕疵；笼统地说“术”，那么这种术中是忠贞的正道还是邪道是值得怀疑的。至于张咏教寇准所说的术，必定是忠贞的；他所说的学，也不是有瑕疵的。这是怎么知道的呢？因为张咏快要死的时候，以自己的死来进谏，请求斩下奸臣丁谓的人头挂在国门上，并停止修建宫观以纾缓民众的生命。这就是张咏的术，岂是摧毁刚直而成柔软，矫正正直而成弯曲，以此免除灾祸进而求荣禄的诡诈之术呢？

术之为言，路也；路者，道也。记曰：“审端径术。”径与术则有辨。夹路之私而取便者曰径，其共繇而正大者曰术。摧刚为柔、矫直为曲者，径也，非术也。平仲不审乎此，乃惩刚直之取祸，而屈挠以祈合于人主之意欲，于是而任朱能以伪造“天书”进，而生平之玷，不可磨矣。抑亦徒为妖人大逆之媒[①]，而己且受不道之诛，谪死瘴疠之乡。则其惩霍光之失者，祸与光等，而污辱甚焉。术不如其无术，故曰：其悟也，正其迷也。

【注释】①妖人大逆之媒：天禧四年（1020年），真宗忽患风疾，刘太后在内干预朝政，寇准秘密建议真宗传位给太子，真宗同意。寇准密令翰林学士杨亿起草诏表，请太子监国，并想让杨亿辅政。旋即谋划泄露，宦官周怀政密谋杀丁谓，废刘皇后，奉真宗为太上皇，并立刻传位太子，恢复寇准相位。事情再次败露，周怀政被处斩，寇准被贬为道州司马。

【译文】术是路的意思，而路，就是道。《记》中说："令农夫修理地之疆界，审正田之径路及沟洫。"径与术有不同的说法。在路之间为了方便而走的捷径，就称为径，而众人共行而且是正大的，就称为术。摧毁刚直而成柔软，矫正正直而成弯曲，这是径，不是术。寇准对此未加分辨，苦于刚直会召祸，就软化自己以期能合于君主的意欲，所以就听任朱能伪造《天书》进献。而自己平生污点就再也洗磨不掉了。后来还徒然地被妖人利用来策划大逆不道的阴谋，而且自己也受到了相应的惩罚，贬到南方瘴疠之地而死。寇准以霍光的过失为借鉴，但自己的灾祸又与霍光相等，那么寇准所受的污辱就更甚了。有术还不如无术，所以说他的明白正是他的迷惑。

夫人之为心，至无定矣。无学以定之，则惑于多歧，而趋蹊径以迷康庄，固将以蹊径为康庄而乐蹈之。故君子不敢轻言术，而以学正其所趋。霍光之无术，非无张禹、孔光之术也。其不学，非不如张禹、孔光之学也。浸令霍光挟震主之威，而藏身于张禹、孔光之术，则抑且为"伪为恭谨"之土莽，不待其子而身已膺渐台之天诛。非唯乖崖不欲平仲之为此，即班史亦岂欲霍光之若彼哉？学也者，所以择术也，术也者，所以行学也。君子正其学于先，乃以慎其术于后。大学之道，正身以正家，正家以正天下。正身者，刚而不可挠，直而不可枉，言有物而不妄，行有恒而不迁，忠信守死以不移，骄泰不期而自远。光能以是为术，则虽有芒刺之君，无所施其疑忌；虽有悍妻骄子，不敢肆其凶逆；而永保令名于奕世矣。夫光立非常之功，居危疑之地，唯学可以消其衅。况平仲之起家儒素，进退唯君，无逼上之嫌者乎！伊尹之学，存乎伊训；傅说之学，存乎说命；周公之学，存乎无逸；召公之学，存乎旅獒。张禹、孔光掇拾旧闻，资其柔佞，以正若彼，以邪若此，善读书者其何择焉？平仲怏怏于用舍，一不得当，刓方为圆[①]，扬尘自蔽，与王钦若、丁谓为水火，而效其尤。夫且曰吾受教于张公而知术矣。惜哉！其不得为君子，而自贻窜殛之灾。故曰：其悟也，正其迷也。

【注释】①刓（wán）：削，挖，刻。

【译文】人心其实是最没有一定之规的。没有学养而使内心安定，就会迷惑在众多的歧途中，就会喜欢走小路而迷失了康庄大道，甚至会把小路当成是康庄大道而乐意去践行。所以君子不敢轻易说术，而是用学养来矫正他的趋向。霍光的无术，不是没有西汉时期讲学儒家的张禹、孔光的术。他的不学，也不是不如张禹、孔光的学。假设霍光挟着功高震主的威名，而在张禹、孔光的术中藏身，则恐怕他就是下一个“虚伪而貌似恭谨”的王莽，那么不用等到他的儿子，他自己就会受到王莽式的渐台之诛。不仅是张咏不希望寇准做这种事，即使是班固的《汉书》里难道还希望霍光像那样吗？学，是为了选择术，而术，是为了实践所学。君子学得正在前，自有谨慎的选择术在后。《大学》之道，以正身来正家，以正家来正天下。正身，是刚而不可弯，直而不可曲，言而有物而不虚妄，行而有常而不随随便便改变，坚守忠信之道至死不渝，于是不必刻意避免骄恣放纵而骄恣放纵自然就会慢慢远离。霍光如能以此为术，那么哪怕有如同芒刺在身的君主，也无处得以施展他的猜忌；哪怕有凶悍的妻子、骄狂的孩子，也不敢放肆其凶暴邪逆，而永保美名于青史之中。霍光立下超常的功劳，而身居危险容易被猜疑的位置，只有学养可以消除他的灾祸。何况寇准是普通儒生出身，其进退由君主裁决，并没有威逼君主的嫌疑呢！伊尹的学，保存在《尚书》的《伊训》篇中；傅说的学，保存在《尚书》的《说命》篇中；周公的学，保存在《尚书》的《无逸》篇中；召公的学，保存在《尚书》的《旅獒》篇中。张禹、孔光采集过去的说法、事件，附加上他们的阴柔的邪佞，伊尹等人的学是如此的正，张禹、孔光的学是如此的邪，善于读书的人该怎样抉择呢？寇准对自己的任免怏怏不乐，一个不得当，就把方正的削成圆滑的，扬起尘土来自我涂污，与王钦若、丁谓势如水火，却仿效他们的恶行。还说我得到张公的教益而知道术了。可惜啊！寇准不能成为君子，而自已招来被流放而死的灾祸。所以说：他的明白，正是他的迷惑。

君子之学于道也，未尝以术为讳，审之端之而已矣。得失者，义利之大辨；审之也，毫发不可以差。贞淫者，忠佞之大司；端之也，跬步不可以乱。禄不可怀，权不可怙，君恶不可以逢，流俗不可以徇，妖妄不可姑为尝试，宵小不可暂进与谋。诗云：“周道如砥，其直如矢。”行之家而家训修，行之天下而天下之风俗正，行之险阻而险阻平；可荣可悴，可生可死，而心恒泰然。君子之以学定其心而术以不穷者，此而已矣。乖崖之言术者，此也。则意班史之言术者，亦应未远于此也。平仲所习闻于当世之学者，杨亿、刘筠，彼所谓浮华之士也，则固不足以知学者之术矣。恶足以免于疚哉？

【译文】君子学道，也并不忌讳术，只要审察并使之端正就可以。得与失，涉及到义与利的大辨析；审察之，而毫发也不能有差。忠贞和淫恶，涉及到忠与奸的大司察；端正之，而每一小步也不可以乱。利禄不可挂怀，权势不可倚仗，君主之恶不可逢迎，流俗不可遵循，妖妄之事不可姑且一试，小人不可暂时进用并同他谋划。《诗》经里说："周朝在国都镐京和东都洛邑之间的大道，其平坦似磨石，其笔直如箭射。"在家里践行它，家训就会劝导人善良正直，在天下践行它，天下的风俗就变得正直淳朴，在险阻之处践行它，险阻也会变得平安；只要践行它，那么荣辱生死也都无可无不可，而心中总是泰然的。君子用学来安定自己的心，而术就会无有穷尽，不过是因为这个道理而已。张咏所说的术，也是这个意思。那么猜测班固《汉书》里所说的术，也应该和这个意思差得不远。寇准平时经常接触和学习交流的当世学者，比如杨亿、刘筠他们是浮华之士，那么固然不足以明白学者的术，所以寇准又怎能免于过失呢？

九

小人之不容于君子，黜之、窜之、诛之，以大快于人心，而要必当于其罪。罪以正名，名以定法，法以称情。情得法伸，奸以永惩，天下咸服，而小人亦服于其罪而莫能怨。君子非求免怨于小人也，而怨以其理，则君子固任其愆。且使情不得而怨以其理者勿恤，则深文忮害之门启，而小人操此术以致难于君子也，靡所不至，遂以召罗织于无穷。故君子之治小人也，至于当其罪而止，而权术有所不用。不得，则姑舍而待其自毙。苟己无愆，得失治乱听之于理数，不得而无自失，不治而不酿乱，足以自靖而已矣。正大持理法之衡，刑赏尽忠厚之致，不可不慎也。

【译文】小人如果不被君子所容，那么可以废黜、流放、诛死他们以大快人心，但关要之处是这些处罚必须与小人的罪过相当。以治罪来正名，以正名来确定法制，以确定法制来合乎人心人情。人心称快而法律也得以实施，奸人因此而永远受到惩处，全天下就都心服口服，哪怕是小人也会服罪而无人抱怨。君子不求避免被小人抱怨，但是如果小人抱怨得有道理，那么君子也当然要承担这个过失。而且如果不合乎人心人情而让人有理由抱怨，却对此不加体恤，那么罗织罪名陷害他人的大门就将开启，而小人靠这种方法来让君子蒙难也会无所不至，于是招来罗织的无数罪名。所以君子惩治小人，其惩罚与他的罪过相当了就停止，而权术就有所不用。如果做不到这样，那就姑且放过他，等他多行不义而自毙罢了。如果自己没有过错，那么就只能让得失治乱听任于天命之理数，虽然做不到惩罚小人，但自己也没有失误，虽然没能治理好天下，至少也没有酿造祸乱，足以让自身安宁就可以了。以光明正大为原则来衡量理法的实施，施行刑赏以忠厚为本而且达到极致，这是不可不慎重的。

王曾，宋之君子也。丁谓之为小人，天下允之，万世允之者也。真宗崩，嗣君始立，曾与谓分执政柄，两不相容。谓之怨毒满天下，公恶遍朝廷，必不容于执政者，可计日待也。即旦夕不可使尸辅弼之权，号于王庭而决去之，亦岂患无辞？曾欲去之，诱谓留身，密陈其恶于冲主，权也；亦权之不诡于正者也。乃以山陵改作，石穴水出，而为之辞曰："谓欲葬真宗于绝地，使无后嗣。"致雷允恭于大辟[1]，而窜谓于海外。呜呼！此小人陷君子之术，而柰何其效之邪？舍其兴淫祀、营土木、陷寇准、擅除授、毒民病国、妒贤党奸之大罪，使不得昭著于两观[2]；而以诞妄亡实之疑案，杀不当杀者，以致谓于羽山之殛；则孰得曰曾所为者，君子之道哉？

【注释】①大辟：中国古代五刑之一。隋朝以前死刑的通称。

②两观：宫门前两边的望楼，特指春秋鲁阙孔子诛少正卯之处。后借指行刑正法之所。

【译文】王曾，是宋朝的君子。而丁谓则是一个小人，这是天下都认同的，万世都认同的。真宗驾崩后，继位的君主刚刚登基，王曾与丁谓各掌朝纲，两不相容。丁谓的怨毒充满天下，公开的恶行遍布朝廷，必定不会被执政的人所容忍，这是指日可待的。既然一天也不想让他行使辅国之权，想在朝廷公堂之上公布而决定除掉他，难道还担心没有理由吗？王曾想除掉丁谓，引诱丁谓留下来，暗中向年幼的仁宗陈说丁谓的劣迹，这是权宜之计。但也是不违背正道的权宜之计。真宗改换陵墓地址，发现其下有石并且出水，就为此说："丁谓想把真宗埋葬在绝地，让其后人没有后嗣。"结果具体负责此事的雷允恭被斩首，而丁谓被流放到海外。呜呼！这是小人陷害君子的办法，王曾为什么要效法呢？不说丁谓举办淫祀、大兴土木、陷害寇准、擅自派官、毒害民众祸害国家、嫉贤妒能、朋党为奸的大罪，使丁谓的罪行光明正大地昭示于天下，却用诞妄不实的疑案，连带杀了不当杀的人，并让丁谓受到流放海外的惩罚，那么谁能说王曾的做法符合君子之道呢？

移山陵于水石之穴，以为宜子孙者，司天监邢中和之言也；信而从之者，雷允恭也；谓无能为异而听之，庸人之恒态也。苟当其罪以断斯狱，中和以邪说窜，允恭以党邪逐，谓犹得末减，而不宜以此谴大臣。曾乃为之辞曰："包藏祸心，移皇陵于绝地。"其不谓之深文以陷人也奚辞？夫穿地而得水石，谓非习其术者，而恶能知之？石藏于土，水隐于泉，习其术者，自谓知之，以术巧惑人，实固不能知也。浸使中和、允恭告曾于石未露水未涌之时，而为之名曰宜子孙，曾能折以下有水石而固拒之乎？真宗既不葬于此矣，仁宗无子，继有天下者，非真宗之裔，又岂曾仍用旧穴之罪乎？中和以为宜子孙，妄也；曾曰绝地，亦妄也。两妄交争，而曾偶胜。中和、允恭且衔冤于地下，勿论谓矣。天下之恶谓怨谓，而欲其窜死也，久矣；一闻抵法，而中外交快。乃谓奸邪病国之辜，不昭著于天下以儆官邪，则君子不以为快。乘母后之怒，以非其罪而死谓于穷发瘴疠之乡，君子且为谓悲矣。谓以是而窜死，谓之荣也，而曾何幸焉？

【译文】把真宗的陵墓迁移到有水有石的新址，以为这个新址对后世子孙有益，这是司天监邢中和的说法；相信并听从他的，是雷允恭；丁谓没有异议而听从了他们，这是庸人的常态。如果根据他们罪行的轻重而断这个案子，那么邢中和因其提出邪说而应被流放，雷允恭与邪人结党应被放逐，丁谓则应从轻处理，而不宜以这个原因流放大臣。王曾辩解说："他们包藏祸心，把真宗的陵墓迁移到绝地去了。"这不是罗织罪名来陷害人还是什么？挖地而发现水、石，丁谓不是熟习风水的人，他怎么能提前知道？石头埋藏在土里，水隐藏在泉中，风水家自称能知道这些，以风水术巧妙地迷惑人，而实际上是不能知道的。假使邢中和、雷允恭在石未显露、水未涌出的时候告诉王曾，说这里的风水对后世子孙有利，王曾能以下面有水有石为理由而批驳他们吗？真宗既然不葬在这里了，而仁宗没有儿子，那么继承天下的，不是真宗的亲生儿子，又怎能是王曾还用原址之罪呢？邢中和认为新址利于后世子孙，这是妄说；王曾说这是绝地，也是妄说。两种妄说相斗争，而王曾偶然取胜。邢中和、雷允恭将在地下含冤，就不用说丁谓了。天下人憎恶丁谓、怨恨丁谓，想让他放逐或死亡已经很久了，一听说丁谓被法办，而朝廷内外都大快人心。只是丁谓奸邪祸国殃民的罪行没有公诸天下而使天下都受到儆戒，那么君子对此还是觉得不够大快人心的。判丁谓的罪，是利用母后的愤怒，用不是他的罪行而让丁谓死在遥远的瘴疠之地，君子也将为丁谓而悲哀了。丁谓由此被放逐而死，是丁谓的光荣啊，而王曾又有什么值得庆幸的呢？

呜呼！宋之以"不道""无将"陷人于罪罟者[①]，自谓陷寇准始。急绝其流，犹恐不息，曾以是相报，而益长滔天之浸。嗣是而后，章惇、苏轼党人交相指摘，文字之疵，诬为大逆，同文馆之狱兴，而毒流士类者不知纪极。君非襁褓之子，臣非拥兵擅土之雄，父子兄弟世相及而位早定，环九州以共戴一王，宗社固若盘石，孰为“无将”？孰为“不道”？藉怀不逞之心，抑又何求而以此为名，交相倾于不赦之罗网？曾欲诛逐小人，而计出于此，操心之险，贻害之深，谁得谓宋之有社稷臣哉！其君子，气而已矣。其小人，毒而已矣。气之与毒，相去几何？君子小人之相去，亦寻丈之闲而已矣。天下后世之欲为君子者，尚于此焉戒之哉！

【注释】①无将：原指勿存叛逆篡弑之心。后多反其意而用之，谓心存谋逆为无将。

【译文】呜呼！宋朝用“大逆不道”“心存叛逆”的说法将人陷入罪网之中，是从丁谓陷害寇准开始的。立即断绝这种做法还怕停不下来，而王曾却用这种方法报复丁谓，则更助长了滔天的灾祸。自此之后，章惇、苏轼等结党之人交相攻讦，把文字中的纰漏，都诬告为大逆不道，于是就有了同文馆的文字狱，而此流毒祸害士人也就没有终止了。君主不是襁褓中的婴儿，大臣也不是拥兵占据土地的雄杰，父子兄弟代代相承而帝位也早就确定了，整个九州都共同拥戴一个君主，国家的社稷稳如磐石，谁会心存叛逆、谁是大逆不道呢？心怀不轨的野心，可又何必以这种罪名为由而彼此陷害而落入难以宽赦的罗网中呢？王曾想要诛杀驱逐小人而用出这种计策，其用心之险，贻害之深，谁能说宋朝还有社稷之臣呢？君子，只是有气节而已，而小人，只是有毒心而已。气节与毒心，相差多少呢？君子与小人的差距，也只是在丈尺之间而已。天下后世想成为君子的人，对此要引以为戒啊！

卷四 仁宗

扫码听谦德
君为您导读

【题解】宋仁宗赵祯（1010—1063），北宋第四位皇帝，在位四十余年，是宋朝在位时间最长的皇帝。仁宗宽大仁厚，深得民心，史称“仁宗盛治”。在位期间爆发“宋夏战争”，宋军连败后签订“庆历和议”，每年向西夏输送银、绢、茶等物资。又曾任用范仲淹等开展“庆历新政”，但一年余即告中止。

宋朝的党争是影响宋朝发展的重大问题，王夫之认为这在仁宗期间就已经露出苗头。仁宗乐于接纳建言是好事，但做过了头，则弊病也就显现了。所谓上有所好下必甚之，有投机客就借仁宗喜听建言之机而发言，于是高谈阔论的人多了，做实事的人就少了。而且人多嘴杂意见不一，就造成了政策的多变以及不同政见之间的党争。本来改革是牵一发而动全身的系统工程，需要详尽、周到、细致的考虑，权衡方方面面的得失，而且也不能以一时、一地的战术得失而判定整体的战略得失，而且也并非改革就一定比不改革好。但当未经深思熟虑、没有周密、全面论证的一得之见多了之后，朝廷上各种改革意见风行，甚至形成朝令夕改的局面，整个社会没有一个持续稳定的政策背景，朝野上下都不得安宁。而且随之而来的是彼此因政见不同而相争，从意气相争升级成为党祸，祸国殃民，这在仁宗一朝就已经显露了苗头，而在接下来的神宗之后就更为激烈了。这些都与仁宗过分听从大臣的建议有关。所以既不能闭目塞听堵塞言路，也不能过于求“言”若渴而存心刻意地征求建言，以至最终造成朝令夕改、众说纷纭甚至党争等局面。离于以上两个极端，走中庸之道，也许是个比较合理的选择，宋朝的这些历史的经验都是值得我们借鉴的。

一

曹魏严母后临朝之禁，君子深有取焉，以为万世法。唐不监而召武、韦之祸，玄宗既靖内难，而后为之衰止。不期宋之方盛而急裂其防也。仁宗立，刘后以小有才而垂帘听政，乃至服衮冕以庙见，乱男女之别，而辱宗庙。方其始，仁宗已十有四岁，迄刘后之殂，又十年矣。既非幼稚，抑匪闇昏，海内无虞，国有成宪，大臣充位，庶尹多才，恶用牝鸡始知晨暮哉？其后英宗之立，年三十矣，而曹后挟豢养之恩，持经年之政；盖前之辙迹已深，后之覆车弗恤，其势然也。宣仁以神宗母，越两代而执天下之柄，速除新法，取快人心，尧、舜之称，喧腾今古。而他日者，以挟女主制冲人之口实，授小人以反噬，元祐诸公亦何乐有此。而况母政子政之说，不伦不典，拂阴阳内外之大经，岂有道者所宜出诸口哉?

【译文】三国曹魏时期严禁母后临朝听政，君子对此非常赞同，视为万世都应遵守的法度。唐朝对此防备不严而召来武后、韦后的灾祸，唐玄宗在平定国内之乱后，太后把持朝政的现象就消失了。没想到在宋朝正兴盛之时却突然突破了这种防范。宋仁宗即位，真宗的刘皇后凭借一些小才能而得以垂帘听政，甚至还穿上君主的服装冠冕到太庙祭祀，混乱了男女之别，使宗庙受辱。刘皇后刚开始垂帘听政的时候仁宗已有十四岁了，到刘皇后去世，又过了十年。皇帝既然不是小孩子，也不昏庸，海内没有可担心的事，国有成法，大臣们各司其位，众官吏多有才干，哪里需要母鸡才知道拂晓和黄昏呢？其后英宗即位，已有三十岁了，而仁宗的曹皇后依仗着对英宗的养育之恩，也把持了多年朝政；这是因为前有成轨已深，而后人沿袭就是轻车熟路，这也是必然之势。英宗的宣仁高皇后作为神宗的母亲，把持天下朝纲达两代人之久，她迅速废除新法，人心称快，被称为女中尧、舜，名望很大。而在日后，以皇后控制年幼皇帝为借口，给小人以口实而反咬一口，哲宗元祐时期的大臣们又何尝希望如此呢？何况母政、子政的说法，不伦不类，违背了阴与阳、内与外的大经大法，岂是有道之人应该说出口的呢？

夫汉、唐女主之祸，有繇来矣。宫闱之宠深，外戚之权重，极重难返之势，不能逆挽于一朝。故虽骨鲠大臣如陈蕃者，不能不假手以行其志。至于宋，而非其伦矣。然而刘后无可奉之遗命，而持魁柄迄于老死而后释，孰假之权？则丁谓之奸实成之也。谓以邪佞逢君，而怨盈朝野，及此而事将变矣，结雷允恭以奉后而觊延其生命，则当国大臣秉正以肃清内外，在此时矣。王曾执政，系天下之望者不轻，曾无定命之谟，倡众正以立纲纪，仍假手乞灵于帘内，以窜谓而求快于须臾；刘后又已制国之命，而威伸中外，曾且无如之何。然则终始十年，成三世垂帘之陋，激君子小人相攻不下之势，非曾尸其咎而谁委哉？曹后之悍也，先君慎择付托之嗣子，几为庐陵房州之续，则刘后之逐宰相者，逐天子之竿也。微韩公伸任守忠之法，而危词以急撤其帘，浸使如曾，宋其殆矣！韩公一秉道，而革两朝之弊。后起之英，守成宪以正朝廷，夫岂非易易者？而元祐诸公无怀私之慝，有忧国之心，顾且踵曾之失，仍谓之奸，倒授宰制之权于簪珥，用制同异之见于冲人，以不正而临人使正，不已憯乎！

【译文】汉朝、唐朝女皇的灾祸，是有由来的。皇帝对某人的恩宠很深，其人的家族外戚权力很大，积重难返的形势得以形成，就不能指望它在一时之间就扭转过来。所以虽然有陈蕃那样的骨鲠刚直的大臣，也不能不假借皇后的力量来实现自己的目的。到了宋朝就不是这种情况了。然而刘皇后没有先帝遗命可以依凭，却把持朝政直到老死才放手，这是谁给的权力？这是丁谓的奸邪造成的。丁谓为人奸佞逢迎君主，而人们对他的怨恨遍满朝野，这时就要发生对丁谓不利的变化了，丁谓就勾结雷允恭讨好刘皇后而希望能延续他自己的生命，那么主持朝政的大臣秉持正义肃清朝廷内外，就落在此时了。而王曾执政身系天下的厚望，但没有确定国家命运之谋，以及提倡正理以树立纲纪，而是仍旧借助于垂帘的皇后而把丁谓流放，于是在短时间内得以心情畅快；刘皇后又已经执掌了国家的命运，而威势伸张到朝野内外，王曾对此也无可奈何。然而刘皇后垂帘听政十年，前后三代垂帘听政的陋习的形成，激起了君子与小人相攻而不相上下的格局，如果不是王曾承担责任又是谁承担呢？曹皇后很凶悍，先帝谨慎选择的继位者，几乎快成为第二个被贬到房州的庐陵王了，那么刘皇后驱逐宰相，就是驱逐了天子的意志了啊。若非韩琦对任守忠执法惩处，又以直言使太后急撤了听政的垂帘，假使韩琦也像王曾那样，宋朝就危险了！韩琦一旦秉道而行，就革除了两朝的弊病。后起的英杰守着成法来治理朝廷，岂不是很容易？而元祐时期的诸位大臣没有私心的恶意，而有忧国之心，却延续了王曾的过失，沿袭了丁谓的过恶，反过来把执掌朝纲的大权给了皇后，用来控制年幼皇帝的不同意见，自己不正而使别人正，不是昏聩了吗！

夫昔之人有用此者，谢安是也。安图再造之功于外，而折桓氏之权于内；苦势已重，不欲独任魁柄，以召中外之疑，贻桓氏以口实。抑恐群从子弟握兵柄，治方州，倚勋望以自崇，蹈敦、温之覆轨。故奉女主以示有所禀，而自保其臣节。元祐诸公，夫岂当此时、值此势，不得已而姑出于是哉？所欲为者，除新法也。所欲去者，章惇、蔡确邪慝之鄙夫也。进贤远奸，除稗政，修旧章，大臣之道，大臣之所得为也。奉嗣君以为之，而无可避之权，建瓴之势，令下如流，何求不得？而假灵宠于宫闱，以求快于一朝，自开衅隙以召人之攻乎？易动而难静者，人心也。攻击有名、而乱靡有定之祸，自此始矣。用是术者，自王曾之逐丁谓倡之。韩公矫而正之，而不能保其不乱。邪一中于人心，而贤者惑焉，理之不顺，势不足以有行，而世变亟矣。

【译文】过去曾有人用过这种方法，那就是谢安。谢安希图在外为晋朝建立再造之功，在内则打击桓氏的专权；但他苦于自己的权势已经很重，不想执掌大权而召来朝廷内外的猜疑，而给桓氏以口实。而且他又怕众多宗族子弟手握兵权，掌握地方州郡，倚靠功勋和声望而自我欣赏，而重蹈王敦、桓温的覆辙。所以他尊奉皇后以表示自己有所禀受，而自保其大臣的臣节。而元祐时期的诸位大臣不是在这样的时世、这样的形势下，不得已而姑且如此的吧？他们想要的，是废除新法。想要除掉的，是章惇、蔡确这种支持新法的邪恶鄙夫。进用贤人远离奸人，除恶政，修整旧制，这是大臣之道，也就是大臣们可以做的。尊奉继位的皇帝做事，而没有需要顾忌避讳的权势，以高屋建瓴之势，命令如同流水一般畅通无阻，还有什么做不到的呢？何必要借助后宫的恩宠，只求早日达成目标，结果却自己漏出破绽而召来别人的攻击呢？易动而难静的，是人心。让别人的攻击有了理由、而不能平定的乱局之祸就自此开始了。用这个方法的人，是从王曾放逐丁谓开始的。韩琦矫枉归正，但不能保证不再乱。邪恶一旦植入心中，贤人也迷惑了，情理不顺，气势又不足以有所作为，而世道变坏就很快了。

夫奉母后以制冲人，逆道也。躬为天子矣，欲使为善，岂必不能？乃视若赘疣，别拥一母后之尊，临其上以相钳束：行一政，曰：太后之忧民也；用一人，曰：太后之任贤也。非甚盛德，孰能忍此？即其盛德，亦未闻天子之孝，唯母命而莫之违也。且以仁宗居心之厚，而全刘氏之恩于终始，其于政事无大变矣。

而刘后方殂，吕夷简[①]、张耆等人臣之罢者七人，王德用、章德象俱以不阿附故，而受显擢。则元祐诸公推崇高后以改法除奸，而求其志道之伸，保百年之长治也，必不可得矣。太后固曰：“官家别用一番人。”而诸公不悟，盱豫以鸣，曾莫恤后灾之殆甚，何为者也？王曾幸而免此者，仁宗居心之厚，而范希文以君子之道立心[②]，陈“掩小故以全大德”之言，能持其平也。观于此，而韩、范以外，可谓宋之有大臣乎？不可拂者，大经也；不可违者，常道也。男正位乎外，女正位乎内，既嫁从夫，夫死从子，妇道之正也。虽有庸主，犹贤哲妇。功不求苟成，事不求姑可，包鱼虽美，义不及宾。此义一差，千涂皆谬，可不慎与！

【注释】①吕夷简（978—1040）：字坦夫，淮南郡寿县（今安徽省凤台县）人，北宋名相。天圣六年（1028年），拜同平章事、集贤殿大学士，成为宰相。明道二年（1033年），刘太后崩逝，仁宗亲政。吕夷简被短期罢相，不久复职。《宋史》评价说：“仁宗初立，太后临朝十余年，天下晏然，夷简之力为多。”

②范希文：即范仲淹（989—1052），字希文，吴县（今江苏苏州）人，北宋时期杰出的政治家、文学家。宋夏战争爆发后，与韩琦共任陕西经略安抚招讨副使，采取“屯田久守”的方针，夏人不敢犯。后拜参知政事，上《答手诏条陈十事》，发起“庆历新政”。逝世后谥号“文正”，世称范文正公。

【译文】尊奉皇太后来控制年幼的皇帝，这是逆道而行。已经身为天子了，想让他做善事，岂是一定办不到的？而把他看作是累赘，而另外拥护一位尊贵的太后，让她处于皇帝之上而对皇帝加以钳制约束。实施一个措施，就说是太后忧民；任用一名官员，就说是太后任用贤材。如果没有极高的盛德，谁能忍受这样做？即使他有盛德，也没有听说过天子之孝是唯母命是听而不敢有所违抗的。而且以仁宗的宽厚之心，能让刘太后的母恩自始至终得以保全，政事也没有大的变化。而刘太后刚去世，吕夷简、张耆等大臣就被罢免了七个人，而王德用、章得象都以不迎合刘太后而受到显著的提拔。那么元祐时期的诸位大臣推崇英宗的高皇后来废除新法、除去奸邪，而求得自己的志愿得以实施，保住百年的长治久安，一定是不可能的。太后本来就曾说过："皇帝会另外任用一批人。"而这些大臣没有醒悟，而是依靠着太后而暂得安乐，不曾顾念以后灾祸的危险，这是因为什么呢？王曾得以幸免于此，这是因为仁宗居心仁厚，而且范仲淹心中有君子之道，提出"掩盖小过以保全大德"，是能持平之人。如此看来，除韩琦、范仲淹之外，能说宋朝有优秀的大臣吗？不可悖逆的，是大经大法；不可违背的，是天地的常道。男主外女主内，这是他们的正位所在，女子出嫁了就从命于丈夫，丈夫死了就从命于儿子，这是妇人的正道。虽是昏庸的君主，也贤于有智的女人。功勋的完成不求苟且，做事的心态不能姑且就行，厨房的鱼虽然很好，但也不可能让所有人都爱吃。这个道理一旦差了，就处处都是错，怎能不小心啊！

二

仁宗之称盛治，至于今而闻者羡之。帝躬慈俭之德，而宰执台谏侍从之臣，皆所谓君子人也，宜其治之盛也。夷考宋政之乱，自神宗始。神宗之以兴怨于天下、贻讥于后世者，非有奢淫暴虐之行；唯上之求治也已亟，下之言治者已烦尔。乃其召下之烦言，以启上之佚志，则自仁宗开之。而朝不能靖，民不能莫，在仁宗之时而已然矣。

【译文】仁宗之时被人们称为盛世，至今还让人羡慕。仁宗有慈心、俭朴的美德，而宰相台谏侍从等众臣也都是君子，所以这个盛世是理所应当的。考察宋朝政治变乱是从神宗时开始的。神宗之所以让天下人有怨言、被后人所讥评，并非他有奢侈荒淫暴虐的行为，而是他在上追求大治太急迫，而在下的人的治理又太繁琐。但是在下的大臣以繁琐的言论而引发在上的君主有了不切实际的期待，则是从仁宗开始的。而朝廷不能安宁，民心不能安定，在仁宗之时就已是如此了。

国家当创业之始，繇乱而治，则必有所兴革，以为一代之规。其所兴革不足以为规一代者，则必速亡。非然，则略而不详、因陋而不文、保弱而不竞者，皆有深意存焉。君德、民心、时会之所凑，适可至于是；既至于是，而亦足以持国于不衰。乃传之数世而弊且生矣。弊之所生，皆依法而起，则归咎于法也，不患无辞。其为弊也，吏玩而不理，士靡而亡实，民骄而不均，兵弛而不振；非其破法而行私，抑沿法而巧匿其奸也。有志者愤之，而求治之情，迫动于上，言治之术，竞起于下；听其言，推其心，皆当时所可厌苦之情事，而厘正之丁日夕，有余快焉。虽然，抑岂必归咎于法而别求治理哉？吏玩而不理，任廉肃之大臣以饬仕阶而得矣。士靡而亡实，崇醇雅之师儒以兴正学而得矣。民骄而不均，豪民日竞，罢民日瘠，人事盈虚之必有也；宽其征徭，疲者苏而竞者无所容其指画矣。兵弛而不振，籍有而伍无，伍有而战无，战争久息之必然也；无荐贿之将，无私杀之兵，委任专而弛者且劝以强劲矣。若是者，任得其人，而法无不可用。若十一千百之挂漏①，创法者固留有余以养天下而平其情。匹夫匹妇祁寒暑雨之怨咨②，猾胥奸民为鼠为雀之啄龁，恶足坏纲纪而伤教化？有天下者，无容心焉可矣。

【注释】①十一千百：千分之十、百分之一，指大量中极少一部分。②祁寒暑雨：意指冬季大寒，夏天湿热。

【译文】国家在创业初始由乱而治，就一定有所兴起和变革，以此作为一代的制度。而那些兴起和变革不足以作为一代的制度的，则必定很快就会灭亡。如若不然，那么制度中略而不详的、因陋就简的、保守弱势而不积极争取的那部分，就一定是含有某种深意的。君主的德行、民众的心态、时势的变化几个因素凑在一起，正好能做到这一步；既然到了这一步，也足以维持国家不衰败。但传了几代以后弊病就产生了。弊病的产生，都是根据制度而出现的，那么只要想归咎于制度，是不怕找不到说法的。弊病的表现，比如官吏玩忽职守，士人奢靡而不切实际，民众骄纵而贫富不均，士兵懒散松弛而不振奋，这些不是以私心破坏法律制度，就是钻法律制度的空子来偷奸耍滑。有志之士很愤慨，想要治理的心情迫切而打动在上的君主，而下面的大臣们中关于如何治理的意见也竞相出现。听他们所说的，推究他们的心理，都是当时令人厌恶和苦恼的事情，而想要在旦夕之间加以改正，那才是大快人心。虽然如此，难道一定要把原因归咎于制度而寻求另外的治理制度吗？官吏玩忽职守，那么任用廉洁严肃的大臣来整顿就可以了。士人奢靡而不切实际，那么尊崇淳正高雅的儒家学者来复兴正道就可以了。民众骄纵而贫富不均，豪强日益强势，弱民日益贫瘠，这是人间盈虚消长变化所必有的现象，只要减少、宽免征税和徭役，让疲惫的民众得以宽缓，豪强也就没有机会指手画脚了。士兵懒散松弛而不振奋，有兵籍而没有兵员，有兵员而没法战斗，这是战争长期停息后的必然现象，只要没有行贿的将领，没有因私心而杀死的士兵，委任专人负责，那么松弛懒散的士兵就将被劝诫训练得振奋强劲了。像这样的话，只要委任的人选是合适的，那么制度就没有不可用的。至于制度中还存在的百分之一的缺漏之处，创建该制度的人本来就留有余地来养育天下而平复其情状。匹夫匹妇对严寒酷暑的怨尤，狡猾奸诈的吏民像鼠雀啄食一样盗用一点公物，他们的恶行就足以破坏国家的纲纪而有伤教化吗？治理天下的人，对此不必放在心上就可以了。

宋自建隆开国，至仁宗亲政之年，七十余岁矣。太祖、太宗之法，敝且乘之而生者，自然之数也。夫岂唯宋祖无文、武之至德，议道之公辅无周、召之弘猷乎？即以成周治教之隆，至於穆、昭之世，蛹蠹亦生于简策，固不足以为文、武、周、召病也。法之必敝矣，非鼎革之时，愈改之，则弊愈丛生。苟循其故常，吏虽贪冒，无改法之可乘，不能托名逾分以巧为吹索[1]。士虽浮靡，无意指之可窥，不能逢迎揣摩以利其诡遇。民虽强可凌弱，无以启之，则无讦讼之兴以两俱受毙，俾富者贫而贫者死。兵虽名在实亡，无以乱之，则尢游惰之民以枭张而起，进则为兵而退则为盗。唯求治者汲汲而忧之，言治者啧啧而争之，诵一先生之言，古今异势，而欲施之当时，且其所施者抑非先王之精意；

见一乡保之利，风土殊理，而欲行之九州，且其所行者，抑非一邑之乐从。神宗君臣所夜思昼作，聚讼盈廷，飞符遍野，以使下无法守，开章惇、蔡京爚乱以亡之渐者，其风已自仁宗始矣。前乎此者，真宗虽有淫祀骄奢之失，王钦若、丁谓虽有贪权惑主之恶，而李太初慎持之于前，王子明谨守之于后。迨乎天圣、明道之闲，老成凋谢已向尽矣。仅一直方简重之李迪，起自迁谪，而任之不专。至若王曾等者，非名节之不矜也，非勤劳之不夙也，以术闲道，以气矜刚；而仁宗耽受谏之美名，慕恤下之仁闻，欣然举国以无择于听。迨及季年，天章开，条陈进，唯日不给，以取纲维而移易之；吏无恒守，士无恒学，民无恒遵，兵无恒调。所赖有进言者，无坚僻之心，而持之不固；不然，其为害于天下，岂待熙、丰哉？知治道者，不能不为仁宗惜矣。

【注释】①吹索：即“吹毛求疵”，有意抓住人的小过失。

【译文】宋朝自宋太祖建隆年间开国，到仁宗亲政之时，已经七十多年了。太祖、太宗时的制度，随着时间流逝而自然产生了一些弊病，这是自然的现象。怎么可能是因为宋太祖没有周文王、周武王的至高品德，辅政大臣没有如同周公、召公那样的宏谋大略呢？而且就算是西周初年那么兴盛的盛世，到了周穆王、周昭王的时代，其制度中也产生了不少问题，这本不足以以此来诟病文王、武王、周公、召公。制度肯定会有弊病，如果不是改朝换代的年代，那么越是对制度加以变革，则弊病越会丛生。如果沿袭旧制，官吏虽然贪婪，但是没有改革制度的可乘之机，所以官吏们不能超越本分地假托改革的名义来吹毛求疵；士人们虽然奢靡不切实际，但是他们也没有机会通过改革制度来窥探上面的意图，也就不能通过逢迎揣摩上面的意图而获取非理的恩遇；豪强们虽然有以强凌弱的机会，但是如果不改革制度，豪强们就没有机会加以实施，那么民间就不会有诉讼争端而使双方都被祸害，以至于富者变贫而贫者死亡；军队虽然名存实亡，但是不改革制度也不会产生动乱，那么也就没有游手好闲、懒惰之民乘风而起，进则成兵退则成盗。当初，只是急切地想治理天下的人对制度中的弊病感到忧虑，而谈论治国方略的人也滔滔不绝地辩论，以某位先生的话作为依据，却不考虑古今的形势不同，就想把那个说法实施在当今，何况他所要实施的也不是先王的精意；看到某个乡村的有利政策，不考虑各地的情况不一，就想把这种政策在全天下都加以实施，何况他所要实施的，还不是当地所有人都乐意的。神宗君臣白天黑夜想要治国，结果使整个朝廷争论纷纭，紧急传达的政令遍布天下，而使下面的人也乱了方寸而不知道如何遵守，还开启了章惇、蔡京惑乱君主扰乱天下而使宋朝渐渐灭亡的路子，这种风气自仁宗时代就已经开始了。在此之前，真宗虽然有过分祭祀和骄奢之过，王钦若、丁谓虽然有贪恋大权、迷惑君主的恶行，但前有李沆谨慎地加以把持，后有王旦小心地加以守护，所以也得以安宁。到了宋仁宗初期的天圣、明道年间，老成的大臣们已经几乎都不在了，只剩下一位正直方正简明持重的李迪，从贬谪中起任为大臣，而又不能专心一意地任用他。至于王曾等人，不是他们不看重自己的名节，也不是他们不勤于国事，而是他们以权术掺杂而与大道有了距离，爱用意气、倚仗刚强；而仁宗被纳谏的美名所左右，倾慕恤怜臣下的仁爱名声，于是全国都欣然来提建议，而仁宗不能有所抉择地听从。等到了仁宗晚年在天章阁召见大臣咨询政见，于是大臣们的奏章不断献上，仁宗每天应接不暇，就把宋朝的重要制度加以改变；于是官吏们没有了可以稳定坚守的制度，士人们没有了可以长期专注的学术，民众们没有了可以长久遵行的法律，士兵们没有了可以长期遵守的军规。所幸的是献计献策的人没有固执的心意，所以能够兼听而不固守；不这样的话，他们对天下的危害，还用等到宋神宗的熙宁、元丰时期才显现吗？所以明了治国之道的人，不能不为仁宗感到惋惜了。

夫秉慈俭之德，而抑有清刚之多士赞理于下，使能见小害而不激，见小利而不歆，见小才而无取，见小过而无苛；则奸无所荧，邪无能闲，修明成宪，休养士民，于以坐致升平，绰有余裕。柰之何强饮疥癣之疾以五毒之剂，而伤其肺腑哉！故仁宗之所就者，概可见矣。迹其谋国，则屡败于西而元昊张，启侮于北而岁币增。迹其造士，则闻风而起者，苏氏父子掉仪秦之舌；揣摩而前者，王安石之徒，习申、商之术；后此之挠乱天下者，皆此日之竞进于大廷。故曰神宗之兴怨于天下、贻讥于后世者，皆仁宗启之也。

【译文】仁宗秉有慈心、俭朴的美德，而又有清廉刚正的众多人才在下面辅国，如果他们能在看到小害时不激进冲动，在看到小利时不羡慕兴奋，看到有小才能的人而不任用，看到小的过失也不过分苛求，那么奸人就不能荧惑人心了，邪人就不能挑拨离间了；让旧有的成法修明光大，士人和民众都得以休养生息，坐致太平也是绰绰有余的。为什么因为一点小病就喝下五毒之药，而伤害了自己的肺腑呢！所以仁宗的境遇，就大体可以清楚了。考察他的国政，屡次败于西部而使元昊更加嚣张，在北部则向契丹交纳的岁币也增加了。考察他对士人的培养造就，那么闻风而起的有苏氏父子，卖弄张仪、苏秦般的口才；还有揣摩上面心意而向前的王安石之流，学习的是申不害、商鞅的学说；此后扰乱天下的人，都是在此时就已经竞相在朝廷中显露头脸了。所以说神宗让天下人有怨言、被后人所讥评，都是在仁宗时开的头。

夫言治者，皆曰先王矣。而先王者，何世之先王也？孔子曰："吾从周。"非文、武之道隆于禹、汤也。文、武之法，民所世守而安焉者也。孟子曰："遵先王之法。"周未亡，王者未作，井田学校所宜遵者，周之旧也。官习于廷，士习于学，民习于野；善者其所夙尚，失者其所可安，利者其所允宜，害者其所能胜；慎求治人而政无不举。孔、孟之言治者，此而已矣。啧啧之言，以先王为口实，如庄周之称泰氏，许行之道神农，曾是之从，亦异于孔子矣。故知治者深为仁宗惜也。

【译文】凡是谈论治国的人，都是尊奉先王之道的。而先王，是什么时代的先王呢？孔子说："我遵从周朝的制度。"这不是周文王、周武王的道高于大禹和商汤。文王、武王的制度，人民世代遵循而安于这种制度。孟子说："遵行先王的制度。"周朝尚未灭亡，真正的王者还没有兴起，井田、学校等所应遵守的，还是周朝的旧制。官员们在朝廷已经熟习了这种制度，士人们在学习中已经熟悉了这种制度，民众们在民间已经习惯了这种制度；其中好的部分本来就是人们向来所崇尚的，不足的部分也是人们已经适应了的，有利的部分是人们所公认和适宜的，有害的部分也是人们能够承担和克服的；那么只要谨慎地寻求合适的治国者就可以让国家的政治无不得以施行。孔子、孟子所说的治理国家，只是如此而已。那些议论纷纷的话，以先王为凭借，就像庄周称道泰氏，许行称道神农一样，如果听从了这些说法，那就与孔子不一样了。所以明了治国之道的人，深为仁宗而感到惋惜。

三

仁宗有大德于天下，垂及今而民受其赐；抑有大弊政以病民者二百年，其余波之害，延于今而未已。盖其求治之心已亟，但知之而即为之，是故利无待而兴，害不择而起。

【译文】仁宗对天下是有大恩德的，民众至今还在享受他的恩惠；但他也有大的弊政伤害民众长达二百年，其余波及到的所受的危害，延续到如今也没有停止。这是他追求治理的心太急切，一旦知晓就立刻行动，这样还没等到利的到来，害处就不可躲避地来了。

其有大德于天下者，航海买早稻万石于占城，分授民种，是也。其种之也早，正与江南梅雨而相当，可以及时而毕树艺之功；其熟也早，与深秋霜燥而相违，可弗费水而避亢旱之害；其种之也，田不必腴而获不赀，可以多种而无瘠芜之田；皆其施德之普也。昔者周有天下，既祀后稷以配天，为一代之祖；又祀之于稷以配社，享万世之报。然则有明王起，饬正祀典以酬功德，奉仁宗以代周弃而享祀千秋，其宜也。惜乎无与表章者，史亦略记其事而不揄扬其美，则后王之过也。

【译文】仁宗对天下有大恩德，比如派人航海买来古国占城的旱稻一万石，并分发给民众耕种。占城稻播种得早，正好相当于江南的梅雨季节，正好赶上季节而完成种稻；而且成熟得也早，正好可以避开深秋时节的霜燥，可以不费水而又避开霜燥之害；而且种植占城稻，田地不必肥沃可收获却不少，可以连续耕种却不会耗尽地力而贫瘠荒芜；这都是仁宗的大恩德普施于天下的结果。过去周朝的时候就把教民耕种的后稷配天一起祭祀，成为周朝一代的祖先；又祭祀后稷与社相配，享受万世的祭拜。如果有贤明的君王兴起，整饬祭祀典礼以酬答仁宗推广占城稻的广大功德，供奉仁宗代替周朝的后稷而享受千秋的祭祀，这也是合适的。可惜没有人宣传表述仁宗的这一大功大德，史书也只是简略地记述而没有显扬这件事的价值，这就是后代帝王的过错了。

若其弊之病天下者，则听西川转运使薛田、张若谷之言，置交子务是也[①]。交子变而为会子[②]，会子变而为钞，其实皆敝纸而已矣。

【注释】①交子务：交子，是中国最早的纸币，也是世界上最早使用的纸币。交子务，是宋朝掌管纸币流通事务的机关，大观元年改称“钱引务”。

②会子：宋朝发行量最大的纸币。南宋于高宗绍兴三十年（1160年）由政府官办、户部发行的货币，仿照四川发行钱引的办法发行。

【译文】如果仁宗有伤害了天下的弊政，那就是听从了西川转运使薛田、张若谷的建议，而设置了交子务。交子后来变成会子，会子又变成钞，其实都是破纸而已。

古之税于民也，米粟也，布缕也。天子之畿，相距止于五百里；莫大诸侯，无三百里之疆域；则粟米虽重，而输之也不劳。古之为市者，民用有涯，则所易者简；田宅有制，不容兼并，则所赍以易者轻。故粟米、布帛、械器相通有无，而授受亦易。至于后世，民用日繁，商贾奔利于数千里之外；而四海一王，输于国、饷于边者，亦数千里而遥；转挽之劳，无能胜也。而且粟米耗于升龠[①]，布帛裂于寸尺，作伪者湮湿以败可食之稻麦，靡薄以费可衣之丝枲。故民之所趋，国之所制，以金以钱为百物之母而权其子。事虽异古，而圣王复起，不能易矣。乃其所以可为百物之母者，固有实也。金、银、铜、铅者，产于山，而山不尽有；成于炼，而炼无固获；造于铸，而铸非独力之所能成，薄赀之所能作者也。其得之也难，而用之也不敝；输之也轻，而藏之也不腐。盖是数物者，非宝也，而有可宝之道焉。故天下利用之，王者弗能违也。唯然，而可以经久行远者，亦止此而已矣。

【注释】①龠（yuè）：古代容量单位，一龠等于半合（gě）。古代十勺等于一合，十合等于一升。

【译文】古代向民众征税，征收的是粮食和布帛。天子直接管辖的地区，相距只有五百里，最大的诸侯，也没有超过三百里的疆域；那么征收的粮食虽然很沉重，但输送也并不算辛苦。古代的市场交易，民众需要的物品有限，则交易就很简单了；而田地和住宅不容许兼并，所以他们携带来交易的物品也就很轻。所以粮食、布帛、器械互通有无，而交换起来也很容易。至于后世，民众日用的物品日益繁多，所以就有了商人于千里之外流通货物而求利；而且四海都统一了，输送来国都或输送到边境的物资，也要运输数千里那么遥远；于是过去轻松的运输工作，现在就无法胜任了。而且粮食还有少量的损耗，布帛也会有少量的破损，作伪的人甚至把粮食弄湿增重却使之不能食用，把布匹做得过薄而使之不能制成衣服。所以民众的习惯，国家的制度，都是把金属钱币作为衡量各种物品价值的标准的。此事虽然与古代不同，但就算是再有圣王兴起，也不能改变这种情况。金属钱币之所以可以作为各种物品的价值标准，是因为它本来就值这个价值。金、银、铜、铅，它们从矿山中产出，但不是每座山都有这些金属；它们还要通过烧炼才能从矿石中提取出来，但烧练也不是每次都能成功；还要铸造才能变成钱币，而铸钱又不是个人的力量、少量的费用就能进行的。所以这些金属得到是困难的，使用起来也不会轻易损坏；输送起来也是轻松的，收藏起来也不会腐烂。这几种金属虽不是宝，但它们却有值得宝贵的道理。所以天下都使用它们，君王也不能违背。如此才可以历经久远、通行到远方，但也只是如此而已。

交子之制，何为也哉？有楮有墨[①]，皆可造矣，造之皆可成矣；用之数，则速裂矣；藏之久，则改制矣。以方尺之纸，被以钱布之名，轻重唯其所命而无等，则官以之愚商，商以之愚民，交相愚于无实之虚名，而导天下以作伪。终宋之世迄于胡元，延及洪、永之初，笼百物以府利于上，或废或兴，或兑或改，千金之赀，一旦而均于粪土，以颠倒愚民于术中；君天下者而忍为此，亦不仁之甚矣！夫民不可以久欺也，故宣德以来，不复能行于天下。然而余害迄今而未已，则伤诏禄之典[2]，而重刑辟之条，无明王作，而孰与更始？其害治亦非小矣。

【注释】①楮（chǔ）：纸的代称。

②诏禄：报请王者授与俸禄。

【译文】制作交子，是为了什么呢？有纸有墨，大家就都可以造了，只要造就都可以造成；而使用频率一高，很快就破碎了；收藏久了，又改制不能用了。用一尺见方的纸，附加上钱币的名称，它的价值轻重全由人们自己所说而没有等级，那么官府就可以用它愚弄商人，商人就可以用它愚弄民众，彼此用虚假无实的虚名来愚弄，而导致天下作假。它直到宋朝结束又到了元代，延续到明代的洪武、永乐年初期，把各种物资以纸钱来衡量其价值而让利益收归官府，时而废除时而施行，时而兑付时而改价，本是值一千金的纸币，一夜之间就变成了粪土，把民众颠来倒去来愚弄；治理天下的人忍心如此，也是太不仁了！民众是不可以长期欺骗的，所以自明朝宣德年间以来，纸币不再通行于世了。然而其余害至今也还没停止，它伤害了国家的俸禄制度，增加了刑杀之律条，如果没有明王兴起，谁能把这一切重新开始？它对国家治理的祸害也不小了。

钞之始制也，号之曰“千钱”，则千钱矣。已而民递轻之，而所值递减，乃至十余钱而尚不售，然而“千钱”之名固存也。俸有折钞以代米，乃至一石而所折者数钱；律有估物以定赃，乃至数金而科罪以满贯。俸日益薄，而吏毁其廉；赃日益重，而民极于死。仅一钞之名存，而害且积而不去，况实用以代金钱，其贼民如彼乎？益之以私造之易，殊死之刑日闻于司寇，以诱民于阱而杀之，仁宗作俑之愆，不能辞矣。

【译文】纸钞一开始制造的时候号称为“千钱”，那就是一千钱了。后来民众不断把它的价值减轻，它的价值就不断减小，以至于减到十多钱还没有人要，可是“千钱”的名称还在。俸禄制度中可以折成纸钞来代替米，甚至一石米所折的也只有几钱；刑律中有对物品估价来确定赃物的办法，甚至以数金就定为恶贯满盈的大罪。俸禄日减，而官吏就丧失了廉洁；赃物标准日增，而民众几乎都活不下去了。仅仅是一个纸钞的名目，其祸害都积久而不能消除，何况是把纸钞实际使用来代替金钱，让民众受到的祸害像这么大呢？加上容易私造，处以极刑的消息天天从司法部门传来，诱导百姓落入陷阱而杀害他们，仁宗始开先例的过错，是推辞不掉的了。

是故君天下者，一举事而大利大害皆施及无穷，不可不审也。听言轻，则从善如流，而从恶亦如流。行法决，则善之所及者远，而恶之所被者亦长矣。以仁如彼，以不仁如此，仁宗两任之，图治者其何择焉？舜之大智也，从善若决江、河，而戒禹曰：“无稽之言勿听。”以其大智，成其至仁，治道尽此矣。

【译文】所以君临天下的君主一旦兴办一件事，其大利或大害都会持续长久的时间，不可以不仔细考虑。轻率地听从建议，那么固然是从善如流，而从恶也会如流。实施措施快速果断，那么好的结果会影响深远，而恶的结果也一样会影响很长远。仁宗是如此的仁心仁爱，而交子的后果又是如此有伤害，仁宗同时都做了，那么励精图治之人该如何选择呢？舜的大智，从善如流就像江河决口，但他也告诫大禹说："无稽之言不要听。"以他的大智慧，实现他的大仁大爱，治国之道全在这里了。

四

大臣进位宰执，而条列时政以陈言，自吕夷简始。其后韩、范、富、马诸君子，出统六师，入参三事[①]，皆于受事之初，例有条奏。闻之曰："天下有道，行有枝叶，天下无道，言有枝叶[②]。"以此知诸公失大臣之道。而明道以后，人才之寖降，风尚之寖卑，前此者吕、李、向、王之风轨，不可复追矣。

【注释】①三事：三件事。指正德、利用、厚生，或倡德、和乱、终齐。另有说法指司徒、司马、司空。

②天下有道，行有枝叶，天下无道，言有枝叶：出自《礼记·表记》：子曰："君子不以辞尽人，故天下有道，则行有枝叶，天下无道，则辞有枝叶。"意指天下有道的时候，人们的重心自然落在实行上，而天下无道的时候，人们的重心往往落在言论中。

【译文】大臣晋升官职成为宰相，而罗列时政向君主陈词论述，是从吕夷简开始的。其后的韩琦、范仲淹、富弼、马知节等君子，出外则统率六师，入朝则参议各种国家大事，都是在受任之初，按例上疏奏明陈述。我听说："天下有道，行为有枝叶，天下无道，言论有枝叶。"由此可知这些人失去了大臣之道。而在仁宗明道年间以后，人才的品格逐渐下降，风气逐渐卑下，此前吕端、李沆、向敏中、王旦等人的风度，已不能再追回了。

书曰："敷奏以言，明试以功。"以言者，始进之士，非言无以达其忱；上之庸之，非言无以知其志。故观其引伸，知其所学；观其蕴藉，知其所养；非必言之可行而听之行也。后世策问贤良，科举取士，其法循此，而抑可以得人；然而不能无不得之人矣。至于既简在位，或贤或否，则以功而明试之，非以言者之始测于影响，而下亦仅此以为自效之资也。且夫藉言以为羔雁者[①]，亦挟长求进之士尔。其畜德抱道、具公辅之器者，犹不屑此。而况大任在躬，天职与共，神而明之、默而成之者，非笔舌之所能宣；而喋喋多言，以掩力行不逮之愆尤乎？

【注释】①羔雁：古代指卿、大夫的贽礼，"贽"即见面时表示身份的礼物。这里比喻士人朝见天子时所献的言论为礼物。

【译文】《尚书》里说："用言论向天子奏明治国之道，天子则要用实践的效果来测明他们的言论是否正确。"靠言论来奏明治国之道，这是刚刚进用的士人，不通过言论就无法表达他的忠忱；君主任用他，不通过言论也无法了知他的志向。所以观察他发言的引申发挥，可以了解他的学问；观察他隐藏的气质，可以了解他的素养；不是所说之言可行而君主就一定要施行的。后代向贤良策问以及科举取士，都是遵循了《尚书》所说的方法，这也是可以发现人材的，然而已经不能没有遗漏了。至于已经任命的官员，他们是否贤明，就要看他做事的效果来测明了，而不是以他言论的影响来测试，而再下等的人则仅以进言作为自己效命君主的唯一途径。而且凭借一番言论作为朝见天子的礼物，也只是那些怀有长处而求进身为官的士人才会如此。而那种深藏道德、有宰辅能力之人，还不屑于靠这个来表现自己。更何况那种本身就已经身负重任、与天子任命的职位融为一体、神妙莫测而明道、沉默不语而成功的人，这不是靠笔能写靠舌能说的；他们还用得着喋喋不休地发言，来掩盖缺乏实行的不足吗？

即以敷奏言之，射策之士，谏议之官，言不容已也，而抑各有其畔，不可越也。将以匡君之过与？则即以一德之凉，推其所失而导之以改，无事掇拾天德王道，尽其口耳之所记诵者，罄之于一牍也。非是者，为鬻才之曲士。将以指政之非与？则即一事之失，极其害之所至，而陈其所宜，无事旁推广引，泛及他端之未善，以责效于一朝也。非是者，为乱政之辩言。将以摘所用之非人与？则即以一人之罪状，明列其不可容，无事抑此伸彼，滥及盈廷，以唯吾所欲废置也。非是者，为死党之憸人[1]。将以论封疆之大害与？则即以一计之乖张，专指而征其必偾，无事胪列兵法，画地指天，以遥制生杀之枢机也。非是者，为首祸之狂夫。且夫一言出，而且俟君之行此一言也，则事不冗，而力以暇而有余。一言出，而君既行此一言矣，则意相得，而后可因而复进。故志行而言非虚设。行与不行，皆未可必之于君心；姑且言出如哇，而唯恐不充于幅，诚何为者？况乎一人之识，以察一理，尚虑其义不精，而害且伏于其隐。乃搦管经营，旁搜杂引，举君德、民情、兵、农、礼、乐、水、火、工、虞、无涯之得失，穷尽之于数尺之章疏。才之果胜与？念之果周与？发果以诚，而行果无不得与？问之心，而固不能自信；按之他日，而已知其不然。徒尔洋洋娓娓、建瓴倾水而出之，不少待焉；不怍之口，莫知其咎，亦孔之丑矣[2]。则在怀才初进之士，与职司言责之臣，犹不可不慎也。而得君已深，历任已夙，居密勿以静镇四海者[3]，尤勿论矣。

【注释】①憸（xiān）人：小人，奸佞的人。

②亦孔之丑：出自先秦佚名的《十月之交》：“日有食之，亦孔之丑”。意思是说，天上有日食，这是凶险的征兆。

③密勿：机要，机密。也指机要之职。

【译文】就拿向天子上奏陈言来说，参加策问的士人和负责进言谏议的大臣，他们不能不说话，但也还是各有边界而不能逾越的。想要匡正君主的过失吗？那么就以某一种品德之不足，推论它的过失所在而引导君主加以改正，不用把先人关于天德王道的说法都拾掇出来，把自己记忆所及的内容全都写在一个奏折里。若非如此，那他就是个卖弄才能的曲士。想要批评国政的过失吗？那么就对某一事情的失策，把它的危害能到什么程度，以及应该怎么做说出来即可，何必旁征博引，乃至把其他事情的不足也都一一指陈，以求一天就取得成效。若非如此，那这就是扰乱国政的多辩之言。将要指摘某任命的官员不合适吗？那就对该人的罪状明白地列出那些不可宽容的地方，不用打压这个又扶助那个，广泛地波及满朝的大臣，都要按我的喜好来任免。如果不是这样，那他就是党同伐异的小人。想要讨论封疆大吏处事不当造成的重大危害吗？那就针对他的某条策略的乖张之处，集中于此而说明它之所以必败，不用罗列兵法，指天画地，来远远地遥控大臣的生死枢机。若非如此，那他就是第一个引发灾祸的狂人。而且一言既出，要等君主来实施这个建议，那么事情就不会复杂繁琐，做事还有余力。一言既出，而君主同意实施此建议了，那么就与君主心意相投，以后还可以在此基础上再提出新的建言。所以建言的人的志愿就得以实施，而建言也不是虚设的了。实施还是不实施，都不能事前完全确定，所以就姑且滔滔不绝地长篇大论，唯恐所说的不够篇幅，这是何必呢？何况一人的见识，用以观察一个道理，都还担心义理不够精到，还有危害潜藏在没有看见的地方。不考虑这一点就拿着笔管来谋篇布局，旁征博引，把君德、民情、兵、农、礼、乐、水、火、工、山林川泽等等无穷的得失，全都写进数尺的章疏之中。可才能果真胜任吗？思考果真周全吗？发言果真是出于真诚，而实施后果真没有不妥当之处吗？扪心自问，当然还不够自信；而如果是据日后的实情来看，就知道不是自己当初想的那样。只管洋洋洒洒、娓娓道来，如同顺着屋顶往下流水一样写出来，一刻也不等待；嘴上还不知惭愧，自己也不知其中的过失，这样就很危险了。那些有才能而刚被进用的士人，还有负责进言谏议的大臣，对此尤其不可不慎。而那些已经深得君主的信任，任职已久，身居朝廷要职而镇守天下的人，就更不用说了。

明道以后，宰执诸公，皆代天工以临群动者也。天下之事，唯君与我坐而论之，事至而行之，可兴则兴之已耳，可革则革之已耳。唯道之从，唯志之伸，定命以辰告，不崇朝而遍天下，将何求而不得？奚待烦言以耸众听？如其微言而不悟，直言而不从，欲行而中沮，欲止而旁出；则有引身以退，免疚恶于寸心，而不待暴白以号于人曰："吾已缕析言之，而上不我庸也。"此宰执大臣所以靖邦纪而息嚣凌之枢要也。在昔李太初、王子明以实心体国，奠七十余年社稷生民于阜安者，一变而为尚口纷呶之朝廷，摇四海于三寸之管，谁尸其咎？岂非倡之者在堂皇，和之者尽士类，其所繇来者渐乎！宰执有条奏矣，侍从有条奏矣，庶僚有条奏矣，有司有条奏矣；乃至草茅之士，有喙斯鸣，无不可有条奏矣。何怪乎王安石之以万言耸人主，俾从己以颠倒国是；而远处蜀山闻风跃起之苏洵，且以权谋憯险之术[①]，习淫遁之文章，售其尉缭、孙膑之诡遇，簧鼓当事，而荧后世之耳目哉？姚元之之以十事要玄宗也，在未相之先，谓不可行而已不敢相也，是亦慎进之一术也。既已为相，则唯其行之而无复言矣。陆敬舆之详于论事也，一事竟而又及一事，因时之迫以答上问，而非阔远迂疏以侈文章之富也。宰执之道，司听言以待黜陟耳，息浮言以正人心耳。言出而行浇，言长而忠薄，言之不已，而国事不可为矣。读者惑焉，诧为盛美，违山十里，蟪蛄犹闻，束宋人章奏于高阁，学术治道庶有瘥焉。俗论不然，宜中国之日疲以蹙也。

【注释】①憯（cǎn）：凄惨，残暴。

【译文】仁宗明道年间之后，宰辅大臣都像是代替上天而应对万物之人。天下之事，只有君主和我坐下讨论，事到临头就去行动，可以兴起的就兴起它，可以革除的就革除它，如此而已。只是顺从于道，只求实现抱负，审定法令而后按时向民众宣布、实施，不用一个早晨就遍布天下，还有什么求不到的呢？何必等烦琐的论述以耸动人心呢？如果大臣精深微妙之言君主听了并未醒悟，直言相谏又不听，想实施某事而又中途停止，想制止某事却又从旁绕道实施，那就引身而退，以免于内心的愧疚，都不用等到此事暴露于众人面前而向别人大叫：“我已细致梳理和君主说过了，但是君主不听我所说的。”这才是宰辅大臣安邦定国、停息喧嚣凌乱的争执的关键。往昔有李沆、王旦真心实意地治理国家，奠定了七十多年社稷人民安定丰乐的局面，此刻则一变而成为崇尚口舌、辩论纷纭的朝廷。以三寸笔管来动摇天下，谁来承担这些过咎呢？岂不是上面在朝堂之上提倡，而下面与之呼应的都是士人，其由来也是从那时起慢慢变过来的吗？宰辅大臣要逐条上奏，侍从之臣要逐条上奏，众多僚属要逐条上奏，各个部门也要逐条上奏，乃至于民间的士人也是有嘴就说，无人不可以逐条上奏了。所以这又哪能怪王安石上万言书来振动君主之心，使君主听从己见而颠倒国政呢？而远在蜀地的苏洵也闻风而起，想要用权谋严酷危险之术和荒淫搪塞的文章，来兜售尉缭、孙膑的非理利益，摇唇鼓舌，来迷惑后世的耳目了。姚崇首先提出十件事请求玄宗答应，是在他还未担任宰相之前提出的，其用意是这十件事如果不可行自己就不敢为相了，这也是谨慎行事的一种方法。已经担任宰相之后，那就只去做而不再多言了。陆贽能详细地讨论事情，一事办完后又涉及另一事，因为回答君主的提问时间紧迫，所以他的言论不是迂阔而不切实际地显示文章的富丽。宰相之道，是听取众言而等待任免升降，止息虚浮不当的言论以化正人心而已。言论多了行为就欠缺浇薄了，有长篇大论了忠诚就不足了，如果还要讨论不止，那么国家大事就不好办了。读者听到也会被迷惑，惊诧于这些言论的盛美，就像离山十里蟪蛄鸣叫的声音仍然像在耳边一样，其实如果把宋人的章疏束之高阁弃置不用，那么学术和治国之道才差不多没有问题。可是俗流的看法不同，难怪中国越来越疲弱而紧迫了。

五

仁宗之生，以大中祥符三年，岁在庚申，及嘉祐二年乙酉[①]，二十有六年，拟之于古，未逮乎壮有室之齿也。曹后之立，未及期月，则皇子之生，非所绝望。乃育英宗于宫中，使后拊鞠之[②]。呜呼！念宗社之重而忘私，是岂非能为人之所不能，足为万世法者哉！

【注释】①嘉祐：此处有误，应为“景祐”，据宋仁宗的年号排列，仁宗26岁时应是景祐二年，译文同。

②拊鞠（fǔ jū）：抚育。仁宗无子，立堂侄赵曙为皇太子，也就是后来的宋英宗。

【译文】仁宗的出生，是在大中祥符三年，当年是庚申年，到景祐二年乙酉年是二十六年了，与古代相比，还没到壮年有家室的年龄。而且曹氏立为皇后还不到一年，那么期待皇子的出生还远没到绝望的地步。而此时就在宫中养育英宗了，而且让曹后来抚育英宗。呜呼！它这是念及宗庙社稷的重要而忘了个人私利，这难道不是能做出人们所做不到的，足以作为万世的榜样吗！

三王以后，与子之法立，苟为适长[①]，道不得而废焉。汉明虽贤，光武犹谓失德；晋惠虽闇，武帝不任其愆。故三代有豫教之法，尽人之所可为，而贤不肖治乱安危举而听之于天，亦且无如之何矣。乃无子而嗣未有定，以及乎危病之际，奸人妇寺挟私意以援立庶支，市德居功，而倒持魁柄，汉唐之祸，率繇此而兴。其近正者，则辨昭穆，审亲疏，弟与从子以序而登，斯亦可以止争而靖国矣。而于帝王慎重天位之道，固未协也。夫唯适长之不容变置，为百王之成宪，而贤不肖非所谋耳。无子而授之同产之弟与从子之长，古未有法，道无可执。则天既授我以选贤而建之权，如之何不自化裁，可诿诸后以任臣僚之扳立邪？英宗方四岁而鞠之宫中，察其情志，审其器量，远其外诱，习其家法，而抑受恩勤之德于中宫。他日曰："宫中尝养二子，小者近不慧，大者可也。"帝之留心于国本，非一日矣。范、富、包、文、司马虽心是其请，且不欲授以援立之权，独托腹心于韩公，然抑闻命而始请其名，前此者亦未敢有所拟也。则熟筹密运于一人之心，又岂奸邪之得窥伺哉？

【注释】①适长：指嫡出的长子。

【译文】夏、商、周三王以后，传位给自己儿子的制度就确立了，如果是嫡长子，那么传位给亲生儿子的制度就不得废除。汉明帝虽然贤明，汉光武帝还认为他的德行有失；晋惠帝虽然昏昧痴呆，但晋武帝还是传位给了晋惠帝，也不该承担让惠帝继位的过失。所以夏、商、周三代有对君主之子提前教育的成法，尽人力之所能而教育，但其贤明与否、国家的治乱安危就听于天命，而且也无可奈何了。如果君主没有儿子而且也没有确定君位继承人，那么到了君主病危之际，奸臣、皇后、宦官等人就会怀着私心而扶立旁支子孙继位，由此换来新君的感激而邀功，而把国家大权倒过来掌控在自己手中，汉朝、唐朝的灾祸，大体上都是由此而来的。那些比较正派的人则会分辨昭穆世系，审察亲疏关系，去世君主的弟弟和侄子们按顺序登基，这样也可以止息纷争而安定国家了。但这对于帝王慎重确立继位者的正道来说还是不够符合的。只有嫡长子是不容变更其继承权的，这是百代君王的成法，而嫡长子是贤还是不肖则不在考虑的范畴内。君主无子就传位给同父的弟弟或侄子中的年长者，古代没有相关的制度，所以也就没有可以遵从的了。可是既然上天授与我选择贤良立为太子的权力，那为什么不自己判断决定，何必托到后来听任臣僚们来决定呢？英宗才四岁就收进宫中抚育，观察他的心理和志向，审察他的器量，使他远离外面的诱惑，学习家法，而且还在中宫受到皇帝皇后辛勤抚养教育的恩德。后来仁宗说：“宫中曾经抚育过两个孩子，小的不太聪慧，大的可以。”仁宗留心继承之事，已经不是一天两天了。对范仲淹、富弼、包拯、文彦博、司马光等人册立太子的请求，仁宗心里虽然也同意，但也不想把这个权力交给他们，只是把内心的想法单独告诉了韩琦，而韩琦也只是在仁宗心有所属之后才请求仁宗告知此人姓名，在此之前也不敢妄自发表建议。那么仁宗立太子是深思熟虑于心的，又哪容奸邪之人窥伺呢？

在礼有之曰：“为人后者为之子。”非尽人无子而必为立后也。自大夫以上，有世禄、食采邑、建祖庙者，达乎天子。苟无子而必有后，则三代之兴，虽无子而固有子。豫立之典，虽不见于史策，而以为后之文推之，则苟有有世守，无无子者，必有子，而与子之法固不以无出而废也。抑在礼有之曰：“为人后者，为其父母服期。”本非期而加以期之谓也。若以亲疏序及，而所立者从子之长，则所生父母虽降，而固有叔父之亲，不必加隆而固服期。然则功缌以降之族子，但使温恭之度形于早岁，皆择养而豫教之，无问亲疏亦明矣。汉、唐之君，轻宗社而怙其专私，未有能者。仁宗虑之早而断之决，以定百王之大法。于是高宗有所禀承，远立太祖之裔孙，而本支不敢妄争，臣民欣为推戴，两宫全其慈孝，社稷赖以小康，皆仁宗之贻谋为之先导也。虽然，义隐于三代，而法沮于汉、唐，仁宗创起而决策，以至正之举，而有非常之疑，故任守忠惑曹后以起衅，而仁宗无虑也。有韩公在，制守忠之死命，而曹后黜于其义也。高宗无可恃之大臣矣，于是而内禅以定其位[①]。然则心苟无私，变通在我，居天位之尊，承皇天之命，仰先祖之灵，奉名义之正，无志不可行，无谋不可定。何畏乎佥壬，何忧乎事变哉？

【注释】①内禅（shàn）：禅，指禅让，君主生前把君位让给别人。内禅，指君主将君位禅让给其家族内的人。

【译文】在《礼》经里有一种说法："过继给别人了就是别人之子了。"不是所有无子之人都一定要立一个后人的。自大夫以上，有世袭官禄、享用封邑、建有祖庙的人，向上一直到天子之位。如果无子还一定要有后人，那么夏商周三代的兴起，虽然没有亲生子也会有子了。提前选立太子的制度，虽然在史书中未曾看到，但根据事后的记载来推测就会明白，如果有人是有世袭官爵的，就不会没有后人，一定是有后人的，而传位给继承人的制度不会因为自己没有亲生子而作废。《礼》经里还有一种说法："过继给别人的，要为其父母服丧一年。"本来不是服丧一年之礼而增加了一年的丧期之礼。如果按亲疏次序来看，所立的继承人若是侄子中的长子，那么虽然他的继父母比自己亲生父母的丧服等级低，但显然也有叔父之亲，那么为叔父服丧一年就不是增加了守丧的等级，而是本来就应服丧一年。那些本来就该服大功、小功、缌麻丧服的同族之子，只是让他早年就学习温良恭俭让的礼数，都要选择养育并且预先教育他们，这就不用管亲疏关系了，这也很清楚了。汉朝、唐朝的君主，轻视宗庙社稷而有私心，他们没有人能做到这一点。仁宗考虑得很早而且决断也很坚决，由此而确定了百代君王的大法。所以后来的宋高宗就有所禀承，从宋太祖远代子孙中选人立为太子，而他的本支也不敢妄争，臣民都高兴地拥戴太子，两宫皇后也能成全她们的慈孝，宋朝的社稷由此也得以小康，这都是参考了当年仁宗的做法。虽然如此，义理在三代隐没了，而相关的制度又在汉、唐两朝破坏了，仁宗决策创立的这一制度，以最贞正的举动，还是让人产生了怀疑，所以任守忠蛊惑曹皇后挑起争端，但仁宗还是不担心的。有韩琦在，将任守忠制以死命，而曹皇后也就服于道义了。高宗没有可以依靠的大臣，于是就采取将皇位禅让给家族内的人的办法来确定继任者。如果内心无私，如何变通就由我而定，居帝位之尊，承上天之命，仰赖先祖的神灵，崇奉正当的名义，于是没有什么志愿不能施行，没有什么计划不能确定，怎么会惧怕阴险的小人、怎么会担忧事情的变故呢?

六

朋党之兴，始于君子，而终不胜于小人，害乃及于宗社生民，不亡而不息。宋之有此也，盛于熙、丰，交争于元祐、绍圣，而祸烈于徽宗之世，其始则景祐诸公开之也。

【译文】朋党斗争的兴起，开始于君子的不同意见，而最终胜不过小人，其危害甚至波及宗庙社稷和广大民众，不到宋朝灭亡就不停止。宋朝出现朋党，是在神宗熙宁、元丰年间最严重，在哲宗元祐、绍圣年间彼此争斗，而造成灾祸最为惨烈的则是在徽宗之世，而它的开始是仁宗景祐年间的诸位公卿大臣开启的。

国家刚方挺直之正气，与敦庞笃厚之醇风，并行而不相悖害。大臣任之，而非但大臣任之也。人主平其情，以不迫行其用舍，慎其听，以不轻动于人言；则虽有小人，不伤君子，其有君子，不患其有小人；而国是贞矣，而嚣凌息矣。前乎景祐者，非无丁谓、王钦若之奸佞也。而王旦沮钦若之登庸，马知节折钦若之匿奏，张咏且死请戮尸以贸丁谓之头，李迪誓死而斥丁谓之奸，王曾且独任窜谓之举，而不劳廷臣之交击。故钦若、谓非无邪党，亦以讦讼不行，而但偷容容之福；胡旦、翟马周、梅询、曾致尧之徒，或乍张而终替，或朒缩而不前。盖大臣以国之治乱、人之贞邪、引为己任，而不匿情于且吐且茹之交[1]，授发奸摘伏之权于锐起多言之士。故刚而不挠，抑重而不轻，唯其自任者决也。而天子亦不矜好问好察之名，闻人言而轻为喜怒。则虽有繁兴之众论，静以听君相之从违，自非田锡、孙奭任谏诤之职者，皆无能骋其辩也。

【注释】①且吐且茹(rú):茹,吃。吐茹,吐刚茹柔,比喻欺负弱小,害怕强硬。

【译文】国家刚正挺直的正气,和敦厚诚笃的淳朴风气,是可以并行不悖不矛盾的。大臣要有这种刚直笃厚之风范,但又不是仅仅大臣才应该有这种风范。君主平抚他的心理,不急于对大臣进行任免,还要谨慎地听取言论,不轻易被人们的言论所打动;那么虽然有小人,也不会伤害到君子,有君子,也不担心有小人;于是国政得以保持贞正而不邪,而喧嚣纷扰的议论也会止息了。在景祐年之前,不是没有丁谓、王钦若这种奸臣,但王旦阻止了对王钦若的重用,马知节驳斥了王钦若的密奏,张咏甚至愿以死后戮尸来换取斩丁谓的头,李迪誓死驳斥丁谓的奸邪,王曾独身一人做出流放丁谓的举动,而没有劳烦朝廷大臣之力。所以王钦若、丁谓也不是没有同党,但因为诬陷攻击不能得逞,而只能苟且偷安;胡旦、翟马周、梅询、曾致尧之流,或者是一时得意而终被罢免,或者是畏缩而不敢向前。这是因为大臣都把国家的治乱、人们的正邪引为己任,而不会欺软怕硬藏匿实情,把揭发奸人隐恶的权力交给锐意进取的敢言之人。所以他们刚正而不屈不挠,对奸邪之人压制很重而不轻易放过,只由任职的大臣裁决。而天子也不被好问好察的名声所左右,听到人们的言论也不会轻易地为喜怒所转。那么即使有繁杂的众人之论,但也只能安静地听从君主宰相的取舍,除了田锡、孙奭那种担任谏官职务的人,都不能随意地发表辩论。

好善则进之,恶恶则去之,任于己以持天下之平者,大臣之道也。引之不喜,激之不怒,居乎静以听天下之公者,天子之道也。而仁宗之世,交失之矣。仁宗之求治也急,而性情之所偏倚者，宽柔也。宽柔者之能容物，人所知也。宽柔者之不能容物，非知道者不知也。至于前而有所称说，容之矣，未遽以为是，未遽以为非也。容之容之，而言沓至，则辩言者且将怒其所必怒，而终不能容。夫苟乐求人言，而利用其臧否，则君子小人莫能自必，而特以议论之短长为兴废。于是而小人之党，竞起争鸣；而自附于君子之华士，抑绰约振迅，饰其文辞，以为制胜之具。言满天下，蔚然可观，相传为不讳之朝。故当时士民与后世之闻其风者，所甚歆仰于仁宗，皆仁宗之失也。于是而宋兴以来敦庞笃厚之风，荡然不足以存矣。

【译文】好善之人就进用他，奸邪之人就罢免他，由自己来维持天下的公平，这是大臣之道。引诱他，他不喜欢，激怒他，他不愤怒，处于清净中而听取天下之公道，这是天子之道。而仁宗之世这两者都失去了。仁宗求治之心太急，而性情上则偏于宽厚柔和。宽厚柔和能够包容人和事，这是人们所知道的。但是宽厚柔和的人又不能包容人和事，则除了明了大道之人以外都是不会明白的。人们来到他面前而有所评说，包容他了，不是当即就认为他对，也不是当即就认为他不对。如此包容而又包容，于是各种言论纷至沓来，而辩论之人激发了他所必定会愤怒的事，最终就不能容忍了。所以如果乐于听取人们的进言，而利用其所说的是非来治理天下，那么君子小人都因为不确定自己的言论一定会被听取，所以就会在言论的好坏短长上下功夫。于是小人及其同党就会竞相争鸣，而自比为君子的浮华士人，也会优雅柔美或激励振奋地陈词，修饰他们的文辞，以作为辩论中的制胜工具。如此则言满天下，蔚然可观，人们也都传颂说这是无所忌讳的朝代。所以当时的士人百姓以及后世听闻这种风气的人，都对仁宗非常欣赏钦敬，这都是仁宗的过失。于是宋朝创建以来的敦仁朴实笃厚的风气，也就荡然不存了。

抑考当时之大臣，则耆旧已凋，所仅存者，吕夷简尔。夷简固以讪之不怒、逐之不耻、为上下交顺之术，而其心之不可问者多矣。其继起当国能守正而无倾险者，文彦博也，而亦利用夷简之术，以自挫其刚方之气；乃恐其志不足以行，则旁求助于才辩有余之士，群起以折异已而得伸。韩、富、范、马诸公，虽以天下为己任，而不能自超出于此术之上。于是石介、苏舜钦之流，矫起于庶僚，而王素、唐介、蔡襄、余靖一唱百和，唯力是视，抑此伸彼，唯胜是求。天子无一定之衡，大臣无久安之计，或信或疑，或起或仆，旋加诸膝，旋坠诸渊，以成波流无定之宇。熙、丰以后纷呶噂沓之习[1]，已早见于此，而君犹自信曰："吾能广听。"大臣且自矜曰："吾能有容。"士竞习于浮言，揣摩当世之务，希合风尚之归，以颠倒于其笔舌；取先圣之格言，前王之大法，屈抑以供其证佐。童而习之，出而试之，持之终身，传之后进，而王安石、苏轼以小有才而为之领袖；皆仁宗君相所侧席以求，豢成其毛羽者也。乃至吕惠卿、邓绾、邢恕、沈括、陆佃、张耒、秦观、曾巩、李廌之流，分朋相角，以下逮于蔡京父子，而后覆败之局终焉。呜呼！凡此呰呰捷捷者，皆李沆、王旦所视为土偶，任其掷弃山隅，而不使司祸福者也。而仁宗之世，亟导以兴。其刚方也，非气之正也。其敦笃也，非识之定也。置神器于八达之衢，过者得评其长短而移易之，日刓月敝，以抵于败亡。天下后世犹奖其君德之弘，人才之盛；则知道者之希，知治者之无人，抑今古之有同悲矣！

【注释】①纷呶（náo）噂（zǔn）沓（tà）：形容争辩纷纭、议论纷纷的样子。呶，叫嚷。噂沓，议论纷纷。

【译文】考察当时的大臣，则老臣已经不在了，仅存的老臣只剩下吕夷简了。吕夷简固然是讪骂他而不怒、驱逐他也不以为耻，上下都和顺，而他的实际心理是什么就无法多问了。其后继者执掌朝政能守正道而不搞倾轧凶险之事的，是宰相文彦博，但他也用了吕夷简的方法，锉掉自己刚直方正之气，怕自己的理想不能实施，就四处寻求有才能善辩论的士人，联合起来折服异议而使自己的理想得以实现。韩琦、富弼、范仲淹、马知节等大臣，虽然也是以天下为己任，也不能超越这种方法。于是石介、苏舜钦之流就从百官中突然崛起，而王素、唐介、蔡襄、余靖等人也随之一唱百和，只看谁的力量大，压制一方而显扬另一方，只想在争辩中求胜。天子没有一定的衡量准则，大臣没有长治久安之计，或信任或猜疑、或起用或罢免，一会儿把他捧在膝上，一会儿又让他掉进深渊，而形成了波浪般起伏不定的局面。熙宁、元丰年间之后的各种争议辩论纷纷的习气，早在此时就已见到了，而君主还自信地说："我能广泛地听取众人的意见。"大臣也自豪地说："我能宽容。"士人们竞相习于浮华的语言，揣摩当前的时政，希望能迎合一时的风气，在笔杆舌头上颠来倒去；他们拾取先圣的格言和历代君主的大法，根据自己的想法加以扭曲来佐证自己的言论。从小就学习这些文章，又以此来参加科举考试，一生都如此，还传给后来的士人，而以王安石、苏轼这种小有才能的人成为他们的领袖；这都是仁宗君臣乐于听取谏言，而得以让他们的羽翼丰满的。乃至吕惠卿、邓绾、邢恕、沈括、陆佃、张耒、秦观、曾巩、李廌之流，分成朋党彼此争斗，之后还有蔡京父子，直至最终宋朝以覆败灭亡而告终。呜呼！凡是这些以诋毁、论战为常事的人，都被李沆、王旦视为泥偶，任他们弃掷于山脚下，而不让他们掌管关乎国家兴亡祸福的事务。而在仁宗之世却很快地导致了这类人物的兴起。他们的刚直方正，不是正气。他们的敦仁笃厚，也并非见识笃定。就像把朝政放于四通八达的大路上，过路人都可以评论它的长短而加以改变，那么每日每月加以改变而它就不断变破旧，终而至于败亡。天下后世却还赞美这个君主的德行宽宏，人才兴盛；那么可见明了大道的人之稀少，善于治国者实无一人，古人今人于此都会有同样的悲叹了！

按仁宗之世，所聚讼不已者，吕夷简、夏竦之进退而已。此二子者，岂有丁谓、王钦若蠹国殃民已著而不可掩之恶哉？夷简之罪，莫大于赞成废后。后伤天子之颊，固不可以为天下母，亦非甚害于大伦。竦之恶莫大于重诬石介。而介之始进而被黜，以争录五代之后，亦宋忠厚之泽过，而无伤于教化；矜气以争，黜之亦非已甚。而范、余、欧、尹遽群起以去国为高，投滴水于沸油，焰发而莫之能遏。然则吕、夏固不足以祸宋，而张逐虎之网，叫呼以争死命于？兔，何为者邪？天子不慎于听言，而无恒鉴；大臣不自秉国成，而奖浮薄；一彼一此，以气势为荣枯，斯其以为宋之季世而已矣。读其书，言不可胜求也；闻其名，美不可胜传也。即而察之，外强而中枯；静而诊之，脉浮而筋缓；起伏相代，得失相参。契丹胁之，而竭力以奉金缯；元昊乘之，而兵将血于原野。当时之效，亦可睹矣，奚问后世哉！

【译文】仁宗之世人们众说纷纭，久无定论的事，是关于吕夷简、夏竦二人的官职进退而已。这二人，难道有丁谓、王钦若那种祸国殃民的明显而不可掩盖的大恶吗？吕夷简的罪过，莫过于赞成仁宗废黜郭皇后了。郭皇后划伤了仁宗的脸颊，固然不能作为天下母仪的榜样，但也不是严重危害国政的事。夏竦的恶行莫过于诬陷石介了。而石介开始被进用而后又被罢免，是因为他反对录用五代诸国的后人为官，这虽说也是宋朝对前朝君主后人的忠厚恩泽有些过度，但石介的争论也未伤害教化，只是凭着意气来争辩，罢免他也不算过分。而范仲淹、余靖、欧阳修、尹洙群起反对夏竦，甚至不惜离开朝廷，结果就像把水滴投入沸油中，其火焰无人能遏止。吕夷简、夏竦本不足以祸害宋朝，可是却要张开捕捉老虎的网，叫喊着拼命与獐子兔子相争，这是为什么呢？天子在听取谏言上不慎重，没有固定持久的原则标准；大臣们不是自掌国政，而是鼓励浮华浅薄之人；彼此之间，以气势的强弱来定繁荣或是枯萎，这是宋朝之所以到了末世的原因。读他们的书，言论多得无穷无尽；听他们的名声，美好得传不胜传。靠近了观察，则是外强而中干；平静地判断，则是外表虚浮而内在松缓；其官职起伏相替不断，其得失相互参证。契丹来威胁，就竭力献上金帛；元昊乘机发难，而宋朝兵将血洒原野。当时治国的效果就已经看到了，哪还用看后世呢！

七

古者人得进谏于君，而谏无专官，不欲天下之以言为尚也。

圣王乐闻天下之言，而恶天下之以言为尚；上下交责于己，而不攻人以求胜；治之所以定，功之所以成，俗之所以淳，乱之所以讫也。谏之有专官，自萧梁始，而唐因之。谏有专官，则以言为职矣。以言为职，则以言为尚矣。以言为职欲无言而不可；以言为尚，求所以言者，但可言而即言之。于是进不揆于理，退不信于心；利其所病，病其所利，贤其所不肖，不肖其所贤；时之所趋，意之所动，闻见之所到，曲折以蕲乎工，矫揉以成其是；科条繁而搏击鸷，枝叶盛而蔓延张，唯其所尚，以称其职，无不可言也。易曰："乱之所繇生，则言语以为阶。"职此谓矣。

【译文】在古代，人们可以向君主进谏，但没有设专门的谏言之官，这是不想让天下人都崇尚进言。圣王乐于听到天下人的建言，但嫌恶天下人都崇尚建言；上下都人人自责，而不是攻击别人以求驳倒别人，那么大治就由此而来，大功就由此而成，风俗就由此而淳朴，祸乱就由此而终结。谏言专设了官员，是从南朝萧梁开始的，而唐朝继承了这个制度。谏言有了专设的官员，就是以建言为专职了。以建言为专职，就是崇尚建言了。以建言为专职，那么想不说话就不可能了；崇尚建言，那么就会到处寻找能发表议论的地方，只要可以议论的就会拿出来议论。于是进，则不以道理为准绳，退，则不自信于内心；他的建言就会把弊说成利，把利说成弊，把不肖说成贤，把贤说成不肖；对于时下的趋向，心意的触动，见闻所达之处，都会费心以求妙论，乃至扭曲事实以证明自己妙论的正确；议论中多引用科条，对异议者的攻击很凶狠，所说的事情枝叶繁多而且非常蔓延，只以自己所崇尚的道理来进言，以求称职的目的，这样就没有什么不可以说的了。《周易·系辞》里说："祸乱产生的根由，是以言语为阶梯的。"说的就是这种情况。

乃唐之有专官也，隶于门下省，则与宰相为僚属，而听治于宰相，法犹善也。所以然者，天子之职，论相而已矣。论定而后相之，既相而必任之，不能其官，而唯天子进退之，舍是而天子无以治天下。夫天子无以博察乎人之贤奸而悉乎民之隐志，唯此一二辅弼之臣寄以子孙黎民者，为其所谨司。然而弗能审焉，则天子无以为天下君。若夫必置谏官以赞其不逮者有故：大臣者，一谏而善道之，再谏而昌言之，三谏而危言之；然而终不庸焉，则引身以退，大臣之道也。故唯宗社安危，贤奸用舍，生民生死之大司，宰相执之，以弼正天子之愆，而自度其去就。若夫天子一言之不合，一动之不臧，好尚之不端，喜怒之不节，见端于微，未形于大，宰相屑屑然以力争，争而不从，不从而不去，则辱其身；不从而急去，则遗其君。故宰相必靳于其小，而以封驳争论之权授之谏官，而后宰相得以持其大，而为进退之大经。故唐之制犹善也。

【译文】唐朝有了建言的专设之官，隶属于门下省，是宰相的僚属，听命于宰相的，这种制度还是好的。所以说它好，是因为天子的职责，只是确定宰相的人选而已。确定之后就任命其人为相，任命后就必定会信任他，如果宰相还是不称职，就只有天子能任免他，除此以外天子无法治天下。天子无法广泛体察人们的贤良奸邪，全部了解民众内心深处的志愿，而只有这一两个宰辅大臣才是可以把子孙和黎民百姓托付给他的，让他为天子谨慎地主持国政。如果不能审察宰相，那么天子就没有办法成为天下的君主了。必须设置谏官以协助天子于力所不及的地方，这也有其原因的：大臣向天子进谏，第一次时要委婉讨论而引导君主，第二次时要明确提倡，第三次则要很严肃很严重地说，如果这样还是不能被君主采纳，就引身而退，这是大臣之道。所以只有宗庙社稷的安危、贤良奸佞的任免、百姓生死相关的大事，是由宰相来掌管的，以此来辅弼和修正天子的过失，而自己也要衡量自己是该继续在位还是离去。如果与天子一言不合，一个举措不善，天子喜好不正的东西，喜怒没有节制，那么一叶知秋，在事情刚刚有苗头阶段还未很严重时，宰相就应该不辞辛苦地来讨论，反复争论了而天子还是不听，不听如果还不辞官，那就是辱没了自身；但如果天子不听而没有经过反复多次的争辩就急急忙忙地辞官离去，那就是抛弃君主。所以宰相必须在小处着眼，而把大的争辩反驳之权交给谏官，而后宰相才能掌握大的格局，以此作为担任宰相官位或离去的大经大法。所以说唐朝的制度还是好的。

宰相之用舍听之天子，谏官之予夺听之宰相，天子之得失则举而听之谏官；环相为治，而言乃为功。谏官者，以绳纠天子，而非以绳纠宰相者也。天子之职，止此一二日侍密勿心膂之大臣，弗能决择而委之谏官，则天子旷矣。天子旷而繁言兴，如是而不乱者，未之或有。仁宗诏宰相毋得进用台官，非中丞知杂保荐者毋得除授，曰："使宰相自用台官，则宰相过失无敢言者。"呜呼！宋以言语沓兴，而政紊于廷，民劳于野，境蹙于疆，日削以亡，自此始矣。且夫宰相之非其人，有自来矣。上之所优礼而信从者，必其所喜者也。下之诡遇而获上之宠者，必上之所歆者也。上喜察察之明，则苛烦者相矣。上喜呴呴之恩，则柔茸者相矣。上贪黩武之功，则生事者相矣。上利锱铢之获，则掊克者相矣。上耽宴安之逸，则擅权者相矣。上逐声色之欲，则导淫者相矣。上惑佛老之教，则妖妄者相矣。上寄耳目于宦寺，则结奄竖者相矣。上委国政于妃嫔，则交宫禁者相矣。天下不患无君子，而不能获上于所不好。天下不能无小人，而不能惑上于无所迷。故谏官以其犯颜无讳之危言，绳之于早，纠之于微，则木不腐而蠹不生，形不污而影不黯；宰相之可否，入明鉴之中，莫能隐蔽。又岂待谏官之毛举细过以加其上，而使不足以有为乎？

【译文】宰相的任免听命于天子，谏官的任免听命于宰相，天子的得失听命于谏官；环环相扣地彼此配合来实现治理，建言才可能成功。谏官，是纠正天子的，而不是纠正宰相的。天子的职责，只是和一两个每日侍从在身边、处理机要大事的心腹大臣相处就好了，如果对宰相之位不能抉择而交给谏官，那么天子就失职了。天子失职就会有众多杂言碎语出现，如此而朝纲不乱的，是未曾有过的。仁宗诏告宰相不得进用台谏官员，如果不是由御史中丞等官员举荐的就不准任用为谏官，还说："让宰相自己任用台谏官员，那么宰相的过失就无人敢言了。"呜呼！宋朝因为杂言迭出不穷而朝政紊乱，民众在民间也变得操劳，边疆的领土日益减少，整个王朝日益削弱以至于灭亡，就是自此开始的。而且宰相不是恰当的人选，也是有原因的。君主所优待而且信从的，必定是君主所喜欢的。下面的人通过不正当的手段而获得君主的恩宠，一定是君主所羡慕的。君主喜欢明察秋毫，那么苛刻繁琐的人就会担任宰相。君主喜欢温和的恩惠，那么温和柔软的人就会担任宰相。君主贪图武功，那么喜欢生事立威的人就会担任宰相。君主喜欢锱铢必较地攒小钱，那么剥削民众的人就会担任宰相。君主喜欢宴乐安适，那么擅权的人就会担任宰相。君主喜欢追逐声色犬马的欲望，那么引人堕落的人就会担任宰相。君主喜欢让宦官做自己的耳目，那么与宦官交好的人就会担任宰相。君主把国政交给嫔妃，那么与后宫交好的人就会担任宰相。天下不担心没有君子，但君子不会因为君主所不喜好的事而获得天子的信任。天下不可能没有小人，但如果君主无所迷，那么小人的伎俩也就没有用武之地。所以谏官用他们冒犯龙颜无所避讳的直言，在天子的过失还处于萌芽、还很微小时就加以纠正，那么木头就不会腐烂而蠹虫也不会产生，身子不曾污秽而身影也就不会黯淡；宰相是否合适，以君主的明鉴而无人能够隐藏。又哪里需要谏官陈词宰相的微小过失，而使宰相不足以有所作为呢？

是道也，自天子以至于修士，未有不以此为听言之经者也。言之益也，在攻其过，而诏以其所不知。然而有辨矣。或听言而悟，或听言而迷。刚愎以自用，则祸至而不知。无主而听荧，则衅生于不审。故曰乐闻天下之言，而恶天下之以言为尚。道之迹相背而实相成者，唯君子能辨之。

【译文】这个道理，从天子到修行之人，没有不把这个道理当成是听取言论的原则的。言论的好处，在于批评他的过失，而使他看到自己以前不知道的。然而这里还有要说的。有的人是听了人家的话而醒悟，有的人是听了人家的话而迷惑。刚愎自用的人，就算灾祸到了眼前也不知道是为什么。没有主见而只是随便听从别人的话就会迷惑，那么祸患的萌芽就会在你未曾细加审查的时候萌生出来。所以说乐于听天下的建言，但嫌恶天下人都崇尚建言。大道在外表上和大道是相反的，但实际上两者却是彼此成就的，这只有君子才能明辨其中的道理。

有言于此，攻己之失而尽其辞，君子之所乐也。言虽不当，抑必有当焉者矣。即无所当，而不欲拒之以止人之忠告也。有言于此，攻人之失而发其隐，君子之所恶也。言虽非私，必有私者伏矣。即果无私，而不欲行之以启人之讦谤也。故君子之听言，止以自攻。

【译文】有人发表言论，是批评自己的过失而全部表露出来，这是君子所愿意做的事。他的话虽然未必得当，但一定会有得当的地方。即使没有得当的地方，他也不想拒绝别人给予的忠告。有人发表言论，是攻击他人的过失而且揭发他人的隐私，这是君子所厌恶的。他的言论虽然不是说的私事，但内心中一定隐藏着私心。即使果真没有私心，他也不应该说出来而引发人们的攻击诽谤。所以君子听别人的言论，只是用来自我批评而已。

岂徒天子之于宰相为然邪？百执之得失，有司之功罪，司宪者治之矣。天子以含弘之德临其上，育其才而进之以所未逮。人乃以自劝于修为，而乐效其职。而越位以持人之短长者，矫举纤芥，摘发暮夜，以败人之名节而使自弃，固明主之所必远。

【译文】难道只有天子对于宰相才是如此的吗？百官的得失，有关部门的功罪，监察部门也都会加以治理的。天子以包容盛大之德而君临其上，培养他们的才能增长，让他们的不足得以长进。人们就会自己努力以增进修养，而乐意在自己的职位上效力。但是越过职权范围来议论别人短长的人，把别人微小的过失也要罗列出来矫正，揭发他人的隐私，如此败坏别人的名声而使别人自暴自弃，显然是贤明的君主必须要远离的。

抑岂徒天子之听谏官为然邪？庶士之族，亦有亲疏；闾里之交，亦有比耦；其离其合，自以其伦而为厚薄。而浮薄之士，喜谈臧否者，攻其所不见，述其所未闻，以使猜疑，固修士之所必绝。

【译文】难道只有天子听取谏官的建言才是如此的吗？庶民士人的宗族，也有亲疏；街头巷尾的交往，也有好的朋友；他们彼此的离合，自然是以彼此间的合拍与否而有关系厚薄的区别。但轻浮浅薄的士人，喜欢评头论足，以别人未曾见过的事来攻击某人，以别人未曾听过的事来败坏某人，使人产生猜疑，这显然是修身的士人一定要断绝的。

且岂徒攻人之过以相排陷者为然邪？朝则有章，家则有法；先王之精意，不可以小利疑其不宜；先正之格言，不可以私心度其未至。而称引繁杂，琐陈利害，快愚贱之鄙心以要誉，乘时势之偶然以改图。一人之识，而欲尽天下之理；一端之得，而欲强百致之齐。凭臆见以亏短成法，倚古语以讥驳时宜，言不如其心，心不如其理，穷工极变，以蛊人心而乱常道。尤有道者之所必绝，而不使敢干[①]。

【注释】①干：冒犯。

【译文】而且难道只是攻击别人的过失来排挤他人才是如此的吗？朝廷有朝纲，家庭有家法；先王的精微意旨，不能因没有带来小利益就怀疑它是不适宜的；历代先哲的格言，不能以自己的私心来猜度它还有哪些没达到的疏漏之处。而有人却旁征博引，琐屑地陈述利害，让愚贱之人、鄙陋之心称快而求得声誉，乘着时势的偶然机会而主张改革。自己一个人的见识，就想要明白尽天下的道理；一个事情上有所得，就想要强行推广到所有的事物上去。凭着自己的臆见来评说过去成法的不足，却又以古人之语来讥评当前的政务，所说的和心里想的不一样，所想的和事情真相也不一样，穷尽巧妙、极尽变化之能事，用来蛊惑人心而扰乱常道。这是有道者尤其要必须根绝的，不要让他敢于冒犯。

夫君子所乐听人言者，嗜欲之不戢，器识之不弘，学问之不勉，好尚之不端，喜怒之不节，动止之不庄，出话之不正。勿惮我之威，勿疑我之拒，勿薄我为不足言，勿恕我以姑有待。如石攻玉，必致其精；如绳裁木，必壹于正。则薰沐以求之，拜稽以受之，而唯恐其易尽。如其刚直之气，不以加我而以加人，则小臣仆妾且将不可以一言入而刑赏及之，况仅此一二坐论之元臣，而授荣辱之大权于悠悠之心口哉？

【译文】君子乐于听取别人的建言，是想通过别人来提醒自己，嗜欲没有收敛，器识没有宏大，学问不够勤勉，喜好不够端正，喜怒不够节制，举止不够端庄，出言不够正派。要让建言者不害怕我的威势，不怀疑我会拒绝，不轻视我是个不值得建言的人，不宽恕我而姑且等着我。就像拿着石刀来雕琢玉器一样，一定要让玉器达到精美；就像用墨绳来给木材画线一样，一定要让木材完全正直。所以就沐浴己身来恭求别人的建言，稽首下拜来接受别人的建言，如此都还嫌他说的太少。如果把那种刚直之气，不是要求自己而是去要求别人，那么就连小臣奴仆都会因为不能听进一句话而遭到刑罚或赏赐，何况是仅有这一两个坐论天下的宰辅大臣，而把决定荣辱的大权都交给那些凡俗的言论吗？

自仁宗之为此制也，宰执与台谏分为敌垒，以交战于廷。台谏持宰执之短长，以鸷击为风采，因之廷叱大臣以辱朝廷，而大臣乃不惜廉隅，交弹而不退。其甚者，有所排击以建其所欲进，而巨奸且托台谏以登庸，害乃伏于台辅。宰执亦持台谏之短长，植根于内庭，而假主威以快其报复。于是或窜或死，乃至褫衣受杖，辱当世之士，而好名者且以体肤之伤毁为荣。其甚者，布私人、假中旨、以居掖垣[①]，而自相攻击，害又中于言路。季世之天下，言愈长，争愈甚，官邪愈侈，民害愈深，封疆愈危，则唯政府谏垣不相下之势激之也。仁宗作法之凉，延及五百年而不息。求如唐之谏官宰相同寮而不忧其容隐者，且不可得。况古之无人不可谏，用匡君德，而不以尚口为习俗者，养敦庞刚正之元气以靖邦家，其得失岂寻丈之闲哉？

【注释】①掖垣：唐朝门下、中书两省，在禁中左、右两掖，称为“掖垣”。后亦用以称类似的中央部门。

【译文】自从仁宗实施这个制度后，宰相与台谏之官就敌对起来了，在朝廷中彼此口舌相争。台谏官员抓住宰辅大臣的某些短处，猛烈攻击以展现自己的风采，因而在朝廷上叱责大臣而使得朝廷也受到侮辱，而大臣也不顾惜自己的原则操守，被人弹劾也不引退。更有甚者，还通过排挤打压他人来为任用自己想用的人开路，而大奸之人则依凭着台谏官员的引荐而被任用，这就使祸害隐藏在朝廷大臣之中了。而宰辅大臣也抓住台谏官员的短处，在朝廷中培植自己的力量，借着君主的威严而对台谏进行打击而快意于心。于是有人被流放，有人被害死，甚至于被脱下衣服用棍棒责打，羞辱当世的士人，而好名的人甚至以自己身体受过棒打为荣。更有甚者，安插私人亲信，假借君主意旨，以身居朝廷枢要重地，而与同僚彼此攻击，其害处还堵塞了正常的建言渠道。宋朝晚期的天下，言论越来越长，斗争越来越激烈，官员的邪恶越来越重，民众的祸害越来越深重，国家的疆土也越来越危险，这都是朝廷中的谏官与宰相互不相让的形势激发而成的。仁宗这一做法之后患，延续了五百年还未停息。想要回到唐朝那样，谏官与宰相同处一堂而不用担心彼此之间不包容，已经不可能了，更何况是古代那种什么人都可以建言，用以匡正君主的德行，但也并非崇尚口头言论的风气，而是培养敦厚、宽宏、刚正的元气来安邦定国，两相比较，其得失差别何止千里万里呢？

自仁宗之为此制也，吕夷简即以逐孔道辅等十人，而余靖、孙沔旬日再窜。廷臣水火之争，迄于徽、钦，无日无人不争为鼎沸。论史者犹以为善政，则甚矣一曲之士，不足与言治道也！

【译文】自从仁宗实施了这一制度，吕夷简就用它赶走了孔道辅等十人，而余靖、孙沔十几天内就两次被流放。朝廷如同水火不相容一样争斗，一直到了徽宗、钦宗时期，没有哪天没有哪人不争斗得如同煮开的锅一样。评论历史的人还认为这是善政，那这种人只是孤陋寡闻的人，是不足以和他们讨论治国之道的！

八

元昊之必反，弗待其后事而知之。今立于五百年之余，不揣而信其必然，况当日乎？粤自继迁之死，子弱国危，弗能制其死命，漫曰以恩致之，实则输锦绮以献笑，丐其不相凌暴而已。于是而西陲撤备，将帅戢身，戍兵束手者，垂三十年，而昊始反。计德明之世，无亡矢折镞之患，拥盐池苑马之资，藉中国金缯之利，休养其人，以奡岸于河山险固之地，虽微元昊，且将鹰饱而飞；况昊以雄狡之才，中国久在其目中，而欲使弭耳以驯于柙也，庸可得乎？

【译文】元昊必定会反叛，这不用等到事情发生后就能知道。今日在五百年之后，不用多想就能知道那是必然的，何况当时呢？早在李继迁死后，他继位的儿子弱小而国家也危险，而宋朝不能制他于死命，漫称以施恩惠来达到和谐，实际上是送他礼物而与他交好，求他不对我施以凶暴而已。于是西部边境也撤除了防备，将帅也收身无所作为，戍守边关的士兵也都拱手无为，这样过了三十年，元昊开始反叛了。回想李继迁长子李德明在位之世，没有用兵争战的忧患，而有盐池养马的资源，凭借宋朝送来金帛的好处，休养他的人民，在河山险要坚固之地居高临下，那么即使没有元昊，也将如同老鹰吃饱了一样一飞冲天；何况元昊以其雄强狡诈的才能，中国的情况长期被他看在眼里，而要他俯首帖耳地在笼子里驯服，怎么可能呢？

于是而宋所以应之者，固宜其茫然也。种氏以外，无一人之可将，中枢之地，无一策之可筹。仅一王德用之拥虚名，而以“貌类艺祖[①]、宅枕乾冈”之邪说摇动之，而不安于位。狄青初起，抑弗能乘其朝气、任以专征，不得已而委之文臣。匪特夏竦、范雍之不足有为也。韩、范二公，忧国有情，谋国有志，而韬钤之说未娴[②]，将士之情未浃，纵之而弛，操之而烦，慎则失时，勇则失算。吟希文“将军白发”之歌，知其有弗获已之情，四顾无人，而不能不以身任。是岂足与狡诈凶横之元昊争生死者哉？其所用以直前者，刘平、石元孙、任福阘茸轻脆之夫也[③]。则昊之不能东取环、延，南收秦、陇，以席卷关中者，幸其无刘渊、石勒之才也。

【注释】①艺祖：指有才艺文德的祖先；太祖或高祖的通称。

②韬钤（tāo qián）：古代兵书《六韬》《玉钤篇》的并称，后泛指兵书或用兵谋略。

③阘茸轻脆（tà róng qīng cuì）：阘茸，资质驽钝愚劣。脆，通“脆”。轻脆，软弱之意。

【译文】于是宋朝用以应对元昊的，显然就很茫然。除了防守西北的名将种氏家族以外，没有一个人可以担任将领，朝廷中枢之内，没有一条良策可以想出来。仅有一个王德用有知枢密院的虚名，还因为有“王德用相貌类似太祖，而且住宅风水好，处在西北乾位的山冈上”这样的说法来动摇他的地位，使王德用不能安心于官位。狄青刚刚崭露锋芒的时候，也不能乘着他的朝气而委任他专门作战，不得已而把西方边境事务交给了文臣。不只是夏竦、范雍对边境事务不能有所作为，就是韩琦、范仲淹两位大臣在西域边陲期间，忧国忧民，也有志愿为国谋划，但用兵谋略不娴熟，与将士的感情也不够融洽，放松点则军队松弛，紧张点又很烦琐，谨慎起来就错失战机，果敢的时候又谋划失算。吟诵范仲淹“将军白发”的诗句，就知道他志愿不能实现的心情，环顾四周没有可用之人，而不能不自己亲力亲为。这怎能与狡诈凶横的元昊进行你死我活的战斗呢？仁宗用以统帅军队的，是刘平、石元孙、任福这些资质驽钝而软弱的人。那么元昊不能向东攻取环州、延州，南下占领秦陇而后席卷关中地区，幸亏因为他不具备刘渊、石勒那样的才能。

故韩、范二公之任此，良难矣。三十年闲，执国柄以赞庙谟者谁邪？李沆四方艰难之说，无可告语，而仅以属之王旦，旦亦弗能效也。曹玮忧元昊之状貌非常，不得昌言，而仅以语之王鬷，鬷固弗能信也。君饰太平以夸骄虏，臣立异同以争口舌，将畏猜嫌而思屏息，兵从放散而耻行枚[①]。率不练之疲民，驭无谋之蹇帅，出入于夏竦、王沿公之间，吕夷简复以疲痹任心膂而可否其上，才即倍蓰于二公，亦弗能振宿萎之枝，而使翘然以起。则不能得志于一战，而俯首以和终，无足怪者。

【注释】①行枚：行阵衔枚。指征战之事。

【译文】所以韩琦、范仲淹二公担任守边之职，实在是困难啊。三十年来，掌握国政协助君主统理策划国家大计的人是谁呢？李沆说四方都很艰难，没有可以多说的话，而只是把事情交给王旦，而王旦也不能取得成效。曹玮忧心元昊的异状不同寻常，但又不能充分地向上陈述，而只是告诉了王鬷，王鬷显然不信曹玮的说法。君主修饰太平以向骄横的外敌夸耀，大臣们彼此间以不同的政见而陷入口舌之争，将帅们害怕君主的猜疑而想要无所作为，士兵们放纵散漫而以征战为耻。率领没有严格训练的疲惫之民，驾驭缺乏谋略的驽钝将帅，西部边境的事务在夏竦、王沿手中左右，吕夷简又以疲惫的状态担任心腹大臣而决定西部边境的方略可否实施，那么即使才能比韩琦、范仲淹还要加倍，也不能振兴早已枯萎的树枝，而使它昂然向上。所以宋朝不能以一战来定和平，而只好以俯首讲和而告终，也就不足为怪了。

乃以其时度其势，要其后效，宋之得免于危亡也，二公谋异，而范公之策愈矣。任福之全军覆没也，范公过信昊之可抚而堕其术中也。韩公力主进兵会讨，策昊之诈，而自戒严以行边，则失在范，而韩策为长。然范之决于议抚者，度彼度此，得下策以自全者也。

【译文】就以当时的局势来判断，要想有个长期的良好成效，以使宋朝得以免于危亡，那么韩、范二公的策略不同，而范仲淹的策略更佳。任福全军覆没，范仲淹是过于相信元昊可以安抚而掉进他的骗术之中。韩琦力主进兵会合征讨元昊，考虑到元昊的狡诈，就自行戒严而巡行边防，在这一点上，失误在范仲淹，而韩琦的策略为优。但范仲淹决定采取安抚政策，是考虑了双方彼此的状态，才出此下策而希望得以保全。

古今有定势焉，弱者不可骤张而强，强者可徐俟其弱。故有不必危亡之势，而自贻以危亡者，以不可张之弱尝试而争乍张之强也。夫前之自萎以积弱而养昊之强者，已如彼矣。然彼虽强，而未尝无所惮也。以一隅而敌天下，则贫富不相若。以孤军而抗天下，则众寡不相若。内患未起，而人利于安存，则撼我也难。内治犹修，而人不思外附，则诱我也无术。固本自强，以待其疲，犹足恃也。而无识者，蹶然而起，以希非望之功。驱积衰之众，糜无益之财，投进有可前、退有可却之散地，挑进则利、却则死之狡寇，姑与薄侵其边疆，而堕其陷阱。一尝之而败矣，彼气增而我气折矣。再尝之、三尝之，而无不败矣，彼气弥增而我气折尽以无余矣。彼固未能如是其勇，我以勇贻之也。我且未必如是其怯，自教吾人以怯也。前之有所惮者，无可惮矣。有所疑者，无可疑矣。则虽有勇将劲兵以继其后，彼且无所惧，奋死以相搏，而势终不敌。元魏之于六镇，契丹之于女直，女直之于蒙古，皆是也。不然，以土地甲兵刍粮之富，率有余之众，卫久立之国家，以捍乍兴之小丑，奚其不敌，而瓦解以亡哉？

【译文】古今都有固定的规律，那就是弱者不可能突然间就扩张而变得强大，而强者则可以慢慢地等他变弱。所以不一定是危亡的形势，自己却能让自己处于危亡之中，这是因为用不可突然变强的弱小尝试着一夜之间就变强。以前自我削弱的积弱形势，而滋养了元昊的强大，已经如此了。然而元昊虽强，但不是没有害怕的东西。比如，以一隅之地而与整个天下为敌，则在贫富上是不能匹敌的。以自己的孤军与天下为敌，则在人数上也是不能匹敌的。如果宋朝自己没有内部的祸患，人们就安于日常生活，那么元昊要撼动我大宋也是很难的。如果自己内部的治理是完善的，那么国人就不会想依附外敌，那么元昊就算引诱我们也是没有办法的。自己加固根本而自强，以等待元昊的疲惫，这是足以依赖的方针。而没有见识的人突然跃起，想要建立超越常规的功劳。于是驱使积弱的民众，浪费无益的钱财，把他们放在既可向前、又有退路的四散之地，去挑衅进则有利、退就死亡的狡诈敌寇，姑且少量地侵犯他们的边疆，而落到他们的陷阱之中。一次战败了，敌寇的士气增长而我方的士气受挫。再次尝试、三次尝试，结果都是战败，敌寇的士气更强了，而我方的士气则损失殆尽了。敌方本来不是那么勇敢的，是我们把勇气给了他们。我们也未必是如此怯弱的，是我们自己让自己人怯弱的。本来敌寇还有所忌惮，现在没有忌惮了；本来敌寇还有疑虑的，现在也没有疑虑了。那么我们虽有勇猛的将帅、精锐的部队作为后继，而敌寇也无所畏惧，殊死相搏，而我们终于不能匹敌。历史上元魏对于六镇，契丹对于女真，女真对于蒙古，也都是这样的。不然的话，凭借富有的土地、甲兵和粮草，率领更多的军队，保卫历史长久的国家，来对抗突然兴起的小丑，怎么会不能抵挡，而瓦解消亡呢？

使如韩公徇夏竦之策，并数路之兵，同出一道，用争胜负，人怀异心，而投之虏穴。彼尽锐以攻其瑕，一将衅而全军骇溃，内地更无坚守有余之兵，岂徒鄜、延、泾、原之不可保哉？关中麋烂，而汴、雒之忧亦棘矣。范公之镇延州也，兴营田、通斥候[①]，修堡砦，种世衡城青涧以相策应，缓夏竦之师期，按兵不动，以观其衅。使得如公者以终其所为，财可充，兵可用，将可择，俟之俟之，元昊死，谅祚弱，无难折棰以收为外臣。即未能然，而不驱尝试之兵，送腰领以增其骄悍，金城屹立，士气犹存，元昊虽强，卒不能渡河而有尺土。此范公之略，所繇愈于韩公者远也。

【注释】①斥候：古代的侦察兵。

【译文】假使韩琦采用夏竦提出的策略，合并数路军队，同时出击来争取胜利，但是人们各自都有不同的想法，而把他们投放在敌寇的巢穴中。敌人就会以全部精兵攻击我军的薄弱之处，而一个将领战败了，全军都会惊骇和溃败。然后内地就再没有多余的可以坚守的士兵了，岂止是连鄜州、延州、泾州、原州都保不住呢？整个关中地区也会被蹂躏，然后中原的汴京、洛阳也都堪忧了。范仲淹镇守延州，兴建营田、派兵侦察、修整营寨堡垒，种世衡修建青涧城与范仲淹彼此策应，推迟了与夏竦的会师时间，按兵不动，观察战局中敌人的弱点。如果能像范仲淹所设想的那样坚持到最后，宋朝就会钱财充足、军队有战斗力、有将领可以挑选，这样等待等待，到元昊死后，他的儿子李谅祚还弱小，此时不用费力就能把李谅祚收服为宋朝的外臣。即使不能如此，也不用驱动军队尝试着作战，送上自己的要害还增加了敌方的骄悍之气，这是何必呢？而如果我方的坚固防御屹立不倒，士气还在，那么元昊虽然强悍，最终也不能渡过黄河而占有宋朝的一寸土地。这就是范仲淹的策略远超韩琦策略的原因。

可移者石也，不可移者山也。无土以障之，则河不决；无水以溅之，则油不炎。使汉高以武帝之兵临冒顿，则汉必危；抑使杨镐、王化贞以范公之策保沈、辽，则国必不毙。是道也，持于积弱之余，而以救其失者也。急庸人之所缓者，建威之弘略；缓庸人之所急者，定倾之成算。无事而嬉于堂，闻变而哄于市，今古败亡之券，可不鉴诸！

【译文】可以移动的是石头，不可移动的是高山。没有土来阻挡，河水就不会决口；没有水溅到沸油里，沸油也不会起火。假设汉高祖用汉武帝的部队来对抗冒顿，那么汉朝必定危险了；假设明朝的杨镐、王化贞采用宋朝范仲淹的策略来守卫沈、辽地区，则明朝必定不会灭亡了。这个策略，是在国家积弱的情况下采用，而能挽回一些不利局面。急速地把庸人拖沓的事情办好，这是立威的宏伟战略；放缓庸人急于想办的事情，这是挽救危亡的策略。无事时就在朝堂上嬉笑，听闻变乱了就在闹市中哄闹，这是古今败亡的铁证，能不加以借鉴吗！

九

人之不能有全才也，唯其才之有所独优也。才之所规，遂成乎量。才所独优，而规之以为量，则量穷于所规，规之内有余，而规之外不足。呜呼！夫孰知不足者之能止于其分，而无损于道；有余者求盈于所规之外，治之而实以纷之也。观于韩、范二公可见矣。韩公之才，磊落而英多，任人之所不能任，为人之所不敢为，故秉正以临险阻危疑之地，恢乎其无所疑，确乎其不可拔也。而于纤悉之条理，无曲体求详之密用。是故其立朝之节，直以伊、周自任，而无所让。至于人官物曲之利病，吉凶变动之机宜，则有疏焉者矣。乃以其长用之于短，其经理陕西也，亟谋会师进讨，而不知固守以待时；多刺陕西义勇，而不恤无实而有害；皆用其长而诎焉者也。若法度、典礼、铨除、田赋，皆其所短者。而唯其短也，是以无所兴革，而不启更张之扰。

【译文】人没有全才的，有的只是在某些领域的特长而已。才能的范围领域，就成为格局了。特长在领域内而形成格局，格局就在某些领域内有效而不能超出。那就是说他的特长在某些领域有余，在其他领域则不足。呜呼！知道自己才能不足而不超出他才能的范围去做事，那么对大道就没有什么损害。而在某个领域的特长有余，于是就想在这个领域之外也要发挥施展，于是求治反而是添乱了。看看韩琦、范仲淹二公就可以知道了。韩琦之才，是为人磊落而多英气，能承担别人所不能承担的，做别人所不敢做的，所以让他秉持正气面对险阻危疑的局面，他心胸宽广而无所疑虑，确切坚定而不可动摇，是合适的人选。但他对于事物纤微复杂的条理，就没有由详细精当的考察而来的缜密措施了。所以他立身于朝廷表现出的节操，直接以伊尹、周公自任而无所推辞。但他对于人物官员、事物特性这些利弊、以及吉凶变化的机宜，在这些领域他就有所不足了。但是却把他的长处用在了他不擅长的领域，当他处置元昊的事务时，急切地谋划会师征讨，而不知固守等待时机；在陕西征召民众组成义勇之军，却不顾虑这样做没有实际效果反而是有危害的；这都是想用韩琦的特长但反而适得其反。至于像国家的法度、典礼、选拔官吏、征收田赋等事，都是韩琦的短处。而正是他的这些短处，让他没有什么变革举措，而没有引发改革制度章法的困扰。

而范公异是。以天下为己任，其志也。任之力，则忧之亟。故人之贞邪，法之疏密，穷檐之疾苦，寒士之升沈，风俗之醇薄，一系于其心。是以内行修谨，友爱施于宗族，仁厚式于乡间，唯恐有伤于物，而恶人之伤物也独切。故以之驱戎，无徼功之计，而致谨于缮修自固之中策。唯其短也，而善用之，乃以终保西陲，而困元昊于一隅。若其执国柄以总庶务，则好善恶恶之性，不能以纤芥容，而亟议更张；裁幸滥，核考课，抑词赋，兴策问，替任子[①]，综核名实，繁立科条，一皆以其心计之有余，乐用之而不倦。唯其长也，而亟用之，乃使百年安静之天下，人挟怀来以求试，熙、丰、绍圣之纷纭，皆自此而启，曾不如行边静镇之赖以安也。

【注释】①任子：因父兄的功绩而得以保任授予官职。《宋史·范仲淹传》记载，范仲淹曾上书建议大臣不得荐子弟任馆阁之职，以使任子之法不至于冗滥无所限制。

【译文】而范仲淹就与此不同。以天下为己任，这是他的志向。因为承担天下事的担当非常诚挚，所以他的忧心也就特别急迫。所以人们的正邪、法度的疏密、穷民的疾苦、寒士的升降、风俗的厚薄，全都系挂在他心头。所以他对自己是谨慎地修养品行，对外则对宗族加以友爱，在家乡以仁厚为表率，唯恐对他人对事物有所伤害，而尤其厌恶他人对人事物的伤害。所以让他来驱除外敌，他就没有求得功勋的动机，而是为了尽量减少对人事物的伤害而采取了谨慎缮修城寨以自固的中策。这正是对他的短处善加利用，所以才最终保住西部边陲，而把元昊困在一隅之地。如果让他执掌朝政来总管众多事务，那么以他追求正义厌恶邪恶的个性，不能容忍丝毫的邪恶，他必然会急切地采取变革措施：裁减凭君恩而额外任命之官，核实对官员的考核，减少科举中的辞赋科目，重视科举中的策问科目，严格任子制度，总体考核名实是否相符，设立许多条例规定等等。这都是他内心考虑得多，而乐于实施也不感到疲倦的。这是他的长处，而急切地任用，结果使一百年来安静的天下，而人人都挟着私心来求得试用，熙宁、元丰、绍圣年间的纷纭混乱，都是由此而开始的，那么就不如让他镇守边境而使边境安宁为好。

繇是观之，二公者，皆善用其短，而不善用其长。故天下之不以用所长而成乎悔吝者，周公而后仅见其人也。夫才之所优，而学亦乐赴乎其途；才既优之，学且资之，喜怒亦因之而不可遗。喜怒既行，而物之不伤者鲜矣。才注于斯，学效于斯，喜怒循斯以发，量之所规，不能度越乎斯，而欲以此概及乎规之所不至；则何如不足其所不足者，上怵心于天时，下增疑于物理，谨以待物之至，而治之以时，使可受益于天人，而量固未尝不弘远也。

【译文】如此来看，韩、范二公，都是善用他们的短处，而不善用他们的长处。所以天下不因为用其所长而使人后悔的，这在周公之后反而是极少见到的。才能有某种长处，而学问也乐于这个方向；后来才能既已优秀，还有学问的助益，于是喜怒也就与才能分不开了。喜怒既已产生，而对人事物不产生伤害的就极少了。才能关注于某一领域，学问也在这个领域内效力，喜怒由此而生，但格局的领域不能超越，可是心里却想要达到领域之外；那么何不如就承认自己的不足，向上而在心中对天理感到敬畏，向下对事物的道理勤学好问，谨慎地等待事物的变化，而根据时机是否成熟来加以治理，以使人和上天都受到好处，这样的格局未尝就不宏伟远大。

才之英发者，扩而充之，而时履于危，危而有所惩则止。故韩公之于西夏，主战而不终，其刺义勇也，已敝而终改。若其折母后，定储位，黜奸奄，匡幼主，无所三思以直行其道，则正以不劳形怵心于细故，而全其大勇。而范公忧之已急，虑之已审，乃使纤曲脂韦之士，得依附以售其术，固自天下已任之日，极其量而不得有余矣。

【译文】英气豪放之才如韩琦，超出其领域的扩充实施，就会不时地遭遇危机，在受到惩戒后才能停止。所以韩琦对于西夏，主战而没有坚持到底，他主张征召民众组成义勇之军，事情已显现弊病而终于加以改正，这都是受到惩戒而后停止的例子。但是他抑制母后之权，确定太子之位，废黜奸人宦官，扶助年幼的君主，没有反复思虑就直接按照道义去做，这正是因为他没有费心费力考虑那些细小的枝节，而成全了他的大勇。而范仲淹对天下之事的担忧已经很着急了，思考得已经很仔细了，结果使那些思考细密曲折、为人油滑的士人，得以依附而兜售他们的道理。显然在范仲淹以天下为己任的那天起，他的格局就达到了极限而不能超越了。

苟为君子，则必知所敬矣。才所不足，敬自至焉。才所有余，不觉其敬之弛也。唯其敬也，是以简也。才所有余者，欲简而不能。才所不足者，欲不简而不得。简之必敬，敬则不容不简。以此而论二公，韩之蔽于所长者仅也，而范公已甚矣。天章阁开之后，宋乱之始也。范公缜密之才，好善恶恶之量为之也。是以缜密多知之才，尤君子之所慎用也。

【译文】如果是君子，就一定知道诚敬。才能有所不足，自然就会有诚敬之心。才能绰绰有余的地方，不知不觉地，诚敬之心就放松了。正因为有诚敬，所以就会简约。才能绰绰有余的地方，想简约也做不到。才能不足的地方，想不简约也不可能。简约就一定会诚敬，诚敬就不容得不简约。以此来评论韩、范二公，韩琦被他的长处所蒙蔽的地方是很少的，而范仲淹就较严重了。仁宗在天章阁召见大臣咨询政见，这是宋朝内乱的开始。也和范仲淹缜密细致的才能，追求公正、厌恶邪恶的格局相关。所以缜密多智的才能，尤其是君子要慎用的。

十

科举试士之法有三：诗赋也，策问也，经义也。宋皆用之，互相褒贬，而以时兴废。夫此三者，略而言之，经义尚矣。策问者，有所利用于天下者也。诗赋者，无所利用于天下者也。则策问之贤于诗赋，宜其远矣。乃若精而求之，要归而究之，推以古先圣王涵泳之仁、濯磨之义，则抑有说焉。

【译文】科举考试的科目有三种：诗赋、策问、经义。宋朝三个科目都采用了，而对此三者各有褒贬，且根据时势而决定或用或废。这三者简略来说，以经义最为尊尚。策问，是关乎天下事兴利除弊的。诗赋，对天下是无所利用的。那么策问应该是远远优于诗赋的。但如果要精细考察的话，从其要点和目的来细究，再以古圣先王所浸润领会的仁、所推敲琢磨的义来推论，则另有道理可说。

经义之制，自唐明经科之帖经始。帖经者，徒取其记诵，则其待士者已末矣。引而伸之，使演其精意，而著为经义，道之所以明，治之所以定，皆于此乎取之。抑使天下之士，成童以后，日紬绎于先圣之遗书①，以厌饫于道腴②，而匡其不轨。故曰经义尚矣。然而不保其不敝者，习之斯玩之，玩之斯侮之，以仁义中正之格言，为弋利掠名之捷径。而支离者旁出于邪，疲茸者偷安于鄙，雕绘者巧乱其真，拘挛者法伤其气，皆所谓侮圣人之言者也。则明经而经以晦，尊经而经以亵，末流之所必趋；纠之以法，而法愈以锢人之心。是其为弊也，已弊而后知之，未弊之前，弊伏而不觉。故君子不能豫度士风之日偷，而废之于先。

【注释】①紬绎（chōu yì）：理出头绪。也作“抽绎”。

②厌饫（yù）：吃饱；满足。饫，饱。

【译文】考试经义的制度，始于唐朝明经科的帖经。帖经，只是考察士人的记诵能力，这样考察士人就是落在枝末上了。引申而言，使士人推演经典中的精意而撰述经义，大道是何以阐明的，大治是如何达成的，都在经义考试中得以选拔。于是使得天下的士人在童年以后，每天对先圣遗留的经典加以思考，以使他们充分地享用大道的丰盛，而匡正他们的不正之处。所以说经义是最尊尚的。然而这不足以保证它没有弊病，学习经典而不严肃对待经典，不严肃对待经典而轻慢经典，以经典中仁义中正的格言，作为猎取功名利禄的捷径。而有的人就会支离破碎地理解经典而走向旁门左道的邪路，有的人就会因为疲沓无能而在浅陋的见识中偷安，有的人就会以雕琢的巧伪道理而乱真，有的人则拘泥死板而伤害经典的本意，这都是轻慢侮辱圣人之言。那么这样的明经，而经义更晦涩，这样的尊重经典，而经典更受到亵渎，末流的人必定走上这样的方向。而如果用法则来纠正他们，则法则会更加禁锢人心。这些弊病，是在出现了弊病之后才能察觉到的，未表现出来之前，弊病就一直潜伏着而无法察觉。所以君子不能预料士人风气的日益浅薄，而废除它在事前。

而弊之显著于初者，莫诗赋若也。道所不谋，唯求工于音响；治所勿问，衹巧绘其莺花。其为无所利用于天下也，夫人而知之，夫人而能言之，则固不得与策问争长矣。策问之兴，自汉策贤良始。董仲舒天人之对，历数千年而见为不刊[①]。嗣起者，竞起以陈当世之务，为得为失，为利为病，为正为邪，为安为危，人百其言，言百其指，以争效之于天子。天子所求于士以共理天下者，正在于斯。以视取青妃白之章[②]，不亦远乎！然为此说者，抑未体乎先王陶淑之深心，以养士习，定国是，知永终之敝，而调之于早者也。

【注释】①不刊：不容更动和改变；引申为不可磨灭。

②取青妃白：斟酌字句以使文句对偶工整，同“取青媲白”。

【译文】而弊病在一开始就比较显著被看出来的，莫过于诗赋了。有的人不求大道，而只是在诗赋的音调格律上追求工巧；治国的事不管不问，而只求于巧妙地描绘花鸟。这一科目对于天下没有用处，人人都知道，人人都能说出来，那它显然不能与策问争长论短了。策问的兴起，是从汉朝的策贤良开始的。董仲舒的《天人之对》，经历数千年仍被视为不可磨灭。而后继者竞相评论当世的事务，其得失、利弊、正邪、安危，人们有成百种说法，说法中有成百种意见，都争相向天子献策。而天子也正要以此而与天下的士人们共同治理天下。这与讲究对偶工整的诗赋相比，不是远远超过了吗！但是这么说的人，并没有体会到先王陶冶人心的深刻用意，诗赋能培养士人的良好风气，安定国家大政方向，可以了解到国家不能长治久安的弊病所在，而能尽早加以调整。

夫先王之造士，岂不欲人抒其规画以赞政纪哉？乃汉之始策贤良也，服官之后，品行已征，成绩已著，三公二千石共保其为醇笃之儒，而后策之。始进之士，固不以此为干禄之径，而自献以言，夫亦有深意存矣。道莫乱于多歧，政莫紊于争讼，士莫恶于揣摩天下之形势而思以售其所欲为。夫苟以策问进之，则士皆于策问习之。陈言不适于时，则倚先圣以护其迂；邪说不准于理，则援往事以文其悖。足未越乎闾门，而妄计九州之盈诎；身未试乎壁垒，而辄争一线之安危。于是诡遇之小夫，心胥史之心，学幕宾之学，依附公门以察其条教，窥探时局以肆其褒讥。人希范、蔡之相倾，俗竞仪、秦之互辩，而淳庞简静之休风，斩焉尽矣。其用也，究以无裨于用也；其利也，乃以成其害也。言诡于下，听荧于上，而民不偷、国不仆者，未之有也。

【译文】先王培养造就人才，怎么不想让人人都表达自己的理想规划来协助国家的政治纲纪呢？汉朝刚开始策问贤良，是在任职为官后，其人的品行已经被证实，其人的政绩已经表现出来，还有三公等高官共同保荐他是一位淳厚诚笃的儒者，然后才会对他进行策问。刚开始进用的士人，显然不是以策问来作为求取官禄的途径的，而他们自己向君主献言，也是富有深意的。大道之乱莫过于众多分歧，国政之乱莫过于彼此争辩不休，士人之恶莫过于揣摩天下的形势而想兜售自己的私心。如果用策问来选拔士人，那么士人都会学习策问的应对。所说的言论不合时宜，那么他就会以先圣的言辞来掩盖自己的迂腐，所说的邪说不合道理，他就会援引历史的往事来文饰自己的错误。脚还没有迈出街巷的门，就狂妄地谋划九州的得失，身体没有在营寨中亲自作过战，就轻率地争论前线的安危。于是侥幸得到赏识的匹夫，其用心如同小官吏的用心一样，学习幕僚宾客的学问，依附于公家之门以窥察执政方略的确定，窥探时局的变化来任意地加以褒贬。人人都要学范雎、蔡泽的彼此倾轧，民间的风俗都竞相推崇张仪、苏秦式的能言善辩，而淳朴宏大简约安静的美好风气就消失殆尽了。策问的作用，终究是无助于国家的，其利益也恰恰让它成了害处。下面的人的言论诡诈，上面的人也受到迷惑，如此而民众不敷衍、国家不灭亡，那是不可能的。

且夫诗赋，则亦有所自来矣。先王之教士而升以政也，岂不欲规之使圆，削之使方，檠之使必正，束之使必驯，无言而非可用，无动而非可法，俾皆庄肃如神，干惕如战，勤敏如疾风，纤密如丝雨，以与天下相临，而弘济艰难哉？然而先王无事此也。幼而舞勺矣，已而舞象矣，已而安弦操缦矣。及其成也，宾之于饮，观之于射，旅之于语，泮涣夷犹[①]，若将远于事情，而不循乎匡直之教。夫岂无道而处此？以为人之乐于为善而足以长人者，唯其清和之志气而已矣。不使察乎天下之利，则不导以自利之私；不使揣于天下之变，则不动其机变之巧；不使讦夫天下之慝，则无余慝之伏于心；不使测夫天下之情，则无私情之吝于己。荡而涤之，不以鄙陋愁其心；泳而游之，不以纷拏鼓其气。养其未有用之心，为有用之图，则用之也大；矜其无可尚之志，为所尚之道，则其所尚也贞。咏歌忾叹于人情物态之中，挥斥流俗以游神于清虚和畅之宇。其贤者，进于道，而以容四海、宥万民、而有余裕；不肖者，亦敛戢其乔野鸷攫之情，而不操人世之短长，以生事而贼民。盖诗赋者，此意犹存焉。虽或沉溺于风云月露之闲，茫然于治理，而岂掉片舌、舞寸管，以倒是非、乱纲纪，贻宗社生民之害于无已哉？

【注释】①泮涣夷犹：泮涣，自由无拘束。夷犹，从容不迫。

【译文】而且诗赋也是有其来由的。古代先王教导士人，进而让他们管理政事，难道不想教育他们该方则方、该圆则圆，矫正而使他们必定正直，约束而使他们必定驯服，使他们说的没有哪句话不能用，做的没有哪个行为不可以被人效法，使他们都庄重肃穆如同神灵，戒慎警惕如同战斗，勤劳敏捷如同疾风，纤微细密如同丝雨，以此来应对天下而拯济艰危吗？然而先王并没有这样做。先王反而是在他们年幼的时候教他们文舞，然后就是武舞，再后就是学习弹琴了。等他们长大成人了，就让他们学习接待宾客的饮礼，学习射箭的射礼，旅行时学习与人交谈，逐渐养成自由而又从容不迫的风度，好像让他远离了具体事务，而且也没有过于强调让他遵循正直的教导。难道这是无道了才这样的吗？不是这样的。先王认为能让人乐于为善而且足以让人进步的，只有他清和的志气而已。不用辨析天下之利，就不会引发他自利的私心；不用揣摩天下的变化，就不会引发他弄机巧；不用抨击天下的邪恶，就没有多余的邪恶藏匿在他们心中；不用猜度天下人的心理，就没有私心让他自己顾惜。涤荡掉这些心理，而不让鄙陋的东西污染他们的心，让他们在音乐舞蹈饮礼射箭中沉浸漫游，不让纷杂扰乱的事情鼓动他们的意气。培养他们无有所用的心，而将来一旦有用，则用处就会宏大；以志向无所向往为向往，则向往就会贞正。于是他们在人情物态中歌咏慨叹，潜移默化中超凡脱俗而让精神神游于清虚和畅的境界。其中的贤者，能够在道业中进步，连包容四海、宽囿万民都有余裕，即使是其中的不肖之人，也收敛了他野蛮凶狠好斗的习气，而不被人世间的飞短流长所动摇，不至于成为惹是生非的无赖。所以诗赋啊，其中还留存着先王的这种用意呢。虽然他沉溺于风云月露之间，茫然于治国之道，而难道会因为玩弄舌辩、舞动笔管而颠倒是非、扰乱纲纪，从而给宗庙社稷和民众带来无穷的害处吗？

繇此言之，诗赋之视经义弗若也而贤于策问多矣。范希文奋起以改旧制，于是而浮薄之士，争起而习为揣摩。苏洵以孙、吴逞，王安石以申、商鸣，皆持之以进；而为之和者，实繁有徒，以裂宋之纲维而速坠。希文之过，不可辞矣。若乃执政之党人，摘策问之短，为之辞曰："诗赋声病易考，策论汗漫难知。"此则卑陋已极，适足资希文之一笑而已。

【译文】据此而言，诗赋虽然比不上经义之学，但却好于策问很多。范仲淹奋起要改变旧制，提倡策问而不重视诗赋，于是浮华浅薄的士人，就争相学习揣摩策问之学。于是苏洵以孙子、吴起的学说而得逞，王安石借助申不害、商鞅的学说而发表政论，都是以这些邪说而得以进用的。而与他们呼应唱和的也大有人在，由此而破裂了宋朝的纲维而加速堕落。范仲淹的过失是不可推脱的。至于某些执政的同党，指摘策问的短处说："诗赋音韵方面的问题易于体察，而策论的漫无标准则难以明了。"这就卑陋至极了，只能供范仲淹付之一笑罢了。

十 一

上书纠察之言，有直，有佞，有奸。是天下之公是，非天下之公非，昌言而无讳者，直也。迎时之所是而是之，不顾其非；迎时之所非而非之，不恤其是；曲言而善辩者，佞也。是天下之公非，非天下之公是，大言以胁上者，奸也。要其所言者，必明察其短长。或以为病国，或以为罔上，或以为侵权，或以为废事，引国计之濒危，指登进之失序，自言妨忌者何人，直摘失谋者何事，乃以是其所是，非其所非。虽佞且奸，亦托之爱君忧国之直，而不避怨以相攻击，则人君为其所动也，亦有繇矣。

【译文】上书纠察的言论，有的是直言不讳，有的是巧言谄媚，有的是险恶奸诈。赞成天下公认的正理，反对天下公认的过错，直言而无讳，这是第一种：直言不讳。迎合当时众人所认同的而赞成它，不管它是不正确的，或者迎合当时众人所不认同的而反对它，不管它是正确的，为此而歪曲辩解的，这是第二种：巧言谄媚。赞成天下公认的过错，反对天下公认的正确，言辞夸张而胁迫君主的，这是第三种：险恶奸诈。大体对各种言论，必须明察它们的是非短长。有的是以言论祸害国家的，有的是以言论欺君罔上的，有的是以言论侵犯他人权益的，有的是以言论而不去做事的，他们或者是指摘国家大计陷于濒危，或者是指责官员的升进失去次序，或者自称妨害了什么人，或者直接指摘某件谋略失当的是什么事，以此而赞成他以为是正确的，反对他以为是错误的。虽然他不仅巧言谄媚而且还险恶奸诈，但他也以忠君爱国、仗义执言的面貌出现，不怕他人怨恨而攻击他人，那么君主被他打动，也是有原因的了。

乃三者之外，有妖言焉。非徒佞也，非徒奸也，托之于直，以毁伤人之素履，言一发而无可避、无可辩也。若是者，于草为堇，于虫为蜮，于鸟为鹏，于兽为狐。风一倡，而所号为君子者，亦用其术以加之小人，而不知其不可为也。则其为妖也，不可辞矣。凡为此言者，其大端有四：曰谋为叛逆，曰诅咒诽谤，曰内行不修，曰暗通贿赂。呜呼！使直不疑、陈平不遇明主，则废锢终身；狄仁杰非有天幸，则族灭久矣。不幸而为其所惑也，君以杀其体国之臣，父以杀其克家之子[①]，史氏且存其说，以污君子于盖棺之后。自春秋以来，历汉、唐而不绝，犹妖鸟蟹狐之不绝于林莽也，而宋为甚。王拱辰之以陷苏舜钦摇杜衍也，丁谓之以陷寇准也，夏竦之以陷石介及富弼也，蒋之奇之以陷欧阳修也，章惇、苏轼之以互相陷也，莫非妖也。加之以“无将”之辟，则曰密谋而人不觉。污之以帷薄之愆，则曰匿丑而迹不宣。諠之以诽谤，则文字皆索瘢之资。讦之以关通，则礼际亦行私之迹。辱之以赃私，则酒浆亦暮夜之投。人所不能言者言之矣，人所不敢言者言之矣，人所不忍言者言之矣。于国计无与也，于官箴无与也[②]，于民瘼无与也，于吏治无与也。大则施以覆载之不容，细亦被以面目之有腼。倾耳以听道路之言，而藏身托于风闻之误。事已白，而自谓责备之严；事无征，而犹矜诛意之效。无所触而兴，是怪鸟之啼于坐隅也。随其影而射，是蜮虫之藏于深渊也。虽有曲谨之士，无得而防；虽有善辩之口，无从而折。昏霾起而眉目不辨；疫厉兴而沿染无方，亦且终无如之何矣。

【注释】①克家：本指能承担家事。引申为能继承家业。

②官箴：百官各为箴辞，劝戒君王的过失。又指宋朝吕本中撰的《官箴》一书，是古代中国居官格言一类的著作。

【译文】在此三种之外还有一种，叫做妖言。它不仅仅是巧言谄媚，也不仅仅是险恶奸诈，而且还以正直的面貌出现，来诋毁别人一贯的行持。这种言论一旦出口，被指摘的人就无可回避、甚至也无从辩解。像这样的人，在草中就是有毒的堇草，在虫中就是害人的蜮，在鸟中就是不祥的鵩，在兽中就是狡诈的狐狸。这种风气一旦形成，即使是号称君子的，也不免用这种手段来对付小人了，而不知这是不可以的。那么这种妖言的名称就是名实一致推辞不了的了。凡是说这种妖言的人，其大体有四种情况：说别人是阴谋叛逆，说别人是诅咒诽谤，说别人内心及行为不干净，说别人暗中进行贿赂。呜呼！假使当初汉朝的直不疑、陈平没有遇上贤明的君主，就会因谗言而被禁锢终身了；唐朝的宰相狄仁杰如果没有幸运地得到君主的信任，他早就因谋反的谗言而被诛灭全族了。如果真的不幸被这种妖言所惑，那么君主就会杀掉忠心爱国的大臣，父亲就会杀掉能继承家业的儿子，而史家还会保留这种妖言，以至在君子死后还留有恶名。自春秋以来，这种情况经历了汉朝、唐朝也没有断绝，就像妖鸟孽狐在森林中不曾灭绝一样，而在宋朝这种情况尤为严重。王拱辰诬陷苏舜钦来动摇杜衍的地位，丁谓诬陷寇准，夏竦诬陷石介、富弼，蒋之奇诬陷欧阳修，章惇、苏轼二人彼此诬陷，这些都是妖言。想要诬告某人谋反叛逆，就会说他密谋而无人发觉。想要污蔑某人私下的丑行，就会说他是隐藏丑行而行迹还没暴露。想要攻击别人诽谤，就会在他的作品里挑刺。想要打击别人走门路，就会把他礼尚往来也说成是结党徇私。想要诬蔑别人行贿受贿，就会把他与人饮酒吃饭也说成是暗地里的行贿受贿。于是人们不能说的也都说出来了，人们不敢说的也都说出来了，人们不忍说的也都说出来了。而所说的却与国家大政没有关系，与做官劝勉君主的道理没有关系，与民生疾苦没有关系，与吏治也没有关系。往大了说就说他是天地所不容，往小了说也让他人面目羞愧。竖起耳朵听道路上的流言，藏起身来推脱是误听了传言。真相大白了，就自称说是对人要求严格；事情没有证据，就依然怀藏着要诛讨他人的恶意。没有什么感触就发出怪叫，如同怪鸟在角落里啼鸣一样。对着人们的身影而射出毒沙，就像孽虫藏在深渊里害人一样。虽然是谨慎小心之人，也无法防备这种妖言的攻击；虽然有善辩之口才，也无从对此加以折服。昏暗的阴霾让眉目无法辨清；瘴疠出现而没有地方不被污染，最终也对这种妖言无可奈何了。

呜呼！苟有明君，亦岂必其难辨哉？天下方定，大位有归，怀逆何望也？君不杀谏臣，士不惜直言，诽谤何为也？既以登朝，谁能拒戚畹近信而弗与接也？时方暇豫，谁能谢燕游欢笑而无所费也？至于宗族有谗人，而小缺在寝门，则闲言起。婢妾有怨望，而嫌疑在欬笑，则丑诋宣。明主相信以素履，相知以大节，度以势之所屈，揆以理之所无；则密陈之而知其非忠，斥言之而知其非直，面相质讦，而知君子之自爱，且代为之惭，而耻与之争。若夫人之为贤为奸，当其举之于乡，升之于朝，进而与之谋国；独契之知，众论之定，已非一日；何待怨隙开而攻击逞，乃俟宵人之吹索而始知哉？而优柔之主，无救日之弓以射妖鸟，则和颜以听，使尽其词。辱朝廷羞当世之士，既已成乎风气。于是自命为君子人者，亦倒用其术以相禁制。妖气所薰，无物不靡，岂徒政之所繇乱哉？人心波沸，而正直忠厚之风斩焉。斯亦有心者所可为之痛哭矣！

【译文】呜呼！如果真有贤明的君主，难道真的对此难以分辨吗？天下已经安定了，皇位已经有了归属，人们还要谋反还有多大的希望呢？君主不杀谏言之臣，士人也不惜直言相谏，还进行诽谤又是为了什么呢？既已成为朝廷的官员，谁能拒绝亲戚同乡以至亲近之人而不与他们交接呢？正值太平盛世，谁能谢绝游玩之欢而没有消费呢？至于在宗族中有小人，在家庭里有些小过失，那么流言蜚语就会兴起。婢妾等人有了埋怨不满，嫌疑也在咳笑间就有了，于是那些丑话和诋毁就会流布出去。贤明的君主由于相信某人一向的品行，在大节上对他相知相信，那么根据当时的形势，而预计到他是迫于形势不得已而理解他，又根据常理而判断某些诬告的事情是不可能发生的。那么有人来背后偷偷打小报告的，就知道他是不忠的，他偷偷斥责别人，就知道他不是耿直的。当面对质而君子不语，就知道君子是自爱的，而且为诬告者而感到惭愧，并且羞于与之争辩。至于某人是贤是奸，当他从乡里被举荐，升仕到朝廷，进而与他谋划国事时，君主与他之间的有知己的了解，众人对他的评判也是确凿的，这也不是一天两天形成的，哪里要等到他与人有了仇怨而被人攻击，等到小人对他吹毛求疵之后才算了解此人呢？而优柔寡断的君主，没有救日之弓来射落妖鸟，而是和颜悦色地倾听，让小人把诬告之词说完。这样辱没朝廷、羞辱当世的士人，都已经形成风气了。于是自命为君子的人，也翻过来用这种方法来禁制小人。妖气的祸害，没有什么不被它所影响，岂止是国政为之紊乱呢？人心如同沸水一般，而正直忠厚的风气就消失了。这也是有心人要为之痛哭的了！

王曾舍丁谓之大罪，而以山陵水石诬其有不轨之心。唐介所称“真御史”也，张尧佐之进用，除拟出自中书，责文彦博自有国体，乃以灯笼锦进奉贵妃，诋诃之于大廷。曾言既用，谓虽殛而罪不昭。介贬虽行，彦博亦缘之而罢相。然则仁宗所终始乐闻者，以暧昧之罪加人。而曾与介身为君子，亦利用妖人之术，行辛螫以快其心。风气狂兴，莫之能止。乃至勒为成书，如碧云騢诸录，流传后世，为怪诞之嚆矢。是非之外有毁誉，法纪之外有刑赏。中于人主之心，则淫刑以逞；中于士大夫之之心，则机械日张。风俗之恶，一邑一乡之中，狂澜亦日兴而不已。有忧世之心者，且勿以奸佞为防，而急正妖言之辟，庶有瘳与！

【译文】王曾放过了丁谓的大罪，而以变更真宗陵墓位置而出现水石的事情来诬告丁谓图谋不轨。唐介被人称为“真御史”，而张尧佐在短时间内的快速进用，任命出自中书，而唐介谴责文彦博说他担当着国家的根本重任，却送灯笼锦给贵妃，在朝廷上公然斥责文彦博。王曾的言论既已被仁宗所采纳，这虽然是惩罚了丁谓，但丁谓的大罪却没有被揭露出来。唐介虽然被贬，而文彦博也因此而被罢相。如此看来，仁宗不觉落于这样的局面：以暧昧不明的罪名来为人定罪。而王曾与唐介身为君子，也逞意气而利用妖人的办法，毒害别人而使自己快意。这种风气渐渐兴盛而无人能制止。乃至于编写成书如《碧云騢》等流传于后世，成为怪诞言论的开端。这是在是非之外另外有毁誉，在法纪之外另外有奖惩。这种风气一旦迷惑了君主之心，那么多余、过分的刑罚就得以施行了；一旦迷惑了士大夫之心，那么机巧手段就日益增加了。于是风俗的恶化，哪怕在一邑一乡之中，也如巨浪一般日益扩大而不止。忧国忧民的人，不能只知道防备奸佞小人，还要紧急纠正、排除妖言，或许才能治愈天下恶习！

十 二

传曰：“一薰一莸，十年尚犹有臭。”莸，臭也，闲之以薰，则臭有所止息，而何以臭之十年邪？知此者，而后可与言治。

【译文】《左传》中说："一是薰草一是莸草混在一起，十年之后还有臭味。"莸，是臭草的意思，用香草来混合，那么臭味就有所淡化，而为什么还会臭十年呢？明白其中的道理才可以和他讨论治国之道。

仁宗自明道二年刘后殂始亲政，讫乎帝崩，三十年，两府大臣四十余人。夷考其人，韩、富、范、杜诸公之大节炳然者，若而人矣[①]。抑若吕夷简、夏竦、陈执中、高若讷，清议所交谪者，抑繁有徒。他如晏殊、宋庠、王曙、丁度之浮沉而无定守者抑与焉。其进也，不固进也，俄而退矣；其退也抑未终退也，俄而又进矣。人言一及而辄易之，互相攻击则两罢之；或大过已章而姑退之，或一计偶乖而即斥之。且诸人者，皆有所怀来，持以为用，一得位而即图尝试；而所与倡和以伸其所为者，勃然蹶起，乘所宗主者之大用，以急行其术。计此三十年闲，人才之黜陟，国政之兴革，一彼一此，不能以终岁。吏无适守，民无适从，天下之若惊若骛、延颈举趾[②]、不一其情者，不知其何似，而大概可思矣。数进而数退者，或贤或佞，固不可保矣。则政之所繇乱，民之所繇伤，非但小人之亟代君子，君子之泽不及下逮也。以君子亟代君子，其同也，则何取乎代之？其异也，则亦旦之令不保于夕也。且以君子而亟代小人，吏民既已受小人之虐，而降心茹荼以从之[③]，从之已夙，亦不得已而安之，而代之者又急反焉，则前劳费而后效亦不易收；且抑不敢信以为可久，而志愈惑，力愈诎矣。况以小人而亟代小人，小人者，各有其私以相倾而相制者也，则且托于锄奸革弊之大名以摇天下。为害之实相若也，而名与法，则纷纠杂出而不可纪。进者退矣，已而退者又进矣。输忠者无可释之忧疑，怀奸者挟危机以观望。自非清刚独立之端士，且游移以冀两容；虽以利病昭著之谋猷，亦乍行而无成绩。害者害，而利者亦害；邪者邪，而贞者不能固保其贞。举棋之不定也，筑室之不成也，以求社稷生民之安平巩固于百年也，其可得乎？夫天子之无定志也，既若此矣。持之以静正，养之以和平，需之以从容者，固将望之有学有守之宰执，与忧国如家之谏臣。深知夫善政虽行而不能永也，危言虽听而不能终也；无亦奉祖宗之成宪以折其狂兴，息搏击之锋铓以杜其反噬，犹庶乎其有定也。而为大臣者，席未暖于紫禁，剑已及于寝门。议磨勘矣[④]，核任子矣，改科举矣，均公田矣，皇皇然若旦不及夕，而一得当以为厚幸。言路之臣，若蔡襄、唐介、孔道辅者，頳发于颜，发竖于额，以与当路争衡于笔舌，知不足以相胜也，而特以求伸于眉睫。乃至浮薄之士，心未喻君子之深衷，而闻风以遥和；身未试小人之沮害，而望影以争攻。一波乍兴，万波随涌。党邪丑正之徒，亦相师以相报。天子且厌闻之，而奸邪亦不以弹劾为耻。于是祖宗朝敦庞镇静之风日陵月替，而天下不可为矣。人知熙、丰以后，议论繁兴，毒痡四海，激盗贼，召夷狄；亦恶知滥觞之始，早在仁宗之世乎？

【注释】①若而：若干。

②延颈举趾：同延颈举踵。指伸长脖子，踮起脚跟。形容殷切盼望。

③茹荼（rú tú）：比喻受尽苦难。荼，苦菜。

④磨勘：指唐宋官员的考核、升迁制度。在宋朝时是以审官院来主持官员的考课升迁的，并确定磨勘名称。

【译文】仁宗自从明道二年刘太后去世后开始亲政，直至去世，共执政三十年，期间两府担任宰相的大臣就有四十余人。考察这些人中，像韩琦、富弼、范仲淹、杜衍这些大节光明磊落的人有若干。就像是吕夷简、夏竦、陈执中、高若讷这些人，虽然也受到清议所指责，但此类人也不少。其他如晏殊、宋庠、王皞、丁度等人，是浮沉不定也没有坚定的操守，也属于宰相行列中的一员。他们的进用，不是稳定的进用，而是上去后不久就退下去了；而他们的退职也不是最终的退职，而是不久又进用了。人们的指责一涉及某人，就换掉此人，如果是两人彼此攻击，就把双方同时撤掉；有的人是大的过失已很明显了就姑且让他退位，有的人是偶有一条策略不当就斥退了他。而且这些人，都怀有自己的理想抱负，一旦有了权位就意图尝试实施；而与他们呼应唱和以图施展的人，也就突然崛起，乘机急切地想要实施自己的治国理想。纵观这三十年间，人才的任免升降，国政的兴起变革，一会儿这样，一会儿那样，往往不能坚持一整年。官吏无法坚守什么，民众也无从奉行什么，天下都受惊了一样随时准备奔跑，都在翘首期盼着什么，彼此之间不能呼应同频，不知道将要怎样，这样的局面大概可以想见了。而屡次进用又屡次退职的人，有的贤明，有的奸佞，显然也都不能稳定下来。于是国政由此而紊乱，民众由此而受到伤害，不仅是小人很快就取代了君子，所以君子的恩泽就不能落实到下面的百姓身上。而且就是君子很快地取代君子，如果他们同为君子，那又何必要取而代之？如果他们之间有不同的地方，那么政令也就难免朝令夕改频繁更迭了。而且以君子很快地取代小人，而此前的官吏民众虽然已经饱受小人的虐政，但也勉强忍受苦难而服从了有些日子了，已经不得已而适应了这些政策了，而取代他们的君子又匆匆忙忙地反转旧政，那么人们此前的辛劳就都付之东流，而后来取代者的新政效果也不易见效；而且人们更不敢相信现前的政策会长久稳定，人们的思想更加迷惑，力量也更加疲惫了。更何况如果是用小人迅速地取代小人，那么小人本来就是各怀私心彼此倾轧、彼此制约的，但他们还是要打着锄掉奸佞、革除弊端的宏伟名义而让天下动荡。他们造成的危害其实是差不多的，但他们各自所使用的名义与制度，则是纷繁复杂而没有条理的。进用的人退职了，不久退职的人又进用了。忠诚于国家的人其忧患和疑虑无法释怀，而怀着奸心的小人则乘机而观望。如果不是清正刚直独立的正直之人，就会在两边游移以期两边都能兼容他；虽然是利弊很明显的治国之策，也因为只能短期实施而无法取得切实的效果。于是有害的政策固然有害，连有利的政策也变成有害了；不当的政策固然是不当，而良好的善政也不能保证其成为善政了。举棋不定，人多嘴杂而善政不能成功，如此而希望社稷民生的百年安平巩固，这可能吗？天子没有坚定的认识和志向，已经如此了，那么守住清净中正为国策，以和畅平顺来养育百姓，以从容不迫的心态来等待，这就要靠有学问有执守的宰相，以及忧国如忧家一样的进谏之臣了。这样的大臣深知善政虽然暂得实施而不能长久，高明的道理虽然暂能被听取但也不能执行到最后；那就不如遵奉祖宗已定的成法而停息种种的改良方案，止息彼此攻击的锋芒以杜绝对手的反咬一口，这样还差不多能将局面稳定下来。可是当了大臣的人，坐席还没有在紫禁城里坐暖，刀剑就已经来到家宅之门前。大臣们一上任就商议对官吏的考核升迁制度，核查官员子弟的荫封情况，改革科举的制度，平均国家的土地，如此惶惶不定就像朝不保夕一样，而一次措施得当就以为是非常的殊荣。而以进谏为职的官员，如蔡襄、唐介、孔道辅等人，进谏时激动得脸色发红，头发直竖，而与宰相大臣在笔舌上争斗，知道不足以战胜宰相大臣，就凭着意气之争只希望能在眼下的舌辩中占得上风而不顾对国计民生的不良影响。至于那些轻浮浅薄的士人，心中不知君子的苦衷，而只是听到风声就遥相呼应，自身没有被小人陷害过，于是在捕风捉影之下就竞相攻击。一波才起而万波随之涌动。与邪人同党而诋毁正人之徒，也彼此效法而相互回报。天子也厌恶听到他们说话了，而奸邪之人还不以弹劾他人为耻。于是先祖时期的朝廷上那种敦厚镇静的风气就日益被破坏，而天下之事也就不可挽回了。人们都知道熙宁、元丰年间之后各种议论频繁地出现，毒害了四海，激起了盗贼，也招来了夷狄外敌，哪里知道这种局面的开始，是早在仁宗之世就已露出苗头了呢？

伊尹之训曰："咸有一德[①]。"一者，慎择于先而谨司之于后也。王心载宁，而纲纪定，法守专，廷有亲臣，野无横议，天下永绥，外侮不得而乘焉。呜呼！三代以下，能以此言治者鲜矣。宜其举四海而沦胥之也。

【注释】①咸有一德：《尚书》的某一篇名，为伊尹对太甲的告诫。其大意是：天命无常，只有经常修德，才可保住君位；修德要始终如一而不间断。此处王夫之则是强调君主要坚守"一"之道，对于大臣和国策要保持持续性和稳定性，不宜朝令夕改。

【译文】伊尹曾经告诫太甲说："要保持君主之德的'一'。"所谓"一"就是谨慎地选择在前，而谨慎地保持在后，前后一贯。君主的心安宁了，而国家的纲纪就定了，法度也就专一了，那么朝廷里也有亲近的大臣，民间也没有横生的议论了，而天下长治久安，外敌也无机可乘。呜呼！三代以下，能以此来治国的太少了，难怪全天下都沦丧了。

十 三

元昊死，谅祚初立，议者请饵其三将，破分其势，可以得志。程琳曰："幸人之丧，非所以柔远人。"立说之非，人皆知之，诚哉其不可与谋也！春秋重伐丧之贬，予士匄之还[①]，彼有取尔矣。邻国友邦，偶相失以相愈，兵临服罪，同好如初，则乖约肆淫，大伤人子之心，信不仁矣。元昊者，沦于夷之叛臣，为我蟊贼者也。死亦不足恤也。丧亦不足矜也。如其可削平，以休息吾民，巩固吾宇，恶容小不忍以乱大谋哉？故琳说之非，不可托春秋之义为之解也。

【注释】①予士匄（gài）之还：鲁襄公十九年（公元前554年），晋国大臣士匄奉国君之命率军讨伐齐国。军队行至谷地（今河南南部东阿镇），听闻齐灵公去世了，于是撤军返回。古代礼不伐丧，此为一例。《春秋》对"士匄不伐丧"一事予以褒扬。

【译文】李元昊死后，儿子李谅祚刚刚即位，有人请求引诱他的三个部将，以此分化瓦解西夏的势力而能够实现志愿。程琳说："以别人的丧事为幸事，这不能使远方之人归附。"此说不对尽人皆知，确实是不能和他同谋共事。《春秋》里对"趁着别国有丧事而出兵攻打”是严重贬斥的，而赞扬当时的士匄撤军不攻打有丧事的齐国，这是有所取的。邻国是友邦之国，偶尔失去和气而彼此相攻，兵临城下而此国表示服罪，双方就和好如初，此时如果违背盟约而放肆攻击，就会大大地伤害邻国刚刚丧父的儿子的感情，这确实是不仁的。而李元昊，已经沦为夷人的叛臣，也是我大宋的蟊贼。死了也不值得怜悯，国有丧事也不值得为之哀伤。如果可以把他削平，使我国百姓得以休养，巩固我国的边防，怎能小不忍而乱大谋呢？所以程琳之说不准确，不能托《春秋》大义来为他开解。

虽然，宋至此而欲乘丧以图谅祚，谈何容易乎？昔者继迁死，德明弱，曹玮欲得精兵俘孤雏，郡邑其地；庙算无成，而元昊嗣之以逞。今元昊死，为破分其国之说，亦师玮之智，而奚谓其未可邪？夫所谓理势者，岂有定理，而形迹相若，其势均哉？度之己，度之彼，智者不能违，勇者不能竞，唯其时而已。继迁虽悍不内附，收众侵边，宋弗能讨而抚之，然犹定难一节使耳。德明嗣立，需宋之宠命以雄长其部落，君臣之分尚在，则予夺之政犹行。力诎归降，自有余地以相待。弗能为窦融也，犹不害为田兴；勿庸致死于我，而服之也易。元昊已俨然帝制矣，宋之待之者，名之曰“夏国”。则固不能以臣礼畜，而视为友邦矣。建郊庙，立宫阙，岂有一旦芟夷[①]，俯首而从臣列。则谅祚虽孱，处于无可却步之势，其以死争存亡者，必也。且不徒谅祚已也。当德明之始，为之部曲者，亦节镇之偏裨，幕府之参佐也。元昊僭而百官设，中国叛人如张元辈者，业已将相自居。束身归阙，不诛不废，而抑不能与徐铉、杨业同升显列。则人怀有死无降之志，以为谅祚效，其情其势，岂可旦暮亟摧者哉？继迁之叛也，虽尝诱杀边臣，袭据银州，而宋不能惩；然未尝一与交兵，受其挫衄，张彼势而自见其弱也。及元昊之世，宋一败于延州，而刘平、石元孙骈首受刃；再败于好水川，而任福全军覆没。韩、范、王、庞分招讨之任，仅保残疆，无能报也。则中国落胆于西人，狡虏益增其壮气。元昊死而余威固在，度之彼势既然矣。

【注释】①芟（shān）夷：除草；刈除。引申为铲除，削平。

【译文】虽然如此，宋朝这时想乘机拿下李谅祚，又谈何容易呢？以前李继迁死后，其子李德明还弱小，曹玮想得到精兵来俘虏孤弱的李德明，把西夏变成宋朝的州郡；但朝廷没有同意，而李元昊继李德明之后而变强称霸。如今李元昊已死，为了分化其国的策略，也效法曹玮的智谋，谁说这不可以呢？所谓的理势，岂有固定的模式，两者表面情况都相似，形势都差不多而可以彼此套用？估量自己，估量对方，力量对比清楚了，那么做出的决策就是智者也不能违背，勇者也不能相争的，这都是根据当时的形势来决定的。李继迁虽然凶悍，不来归附宋朝，还聚众侵犯边境，而宋朝不能讨伐而是安抚他，但他还是宋朝任命的定难军节度使。其子李德明继位，需要宋朝的恩宠任命以便在部落中称雄，此时君臣的名分还在，那么宋朝对他还有赐予或剥夺的权利。当他力量不足之后归降了，宋朝对他自有处置的余地。即使不能让他成为窦融，让他成为田兴也好啊；不用为我效死命，而让他顺服是容易的。而李元昊已经俨然称帝一般了，宋朝也称其为“夏国”。那么显然不能以对臣子的礼节来对待他，而要把他视为邻邦了。建立了宗庙，修建了宫阙，怎么可能一天就削平而让他俯首为臣呢？那么李谅祚虽然孱弱，但处于无路可退的形势中，他必然会以死相争。而且不只是李谅祚会这样，当李德明刚继位的时候，他的部属，或是节镇的偏将，或是幕府的参佐，当李元昊僭越而设置了百官之位，中国的叛徒如张元之流，已在西夏居于将相之位了。如果他们收束自身而归顺朝廷，即使不诛杀也不废黜，那也不能与徐铉、杨业等人一样并列高位了。那么西夏人都怀着宁死不降的意志效命于李谅祚，这种情势下，哪是可以一朝一夕就马上能削平的呢？李继迁的反叛，虽然也曾诱杀宋朝边境的大臣，袭击并占据了银州，而宋朝不能惩罚他，但也未尝与他交过一次兵，而受到他的挫败而窘困，从而增强了他的气势而显得宋朝是衰弱的。到了李元昊称帝之后，宋朝一战而大败于延州，而刘平、石元孙两员将领一起被杀；再败于好水川，而任福全军覆没。韩琦、范仲淹、王沿、庞籍分别担任招讨使一职，仅能保住剩下的土地，而不能光复。所以中国对西夏是占了下风的，而狡猾的敌人更是增强了士气。李元昊虽死而余威还在，估量他的形势已然如此了。

且宋当德明之世，去平江南、下西蜀、破太原也未久，兵犹习战。而曹玮以知兵世将，奋志请缨，繇其后效，固知其足恃也。及仁宗之季，其夙将死亡殆尽，厢禁之兵[①]，仅存名籍。王德用、狄青且颠倒于廷臣之笔舌。乃欲以机巧离其部曲，率屡败疲民以求逞，未有不自贻僵仆者矣。度之己者又然也。今之时非昔之时，而势可知已。势不相若，而安危存亡之理，亦昭然其不昧矣。

【注释】①厢禁之兵：北宋军队的主要部分以禁兵、厢兵为其常备军队。其中禁兵是精选出来的精兵，被选送到京师，由朝廷直接掌管。厢兵则是剩余的兵员及新设的供劳役的兵员，承担各种杂役。

【译文】而且宋朝在李德明之世，离平定江南、攻下西蜀、击破太原还不久，士兵们还是善于作战的。而且曹玮家族世代将门，又通兵法，他奋勇请求作战，再根据他后来的战功表现，显然他是值得信赖的。到了仁宗末年，宋朝的老将基本已死亡殆尽，厢兵、禁兵也仅仅保存着名籍而已。王德用、狄青被朝廷大臣的笔舌所颠倒攻击，就想用巧计来分化瓦解西夏军的部属，而且率领的是屡次战败的疲惫民众，如此以求得胜，这没有不让自己先遭到失败的。估量己方的形势又是如此。现在已经不是过去，而形势已经很明显。现在和过去的形势不相似，而安危存亡的道理，也是明显而不隐晦的。

抑以天下之大势言之，宋从曹玮之谋而克也，则威建而可折契丹之气，亦唯昔为然，而今不可狃也。当彼之时，宋与契丹犹相角而不相下，则宋苟平西夏，契丹且避其锋。及澶州之役一兴，而宋亟荐贿矣。刘六符片言恐喝，而益币称纳矣。契丹之得志于宋，不待夏人之援；而尽宋之力以争夏，则鹬蚌之持，契丹且坐乘其獘。即如议者之志，三大将离叛以卷土来归，一隅孤悬，契丹顺右臂而收之，一刘裕之俘姚泓，徒为赫连效驱除耳。关、陇且岌岌矣，奚能终有河西以临朔漠哉？宋于此时，急在北而不在西，明矣。岁币日增，力穷坐困，舍契丹以不虑，而外徼幸于斗绝之西陲，胜不足以立威，败则益增召侮。瘠牛偾于豚上[①]，其如猛虎何邪？况乎利诱三将之策，尤童昏之智，袛为夏人玩弄以相倾覆也乎？以此思之，程琳之说非也，而有不能讼言以示弱者，故假于伐丧之义，以止妄人之辩，琳或有深心焉，未可知也。难得而易失者，时也，德明方弱之日也；已去而不可追者，亦时也，元昊初丧之日也。齐桓陉亭之次，宋襄用之而兵败身伤；刘裕北伐之功，吴明彻效之而师歼国蹙。知时以审势，因势而求合于理，岂可以概论哉？

【注释】①瘠牛偾于豚上：瘠牛偾豚，意指再瘦的牛也能把猪压垮。偾，倒下。比喻强国即使衰败，弱国也不是对手。出自《左传·昭公十三年》。

【译文】再以天下大势来说，宋朝如果当初采纳了曹玮的谋略而拿下了西夏，就会树立起国威而令契丹折服，但这也只是在当初行得通，现在就不可拘泥了。当初之时，宋朝与契丹还在互相较力而不相上下，那么宋朝如果平定了西夏，契丹就要避让宋朝的锋芒了。可是等澶州之战一打，宋朝马上就送上金帛作为岁币而求和了。契丹使臣刘六符片言只语的恐吓，结果是增加了钱币而称为“纳”了。契丹对宋朝是实现了目的了，不用再等西夏人的支援了；而如果宋朝耗尽国力来与西夏作战，结果是鹬蚌相争，而契丹则渔翁得利。即使真如议论者所说的那样实现了，西夏的三大主将叛离西夏而带着土地向宋朝归附，但那也只是孤零零的一块土地，契丹伸展它右臂而收服它的话，那就像刘裕俘获姚泓一样，白白地替赫连氏驱除强敌罢了。然而关、陇地区却要岌岌可危了，怎么可能长期占有河西地区而抵抗北方沙漠中的敌人呢？宋朝在此时，要害之敌是在北方而不是在西方，这样就明白了。岁币一天天增加，国力穷乏而坐受困窘，此时不管契丹而是在西方边陲心存侥幸，期望能攻克陡峭峻险的西夏而取胜，这样虽然战胜了也不足以立威，战败了就更招来侮辱。瘦牛倒下虽然也能压垮猪，但它面对猛虎又能如何呢？何况以利益引诱西夏三个统帅的计策，更是如同小孩子般的幼稚，只会被西夏人玩弄而被倾覆吧？所以据此而言，虽然程琳之说不对，但也许是因为不能公开说出来而示弱，所以才假借《春秋》里说出兵攻打有丧事的国家有失道义，以此来制止狂妄之人的辩论，程琳或许有他的深意也未可知。难于得到而易于失去的，是时机，正如李德明弱小的时候；已经过去而不可追回的，还是时机，正如李元昊刚死的时候。春秋时的齐桓公讨伐山戎，然后南下驻扎在陉亭，而附近的楚国已经服罪。而宋襄公也仿效齐桓公，却兵败身亡。刘裕北伐成功，而吴明彻加以仿效，却军队被歼而国家陷入困窘。明察时机而审时度势，根据形势不同而有合理的行动，这怎么可以一概而论呢？

十 四

功名之际，难言之矣。蔑论小人也，为君子者，道相谋，志相叶，好恶相若，进退相待，无不可视人若己者，而于此有不能忘者焉。非其宠禄之谓也。出而思有为于当世，得君而事之，才可以胜，志可以伸，心可以无愧，大功可以成，大名可以立，而不得与焉，退处于无能有为之地，则悁悁之情，一动而不可按抑。于是而于友不纯乎信，于君不纯乎忠，于气不纯乎和，于品不纯乎正，皆功名之念为之也。故君子贵道德而贱功名，然后坦然以交于上下，而永保其贞。呜呼！难言之矣！韩、富二公之相为辅车也，旧矣。富任中枢，而韩出安抚，不以为嫌也。富方报罢，而韩亟引退，深相信也。乃其后富有憾于韩，韩公死而不吊，隙末之衅，生死不忘，岂韩有以致之哉？仁宗之建储也，范蜀公诤言于廷，谏官交起以应之，而富公居中力劝其成，韩公尚未与也。已而韩公入相，富自以母丧去位，于是韩公面对，不恤恶怒，迫请英宗之名，起复之苫块之中，正名皇子，韩公固独任焉，而富不与。逾年而仁宗崩，英宗立，宦官构曹后以思废立，于是危言以镇压曹后，调和两宫，宗社无动摇之衅，韩公亦独任焉，而富不与。曹后无归政之志，韩公厉声迫请撤帘于衣裾尚见之余，韩公又独任之，而富不与。于是而富怏怏求罢，出守扬州，嫌却自此开矣。及乎英宗早折，韩公受凭几之命，请力疾书名以定神宗，而折太后旧窠求兔之邪心，富既出守，韩公自独任之，富固不得而与也。凡此数不得与者，自后而言，富以含愠去，而自不欲居其任。自前而言，富以子道在而固不得与闻。乃持此以开隙于趣向同归之益友，富于是乎不得允为君子矣。

【译文】处于功名之际，是很难说的。不要说小人了，就是君子，彼此之间道相同而共同探讨，志向相合，好恶近似，进退彼此扶持，把别人看得如同自己一样关心爱护，但对功名还是有人不能忘怀。这不是图取恩宠官禄，而是想要出仕做官而有所作为，得到君主的信任而事奉他，而才能又可以胜任，志愿得以实施，内心可以无愧，大功可以告成，大名可以建立。但是如果不能参与其中，而处在不能有所施展的境遇中，那么忧闷的心情一旦泛起，就不能息心静虑了。于是对朋友的诚信就不纯粹了，对君主的忠诚也不纯粹了，在气质上也不纯粹和畅了，在人品上也不纯粹正直了，这都是功名之念引发的。所以君子重视道德而轻视功名，然后与上下都能坦然交往不卑不亢，而永保自己的贞正品质。呜呼！人处于功名之际真是很难说的啊！韩琦、富弼二公关系密切彼此扶助，已经是由来已久了。富弼在中枢担任宰相要职时，韩琦是到地方上任宣抚使，二人并未因此有嫌隙。富弼刚刚罢相，而韩琦立即引退，他们彼此之间是非常信任的。后来富弼对韩琦有了意见，韩琦去世也不去吊唁，小小的隔阂而到死不忘，难道是韩琦有什么做得不对的地方才导致如此的吗？仁宗在立太子这件事上，范蜀公在朝廷上诤言相谏，谏官交相响应，而富弼居中努力促成，此时韩琦尚未参与此事。后来韩琦出任宰相，而富弼因有母亲的丧事而不在位，于是韩琦面对朝中的局面，不顾别人的厌恶和愤怒，向仁宗追问谁可立为太子。又让富弼在服丧期满后出任官职，以定下皇太子，这些事情都是韩琦独自承担的，而富弼没有参与其中。第二年仁宗去世，英宗即位，宦官任守忠想利用曹太后而另立太子，于是韩琦义正辞严地镇住曹太后，调和两宫关系，而宗庙社稷没有动摇的灾变，这也是韩琦独自承担的，而富弼没有参与。英宗病好后，曹太后没有打算放弃垂帘听政，韩琦又厉声迫请曹太后撤帘还政，这也是韩琦独自承担的，富弼没有参与。于是富弼泱泱不快而求罢职，到扬州为太守，二人之间的嫌隙自此就产生了。后来英宗早逝，韩琦接受了英宗的临终遗命，请英宗在病中写下太子人名，也就是神宗，从而折服了太后不想让韩琦再次参与主持立太子一事的邪心。这是在富弼到扬州当太守之后的事了，韩琦独自承担此事，富弼显然是不能参与其中的。这前后数次富弼没有参与的事件，从事后来说，是富弼心怀不满而离去，是他自己不想当宰相了。从事前来说，是富弼要为母亲守丧，这是为子之道的正常做法，他本来就无法参与其事的。但是却因此而与志同道合的益友产生了隔阂，富弼在这件事上的做法是不能称为君子的。

夫此二公者，或收功于西陲，或箸节于北使[①]，出入两府，通显已极，人望咸归，君心式重，与乎定策而位不加崇，局外置身而望不为贬，夫岂待是以收厚实哉？富亦辞荣有素，非有怀禄固宠之情也。然而捏目空花[②]，青霄为障，几成张耳、陈余之晚节，无他，功不自己成，名不自己立，怀忠爱以求伸，不克遂其匡扶社稷之夙志，以正告天下后世，郁悒周章，成乎偏衷而不自释也[③]。故曰功名之际，难言之也。是以君子以道义自靖其心，而贱功名为末节，诚有以也。

【注释】①箸（zhù）：古同“著”，明显。

②捏目生花：本为佛家语，空中本来没有花，而挤捏眼睛产生妄见，就看见空中好像有花了，形容无中生有之意。

③成乎偏衷而不自释也：这里王夫之认为富弼是因为自己没有建功立业而对韩琦有意见的，但也有材料显示，二人也会因议事不合而产生龃龉。韩琦爽快果断，富弼谨慎持重，二人做事风格明显不同。详见《续资治通鉴长编》《韩魏公家传》及邵伯温的《闻见录》。

【译文】而富弼和韩琦二公，韩琦是在西部边陲取得成绩，富弼是出使契丹彰显了气节，二人都出入于中书、枢密两府，贵显之极，众人都把希望寄托在二公身上，而且君主也对二公尤为看重，与其商定国策而官位也不会再增高了，置身局外而威望也不会再降低了，哪还需要做这些事来收获更好的名誉地位呢？富弼也是一向都能谢绝荣华富贵的，显然没有增加俸禄和恩宠的意图。然而他对韩琦无中生有，一叶障目，晚节几乎类似秦末的张耳、陈馀二人的失和一样了。这不是别的，功劳不是自己建立的，声名不是自己树立的，心怀忠诚爱戴以求施展抱负，结果没能实现他匡扶社稷的夙愿，以正告于天下后世，因此就忧郁愁闷，心有所偏而不能释怀。所以说人在功名之际是很难说的。所以君子以道义澄清自心，不看重功名，而是贬低功名为末节，确实是有原因的。

或且以致疑于韩公曰："大功之所就，大名之所居，君子于此，有让道焉。则前之定议于密勿者，胡不待富于服阕之后？后之抗争于帘前者，胡不留富于请外之时？幸得同心之侣，与协恭以允济，而消疑忌于未形，韩公有余歉焉。"之说也，其于君子之道，名取而不以诚者也。夫苟秉拓达光大之衷，则宗社之事，苟有任之者，奚必在我？韩公固不以狭小之量拟富之必出于此。而天位去留之际，国家祸福之机，当闲不容发之时，如其恤谦让之文，迟回而姑待，避怨憎之迹，作意以周旋；则事机一失，变故丛生。庸人误国以全身，胥此道耳。而公岂屑为之哉？且夫英宗之嗣，所欲决策者，仁宗之独断耳。英宗育于宫中二十八年矣，而皇子之名未正，仁宗之迟回而审可否者已熟。然而廷臣争请，牍满公车，未能决之一朝者，有闲之者也。曹后之情，任守忠辈宵人之计，已岌岌矣。则斯举也，独任之则济，分任之则疑。韩公他日或告以蹉跌而身不保。公叹曰："人臣尽力事君，死生以之，成败天也，岂可豫忧其不济。"以此为心，忘其身矣，而何有于人？功可分，名可让，而死不可要人而与共；专死也，非专功也，何容轻议哉？

【译文】或许有人对韩琦表示怀疑说："成就大功，居于大名，君子处于这种情况，是有谦让之道的。那么之前韩琦机密地商议朝政，为什么不等到富弼守丧回来？后来在曹太后垂帘听政时进行抗争，为什么在富弼请求到外地任职时不予挽留？有幸得到一个志同道合的挚友，和他协同恭敬地共谋大事，使猜疑在尚未形成之际就消失，在这一点上韩琦有欠缺。”这种说法于君子之道，是合乎了名义但没有合乎诚意。如果有宽广磊落、光明正大的心境，那么宗庙社稷之事，只要有人可以担负重任，又何必非我不可？韩琦显然未曾以狭小的度量来估计富弼必定有这种想法。而在皇位的去留之际，国家的吉凶祸福之时，正是间不容发的时刻，如果他过分考虑为人谦让的说法，而暂缓延迟姑且等待，以避免别人的怨怼和憎怒，于是刻意地周旋一番；那么时机一旦失去，就会变故丛生了。庸人误国来保全自身，都是这样的。而韩琦怎会看得上这种做法呢？而且立英宗为继承人，做决断的，只是仁宗独自抉择而已。英宗在宫中养育了二十八年，而皇太子的名位还没有确定，仁宗长期慢慢审察，也大体考虑成熟了。然而朝廷大臣争相请求确立太子，奏章堆满朝堂，而之所以不能很快决定，是因为有人从中作梗。曹太后的心愿，任守忠等小人的计划，已经让局势岌岌可危了。那么立太子这一举措，独自承担就能成功，让人分担就会招致猜疑。曾有人劝告过韩琦，这样做可能会招来不测而自身难保。韩琦感叹说：“为人臣的，当尽力为君主为国家社稷做事，生死都随它去，成败则是天命，怎能提前忧虑事情的成不成呢？”有这种心态，就会忘记了自身的安危，那么还会对别人有什么顾虑呢？功劳可以分，声名可以让，而死亡则不能让别人一起承担；这是自己一个人承担死亡的风险，而不是一个人承担功劳，所以对此怎能轻率地评论呢？

夫富公固非有异志者，而观其生平，每多周防免咎之意，故出使而发视国书，以免吕夷简之陷。则奋不顾身，以强人主，以犯母后，以折奸邪者，诚非富之所能与。使必相待而相让，不我沮也，而固不能我决也，且从容审量而授我疑也。仰质皇天，昭对皇祖，拊省梦魂，揭日月以正告于天下后世，可为则为之，可言则言之已耳。宾宾然以功为不可独成，名为不可独尸，期远怨于朋友而坐失事机，为社稷臣者岂若是？国家之不幸也多矣，伊尹迁桐，莱朱不与；周公破斧，君奭弗闻。富怀不平之心，自愧于君子，而韩公何憾焉？夫韩公不以功名之志期富，其待之也厚矣，惜乎富之未喻也。

【译文】富弼显然不是有异心的人，但观察他的生平处事，多有周密防范以免除灾祸之意，所以他出国为使节前，先要打开国书来看，以避免吕夷简被陷害。至于奋不顾身地辅助君主而冒犯母后，及挫败奸邪这种事，确实不是富弼所能担当的。如果一定要让韩琦等着富弼一起做以表示谦让，富弼不会阻拦韩琦，但也显然不能和韩琦一起决断，而且还会周密地考虑而让韩琦也犹疑。仰头可以面对上天的审察，内心干干净净地可以面对社稷先皇，扪心自问清清白白，心中的想法无不可以向日月昭示并正告于天下后世，那么可以做的就去做，可以说的就去说而已。彬彬有礼地认为事功不能由一个人独自承担，名誉不能由一个人独占，期待朋友不怨恨自己而坐失了办事的良机，一个社稷重臣岂会如此？国家的不幸已经很多了，商朝的伊尹把无道的太甲流放到桐宫，成汤的莱朱昭告天下要尊崇天道；周朝的周公出兵东征，周朝的君奭告诫子孙要尽心辅佐君主。韩琦正是在做类似的事，而富弼怀有不平之心，是他自己有愧于君子，而韩琦有什么过失呢？韩琦没有用追求功名的那套想法来猜度富弼，这对富弼已经是很宽厚了，可惜富弼没有明白这些。

卷五 英宗

扫码听谦德
君为您导读

【题解】宋英宗赵曙（1032—1067），宋太宗赵光义曾孙，濮王赵允让第十三子。仁宗无子，英宗幼年就被接入皇宫养育，后于1063年继位，但仅在位四年就因病驾崩。在位期间，任用旧臣韩琦等人，与辽国和西夏都没有大规模战争。1066年，英宗命司马光专修《资治通鉴》。

由于英宗在位时间太短，所以在位期间并没有发生太多大事。而王夫之的评论也只有两条：其中之一，是赞扬了韩琦制止了曹太后的垂帘听政，在间不容发的时机面前，没有瞻前顾后因小失大，从而把握住时机，将朝政归还于英宗。并引用了孟子“义袭”的说法，说浩然之气至大至刚，它与道、义相匹配，是平素一贯的行持合乎道义所生，而非偶然地有过正义的举动而得来的。意指韩琦的忠正，没有居功立名的动机，是他日积月累的熏陶、锻炼所形成，而不是偶尔的一蹴而就做到的。另一是濮王之议。

一

集思广益，而功不必自已立，大臣之道也。而抑有不尽然者，非光大宅心而忠忱不渝者，其孰能知之？夫博访于前，以尽人之才；分功于后，以奖人之善；是道也，则亦唯其当而已矣。用人则采公论，而后断之以其真；其合者，则曰此众之所允惬者也。行政则访群议，而后析之以其理；其得者，则曰此众之所襄成者也。此其所当者也。若夫宗社之所以安，大臣之所以定，奸邪窥伺于旁，主心疑贰于上，事机决于俄顷，祸福分于毫厘，则疏远之臣民，既非其所深喻；即同朝共事，无敢立异而愿赞其成者，或才有余而志不定，或志可任而才不能胜。徒取其志，则清谨自矜之士，临之而难折群疑；抑取其才，则妄兴徼利之人，乘之而倒持魁柄。如是者，离人而任独，非为擅也。知之已明，审之已定，握之于幽微之存主；而其发也，如江、河之决，不求助于细流。是道也，伊、周之所以靖商、周，慎守其独知，而震行无眚①，夫孰得而与之哉？三代以还，能此者，唯韩魏公而已矣。

【注释】①眚（shěng）：灾祸。过错。

【译文】集思广益，而功绩不必非要由自己来建立，这是大臣之道。但也不尽然如此。如果不是心胸光明正大且忠贞不渝的人，有谁能知道这一点呢？事前进行充分广泛的调查，以充分展现人们的才能；事成之后把功劳分给众人，以奖励别人的善德；这种方法，也必须运用得当才可以。选用人才，就要先收集公众的评价，然后根据他的真才实干来判定真伪；评价与事实合乎一致的，就可以说他是众人所公认的人才。办理政务，就要先咨询众人的意见，而后根据道理加以抉择；其中合情合理的，就可以说这是众人同心协力完成的。这就是前面所说的运用得当。至于担当了宗庙社稷以及安定大臣的重任，而奸诈邪佞之人在旁窥伺，君主也猜疑、不完全信任自己，而事情往往在转瞬之间就决定，祸福的差别就在毫厘之间那么近，这些情况，离得远的大臣和百姓显然不深知内情，而即使是同朝共事的大臣，也没人敢提出异议而愿意协手以助其成功的。这些同朝共事的大臣，或者是才干有余而意志不坚定，或者是意志坚定了而才干又不足以胜任。只凭着意志坚定而让他做事，那么清高谨慎有节操的士人，面临大事就难以折服决断众人的猜疑；如果是只取其才干而让他做事，那么妄图生事取利的人就会趁机把持朝政。面临这样的困难局面，那么不与众人商量而由自己独自承担大任，就不能说是擅权。对事情已经了解得非常清楚了，决策也已经拿定了，就在幽微的心中引而不发以待时机；而一旦得以实施，那就像决口的江河一样磅礴，不需借助于细小的流水。这种方法，伊尹、周公曾用来安定了商朝、周朝，平时谨慎地独自安守这个方法，一旦行动起来就震动八方而没有灾祸，谁能做得到呢？夏、商、周三代以来，能做到如此的，就只有韩琦了。

霍光之敢于易位也，张安世、田延年之共成之也。所以然者，光于大臣之道未纯，而神志不足以充也。且其居功受赏之情，不忘于事后，则固断之以独而不可也。而韩公超然远矣。人主长矣，而母后之帘不撤；宵小持其长短，谤谮繁兴，以惑女主，而英宗之操纵，在其掌中。于斯时也，非独张升、曾公亮、赵概之不能分任其死生，即文、富二公直方刚大之气，至此而不充。故“决取何日”之言，如震雷之迅发，而叱殿司以速撤；但以孤忠托先君之灵爽，而不假片言之赞助。其坐政事堂，召任守忠，斥其恶而速驱以就窜，必不以告赵概，而制之以勿敢异同。呜呼！以如此事，而咨谋于庶尹，会议于堂皇，腾书于章奏，求其事之不偾也，几何哉？

【译文】汉朝霍光敢于更换皇位继承人，是因为有张安世、田延年共同协助他。之所以如此，是因为霍光对大臣之道还不够纯粹，他的神志还不足以做到这种大臣之道。而且他想要居功领赏之心，在事后也没有忘怀，所以显然不能说他是韩琦那种独断的风格。显然韩琦是远超于霍光之上的。英宗已经长大了，而母后还在垂帘听政；宦官任守忠说长道短，制造了大量的诽谤之言来迷惑曹太后，而英宗也被他们操纵在手中。此时此刻，不但张昇、曾公亮、赵概等人不能分担韩琦的重任，即使是文彦博、富弼二公虽然有正直、刚大之品性，到这里也显得不足以施展了。所以韩琦问曹太后“哪天撤帘还政”的话，就如同震雷突然爆发一样，而呵叱官员们迅速撤掉帘子；他只是以单纯的忠心，依托先帝的神灵，而没有借助他人片言只语的协助。他端坐政事堂，召来宦官任守忠，斥责其罪恶而迅速地把他驱逐，流放到外地，也一定是没有先向赵概通报，而且断定赵概不敢有不同意见，从而掌控了局势。呜呼！像这样的情况，要是堂而皇之地召集百官商议谋划，再以章奏请示，而想要事情不失败，能有多少胜算呢？

刘瑾一导淫之小竖耳，非有荧惑宫闱、动摇神器之危机也。韩文倡之，李梦阳成之，九卿随声而和之，刘、谢居中而应之；李东阳、王鏊俯仰其闲，亦非素结瑾以徼荣者；而参差互持，竟以空朝廷而长宵人之气。况守忠所挟者，垂帘之母后，所欲动摇者，入继之嗣君。则天位危，而顾命大臣之窜死，在俄顷闲；此何如事，而呼将伯之助，以召不测之忧哉？韩公之独任于己也，其志之贞，盟于梦寐；其道之正，积于生平；其情之定，忘乎生死；其力之大，发以精神。功何必不自己成，名何必不自己立，而初无居功立名之心，可揭日月以告之天下。易曰："或从王事，知如字光大也[①]。"知光大者之独行而无所恤，乃可以从王事，臣道之极致也。文、富诸君子，且不难推而置之局外，而况他有所倚哉？赵汝愚之未能此也，非韩侂胄不足以立功，而事权失矣，虽有朱子，不能善其后也。

【注释】①或从王事，知如字光大也：原文为"或从王事，知光大也"，出自《周易·坤卦》六三的象辞。《正义》："知虑光大，不自擅其美，唯奉于上。"知，即"智"。此句意指为君主做事而不居功，正是智慧的光大。

【译文】明朝的刘瑾，不过是一个引着皇帝放纵游玩的小宦官而已，没有造成迷惑宫廷、动摇皇位的危机。而对这样一个小宦官，吏部尚书韩文提议诛杀，李梦阳赞同，而朝廷的九卿官员也都附和，刘健、谢迁在内阁也加以呼应；又有李东阳、王鏊于中周旋，他们也不是素来结交刘瑾以求荣华富贵的人；但是由于彼此之间不能一致，最终竟然是这么多大臣都被贬斥还不能除掉刘瑾，反而还助长了小人的志气。相比而言，任守忠所挟持的，是垂帘听政的太后，所要动摇的，是将要继位的新皇帝，比刘瑾的情况危险多了。当此之时，帝位面临危险，顾命大臣也可能在转眼间被贬官流放甚至死亡，这是何等大事？还要招呼众臣的协助，以召来不测之灾吗？韩琦独自承担重任，其心志的坚贞，乃至在梦寐中都未能忘怀；其道义的纯正，则是在日积月累中形成的；其态度的坚定，已经忘记了生死；其力量之大，发起于精神。功勋何必不由自己来完成，声名何必不由自己来树立？但他起初并没有居功立名的动机，这都是可以向日月表露而告之于天下的。《周易》说："为君王做事而不居功，这正是智慧的光大。"智慧光大的人，虽独当重任也没有什么顾虑，这样才可以为君王做事，这也是为臣之道的极致境界。乃至于都没有考虑借助文彦博、富弼这些君子的帮助而是让他们置之事外，更何况还要倚靠别人的帮助呢？赵汝愚没做到这一点，如果没有韩侂胄的帮助，赵汝愚就不足以立功，政事的大权也就失去了，虽然有朱熹，也不能处理好他遗留的问题。

夫韩公之坦然无惧而以为己任，非一日也。其请皇嗣也，仁宗曰："朕有此意久矣！谁可者？"斯言也，在仁宗为偶然之语，而使顾瞻愿谨者闻之，必震栗失守而不敢争。公且急请其名，以宣示中外，视神器之所归，如献酬之爵，唯所应得者而揖让以将之。此岂文、富诸公所能任？而内无可援引之后妃，下无可居闲之宦寺，则即有奸邪，亦不能挟以为名而相忮害。为仁繇己，岂袭义者之所可与于斯乎[①]？无乐取人善之虚衷，不足以经庶务；无独行其志之定识，不足以任大谋。刚愎自用者，及其临事而待命于人。斗筲之器，所受尽而资于瓶盎，必然之势也。

【注释】①袭义：出自《孟子·公孙丑》上："难言也。其为气也，至大至刚；以直养而无害，则塞于天地之间。其为气也，配义与道；无是，馁也。是集义所生者，非义袭而取之也。行有不慊于心，则馁矣。"袭义，即义袭。这是孟子解释浩然之气至大至刚，充塞天地宇宙之间。它与义、道相匹配，是平素行事合乎道义（集义）所生，而非偶然地有过正义的举动（义袭）而得来的。所以如果行为有愧于心，浩然之气就萎缩了。孟子在这里说明了浩然之气乃至良好品性的养成，是日积月累的熏陶、锻炼所形成的，而不是偶尔的一蹴而就能形成的。

【译文】韩琦能坦然无惧而以治理国家为己任，已经不是一天两天了。当初他请仁宗确立太子，仁宗说："我也早有此意了！谁可以呢？"这句话，在仁宗自己而言不过是偶然说出来的而已，但如果瞻前顾后、谨小慎微的人听到，必定震动失态而不敢说话了。而韩琦却急忙询问其姓名，以向中外宣示，他是把帝位的归属，视同于祭祀中献酒酬谢的酒杯，只对应该得到的人才会向他献上。这岂是文彦博、富弼诸公所能胜任的？而他在宫内没有可以引以为援的后妃，下面也没有可以居间调停的宦官，那么即使有奸邪之人，也不能借此为名来陷害他。实行仁义要靠自己，岂是偶然地做过正义的举动了就可以了呢？没有乐于吸取别人长处的虚心，就不足以处理好各种事务；没有独自实行志愿的坚定见识，就不足以承担远大的谋略。刚愎自用的人，在面临大事的时候就要等待别人了。就像斗筲这些小容器，容量用尽之后就要求助于瓶盎了，这是必然之势。

二

濮王典礼之议[①]，古今之公论集焉。夫粗而论之，亦易辨矣；精而论之，言必有所衷，道必有所察，彝伦不容以毫发差，名义不可以形似袭，未易易也。如苟古有可引而引之，言有可以夺彼而抗言之，则匪徒其邪也，其正者亦以斁天理而伤教本。岂易易哉？人之有伦也，有同焉者，有异焉者。同焉者，理之在天下者也。异焉者，理在夫人之心者也。胥天下而亲其亲，长其长，一也。统之于一，其义昭明，历古今、统上下、而不容异；无所异，则无所容其辩矣。乃人各亲其亲，非以天下之所必亲而亲之。人各长其长，非以天下之所必长而长之。则名同而实异，道同而德异，义理同而性情异。执彼以概此，辩愈繁而心愈离，非精义以悦心者，弗能与于斯。故曰“未易易也”。

【注释】①濮王典礼：濮王赵允让（994—1059），是宋英宗的亲生父亲，也是宋仁宗之兄。英宗继位后，要以濮王为皇考，引发大臣争议。当时王珪等人反对，韩琦、欧阳修等人支持，最终以濮王为皇考。

【译文】对于英宗的生父濮王应该采用什么级别的礼仪，集中了古往今来的公论。粗略地说，那是很容易就能说明白的；但如果仔细地分辨，使言论与内心符合，而且必需要遵循道义，伦理也不容有一丝一毫的差错，名义上也不能只是形似而无神似，这样说的话那就不容易了。如果古代有可以引述的说法那就引述它，言论有可以驳倒对方的地方那就驳倒它，那么不仅是其中的邪说，就是其中正当的说法也是败坏了天理而伤害了教化的根本了。所以怎能说是容易的呢？人有伦理，而其中有相同的，也有不同的。相同的，就是天下所公认的公理。不同的，就是存在于个人心中的道理。全天下人都以亲人为亲，以长者为尊，这是一样的。这是全都一致的，它的义理也很显明，经得起时间、地域的检验而不容有差别；没有差别，所以也就没有需要辩论的地方了。而人们是各自亲近他自己的亲人，而不是亲近那天下都必须亲近的人。人们是各自尊重他自己的长辈，而不是尊重那天下所必须尊重的长辈。于是虽然名义上相同而实际上就不同了，大道上相同而德行上就不同了，义理上相同而性情上就不同了。于是拿着那一边的道理套用在这一边，所以辩论越多而彼此的心就离得越远，如果不是说明其中精髓深义而人心得悦，那就不能参与这种讨论。所以说“这不容易啊”。

以汉宣之于史皇孙，光武之于南顿府君，例英宗之于濮王者，非也。汉宣虽继孝昭以立，而孝昭不以宣帝为子，宣帝亦未尝以孝昭为父。非若英宗早育于宫中，业已正皇子之名也。光武上继元帝，序七庙之昭穆而已。光武之生，不逮元帝，遭国中圮，奋起庶宗，自百战以复汉社稷，其不父元帝而必父南顿，尤烈于汉宣。故必正名南顿府君曰“皇考”，亲奉祀焉，不可委之伯叔之子而自忘其所生也。则固与英宗无中兴之功烈，而仁宗实为其祢[①]，异矣。故以二帝拟英宗，而等仁宗于孝昭、孝元，不协于仁宗之心。不协于仁宗之心，则英宗之心亦不协。此温公欲以厚仁宗，而不知适以薄。故曰非也。

【注释】①祢（mí）：古代对已经在宗庙中立牌位的亡父的称谓。

【译文】用汉宣帝与史皇孙、汉光武帝与南顿府君的关系，来类比英宗与濮王的关系，这是不对的。汉宣帝虽然继承了孝昭帝的帝位，但孝昭帝不以宣帝为自己的儿子，而汉宣帝也未尝以孝昭帝为父亲。这不像英宗是很早就在宫中抚养，而且已有皇子的名分了。而汉光武帝刘秀上继汉元帝，这是以七庙中的昭穆顺序排出来的而已。汉光武帝的出生，不是在汉元帝之世，而遭遇到国家中途灭亡，他从皇族中奋起，历经百战才得以恢复汉朝社稷，他不以元帝为父而一定以南顿府君为父，这比汉宣帝的情况更刚烈。所以他一定要为南顿府君正名为“皇考”，亲自祭祀，而不是交给伯叔的儿子祭祀而忘记了他自己是谁生的。那么这显然与英宗没有中兴之功、而仁宗实际上是他在宗庙中亡父的位置是不相同的。所以拿汉宣帝和汉光武帝来类比英宗，而把仁宗等同于孝昭帝、孝元帝，这与仁宗的心不符。不合乎仁宗的心，那么英宗的心也不会舒服。这就是司马光想要厚待仁宗，却不知恰恰薄待了仁宗，所以说是不对的。

若夫欧阳永叔缘“为其父母”之文，以正濮王皇考之称，其不中于礼，夫人而知之，而未知其所以非也。为其父母服期，此大夫以降世禄之家，为人后者，得伸于其所生尔。天子绝期，不得于此而复制期服。盖天子者，皇天上帝明禋之所主①，七庙先皇禘祫之所依②，天下生民元后父母之所托③。故于伯叔父之应服期者④，生而臣之，没而从为诸侯锡衰之礼，尊伸而亲屈，是以绝期。而出后于天子，则先皇委莫大之任于其躬，可以夺其所自生之恩德，固与世禄之子仅保其三世之祀者殊也。则使英宗立而后濮王薨，不得为之服；不得为之服，则父母之称，不足以立矣。而时无能以此折永叔之非也。

【注释】①禋（yīn）：古代祭天时升烟的一种仪式。也泛指祭祀。

②禘祫（dì xiá）：古代帝王祭祀始祖的隆重仪礼。

③元后：指天子。

④故于伯叔父之应服期者：这里的伯叔父指的是濮王。因为濮王是仁宗的哥哥，而英宗过继之后自己的亲生父亲就相当于伯父，不能再把濮王作为父亲服三年之丧，只能把仁宗作为父亲来服三年之丧。

【译文】至于欧阳修以“为其父母”的说法，以纠正濮王皇考的名称，这不合礼法，这是尽人皆知的，但却不知道为什么不合礼法。为他的亲生父母服一年的丧，这是大夫以下的世禄之家过继的儿子的服丧等级，以此表达对自己亲生父母的哀伤。天子如果也是这种情况则不如此，不再为自己的亲生父母再服一年的丧。这是因为天子是对皇天上帝进行祭祀的祭主，也只有他才能对七代宗庙中的先皇进行祭祀，而且天下万民也是皇帝的父母所托付的。所以对伯父叔父应服一年丧的，其伯父叔父活着时是天子的臣民，去世后就服诸侯锡衰之丧礼，这是以尊贵的诸侯之礼服丧，而非以自己的亲生父亲之礼服丧，所以英宗就不再为伯父服一年的丧了。而作为前任天子仁宗的后人，这是先皇仁宗把莫大的责任托付给英宗自己，因此其恩德超过了自己亲生父亲的恩德，这显然与世禄之家的过继之子仅对三代进行祭祀不同。那么如果英宗继位后濮王去世，英宗就不能为濮王服丧三年。不能为濮王服丧三年，那么父母的名分就不足以成立了。而当时没有人能用这些道理批驳欧阳修说法中的错误。

温公曰“宜准封赠期亲尊属故事[①]，称为皇伯，高官大爵，极其尊荣”者，亦非也。濮王之始繇节度使而封郡王，繇郡王而赠濮王，皆以英宗故而受殊礼。则仁宗之为英宗报本地也，久矣。益其封赠，不为加荣，即如其前，不为有阙。子不得以其尊加之于所生，而驭以爵禄；固心之所有惮，而实心之所弗忍者也。则封赠之说，不可行矣。以所生言之，则父也。以族属言之，则犹之乎凡为伯父者之为皇伯也。固为伯父，不待立名；实非伯父，名非繇我。而为之名曰皇伯，固不如无为之名而心可以安。故温公之说，亦曲就而非正也。

【注释】①期亲：指服一年丧的亲人，如侄子对伯父、叔父。

【译文】司马光说的“宜应按照旧例，把守一年丧的亲人赠予名号封为贵亲，把濮王称为皇伯，并封他高官大爵之位，使他极度尊荣”，这一说法也不对。濮王开始由节度使而封为郡王，又由郡王赐赠为濮王，都是因为英宗的缘故而受到这些特殊的礼遇。那么仁宗为英宗而报答他的亲生父亲，也已经很久了。再加封官职和爵位，也不会增加荣耀，而即使是原样不变，也不能说是荣耀不够。儿子不能因为自己的尊贵而令亲生父亲也尊贵起来，而用爵位官禄来调整；这固然是心中有所忌惮，而实际上是心中不忍这样做。那么封赠官爵就是不可行的。以所生的关系来说，濮王就是父亲。以宗族关系来说，那就如同凡是伯父都称为皇伯。本来就是伯父，就不用单独立名；如果实际上不是伯父，那么皇伯的名称就不是由我定的。而为他加上皇伯的名号，还不如不为他加上这个名号更让人安心。所以司马光的说法，也是勉强将就的说法而不正当的。

至若王圭之言曰：“陛下所以负扆端冕[①]，万世相承，皆先帝德也。”此言何为而至于人子之耳哉？以贵为天子、富有四海、传之子孙为德，而不可忘；则是以富贵故，而父非其父；以富贵所不在故，而不父其父。见利忘恩，人之所以异于禽兽者，泯矣。孝子于此，将有怀惭负痛、追悔出继之非，敝屣天下，脱之而逃耳。以小人之心，议天伦之大，没天地祖宗之重任，怀荣其身、庇其子孙之私恩。圭乃昌言此不道之说于廷，而当时犹以为允，世教之衰，非徒小人之乱之矣。

【注释】①负扆（yǐ）端冕（miǎn）：指代皇帝临朝听政。扆，古代的一种屏风。负扆，背靠屏风。冕，古代帝王、诸侯所戴的礼帽。宋朝以后，专指皇帝的礼帽。

【译文】至于像王珪说的："陛下之所以能临朝听政，万世相承，这都是先帝的恩德。"这种说法何以传到为人之子的耳中呢？以贵为天子、富有四海、传给后世子孙为德，而不可忘记；那么这是因为富贵的原因，而把不是父亲的人作为父亲；以没有给我富贵的原因，就不把父亲作为父亲。这是见利忘恩，人之所以区别于禽兽的差别就泯灭了。孝子于此，将心怀惭愧和悲痛、追悔离家过继的不对，而把天下看得不值一文，随时可以放下它而逃走。以小人之心，议论天伦大事，不感念天地祖宗的重任，荣耀其身、庇护子孙的私恩。王珪在朝廷上说出这种不合道理的话，而当时人们还认为正确，可见世风教化的衰落，不只是小人搅乱的。

夫濮王既不可称考，抑不可称伯，此中书所为驳圭等议，而议以当称何亲？圭等穷矣。苟据典礼以求其允惬，自可不穷。濮王已薨，书召弗及矣。若祭，则天子于伯叔无丧毕致祭之礼。濮王自有子孙，世其爵，延其祀，俾奕世勿绝，则所以报本者已遂。而岁时修举，自属濮国之小宗[1]，天子弗与焉。天子弗与，则称谓可绝，又何必致疑于名之何称，而徒滋聚讼哉？然而英宗有难处者于此：君子之守道也，不昧其初。濮王之薨，英宗尝执三年之丧矣。未为天子而父之，已为天子而不父，则始末不相应。而前之哀戚，以大位而改其素，安能不耿耿焉。此则仁宗之过也。业已方四岁，而育之宫中者二十五年，知之非不深矣。濮王超进大国之封，为英宗故，立之非不决矣。而不早正皇子之名，别为濮王立后，以定其世系。仁宗一犹豫，而授英宗以两不自胜之情。故以韩公之秉正，而俯仰以从欧阳之议，实有其难处者存也。处乎难处，而容以率然之心议之乎？求尽人伦之至者，研义以极其精，乃能存仁以无所憾。孤持一义，不研诸虑以悦诸心，其不胜于邪说也，必矣。况如王圭之以人欲灭天理者乎？

【注释】①小宗：古代宗法制中，嫡长子一系为大宗，其余子孙为小宗。天子之位、诸侯之位、卿、大夫、士、庶人皆按此制。

【译文】濮王既然不可称为父亲，也不可称为伯父，中书省驳斥王珪等人的建议，那么应当称呼什么呢？王珪等人就没法回答了。如果根据经典及礼法寻求最佳的说法，自然不至于无言以对。濮王已经去世，再对他写诏书已经来不及了。如果想对濮王进行祭祀，那么天子对伯父叔父也没有守丧完毕后再祭祀的礼法。濮王自有他的子孙，世代承袭他的爵位，延续他的香火，让他的宗族传延不绝，那么英宗对他亲生父亲的报答也可以说是完成了。而每年一定的时间对濮王进行祭祀，自然属于濮王封国中其余子孙的事，而天子是不参与的。天子不参与，那么相关的称谓就不存在了，又何必对此兴起疑问，而徒然地让众人众说纷纭呢？然而英宗对此还是有难处的：君子遵循大道，不会昧心于其初始。濮王去世，英宗曾为他守丧三年。没成为天子而把濮王当做父亲，成了天子就不把濮王当做父亲，那么其初始和后来的做法就不相应了。那么此前的哀戚，因为继承了皇位就改变了一贯的行持，怎能不让英宗耿耿于怀呢？这就是仁宗的过失了。英宗四岁时把他收进宫中抚养了二十五年，对英宗的了解不是不深了。濮王超越规格地被提升为大诸侯国的级别，这都是因为英宗的缘故，这个做法不可谓不果决了。然而不及早地为英宗确立太子的名位，再另外为濮王确立后人，以确定濮王的世系。仁宗在这里稍一犹豫，就让英宗左右为难了。所以以韩琦的秉公正直，还是接受了欧阳修的“同意英宗对濮王称父”的提议，这实在是英宗于此比较为难的缘故。处于难处的情况，还能用轻率的心来评议此事吗？想在人伦上做到极致，就要研习义理到极其精微的地步，才能心存仁义而无所缺憾。单独坚持某一种特定见解，没有普遍地研究众人的想法而让众人心存喜悦，那么就不能驳倒邪说，这也是必然。何况如同王珪一般还想用人欲来灭天理呢？

卷六 神宗

扫码听谦德
君为您导读

【题解】宋神宗赵顼（1048—1085），英宗长子，北宋第六位皇帝，1067至1085年在位，共十九年。1069年任王安石为参知政事，开始变法，也就是历史上著名的王安石变法，史称“熙宁变法”。期间神宗也动摇于新旧两党之间，变法最终失败。

本篇中，王夫之的重心主要聚焦于王安石变法上。王夫之从多个角度评价了变法，认为王安石未能“得圣人之精意”，而是自己立法扰民，变法实为苛政，只会“病国虐民”。而且更重要的是变法形成了朝廷里对立的新旧两派而形成党争之势，造成了人力资源的极大内耗，而为了自己的变法取得胜利，王安石不得不借助一些小人奸党的力量，为小人得势迈出了关键的一步。而且一些辅国大臣也因争执不胜而主动引退，造成朝廷中君子缺位的情况，更是便于小人填补空缺而执掌人权，这些都最终导致了宋朝逐渐走向没落。

一

言有大而无实，无实者，不祥之言也。明主知之，知其拓落而以是相震，则一闻其说，而屏退之唯恐不速。唯智小而图大，志陋而欲饰其短者，乐引取之，以钳天下之口，而遂其非。不然，望而知其为妄人，岂难辨哉？

【译文】言论中有一种是宏大而不切实际的，如果不切实际，那就是不祥之言。贤明的君主知其不祥，知其宏大而要以此来震动我，那么一听到这种说法，就会马上屏退他还怕来不及。只有智慧小而图谋大、志向低陋而想要掩饰自己短处的人，才乐意采纳这些大而无当的说法，用来钳制天下人的口实，而实现其不当的目的。不然的话，一望而知他是个无知妄为的人，岂是很难分辨的呢？

王安石之入对，首以大言震神宗。帝曰："唐太宗何如？"则对曰："陛下当法尧、舜，何以太宗为哉？"又曰："陛下诚能为尧、舜，则必有皋、夔、稷、契，彼魏征、诸葛亮者，何足道哉？"呜呼！使安石以此对飏于尧、舜之廷，则靖言庸违之诛[①]，膺之久矣。抑诚为尧、舜，则安石固气沮舌噤而不敢以此对也。夫使尧、舜而生汉、唐之后邪，则有称孔明治蜀、贞观开唐之政于前者，尧、舜固且揖而进之，以毕其说，不鄙为不足道而遽斥之。何以知其然也？舜于耕稼陶渔之日，得一善，则沛然从之。岂耕稼陶渔之侣，所言善言，所行善行，能轶太宗、葛、魏之上乎？大其心以函天下者，不见天下之小；藏于密以察天下者，不见天下之疏。方步而言趋，方趋而言走，方走而言飞；步走犹相近也，飞则固非可欲而得者矣。故学者之言学，治者之言治，奉尧、舜以为镇压人心之标的；我察其情，与缁黄之流推高其祖以树宗风者无以异。韩愈氏之言曰："尧以是传之舜，舜以是传之禹。"相续不断以至于孟子。愈果灼见其所传者何道邪？抑仅高举之以夸其所从来邪？愈以俗儒之词章，安石以申、商之名法，无不可曰尧、舜在是，吾甚为言尧言舜者危也。

【注释】①靖言庸违之诛：语出《尚书·尧典》："静言庸违，象恭滔天。"这是尧对共工的评价，认为他语言虽善而行动乖违。所以舜继位之后将共工流放到幽州。

【译文】王安石入朝见神宗答问，首先就用大话来震动神宗。神宗问："唐太宗怎么样？"王安石回答说："陛下应当效法尧、舜，何必要当唐太宗呢？"又说："陛下真能成为尧、舜，那就必定会有皋、夔、稷、契这样的贤臣辅佐，而至于魏征、诸葛亮那样的人，有什么值得称道的呢？"呜呼！假使王安石也在尧、舜的朝廷上这样说话，那他早就因为爱说大话、行动乖违而受到尧、舜的惩罚了。而且如果真是尧、舜在位，那么王安石也会因为气势受沮而闭上嘴巴不敢这样说话了。如果尧、舜生在汉、唐之后，如果有人说到此前有诸葛亮治蜀、有唐太宗贞观之治，那么尧、舜也会对此人揖让升进，让他充分讲述，而不会像王安石那样鄙视诸葛亮、唐太宗是不足道的而马上摈斥。为什么我知道会是这样的呢？大舜在耕作、制陶、捕鱼的时候，看到别人的一点长处，也会感动而依从。难道与他一起耕作制陶捕鱼的人们，所说的都是善言，所行的都是善行，都能超过唐太宗、诸葛亮、魏征之上吗？其心广大而能涵容天下的人，就看不见天下的小；内心无可比拟而观察天下的人，就看不见天下的疏。还在学步的孩子，他就让孩子快走，还在学习快走的孩子，他就让孩子跑，还在学习跑的孩子，他就让孩子飞。走步和跑步还是相近的，而飞就不是想要就能得到的了。所以学者讲学，谈论治国的人讲治国之策，尊奉尧、舜作为打压人心的目标；观察他们的心，与僧道推崇他们的祖师没有不同。韩愈说："尧以此道传给舜，舜以此道传给禹。"相续不断直到孟子。韩愈果有真知灼见知道他们相传的是什么道吗？还是仅仅抬高这些人而夸耀自己的学说有来由呢？韩愈用俗儒的诗词文章，王安石用申不害、商鞅的刑名之法，都可以说尧、舜之道就在这里，所以我很为谈论尧、舜的人感到危险。

夫尧、舜之学，与尧、舜之治，同条而共贯者也。安石亦知之乎？尧、舜之治，尧、舜之道为之；尧、舜之道，尧、舜之德为之。二典具存，孔、孟之所称述者不一，定以何者为尧、舜之治法哉？命岳牧[①]，放四凶[②]，敬郊禋，觐群后，皆百王之常法。唯以允恭克让之心，致其精一以行之，遂与天同其巍荡[③]。故尧曰"无名"[④]。舜曰"无为"[⑤]。非无可名，而不为其为也。求一名以为独至之美，求一为以为一成之侀，不可得也。今夫唐太宗之于尧、舜，其相去之远，夫人而信之矣。而非出号令、颁科条之大有异也。藉令尧、舜而举唐太宗所行之善政，允矣其为尧、舜。抑令唐太宗而仿尧、舜所行之成迹，允矣其仅为唐太宗而止。则法尧、舜者之不以法法，明矣。德协于一，载于王心，人皆可为尧、舜者，此也。道贞乎胜，有其天纲，汤、武不师尧、舜之已迹，无所传而先后一揆者，此也。法依乎道之所宜；宜之与不宜，因乎德之所慎。舍道与德而言法，韩愈之所云“传”，王安石之所云“至简、至易、至要”者，此也。皋、夔、稷、契以其恭让之心事尧、舜，上畏天命，下畏民碞[⑥]。匹夫匹妇有一善，而不敢骄以所不屑，唐、虞之所以时雍也[⑦]。顾乃取前人经营图度之苦心以拨乱扶危者，而凌躐之，枵然曰：“尧、舜之道至易，而无难旦夕致也。”商鞅之以胁秦孝公者，亦尝用此术矣。小人而无忌惮，夫亦何所不可哉？扬尧、舜以震其君，而诱之以易；揭尧、舜以震廷臣，而示之以不可攻。言愈高者志愈下，情愈虚者气愈骄。言及此，而韩、富、司马诸公亦且末如之何矣！曹丕曰“吾舜、禹也”，则舜、禹矣。源休曰“吾萧何也”，则萧何矣。奸人非妄不足以利其奸，妄人非奸无因而生其妄。妄人兴而不祥之祸延于天下，一言而已蔽其生平矣。奚待其溃堤决岸，而始知其不可遏哉？

【注释】①岳牧：尧舜时四岳十二牧的简称。后泛称封疆大吏。

②四凶：指共工、驩兜、三苗、鲧。《尚书·尧典》记载，尧在位时，流共工于幽州，放驩兜于崇山，窜三苗于三危，殛鲧于羽山，四罪而天下咸服。

③与天同其巍荡：语出《论语·泰伯》：“子曰：‘巍巍乎，舜、禹之有天下也，而不与焉。’子曰：‘大哉，尧之为君也。巍巍乎，唯天为大，唯尧则之。荡荡乎，民无能名焉。巍巍乎，其有成功也。焕乎其有文章！’”巍，是崇高的样子。荡，是博大的意思。这是孔子形容舜、禹二位帝王的崇高，虽有天下而不居功，不像他有天下似的。又赞叹说，尧帝效法上天，崇高而博大。

④尧曰“无名”：上条注释中，孔子称赞尧“荡荡乎，民无能名焉”。这是说尧治理天下之博大，民众却无法称述尧到底好在哪里。形容尧帝的治理没有机心而天下大治，这正是尧治国的“荡荡乎”所在。

⑤舜曰“无为”：语出《论语·卫灵公》：“子曰：‘无为而治者，其舜也与？夫何为哉？恭己正南面而已矣。’”这是孔子赞叹舜帝治天下是无为而治，并无刻意要治理，只是恭己正心而从容施政，故能无为而治。

⑥民嵒（yán）：民心不齐，一说谓民情险恶。

⑦唐、虞：唐尧与虞舜的并称，亦即尧与舜的时代。

【译文】尧、舜的学养，与尧、舜的治国，是事理相通，脉络连贯的。王安石也知道吗？尧、舜的治国，是以尧、舜之道为基础而实现的；尧、舜之道，是以尧、舜的德行为背景来践行的。《尧典》《舜典》都还在，而孔子、孟子对尧、舜之道的称述也不一致，到底什么才是尧、舜的治国方法呢？任命四方的诸侯领袖，惩罚共工等四大恶人，敬重地进行升烟祭祀天地的大礼，接见各地的诸侯，这些都是历代君王的常规做法。只是尧、舜是以诚信、恭敬、谦让的心，达到精粹纯一的程度来治国，所以就达到上天一般的崇高和博大。所以尧的方式被孔子称为“无名”，舜的方式被孔子称为“无为”。不是不可命名，而是不居功，不觉得自己做了什么善政。如果想求一个独到的美名，求一种一成不变的模式，这是不可能的。现在唐太宗相对于尧、舜来说还是差很多的，这是人们能相信的。但这相差不是体现在发号施令、颁布法令制度上有太大不同。即使是尧、舜来实施唐太宗所颁布的善政，他们也依然是尧、舜而不是唐太宗。而如果让唐太宗效法尧、舜的事迹重新施行一遍，他也还是唐太宗而已。所以效法尧、舜不在于教条地照搬他们的做法，这一点就很明白了。德行协同于精粹纯一之道，并持守于帝王心中，那么人人都可以成为尧、舜，就是这个道理。大道以坚贞守正而取胜，具自有上天的纲纪，商汤、周武王没有效法尧、舜已有的事迹，他们彼此之间也没有传承什么，但先后却能保持一致，也是这个道理。制度要同大道匹配适宜；适宜不适宜，是根据德行谨慎坚持的原则来决定的。舍弃了大道与德行而谈制度，就是韩愈所说的“传”，王安石所说的“至为简单、至为容易、至为重要”。皋、夔、稷、契四位贤臣用他们的谦恭逊让之心来事奉尧、舜，上畏天命，下畏民乱。匹夫匹妇有一善言善行，也不敢骄傲地不屑一顾，唐尧、虞舜因此而让国家和雍安泰。反而对前人经营谋划以拨乱反正、挽救危亡的苦心加以凌越，而空洞地说：“尧、舜之道至为容易，一天之内就实现也不难。”当初商鞅胁迫秦孝公时，也曾经用的这个方法。小人之肆无忌惮，又有什么是不可以的呢？宣扬尧、舜之道以震惊君主，说这是至为容易的来诱导君主，列举尧、舜的事迹来震动大臣，以保护自己不被攻击。言论越高的人，其心志越低，心理越空虚的人，其气质越骄狂。说到这里，而韩琦、富弼、司马光诸公也恐怕是拿他没办法了！曹丕说：“我是舜、禹”，就是舜、禹了。源休说：“我是萧何”，就是萧何了。奸人如果不妄为就不足以加强他的奸邪，妄为之人如果不奸邪也就无法生出他的妄为。妄为的人兴起了，而不祥之祸就漫延祸及天下，这一句话就已经概括了他的生平了，怎么能等到大堤决口了才知道那是不可遏止的呢？

二

君子之道，有必不为，无必为。小人之道，有必为，无必不为。执此以察其所守，观其所行，而君子小人之大辨昭矣。必不为者，断之自我，求诸己者也。虽或诱之，而为之者，必其不能自固而躬冒其为焉。不然，荧我者虽众，弗能驱我于丛棘之中也①。必为者，强物从我，求诸人者也。为之虽我，而天下无独成之事，必物之从而后所为以成，非假权势以迫人之应，则锐于欲为，势沮而中止，未有可必于成也。以此思之，居心之邪正，制行之得失，及物之利害，其枢机在求人求己之闲，而君子小人相背以驰，明矣。

【注释】①丛棘：古时囚禁犯人的地方，四周用荆棘堵塞，以防犯人逃跑。这里引申为做错事、犯错误。

【译文】君子之道，有必定不会去做的，但没有必定要去做的。小人之道，有必定要去做的，但没有必定不会去做的。用这个方法去观察某人遵守的原则，查看他的行为，而君子小人的区别就显明了。君子必定不会去做的，是出于自己的判断，这是内求于己。虽有人诱惑他，而去做某事，必定是他不能把握住自己才要亲自去做某事的。不然的话，迷惑我的人虽多，但也不能驱使我犯错误的。必定要去做的，是指强迫外物顺从我，这是外求于人。虽然是我在做这件事，但天下没有单打独斗就能成功的事，必定要有人跟从，所做的事才能成功，若非通过权势来逼迫他人响应自己，那么我锐意要有所作为，因情势受阻而中止，不是必定可以成功的。由此想来，居心的正与邪，行为的得与失，对于事物的利与害，其枢机在求人和求己之间，而君子和小人在这一点上恰好是背道而驰的，这是很显然的。

夫君子亦有所必为者矣，子之事父也，臣之事君也，进之必以礼也，得之必以义也。然君子之事父，不敢任孝，而祈免乎不孝；事君不敢任忠，而祈免乎不忠。进以礼者，但无非礼之进，而非必进；得以义者，但无非义之得，而非必得。则抑但有所必不为，而无必为者矣。况乎任人家国之政，以听万民之治。古今之变迁不一，九州之风土不齐，人情之好恶不同，君民之疑信不定。读一先生之言，暮夜得之，鸡鸣不安枕而揣度之，一旦执政柄而遽欲行之，从我者爱而加之膝，违我者怒而坠诸渊，以迫胁天下而期收功于旦夕；察其中怀，岂无故而以一人犯兆民之指摘乎？必有不可问者存矣。夫既有所必为矣，则所迫以求者人，而所惛然忘者己矣。故其始亦勉自钤束，而有所不欲为；及其欲有为也，为之而成，或为之而不成，则喜怒横行，而乘权以逞。于是大不韪之事，其夙昔之所不忍与其所不屑者，苟可以济其所为而无不用。于是而其获疚于天人者，昭著而莫能掩。夫苟以求己、求人、必为、必不为之衡，而定其趋向，则岂待决裂已极而始知哉？

【译文】然而君子也有必定要做的事，比如儿子事奉父母，臣子事奉君主，必须依礼来进用他，必须依义来选拔他。然而君子事奉父母，不敢说自己是孝顺的，只敢说想要避免不孝；君子事奉君主，不敢说是忠诚的，只敢说想要避免不忠。依礼而进用他，只是避免不合礼的进用，而不是必须要进用他；依义来选拔他，只是避免不合义的选拔，而不是必须要选拔他。那么这就还是只有必定不会去做的，而没有必定会去做的。更何况是任命别人负责国家大政而治理万民了。古今的变迁不一，九州的风土不齐，人情的喜好厌恶不同，君主和民众的怀疑或相信也不一定。读到一位先生的话，晚上读到，天亮就不能安眠而要揣度他的话，这样一旦掌握了大权就马上要实施它，顺从我的人就喜欢得不得了，违背我的人就恨得不得了，胁迫天下而期望在旦夕之间见到功效；体察他内心的想法，难道是没有理由就要去冒犯万民的指责吗？一定有不可追究的东西在里面。既然是有必定要去做的，那么所要逼迫、要求的，就是别人，而惛然忘记的，则是自己了，这就是求人而非求己。所以他开始的时候也勉力自我约束，而有不想做的事；等到他想要有所作为的时候，他做了可能成功，也可能不成功，但他都依着自己的喜怒而横冲直撞，并利用其权位以求达到目的。于是天下公认的错误，乃至他从前不忍心与不屑于做的事，此时只要可以帮助他达成目的也就无所不用了。于是他就做出了愧对上天与众人的事，彰明显著而无法掩盖了。如果根据求之于己、求之于人、必定去做、必定不去做这几条标准来判定他的趋向，那么怎么会直到事情完全败露之后才知道呢？

故王安石之允为小人，无可辞也。安石之所必为者，以桑弘羊、刘晏自任，而文之曰周官之法，尧、舜之道；则固自以为是，斥之为非而不服。若夫必不可为者，即令其反己自攻，固莫之能遁也。夫君子有其必不可为者，以去就要君也，起大狱以报睚眦之怨也，辱老成而奖游士也，喜谄谀而委腹心也，置逻卒以察诽谤也，毁先圣之遗书而崇佛、老也，怨及同产兄弟而授人之排之也，子死魄丧而舍宅为寺以丐福于浮屠也。若此者，皆君子所固穷濒死而必不为者也。乃安石则皆为之矣。抑岂不知其为恶而冥行以蹈污涂哉？有所必为，骨强肉愤，气溢神驰，而人不能遂其所欲，则荆棘生于腹心，怨毒兴于骨肉；迨及一踬[1]，而萎缩以沉沦，其必然者矣。

【注释】①踬（zhì）：绊倒。引申为事情不顺利；失败。

【译文】所以王安石确实是小人，这是无法推脱的。王安石必定要去做的，是以汉朝桑弘羊、唐朝刘晏这些管理全国财政经济的大臣自任，而经过美化后的说法就是周朝的制度和尧、舜之道；他是顽固地自以为是的，如果有人否定他他就会不服。至于他必定不会去做的事，就让他反过来自己攻击自己，则他显然无法逃避。君子有他必定不能去做的事，比如以自己的任职与否来要挟君主，兴起大案以报复以前的小小怨恨，羞辱老成之士而重用云游四方以谋生的文人，喜欢阿谀奉承之人而将其纳为心腹，设置特务兵侦察别人对自己的批评，毁先圣遗书而崇释老，怨恨同胞兄弟而授意让人排挤他们。类似的事情，都是君子在穷困濒危时也必定不会做的，而王安石却都做了。难道他不知道做恶事就像在黑夜中行路而会踩到污泥吗？他有必定要做的事，筋骨刚强肌肉臌胀，神气向外流溢奔驰，可是人们不能满足他的想法，他就在心里产生了嫌隙，而在兄弟骨肉间也产生了怨怒；等到一下子受挫了，就萎缩而沉沦了，这是必然的。

夫君子相天之化，而不能违者天之时；任民之忧，而不能拂者民之气。思而得之，学而知其未可也；学而得之，试而行之未可也；行而得之，久而持之未可也。皆可矣，而人犹以为疑；则且从容权度以待人之皆顺。如是而犹不足以行，反己自责，而尽其诚之至。诚至矣，然且不见获于上，不见信于友，不见德于民；则奉身以退，而自乐其天。唯是学而趋入于异端，行而沉没于好利，兴罗织以陷正人，畏死亡而媚妖妄，则弗待迟回，而必不以自丧其名节。无他，求之己者严，而因乎人者不求其必胜也。唯然，则决安石之为小人，非苛责之矣。

【译文】君子观察天地的变化，不能违背的是天时；担当民众的忧虑，不能拂逆的是民意。想明白了一些道理，而经过学习才知道这还是不够的；学习明白了一些道理，试行的时候又发现了不足之处；试行后明白了一些道理，长久坚持下去又不行了。就算这些都做到了，而别人仍然还会抱有疑虑；那就从容地运筹以等待人们的认同。如此还是不足以施行，那就需要反躬自责，极尽诚意到极致。诚意尽到极致了，还是不被君主所接纳，不被朋友所信任，没有给民众带来恩德，那就引身而退，让自己顺乎天然之乐。只有那些学问成为异端，行为沉溺于利益，罗织罪名来陷害正人君子，害怕死亡而趋奉外教的人，就没有犹豫徘徊，一定不以为这些事会让自己丧失名节。这没有别的，君子严于求己，而依靠他人的，就不保证其一定能成功了。所以可以肯定王安石是小人了，这不是对他苛责。

或曰："安石而为小人，何以处夫黩货擅权导淫迷乱之蔡京、贾似道者？夫京、似道能乱昏荒之主，而不能乱英察之君，使遇神宗，驱逐久矣。安石唯不如彼，而祸乃益烈。诐诐之辩，硁硁之行[①]，奚足道哉！

【注释】①硁硁（kēng）：浅薄固执。

【译文】有人问："王安石如果是小人，那么贪财、专权、引诱帝王荒淫迷乱的蔡京、贾似道又是什么呢？"蔡京、贾似道能迷乱昏庸荒淫的君主，而不能迷乱英杰明察的君主，如果让他们遇上了神宗，早就把他们驱逐了。王安石只是不像蔡、贾那样恶劣，但他造成的灾祸更严重。口头上能言善辩，行为上浅薄固执，哪里值得谈论呢！

三

神宗有不能畅言之隐，当国大臣无能达其意而善谋之者，于是而王安石乘之以进。帝初莅政，谓文彦博曰："养兵备边，府库不可不丰。"此非安石导之也，其志定久矣。

【译文】神宗有不能畅快吐露的隐情，主掌朝政的大臣无人能明白他的隐情而善加谋划，于是王安石乘机得以被进用。神宗初即位时，对文彦博说："养兵防备边境相争，国家的财政、储备不能不充足。"这不是王安石引导他的，而是他自己早有此志。

国家之事，相仍者之必相变也，势也。大张之余，必仍之以弛；大弛之余，必仍之以张。善治者，酌之于未变之前，不极其数；持之于必变之日，不毁其度。不善治者反此，而大张大弛，相乘以胜，则国乃速敝。夫神宗固承大弛而势且求张之日也。仁宗在位四十一年，解散天下而休息之。休息之是也，解散以休息之，则极乎弛之数，而承其后者难矣。岁输五十万于契丹，而俯首自名曰“纳”；以友邦之礼礼元昊父子，而输缯帛以乞苟安；仁宗弗念也。宰执大臣、侍从台谏、胥在廷在野、宾宾啧啧以争辩一典之是非，置西北之狡焉若天建地设而不可犯；国既以是弱矣。抑幸无耶律德光、李继迁鷙悍之力，而暂可以赂免。非然，则刘六符虚声恐喝而魄已丧，使疾起而卷河朔以向汴、雒，其不为石重贵者，何恃哉？于是而神宗若处栫棘之台[①]，蠹然不容已于伤心[②]，奋起而思有以张之；固仁宗大弛之反，授之以决裂之资。然而弗能昌言于众，以启劲敌之心，但曰“养兵备边”，待廷臣之默喻。宰执大臣恶容不与其焦劳，而思所以善处之者乎？

【注释】①栫（jiàn）棘：栫，用柴木堵塞。棘，带刺的草木。栫棘，引申为被囚禁、关押的地方。

②蠹（xì）然：悲伤痛惜的样子。

【译文】国家的事情，沿袭久了就必定会发生变化，这是必然的趋势。大力绷紧之后，接下来必定会是大为松缓；大为松缓之后，接下来必定是大力绷紧。善于治国之人，在未变之前就预计到这一点，而不让大力绷紧、大为松缓达到极点；在必定会发生改变的那个时机加以调节，而不毁坏两者的分寸。不善于治国的人正好与此相反，他让大力绷紧和大为松缓两种力量彼此较力争胜，结果是国家迅速败坏。而神宗即位时正是大为松缓向绷紧的转换期间。仁宗在位四十一年，让天下松缓而得以休养生息。让天下休养生息没有错，休养生息这么久就是松缓到了极点，而后继的人就难办了。宋朝每年输送给契丹五十万金帛，还要向他们俯首称为“纳”；用友邦之礼对待李元昊父子，还要输送绢帛换来短暂的安宁；仁宗没有足够力量考虑这些，而宰辅大臣、侍从台谏等官员以及所有朝野上下，也众说纷纭地争论一些小是非，把狡诈的西夏当成是天造地设不可侵犯的，国家由此而衰弱了。幸好契丹和西夏没有当年耶律德光、李继迁那种凶狠强悍的力量，因而可以暂时用金帛贿赂而避免战争。若非如此，怎么会在契丹使臣刘六符发出空洞的恐吓就魂飞魄散呢？假如契丹迅速出兵席卷河北而指向汴京、洛阳，那么宋朝皇帝要想不成为向契丹投降的后晋末代皇帝石重贵，还能靠什么呢？于是神宗就像身被囚禁一样，悲伤痛惜不能自已，就想要奋起而让国家绷紧起来；这显然与仁宗大为松缓的方向相反，而神宗有了痛加改变的理由。然而这不能在众人面前说出，以免激起劲敌用兵之心，只能说“养兵防备边境相争”，期待着朝廷大臣的默契。宰辅大臣怎能不与神宗一起苦心劳虑，而却想着怎样能安好地在朝中呢？

夫神宗之误，在急以贫为虑，而不知患不在贫，故以召安石聚敛之谋，而敝天下。然而无容怪也，凡流俗之说，言强国者，皆不出于聚财之计。太祖亦尝为此言矣。饱不宿，则军易溃；赏不重，则功不兴；器仗、甲胄、牛马、舟车、糗糒、刍稾、椎牛醧酒，不庀不腆[①]，则进不速而守不固。夫孰谓其不然者，要岂有国者之忧哉？汉高起于亭长，无儋石之储，秦据六国之资，敛九州之赋于关中，而不能与争一战之生死，且以为兴亡之大数，置勿论也。刘裕承桓玄播乱、卢循内讧之余，以三吴一隅之物力，俘姚泓，缚慕容超，拓拔氏束手视其去来，而莫之敢较。唐积长安之金帛米粟，安禄山拥之，而肃宗以朔方斥卤之乡[②]，崛起东向，驱之速遁。德宗匹马而入梁州硗确之土，困朱泚而诛夷之。则不待积财已丰，然后可强兵而挫寇，亦较然矣。若夫仁宗之过于弛而积弱也，实不在贫也。密勿大臣如其有定识与？正告神宗曰："以今日之力，用今日之财，西北之事，无不可为也。仁宗之休养四十年，正留有余、听之人心、以待后起之用。而国家所以屈于小丑者，未得人耳。河北之能固圉以待用者，谁恃而可也？绥、延之能建威以制寇者，谁恃而可也？守先皇之成宪，而益之殷忧，待之十年，而二虏已在吾指掌。"则神宗不言之隐，早授以宅心定志之弘图，而戢其求盈无已之妄；安石揣摩虽工，恶能攻无瑕之玉哉？

【注释】①不庀不腆：指不准备丰厚的物资。庀，具备。腆，丰厚。

②斥卤：盐碱地。

【译文】神宗的失误，在于急迫地担忧国家的贫困，而不知道忧患其实不在国家贫困上。所以他召见了王安石而商谈聚敛财富的方法，从而使天下都受到祸害。然而这不值得奇怪，凡是流俗的说法，谈到增强国力，都不会超出聚敛钱财的计策。宋太祖也曾提出过这种说法。说一直吃不饱，军队就容易崩溃；奖赏不重，就难以立下军功；武器装备、盔甲、牛马、车船、粮食、草料、杀牛滤酒，若不多多准备，军队进军就不迅速而防守也不稳固。谁能说不是这样，这不正是统御国家的人所忧虑的吗？然而汉高祖从亭长起家，没有一石粮食的储备，而秦朝握有六国的资财，聚敛九州的财赋于关中，而不能与刘邦一次决战而定生死，这是有关天下兴亡的天数，暂且不说。而东晋南北朝时期的刘裕在桓玄造成动乱、卢循造成内讧之后，凭借着三吴一隅之地的资源，就俘获了姚泓，绑缚了慕容超，而拓跋氏眼看着他来来去去，也没人敢和他较量。唐朝储备在长安的金帛粮食，都被安禄山拥为己有，而唐肃宗凭借着北方盐碱贫瘠地区，崛起后向东兴兵，而安禄山迅速逃走。唐德宗匹马进入梁州的贫瘠之地，困住了朱泚而诛灭了他。那么不用等到钱财都已积累丰足了，然后才能增强军事力量而挫败敌寇，这也是显然的了。至于仁宗则是由于过于松缓而积弱，实则不在贫穷上。机要重臣有真知灼见吗？有的话就可以正告神宗说："以今日的人力物力，用今日的财富，解决西夏的问题，没有什么不可以的。仁宗休养生息了四十年，正是留下有余的财富、听从了人的指挥、以待后起之人来使用的。而国家之所以还屈从于小丑，是没有得到合适的人才。河北能固守而等待用兵的，谁可以用？绥州、延州能建军威而制服敌寇的，谁可以用？守着先帝的成法，再加上深切的劳虑，用十年时间，而两个敌寇就都将在掌握在我手中了。"那么神宗不能吐露的难言之隐，及早提出足以让他安心的宏图大略，他就会收敛想要更多钱财以强国强军的妄念；这样的话，王安石虽然揣摩得很巧妙，又怎能攻下神宗这无暇之玉呢？

夫宋之所以财穷于荐贿，国危于坐困者，无他，无人而已矣。仁宗之世，亦孔棘矣[①]。河北之守，自毕士安撤备以后，置之若遗。西事一兴，韩、范二公小为补葺，辄贡"心胆寒裂"之谣，张皇自炫。二公虽可分阃，固不能出张子房、李长源之上。藉使子房执桴鼓以敌秦、项，长源佩櫜鞬以决安、史，势固不能。而其为彭、韩、李、郭者何人？宋固不谋也。怀黄袍加身之疑，以痛抑猛士，仅一王德用、狄青，而猜防百至，夫岂无可恃之才哉？使韩、岳、刘、吴生北宋之代，亦且束身偏裨，老死行闲，无以自振；黄天荡、朱仙镇、藕塘、和尚原之绩，岂获一展其赳雄邪？唯不知此，而早以财匮自沮，乃夺穷民之铢累，止以供无益之狼戾，而畜其所余，以待徽宗之奢纵。若其所恃以挑敌者，王韶已耳，徐禧已耳，高遵裕已耳，又其下者，宦者李宪已耳。以兵为戏，而以财为弹鹊之珠。当国大臣，无能以定命之訏谟，为神宗辰告，徒欲摧抑其有为之志，宜神宗之厌薄已亟，固必曰："赞仁宗四十余年养痈之患者[②]，皆此俦也。"言之徒长，衹益其骄而已。

【注释】①孔棘：紧急。困窘。

②养痈（yōng）之患：留着毒疮不医治，就会成为后患；比喻姑息坏人坏事，结果自己遭殃。

【译文】宋朝之所以要向契丹、西夏输送岁币金帛等物资而财穷，国家坐受其困而艰危，没有别的原因，只是因为没有人才而已。仁宗之世，就已经很困窘了。河北的防守，自毕士安撤去守备以后，放在那里就像忘了它一样。西北的战事一起，韩琦、范仲淹二公只能小小补救，但总有“心胆寒裂”的传言，夸大地炫耀自己。韩琦、范仲淹二公虽可分别领军，但显然不能超过汉朝的张良、唐朝的李泌。而且假使让张良去手执鼓槌来对抗秦朝和项羽，让李泌佩带刀箭与安禄山、史思明决战，也是势不可能的。而汉唐两朝的彭越、韩信、李光弼、郭子仪都是什么人呢？宋朝显然没有真正的谋划。宋太祖担心再有人黄袍加身，所以对武将很抑制，仅有王德用和狄青二人，也对他们百端猜疑防备，这怎么是没有可用的人才？假若韩世忠、岳飞、刘锜、吴玠这些武将生在北宋，也将被束缚为偏将，老死于行伍之间，无法自己振作起来；像黄天荡、朱仙镇、藕塘、和尚原这些大的战斗，哪有机会施展呢？神宗只因为不知道这个道理，所以就早早地因钱财匮乏而沮丧，于是就来抢夺穷困百姓的点滴积累，却只是便宜了无益有害的凶狠官吏，剩下的就都留给宋徽宗的奢侈放纵了。宋朝能挑战敌寇的人，只有王韶而已，徐禧而已，高遵裕而已，再下者，宦官李宪而已。以兴兵为游戏，而把钱财当做是射鹊鸟的珠子。执掌朝政的大臣，无人能拿出决定命运的良策，以向神宗告诫，反而只想压抑摧毁他有所作为的志气，所以神宗对他们嫌恶轻视也很多次了，必定会说："帮着仁宗四十多年留着毒疮不去医治而成为后患的，都是这些人。"话说得越多，只是增加他们的骄傲罢了。

呜呼！宋自神宗而事已难为矣。仁宗之弛已久，仍其弛而固不可，张其弛而又已乖。然而酌其所自弛以渐张之，犹可为也，过此而愈难矣。安石用而宋敝，安石不用而宋亦敝。神宗急进富公与谋，而无以对也。宋之日敝以即于亡也，可于此而决之矣。

【**译文**】呜呼！宋朝从神宗开始事情就已经难办了。仁宗的松缓已经很久了，继续仁宗的松缓固然不可以，改松缓为绷紧又自相矛盾。然而考虑情势的现状，从松缓逐渐地紧张起来，还是可以有所作为的，过了这一刻就更难了。王安石被任用而宋朝就会衰败，王安石不被任用而宋朝也会衰败。神宗急于进用富弼与他谋划，他却无言以对。宋朝日益衰败而走向灭亡，从此就可以明确断定了。

四

王安石之未试其虐也，司马君实于其新参大政，而曰“众喜得人”，明道亦与之交好而不绝，迨其后悔前之不悟而已晚矣。知人其难，洵哉其难已！子曰：“不知言，无以知人也。”夫知言者，岂知其人之言哉？言饰于外，志藏于中；言发于先，行成于后。知其中，乃以验其外；考其成，乃以印其先。外易辨，而中不可测；后易核，而先不能期。然则知言者，非知其人之所言可知已。商鞅初见孝公而言三王，则固三王之言矣。王莽进汉公而言周公，则固周公之言矣。而天下或为其所欺者，知鞅、莽之言，而不知三王与周公之言也。知言者，因古人之言，见古人之心；尚论古人之世，分析古人精意之归；详说群言之异同，而会其统宗；深造微言之委曲，而审其旨趣；然后知言与古合者，不必其不离矣；言与古离者，不必其不合矣。非大明终始以立本而趣时，不足以与于斯矣。立圣人之言于此以求似，无不可似也。为老氏之言者曰“虚静”。虚静亦圣人之德也。为释氏之言者曰“慈闵”。慈闵亦圣人之仁也。为申、韩、管、商之言者曰“足兵食，正刑赏”。二者亦圣人之用也。匿其所师之邪慝，而附以君子之治教，奚辨哉？揣时君之所志，希当世之所求，以猎取彝训，而迹亦可以相冒。当其崇异端、尚权术也，则弁髦圣人以恣其云为。及乎君子在廷，法言群进，则抑捃拾尧、舜、周公之影似，招摇以自诡于正。夫帝王经世之典，与贪功谋利之邪说，相辨者在几微。则苟色庄以出之，而不易其怀来之所挟，言无大异于圣人之言，而君子亦为之动。无惑乎温公、明道之乐进安石而与之言也。

【译文】在王安石尚未试行他的虐人新政时，司马光对王安石刚刚参与朝政而高兴地说：“大家都应高兴为朝廷得到了人才”，程颢也与王安石不断交好，等到他后悔以前没能看破王安石时已经晚了。了解一个人很难，确实是非常难的！孔子说：“不了解他的言论，就无法了解这个人。”那么了解他的言论，难道仅仅是了解其人的言论而已吗？言论表达于外是有所美化的，而心志则藏在里面；言论是先说出来，而行为是在后面才做出来的。了解他的内心，再来验证他外在的言论；考察他行为的成果，再来印证他先前说过的话。外在的发言容易辨别，而内心则不可测知；后面的行为成果容易核查，而先前说过的话的用意则不能预判。那么所谓的“了解他的言论，不是仅仅了解其人的言论”这一点就明白了。商鞅初次面见秦孝公时就谈论到三王，这固然是三王的言论。王莽进为汉公时而谈论到周公，这固然也是周公的言论。而天下的人被他们所骗，这是仅了解了商鞅、王莽的言论，而不了解三王与周公的言论。堪称了解他人言论的，是通过古人的言论，体察到古人的用心；还要研究古人的时代，分析古人言论的精意之指向；详细品味各种言论的异同，而融会贯通各种言论的根本与宗旨；深入探究言论中的微言大意的原委，而审察其精髓与意趣；然后就知道，如果言论与古人言论相合的话，其说法却不一定与古人完全一样；言论与古人有不同的，却不一定会与古人不相合。透彻领悟道理的终始而立足于根本，又能切合不同时机，不这样就不算是透彻领悟了道理。树立了圣人之言而求其相似，那就没有不能相似的。老子说的“虚静”，而虚静也是圣人之德所具备的。佛家说的“慈悯”，而慈悯也是圣人仁心的表现。申不害、韩非子、管子、商鞅所说的“充足兵马与粮食，正确执行刑罚和奖励”，而这也是圣人之德的应用。把他效法的不好之处隐藏起来，而以君子的治理教化来附会，对此该怎样辨别呢？揣摩当朝君主的志愿，想要满足当时之世的需求，而摘取圣人的训诫，这外在形迹上也是可以仿冒的。当他崇尚异端、崇尚权术的时候，就会弃置圣人之言而放开手脚去行事。等到君子在朝廷的时候，众人纷纷提出合于法度的建言，而他也会拾取尧、舜、周公的相似之言，作为招牌而冒充自己是正确的。帝王治国治世的典籍，与贪功谋利的邪说，其区别只在非常微细之处。如果庄重地发表他的言论，而不改变他心中挟带的私意，那么他的话与圣人的话也没有太大差别，而君子也会被打动。也就不用疑惑司马光、程颐一开始也乐于推荐王安石并与他交谈了。

夫知言岂易易哉？言期于理而已耳，理期于天而已耳。故程子之言曰：“圣人本天，异端本心。”虽然，是说也，以折浮屠唯心之论，非极致之言也。天有成象，春其春，秋其秋，人其人，物其物，秩然名定而无所推移，此其所昭示而可言者也。若其密运而曲成，知大始而含至仁，天奚在乎？在乎人之心而已。故圣人见天于心，而后以其所见之天为神化之主。知言者，务知其所以言之密藏，而非徒以言也。如其有一定之是非，而不待求之于心，则恻怛不生于中，言仁者即仁矣；羞恶不警于志，言义者即义矣；饰其言于仁义之圃，而外以毒天下，内以毁廉隅，皆隐伏于于内，而仁义之言，抑可不察。安石之所能使明道不斥绝而与之交者，此也。当其时，秀慧之士，或相奖以宠荣，或相溺于诗酒。而有人焉，言不及於戏豫[①]，行不急于进取，则奉天则以鉴之，而不见其过；将以为合于圣人之言，而未知圣人之言初不仅在于此。乃揖而进之，谓是殆可与共学者与！实则繇言之隐，与圣人传心之大义微言相背以驰，尤甚於戏豫诡遇之徒。何则？彼可裁之以正，而此不可也。

【注释】①戏豫：嬉戏安逸。

【译文】了解人们的言论岂是很容易的呢？言论只是期望它合乎道理而已，道理只是期望它合乎上天而已。所以程子说："圣人以天为本，异端则以心为本。"虽然如此，这种说法用意是折服唯心之说，但并非极致之说。天有天所昭示显现的物象，春天是春天，秋天是秋天，人是人，物是物，秩序井然并且都有确定的名称而无所改易，这就是天所昭示而可以谈论的。而至于天在暗中运行而曲折达成的，了达一切最初的开始，又含有至上的仁义，这时候天又在什么地方可见呢？这时候就只在人心而已。所以圣人在人心中见到了天，而后以他所见到的天作为神的主宰。了解他人的言论，是务求了解他人之所以这样说的密藏心意，而不是仅仅了解他所说出的话而已。如果其言论有一定的是非，但却不是在心中找到的，那么心里没有恻隐之心，却以为所说的仁就是仁了。心中没有惭愧、好恶的警示，那么就以所说的义就是义了。以仁义之言来美化他的言论，在外而毒害天下，在内而毁坏品性，挟带的私情都隐藏于内心，那么他所说的仁义之言，也就不用听了。王安石之所以能让程颢不斥退反而与之交往的原因，就在这里。在那个时候，优秀聪慧的士人，有人以荣禄恩宠而彼此夸奖，有人以诗酒而彼此沉溺。当此之时却有人言论不涉及嬉戏安逸，行为不急于升官进取，以天道来鉴察，而看不到他的过失，就会以为他的言论合乎圣人之言，却不知道圣人之言一开始就不在口头上。于是就揖让而举荐他，认为他大概是可以作为同修了吧！实际上却由于他说话时内心隐藏的东西，与圣人以心相传留给后人的微言大义是背道而驰的，这比沉溺于嬉戏安逸更严重。为什么这么说呢？沉溺于嬉戏安逸的人，还可以用正道来裁剪矫正，而这种外表仁义之言而心有隐情的，却很难发现而矫正。

若温公则愈失之矣，其于道也正，其于德也疏矣。圣人之言，言德也，非言道也，而公所笃信者道。其言道也，尤非言法也，而公所确持者法。且其忧世也甚，而求治也急，则凡持之有故，引之有征，善谈当世之利病者，皆嘉予之，而以为不谬于圣人之言。于明道肃然敬之矣，于安石竦然慕之矣，乃至于荡闲败度之苏氏，亦翕然推之矣。侈口安危，则信其爱国；极陈利病，则许以忧民；博征之史，则喜其言之有余；杂引于经，则羡其学之有本。道广而不精，存诚而不知闲邪，于以求知人之明，不为邪慝之所欺，必不可得之数矣。凡彼之言，皆圣人之所尝言者，不可一概折也。唯于圣人之言，洗心藏密，以察其精义；则天之时，物之变，极乎深而研以其几。然后知尧、舜、周、孔之治教，初无一成之轨则，使人揭之以号于天下。此之谓知言，而人乃可得而知，固非温公之所能及也。穷理，而后诡于理者远；尽性，而后淫于性者钝拙，至于命，而后与时偕行之化，不以一曲而蔽道之大全。知言者"穷理尽性以至于命"之谓也。明道早失之，而终得之。温公则一失已彰，而又再失焉；悔之于安石败露之余，而又与苏氏为缘。无他，在知其人之言，而不知古今先哲之言也。

【译文】至于司马光的错失就更多了。司马光于道而言是正的，但于德而言则有所疏缺。圣人之言是讲的德，而不是讲的道，而司马光所笃信的则是道。圣人讲的道，更不是讲规条法度，而司马光所坚守的却是规条法度。而且他对世道的担忧也更严重，追求治国的心也更急迫，凡是持之有理、引用有据、善于谈论当世利病之人，他都予以嘉奖赞赏，而以为他们所说的不违背了圣人之言。他对于程颢是肃然敬之的，对于王安石是惊讶而仰慕的，乃至于对于闲荡败坏法度的苏轼，他也和人们一样是加以举荐的。侈谈国家安危的人，就相信他是爱国的；极力陈述国家利病的人，就赞许他是忧民的；能旁征博引史册的人，就赞叹他内容丰富有物；能广泛引用经典的人，就羡慕他学问有根本。司马光的道虽广而不精，虽有诚心而不知提防邪心，如此而想要有知人之明，不被邪恶所欺骗，就一定是不可能的。凡是王安石的言论，都是圣人曾经说过的，不可一概反驳。只是对于圣人之言，宜应清净内心而退藏于无可比拟之处，而观察圣人之言的精义；那么天时的变迁，事物的变化，都能探究到极致而明了其中的细微之处。然后就知道尧、舜、周公、孔子的治理教化，本无一成不变的轨则可以让人揭示出来并宣告天下的。这才算是了解了言论，而对他人也能加以了解了，这显然不是司马光能做到的。穷尽了义理，而后又过份地迷于诡异义理的人就又远离了义理。穷尽了人性，而后又痴迷于人性的人就又变回钝拙了。真的穷尽了义理、人性了，就能达到命的境界，而后就能随时势的变化而同行，不因某一种歪曲的说法而障蔽了大道全体。了解言论，也就是

《易经·说卦》中所说的“穷理尽性以至于命”。程颢开始时失去了，但最终得到了。而司马光则是一失再失；直到王安石败露后才感到后悔，却又与苏轼为友。这不是因为别的，而在于他只知道他人的言论，却不了解古今先哲们的言论。

五

熙、丰新法，害之已烈者，青苗、方田、均输、手实、市易，皆未久而渐罢；哲、徽之季，奸臣进绍述之说[①]，亦弗能强天下以必行；至于后世，人知其为虐，无复有言之者矣。其元祐废之不能废，迄至于今，有名实相仍行之不革者，经义也，保甲也；有名异而实同者，免役也，保马也；数者之中，保马之害为最烈。

【注释】①绍述：承继前人的所作所为。这里指恢复实施神宗时期实行的新法。

【译文】熙宁、元丰年间的新法，造成严重危害的，是青苗、方田、均输、手实、市易等法，都在施行不久就逐渐停止了；哲宗、徽宗末年，奸臣提出要重新恢复新法，也没能强迫全天下都推行；至于后世，人们知道它的危害，就不再有人提了。在哲宗元祐年间要废而未能废的新法，则一直延续至今，其中有名和实都没变而沿用至今的，包括科举中的经义以及保甲法；也有名字不同而实际相同的，就是免役法和保马法。上述这几种之中，保马法的危害最大。

保马者，与民以值使买马，给以牧地而课其孳生以输之官。洪武以后，固举此政于淮北、山东、而废牧苑。愚民贪母马之小利于目前，幸牧地之免征于后世，贸贸然而任之。迨其子孙贫弱，种马死，牧地徒，闲岁纳马，马不能良，则折价以输，一马之值，至二十五金，金积于阉寺，而国无一马，户有此役，则贫饿流亡、求免而不得，皆保马倡之也。夫马，非其地弗良，非其人弗能牧也。水旱则困于刍粟，寒暑则死于疾疫。唯官有牧苑，而群聚以恣其游息；官有牧人，而因时以蠲其疾；官有牧资，而水旱不穷于饲；则一虚一盈，孳产自倍。自成周以迄于唐，皆此制也。汉、唐车骑之盛，用捍边陲，而不忧其匮，柰何以诱愚民而使陷于死亡哉？行此法者，曾不念此为王安石之虐政，徒以殃民而无益于国马，相踵以行，祸延无已，故曰害最烈也。保甲之法，其名美矣，好古之士，乐称说之；饰文具以塞责之俗吏，亟举行之。以为可使民之亲睦而劝于善邪？则非片纸尺木之能使然矣。以为团聚而人皆兵，可以御敌邪？则寇警一闻而携家星散，非什保之所能制矣。以为互相觉察而奸无所容邪？则方未为盗，谁能诘之；既已为盗，乃分罪于邻右，民皆重足以立矣[①]。以为家有器仗，盗起而相援以擒杀之邪？则人持数尺之仗、蚀锈之铁，为他人以与盗争生死，谁肯为之？责其不援而加以刑，贼吏猾胥且乘之以索贿，而民尤无告矣。如必责以器仗之精，部队之整，拳勇者赏之，豪桀者长之；始劝以枭雄，终任以啸聚。当熙、丰之世，乘以为盗者不一，而祸尤昭著者，则邓茂七之起，杀掠遍于闽中，实此致之也。溺古不通之士，无导民之化理、固国之洪猷，宝此以为三代之遗美，不已愚乎！

【注释】①重（chóng）足以立：即重足而立，指叠足而立，不敢迈步。形容恐惧的样子。

【译文】所谓的保马法，是给钱让百姓买国家的马，并给与牧地让百姓替国家养马，如果生了小马就交给官府。明朝洪武年间后，一直在淮北、山东实施这种方法，而废除了国家养马的牧场。愚民贪图养母马的眼前小利，为牧地免征税赋而欣喜，就轻率地承担了为国家养马的责任。等到他们的子孙贫弱了，种马已经死了，牧地也迁徙了，隔年收一次马，而马不是良马，就折价收给官府，一匹马的价值，达到了二十五金，这些钱财藏在宦官手里，而国家没有一匹马，而民户还有养马的赋役，于是贫穷饥饿之民四处流亡，想要免除保马的赋役也不能办到，这都是保马法导致的恶果。说到马，不在合宜的牧地就不会成为良马，不是会养马的人也养不好。面临水旱之灾时就会因为草料不足而受困，天气寒暑变迁时马又会死于疾病。只有官府的专门牧场，让马匹成群地聚集里面自由活动、休息；官府有专门的牧马人员，会根据时节情况而治好马的疾病；官府有放牧的费用，面临水旱之灾都不会缺乏草料；官府养马与民众养马两相对比，其生出的小马数量有成倍的差别。自从西周到唐朝，都是官府养马。汉、唐两朝车马强盛，用以捍卫边境的国防，而不用担忧马匹匮乏，何必引诱愚民而使他们陷于死亡呢？实行保马法的人，就不曾念及这是王安石的虐政，只会为害百姓而无益于国家的马匹，却仍然继续实行此法，其祸害连绵不尽，所以说为害最为严重。保甲之法，其名目是好听的，心仪古法古制之士，乐于称道保甲法；喜欢表面文章而避免被人指责的俗吏，都急切地实施了保甲法。他们以为保甲法可以让民众彼此亲睦而引导向善？那么这不是只靠一张纸、一块木板就能做到的。以为保甲法能让民众聚集起来而人人皆兵，从而抵御敌寇？那么一旦听闻敌寇来犯的警报，他们就带着家人而四散了，这不是保甲制度所能保证的。以为保甲法能让民众彼此监督而奸人罪犯就无所容身了？那么当此人还没成为强盗的时候，谁能责问他？当他已经成为强盗的时候，其罪过就由邻居们分担，民众就会缩手缩脚而更害怕了。以为保甲法让百姓家家都有武器，强盗出现后就可以彼此支援而擒杀强盗？那么人人都手持数尺的棍棒、生锈的铁器，替别人与强盗拼命，谁肯做这种事？如果责罚他们不彼此支援而处以刑罚，那么贪官污吏将乘机索贿，而民众更是无处可以上告了。如果一定想要他们武器精良、部队整束，对武艺精良而勇猛的人就予以奖赏，对豪杰就让他们当领导，那么一开始就是用枭雄的标准来激励培养他们，最终将不可控制而只能听任他们聚集呼啸。当熙宁、元丰之世，乘机做强盗的人不一而足，而为祸尤其严重的，就是邓茂七的起兵，在闽中杀掠一遍，其实就是由保甲法而导致的。沉溺于古法而不能融会贯通之士，没有化导民众的良策，没有巩固国家的宏大谋略，却珍视这个保甲法，而把它作为三代留传下来的好方法，不是很愚蠢吗！

免役之愈于差役也，当温公之时，朝士已群争之，不但安石之党也。民宁受免役之苛索，而终不愿差役者，率天下通古今而无异情。驱迟钝之农人，奔走于不习知之政令，未受役而先已魂迷，既受役而弗辞家破，输钱毕事，酌水亦甘，不复怨杼柚之空于室矣[①]。故免役之害日增，而民重困者，有自来也。自宇文氏定“租、庸、调”之三法以征之民也[②]，租以田，庸以夫。庸者，民之应役于官，而出财以输官，为雇役之稍食也。庸有征而役免矣。承平久而官务简，则庸恒有余，而郡库之积以丰，见于李华所论清河之积财，其征也。及杨炎行“两税”之法，概取之而敛所余财归之内帑③，于是庸之名隐，而雇役无余资。五代僭伪之国，地狭兵兴，两税悉充军用，于是而复取民于输庸之外，此重征之一也。安石唯务聚财，复行雇役之法，取其余羡以供国计，而庸之外又征庸矣。然民苦于役，乃至破产而不偿责，抑不复念两税之已输庸，宁复纳钱以脱差役之苦。繇是而或免或差，皆琐屑以责之民；民虽疲于应命，然止于所应派之役而已。朱英不审，而立“一条鞭”之法④，一切以输之官，听官之自为支给。民乍脱于烦苛，而欣然以应。乃行之渐久，以军兴设裁减之例，截取编徭于条鞭之内，以供边用。日减日削，所存不给，有司抑有不容已之务，酷吏又以意为差遣，则条鞭之外，役又兴焉。于是免役之外，凡三征其役，概以加之田赋，而游惰之民免焉。至于乱政已亟，则又有均差之赋而四征之。是安石之立法，已不念两税之已有雇赀；而温公之主差役，抑不知本已有役，不宜重差之也。此历代之积弊已极，然而民之愿雇而不愿差者，则脂竭髓干而固不悔也。

【注释】①杼柚（zhù zhóu）：织布机上的两个部件，即用来持纬线（横线）的梭子和承经线（直线）的筘，也代指织机。

②租、庸、调：唐代前期实施的税收制度，成年男子每年向官府缴纳一定的谷物，名为“租”；缴纳定量的绢或布，名为“调”；服徭役的期限内，不去服役的可以纳绢或布代役，叫做“庸”。所谓“有田则有租，有身则有庸，有户则有调”。

③内帑（tǎng）：皇帝、皇室的私财、私产。

④“一条鞭”之法：明代中后期改革赋役制度，总括一县的各种徭役、田赋和各种杂费并而为一，针对土地多少折合银两征收，大大简化了税制。

【译文】免役法是否比差役法更好，在司马光的时候，朝廷大臣们就已经群起而争论了，不只是王安石的同党们有此争论。相对于差役法而言，民众宁愿承担免役法分摊费用的盘剥，也不愿意被官府征去当差役，这是全天下、遍古今都没有不同的。差役法要求迟钝的农民，奔走于他不熟习的政令之间，还没有执行公务就已经迷茫了，正式上岗之后更是忙于公务家庭破碎，而免疫法则是交了分摊的费用就完事，这样连喝水也觉得甘甜，不会再报怨被征差役而家里没人了。而免役法危害日益增加，民众也增加了困苦，这也是有原因的。自从宇文氏开始定下“租、庸、调”三种方法向民众征收钱物和徭役，租是根据田地来征收的，庸是根据人头来承担的。庸，就是百姓本该为官府服徭役，但他拿出一些财产交给官府，作为官府雇人服役的报酬。只要征收了庸钱，那么徭役就可以免除了。天下太平时间久了，官府的事情也就简单了，那么所征的庸钱总是有余的，而州郡库府的钱财积累也丰足了，这一点在李华关于清河积财的论说中就可以证明。到唐朝的杨炎施行“两税”法，把租和庸都取消而代替以户税和地税来收取，把剩余的钱财收为皇帝的私产，于是“庸”的名目就消失了，而官府雇用差役也没有多余的钱了。五代僭越称帝的国家，地域狭小而不断兴兵，两税收入都充为军用，于是民众在田租和劳役之外又收了赋税，这是过重征收赋税的一种。王安石只求聚敛钱财，又施行了雇役法，取其剩余以供给国家，这相当于在收庸之外又再收一次庸了。然而民众苦于服差役而宁愿交钱，乃至破产而不能偿债，也没念及两税之中已经交了租和庸，还为什么再次交钱以免除差役之苦。于是或者是免了差役，或者是服差役，都琐碎地要民众来承担；民众虽然疲于应命，但也仅限于所应服的差役而已。明朝的朱英不仔细审察这些情况，而订立了“一条鞭”法，一切交给官府后，听任官府自己管理支出。民众一时摆脱了繁琐，于是欣然响应“一条鞭”法。但是施行时间久了以后，因为不断用兵而设置了裁减的条例，在“一条鞭”内截取一部分作为徭役，以供给边境用兵。这样不断不断地削减，所剩下的就不够供给了，而官府也有不能停止的日常事务，酷吏又凭自己的意见而加以差遣，于是在“一条鞭”之外就又出现了徭役。这样在原来已免的徭役之外，又三次征发徭役，都一概加在田赋中，而游手好闲的懒惰之民却免交这种新增的田赋。到了乱政达到极点时，又出现了均差之赋，成为第四种多征的赋役。而王安石设立的免役法，没有考虑两税法中已包含雇人代役的费用；而司马光主张差役制度，又不知本来已经有徭役了，不应再次差遣。这是历代累积的弊病已达极点，然而民众宁愿雇人代役也不愿意当差役，就算脂髓抽干也不会后悔的。

若夫经义取士，则自隋进士科设以来，此为正矣。纳士于圣人之教，童而习之，穷年而究之，涵泳其中而引伸之。则耳目不淫，而渐移其不若之气习。以视取青妃白，役心于浮华荡冶之中者，贞淫之相去远矣。然而士不益端，学不益醇，道不益明，则上之求之也亡实，而下之习之也不令也。六经、语、孟之文，有大义焉，如天之位于上，地之位于下，不可倒而置也。有微言焉，如玉之韫于山，珠之函于渊，不可浅而获也。极之于小，而食息步趋之节，推求之而各得其安也。扩之于大，经邦制远之猷，引伸之而各尽其用也。研之于深，保合变化之真，实体之而以立其诚也。所贵乎经义者，显其所藏，达其所推，辨其所异于异端，会其所同于百王，证其所得于常人之心，而验其所能于可为之事，斯焉尚矣。乃司试者无实学，而干禄者有鄙心，于是而王鏊、钱福之徒，起而为苟成利试之法。法非义也，而害义滋甚矣。大义有所自止，而引之使长；微言有所必宣，而抑之使隐；配之以比偶之词，络之以呼应之响，窃词赋之陋格，以成穷理体道之文，而使困于其中。始为经义者，以革词赋之卑陋，继乃以词赋卑陋之成局为经义，则侮圣人之言者，白首经营，倾动天下，而于道一无所睹。如是者凡屡变矣。而因其变以变之，徒争肥癯劲弱于镜影之中，而心之不灵，已濒乎死。风愈降，士愈偷，人争一牍，如兔园之册，复安知先圣之为此言者将以何为邪？是经义之纳天下于聋瞽者，自、成、弘始，而溃决无涯。岂安石之为此不善哉？

【译文】至于在科举中用经义科来选拔人才，则是从隋朝设置进士科而来的，这是正当的。让士人接受圣人的教化，在孩童时就开始学习，整年都在研究圣人的教化，沉浸于其中而让他们得以触类旁通学会引申。那么耳目就不乱，而逐渐地改变他们不当的习气。以此来与那些学习对偶作诗填词、让学生们的心思用于浮华冶荡之中，两种的正邪差别就很远了。然而士人们仍不端正，学养仍不淳厚，道义仍不透彻，这是因为在上的人要求他们学习的时候就忽略了实际，而在下学习的人也就学不好了。六经、《论语》《孟子》的文章，其微言大义，如同天的位置在上，地的位置在下，是不可倒置的。这些文章里面有微妙的意旨，如同宝玉埋在深山，宝珠藏在深渊，不是肤浅学习就能得到的。学问的极小处，甚至包含饮食止息行步快走的节度，仔细推求就会在这些生活细节处也能安然。推广扩大来看，治理国家管理远方的策略，也能从学问引申出来而在各处加以运用。研求到深处，保养和合之气、深达变化之真性，也会实际体会到而建立起诚意。经义科考试的宝贵之处在于，它能把圣人隐藏的义理揭示出来，把这些义理触类旁通推而广之，分辨出它与异端的不同，融汇历代明君的共同之道，又能在常人的心中得以证明，而且在可为之事中还能验证它的应用，这样就已经很高明了。可是主管科举考试的人却没有脚踏实地的学问，而参加科举考试的人有借机求取官禄的鄙陋用心，于是王鏊、钱福这种人就乘机推出了苟且而便利的应试方法了。制度并不是义理，但危害义理却甚为严重。大义自有它的适用范围，却要拉伸它超越这个范围；微妙的意旨必须要宣示出来，却又压制它使它隐晦；用对偶的词章来配合，在文脉上前后呼应，窃用词赋中的卑陋格律，以此而写出本该是穷尽义理体会大道的文章，结果反而使士人困在这套科举考试制度之中。开始采用经义科目的人，是来革除辞赋的卑陋的，后继者竟然把卑陋的词赋写出来的文章作为经义，那么这就是侮辱了圣人之言，空耗一生头发都白了还在钻研，纵然文字能够打动天下，但是却对大道一无所知。如此的情况已经变化数次了。根据它的变化而适应变化，徒然地在镜子的影子里空争文章的肥瘦强弱，而自心的愚顽不灵已经濒于死亡了。风气越是下降，士人就越是苟且，人们争相去读那种教人如何写好科举文章的书，比如《兔园册府》一类，又怎知道先圣说这些话是为什么说的呢？这就是经义一科把天下读书人都变成了聋子瞎子，这是自明朝的成化、弘治年间开始的，之后就像大河决口一样泛滥得无边无际了，这岂是王安石做的不善之事呢？

合此数者观之，可知作法之难矣。夫安石之以成宪为流俗而亟改之者，远奉尧、舜，近据周官，固以胁天下曰："此圣人之教也。"夫学圣人者，得其精意，而古今固以一揆矣。诗云："思无疆，思马斯臧。"此固自牧畜之证，而保马可废矣。子曰："苟子之不欲，虽赏之不窃。"此不责民以弭盗之证也，而保甲徒劳矣。周官行于千里之畿，而胥盈于千，徒溢于万，皆食于公田，此民不充役之验也。则差役之虐政捐，而免役之诛求亦止矣。记曰："顺先王诗、书、礼、乐以造士。"则经义者，允为良法也。而曰顺者，明不敢逆也。为琐琐之法以侮圣言者，逆也。绌其逆，而士可得而造，存乎其人而已矣。诚得圣人之精意以行之，而天下大治。自立辟以扰多辟之民[1]，岂学古之有咎哉？

【注释】①自立辟以扰多辟之民：《诗·大雅·板》："民之多辟，无自立辟。"民之多辟的"辟"通"僻"，邪僻之意。立辟的"辟"则指法律。《诗经》这句话大意是说，民间多邪僻之事，不要自己立法徒劳无益。这是讽刺周厉王设置过分的手段管制人民。

【译文】将上述几件事合起来看，就知道制定制度是多么的难。王安石把现有的成法当作流俗而要马上改革，远的就尊奉尧、舜，近的就依据《周礼》，以此来胁迫天下人，说："这是圣人的教化。"学习圣人之道的人，领悟了圣人的微妙意旨，则古今固然是同样的道理。《诗经》里说："思虑没有疆界，想到养马，马就养得好。"这显然是国家养马的证明，而保马法就可以废除了。孔子说：

“如果你不想偷窃，虽然有人奖赏你，你也不会去偷窃。”这是不靠民众自己去消灭强盗的证明，而保甲法就是徒劳的了。《周礼》中说：在上千里的国都周边巡行，就有成千上万的下级吏员，他们都靠公田生活。这是民众不服徭役的证明。那么差役法的苛政废除后，免役法对民众的索求也应当取消了。《礼记·王制》中说：“顺应先王的《诗》《书》《礼》《乐》以培养士人。”那么科举中的经义科目，的确是个好方法。而所说的“顺应”，明面上是不敢违逆的。用琐碎的律条来侮辱圣人学问的，就是违逆。废除这些违逆之处，士人就能培养出来，只在是否有合适的人去做而已。果真得到了圣人的精意而加以实施，天下就能大治。自己立法骚扰多有邪僻之民，难道是学习古法还有错了吗？

六

老氏之言曰：“以正治国，以奇用兵。”言兵者师之，为乱而已矣。王韶请击西羌、收河湟、以图夏，王安石称为奇策而听之。诚奇矣。唯其奇也，是以进无尺寸之功，而退有邱山之祸也。以奇用兵而利者有之矣。正不足而以奇济之，可以暂试，不可以常用；可以脱险，不可以制胜；可乘疲寇而速平，不可御强敌而徐效。如其用之，抑必有可正而后可奇也。舍正用奇，而恃奇以为万全之策，此古今画地指天之妄人，误人家国者所以积也。论者皆咎陈馀之不用李左车也[①]，使馀用左车之策，韩信抑岂轻入其阱中者？前军偶涉，伏起受挫，信亦自有以制之。以汉之强、信之勇，加脆弱之孤赵，井陉小蹶，四面环攻，馀固无术以继其后，恶足以救其亡哉？一彼一此，一死一生，视其力而已矣。唯在两军相持而不犯，不须臾之顷，姑试其奇，发于其所不及防而震挠之，可矣。然而其不可震挠者，固自若也。议之于朝廷，传之于天下，明示以奇，而延之岁月以一试，吹剑首者之一吷而已矣②。

【注释】①陈馀之不用李左车：汉军韩信和张耳想突破太行山井陉口攻打赵国。赵国李左车献计，说井陉这条道路两辆战车不能并行。如果拨给我奇兵三万从隐蔽小路拦截汉军粮草，赵国大军高筑营垒不与汉军交战，这样不用十天即可取胜。陈馀没有采纳此计，最终兵败。

②吹剑首者之一吷（xuè）：吹剑首，指吹剑环头上的小孔，发出的声音微弱不动听。此处比喻王韶的奇策微不足道。吷，如口吹物发出的小声音。

【译文】老子说过："以正治国，以奇用兵。"谈论兵法的人如果以此为师，这不过是出乱子而已。北宋名将王韶请求攻打西羌，收复青海甘肃的河湟地区，以图攻击西夏，王安石称为奇策而采纳了。奇确实是奇，可正因为它是奇策，所以前进则没有建立尺寸之功，后退却有高山一般的大祸。以奇用兵有时候会有收获。正面作战力量不足以取胜，就用奇策辅助。奇策可以偶尔尝试，但不可以经常使用；可以帮助脱离险境，但不能克敌制胜；可以乘着敌寇疲惫之际而迅速平定，但不可以用之抵御强敌而取得长期稳定的成效。如果使用奇策，也必须在有"正"策之后才可以用奇策。舍弃了"正"策而单用奇策，依靠奇策以为是万全之策，这是古今以来指天画地的妄为之人，误人家国就是这样累积而来的。谈史的人都诟病陈馀不采纳李左车的计策，如果陈馀用了李左车的计策，韩信岂是轻易进入陷阱的人？前锋部队偶然涉入，伏兵四起而我军受挫，韩信也自有办法对付它。以汉军的强大、韩信的英勇，对脆弱的赵国用兵，井陉之地小小受挫，而四面围攻，陈馀显然再没有好办法可以继续进攻，这样哪足以挽救赵国的危亡呢？两相比较，一死一生，就看哪一方的力量更强而已。只有在两军对峙而未交兵之际，在转瞬之间姑且试用奇策，对方猝不及防之际而震撼惊扰敌军，这样也就可以了。然而如果对方不被震撼惊扰，那本来就和原来一样。在朝廷上议论此奇策，消息都传到天下了，这样公开地展示奇策，还拖延岁月，等敌人都有准备了再去尝试，这不过是微不足道的小事而已。

夏未尝恃西羌以为援，西羌未尝导夏以东侵，河、湟之于朔方，不相及也。拓拔、赫连端视刘裕之拔姚泓而不为之动，知裕之适为己灭泓也。则使宋芟尽群羌，全有河湟之土，十郡孤悬，固不能守，衹为夏效驱除，其能乘风席卷，进叩谅祚之垒乎？如其能大举以西征与！择大将，整六师，压谅祚之疆以讨僭逆之罪，而谅祚据贺兰以自保，于是遣偏师掠西羌以溃其腹心，是或一策也，收蜀者栈道、剑门夹攻之术也。然而西羌各保其穴，固且阻顿而不能前。今一矢不及于银、夏，而远涉沙碛河、洮之险，薄试之于羌，一胜一负，一叛一服，且不能制羌之死命，夏人睥睨而笑之。然且栩栩自矜曰："此奇策也。"安石之愚，不可砭矣。

【译文】西夏未尝想倚靠西羌为援军，西羌也未尝引导西夏向东侵犯，青海甘肃的河湟地区和北方的朔方地区，是不相干的。拓跋氏、赫连氏眼看着刘裕攻下姚泓而不为所动，他们知道刘裕只是为了他自己才去消灭姚泓的。那么假设宋朝把羌人全部平定，完全占有了河湟地区，但那就是孤悬于西北的十个郡，显然无法守住，而最终只是帮西夏驱除了西羌而已，难道宋军还能乘风席卷西夏，而进军攻打李谅祚的营垒吗？如果宋朝真能大举西征，选好大将，整顿六师，大兵压境讨伐西夏的僭逆之罪，而李谅祚就会倚靠贺兰山而图自保，这时再派一支侧翼部队攻打西羌以击溃西夏的心腹，这或许还算是一种策略，这类似于征服西蜀的人使用过的在栈道、剑门进行夹攻的方法。然而西羌各部落分别守护着他们的据点，宋军显然要受到阻挡而不能前进。如今一支箭都没射到银州、夏州，而却要出兵远达甘肃河州、洮州的沙漠险地，在西羌小试刀兵，结果可能胜也可能败，西羌可能反叛也可能臣服，但不至于置西羌于死地，于是西夏人就会侧目笑话大宋了。这样还自夸说："这是奇策。"王安石之愚，真是不可规劝挽救了。

在昔继迁死，德明弱，傥从曹玮之请，捕灭之，可以震詟契丹者，彼一时也，席太宗全盛之余，外无澶州纳赂之辱，宋无所屈于契丹，内无军士各散居归农之令，兵虽力未有余，而尚未自形其不足。且继迁肉袒称臣，与契丹为唇齿，则威伸于德明而契丹自震，固必然之势也。抑谓兵不可狃于不战，而以征夏之役，使习勇而不倦；亦其时夙将犹存，部曲尚整，有可用之资，勿以不用窳之也。今抑非其时矣。弛不虞之防、狎安居之乐者，凡数十年。徒以群羌散弱，乘俞龙珂内附之隙，徼幸以图功；然且谋之五年而始城武胜，七年而始降木征。操弹雀之弓，欲射猛虎，恶足以自强，而使彼畏我以不相侵乎？木征之降未几，而孱懦之秉常且凭凌而起，宋之死者六十万人。其于正也，无毫发之可恃，而孤持一奇以相当，且其奇者，又非奇也。然而不败者，未之有也。

【译文】当初李继迁一死，李德明年幼弱小，假若听从了曹玮的请求，捕获、消灭李德明，就可以震慑契丹。当时，乘着太宗全盛的余威，对外还没有澶州交纳岁币之耻，宋朝也没有什么可以屈服于契丹的，内部也没有士兵解散归乡务农的命令，军队虽然力量还不能说有余，但也没有表现出不足。而且李继迁赤裸上身向宋谢罪称臣，后又与契丹结盟，此时宋朝如果趁机拿下西夏，不仅威震李德明，而且还让契丹也感到震动，这显然是必然之势。而且士兵不可习于不作战的状态，通过征讨西夏，还可以让士兵熟习作战而不倦怠；那时老将还在，部队还完整，有可用的物资储备，不至于因为无所用而使它们废掉了。而如今也不同于那时候了。松弛无防备的边防，众人习于安居游乐，这样已经数十年了。只因各部落的羌人分散而弱小，乘着一羌族首领俞龙珂归顺的机会，侥幸以求战功；这样还是谋划了五年才修筑武胜城，七年才降服青海吐蕃首领木征。拿着射鸟雀的弹弓想射猛虎，这样怎能算自强，从而使对方畏惧我而不敢相侵呢？木征被降服不久，年幼孱弱的西夏第三位小皇帝秉常凭空而起，宋与西夏作战死亡人数达六十万人。宋朝在正规部署上没有丝毫可以凭恃的地方，而只靠着一条奇策来应对西夏，而且所谓的奇策，又不是什么奇策。这样还不失败，是未曾有过的。

是故奇者，举非奇也。用兵者，正而已矣。不以猜疑任将帅，不以议论为谋略，不以文法责进止。峙刍粮，精甲仗，汰老弱，同甘苦，习击刺，严营陈，堂堂正正以临之，攻其所必救，搏其所必争。诚有余也，而后临机不决，闲出奇兵以迅薄之，而收速效。故奇者，将帅应变之权也，非朝廷先事之算也。赵充国曰：“帝王之兵，以全取胜。”此之谓也。老氏者，持机械变诈以徼幸之祖也，师之者，速毙而已矣。

【译文】所以所谓的奇策，都不是奇策。用兵，就是正常用兵而已。不猜忌怀疑将帅，不以众臣的议论为谋略，不以文法规条苛求军队的进止。储备粮草，精造武器，淘汰老弱，与士兵同甘共苦，训练击刺术，严整军阵军纪，堂堂正正迎敌，攻击敌人必救之处，搏杀于敌方必定要争夺的地方。这些都做到而有余了，而后在面临战机而不好决断之际，再偶尔以奇策奇兵出其不意地逼迫敌军，以此达成速效。所以所谓的“奇”，就是将帅临机应变的机权，不是朝廷预先的计划。西汉名将赵充国说：“帝王之兵，以全面取胜。”说的就是这种情况。这种以机谋变诈以求侥幸成功，以此为师的人，只会很快灭亡而已。

七

国民之交敝也，自苛政始。苛政兴，足以病国虐民，而尚未足以亡；政虽苛，犹然政也。上不任其君纵欲以殄物，下不恣其吏私法以戕人，民怨渐平，而亦相习以苟安矣。惟是苛政之兴，众论不许，而主张之者，理不胜而求赢于势，急引与己同者以为援，群小乃起而应之，竭其虔矫之才、巧黠之慧、以为之效。于是泛滥波腾，以导谀宣淫蛊其君以毒天下，而善类壹空，莫之能挽。民乃益怨，衅乃倏生，败亡沓至而不可御。呜呼！使以蔡京、王黼、童贯、朱勔之所为，俾王安石见之，亦应为之发指。而群奸尸祝安石[①]、奉为宗主、弹压天下者，抑安石之所不愿受。然而盈廷皆安石之仇仇，则呼将伯之助于吕惠卿、蔡确、章惇诸奸，以引凶人之旅进[②]，固势出于弗能自已，而聊以为缘也。势渐迤者趋愈下，志荡于始而求正于末者，未之有也。是故苛政之足以败亡，非徒政也，与小人为类，而害乃因缘以蔓延。倡之者初所不谋，固后所必至也。

【注释】①尸祝：祭祀。引申为崇拜。

②旅进：并进。

【译文】国家与民众交相衰败，是从苛政开始的。苛政兴起了，足以令国家出现病态、民众遭到虐害，但还不足以亡国；因为虽然是苛政，但也还是国政之一种。在上则不放任君主纵欲以糟蹋钱财物资，在下则不允许官吏恣意以私法祸害民众，那么民怨也能逐渐平定，也会逐渐习惯而苟且偷安。真正的问题是，苛政兴起后，众人不赞同，而主张苛政的人，道理上说服不了众人，就会追求在气势上取胜，于是急忙引荐和自己政见相同的人作为援军，而成群的小人也会群起呼应他，于是竭尽他们欺诳狡诈的才能、工巧狡猾的小聪明来为他效力。于是整个气氛就是波浪翻腾鼎沸泛滥，以谄谀荒淫来蛊惑其君主而毒害天下，使得善人君子在朝廷中无法立足，然后就没人能够挽回局势了。而民众也会更为怨恨，祸患之苗也忽然之间显现，败亡更是接连来到而不可抵御。呜呼！假若蔡京、王黼、童贯、朱勔这些人干的事让王安石见到，他也应该为之发指。而成群的奸人崇拜王安石，奉他为宗主，弹压天下，恐怕也是王安石所不愿接受的。然而满朝廷都是王安石的仇人，他就想借助吕惠卿、蔡确、章惇这些奸臣的力量，于是并进了不少凶恶之人，这固然是出于形势所迫而不能自己停止的，王安石也只是姑且以他们为助缘罢了。而形势拖下去就每况愈下，一开始心志就摇荡不正，而想在后来得正，这是从来没有过的。所以说苛政足以让国家败亡，不只是因为苛政本身，而且是因为施行苛政需要与小人同党，而小人的祸害就借此而蔓延开来了。提倡苛政之人一开始没有想到这些，但到后来则是必然会来到的。

夫欲使天下之无小人，小人之必不列于在位，虽尧、舜不能。其治也，则惟君子胜也。君子胜而非无小人。其乱也，则惟小人胜也。小人胜而固有君子。其亡也，则惟通国之皆小人。通国之皆小人，通国之无君子，而亡必矣。故苛政之兴，君子必力与之争；而争之之权，抑必有所归，而不可以泛。权之所归者，德望兼隆之大臣是已。大臣不能持之于上，乃以委之于群工，于是而争者竞起矣。其所争者正也，乃以正而争者成乎风尚，而以争为正。越职弗问矣，雷同弗问矣。以能言为长，以贬削为荣，以罢闲为乐，任意以尽言，而惟恐不给。乃揆其所言，非能弗相刺谬也；非能弗相剿袭也；非能无已甚之辞，未然而斥其然也；非能无蔓延之语，不然而强谓然也。挤举及于纤微之过，讦谪及于风影之传，以激天子之厌恶，以授群小之反攻，且跃起而自矜为君子，而君子小人遂杂糅而莫能致诘。如攻安石者，无人不欲言，无言不可出，岂其论之各协于至正，心之各发于至诚乎？乃至怀私不逞之唐坰，反覆无恒之陈舜俞，亦大声疾呼，咨嗟涕洟，而惟舌是出。于是人皆乞罢，而空宋庭以授之小人。迨乎蔡京、王黼辈兴，而言者寂然矣。通国无君子，何怪乎通国之皆小人哉？

【译文】想要天下没有小人，让小人必定不出现在大臣之中，就是尧、舜这样的圣王也做不到。国家大治的时候，只是君子胜过了小人，是君子胜过了小人而不是没有小人了。国家动乱的时候，就只是小人得胜了，小人虽然得胜但也还是有君子在的。国家灭亡之际，则全国都是小人。全国都是小人，全国没有君子，国家的灭亡就一定是必然的了。所以苛政兴起时，君子必须与之力争；而相争的权力，也是必有所归属而不可泛滥的。权力的归属，应该归到那种德行与人望都很高的大臣身上。大臣不能在上主持正道，就把这件事交给群臣，于是争论就竞相出现了。他们所争的是要做正确的事，但为了正确而相争成了风气，就会变成以相争为正当了。于是越职了也不过问了，彼此雷同也不过问了，只以能言善辩为优点，以贬低削弱他人为荣耀，以罢官赋闲为乐事，任意地发表不负责任的言论，而唯恐来不及表达。但是考察他们所说的，不能不彼此挑刺，不能不彼此抄袭，不能没有过分的说法，没到那个地步就过分地斥责他已然如此了；不能没有枝蔓延伸的话，事情没有那样就强说已然如此了。对别人挑刺到了细微小过也不放过的地步，攻讦指摘到了捕风捉影的程度，以此来激怒天子对此人的嫌恶，结果造成了成群小人的反攻，于是自己跳起来自矜为君子，这样君子小人就混杂在一起没有边界无法区分无法诘问了。

比如攻击王安石的人，没有人不想发言，没有什么话不能说，难道他们的说法都合于至正之道，他们的内心都是出于至诚吗？就连怀着私情没有得逞的唐坰，反复无常的陈舜俞，也大声疾呼，叹息泪流，全靠舌头来表达。于是人人都求罢官，而宋朝朝廷就空了，朝廷就交给小人了。到了蔡京、王黼这些奸臣出来的时候，就没有人说话了。全国都没有君子发言了，怎么能怪整个国家都是小人呢？

乃其在当日也，非无社稷之臣，德重望隆，足以匡主而倚国是，若韩、富、文、吕诸公者，居辅弼之任，而持之不坚，断之不力，如先世李太初之拒梅询、曾致尧，王子明之抑王钦若、陈彭年，识皆有所不足，力皆有所不逮。而以洁身引退，倒授其权于新进之庶僚，人已轻而言抑琐，不足耸人主之听，只以益安石之横。且徒使才气有裨之士，挫折沉沦，不为国用；而驱天下干禄者，惩其覆轨，望风遥附，以群陷于邪。诸公过矣，而韩公尤有责焉。躬任两朝定策之重，折母后之垂帘，斥权奄以独断，德威树立，亘绝古今。神宗有营利之心，安石挟申、商之术，发乎微已成乎著，正其恩怨死生独任而不可委者。曾公亮、王陶之琐琐者，何当荣辱，而引身遽退，虚端揆以待安石之纵横哉？韩公尤过矣！虽然，抑非公之过也。望之已隆，权之已重，专政之嫌，先起于嗣君之肺腑。则功有不敢居，位有不敢安，权有不敢执，身有不可辱，公亦末如之何也。夫秉正以拒邪，而使狰起争鸣之安石不得逞者，公之责也。斥曾公亮之奸，讼韩公之忠，以觉悟神宗安韩公者，文、富二公之责也。乃文之以柔居大位，无独立之操；富抑以顾命不与，怀同堂之忌；睨韩公之远引，而隐忍忘言。及安石之狂兴，而姑为缓颊[1]，下与小臣固争绪论，不得，则乞身休老，而自诩不污，亦将何以质先皇而谢当世之士民乎？韩公一去，而无可为矣。白日隐而繁星荧，嘒彼之光，固不能与妖孛竞耀也。

【注释】①缓颊：婉言劝解。

【译文】在神宗当位时不是没有社稷之臣，德高望重、足以扶助君主而委托国政的，如韩琦、富弼、文彦博、吕公著等人，身居宰辅大臣之位，但持政不够坚定，决断也不够有力，不像当初李沆拒斥梅询、曾致尧，王旦抑制王钦若、陈彭年那样，这些大臣识见尚有所不足，力量也有所不及。为了好名声而辞退官位，把朝纲倒送给新进的众僚属，人已经不在相位了，人微言轻而言论就显得琐碎，不足让君主动容听取，反而只是增加了王安石的骄横之气罢了。而且使有才气能辅助国政的士人挫折沉沦，不为国家所用；又让天下追求官位禄利之人，以他们的下台为教训，于是对王安石望风依附，让众人都陷于奸邪。前述诸位辅国大臣都有过失，而其中韩琦的责任更大。韩琦亲自担当了两朝确立皇储的重任，制止了曹太后的垂帘听政，以个人的决断斥退了专权的宦官任守忠，其德行与威望亘绝古今。而神宗有营求财利之心，王安石怀有申不害、商鞅之术，开始虽不显眼但后来已经明显了，此时正是韩琦发挥其独自承担恩怨死生之责任的时候，这是不可推托的。曾公亮、王陶等琐屑之人，怎么当得上荣辱之称，却引身忽然退位，空出宰相之位以待王安石来任意纵横吗？韩琦的过失尤其大啊！虽然如此，这也不是韩琦的过失。韩琦声望已经很高了，权势已经很重了，擅权专政的嫌疑，首先就横在继位的神宗心中。那么有功而不敢居功，有官位而不敢安于其位，有权力而不敢掌权，有身体而不可让它受辱，韩琦对此也是无可如何的。然而秉持正道抵制邪恶，让突然崛起争鸣的王安石不能得逞，这是韩琦的责任。斥责曾公亮的奸邪，为韩琦的忠诚而辩护，以此来让神宗觉悟也令韩琦平安，这是文彦博、富弼二公的责任。而文彦博以柔顺的姿态居于相位，没有独立担当的操守；富弼也因为未能参与关于后嗣君主的遗命，对同朝的韩琦不满；冷眼旁观韩琦的远离而隐忍着未曾发言。等到王安石突然兴起后，而姑且为他婉言劝解，又与小臣争辩，争辩没能成功，就请求退身养老，而自诩没有污点，又拿什么来面对过去的先皇、向当世的民众答复呢？韩琦一旦离去，就没有什么可以作为的了。太阳隐去了，繁星就闪烁了，而星星的微光，显然不能与妖星竞相闪耀。

夫神宗有收燕、云定银、夏之情，起仁宗之积弛，宋犹未敝，非不可图也。和平中正之中，自有固本折冲之道[①]。而筹之不素，问之莫能酬答，然且怀私以听韩公之谢政，安得谓宋有人哉？无大臣而小臣瓦解；小臣无可效之忠，而宵小高张；皆事理之必然者。司马、范、吕诸公强挽已发之矢而还入于彀，宜其难已。然则宋之亡也，非法也，人也。无人者，无大臣也。李太初、王子明而存焉，岂至此乎？

【注释】①折冲：制敌取胜。

【译文】神宗有收复燕云地区、平定银夏等州的意愿，一改仁宗的长期松弛状态，而此时的宋朝还未衰败，不是不可以有所作为的。在和平中正之中，自有巩固根本制敌取胜的方法。然而筹划得并不充分，咨问起来也没人能答，而且怀着私情听任韩琦主动请求退职的要求，怎能说宋朝有人才呢？没有了大臣，小臣就瓦解了；小臣没有了效忠的着力点，于是小人就会势力壮大；这在事理上是必然如此的。司马光、范仲淹、吕公著诸位大臣想要强行挽回离弦之箭而把它收回箭袋，这显然是困难的。这样的话，宋朝的灭亡，不是因为制度，而是因为人才。没有了人才，就没有好的大臣。如果李沆、王旦还在的话，怎么会到这一步吗？

八

论人之衡有三：正邪也，是非也，功罪也。正邪存乎人，是非存乎言，功罪存乎事。三者相因，而抑不必于相值。正者其言恒是，而亦有非；邪者其言恒非，而亦有是；故人不可以废言。是者有功，而功不必如其所期；非者无功，而功固已施于世。人不可以废言，而顾可以废功乎？论者不平其情，于其人之不正也，凡言皆谓之非，凡功皆谓之罪。乃至身受其庇，天下席其安，后世无能易，犹且摘之曰："此邪人之以乱天下者。"此之谓"不思其反"。以责小人，小人恶得而服之？已庇其身，天下后世已安之而莫能易，然且任一往之怒，效人之诃诮而诃诮之；小人之不服，非无其理也，而又恶能抑之？

【译文】评价一个人的标准有三个：正邪、是非、功罪。正邪在于人，是非在于言，功罪在于事。三者中前者为后者之因，但其对错好坏又不一定完全符合。正直的人，他的言论通常都是对的，但也有错的；奸邪之人，他的言论通常都是错的，但也有对的；所以不可以因为他的人品不好而否定他的一切言论。说得对的而有成效，但其成效未必像他最初期待的那样好；说错的地方没有好的成效，但效果也还是在世间表现出来了。人不可以因为人品不好就全部否定他的言论，然而同理也可以全部否定他的功绩吗？评价的人心不平，对于不正的人，就全盘否定他所说的都是错的，全盘否定他所做的都是罪过。甚至于自身还受到他的庇护，天下还在享受他带来的安宁，后世也不能改变，还要挑刺说："这是邪人扰乱天下。"这就是不能反思。以此来责备小人，小人哪能心服？已然庇护了他，天下后世都已经安于其法而不能改了，还要依着已往的愤怒，仿效他人的苛责讥讽而苛责讥讽他；所以小人的不服，不是没有道理的，又怎能抑制得住他呢？

章惇之邪，灼然无待辨者。其请经制湖北蛮夷，探神宗用兵之志以希功赏，宜为天下所公非，亦灼然无待辨者。然而澧、沅、辰、靖之闲，蛮不内扰，而安化、靖州等州县，迄今为文治之邑，与湖、湘诸郡县齿，则其功又岂可没乎？惇之事不终，而麻阳以西，沅、溆以南，苗寇不戢，至今为梗。近蛮之民，躯命、妻子、牛马、粟麦莫能自保。则惇之为功为罪，昭然不昧，胡为乐称人之恶，而曾不反思邪？

【译文】章惇的奸邪，是明显昭彰而不需分辨的。他请求去平定湖北蛮夷，测度神宗用兵的志意以求功赏，这当然要受到天下共同的非议，这也是明显昭彰而不需分辨的。然而在湖南的澧、沅、辰、靖州之间，经过章惇的努力之后，蛮夷之人不再干扰内地，而安化、靖州等州县至今还是文教礼乐治化的郡县，与湖、湘的各郡县相邻，那么章惇的功绩又岂可埋没？章惇办理的事情没有好的收尾，而麻阳以西，湖南沅、溆两州以南，苗人中的强盗没有平定，至今还在困扰当地。接近蛮夷的民众，他们的身体、生命、妻子、牛马、粮食都无法保得住。那么章惇是有功还是有罪，是明显而不隐晦的，为什么还要乐于称道别人的恶，而不反思人家的好处呢？

乃若以大义论之，则其为功不仅此而已也。语曰："王者不治夷狄。"谓沙漠而北，河、洮而西，日南而南，辽海而东，天有殊气，地有殊理，人有殊质，物有殊产，各生其所生，养其所养，君长其君长，部落其部落，彼无我侵，我无彼虞，各安其纪而不相渎耳。若夫九州之内，负山阻壑之族，其中为夏者，其外为夷，其外为夏者，其中又为夷，互相襟带，而隔之绝之，使胸腋肘臂相亢悖而不相知，非无可治，而非不当治也。然且不治，则又奚贵乎君天下者哉？君天下者，仁天下者也。仁天下者，莫大乎别人于禽兽，而使贵其生。苗夷部落之魁，自君于其地者，皆导其人以駤戾淫虐，沉溺于禽兽，而掊削诛杀，无闲于亲疏，仁人固弗忍也。则诛其长，平其地，受成赋于国，涤其腥秽，被以衣冠，渐之摩之，俾诗、书、礼、乐之泽兴焉。于是而忠孝廉节文章政事之良材，乘和气以生，夫岂非仁天下者之大愿哉？以中夏之治夷，而不可行之九州之外者，天也。其不可不行之九州之内者，人也。惟然，而取蛮夷之土，分立郡县，其功溥，其德正，其仁大矣。

【译文】而如果用大义来评价，那么他的功绩还不仅如此而已。古人说："王者不治理夷狄。"这是说沙漠以北、甘肃河洮地区以西、越南的日南以南、辽河之东至于海边，这些地方和中原相比，天有不同的气候，地有不同的地理，人有不同的体质，物有不同的物产，各自生长出其所生长的，养育其所养育的，以各自的君长为君长，以各自的部落为部落，你没有去侵犯我，我没有对你的担忧，各自相安于各自的习惯而不相轻慢。而至于在九州之内，背靠着山被沟壑所阻的部族，有的是里面为华夏族，外面是夷狄人，有的是外面是华夏族，里面又是夷狄人，彼此之间如同襟带一样缠连，而又彼此隔绝，如同胸腋肘臂之间彼此相背相抗而不相知一样。这不是没有可以治化之处，而不是不应当治化。然而没有治化好，那么君临天下又有什么可贵呢？君临天下之人，是仁爱天下之人。仁爱天下之人，无过于让人与禽兽不同，而使人尊重自己的生命。苗夷部落的首领，在他的领地上为首领的，都是把他的族人导向蛮横凶暴、荒淫暴虐，而沉溺于如同禽兽的行为之中，搜刮诛杀，不问亲疏，这当然是仁爱之人所不忍心做的。那么就诛讨他们的首领，平定他们的领地，由国家接受他们的赋税，清洗他们的不净，让他们穿戴衣冠，逐步地教化他们，使他们享受到诗、书、礼、乐的恩泽。于是忠孝廉节的文章以及从政的优秀人才就乘着和气而兴起，这不是仁爱天下之人的大愿吗？以中华治理夷狄，而不能推广到九州之外，这是天命。而不能不推行在九州之内，这是人事。因此，取得蛮夷的土地，分设郡县，其功绩就很博大，其德行就很正直，其仁爱就很广大了。

且夫九州以内之有夷，非夷也。古之建侯也万国，皆冠带之国也。三代之季，暴君代作，天下分崩。于是而山之陬，水之滨，其君长负固岸立而不与于朝会，因异服异制以趋苟简。至春秋时，莒、杞皆神明之裔，为周之藩臣，而自沦于夷。则潞甲之狄，淮浦之夷，陆浑之戎，民皆中国之民，君皆诸侯之君，世降道衰，陷于非类耳。昭苏而衅祓之[①]，固有待也。是以其国既灭，归于侯服[②]，永为文教之邦，而彝伦攸叙[③]。故春秋特书以大其功。岂云王者不治，而任其为梗于中区乎？永嘉之后，义阳有蛮夷号，仇池有戎名，迨及荡平，皆与汴、雒、丰、镐无异矣。然则辰、沅、澧、靖之山谷，负险阻兵者，岂独非汉、唐政教敷施之善地与？出之泥滓，登之云逵，虽有诛戮，仁人之所不讳。而劳我士马，费我刍粮，皆以保艾我与相接壤之妇子。劳之一朝，逸之永世，即有怨咨，可弗避也。君天下者所宜修之天职也。夫章惇之立心，逢君生事以邀功，诚不足以及此。而既成乎事，因有其功；既有其功，终不可以为罪。迄于今日，其所建之州县，存者犹在目也。其沿之以设，若城步、天柱诸邑之棋布者，抑在目也。而其未获平定，为苗夷之穴，以侵陵我郡邑者，亦可睹也。孰安孰危，孰治孰乱，孰得孰失；征诸事，问诸心，奚容掩哉？概之以小人，而功亦罪，是亦非，自怙为清议，弗能夺也。虽然，固有不信于心者存矣。

【注释】①昭苏而衅祓（fú）：昭苏，苏醒，恢复生机。衅，以香熏身。祓，古代一种除灾去邪的祭祀活动，有斋戒、沐浴、举火等形式。也泛指扫除。衅祓引申为清理扫除，提升修养之意。

②侯服：古代王城外围，按距离远近划分的区域之一。

③彝伦攸叙：治国安民的常理施行顺遂。彝伦：常理；常道。叙：顺。

【译文】而且九州以内有夷狄，这不是夷狄。古代封诸侯时有上万的诸侯国，都是礼仪之邦。夏、商、周三代的末年，暴君一代代兴起，天下分崩离析。于是在山脚水滨之处，当地的首领就倚仗着地势险要而不参加对天子的朝拜，而逐渐因不同的服装和不同的习惯而趋向简便了。到了春秋时代，莒、杞两国都还是过去神明圣王的后裔，而作为周天子拱卫王室之臣，却自己已经沦为夷狄。那么潞甲的狄人，淮浦的夷人，陆浑的戎人，其人民都是中国的人民，其君主也都是诸侯之君主，只是因为世道衰落，而沦为不同的种族而已。让他们醒悟过来而蒙受中华礼乐文化的陶冶教化，显然是可以期待的。所以他们的国家灭亡后，其地就划归为侯服，永远成为文教之邦，而治国安民的常理得以顺利施行。所以《春秋》中对类似事件特别重视以表彰这种大功，难道说王者不治理，任由他们在九州内作梗吗？晋朝永嘉年之后，义阳有蛮夷之称，仇池也有称为戎的，等到天下平定后，就都与汴京、洛阳、陕西的丰镐地区没有不同了。那么，湖南的辰、沅、澧、靖州的山谷，凭借着险要的地势而阻挡军队的到来，难道那里独独没有被汉、唐时期的政教所浸润过吗？从泥泞中走出来，走上通往云端的大道，这虽然也有诛戮，仁爱之君也不讳言。然而劳动朝廷的兵马，消耗朝廷的粮草，都是为了保护养育与其接壤地区的妇女儿童。一个朝代中辛劳一次，而永得安闲，即使也被人怨恨，也可不用回避。这是君临天下之人所应尽的天职。而章惇的用心，只是逢迎君主生出事端以邀功，诚然不足以达到这种境界。但他既然做成了此事，自然就有他的功劳；既然有他的功劳，就不能以此作为他的罪过。至于今日，他所设立的州县还依然存在于人们眼中。他沿用以前地名所设置的，如城步、天柱等星罗棋布的郡县，也还依然存在于人们眼中。而他未平定的地方，还是作为苗夷的领地，以侵犯我朝郡邑的，行为都是可以看见的。哪个是安，哪个是危，哪个是治，哪个是乱，哪个是得，哪个是失？看清事实，自问于我心，这些岂容掩盖呢？全盘否定说他是小人，他的功绩也说成是罪过，他做得对也说成是错，还坚称这是公正的评论，别人不能批驳。虽然如此，依然有让人心中不相信的部分存在。

宋論

全本全注全译

（下）

〔明〕王夫之 著
谦德书院 译注

團结出版社

图书在版编目（CIP）数据

宋论 / (明) 王夫之著；谦德书院译注. -- 北京：团结出版社, 2023.10

ISBN 978-7-5126-9836-9

Ⅰ. ①宋… Ⅱ. ①王… ②谦… Ⅲ. ①史评－中国－宋代 Ⅳ. ①K244.07

中国版本图书馆CIP数据核字(2022)第213602号

出版：团结出版社

（北京市东城区东皇城根南街84号　邮编：100006）

电话：(010) 65228880　　65244790　（传真）

网址：www.tjpress.com

Email：65244790@163.com

经销：全国新华书店

印刷：大厂回族自治县德诚印务有限公司

开本：145×210　1/32

印张：24.75

字数：475千字

版次：2023年10月　第1版

印次：2023年10月　第1次印刷

书号：978-7-5126-9836-9

定价：88.00元（全二册）

卷七 哲宗

【题解】宋哲宗赵煦（1076—1100），宋神宗第六子，是北宋的第七任皇帝。即位时仅九岁，由高太后听政，任用司马光担任宰相，把熙宁新法全部废止。高太后死后，哲宗亲政，起用章惇、曾布等人，恢复某些新法。因此在哲宗时期，对于新旧法反复变更，不少大臣牵连其中，产生了朝廷党争。哲宗时期，国家并没有因为变法而日益繁荣稳定，相反由此走向更加混乱、最终导致危亡。王夫之为此深感痛心，并且感叹“哲宗在御之世，贸贸终日，而不知将以何为”的历史状况，他在哲宗时期得出了深刻的历史教训，那就是“君子顺乎理而善因乎天，人固不可与天争”，人们要顺应时势与规律，而不能妄自行动。

一

极重之势，其末必轻，轻则反之也易，此势之必然者也。顺必然之势者，理也；理之自然者，天也。君子顺乎理而善因乎天，人固不可与天争，久矣。天未然而争之，其害易见；天将然而犹与之争，其害难知。争天以求盈，虽理之所可，而必过乎其数。过乎理之数，则又处于极重之势而渐以向轻。君子审乎重以向轻者之必渐以消也，为天下乐循之以不言而辨，不动而成，使天下各得其所，嶷然以永定而不可复乱。夫天之将然矣，而犹作气以愤兴，若旦夕之不容待，何为者邪？古之人知此也，故审于生民涂炭之极，察其数之将消，居贞以俟，徐起而顺众志以图成。汤之革夏，武、周之胜殷，率此道也。况其非革命改制之时乎？

【译文】极重的势，到它的最后一定会变得很轻，轻就容易扭转过来，这是势的必然情况。顺着必然的势，这就是理；理的自然，就是天。君子顺应理而善于顺应天，人固然不能与天相争，很久以来就是这个道理。天还没有成事就与它相争，其危害显而易见；天要使事情成还要与它相争，其危害很难知晓。与天相争以求盈多，虽是理所允许的，但必是会越过天理界限。越过了天理的界限，则又会处于极重之势而逐渐向轻变化。君子看清楚形势由重转化为轻，知道它必定是渐渐消失的，为天下而高兴遵循势的这种变化，以不说话而得以分辨，不行动而得以成功，使天下各得其所，嶷然屹立永远保持稳定而不再出现祸乱。天将注定事情是如此的，但仍要鼓起气来愤以相争，好似旦夕之间都不能等待，为什么会这样呢？古人是知晓这个道理的，所以审视生民涂炭受苦的极端情况，观察天数将要消失，居于贞正来等待，慢慢地也就顺从众人的意愿以求成功。汤对夏的革命，武王、周公战胜殷商，都是遵行此理。更何况这还不是革命改制的时候呢？

汉武帝锐意有为，而繁苛之政兴，开边牟利，淫刑崇侈，进群小以荼苦其民，势甚盛而不可扑也。然而溢于其量者中必馁，驰于其所不可行者力必困，怨浃于四海者，心必怵而不安。故其末年罢兵息役，弛刑缓征，不待人言之洊至[①]，而心已移矣，图已改矣。其未能尽革以复文、景之治者，霍光辅孝昭起而承之，因其渐衰之势，待其自不可行而报罢。于是而武帝之虔刘天下者[②]，日消月沉，不知其去而自已。无他，唯持之以心，应之以理，一顺民志，而天下不见德，大臣不居功，顺天以承祐。承天之祐者，自无不利也。

【注释】①洊（jiàn）：古同“荐”，再；屡次；接连。

②虔刘：劫掠；杀戮。

【译文】汉武帝锐意为事，却产生了繁苛的政事，开疆拓土来牟取利益，滥用刑罚崇尚奢侈，重用大批小人来让他的民众受苦，势头非常强盛而不可扑灭。然而超出了它的限量之度，内部就必会空虚衰弱的情况，在不可行的地方奔驰，力量必会困乏，怨恨遍布于四海，心里必定恐惧不安。所以汉武帝在末年停止用兵，减轻赋税劳役，松弛刑罚，放缓征召，没等人们的言论接连到来时，他的心意就已经变化了，谋划也已经改变了。他未能彻底改革而恢复到文、景之治，就由霍光辅助孝昭帝继承皇位，顺着那种逐渐衰败的势头，等它自己不可施行就宣告废止。于是像武帝这样劫掠危害天下的暴政，就日渐消沉，不知它的去向就自行停止了。没有其他原因，只有在心里加以掌握，顺应天理，一心顺应民意，天下不见恩德，大臣不居功自傲，顺着天就得到保佑了。顺天而得到保佑，自然就没有不利的事。

考神宗之初终，盖类是矣。当其始也，开边之志，聚财之情，如停水于脆土之堤而待决也。王安石乘之以进，三司条例使一设[①]，而震动天下以从其所欲。于是而两朝顾命之老，且引退而不能尽言；通国敢言之士，但一鸣而即逢贬窜；群小揣意指而进者，喧不可息也。此势之极重者也，然而固且轻矣。安石之所执以必为者，为之而无效矣。河不可疏，而淤田不登矣；田不可方，而故籍难废矣；青苗之收息无几，而逋欠积矣；保马之孳息不蕃，而苑牧废矣；民怨于下，士怨于廷，而彻乎上听矣。高遵裕之败，死尸盈野，弃甲齐山，而天子且为之痛哭矣。安石则不肖之子挠之于内，反面之党讼之于廷，神宗亦不复以心膂相信。邓绾、吕嘉问且婴显罚，王安礼纠兄之过，而亟进升庸。手实、方田，自安石创者，皆自神宗而报罢矣。使神宗有汉武之年，其崩不速，则轮台之诏[②]，必自己先之，弗待廷臣之亟谏。盖否极而倾，天之所必动，无待人也。几已见矣，势已移矣。则哲宗立，众正升，因其欲熸之余焰，撤薪以息之者，平其情，澄其虑，抑其怒张之气以莅之。其不可行者，已昭然其不可行；无所利者，已昭然其有害；敝而弗为之修，弛而弗为之督，三年之中，如秋叶之日向于凋，坐而待其陨矣。而诸君子积怒气以临之，弗能须臾忍也，曾霍光之弗若，奚论古先圣哲之调元气而养天下于和平哉？

【注释】①三司条例使：宋代制置三司条例司的省称，掌管筹划国家经济，主持国家变法。

②轮台之诏：指“轮台罪己诏”，是征和四年（前89年）汉武帝所下。公开反省其罪过，使汉朝的统治发生了急剧转变，重新回到了与民休息及重视发展经济的轨道，从而避免了像秦朝般迅速败亡的结局。

【译文】考察神宗的终始，也与之类似。他开始称帝的时候，开疆扩土的志向，聚集钱财的心情，如同停在脆弱土堤的大水一样等待着决口。王安石乘机进言，如果三司条例使设立了，那么就能让天下震动而一切都听凭他的一己之意了。因此曾经服侍过两朝皇帝的顾命老臣，就不得不引退，并且也不能充分发表自己的意见；整个国家敢言的士人，只要说一句话就遭到贬官和流放；成群的小人揣摩皇帝的意旨而得到进用，喧哗声不可止息。这是势已极重的表现，然而原本是会变轻。王安石提出来必须做的事，做了之后都没有取到效果。河流不能疏通，于是淤泥之田就不能登记入册了；田地不能丈量，那么原登记的土地就难以废除了；青苗法所收的利息寥寥无几，但是拖欠的款项却越积越多了；保马法使所生的小马不多，于是牧场荒废；民众在底层抱怨，士在朝廷上埋怨，也就全部传到皇帝的耳朵里了。高遵裕的战败，死尸遍野，丢弃的盔甲摞成山高，天子为此而痛哭。王安石既有不肖之子在内阻挠他，又有反对党在朝廷中批评他，神宗也不再把他当做心腹而相信他了。邓绾、吕嘉问都受到了公开的惩罚，王安礼纠正其兄的过失，很快等到升进。手实、方田法，出自王安石创立的新法，都被神宗废除了。假使神宗有汉武帝的年龄，没有很快驾崩，那么汉武帝的轮台之诏，必定先自己作出，不用等到朝廷大臣多次进谏。这是事势糟糕到极点而翻转，天必然变动，不用等人为改变。征兆已经看到了，事势已经转变了。那么哲宗继位，众多正人升到重要位置，趁着将要熄灭的火的余焰，撤去木柴来熄灭它，平静心情，澄清心思，压抑下愤怒乖张的心气来面对它。那些不可施行的事，已很明显是不能施行的；那些没有好处的事，也已明显是有害的；已经坏旧的不替它修整，已经松弛了的不替它督紧，三年之内，它们会像秋叶一样日日趋于凋零，只能静坐等着它们消陨。而这时各位君子圣贤积聚的怒气临近，片刻不能忍耐，连霍光都不如，哪能跟古代先圣哲人调整元气来营造天下和平相提并论呢？

牛之斗虎，已踣而斗之不已，牛乃力尽而死。安石既退，吕惠卿与离叛而两穷。吕申公、司马温公以洎孙固、吴充，渐起而居政地。彼蔡确、章惇、王珪、曾布之流，无安石博闻强识之学、食淡衣粗之节，岂元祐诸公之劲敌哉？操之已蹙者，畏之已甚；疾之已亟者，疑之已深，授之以不两立之权，而欲自居于畸重，则昔之重在彼者轻，而今之重在诸公者，能长保其重哉？天方授我，而我不知，力与天争，而天且去之矣，夫岂有苍苍不可问之天哉？天者，理而已矣；理者，势之顺而已矣。此之不察，乃曰："天祚社稷，必无此虑。"天非不祚宋也，谋国者失之于天，而欲强之于人以居功而树德者为之也。

【译文】牛与虎斗，虽然已经倒下了但还不停止搏斗，牛会将全部力气用完，随后而死去。王安石已经退去相位，吕惠卿叛离了王安石，两人都处于困窘的地步。吕公著、司马光、孙固、吴充，逐渐被起用而居执政之位。推行新法的蔡确、章惇、王珪、曾布这些人，没有王安石博闻强记的学问和吃粗茶淡饭穿粗布衣服的品行，怎么能和元祐时期任职的各位宰相大人相匹敌呢？推行新法已经困蹙的人，对这些人的畏惧已很厉害；痛切仇恨新法的人，对推行新法的人也存有深疑，授给双方势不两立的权力，而想让自己对一方特别偏重，从前被重用的那些推行新法的人，如今地位已经变轻，而现在被重用的这些大臣们，能长久保持对他们的重用吗？上天正授给我机会而我却不知道，极力与天相争，而天就将会离你而去了，怎么能不问问苍苍之天呢？天不过是理而已，理不过是对势的顺应而已。不明白这一点，却说“有了上天保佑社稷，也就不必担心。”上天并非是不保佑宋王朝，而是为国家谋划的人违背了天理和趋势，却想强行借着居功树德的名号来做这种事。

二

毕仲游之告温公曰[①]：“大举天下之计，深明出入之数，以诸路所积钱粟，一归地官[②]，使天子知天下之余于财，而虐民之政可得而蠲[③]。”大哉言乎！通于古今之治体矣。温公为之耸动而不能从。不能从者，为政之通病也，温公不免焉。其病有三：一曰惜名而废实，二曰防弊而启愚，三曰术疏而不逮。

【注释】①毕仲游（1047—1121）：字公叔，郑州管城（今河南郑州）人，毕士安曾孙。历任霍丘主簿、河东路提点刑狱、礼部郎中等。为官清廉，颇有吏才。但因受党争牵连，仕途不顺，坎坷一生。

②地官：《周礼》中设有地官，又称司徒，后人也用地官指户部。

③蠲（juān）：除去，免除。

【译文】毕仲游告诉司马光说："大规模对天下的钱财进行统计，深挖清楚收入支出的数目，把各路积储的钱粮，统一归入朝廷户部，让天子知道天下的钱财是盈余的，而虐待百姓的苛刻制度就可得以废除。"这个谏言很伟大啊！贯通了古今的治国之体。司马光听了之后大为震动却不能听从。不听从谏言，是执掌国政者的通病，司马光也不能避免。其中的弊病有三点：一是爱惜名声而废除实政，二是防止弊端而采取愚蠢办法，三是方法虚空而不切合实际。

天子不言有无，大臣不问钱谷，名之甚美者也。大臣自惜其清名，而又为天子惜，于是讳言会计，而一委之有司，是未察其立说之义，而蒙之以为名也。不言有无者，非禁使勿知之谓也，不于有而言无以求其溢，不于无而计有以妄为经营。知其所入，度其所出，富有海内，不当言无也。不问钱谷者，非听上之糜之，任下之隐之，而徒以自标高致也。出入有恒，举其大要，业已喻于心，而不屑屑然问其铢累也。若乃宾宾然若将浼己而去之，此浮薄子弟之所尚，而可以为天子、可以为大臣乎？自矜高洁之名，而忘立国之本，此之谓惜名而废实。习以为尚，而贤者误以为道之所存，其惑久矣。

【译文】天子不言说钱财有无的事情，大臣不问钱谷的事情，这大概会赢得非常美的名声。大臣珍惜自己的清高名声，而又为天子顾惜名声，于是避讳谈论关于钱财的统计，而统一委托给有关机构，这是没有弄明白这一说法的真义，而只是用虚假的名头蒙蔽。不讲钱财的有无，不是说禁止天子知道钱财的情况，而是说不在国家有钱财时而说没有，以此来求取过分的财务增收；不在国家没有钱财时而说有，以免用胡作非为的手段经营钱财。了解钱财的收入情况，估量钱财的支出情况，天子富有整个天下，就不应当说是没有。所谓不问钱谷之事，不是任由天子挥霍，听任下属隐瞒，而只虚无地标榜自己清廉高洁。支出收入有一定的常规，心里清楚掌握它们的大致情况，而不是琐碎地询问具体细微的数字。而如果对钱财敬而远之，让自己干净撇开钱财的事，这是轻浮浅薄的子弟所推崇的，这样的人怎么可以当天子、当大臣？用清廉高洁的名声自持，而忘记了立国之本，这就是为爱惜名声而废除了实际。习惯了这种做法还作为风尚，而贤明的人还误以为这是道义所在，他们不明白道理已经很久了。

为弼成君德之说者曰：天子不可使知国之富也，知之则侈心生。于是而幸边功、营土木、耽玩好、滥赐予之情，不可抑止。李林甫、丁谓之导君以骄奢[①]，唯使知富而已。禁使勿知，而常怀不足之心，则不期俭而自俭。之说也，尤其大谬不然者。天子而欲宣欲以尚侈乎，岂忧财之不足而为之衰止哉？高纬、孟昶、刘鋹仅有一隅[②]，物力凡几？而穷奢以逞。汉文惜露台之费[③]，非忧汉之贫也。奄有九州之贡税，即不详知其数，计可以恣一人之挥斥者，虽至愚暗，不虑其无余。唐玄、宋真既有汰心，侵令日告虚枵，抑且横征别出。夫颦眉坐叹而相戒以贫，鄙野小人施之狂子弟，而徒贻其笑。欲止天子之奢，而勿使知富，则将使其君如土木偶人，唯人提掇而后可乎？为新法者，本以北失燕、云，西防银、夏为忧，则亦立国之本图，固不当以守财坐叹，导其君以抱璧立枯也。此防弊者之迂疏，为谋已下也。

【注释】①李林甫（683—752）：小字哥奴，唐朝宗室。生性阴柔奸狡，人称“口蜜腹剑”，玄宗对他深信不疑。他专权十九年，导致纲纪紊乱，助成安史之乱。

②高纬（556—577）：北朝齐后主，字仁纲，在位十二年。承其父禅位，后又禅位于长子高恒。高纬后被北周武帝宇文邕所俘。

③汉文惜露台之费：汉文帝刘恒为在位二十三年，一向节俭，曾想建造一露台，经过工匠计算，需用黄金百两，文帝认为这数目是十户中等人家的财产，并且在使用先帝留下的宫室时，都时常觉得有愧，索性不再建造新台。

【译文】提出助成君德之说的人说：天子不可以让他知道国家的财富情况，他知道了就会产生奢靡之心。如此这样天子在奖赏边疆守卫之功、大兴土木、耽于玩乐、对人们滥给赏赐的情况，就不能阻止了。李林甫、丁谓用骄淫奢侈引诱君主，正因为让他们知道了国家富裕而已。让天子不知道国家的富裕，就会常常感觉国家财用不足，那么不用期望他节俭而他也会自己节俭了。这个说法，是非常错误的。天子想放纵欲望尽情奢侈的时候，他哪里会担心钱财不够而为此减轻这种欲望进而不再奢侈呢？高纬、孟昶、刘鋹只有非常小的领土，总共能有多少物力呢？却穷奢极欲以满足自己的欲望。汉文帝舍不得修建露台的费用，不是因为汉王朝的贫困。他掌有全天下的赋税，即使不详知具体的数字，估计是足以让一个人恣意挥霍的，即使是最愚蠢的人，都不会担心钱财没有剩余。唐玄宗、宋高宗在奢侈之心萌生之后，即使国库天天宣告虚空，还将会另外横加赋税。那种皱眉叹气又相互告诫贫穷的行为，是鄙野的小人用来警告狂妄子弟的，只会令人耻笑。想制止天子的奢侈之心，而不让他知道国家的财富，就会使君主如同土木做的偶人，仅仅让人背后操纵而后才可以吗？提倡新法的人，本是在北方失去了燕、云，在西方要防备银州、夏州忧患的，这也是谋求立国的根本，所以就不应为了守财而叹气，引导他的君主抱着财富而过穷苦日子。这是防止弊政大臣的迂腐办法，视作谋略中的下等了。

乃若术疏而不逮，则虽博练如温公，吾不能信其不然矣。天子之不能周知出入之数、畜积之实者有故：方在青宫之日[①]，既无以此为其所宜闻而详告者矣；迨其嗣立，耽宴乐而念不及之者勿论已；即在厉精之主，总其要不能察其详；抑以此为有代我以来告者，而弗容亟问也。若大臣则亦昔之经生，学以应人主之求者耳。乃其童之所习，长之所游，政暇公余之所涉猎，即不以宴游声色荡其心，而所闻所知者，概可见矣。下者，词章也；进而上焉，议论也；又进而上焉，天人性命之旨也。即及于天下之务，亦上推往古数千年兴废得失之数，而当世出纳之经制，积聚之盈歉，未有过而问者。故亿其有，而不知其未必有也；亿其无，而不知其未尝无也；知其出，而不知其出之何所支也；知其入，而不知其入之何所藏也；知其散，而不知合其散者之几何也；知其合，而不知合之散者几何也。虽以温公经济之实学，上溯威烈[②]，下迄柴氏，井井条条，一若目击而身与之；然至于此，则有茫然若群川之赴海，徒见其东流，而不知归墟者何天之池矣。则虽欲胪列租税之所登[③]，度支之所余，内府之所藏，州郡之所积，计其多寡，而度以应人主有为之需，固有莫扪朕舌而终以吃呐者。则学之不适于用，而一听小人之妄为意计也，其能免乎？

【注释】①青宫：古代太子所住的东宫，五行属木、五色属青，所以这里指东宫，而后又引申指太子。

②威烈（？—前402）：即周威烈王，名姬午，周考王之子。

③胪（lú）列：罗列；列举；陈列。

【译文】如果所说的方法疏略而不切实际，那么虽是如司马光一般学识广博、行动干练，我不能相信他不是这样。天子之所以不能知晓所有的收支书目、积蓄的实际情况是有这个原因的：在他还是太子的时候，就没有人认为这些事情是太子应该知道的而向他详细汇报；等太子继位之后，贪恋宴乐游玩而没有心思顾及钱财的事情的帝王，就不用跟他谈论了；即使有励精图治的帝王，只能从总体上掌握概况，但不能明察详细数目；还有的帝王会认为这些事会有人向我来报告的，而不着急询问。大臣们也是昔日读经书赶科考的学生，所学也不过是对应君主的求问而已。至于他们从小所学的知识，长大后的游历，政事公务的暇余时间所涉猎的，即使不是宴饮游乐放逐身心之事，但他所闻所知的事情，也是大致如此。品级低下的人，也只是研究词赋文章；品级再高一些的人，就是写些议论人物政事的奏章；再高一些品级的人，就是研究天人性命的主旨义理。即使涉及天下的事务，也是向上追溯推导数千年的兴废得失的历史，而对于当朝的财物收支制度，钱财积聚盈亏，也是从来没有人来过问的。所以揣测国家有钱财，也不知道钱财是否有；揣测国家没有钱财，也不知道钱财是否真没有；知道钱财的支出，却不知道是为何支出；知道钱财的收入，却不知道如何收藏；知道钱财的分散，却不知道如何将分散的钱财聚合起来；知道钱财的聚合，却不知道聚合的钱财又失散了多少。虽然司马光也对经济的实学有所了解，向上追溯到周威烈王，向后直到后周柴氏王朝，叙事井井有条，就像亲眼见证亲身参与一样；但是到了如今政务，就茫然得像一众河流奔腾汇入大海一样，只看到它们向东流，而不知道最终归流到哪个天池中。那么虽然想罗列租税的收入数据以及国家开支的节余，内府储藏数量，各州郡积聚的数量，统计它们的多少，再估计君主政策的财政需要，一定没有不扪心自问、张目结舌说不出的人。那么学的不适于实际，而一味听任小人荒唐不合理的注意来作为办法，他能避免上述情况吗？

夫王安石之唯不知此也，故妄亿国帑之虚，而以桑、孔之术动人主于所不察[①]。元祐诸公欲诎其邪，而惛然者亦安石耳。则相惘相值，勿问贞邪，而各以时竞，何异两盲之相触于道？其交谇也必矣。夫唯大臣之不以此为务，而俾天子之卒迷也，故其害有不可胜言者。守之者，胥隶也；掌之者，奄宦也；腐之者，暗室也；籍之者，蠹纸也；湮沉而不可问，盗窃而不可诘。呜呼！此皆蔀屋小民粟粟而获之[②]，丝丝而织之，铢铢而经营之，以效立国久长之计，使获免于夷狄盗贼之摧残者。而君臣上下交置之若有若无之中，与粪土均其委弃；智者所不能自已，抑仁者所不忍忘者也。天子大臣非山椒水涘携杖观云之畸士，而曰此非所宜知也，则孔子曰“足食足兵”[③]，其为俗吏之嚆矢与？丁谓上《会计录》以后[④]，至熙宁元年，六十年矣，中历仁宗四十一年之节俭，民无流亡，国之所积可知也。青苗、均输、农田、水利之所获，一部娄之于泰山[⑤]。诸君子不能举此以胜安石之党，且舌挢而不能下[⑥]，徒以气矜，奚益哉？

【注释】①桑、孔之术：桑弘羊与孔仅的理财方法。孔仅：南阳人，大盐铁商。曾任盐铁事一职，主管盐铁专卖。

②蔀（bù）屋：草席盖顶之屋，用来借指简陋之屋。蔀，意指遮蔽。

③足食足兵：粮食充足，军队强盛。语出《论语·颜渊》，子贡问政，子曰："足食，足兵，民信之矣。"

④《会计录》：宋代户籍和赋税的资料汇编。

⑤部娄：指小土山。

⑥挢（jiǎo）：举，翘。

【译文】王安石正是因为不懂得这一点，所以妄加揣测国家空虚的财政，而用桑弘羊、孔仅等人的办法，在不被君主所觉察的情况下来打动他。元祐时期的诸位大臣想贬斥王安石的邪恶之风，但也有神智不清的人得像王安石一样。于是在相互照面时相互失望，不问是正是邪，而各自抓紧时间竞争，这与两个瞎子在路上相遇有何不同？双方相互责骂也就是一定了。正是大臣不务求弄清国家的钱财情况，而使天子最终感到困惑，所以它的危害就无法说明。守藏钱财的，是小吏；掌管钱财的，是宦官；使钱财腐坏的，是幽暗的仓库；登记钱财的，是用被虫蛀了的旧纸。钱财被埋没了而无法查问去向，钱财被盗窃了也无法追查踪迹。哎呀！这些财物都是草屋的小民一粒粒粮食收获来的，一条条丝织出来的，一文文钱经营来的，这些钱是用来供国家的长久之计使用，以使他们免于夷狄盗贼的摧残。而君臣上下把它们置于若有若无中，视其如粪土一样丢弃；这种情况智者不能不过问，仁者不忍心忘记。天子大臣不是隐居在山脚水边带着手杖观看云彩的畸形之士，却说这不是应知道的，那么孔子说的"足食足兵"，难道就仅仅是形容俗吏的职责的吗？丁谓献上《会计录》以后，到熙宁元年，已有六十年了，中间又经过仁宗四十一年的节俭，百姓没有流亡，国家积储的情况就可想而知了。青苗、均输、农田、水利等新法所获得的钱财和之前的国家积储比较，不过是相当于一座小土山来与泰山相比。各位不能用事实来战胜王安石的党徒，而且张口结舌不能说，只靠自大的气势，又有什么益处呢？

三

《易》曰："天下之动，贞胜者也[①]。"贞胜者，胜以贞也。天下有大贞三：诸夏内而夷狄外也，君子进而小人退也，男位乎外而女位乎内也。各以其类为辨，而相为治，则居正以治彼之不正，而贞胜矣。若其所治者贞，而所以治者非贞也，资于不正，以求物之正。萧望之之于恭、显[②]，刘琨之于聪、勒[③]，陈蕃之于宦寺，不胜而祸不旋踵；小胜而大不胜，终以裁及其身[④]，祸延于国。故君子与其不贞而胜也，宁不胜而必固保其贞。元祐诸公昧此，以成绍圣以后之祸。善类空，国事乱，宗社亦繇以倾，亦惨矣哉！

【注释】①天下之动，贞胜者也："贞胜"为"胜以贞"，贞就是正，表示要靠正道来取胜。《易·系辞下》："吉凶者，贞胜者也。天地之道，贞观者也。日月之道，贞明者也。天下之动，贞夫一者也。"

②萧望之（约前114—前47）：字长倩，萧何的六世孙，东海兰陵（今山东兰陵）人。汉宣帝时受到重用，历任谏大夫、丞相司直、御史大夫等职。因宦官弘恭、石显在宣帝时参与政事，萧望之反对其担任要职，诬告下狱，被迫自杀。

③刘琨（271—318）：字越石，中山魏昌（今河北无极）人，晋愍帝时任司空，都督并、冀、幽三州军事，败于石勒，投奔幽州刺史段匹磾，后被段杀。

④烖（zāi）：同“灾”，灾祸，不幸的事。

【译文】《周易》说，“天下之动，都会是贞胜。”所谓贞胜，就是用正道取胜。天下有三种大的正道：诸夏为内而夷狄为外，进用君子而退斥小人，男主外而女主内。各以其类进行区别，配合起来达成治，那么居于正道来治理对方的不正，正道就取胜了。如果他所治的人或事本来贞正，而用来治的手段或方法不贞正，这就是依靠不正来求事物的贞正。萧望之对于弘恭、石显，刘琨对于刘聪、石勒，陈蕃对于宦官，不能取胜而灾祸不等转身就临头了；小事取胜而大事不能取胜，最终让灾祸降到自身头上，还使祸害殃及国家。所以君子与其不正而取胜，宁可不胜也一定要保住自己的贞正。元祐时期的诸位大臣不明白这个道理，就构成了绍圣以后的灾祸。朝廷中贤人君子空缺，国家大事混乱，宗庙社稷也动摇甚至倾倒，也是很悲惨的啊！

新法之为民病，甚矣。诸公顺民之欲，急起而改之，不谓其非贞也。即疑于改父之非孝，而奉祖宗之成宪，以正先君之阙失，亦不可谓非孝之贞也。乃改之者，诸公不自任其责，嗣君不与闻其谋，举而仰听于太后。于是盈廷之士，佥曰“后，尧、舜也[①]”；普天之下，胥曰“后，尧、舜也”；乃至传之史册，而后世道听之说，犹曰“后，尧、舜也”。取后而跻之尧、舜，曰“后，尧、舜矣”；其可抑尧、舜而匹之后，曰尧、舜，后邪？故曰：“拟人必于其伦。”伦者，不相夺也。诸公跻后而尧、舜之，群小抑后而吕、武之；以伦求之，吕、武虽不肖，犹其等伦，而尧、舜悬绝焉。则吕、武之说，足以争胜而亡忌。伦也者，类也，天之生是使别也。草与木并植，而芝兰之芳，不可以为梁栋；鸟与兽并育，而翟雉之美，不可以驾戎车；天子与后敌尊，而母后之贤，不可以制道法。非是者，自丧其贞，而欲以胜物，匪徒小人之反噬有辞也，天所弗佑，祖宗之灵所弗凭依，天下臣民亦怀疑而其情不固。不贞者之不胜，古今之通义，不可违也。

【注释】①佥曰“后，尧、舜也”：英宗的高皇后作为太皇太后临朝听政时，废除神宗时新法，恢复旧法，因此当时人们称之为“女中尧舜”。

【译文】新法让民众遭受苦痛，实在是太严重了。元祐时期的诸位大臣顺应民众的愿望，急忙站出来改掉新法，不能说这是不贞正的。即使怀疑改变先帝的制度是不孝的，但遵奉祖宗的成法，来纠正先皇的过错，也不能说是不孝。而改掉新法的事，诸位大臣不由自己来担任其责任，继位的君主也不参与其谋划，全部听从于高太后。于是满朝廷的官员，都说“高太后堪比尧、舜”，普天下的人也都说“太后堪比尧、舜”，乃至于传留下来的史书，和后世道听途说的记载，也还是说“太后像尧、舜一样伟大”。把太后抬到与尧、舜一样的高度，说“太后是尧、舜”；他们可以贬低尧、舜来与太后相比，说尧、舜如太后一样吗？所以说：“人与人相比一定是同一种伦类。”伦类，是不能混乱的。诸位大臣抬高太后而将之比作尧、舜，成群的小人则贬低太后而将她比作吕后、武后；按照伦类来说，吕后、武后虽然不像高太后，但她们还是属于同一种伦类，而尧、舜与太后的伦类就差得太远了。那么把她比做吕后、武后的说法，足以争胜而没有忌讳。所谓的伦，就是类，是天然让事物属于不同的类别而加以区分。草与木同样栽种，但芝兰的芳香，不能拿来做栋梁；鸟与兽同时养育，而长尾山鸡的美丽，不能拿来驾成车；天子与皇后处于同样尊贵的地位，但母后的贤明，不能用来制定制度法规。如果不是这样，就是自己丧失了贞正，还想战胜别人，不只使小人有了借以反咬一口的托词，上天也不保佑，祖宗的神灵不能依赖，天下的臣民也会产生怀疑，从而支持的情意也不会稳固。不贞正的人不能取胜，这是古今的通义，不可以违背的。

哲宗之立，虽仅十龄，乃迨高后之殂，又七年矣。后一日不亡，帝一日不得亲政，则此七年者，月之朗于夜，非日之昱于昼也。旦昼虽阴，而以照物，其能俾人洞见者，视月远矣。天子虽幼，而以莅众，其能俾人信从者，视后多矣。而不但此也，位尊权重，可以唯其所为，然且惮于恶而强为善者，自非上哲，亦唯其名而已。夫为恶而恶之名归之人而己不与，则无所惮，而有委罪之路。为善而善之名归之人而己不与，则不能强，而徒挟不平之情。实则资己之权藉以为之，名则去之，严父不能得之于子，而为人臣者，欲以得之君，不已悖乎？

【译文】哲宗继位时虽仅有十岁，但等高太后去世，又过了七年。太后一日不死，哲宗就一天不能亲政，那么这七年时间，是月亮在夜里照射，不是太阳在白天照射。白天虽然是阴天，但此时照着东西，能使人看得清楚，是远远超过月亮的。天子虽然年幼，但他君临天下，能使人信任听从的地方，自然比太后多。不但如此，哲宗位高权重，可以来做自己任意想做的事，这样还惧怕作恶而勉强为善，自然不是高明的哲人，也只是虚有名声罢了。如果是作恶而恶名归于别人却与自己无关，那就无所惧怕，而有推托罪名的方法。为善而善名归于别人却不与自己相关，那就不能勉强，而只是怀着不平的心理而已。实际上是借助君主的权势来做善事，但君主的善名却要除去，严父不能让自己的儿子这样做，而作为大臣，想让君主这样做，不是已经违背常理了吗？

新法之弊，神宗之暮年亦自知之矣。永乐之败[①]，悔不用王安礼之言。王安石子死魄丧，其志已衰。王雱、吕惠卿自相龁龁[②]，而神宗已厌之矣。邓绾、吕嘉问秽迹彰明而见黜矣，蒲宗孟诋司马君实而见诃矣[③]，孙固、吕公著渐进而登两府矣。则使当国者述神宗之志，以遗诏行之，蠲青苗之逋欠，弛保马之孳生，缓保甲之练习，以次而待哲宗于识知之后，告以民生之艰苦，示以祖法之宽弘，次第而除之，使四海慕新主之仁，而不掠美以归牝鸡之啼曙[④]，夫岂不可必得者？计不出此，拥女主以行其志，后一日不死，天子一日隅坐画诺，如秉笔之内竖，奉教而行。即以韩维、苏轼、刘挚、朱光庭辈处此[⑤]，其能俯首以听焉否邪？故人谓温公守贞有道而未通乎变者，非也。温公之所不足者，正未能贞也。贞之大者，天之经也，地之义也，人之彝伦也，事之纲纪也。以阴御阳，以女制男，何殊乎以夷狄令中国，以小人治君子乎？《坤》之初六曰："履霜，坚冰至。"当坤之初，阴无失德，非有坚冰之祸；而发端之始，与乾相革，则所秉不正，在希微之间，而诡于其涂，不可以复暄和高朗之宇，固无待血战而始知其害也[⑥]，温公胡不闻焉？

【注释】①永乐之败：宋神宗元丰四年（1081年）出兵在庆州（今甘肃庆阳）击溃西夏军，给事中徐禧攻入西夏，在永乐川筑永乐城（今陕西米脂西），种谔认为永乐三面绝崖又没有水源，不赞成在此修城。城筑成后，西夏出三十万人回攻永乐城，截断水源，宋军士兵大半被渴死。种谔因怨恨徐禧，不去援救。后来天降大雨，新建城墙浸水后被西夏军擂垮，城被破，徐禧及宋军二十多万士卒役夫阵亡。史称永乐城之战。

②王雱（1044—1076）：字元泽，临川（今江西抚州）人，王安石之子。历任太子中允、龙图阁直学士等职。龁踶（hé tí）：这里比喻攻击对方。龁，意为咬；踶，即“蹄”字，指用蹄踢。

③蒲宗孟（1022—1088）：字传正，阆州新井（今四川阆州）人，曾为王安石变法效力。

④牝鸡之啼曙：原指母鸡代替公鸡报晓，此处借指高太后妄加干预政事。牝鸡，即母鸡。

⑤韩维（1017—1098）：字持国，开封雍丘（今河南杞县）人。神宗时为翰林学士、知开封府。与王安石言论不合，出知襄州等地。哲宗时为门下侍郎等。绍圣二年（1095年），被定为元祐党人，再遭贬谪。刘挚（1030—1098）：字莘老，永静东光（今河北东光）人。耿直刚正，王安石推行新法，刘挚上书神宗，陈述新法存在的弊端。元祐三党中，刘挚为朔党的领袖。宋哲宗时为尚书右仆射，与尚书左仆射吕大防同时执政，废弃新法。后哲宗又推行新法，刘挚流放新州。朱光庭（1037—1094）：字公掞，偃师（今河南偃师）人。曾任万年县主簿，人称“明镜”。哲宗时，进谏废除青苗法，后与贾易成为洛党领袖。洛党势力微薄，又加入朔党。朱光庭拜胡瑗作老师，忠信为本，行以终身。

⑥血战：《坤卦·文言传》：“阴疑于阳必战。”指阴与阳不为同类，故相战而有血。王夫之用来比喻太后与皇帝一阴一阳，不属同类，必有矛盾，会引起血战。

【译文】新法的弊害，神宗在暮年也明白了。永乐一战的失败，他后悔没有听从王安礼的意见。王安石在儿子死了之后就丧失了魂魄，意志已经消沉衰弱。王雱、吕惠卿互相攻击，而神宗已经厌恶他们了。邓绾、吕嘉问的污秽行迹在揭示之后被贬黜了，蒲宗孟攻击司马光也被呵斥了，孙固、吕公著逐渐进用而成为了两府重臣。那么假使当时主持国政的大臣追述神宗暮年的意志，根据他的遗诏来实行，废除民众因青苗法所产生的欠款，放松保马法所要求增加的马数，放缓保甲的训练，逐渐等待哲宗了解情况之后，告诉他民生艰苦，向他展示祖宗制度的宽弘，逐渐废除新法，使天下民众都仰慕新君主的仁爱，而不把美名夺去送给干政的高太后，这难道不是应当可以做到的吗？不拿出这样的方案，而拥护太后来实现他们的意志，太后一天不死，天子就每天坐在角落里画圈，就像拿毛笔的宦官，遵奉命令来行事。就是韩维、苏轼、刘挚、朱光庭等人处于这种情况下，他们能否俯首听从于太后呢？所以人们说司马光守正有道但不懂得变通，事实不是这样。司马光所不足的，正是不能做到贞正。大的贞正，是天之经、地之义、人之伦理、事之纲纪。用阴控制阳，用女控制男，这与让夷狄命令中国、让小人治理君子有什么不同呢？《周易·坤卦》的初六说："踩到霜的时候，坚冰就要到来了。"在坤卦的开初，阴的德行没有过失，还没有坚冰一样的灾祸；但坤在发端之初，就与乾卦不同，那么坤所秉持的就不贞正，这种差别开始时还很微小而不明显，但却走上了不同的路，不能再有太阳高照的明朗世界，本来也是无需等待血战之后才会知道其中危害，而司马光为何不知晓这个道理呢？

呜呼！国之将乱也，黄发耆臣老死而无与继者[①]。神宗之季年，韩、富二公先后而逝，文潞公虽存，年已迟暮，且仁柔以召物议，众望所不归也。使有秉国钧者，如韩公于英、仁二庙嗣立之初，持德威以翼戴，当元祐三四年间，撤太后之帘，以兴革之权、进退之柄归之天子，则群小无言可执、无隙可乘，而国定矣。温公权藉既轻，道亦逊焉，徒恃愚氓浮动之气、迁客跃起之情，迫于有为而无暇择焉，其能济乎？权轻者，非势之胜也；道逊者，非理之贞也。捷反捷覆，捷兴捷废，天下皆丧其贞，则女贞之失先之也[②]。故曰古今之通义，不可违也。

【注释】①黄发：指老人，又指年老而富有经验的大臣。

②女贞之失先：这里指在太后的问题上，司马光已先失去了贞正。

【译文】呜呼！国家将要发生祸乱的时候，年高德劭的老臣去世而没有后继者。神宗晚年，韩琦、富弼二公先后去世，文彦博先生虽然还在，但年纪已是迟暮，而且仁爱柔弱的性格招来旁人议论，众人没有把希望寄寓他。纵使此时有掌握国家大权的人，如韩琦在英宗、仁宗两皇帝刚继位时，秉持德望与威严来辅助，在元祐三四年的时候，撤除太后听政的垂帘，把兴革制度、任用撤出大臣的权力交还天子，那么小人们就无话可说、无隙可乘，而国家就稳定了。司马光权力还小，道德号召力也差一些，只是仗着愚民对新法不满的浮动心气、流放到外地的官员想重新复出的心情，又因要有所作为的形势逼近而没有时间进行选择，他能成功吗？权力小的人，不是靠权势就能取胜的；道德号召力差的人，也不合乎义理的贞正。频繁变化，急速地兴建和废除，天下都丧失了贞正，那么司马光在依赖太后的时候就已失去了贞正。所以说古今的通义，不可以违背。

四

置一说之短长，以通观一时之措施，则其治乱安危，可未成而决其必然于先，旷千载而信其所以然于后，无有爽也。哲宗在位十有五年，政出自太后者凡八年，哲宗亲政以还凡六年。绍圣改元而后，其进小人、复苛政，为天下病者，勿论矣。元祐之政，抑有难于覆理者焉。绍圣之所为，反元祐而实效之也。则元祐之所为，矫熙、丰而抑未尝不效之，且启绍圣而使可效者也。呜呼！宋之不乱以危亡者几何哉？

【译文】根据一种说法，来评判一时的措施，那么它的治乱安危，可在未成的时候就预先判断出它的必然趋势，在经过了千年之后仍可相信它之所以是这样的，没有差错。哲宗在位十五年，由太后主政共有八年，哲宗亲政以后共有六年。改为绍圣年号之后，他又进用小人、恢复苛政，为天下人所诟病，这不必谈论。元祐时期的政治，也是有不符合道理的地方。绍圣年间的所作所为，表面与元祐时相反而实际上还是仿效元祐的。那么元祐时的政策对熙宁、元丰时的做法加以矫正，也是未尝不可以仿效的，而且开启了让绍圣时期也可加以仿效的先例。呜呼！宋王朝的不因祸乱导致国家危亡的君主还有几个呢？

天子进士以图吾国，君子出身以图吾君，岂借朝廷为定流品、分清浊之场哉？必将有其事矣。事者，国事也。其本，君德也。其大用，治教政刑也。其急图，边疆也。其施于民者，视其所勤而休养之，视其所废而修明之，拯其天灾，惩其吏虐，以实措之安也。其登进夫士者，养其恬静之心，用其方新之气，拔之衡茅，而相劝以君子之实也。岂徒绍圣哉，元祐诸公之能此者几何邪？所能卓然出其独至之忧，超出于纷纭争论之外而以入告者，刘器之谏觅乳媪而已[①]。伊川请就崇政、延和讲读，勿以暑废而已，范淳夫劝帝以好学而已[②]。自是而外，皆与王安石已死之灰争是非，寥寥焉无一实政之见于设施。其进用者，洵非不肖者矣，乃一唯熙、丰所贬斥之人，皇皇然力为起用，若将不及。岂新进之士，遂无一人可推毂以大任之[③]，树百年之屏翰者；而徒为岭海迁客伸久郁之气，遂可无旷天工乎[④]？其恤民也，安石之新法，在所必革矣。频年岂无水旱？而拯救不行；四海岂无冤民？而清问不及；督行新法之外，岂无渔民之墨吏？而按劾不施；触忤安石之余，岂无行惠之循良？而拔尤不速。西陲之覆败孔棘，不闻择一将以捍其侵陵；契丹之岁币屡增，不闻建一谋以杜其欺侮。夫如是，则宋安得有天下哉？一元祐诸公扬眉舒愤之区宇而已矣。

【注释】①刘器之（1048—1125）：刘安世，字器之，号元城、读易老人，魏（今河北大名）人。以直谏闻名，时称“殿上虎”。

②范淳夫（1041—1098）：即范祖禹，字淳甫，又作淳夫，一字梦得，成都华阳（今四川成都）人。有史论《唐鉴》，探讨唐代三百年间的兴衰治乱，后世称他为“唐鉴公”。

③推毂（gǔ）：推车前进，指推动和协助。毂，车轮中心的圆木。

④旷天工：指皇帝任用百官不要有所废缺。

【译文】天子进用士人以图治理好我国，君子出仕以图遇到我贤明的君主，怎么是借把朝廷作为确定官位品级、区分清浊的场所呢？为此必将有相应的事情。所谓的事，就是国家的事务。它的根本，是君主的德行。它要大力应用提倡的，是国家用来治理教化的政治制度。所要紧急解决的，是边疆的事。所要施于百姓的，是看到民众的勤奋劳作而让他们休养生息，看到废败的制度就要加以修补明示，拯救天灾造成的破坏，惩罚官吏的残虐，用实际的行动来保障民众安定。天子进用士人，应该培养他们的恬静心境，用他们新生的志气，从民间提拔上来，而用真正的君子劝勉他们。不只是绍圣时的大臣，就连元祐时的，能做到如此程度的能有几人呢？能够卓然凸显自己特有忠忱的，超出纷纭的争论之外而来进言的，只有刘器之进谏寻找奶妈一事。程伊川请谏皇帝到崇政殿、延和殿读书，只是不想皇帝因暑热而废止学习而已，范淳夫也只是劝说皇帝要喜好读书而已。除这个之外，都只是针对王安石变法废败残存的措施争论是非而已，几乎无一实政是关于现实政治。他所进用的人，确实不是不肖之人，但只要是熙宁、元丰时被贬斥的人，就慌忙仓促地大力起用，好像来不及一样。难道新进用的士人，就无一人可以协助朝廷而被委以大任，成为百年不倒的保障捍卫之臣；却只让贬到岭南海外的官员舒展长久郁积的闷气，难道就可以不让皇帝任用的百官有所空缺吗？在体恤民众方面，王安石的新法，逐条均需革除。连年没有发生过水旱灾害吗？而没实施拯救；四海之内难道没有含冤百姓吗？但清审查问不到位；督行新法之外，难道没有苛扣百姓的贪官污吏吗？而不实行弹劾；除了触犯违逆的王安石之外，难道没有对民众实行恩惠的循良官吏吗？可是对这些人的提拔却不及时。西部边境屡次战败的困境，没有听说挑选一名将领来捍卫西夏的侵犯；给契丹的岁币连年增加，没有听说一个有建设性的谋略来杜绝契丹的欺侮。如此这般，宋王朝怎么还能拥有天下呢？只不过是一个让元祐时期的各大臣举目抒发愤懑的世界罢了。

马、吕两公非无忧国之诚也，而刚大之气，一泄而无余。一时蠖屈求伸之放臣[①]，拂拭于蛮烟瘴雨之中，愔愔自得[②]。上不知有志未定之冲人，内不知有不可恃之女主，朝不知有不修明之法守，野不知有难仰诉之疾苦，外不知有睥睨不逞之强敌，一举而委之梦想不至之域。群起以奉二公为宗主，而日进改图之说。二公且目眩耳荧，以为唯罢此政，黜此党，召还此人，复行此法，则社稷生民巩固无疆之术不越乎此。呜呼！是岂足以酬天子心膂之托[③]，对皇天，质先祖，慰四海之孤茕，折西北之狡寇，而允称大臣之职者哉？

【注释】①蠖（huò）屈求伸：比喻人不遇时，则屈身求隐，待来日再展宏图。蠖，一种昆虫名。

②愔愔（yīn）：幽深；悄寂。

③心膂（lǚ）：心与脊骨，借指重要的辅佐大臣。

【译文】司马光、吕公著两位大臣并非没有忧国的赤诚，但刚直正大之气，一泄无余。一时屈身求全未来伸展抱负的流放臣子，在烟瘴风雨的蛮荒地区拂拭灰尘等待回京时机，暗暗得意。于上不知有心志尚未稳的年幼君主，于内不知有不可依靠的女君主，于朝野不知有尚未修整清晰的法令，于民间不知有难以向上倾诉的疾苦，于外不知有觊觎领土尚未得逞的强敌，一切举动全都来托付给梦中都到达不了的地方。人们群起而奉司马光、吕公著二位大臣为领袖，天天献上改革制度的建议。司马光、吕公著二位大臣将要目眩耳惑，以为只要废掉新法，罢黜推行新法的官员，召还反对新法的大臣，恢复实行新法以前的制度，让社稷民众得以稳定巩固的方法不越过这些。呜呼！这哪里足够报答天子任命他们为心腹大臣的重托，来面对皇天、面对先祖、慰藉四海的孤穷民众、折服西北的狡诈敌寇，能称得上是作为大臣职则吗？

吾诚养君德于正，则邪自不得而窥；吾诚修政事以实，则妄自无从而进；吾诚慎简下城之将以固吾圉，则徼功生事之说自息；吾诚厘剔中饱之弊以裕吾用，则掊克毒民之计自消；吾诚育士以醇静之风，拔贤于难进之侣，为国家储才于百年，则奸佞之觊觎自戢，而善类之濯磨自弘。曾不出此，而夜以继日，如追亡子：进一人，则曰此熙、丰之所退也；退一人，则曰此熙、丰之所进也；兴一法，则曰此熙、丰之所革也；革一法，则曰此熙、丰之所兴也。然则使元祐诸公处仁、英之世，遂将一无所言、一无所行、优游而聊以卒岁乎？未见其有所谓理也，气而已矣。气一动而不可止，于是吕、范不协于黄扉[①]，雒、蜀、朔党不协于群署[②]，一人茕立于上，百尹类从于下，尚恶得谓元祐之犹有君、宋之犹有国也！而绍圣诸奸，驾驷马骋康庄以进，莫之能御矣。反其所为者，固师其所为也。是故通哲宗在位十四年中，无一日而不为乱媒，无一日而不为危亡地，不徒绍圣为然矣。

【注释】①吕：即吕大防（1027—1097），字微仲，京兆蓝田（今陕西蓝田）人。元祐初年（1086年）拜尚书左仆射兼门下侍郎，与范纯仁同时辅政，后为章惇等人诬陷，贬死。范：即范纯仁（1027—1101），字尧夫，吴县（今江苏苏州）人，范仲淹次子。黄扉：古代丞相、三公、给事中等高官办事的地方，以黄色涂门，故称为黄扉。

②雒、蜀、朔党：宋哲宗元祐年间，朝中大臣形成洛党、蜀党、朔党这三大党，各自以首领的籍贯命名。三党都反对王安石新法，苏轼与洛党程颢、程颐素来不好，两党互相攻击，水火不容。

【译文】我诚心让君主养成正直的德行，邪恶自然就不能伺机而入；我诚心切实修整政事，妄人自然就无从可进；我诚心谨慎挑选出能够保家卫国的将领来巩固我疆土，求功生事的言论自然就会停息；我诚心清除掉官吏的贪污之弊来使国家的财政富足，搜刮毒害民众的心计自然就会消失；我诚心培养士人淳朴宁静的风气，从难被任用的人才中提拔贤才，为国家储备在未来百年可用的人才，奸佞之人对于权势的觊觎自然就会消失，而正人君子的自我磨砺自然就会更为普遍。不曾来做这些，而是夜以继日，就像追逃亡者一样：进用一人，就说这是熙宁、元丰时期贬退的人；贬退一人，就说这是熙宁、元丰时期所进用的人；建立一个制度法规，就说这是熙宁、元丰时期所废除掉的；革除一个制度法规，就说这是熙宁、元丰时期新建的。这样不等于说元祐时期的诸位大臣在仁宗、英宗的时候，竟无一言论、无一所为、悠闲游乐而虚度岁月吗？没有看到这有所谓的理，只看到一种意气而已。意气一发不可停息，于是吕大防、范纯仁就在两府内不能协调一致，就使分属洛党、蜀党、朔党的官员们在各群署里不能协调一致，一人独立在上，上百的官员分类从附于下，又怎能说元祐年间还有君主、宋还有国家存在呢！而到绍圣时代的奸臣，驾着马车在美好前途上奔进，就没人能阻挡他们了。将这些事反过来做，一定也是效法从前那种做法。所以纵观哲宗在位的十四年中，没有一天不是招致祸乱的，没有一天不成为危亡之地，不只是在绍圣时期才这样的。

当其时，耶律之臣主亦昏淫而不自保，元昊之子孙亦偷安而不足逞；藉其不然，靖康之祸，不能待之他日也。而契丹衰，夏人弱，正汉宣北折匈奴之时会。乃恣通国之精神，敝之于一彼一此之短长，而弗能自振。呜呼！岂徒宋之存亡哉？无穷之祸，自此贻之矣。立乎今日，以覆考哲宗之代之所为，其言洋溢于史册，以实求之，无一足当人心者。苟明于得失之理，安能与登屋遮道之愚民同称庆快邪？

【译文】正当此时，契丹耶律的君臣也昏庸荒淫而不能自保，元昊的子孙也偷安而不足以去干恶事；假使不是这样，靖康之祸也不用等到以后了。而契丹衰败，夏人虚弱，正和汉宣帝北上折服匈奴的时机相似。而北宋朝廷却恣意地让全国的精神在新旧党派的争论短长中逐渐敝坏，而不能自我振作。呜呼！难道只是大宋王朝的存亡吗？无穷的灾祸，自此就埋下了祸根。立足当下，再来考察哲宗时代的所作所为，那些洋溢在史书的言论，据实考察，没有一条合乎人心。但凡明白了得失道理的，怎能与登上屋顶、挡住道路的愚民一同欢呼称快呢？

夫君子之自立也有节，而应天下也有道。心之无私，不待物之不我辱而后荣；为之有实，不待法之无所獘而后治。故入其朝，观其所为；读其书，观其所成。聚天下之聪明才力，以奉一人而理万物，不期正而无不正，然后其兴也，必也。此则君子以自靖而靖天下者也。岂徒伊、吕哉[1]？两汉之盛，唐、宋之初，无有不然者。夫谁如哲宗在御之世，贸贸终日[2]，而不知将以何为也！

【注释】①吕：即吕望，指姜尚，姜子牙，因为以其封地之名为姓吕，一名望。

②贸贸：纷纷扰扰。

【译文】君子自我立身是有节操的，而对应天下也是有道的。内心无私无偏，并不需要等待外物的不羞辱才让我有荣耀；做事务实求实，不等法度没有弊坏而后才治国。所以进入他的朝廷，观察他的作为；阅读他的书，观察他所完成的事情。聚集天下人的聪明才力，来事奉一个人而治理世间，不期望正当却无不正当，然后这个时代的兴盛就是必然趋势。这就是君子通过平定自身来平定天下。难道只有伊尹、吕望是这样吗？两汉的兴盛，唐、宋两代的初期，没有不是这样的。谁又像哲宗登基时那样，人们终日纷纷扰扰，而不知将要做什么呢！

卷八 徽宗

扫码听谦德君为您导读

【题解】宋徽宗赵佶（1082—1135），神宗第十一子，哲宗之弟，1101至1126年在位。在位期间，重用奸臣，迷信道教，大建宫观。宣和七年，在金军南下攻宋之时，徽宗传位于钦宗，自称太上皇。靖康元年，金军攻占汴京，次年，徽、钦二帝被金人废为庶人，北宋灭亡。二帝被押往北方，后病死于五国城（在今黑龙江依兰）。

北宋在徽、钦二帝的手中惨遭灭亡，王夫之对此深感痛惜，尝试剖析北宋灭亡的原因。小人在朝廷上大行其道是王夫之总结的重要原因之一，蔡京精心为徽宗搜刮花鸟、图画、钟鼎、竹石等游玩之物，不专心于治国理政，搞得朝廷政治弊端丛生，进而引发北宋的灭亡。王夫之的这一总结具有深知灼见，政治清明不能仅仅依赖于良好制度，同样也需要依赖于贤相能臣，故曰："为政在人"。

一

徽宗之初政，粲然可观，韩忠彦为之[1]，而非韩忠彦之能为之也。未几而向后殂[2]，任伯雨、范纯礼、江公望、陈瓘以次废黜[3]，曾布专，蔡京进，忠彦且不能安其位而罢矣。锐起疾为而不能期月守，理乱之枢存乎向后之存没，忠彦其能得之于徽宗乎？循已覆之轨者倾，仗非其所仗者踬[4]。以仁宗之慈厚居心，而无旁窥怀妒之小人，然且刘后殂，而张耆、夏竦不能复立于廷，王德用、章德象以与刘后异而急庸。若高后晨陨，群奸夕进，攻击元祐，不遗余力，前事之明鉴，固忠彦等所在目方新者。仍拥一母后以取必于盛年佻达之天子，仗者非所仗也。则邢恕、章惇、蔡卞虽已窜死，岂无继者？祸烈于绍圣，而贞士播弃终身，以恣噂沓之狂夫动摇社稷[5]，后车之覆，甚于前车，亦酷矣哉！

【注释】①韩忠彦（1038—1109）：字师朴，安阳（今河南安阳）人。韩琦的长子，徽宗时期曾任左相，蔡京升任后，被贬任知府。

②向后：指神宗的向皇后，河内（今河南沁阳）人。神宗病重时，向后协助英宗高皇后确定太子人选，即哲宗。哲宗去世之后，向后又迎立端王，即徽宗。徽宗初期，二人共同执政。

③任伯雨（1047—1119）：字德翁，眉州眉山（今四川眉山）人。徽宗初，弹劾章惇、蔡卞罪状，后为蔡卞所陷，与陈瓘、龚玦、张庭坚等人贬官。范纯礼（1031—1106）：字彝叟，吴县（今江苏苏州）人。范仲淹第三子。哲宗时为光禄卿、给事中、枢密都承旨。徽宗时知开封府、尚书右丞，

后贬静江军节度副使。江公望：字民表，建德（今浙江建德）人。曾力谏皇宫内苑畜养珍禽异兽，徽宗随即将所有珍禽异兽遣放，只留一只白鹇。公望曾上疏弹劾蔡京，被贬安南军。陈瓘（1057—1124）：字莹中，号了斋，沙县（今福建沙县）人。绍圣元年，因为司马光辩护，被章惇贬为通判沧州。

④踬（zhì）：被东西绊倒。

⑤噂沓（zǔn tà）：攻讦，诋毁。

【译文】徽宗初期的治国理政的收效是非常可观，是韩忠彦的作为，但不是韩忠彦能做到的。不久向皇后去世，任伯雨、范纯礼、江公望、陈瓘依次废黜，曾布独断专权，蔡京受到重用，韩忠彦就不能安于其位而被罢职。锐起急用而不能坚守一年，治乱的枢机依靠向皇后的存在，韩忠彦他能得到徽宗的信任吗？遵循已经倾覆的轨迹走必定也会倾覆，依靠不对的人而行走必定就受牵绊。以仁宗慈厚的居心，而一旁没有窥伺妒忌的小人，然而在刘皇后去世后，张耆、夏竦不能再在朝廷上立足，王德用、章德象因为与刘皇后意见不同而很快受到重用。如果高太后去世了，奸臣们马上就会被进用，不遗余力地攻击元祐党人，前事的明鉴，本来就是韩忠彦等人新进目睹的。可他仍要拥戴一位母后来求取盛年轻浮的天子任用自己，那么他所仰仗的人不是可以仰仗的。而邢恕、章惇、蔡卞虽然已经流放而死，难道就没有后继之人吗？灾祸在绍圣年间最严重，而正人君子被流放弃置终身，让攻讦诋毁别人的狂夫恣意地动摇社稷，后车的倾覆，比前车更严重，也是相当残酷啊！

忠彦虽为世臣，而德望非温公之匹，任伯雨诸人亦无元祐群贤之夙望。一激不振，士气全颓，举天下以冥行而趋于泥淖，极乎靖康，无一可用之材，举国而授之非类，无足怪者。将雪之候，先有微温，其温也，岂暄和之气哉？于是而诸君子之处此也，未易易矣。太后不可恃也，忠彦斯不可恃也；李清臣、蒋之奇之杂进，愈不可恃也；曾布之与忠彦互相持于政府，弥不可恃也。然而温诏之颁，起用之亟，固自朝廷发矣。范忠宣曰："上果用我矣，死有余责。"伊川曰："首被大恩，不供职，何以仰承德意！"苏子瞻海外初还，欣然就道。夫固有不可恝于君臣之际者[①]，知其不可恃而犹欣跃以从，亦君子宅心之厚与？

【注释】①恝（jiá）：无动于衷；淡然。

【译文】韩忠彦虽然是两朝元老，但他的德行名望不能与司马光相提并论，任伯雨等人也没有元祐时期群贤之前的声望。一次激励不能振作起来，士气就全都颓废了，全天下就如同夜间行路必会陷入泥潭，一直到靖康年间，无一个可用之材，全国都受制于奸臣小人，这是不足奇怪的。将要下雪的征候，是先有微小的升温，但这个温度怎能与温暖的天气相比呢？于是诸君子处于此时也是很不容易的。太后不可仰仗，韩忠彦这样就也可依靠；李清臣、蒋之奇的杂相进用，就更不可依靠，曾布与韩忠彦在相位上对峙并立，就更不可依赖。然而诏书颁布的辞情恳切，起用的急迫，本来是由朝廷发出的。范纯仁说："皇上果真用我，我即便死了，仍然还有责任。"程伊川说："首先受到皇上的大恩，不能供职，怎么向上承应皇帝的圣德恩情！"苏子瞻刚从海外返回，欣然就任跟随。本来就有不可淡然的事隔阂在君臣之间，知道他不可依靠还欣然起身跟从他，这也是君子宅心宽厚吗？

虽然，酌之以道，规之以远，持之以贞，而善调元气以使无伤，固有道焉。天下有道，道在天下，则身从天下以从道。天下无道，道在其身，则以道爱身，而即为天下爱道。以道爱身者，喜怒不轻动于心，语默不轻加于物，而进退之不轻，尤其必慎者也。执之仇仇，而知仇仇者之必不我力，不可得而执也。爱而加膝，念加膝者之无难投渊，不以身试渊也。夫且使昏庸之主，知我之不以欣欣而动，弗得以我为赖宠。夫且使邪佞之党，见我之迟迟以进，弗得疑我之力争。夫且使天下之士，惜其名节，念荣宠之非荣，而不辱身以轻试。夫且使四海之民，知世之方屯[1]，隐忍以茹荼苦，而不早计升平，以触苛虐而重其灾。故范淳夫劝蜀公之不赴，而尹和靖疑伊川之易就，非独为二公爱其身也，为天下爱道，而道尚存乎天下也。

【注释】①屯（zhūn）：困难，不顺利。

【译文】虽然这样，按着道义加以斟酌，按照长远目光进行规划，来坚持贞正，善加调护元气而使它不受伤害，本来也是有其方法的。天下有道的时候，道在天下，那么自身就跟随着天下来顺从于道。天下无道的时候，道就在自身，那么就以道来爱护自身，这也是为天下爱护正道。以道爱护自身的人，喜怒不轻易发动于心，对于事物不轻率发表言论或沉默不语，至于不轻率地进用和退身，就是更为慎重。持有仇念，就要知道仇敌必不会为我效力，所以就不要视他人为仇敌。喜爱之人就把他置于膝盖上，但也要想到可以放在膝盖上的人也不难把他投入深渊，所以不要以自身试验深渊。而且让昏庸君主知道我不会欣然地为他而动容，便不能把我作为他的依赖和恩宠。让邪佞之人看到我迟迟才被进用，就不会怀疑我任职后能与他力争。让天下的士人珍惜名节，懂得荣华恩宠并不是真的荣耀，而不去用有辱自身来轻易尝试。使四海的民众知道世道的困顿，于是克制忍耐以忍受苦难，不会早早盼望太平日子很快来到，而触犯苛政暴虐以加重灾祸。所以范祖禹劝范镇不要赴任，而尹和靖也对程伊川轻易赴任担心，不只是替这两位先生珍爱他们的生命，而是为天下爱护正道，而正道尚且存在于天下。

以爱君之切，而不忍逆君之命；以忧国之至，而迫欲为国宣力；以恤民之笃，而辄思为民请命；则小人之占风而趋、待隙而钻者，固将曰："彼犹我也。"一虚一实迭相衰王，而凶威可试，不遗余力，以捋采而尽刘之；昏庸之主，亦将曰："此呼而可来者，麾而可去，天下安得有君子哉？"唯予言而莫违，否则窜之诛之，永锢而无遗种，亦不患国之无人也。后生者，不得与于直道之伸，亦将曰："先生长者，亦尝亟于进矣。"则弗待君之果明，臣之果直，未进而获进焉，无不可也，奚必与世龃龉哉？于是而小人有可藉之口，庸主有轻士之情，人士无固穷之节。朝为无人之朝，野为无人之野。则大观以后，迄于靖康，醉梦倾颓，无有止讫，终无一人焉能挽海宇之狂趋以救死亡，不亦痛与！

【译文】因为爱护君主心切，而不忍违逆君主的命令；因为忧国至极，而迫使自己想要为国效力；因为怜恤民众的情感太笃厚，而总是想为民请命；那么奸臣小人会占据风向而趋动、等待缝隙时机进行钻营，一定会说："他也和我一样想当官。"一虚一实在盛衰之中不断转换，而有人尝试着利用凶残的威权，于是就不遗余力，来搜集仇人而尽数杀害；那么昏庸的君主也将会说："这种人可以呼之即来，也可以挥之即去，天下哪里有君子呀？"只认为自己的话无人敢于违抗，否则就把他流放或诛杀，永远禁锢而不留后患，也不担心国家后继无人才可用。年轻的学者，不能参与正义之道的伸张，也将会说："年老的先生们，也曾经急于求进。"他们也就不等君主贤明，大臣正直，不当进用而获求进用了，就会认为没有什么事不可以做，何必让自己与世道对抗呢？于是小人就有了借口，昏庸的君主就有了轻视士人的心情，士人就丧失了君子固穷的气节。朝廷成了没有贤人可用的朝廷，民间也成了没有贤人的民间。那么从徽宗大观年间以后，直到钦宗靖康时期，国家就在醉生梦死之中变得倾覆颓废，没有休止，最终没有一人能力挽狂澜拯救宋王朝的灭亡，不也是很痛心的吗！

宋之不靖也，自景祐而一变矣，熙宁而再变，元祐而三变，绍圣而四变，至是而五变矣。国之靡定，不待智者而知也。乃数十年来，小人迭进，而公忠刚直之臣项背相依。然求其立难进易退之节、足以起天子之敬畏、立士类之坊表者，无其人焉。骐骥与驽骀争驾，明星与萤火争光，道已贬，身已媟，世安得而不波流，国安得而不瓦解哉？韩忠彦孤立以戴女主，而望起两世之倾危，诸君子何其易动而难静也！伊川贬，而尹和靖、张思叔诸学者皆罹"伪学"之禁[①]。韩侂胄之恶，自此倡之，则非祸中于国家，而且害延于学术矣。建中靖国之初政，有识者所为寒心也，奚粲然可观之有？

【注释】①张思叔(1071—1108)：张绎，字思叔，河南寿安(今河南宜阳)人。于程颐门下求学，轻视功名，看中道德修养。曾谢绝三次任命，死后赠翰林学士。

【译文】宋王朝的不安宁，自从宋仁宗景祐年间有了第一次变化，到宋神宗熙宁年间就出现了第二次变化，在宋哲宗元祐年间出现了第三次变化，在哲宗绍圣年间发生了第四次变化，而到徽宗在位期间就出现了第五次变化。国家的祸患，不用等智者就会知道了。这数十年来，小人接连进用，而公正忠诚、刚正不阿的大臣也是不断出现相互依存。但是要找一个具有可进可退的节操、足以让天子产生敬畏心情、可以成为士人仿效的人，现在却找不到这样的人啦。骏马与劣马争夺驾车的位置，明星和萤火虫争夺谁更闪亮，大道已经被贬低了，自身已经被轻侮了，世道怎能不随波逐流，国家怎能不瓦解呢？韩忠彦孤立一人拥戴皇后，而期望能缓解存在于两世的倾覆危局，这些君子们是多么容易采取行动而难于守静啊！程伊川被贬官，尹和靖、张思叔诸位学者都遭受了“伪学”的禁锢。韩侂胄的恶行，由此开始提倡，那么就不仅示祸害国家而且祸害会延伸到学术了。徽宗即位时的建中靖国年间的最初国政，让有识之士为之寒心的，哪里能看到什么粲然呢？

二

政之善者，一再传而弊生，其不善者，亦可知矣。政之善者，期以利民，而其弊也，必至于厉民。立法之始，上昭明之，下敬守之，国受其益，人受其赐。已而奉行者非人，假其所宽以便其弛，假其所严以售其苛，则弊生于其间，而民且困矣。政之不善者，厉民以利国，而其既也，国无所利，因以生害，而民之厉亦渐以轻。立法之始，刻意而行之，令必其行，禁必其止，怨怒积于下而不敢违，已而亦成故事矣。牧守令长之贤者，可与士民通议委曲，以苟如其期会而止，而不必尽如其法。若其不肖者，则虽下不恤民嵒[1]，上亦不畏国法，但假之以济其私，而涂饰以应上，亦苟且塞责而无行之之志。则其为虐于天下者，亦渐解散而不尽如其初，则害亦自此而杀矣。故即有不善之政，亦不能操之数十年而民无隙之可避。繇此言之，不善之政，未能以久贼天下；而唯以不善故，为君子所争，乃进小人以成其事，则小人乘之以播恶，而其祸乃延。故曰："有治人，无治法。"则乱天下者，非乱法乱之，乱人乱之也。

【注释】①嵒（yán）：僭越，超过本分。

【译文】治国良策，一传再传也会弊端丛生，而不好的政策，它的弊端更是可想而知了。好的国策，以利民为目标，而它的弊端，必定会伤害百姓。开始建立制度的时候，君主发布诏令明确公示，官员们恭遵守它，国家受益，人民受恩。之后奉行这套制度的不再是合适的人，借以法度的宽大之处而适当地放松制度，利用制度的严厉之处而兜售他们的苛刻，那么其间弊端就产生了，而民众就将受困了。不好的制度，使民众受害而让国家得利，而到最后，国家也无利益可得便产生了祸害，而民众所受的祸害也渐渐变轻。建立制度在开始时刻意地推行它，令必须要执行，禁必须要停止，怨怒在下面积聚而不敢违抗，之后也就成为旧的制度了。地方官员当中的贤明者，可以与士民一起协商改变，以尚且达到符合民意的制度为止，而不必完全按照制度来执行。如果是不贤明的地方官员，就会对下不顾及民众的僭越，对上也不畏惧国法，只是借助法令制度来满足他们的私欲，做表面修饰功夫来应付上层，也会采取苟且塞责的态度而没有执行制度的意愿。像这种危害天下的人，也会渐渐解散殆尽不如当初那样，那么危害也从此而减小消除了。所以即使有不好的政治，也不能推行数十年而让民众无处可躲避。如此说，不良的国策，不能长久地祸害天下；而正是因为不好的缘故，会受到君子的批评争辩，于是就进用小人来解决，那么小人就乘机把奸恶传播开来，而它的祸害也就延展开来。所以说："有治国的人，没有治国的法度。"那么天下的祸乱，不是被混乱的制度扰乱的，而是由乱臣贼子扰乱的。

蔡京介童贯以进，与邓洵武、温益诸奸劖绍述之邪说[①]，推崇王安石，复行新法。乃考京之所行，亦何尝尽取安石诸法，督责吏民以必行哉？安石之昼谋夜思，搜求众论，以曲成其申、商、桑、孔之术者，京皆故纸视之，名存而实亡者十之八九矣。则京之所为，固非安石之所为也。天下之苦京者，非其苦安石者也。是安石之法，未足以致宣、政之祸；唯其杂引吕惠卿、邓绾、章惇、曾布之群小，以授贼贤罔上之秘计于京，则安石之所以贻败亡于宋者此尔。载考熙、丰之时，青苗、保甲、保马、市易之法，束湿亟行，民乃毁室鬻子，残支体，徙四方，而嗁号遍野[②]。藉令迄乎宣、政，无所宽弛，则天下之氓，死者过半，揭竿起者，不减秦、隋之季。乃绍圣踵行，又二十余年，而不闻天下之怨毒倍于前日。方腊之反[③]，驱之者朱勔花石之扰，非新法迫之也。

此抑可以知政无善恶，俱不足以持久，倚法以求赢，徒为聚讼而已矣。

【注释】①剿（chāo）：以别人的语言文句作为自己的，有抄袭之意。

②嗁（tí）号：啼哭呼叫。嗁，即“啼”。

③方腊（？—1121）：歙州（今安徽歙县）人，后迁至睦州青溪（今浙江淳安）。北宋末年浙江农民起义首领，建立政权，自号“圣公”，年号“永乐”。宣和二年，方腊在青溪县以诛朱勔为名，聚众揭竿起义，后战败被俘，同年八月在京师被处死。

【译文】蔡京受到童贯的举荐推介而进用为相，与邓洵武、温益诸奸人抄袭绍述的邪说，推崇王安石言论，恢复推行新法。然蔡京的所作所为，又何尝是完全恢复王安石的各种新法，监督责成吏民必须执行呢？王安石昼夜谋划，搜求各家之说，以婉转地倡导申不害、商鞅、桑弘羊、孔仅的主张，蔡京全都视为废纸堆，十之八九都名存实亡了。那么蔡京的做法，和王安石的做法本来就不同。天下人是苦于蔡京的做法，而不是苦于王安石的做法。王安石的新法，未足以导致徽宗宣和、政和年间的祸害；只是他胡乱地进用吕惠卿、邓绾、章惇、曾布这群小人，而让蔡京学会了迫害贤人欺骗君主的奸计，这才是王安石遗留下来祸害宋王朝的。考察熙宁、元丰时期，青苗、保甲、保马、市易等新法，官吏们苛酷急切地加以推行，民众毁家纾难，卖儿卖女，弄残肢体，流亡四方，并且啼号遍野。假使新法到宣和、政和年间还没有松弛，那么天下的民众就会死者过半，揭竿而起的人，不会比秦朝和隋朝末年少。而哲宗绍圣时期继续实行新法，又有二十多年，却没有听说天下对新法的怨恨比王安石时期成倍增加。方腊的造反，是朱勔进献花石纲造成的，不是新法逼迫的。这也可以知道制度没有好坏，都不足来维持长久，依靠法度求胜，只能徒增人聚众争论罢了。

神宗之求治也迫，安石之欲售其邪僻之术也坚，交相鹜而益之以戾气，力持其是，以与君子争，无从欲偷安之志以缓之，故行之决而督之严，吏无所容其曲折，民无所用其推移，则如烈火之初炎，而无幸存之宿草。及哲宗而以怠心行之，及徽宗而抑以侈心行之矣。则吏民但可有盈余以应诛求，饰文具以免勘督者，自相遁于下而巧避之。且如保甲之法，固可以一纸报成功；青苗之息，固可洒派于户口土田[①]。醉梦之君，狭邪之相，苟足其欲，而以号于人曰："神宗之所为，吾皆为之矣。"而民之害，亦至此而稍纾矣[②]。

【注释】①洒派：分派；分摊。

②纾：缓和，解除。

【译文】神宗想追求天下大治的心情很急迫，王安石兜售邪僻之术的心思也很坚决，双方互有所求，在暴戾之气的加持下他们极力坚持自己认为正确的，以此与君子争论，没有纵欲偷安的意志来放缓行事，所以推行坚决而且督管严厉，官吏没办法曲意奉承，民众也没办法逃脱推移，势头就如烈火开始燃烧，而没有幸存的旧草。到了哲宗就用懈怠之心来推行新法，到了徽宗就又用奢靡之心推行新法了。于是官吏民众只要有盈余以应付新法的监管和征收，做表面文章加以修饰以免除督察的，各自在下面想法子逃遁和巧避新法了。就像保甲之法，本来就可以用一张纸来汇报已经执行成功；青苗法的利息，本来可以按户口田亩数量分别承担。醉生梦死的君主，狭隘邪恶的宰相，如果满足他们的欲望，就会向人们宣称说："神宗时期的作为，我也都做到了。"而民众所受的祸害，也因督察得不严而稍微舒缓解除。

繇此言之，政无善恶，统不足以持久。吏自有其相沿之习，民自有其图全之计。士大夫冒谴以争讼于庭而不足，里胥编户协比以遁于法而有余。故周公制六官，叙《六典》，纤悉周详，规天下于指掌，勒为成书，而终不以之治周。非不可行也，行之而或遁之，或乘之，德不永而弊且长也。

【译文】由此说来，制度不论好坏，都不足以维持长久。官吏自有他们相沿袭的做法惯习，民众自有他们谋求保全的办法。士大夫顶着被谴责的压力在朝廷进行争讼还尚且不足，基层官吏和编在户籍中的民众相互合作来逃避法度的苛求也是有盈余的。所以周公制定六官的制度，分成《六典》加以叙述，都细致周详，规划统合天下所有事务在指掌之中，并且编纂成书，却最终不能用在治理周朝。不是典制不可行，而是一旦推行就有人逃避，有人乘机谋私，这样恩德不会长久而弊害却很长久。

人主而为国计无疆之休，任贤而已矣；大臣而为君建有道之长，进贤而已矣。所举贤，而以类升者，即不如前人之懿德，而沿流风以自淑，必不为蠹贼者也。所举不肖，而以类升者，岂徒相效以邪哉？趋而愈下，流而愈淫，即求前人之不韪而不可得。呜呼！安石岂意其支流之有蔡京哉？而京则曰："吾安石之嫡系也。"诸君子又从而目之曰："京所法者，安石也。"京之恶乃益以昌矣。故善治天下者，章民者志也，贞民者教也，树之百年者人也。知善政之不足恃，则非革命之始，无庸创立己法；知恶政之不可久，则虽苛烦之法，自可调之使驯。读一先生之言，欲变易天下而从己，吾未见其愈于安石也，徒为蔡京之口实而已。

【译文】君主为国家谋划长远的福祉，没有其他办法，只是任用贤人而已；大臣为君主建立长久的道统，也没有其他办法，只有推举贤人而已。大臣推举贤人，是按同类予以荐举，即使不具有像前人一样的美德，但也会继承前人传下来的风气来改进自己，必定不会成为奸邪。大臣推举的人不贤能，却按同类提升的，难道这种人只会相互仿效邪恶吗？趋同就越来越低下，变得越来越荒淫，即使想寻求和前人一样的罪过也是做不到的。呜呼！王安石怎么会预料到他的后边会有蔡京这样的人呢？而蔡京则说："我是王安石的嫡系。"各君子又看着他说："蔡京所效法的，就是王安石。"蔡京的邪恶于是就更变本加厉了。所以善于治理好国家的人，让民众明白的，是志向；使民众忠贞的，是教化；培养可以使用百年的，是人才。知道良善之治不足依赖，并不是改革的开始，相反意味着不用创立自己的制度；知道邪恶之治不可长久，那么虽然是苛刻烦琐的制度，自可调整它使之顺畅。读到一位先生的话，就想按照自己的想法来改变天下，在这方面我没有看到谁能超过王安石，只是为蔡京提供了为自己辩护的借口。

三

靖康之祸，自童贯始。狡夷不可信而信之，叛臣不可庸而庸之，逞志于必亡之契丹，而授国于方张之女直。其后理宗复寻其覆轨，以讫其大命[①]。垂至于后，犹有持以夷攻夷之说取败亡者，此其自蹈于凶危之阱，昭然人所共喻矣。而宋之一失再失以陨命者，不仅在此。藉令徽宗听高丽之言，从郑居中、宋昭之谏[②]，斥童贯、王黼之奸，拒马植、张瑴之请[③]，不以一矢加辽，而且输金粟、起援兵、以卫契丹，能必耶律淳之不走死乎[④]？能必左企弓之固守燕山而不下乎[⑤]？能使女直不压河北而与我相迫乎？能止女直之不驰突渡河而向汴乎？夫然，则通女直之与不通，等也；援辽之与夹攻，等也。童贯兴受其败，而宋之危亡，非但贯之失算也。

【注释】①讫：完结，终了。

②郑居中（1059—1123）：字达夫，开封（今河南开封）人。徽宗时协助蔡京复任相位，后又与蔡京作对。曾反对宋与金合攻契丹，未被采纳。宋昭：曾任朝散郎一职，因上书阻止北伐，触犯宰相王黼，被流放到广南编管。

③马植（？—1126）：燕（今河北北部地区）人。世为契丹大族，官至光禄卿。徽宗政和元年（1111年），马植向童贯提出“联金灭辽”方案，得改名为李良嗣。归宋后，徽宗赐姓赵。宣和间七次赴金与阿骨打约定攻辽。钦宗靖康元年（1126年）因金兵南侵，贬郴州处死。张瑴（？—1123）：又名张觉，平州义丰（今河北卢龙）人，原为辽兴军节度副使，金

军攻下燕京，命他为同平章门下事。宣和五年（1123年）降宋，不久金军来讨伐，张瑴逃入郭药师军中。宋徽宗怕金人以此为借口攻宋，杀死张瑴及其二子。

④耶律淳（1062—1122）：即辽宣宗，1122年，金军攻辽，天祚帝逃入夹山，宰相李处温等拥耶律淳为帝，史称北辽。称帝后，欲与北宋结约议和。北宋拒绝并出兵讨伐。耶律淳请求作金的附庸，未得到答复，后病死。

⑤左企弓（1051—1123）：字君材，蓟州（今北京）人。辽国进士，历任来州观察判官、中京副留守、知三司使事、同中书门下平章事。金太祖攻克燕京，左企弓降金。而后被张觉派人杀死。

【译文】靖康年间的祸害，从童贯就开始了。狡诈的夷狄不可信却要信他们，叛逃的臣子不可任用却任用他们，试图实现自己的志向在必定灭亡的契丹，而把国家的命运交给刚刚兴起的女真手上。其后理宗又重蹈覆辙，而使宋朝灭亡。延续到后来，还有人用这种以夷攻夷之策而自取败亡，这是他们自己掉入凶险的陷阱，事情是众人显而易见的。而宋王朝一失再失以至于国命灭亡，原因不仅在此。假使徽宗听从了高丽人的建议，采纳了郑居中、宋昭的进谏，斥退童贯、王黼这样的奸邪小人，拒绝马植、张瑴的请求，不施加给辽国一箭一兵，并输送钱粮、出动援兵来一起守卫契丹，能一定让耶律淳不因逃窜而死亡吗？能必定让左企弓固守燕山而不被攻下吗？能让女真不逼压河北而威胁到我吗？能制止女真不驰马渡黄河向汴京进军吗？如果是这样，那么与女真联不联合，就都是一样的；援助辽国和与金人夹攻辽国，也都是一样的。童贯执政以来承受的这些失败，而宋王朝的危亡，不只是童贯的失算。

辍夹攻之计以援辽，辽存而为我捍女直，此一说也。宋岂能援契丹而存之者？以瓦解垂亡之契丹，一攻之，而童贯败于白沟矣[①]；再攻之，而刘延庆、郭药师败于燕山矣[②]。攻之弗能攻也，则援之固弗能援也。不可以敌爝火将熄之萧幹[③]，而可以拒燎原方炽之粘没喝乎[④]？拒契丹而勿援，拒女直而勿夹攻，则不导女直以窥中国之短长，守旧疆以静镇之，此一说也，近之矣。乃使女直灭辽，有十六州之地，南临赵、魏，以方新不可遏之锐气，睥睨河朔之腴土，遣一使以索岁币，应之不速而激其忿怒，应之速而增其狎侮。抑能止锋戢锐、画燕自守，而不以吞契丹者龁我乎？然则夹攻也，援辽也，静镇也，三者俱无以自全。盖宋至是而求免于女直也，难矣。

【**注释**】①白沟：白沟河，发源于太行山，途经山西东部、河北北部，最后流入白洋淀。唐代之前已形成，是宋与辽的分界河。

②刘延庆（1068—1127）：保安军（陕西志丹）人。与西夏战有功，官至马军副都指挥使。宣和四年（1122年），败于辽将萧幹，已储军备全部丧失。靖康之变时，守卫京城被破，后被追骑所杀。郭药师：渤海铁州（今辽宁盖平东）人。自募辽东人组“怨军”，亲自为帅。辽亡，归宋。后在白河兵败降金，后随金兵攻宋，助金军获胜。

③萧幹（？—1123）：辽朝奚王，辽天祚帝保大三年（1123年），自称奚国皇帝，改元天复。

④粘没喝：即完颜宗翰（1080-1137），本名黏没喝，又名粘罕，女真人。拥立阿骨打称帝，与辽、宋作战中，均担任副帅之一，天会十年（1132年）兼任都元帅，也是金朝最高军事长官。扶立合剌（完颜亶）即位，后因高庆裔犯罪而受株连，愤懑而亡。

【译文】放弃宋与金夹击攻辽的计划来援救辽，辽国得以存活而替我大宋抵御女真，这是一种说法。宋王朝难道能援救契丹而保存它吗？以瓦解垂亡的契丹，宋第一次进攻它，童贯就在白沟吃了败仗；再次攻击它，刘延庆、郭药师又在燕山战败了。攻击它而不能攻下来，那么援救它固然也是不可能的。不能与火苗将要熄灭的辽国萧斡相对抗，还能对抗如燎原之火般炽热的金国粘没喝吗？拒绝契丹而不救援，拒绝女真而不夹攻辽，就不会导致女真来窥伺我们的虚实，守着旧的边疆就冷静镇守，这一种说法，就比较贴切。却让女真攻灭辽国，占有了十六州之地，南临的赵、魏地区，正用其新生而不可抵挡的锐气，窥视河北的沃土，派出一个使节来索求岁币，回应得不快就激起了金人的愤怒，回之快了又增加了金人对宋的轻慢，还能制止金人的锋锐、以燕地为界自我坚守，而让金人不用吞灭契丹的手段来吞灭我吗？如此无论是宋与金对辽的夹攻，还是救援辽国，还是冷静镇守，三种方法都无法使宋自我保全。这是因为宋王朝到此时而想求金人不吞灭自己，难了。

自澶州讲和而后，毕士安撤河北之防，名为休养，而实以启真宗粉饰太平之佚志，兴封祀、营土木者十八载。仁宗以柔道为保邦之计，刘六符一至，而增岁币如不遑，坐销岁月于议论之中者又四十一年。神宗有自强之志，而为迂谬之妄图，内敝其民于掊克，而远试不教之兵于熙河。契丹一索地界，则割土以畀之，而含情姑待，究无能一展折冲之实算。元祐以还，一彼一此，聚讼盈廷，置北鄙于膜外者又二十余年。阃无可任之将[①]，伍无可战之兵，城堡湮颓，戍卒离散。徽宗抑以嬉游败度，忘日月之屡迁。凡如是者几百年矣。则攻无可攻，援无可援，镇无可镇。请罢夹击之师者，罢之而已；抑将何以为既罢之后画一巩固之谋邪？故曰童贯误之，非徒童贯误之也。

【注释】①阃（kǔn）：城郭的门槛。这里指国内。

【译文】自从在澶州与契丹讲和之后，毕士安撤掉了河北的防卫，名义上是休养，实际上却是诱导宋真宗粉饰太平安逸图乐的心志，于是真宗大兴封禅祭祀，营建土木长达十八年。仁宗用和柔之道作为保国策略，但辽国的使臣刘六符一到，就急忙增添岁币好像生怕来不及，在空谈阔论中白白等待又过去了四十一年。神宗有自强之志，但采取了迂谬狂妄的方法，国内让民众疲困穷苦，而让没有训练的士兵到远方的熙河与西夏作战。契丹一索求边界土地，就割让给他们，而忍辱等待，终究不能采取回击对抗的实际行动。元祐年间以来，新党旧党彼此双方，满朝聚讼争论，把北方边境置之度外又有二十多年。国内没有可用的将领，军中没有可以作战的士兵，城堡湮没颓坏，守边的士卒离散分逃。徽宗又以嬉乐游玩败坏国家法度，忘记时日变迁。像这样的情况将近一百年了，于是进攻没有可以进攻的力量，救援没有可以救援的方法，镇守也没有可以镇守的能力。请求停止夹击辽国的军队，也只是停止而已；还将靠什么在罢止夹击之后筹划出巩固政权的谋略呢？所以说童贯误导了徽宗，但不全是童贯的错误。

虽然，宋即此时，抑岂果无可藉以自振者乎？以财赋言，徽宗虽侈，未至如杨广之用若泥沙也。尽天下之所输，以捍蔽一方者，自有余力。以兵力言，他日两河之众，村为屯、里为砦者，至于飘泊江南，犹堪厚用。周世宗以数州之士，乘扰乱之余，临阵一麾，而强敌立摧，亦非教练十年而后用之也。以将相言，宗汝霖固陶侃之流匹也[①]。张孝纯、张叔夜、刘子羽、张浚、赵鼎俱已在位[②]，而才志可征。刘、张、韩、岳，或已试戎行，或崛起草泽，而勇略已著。用之斯效，求之斯至，非无才也。有财而不知所施，有兵而不知所用。无他，唯不知人而任之，而宋之亡，无往而不亡矣。

【注释】①宗汝霖（1060—1128）：即宗泽，字汝霖，浙江义乌人。力主北伐抗金，曾任东京留守，屡破金兵，金人畏惧，称“宗爷爷”。陶侃（259—334）：字士行（或作士衡），鄱阳（今江西鄱阳）人。晋怀帝时任武昌太守、荆州刺史、都督八州诸军事。为陶渊明的祖父。

②张孝纯（？—1144）：字永锡，滕阳（今江苏徐州）人。曾在坚守太原城抗击金兵，后投靠金朝，金人曾委以宰相一职。张叔夜（1065—1127）：字嵇仲，永丰（今江西广丰）人。靖康元年，金军南侵，率兵入援京师，拜签书枢密院事。与徽宗、钦宗同时被俘，押往金国，行至白沟，绝食而死。刘子羽（1096—1146）：字彦修，建州崇安（今福建崇安）人。宋徽宗时，破方腊有功，后为知镇江府兼沿江安抚使，因不攀附秦桧，罢职。张浚（1097—1164）：字德远，汉州绵竹（今四川绵竹）人。高宗初年，负责防御金兵南下，与韩世忠平定苗傅、刘正彦叛乱，又在关陕、江淮组织宋军抵抗金兵，稳定局势。赵鼎（1085—1147）：字元镇，自号得全居士。解州闻喜（今山西闻喜）人。南宋初期名相，与李纲齐名。曾举荐岳飞、韩世忠等人，积极抗金，反对秦桧主张的议和，遭打击迫害，相位被罢免，后绝食而死。

【译文】虽然这样，宋在此时，难道就真的没有可以凭借的方法而使自己复兴吗？以财赋来说，徽宗虽然奢侈，还没有像隋炀帝杨广那样使用金钱如同使用泥沙。用尽天下所输财赋来捍卫一方土地，自然会有余力。就兵力而言，当年两河作战的兵士，以村落为屯、里巷为寨的人们，后来漂泊到江南，尚且堪负重用。周世宗就用几个州的兵士，乘着天下纷乱的机会，临阵一指挥，就把强敌顷刻消灭，也不是教化训练了十年而后才用来作战的。就将相来说，宗泽本来就是与陶侃之流相匹敌的大臣。张孝纯、张叔夜、刘子羽、张浚、赵鼎都已在官位上了，而他们的才能志气都可以使用。刘锜、张俊、韩世忠、岳飞，有的已经在军队中得到任用，有的已经从草泽中崛起，而他们的勇敢和谋略也已表现出来。任用他们就会取得效果，寻求他们就会到达，不是没有人才。有财而不知怎么布施，有兵士而不知怎么用。没有其他原因，只是不识人才而任用，由此宋王朝的灭亡，是无论在哪里都会灭亡。

不知犹可言也，不任不可言也。是岂徒徽宗之暗、蔡京之奸败坏于一旦哉？自赵普献猜防之谋，立国百余年，君臣上下，惴惴然唯以屈抑英杰为苞桑之上术[①]。则分阃临戎者，固以容身为厚福，而畏建功以取祸。故平方腊，取熙河，非童贯以奄宦无猜，不敢尸战胜之功。哓哓者满堂也[②]，而窥其户，久矣，阒其无人矣[③]。虽微童贯挑女直以进之，其能免乎？汉用南单于攻北单于，而匈奴之祸讫；闭关谢绝西域，而河西之守固；唯其为汉也。庙有算，阃有政，夹攻可也，援辽可也，静镇尤其无不可也。唯其人而已矣。

【注释】①苞桑：桑树的树干。这里指帝王能经常思危而不自安，国家就能巩固。上术：指上等方法，高明之术。

②哓哓（xiāo）：吵嚷，唠叨。

③阒（qù）：形容寂静。

【译文】不知道人才还能说什么，不任用就不发表言论了。这哪里只是徽宗的愚暗、蔡京的奸佞使人才败坏于一时呢？自赵普献上猜忌防范的谋略，宋王朝立国一百余年，君臣上下，恐惧不安只以压抑英杰人才作为保全国家安定的上等方法。于是分兵与外敌作战的人，本来就把保全自身作为最大的福分，而畏惧建功而招致灾祸。所以平定方腊，攻下熙河，如果不是因为童贯作为一个宦官使皇帝对他没有猜疑，他也不敢占有战胜的功劳。恐惧叫嚷充斥满堂，而窥视他们的门户，已经空寂很久没有人才了。即使没有童贯挑动女真南下进攻契丹，宋王朝幸免灭亡吗？汉代让南单于攻打北单于，匈奴的祸害就终止了；闭关不与西域来往，河西的守御也就巩固了；这只是汉成为汉的原因。庙堂有长远的谋划，国内有固定的制度，与金人夹攻辽国也可以，救援辽国也可以，而冷静镇守就更是可以做到的了。只要有人才在而已。

四

奸人得君久，持其权而以倾天下者，抑必有故。才足以代君，而贻君以宴逸；巧足以逢君，而济君之妄图；下足以弹压百僚，而莫之敢侮；上足以胁持人主，而终不敢轻。李林甫、卢杞、秦桧皆是也。进用之始，即有以耸动其君，而视为社稷之臣；既用之，则信向而尊礼之；权势已归，君虽疑而不能动摇之以使退。故高宗置刀鞾中以防秦桧[1]，而推崇之益隆；卢杞贬，而德宗念之不衰；李林甫非杨国忠之怀忮以相反，玄宗终莫之轻也。而其时盈廷之士，无敢昌言其恶，微词讥讽而祸不旋踵矣。而蔡京异是。

【注释】①鞾（xuē）：同“靴”，兽皮做成的靴子。

【译文】奸人长久得到君主的信任，把持大权而控制天下，必有原因。他的才能足以代替君主，而让君主专心饮宴游玩；用机巧足以迎合君主，而助君主长狂妄意志；向下足以压制官僚，而无人敢抗拒他；向上足以胁持人主，而人主终究不敢轻视他。李林甫、卢杞、秦桧都是这种人。进用伊始，就有办法耸动君主，并把他视为社稷重臣；得到重用之后，则君主信任他并以礼遇相待；权势已归到他的手中之后，君主即使有所怀疑也不能动摇他的地位将其退除了。所以高宗靴子中放刀以防秦桧，而对秦桧的推崇却更盛；卢杞被贬，而唐德宗念他的心情并不减退；李林甫不像杨国忠怀那样怀有忤逆而反叛，唐玄宗最终也没有轻慢他。而在奸人掌权之时，满朝廷的士大夫，无人敢公开说他的恶行，稍有微词加以讥讽，灾祸就会马上到来，而蔡京却不是这样的。

徽宗之相京也，虽尝赐坐而命之曰：“卿何以教之？”亦戏也，实则以弄臣畜之而已。京之为其所欲为也，虽奉王安石以为宗主，持绍述之说以大残善类，而熙、丰之法，非果于为也，实则以弄臣自处而已。其始进也，因与童贯游玩，持书画奇巧以进，而托之绍述，以便登揆席。其云绍述者，戏也。所师安石以

《周官》饰说者，但“唯王不会”之一言[①]，所以利用夫戏也。受宠既深，狂嬉无度，见安妃之画像，形之于诗；纵稚子之牵衣，著之于表；父子相仍，迭为狎客。乃至君以司马光谑臣，臣以仁宗谑君，则皆灼然知其为俳优之长，与黄幡绰、敬新磨等[②]。帝亦岂曰此可为吾任社稷者？京、攸父子亦岂曰吾为帝腹心哉[③]？唯帝之待之也媟[④]，而京、攸父子之自处也贱，故星变而一黜矣，日中有黑子而再黜矣，子用而父以病免，不得世执朝权矣。在大位者侯蒙、陈显，斥之为蠹贼，而犹优游以去；冗散之臣如方轸[⑤]，草泽之士如陈朝、陈正汇[⑥]，诃之如犬豕，而犹不陷于刑。未尝有蟠固不可摇之势也，徽宗亦屡欲别用人代之矣。而赵挺之、何执中、张商英之琐琐者[⑦]，又皆怀私幸进，而无能效其尺寸。是以宠日以固，位日以崇，而耆老不死，以久为贼于天下。计自其进用以迄乎南窜之日，君亦戏也，臣亦戏也。嗣之者，攸也、絛也[⑧]；偕之者，王黼也、朱勔也、李邦彦也[⑨]；莫非戏也。花鸟、图画、钟鼎、竹石、步虚、受箓、倡门、酒肆[⑩]，固戏也；开熙河、攻交趾、延女直、灭契丹、策勋饮至[⑪]、献俘肆赦，亦莫非戏也。如是而欲缓败亡之祸，庸可得乎？

【注释】①唯王不会：指只有君王的用度费用不加计算。蔡京用这句话来说明徽宗可以任意地使用钱财。

②黄幡绰：唐朝宫廷乐师，入宫三十多年，侍奉唐玄宗。多次使用滑稽风趣的语言，谏劝玄宗不要轻信安禄山。敬新磨：后唐庄宗宠爱的戏曲艺人之一，多次以滑稽之言劝谏后唐庄宗。

③攸：指蔡攸（1077—1126），字居安，蔡京长子。宋徽宗期间任枢

密院领事，不理政务，只会在皇帝旁谈论神变之事，演市井淫秽之戏以邀宠。后被贬诛死。

④媟（xiè）：轻慢。

⑤方轸：莆田（今福建莆田）人，蔡京复任宰相后，曾上疏列举蔡罪状，遭到蔡京报复，免除死刑，调管岭南。

⑥陈正汇：陈瓘之子，徽宗时，在杭州上疏揭发蔡京有动摇东宫之罪，终以所告不实流放到海上，其父陈瓘也受牵连被逮捕，安置到通州。

⑦赵挺之（1040—1107）：字正夫，密州诸城（今山东诸城）人。哲宗时力主绍述之说，排击元祐诸臣。后与蔡京争权，被罢相。何执中（1044—1118）：字伯通，处州龙泉（今浙江龙泉）人。追随蔡京，任尚书左丞，迎合帝意，粉饰太平。后与蔡京同为宰相。张商英（1043—1121）：字天觉，号无尽居士，蜀州新津（今四川新津）人。徽宗时，被列入元祐党籍，后为尚书左丞、尚书右仆射，出任河南府知府等。

⑧絛：指蔡絛，蔡京之子。蔡京第四次为相时年老体衰，公事全由蔡絛代办，但他擅用大权，多行奸恶之事。其恶行后被揭发，被流放到白州（今广西博白）。

⑨李邦彦（？—1130）：字士美，怀州（今河南沁阳）人。徽宗时，为尚书左丞，靖康之难时，带头投降、割地议和。高宗即位后被贬逐，死于桂州。

⑩步虚：这里借指道教的养生等事。受箓（lù）：指皇帝接受道士画的符。箓，道士画的符。

⑪策勋：指战争结束后在策书上记录战功。

【译文】徽宗任用蔡京作为国相，虽然曾经赐他就座而且指示他说："爱卿，你有什么可以告诉我的？"也是儿戏，实际是把他看作供玩乐的弄臣而加以畜养罢了。蔡京的肆意妄为，虽然奉王安石为宗主，拿着绍圣之说大肆残害正人君子，而王安石在熙宁、元丰时期的新法，蔡京并不是真的实行，实际上也是把自己当做弄臣。他开始被进用的时候，借助与童贯一同游玩的时机，靠进献书画和奇巧珍宝得到进用，而借助绍述前代的新法，以便登上宰相之位。他说的绍述前代的新法，是游戏。他以王安石为师，用《周官》修饰他的主张，只不过是“唯王不会”这一句话，用这句话使徽宗便于游戏玩乐。他受宠至深，狂妄嬉乐无度，看到安妃的画像，就在诗里描述出来；放纵幼子牵扯衣服的事，也在上表中描写出来；父子相继，前后都成为皇帝的亲近戏弄之客。以至于君主拿司马光来嘲笑大臣，大臣用宋仁宗来嘲谑君主，这些事都明显地让人知道他擅长做帝王的宠臣，与黄幡绰、敬新磨同类。皇帝难道还会说“这是我可以托付国家社稷的人”吗？蔡京、蔡攸父子岂会说“我是皇帝的心腹”吗？只是皇帝用轻慢态度对待他们，而蔡京、蔡攸父子也把自认为低贱，因此一发生星象的灾变就第一次被废黜了，太阳中出现黑子就再次被废黜了，任用了儿子，父亲就因病而被免职，不得世代执掌朝廷大权了。在大臣之位的侯蒙、陈显，斥责他们是蠹贼，他们还优哉离去；处于冗散职位的官员如方轸，身为民间士人的如陈朝、陈正汇，呵斥他们就像对待猪狗一样，却尚且不会受到刑罚。他们未尝有那种盘根错节的不可动摇的盘踞之势，徽宗也屡次想另外用人来代替他们了。而赵挺之、何执中、张商英等委琐的人，又都是怀着私心侥幸得到进用，而不能为皇帝奉效尺寸之功。所以他的恩宠日益加固，官位日益升高，而年老不死，长时间地贼害天下。估量自他开始被进用到最后流放到南方的时间，君主也是一场游戏，臣子也是一场游戏。继任的人，就是蔡攸、蔡絛；与之相伴的，就是王黼、朱勔、李邦彦；这些人没有谁不是拿着国政当游戏的。他们为徽宗收集献上的花鸟、图画、钟鼎、竹石、步虚、受箓、倡门、酒肆，本来就都是游戏；而开熙河之战、攻打交趾、交好女真、消灭契丹、记战功祭祀庆祝、献上俘虏、赦免罪犯等等，也莫非是儿戏。像这样还想延缓王朝败亡的灾祸，怎么可能呢?

故有李林甫，不足以斩肃宗之祚；有卢杞，不足以陷德宗于亡；有秦桧，不足以破高宗之国。京无彼三奸之鸷悍，而祸乃最焉。彼之为恶者，犹有所为以钳服天下；而此之为戏者，一无所为也。彼之得君者，君不知其奸，而奸必有所饰；此之交相戏者，君贱之而不能舍之，则无所忌以无不可为也。即无女直，而他日起于草泽，王善、李成、杨么之徒[①]，一呼而聚者百余万，北据太行，南蹂江介，足以亡宋而有余矣。撄狡强锐起之天骄，尚延宋祚于江左，幸也。虽然，唯其戏也，含诟忍耻以偷嬉宴，则其施毒于士民者亦浅，固有可以不亡者存焉。京年八十，而与子孙窜死于南荒，不得视林甫、杞、桧之保躯命于牖下也，足以当之矣。

【注释】①王善：字子善，真定藁城（今河北藁城）人。北宋末起兵造反，拥众十万，活动在今河北、河南、安徽等地。靖康之变时，投降宋，后又降金。李成：字伯友，雄州（今河北雄县）人。弓箭手出身，能拉三百斤硬弓，以勇猛善战闻名。投降伪齐和金，绍兴三年（1133年）进占襄阳，被岳飞击溃。杨么（？—1135）：名太，南宋初参与钟相起义，为首领之一，南宋军多次征讨均大败而归。后与岳飞交战，被俘处死。

【译文】所以仅有李林甫，不足以断送掉唐肃宗的帝位；仅有卢杞，也不足以让唐德宗走向灭亡；仅有秦桧，也不足以让宋高宗之国灭亡。蔡京比不上这三个奸人的凶悍，但造成的灾祸却最严重。其他人的为恶，还有所作为来钳服天下；而蔡京的嬉戏玩乐，一无是处毫无作为。其他人得到君主的信任，君主不知道他们的奸邪，而奸邪必定有所修饰；而蔡京是与徽宗的交相玩乐的人，君主鄙视他却不能舍弃他，于是他就无所顾忌而无所不用其极。即使没有女真，而以后起军于草泽中造反者，如王善、李成、杨么这类人，一声呼喊而聚集的人就达一百余万，在北方占据太行，在江南践踏长江流域，足以使宋灭亡还不止。抵抗狡诈、凶强、锐起的天骄蒙古军队，还能在江南延续了宋王朝的国命，也真是侥幸了。虽然这样，而蔡京只是与徽宗嬉戏玩乐，他忍受诟骂辱耻而在嬉宴中偷安，那么他给民众带来的毒害也就较浅，本来就有可以让宋王朝不亡的因素存在。蔡京年已八十，而与子孙流放中死在南方蛮荒地区，和李林甫、卢杞、秦桧在家中保全身家性命是没法相比的，这也足以合乎他应得的了。

五

杨龟山应诏而出，论者病之，亦何足以病龟山哉？君子之出处，唯其道而已矣。召之者以道，应之者以道，道无不可，君子之所可也。徽宗固君也，进贤者，君之道也。蔡京固相也，荐贤者，相之道也。相荐之，天子召之，为士者无所庸其引避。天下虽无道，而以道相求，出而志不行，言不庸，然后引身而退，未失也。龟山何病哉？当其时，民病亟矣，改纪一政而缓民之死，即吾仁也；国危迫矣，匡赞一谋而救国之危[1]，即吾义也。民即不能缓其死，而吾缓之之道不靳于言；国即不能救其危，而吾救之之方不隐于心；则存乎在我者自尽，而不以事之从违为忧。君子之用心，自有弗容已者。徽宗虽暗，而犹吾君；蔡京虽奸，而犹吾君之相；相荐以礼，相召以义，奚容逆亿其不可与有为而弃之。病龟山者，将勿隘乎？

【注释】①匡赞：匡正辅佐。

【译文】杨龟山奉皇帝的诏书而出来做官，持异议的人对此加以指责，这又怎么能够怪罪杨龟山呢？君子的出仕与否，只是要合乎正道而已。召用他的人是以道来召用的，响应诏命的人也以道来应诏，按照道来说都是可以的，那么君子就可以这样做。徽宗本来是君主，进用贤人，是君主之道。蔡京本来是宰相，推荐贤人，是宰相之道。宰相推荐他，天子召用他，作为士人就不用引退逃避。天下虽然无道，但通过道来相求，出仕之后自己的志向得不到实行，自己的主张得不到应用，然后引身而退，也还是没有过失的。杨龟山哪里值得诟病呢？在那个时候，民众的痛苦加重了，对国政做一项改革而能延缓民众的死亡，这就是我的仁；国家迫在危亡，匡正辅佐君主提出一谋略来挽救国家的危亡，这就是我的义。民众即使不能延缓他们的死亡，而我延缓民众死亡的道是不吝惜于言论的；国家即使不能挽救它的危亡，而我救助它的方法是不会隐藏在心里的；那么存在于我的能力全部施展，而不用担忧事情的顺利与否。君子的用心，自有不容停止的。徽宗虽然愚暗，但还是我的君主；蔡京虽然奸邪，但还是君主的宰相；用礼节来推荐，用道义来召用，怎么能够因为事先预料他们无所作为或者大有所为而放弃它呢？诟病谈论杨龟山的人，不是太狭隘了吗？

虽然，试设身以处，处龟山之世，当重和之朝廷，而与当时在位之人相周旋，固有大难堪者。不知龟山之何以处此也？《易》于《艮》之三曰："艮其限，列其夤[①]，厉熏心。"曷厉乎？厉以其熏也。立孤阳于四阴之中，上无与应，熏之者莫非阴浊也，故危也。孔子之道大矣，非可凌躐而企及者。然而其出也，以卫灵公之荒淫[②]，而固有蘧瑗、史鱼在也[③]，则立乎其廷，周回四顾，而可与为缘者不乏，则群小之熏，不能乱君子之臭味。故季斯、公山弗扰、佛肸皆可褰裳以涉[④]；而女乐一归，则疾舍宗国而不为忍。何也？奸邪者，君子之所可施其檠括[⑤]。而同昏之朝，腥闻熺然[⑥]，环至以相熏，则欲姑与之处，而无以自置其身。孔子且然，况不能为孔子者乎？龟山方出之时，何时邪？徽宗如彼矣，蔡京如彼矣，蔡攸、王黼、童贯、梁师成之徒又如彼矣[⑦]。而一时人士相趋以成乎风尚者，章醮也[⑧]，花鸟也，竹石也，钟鼎也，图画也。清歌妙舞，狭邪冶游，终日疲役而不知倦。观乎靖康祸起，虏蹂都城，天子嘑号，万民震慄，而抄劄金帛之役，洪刍、王及之辈[⑨]，皆一时自标文雅之士，劫宫娥以并坐，歌谑酣饮，而不以死为忧。则当时岂复有奸邪哉？聚鸟兽于君门，相为蹢躅而已。龟山以严气正性之儒者，孤立于其间。槐棘之下，谁与语者？待漏之署，谁与立者？岁时往还之酬答，谁氏之门可以报谒？栫棘及肤[⑩]，丛锥刺目，彼则无惭，而我能自适乎？庄生曰："撄而后宁[⑪]。"亦必有以宁也，亦必相撄而后相拒以宁也。

不能撄我，而祇以气相熏染，厉而已矣，奚宁哉？念及此，则龟山之出，诚不如其弗出矣。

【注释】①列其夤（yín）：列，通“裂”。夤，中脊的肉。人的身体在中部裂开，就称为“列其夤”。这里指君臣如身体断裂般不接，上下离心而国丧亡。

②卫灵公（？—前493）：姬姓，卫氏，名元。春秋时卫国第二十八代国君，生性好猜忌，脾气暴躁。但能任用贤人，如仲叔圉、王孙贾、史鱼、蘧伯玉等人。

③蘧瑗（qú yuàn　约前585—前484）：字伯玉，卫国人。春秋卫国大夫、孔子朋友，孔子去卫国时经常借住在他家。在卫国做官时，历卫献公、殇公、灵公三代。史鱼：字子鱼，名佗，又称史鳅，卫国大夫，以敢于进谏扬名，卫灵公进谏推举贤者蘧伯玉，生前没有成功，死后用尸体继续劝谏，被称为“尸谏”。被孔子称赞为最秉直的人。

④季斯：即季孙斯（？—前492），春秋鲁国大夫，“三桓”之一。谥号桓子。季孙氏一支为鲁桓公子季友后裔。父亲季平子是鲁国权臣，摄政辅助君位近十年。其儿子季康子，迎孔子归鲁。公山弗扰：即公山不狃，季桓子的家臣，深得信任器重，担任季氏自家的费宰。后二者矛盾加深，公山不狃后与阳虎联合反对季氏，抓捕季桓子，季桓子逃脱，阳虎兵败逃亡齐国。佛肸（bì xī）：春秋末年晋国卿赵鞅赵简子的家臣，任中牟县宰，后反叛赵简子，想召用孔子前去，孔子欲去，说：“我岂匏瓜也哉，焉能系而不食？”出自《诗经·褰裳》“子惠思我，褰裳涉溱”，借指孔子认为志同道合的人可以相依从，共同去实现理想。

⑤檠（qíng）括：约束矫正。

⑥腥闻熺然：比喻恶名远扬。腥闻，原指酒腥，引申为丑恶名声。熺，放射，传播，扩散。

⑦梁师成（？—1126）：字守道，自称“苏轼庶子”，徽宗时的宦官，深受宠信，为皇帝写诏书，人称“隐相”。钦宗即位后，贬为彰化军节度副使，在途中被杀。

⑧章醮（jiào）：拜表设祭，是道教的一种祈祷形式。

⑨洪刍：字驹父，南昌（今江西南昌）人，舅舅为黄庭坚。徽宗时列为元祐党人，钦宗时为谏议大夫。靖康之变时助金人抢掠，宋高宗时，流放永不放还。王及之：靖康之祸时的“国贼”，帮着金人逼迫徽、钦二帝及太子，搜捕宫女和皇族，高宗时，与王时雍、洪刍、周懿文等人一起治罪。

⑩栫（jiàn）棘：用刺棘堵塞关押囚犯的出口，避免逃出。栫，堵塞。

⑪撄而后宁：指受到外物侵扰后能不为所动，保持心神安宁。撄，指扰动。宁，指心中宁静。

【译文】即使这样，尝试设身处地的为他考虑，杨龟山受到召用之时，正是徽宗重和年间的朝廷，而他与当时在位之人打交道，本来就有很多难以甚至无法忍受的地方。不知道杨龟山是怎么面对这种情况的？《周易》艮卦的第三爻说：“在人的腰部中止，将贯穿全身的脊柱之肉断裂开，于是危险就会影响人的内心。”这指的什么危险呢？是受当时环境影响的危险。一个孤单的阳爻处于上下四个阴爻之中，上面没有相互照应的，熏染他的全都是阴浊，所以危险。孔子的道是至大，不是可以凌越或赶得上的。然而在他出仕的时候，即使当时卫灵公荒淫无道，而毕竟朝中仍有蘧瑗、史鱼这样的贤人，所以孔子身处卫国朝廷，环顾四周，可与之投缘共处的人并不缺，那么即使有一众小人的熏染，也不能扰乱君子的正气品性。所以季斯、公山弗扰、佛肸都可以团结起来实现其理想；但是等到季桓子接受了齐国送的美女乐队，孔子马上就离开了鲁国而无法忍受。这是为什么呢？奸邪的人，君子可以对他们的行为加以约束矫正。

但同处于黑暗的朝廷，丑恶之事远传还不加收敛，周围全是这种小人相互熏染，那么要想与他们相处，就不得不自置其身在这种环境中，但自己并不能忍受。孔子都是这样，何况不能成为孔子的人呢？杨龟山刚刚出仕的时候，是什么样的时代？徽宗就像那样了，蔡京就像那样了，蔡攸、王黼、童贯、梁师成之徒也像那样了。而一时的士大夫趋之若鹜而成为风气的，就是道教的祈祷，玩花鸟、竹石、钟鼎、图画。在清歌曼舞之中，过度地放纵游玩，整天忙于这种事情而不知道疲倦。纵观靖康祸起时，金人掳掠蹂躏京城，天子嚎哭，百姓惊惧，而在金兵搜刮财富和劫掠妇女时，洪刍、王及之这伙人，都是一时自我标榜为文雅的士人，也帮着金兵劫持宫女，与金人一起坐享歌舞谑乐、酣饮美酒，而丝毫不担心死亡。那么当时难道还有更奸邪的人吗？在君主门下聚集了这种与鸟兽一样的人，相互徘徊不前而已。杨龟山作为气度严谨、性格正直的儒家学者，孤立于这些人之间。三公高官中间，有谁可以与之交谈呢？在等待进宫朝见皇帝的官署里，有谁可以与之并肩而立呢？岁时季节来往的应酬，谁家的大门可以为杨龟山通报呢？就像被囚禁之中触处都是棘刺，成丛的尖锥刺着人的眼睛，他们都不惭愧，而我自己能适应他们吗？庄子说："外物扰乱后使心宁静。"也必须是有能让我心宁的道，必须在外物扰乱之后凭借这种道来拒绝外物的扰乱而使内心宁静。外物不能侵扰我心，而只是用气相互熏染，就已经是危险了，怎么能安宁呢？想到这里，那么杨龟山的出仕，实在是不如不出。

于是而尹和靖之坚不欲留，尚矣。《艮》之上曰："敦艮，吉。"超出群阴之上，与三异志，而时止则止，非道之必然，心之不得不然也。道生于心，心之所安，道之所在。故于乱世之末流，择出处之正者，衡道以心，而不以心仿道，无以熏其心而心泰矣。尚奚疑乎？

【译文】于是尹和靖坚持不肯留下，可谓高尚。《艮》卦上九爻辞说："诚恳地止于其处，就会吉利。"超越到众多阴爻之上，与《艮》卦第三爻的志向不同，而时势当止就止，这不是大道的必然，而是心情不能不这样。道从心中生出，心所安宁的地方，就是道所在的地方。所以在乱世的末流之中，选择出仕还是安处的正确方式，是用心来衡量道，而不是用心来模仿道，就能让我的心不受他人影响而内心泰然了。尚且还有什么疑惑呢？

六

势极于不可止，必大反而后能有所定。故《易》曰："倾否，先否后喜。"否之已极，消之不得也，倾之而后喜。惜其倾而欲善保其终，则否不倾而已自倾。谋国者，志非不忠，道非不正，不忍视君之琐尾[①]、民之流离，欲因仍而补救之，其说足以耸动天下，乃弗能救也，而祇甚其危亡，则唯惜倾而靳于倾者使之然也[②]。

【注释】①琐尾：谓颠沛流离，处境艰难。此处形容北宋灭亡后人民流离失所。

②靳：痛惜。

【译文】时势发展为极点不可抑止，必定会发生大的转变而后回到稳定状态。所以《周易》说："危亡之时，先是无路可走然后是喜。"无路可走已经到了极点，不能让它消失，等它倾覆之后才会有喜。不愿看到它的倾覆而在最终时想善加保护它，那么极坏的时势不倾覆而自己就已倾覆。谋划国事的人，志向不是不忠，道不是不正，是不忍看着君主漂泊无归、百姓流离失所，想对这种形势继续有所补救，李纲的论说足以耸动天下，却不能挽救，而只会加重国家的危亡，那就只能是因为痛惜宋王朝的倾覆而采取的措施，最终却使宋王朝真正倾覆。

宋至徽宗之季年，必亡之势不可止矣。匪徒女直之强不可御也，匪徒童贯之借金亡辽之非策也，尤匪徒王黼受张瑴之降以挑狡虏也。君不似乎人之君，相不似乎君之相，垂老之童心，冶游之浪子，拥离散之人心以当大变，无一而非必亡之势。于是而宇文虚中进罪己之言[①]，吴敏、李纲定内禅之策[②]，不可谓非消否之道也。乃汴都破，二帝俘，愈不可挽矣。内禅者，死守之谋也，死守则必有死守之具矣。任庙算者唯纲，纲之外无人矣；任戎阃者唯种师道，师道之外无人矣。尽纲之谋，竭师道之勇，可以任此乎？朱子固已论之曰："不足恃也。"且微徒纲与师道也，婴孤城，席懈散之势，一日未亡，一日有处堂之计。人心不震，规画不新，虽诸葛孔明不能止荆州之溃，虽郭子仪不能已陕州之奔。何也？势已倾者不倾，而否亦不倾也。乱起于外者，制之以中；乱集于中者，制之以外。处于有余之地，而后可以自立；可以自立，而后可以御人。先王众建诸侯以为藩屏，时巡其守，王迹以通，五服四方皆天子之外舍也。故幽王死于宗周，而襄王存于氾水。《春秋》记之曰："天王出居于郑。"居者，其所宜居也。举天下而皆其所居，则皆其所自立矣。皆其所居，而拘挛于不可久居者以自困，则有余之地皆非其地，有余之人皆非其人，畏倾而倾必及之，否岂有自消之理哉？

【注释】①宇文虚中（1079—1146）：字叔通，初名黄中，宋徽宗改名虚中，别号龙溪居士，广都（今成都双流）人。宋徽宗时出使金国时被扣，尊为"国师"，后因图谋归宋而被杀。

②吴敏（？—1131）：字元中，真州（今江苏仪征）人。金兵南下，吴敏受命草诏，徽宗传位钦宗。吴敏主张与金人议和，后被御史中丞李回弹劾罢相。李纲（1083–1140）：字伯纪，邵武（今福建邵武）人。靖康元年（1126年）金兵包围汴京时，任京城四壁守御使，团结军民，击退金兵。不久即被投降派所排斥。高宗即位，起用为相，仅七十七天又遭罢免。多次上疏主张抗金，未被采纳。

【译文】宋王朝到了徽宗的晚年，必亡的形势已经无法阻止了。不只是不能抵抗强大的女真，不只是童贯借助金人灭亡辽国的主意不是好计策，更不只是王黼接受了张瑴的投降而惹怒了金人。君主不像百姓的君主，宰相不像君主的宰相，一个是年老的人还有玩乐的童心，一个是爱好游玩的纨绔子弟，凭借已经离散的人心来面对大的事变，没有一项不是走向灭亡的形势。于是宇文虚中献上颁布罪己诏的建议，吴敏、李纲定下禅位给钦宗的策略，不能说不是消除恶劣形势的方法。可是等到汴京被攻破，徽、钦二帝被俘，恶劣形势就更加不可挽回了。禅让君位给钦宗，就是死守京城的策略，死守就必须有死守的资本。担任朝中出谋划策的人只有李纲，李纲之外再无他人了；担任大军将领的人只有种师道，种师道之外再无他人了。用尽了李纲的谋略，竭尽了种师道的勇气，能够完成扭转局势的大任吗？朱子本来就已评论说："不足以依靠的呀。"而且不是只有李纲和种师道，守卫孤城，处于懈散的形势下，只要一天还没有灭亡，就一天还有身处其时的办法。人心不能凝聚成震天的力量，谋划不能够创新，即使是诸葛孔明也不能让荆州的溃败停止，即使是郭子仪也不能制止陕州的逃奔。为什么呢？时势已经倾覆但还没彻底倾覆，而颓败之势也就不会倾覆。祸乱发生在外部，靠内部想办法来制服它；祸乱集中在内部，就在外部想办法制服它。让自己处于有余之地，而后就可以自立；可以自立了，而后就可以抵御对方。先王设众多的诸侯作为自己的外围屏障，按时节巡视值守，天子的行迹也就通于天下，五服四方就都是天子的外部住处。所以周幽王死在宗周。而襄王能在汜水居住下来。《春秋》记载说："天王出了都城，居住在郑国。"所谓的居，是天子适宜居住的地方。整个天下都是天子居住的地方，那么就都是他自立的地方了。整个天下都是他居住的地方，却拘束在不能久居的地方使自己困窘，那么其他有余的地方也就都不是他可以居住的，各处有余的人也就都不是他的人，畏惧国将倾覆而倾覆必定会到来，这种形势哪有自己消退的道理呢？

徽宗南奔以避寇，势迫而不容弗避，避之尚未足以亡也。以势言之，头不剸者命不倾[①]；以理言之，死社稷者，诸侯之道也，非天子之道也。诸侯弃其国而无国，天子弃都城而固有天下，未丧其世守也，故未大失也。其成乎必亡者，内禅而委位于钦宗也。委位于钦宗，则徽宗非天下之君矣。本不可以为人之君，而又委位以自失其柄，为萧然休老之人，则处有余之地而非其地，抚有余之人而非其人。权藉之所归，据之以抗强虏者，犹然孑处危城之嗣主。是出奔犹未失，而内禅之失不可救矣。唐玄宗走蜀，而太子北走朔方，犹太子也。玄宗犹隐系东南人心，而人知有主。太子虽立，而置身于外，以收西北之心，故可卷土重来以收京阙。钦宗受内禅之命，是天子固在汴京，走而东者，已非天子也。盈廷之士，类皆谗贼之余；婴城之众，徒恋身家之计。纲以此曲徇其意[②]，拥钦宗以迟回于栈豆[③]，为之名曰“效死弗去”。肩货贿以惜迁徙之愚氓，群起欢呼，以偷一日之安。怀、愍之覆辙，憯莫之惩[④]，以冥行而蹈之，不亦悲乎！

【注释】①剸（tuán）：割，截断。

②曲徇：顺从，曲从。

③栈豆：本指马房豆料，比喻鄙俗之人所顾惜的蝇头小利。

④憯（cǎn）：曾，竟然。

【译文】徽宗向南逃奔躲避敌寇，形势紧急而容不得不躲避，躲避之后还没有达到灭亡的地步。就形势而言，头不断，命不止；就事理而言，为社稷而死，是诸侯之道，不是天子之道。诸侯放弃他的国都就没有国家了，天子放弃都城还是有天下的，并没有丧失世代所守的天下，所以还不是大的亡失。使得国家走向灭亡的，是徽宗禅位给钦宗。禅位给钦宗，徽宗就不是天下人的君主了。徽宗本来不可以作为君主，又禅位给钦宗而使自己丧失了大权，成为一个空寂养老之人，这就使自己成为本来可以处于有余之地而现在没有，本来可以拥有的多余人马而现在却没有。权势归属之人，应该是依靠他来抵抗强敌略强之人，但他尚且还是一个孤独地处在危城之中继位的人。这就是为什么说徽宗出逃还不算失误，而禅位给钦宗，其失误就是不可挽救的了。唐玄宗逃到蜀，而太子向北逃到朔方，他还是太子。玄宗还能暗自维系东南的人心，而人们还知道有君主。太子虽然立了，但置身在外地，来收聚西北的人心，所以可以卷土重来收复京城。钦宗接受徽宗禅位，这就是天子仍在汴京，出城到了东方的人，已经不是天子了。此时满朝廷的士大夫，全都是进谗言贼害国家的一类人；守城的众人，只为留恋自己身家而谋划。李纲用这种人守城来曲从自己的意愿，拥立钦宗而为贪恋眼前的小利，还把这称之为"为国家效死命而不离去"。背负着财物而不愿迁徙的愚民，蜂拥群起地欢呼，来获得一日的苟且偷安。晋怀帝、晋愍帝的失败，不曾引以为戒，冥冥之中却重蹈他们的覆辙，不也是可悲吗！

向令内禅不行，徽宗即出，人知吾君之尚在，不无奋死之心；帝持大柄以旁招，尚据河山之富；群小抱头以骇散，不牵筑室之谋；太子受钺以抚军，自效广平之绩[①]；揆其时势，较康王之飘泊济州者，尚相什百也。唯纲昧此，惜此四面受敌之孤城，仍此议论猥繁之朝廷，率此奸邪怙党之佥壬，殉此瞻恋秾华之妇稚[②]。虏兵乍退，歌舞仍前，夫且曰："微纲之使有君而有国也，安得此晏处之休哉？是奠已溃之宗祐而宁我妇子也，功施不朽矣。"《盘庚》曰："胥动以浮言"非此谓与[③]？

【注释】①广平：指唐代宗李豫，在即位之前曾为广平王。

②秾（nóng）华：花木繁盛。这里指繁华的生活。

③胥动以浮言：指相互传播无根据的谣言，使人心骚动。胥，相互。

【译文】假使不实行禅位，徽宗即使离开汴京，人们知道君主还在，就不会没有拼死反抗的决心；徽宗掌握着大权广招各地兵马，仍然会占据富饶的河山；一群小人抱头逃散，也不会受筑室之谋的牵累；太子接受军队指挥权来监督安抚军队，自会完成如同广平王一样的功绩；考察当时的时势，这比康王赵构漂泊在济州，其力量还能超过十倍百倍。只是李纲蒙蔽双眼看不到，顾惜汴京这座四面受敌的孤城，靠着这个言论猥琐繁杂的朝廷，率领这些奸邪结党的小人，牺牲那些贪恋繁华的妇人小孩。金兵乍一撤退，歌舞仍如以前。还都说："不是李纲使我们有君主而有国家，怎会得到这个美好的太平安稳呢？这是安定了已经崩溃了的国家而让我们妇人小孩得到安宁，功劳可以称为不朽了。"《尚书·盘庚》中所说："相互传播谣言以扰乱人心。"如果不是说的这种情况那还能是什么呢？

徽宗以脱屣自恣之身，飘然而去，翩然而归，既不能如德宗之在奉天。钦宗以脆弱苟延之命，有召不应，有令不行，抑不能如肃宗之在灵武。都城官吏军民，以浮华安佚之累，倏然而忧，俄然而喜，终不能如朔方、邠、宁之军，愤起反攻，以图再造。祸在转盼，而犹为全盛之图，纲何未之思也！其在当日者，城连万雉，阙启千门，鸡犬方宁，市廛未改，不忍弃之一朝，而思奉一人以固守，夫岂非忧国恤民之至意？而目前之殷盛，一俄顷之浮荣；转盼之凋残，成灰飞之幻梦。卒使两君俘，六宫虏，金帛括尽，冻饿空城，曾不得逸出以谋生，而上下交绝其大命。如是而以为不忍，其忍也，不已惨乎？故所咎于纲者，有所惜而忘所大惜也。邪说行，狂夫逞，敷天之痛，纲其罪之魁与！

【译文】徽宗以轻浮恣意的状态，飘然而去离开汴京，又翩然而归，也就不会像唐德宗在奉天那样了。钦宗以苟延残喘的脆弱命运，发召无人响应，发令也不能执行，也不能像唐肃宗在灵武一样了。都城的官吏军民，因为陷入贪图浮华安逸的牵累之中，忽然因金兵围城而担忧，很快又因金兵撤走而高兴，终究不能像朔方、邠州、宁州的军队那样，奋起反攻，以求再建国家的大业。灾祸就在转瞬之间，可人们还做着全盛时期的企盼，李纲为何没有思索！他在当时，看到京城有上万城墙垛口，全城也有上千的门户可以开启，鸡狗还安宁，市场街道没有改变，不忍在一时放弃，而想尊奉一个皇帝来固守京城，这难道不是忧国恤民的至诚之意吗？而眼前的兴盛景象，一转眼就会变成虚浮的荣华；转眼之间的凋残，就使繁华的京城成为灰飞烟灭的幻梦。最终使得徽、钦两君主被俘，六宫后妃被虏，金帛珠宝被搜刮一尽，汴京变为冻饿的空城，人们不曾有机会逃出来谋生，而上上下下全都断绝了他们的生命。像这样而以为是不忍心放弃，却是为忍心做的事，结果不也是很悲惨吗？所以怪罪于李纲的，是他只顾着怜惜了京城而忘了珍惜更贵重的东西。邪说得以实行，狂夫得到重用，全天下遭受痛苦，李纲就是整个事件的罪魁祸首吧！

卷九 钦宗

扫码听谦德君为您导读

【**题解**】宋钦宗赵桓（1100–1156），是宋徽宗赵佶的长子。宣和七年（1125），金人入侵，徽宗禅位于钦宗。但钦宗上台之后也无力挽回徽宗时的局面，最后在靖康二年（1127），与徽宗一起被金人押往北方，后病死与燕京。李钢在靖康之变时，想要挽救宋朝，但是王夫之认为他没有抓住根本，虽然根源可追溯到王安石变法，但已不是当时面临倾覆的根本原因了。并且当时宋朝内部上下争斗，所谈论的都是“浮言”，没有关于国计民生的切实内容，王夫之对此进行了强烈批判，如果是这样何以抵抗强敌呢？

一

扶危定倾有道，于其危而扶之，不可得而安也；于其倾而定之，不可得而正也。倾危者，事势之委也，末也；所以致倾危者，本也。循其所以危，反之而可以安；矫其所以倾，持之而可以正。故扶危定倾者，其道必出于此。虽然，本之与末，有发端而渐启者，有切近而相因者。则正本之图，有疏有亲，有缓有急，必审其时而善持之。不然，则穷溯其本而不足以救其末，无益也。发端而渐启者，其始之弊，未至于此，相沿以变，而并失其旧，乃成乎切近相因之害；于此图之，而已得倾危之本。若其始之所启，虽害繇此以渐兴，而时移势易，无所复用其匡正，其本也，而固非其本矣。

【译文】安抚平定危难倾覆的情况是有方法的，在它已遭危难时再来安抚，就不能获得安定；在它已经倾覆的时候再来平定它，就不能把它挽救起来。倾覆和危难，是事势的演变情况，属于事情的最后阶段；而导致倾覆和危难的原因，才是事情的根本。追溯产生危难的原因，采取相反的措施就可以让它安定；对造成倾覆的原因进行矫正，坚持追根溯源就能把它重新扶正。所以挽救危难、扶定倾覆，必定要用这种方法。即使如此，事情的根本与末节，有的是事情发端而后渐渐引起了变化，有的事情近况是由以前的情况演变而来。那么扶正根本的方法，就要分清距离根本原因的远和近，采取的措施也要分清缓和急，这就必须审查事情的时势采取适当的办法。不这样做，就是追溯到事情本源也不足以挽救事情发展到最终的末路，这是没有益处的。事情发端后渐渐引起的危害，在开始时就有弊端，只是还没有发展到严重程度，渐渐延展演变开来，完全失去了事情开始时的状况，而成了最后时期所形成的危害；针对这种状况再来挽救，就是已经抓住了倾覆危难的根本。至于事情开始时所引起的事端，虽然危害由此逐渐演变出来，但后来随着时势的改变，就不能再对事情开始时的情况进行匡正，它虽然是事情在最初的根本，但到最后它也不再是这场倾覆危亡的根本原因了。

今夫河之为患，遏之于末流[1]，不得也。神禹为之疏之，循其本矣。然载始者，壶口也，而冀州平。溯其横流于中州者[2]，则抑以厎柱以东[3]，出山而溢于荥、濼者，为众流之本。若其发源昆仑，在西极之表者，岂非河之大源哉？而于彼穷之，终不能已兖、豫之泛滥。故言治河者，未有欲穷之于其源者也。

【注释】①遏：阻止。这里指阻断堵住黄河泛滥的祸患。

②中州：指北宋都城汴京，也称东京，今河南开封。又指中原，即今河南地区，意为国之中、华夏之中。

③厎柱：即今河南三门峡段黄河中的三门山，后因修水库，现今山已不在。厎，同“砥”。

【译文】如今黄河成为祸患，堵住它的末流处，是不能成功制止的。大禹对它进行疏导，是顺着它的本源找病根。但黄河水灾的开始处，是壶口，而到了冀州就平缓没有危害了。追溯黄河从中州地区横流而过，就还是在砥柱以东，从山中流出后在荥、濼一带泛滥，成为众多河流的本源。如果说黄河从昆仑山发源，那是在西方极远处之外，难道不是黄河的最大源头吗？而溯源到尽头，最终也不能制止黄河在兖州、豫州一带的泛滥。所以谈治河的人，没有人想追溯到黄河最初源头的。

靖康之祸，则王安石变法以进小人，实为其本。而蔡京之进，自以书画玩好介童贯投徽宗之好，因躐大位[1]，引群小导君于迷，而召外侮。其以绍述为名，奉安石为宗主，绘形馆阁、配食孔庙者，皆假之以弹压众正，售其佞幸之私而已矣。夫安石之修申、商之术，以渔猎天下者，固期以利国而居功，非怀私而陷主于淫惑，此其不可诬者也。安石之志，岂京之志？京之政，抑岂安石之政哉？故当靖康之初，欲靖内以御外，追其祸本，则蔡京、王黼、童贯、朱勔乱于朝，开衅于边，允当之矣。李邦彦、白时中、李棁、唐恪之流，尸位政府，主张割地，罢入卫之兵，撤大河之防者，皆京、贯辈同气相求、因缘以进者也。出身狭邪，共习嬉淫，志苶气枵[②]，抱头畏影，而蕲以苟安[③]，岂复知有安石之所云云者？师京、贯之术，以处凶危，技尽于请和，以恣旦夕之佚乐而已。京、贯等虽渐伏其罪，而所汇引之宵人，方兴未殄。则当日所用为国除奸者，唯昌言京、贯之为祸本，以斥其党类，则国本正，而可进群贤以决扶危定倾之大计，唯此而可以为知本矣。骨已冷、党已散、法已不行、事势已不相谋之安石，其为得为失，徐俟之安平之后而追正之，未为晚也。舍当前腹心之蛊，究已往萌蘖之生，龟山、崔鶠等从而和之[④]，有似幸国之危以快其不平之积者。而政本之地丛立者皆疲茸淫荡之纤人，顾弗问也。则彼且可挟安石以自旌曰："吾固临川氏之徒也。弹射我者，元祐之苗裔，求伸其屈者，非有忧国之忱者也。"荧主听，结朋党，固宠利，坏国事，恶能复禁哉？

【注释】①躐（liè）：越级。

②志苶（nié）气枵（xiāo）：志气消沉软弱空虚。苶，疲倦、精神不振。枵，空虚。

③蕲（qí）：古同"祈"，祈求。

④崔鶠（yǎn）：徽宗继位后，上书颂扬司马光，遭到蔡京罢免。钦宗即位后，召用他为谏官，上书论蔡京的奸行，正值北宋濒临灭亡，他深

知大势已去，感叹天下事不可为，不久后病死。

【译文】论靖康年间的灾祸，那么王安石变法并进用小人，确实是这场灾祸的根本原因。但蔡京的进用，自是凭借书画的玩乐嗜好通过童贯来投徽宗所好的，于是越级而升到相位，引来成群小人诱导迷惑君主，进而召来了外敌的欺侮。他以绍述为名义，奉王安石为宗主，绘制王安石的画像放馆阁中、在孔庙中让王安石与孔圣人共同享受供奉，都是借之用来弹压众多正人君子，兜售他的佞幸之私而已。王安石研究了申不害、商鞅的学说，用来收纳天下的财利，本来是期望以此利国而居功的，不是怀着私心而陷君主于淫侈迷惑之中的，这是不可诬蔑他的地方。王安石的志向，难道是蔡京的志向吗？蔡京的政治，又难道是王安石的政治吗？所以在靖康初期，想安定国内以抵御外敌，追溯当时灾祸的根本，应该是蔡京、王黼、童贯、朱勔在朝廷中造成混乱，在边境挑起战争，这才是最符合祸根的。李邦彦、白时中、李棁、唐恪之流，在政府中把持权位，主张割地，停掉前来保卫京城和皇帝的军队，撤除黄河的防守，这些都是与蔡京、童贯一流同气相求、利用关系而得到进用的人。他们出身狭邪不正，同是习好嬉乐荒淫，志气软弱空虚，抱头畏惧敌人的影子，只求偷得苟且安宁，哪里还知道有王安石所讲过的道理呢？他们都是效仿蔡京、童贯的权术，在面临凶险危亡之时，没有别的办法只会讲和，以换得自己恣意于旦夕的佚乐而已。蔡京、童贯等人虽然逐渐都俯首认罪了，但他们引来的成群的小人，还势头正盛没有消灭。当时用来为国家除去奸人的人，就只是大讲蔡京、童贯等人是灾祸的本源，以此来斥退他们的同党，那么国家的根本就贞正了，就可以进用众多的贤人来决定扶救危亡倾覆的大计，只有这样才能说是知道了消除这场灾祸的根本之道。此时尸骨已冷、同党已散、新法已经不再推行、事势已经不再与王安石有关，他的是非得失，等到天下太平之后再慢慢地来追究和纠正，也不晚。放下当前的心腹之患不顾，却去追究已往旁支过失的产生，杨龟山、崔鶠等人也跟着附和这种做法，这似乎是在发泄而求痛快，因国家的危难幸灾乐祸而使自己长期积累的不平心情，而对主持国家大政、成群居于官位的软弱淫荡的小人，却顾不上过问。而且这些小人还要借着王安石的名义自我标榜说："我们本来就是临川王安石先生的学生，弹劾攻击我们的人，是元祐党人的后代，想通过弹劾我们来伸展他们的势力，并不是有忧国热忱的人。"用这种说法来迷惑君主的视听，结成朋党，巩固恩宠和名利，毁坏国家大事，又怎能再禁止他们呢?

杨国忠受戮于马嵬①，而唐再造，无庸究李林甫之奸也。辨学术，正人心，善风俗，定纲纪，前不能伸于建中靖国之初，而事已大败，乃泄其久蕴之忿怒，所本者，非本矣。辽绝而不相及②，泮涣而不相济③，何为者邪?迨及建炎之后，安石之说不待攻击而自销亡，亦足以知安石之不足攻，而非靖康之急务矣。竭忠尽力，直纠京、贯之党，斥其和议之非，以争存亡于庙算，言不溢而事不分，此之谓知本。

【注释】①马嵬（wéi）：指马嵬镇，又称马嵬驿，在今陕西兴平境内，唐玄宗西逃至此时，爆发"马嵬兵变"，杨国忠被杀，杨贵妃被逼自缢身亡。

②辽绝：远隔，久远。

③泮涣（pàn huàn）：融解，分散，涣散。

【译文】杨国忠受诛在马嵬坡，而唐朝得以复兴，不用再去追究以前李林甫的奸邪。辨析学术，扶正人心，改善风俗，稳定纲纪，不能向前延伸到徽宗建中靖国年间的初期，而到靖康之时国事已经大为毁败时，却发泄自己长期积聚的愤怒，将追究为导致国家危难的根本原因，而并不是真正的根本。时间久远而不相关，事件松散而互不相连，这样做又是为了什么呢？等到高宗建炎年间以后，王安石的学说不等人们攻击就自行销亡了，这也足可表明王安石不值得攻击，他的过失也不是靖康时急着要追究的。竭尽忠心和力量，直接纠正蔡京、童贯的同党，斥责他们主张和议的错误，以此而在朝廷高层争议国家存亡的方针，这样做的言论不用多，而事情也不会被分散，这就叫做知救国根本。

二

女直胁宋以割三镇、割两河[①]，宋廷之臣，争论不决，于其争论而知宋之必亡也，抑以知宋亡而贻中国之祸于无已也。李邦彦、聂昌[②]、唐恪之徒，固请割地以缓须臾之死者勿论已。徐处仁、吴敏以洎李伯纪、杨中立之坚持不割之策[③]，义正矣。虽然，抑有能得女直之情，而自善其不割之计者乎？不得其情，虽为之计无补也，况乎其无能为保固三镇、两河之计也。

【注释】①三镇：唐代在河北设置的平卢、魏博、成德三个重要藩镇的统称。两河：唐安史之乱后，称河南、河北二道为两河。宋代则指河北、河东地区。

②聂昌（1078—1127）：原名山，字贲远，临川（今江西抚州）人。南宋抗金名臣。靖康年间，上书主张诛奸臣，全力抗金。宋钦宗赞赏他有

“周昌抗节之义”，赐名聂昌，又派其与金议和，被金杀害。

③徐处仁（1062—1127）：字择之，应天谷熟（在今河南商丘东南）人。钦宗时，建言储粮修战备以御金兵。金军北撤，又请伏兵袭其后队。靖康元年（1126年），为中书侍郎，于大政无补，遂罢相。

【译文】女真用割三镇和两河来威胁宋，宋代朝廷的大臣，争论不决，看他们争论就知道宋是必亡的，还可以知道宋亡之后留下的灾祸也是无穷的。李邦彦、聂昌、唐恪之徒，坚持请求割地以延缓转眼之间的死亡，自然不用评论。徐处仁、吴敏以及李纲、杨中立坚持不割地的方针，道义上是正确的。即使这样，还有能得知女真的用心而有更好的不割地的办法吗？不知道金人的心思，虽然商量对策也是无法补救的，何况他们并没有能够保住和稳固三镇、两河的办法。

胁人以割地者，契丹之胁石晋也，秦人之胁三晋也，皆未能得而须其自割也。契丹胁石晋于求援之日，地犹王从珂之地，而两非所有。秦人之胁三晋，三晋虽弱，抑婴城固守[①]，必覆军杀将、旷日持久而后得之，故胁其割而后得不劳。而女直之势异是。自败盟南侵以来，驰突于无人之境，至一城则一城溃，一城溃则一路莫不溃矣。欲三镇即可得三镇，欲两河即可得两河，何为哓哓然竞使命之唇舌，而莫能使其必从邪？呜呼！当时议者盈廷，曾无一人焉察及于此，中国之无人久矣，祸乃延及无穷而不可遏矣。

【注释】①婴城：指环城而守。

【译文】胁迫别人割地的，以前有契丹威胁后晋石敬瑭，还有秦国威胁三晋，都没有顺利得到而要等它自己割让奉送。契丹胁迫后晋石敬瑭是在其向契丹求援的时候，土地还是王从珂的土地，而不是契丹和石敬瑭所有的。秦人威胁三晋，三晋虽然弱，如果环城坚守，必会使攻城一方军队损兵折将，也需要打持久战之后才能得城，所以威胁让对方割地就能豪不费力地得到这块土地。而女真的形势与此不同。自从毁约南侵以来，驰骋自由如入无人之境，所到一城就使一城溃败，一城溃败则一路没有不溃败的。想得三镇得三镇，想得两河得两河，为何还喋喋不休地让使者费尽口舌，而不能使宋人一定听从呢？呜呼！当时满朝廷议政的官员，不曾有一个人觉察到这些，中原国内没有人才可用已经很久，祸患因此扩展无穷到不可遏止的程度。

辽之既灭，女直之志已得，未尝有全举中国之成心也。宋人召之挑之，自撤其防以进之，于是而欲逞志于宋，乃且无定情焉。而教之以胁地胁赂者，郭药师也。药师者，亦习乎契丹之所以加宋者，而欲效之女直，求地耳，求赂耳，求为之屈耳。是故终女直之世，止于此三者。而大河以南，国破君俘，城空千里，且举以授之张邦昌、刘豫而不欲自有[①]，夫岂贪之有所止，而戢自焚之兵哉[②]？永嘉以来，南北分而夷、夏各以江、淮为守，沿而习之，局定于此，志亦仅存乎此也。汴京破而立张邦昌、刘豫者，修石晋之故事也。和议成而画淮以守者，循拓拔氏之已迹也。盖自苻坚溃败以后，王猛之言[③]，永为定鉴。故拓拔佛狸临江而不敢渡[④]。正统之名，天式临之；天堑之设，地固限之；虽甚鸱张[⑤]，罔有越志。然则宋持其不敢擅有中夏之情，苟须地必待我之割之也，则固有以处此矣。不割三镇，必有以守三镇。不割两河，必有以守两河。欲守三镇、两河，必固守大河以为之根本。欲守大河，必备刍粮，缮城堡，集秦、陇、吴、蜀、三楚之力以卫京邑。此之不谋，但曰“祖宗之疆土，不可与人”。即不与之，不能禁其不取。空谈无实，坐废迁延，而三镇、两河不待割而非己有矣。轻骑驰突于汴京，而宗祧永丧矣⑥。疆土任人之吐茹，而何割与不割之有哉？

【注释】①刘豫（1073—1146）：字彦游，景州阜城（今河北阜城）人。金朝扶植的傀儡政权伪齐的皇帝。横征暴敛，助金攻南宋，后被废。

②戢（jí）：收敛，收藏，把武器收起来，比喻停止争战。

③王猛（325—375）：字景略，北海剧县（今山东潍坊寿光）人。十六国时期重要政治家、军事家，辅佐苻坚的十年之间战功赫赫，统一北方有重要影响。

④拓拔佛狸（408—452）：即拓跋焘，字佛狸，鲜卑族拓跋部人。北魏太武帝，在位期间整顿吏治，励精图治，曾亲率大军先后攻灭胡夏、北燕、北凉等地，最终统一中国北方。

⑤鸱张：像鸱鸟伸张翅膀一样，比喻嚣张、凶暴。鸱，古指鹞鹰。

⑥宗祧（tiāo）：宗庙。

【译文】辽国已经灭亡，女真的侵吞之志已经实现，不曾有攻下整个中国的必胜心。宋人召来女真又挑衅，自撤防线让女真攻进，于是女真就想借着士气进攻大宋，但还没有坚定意志。而教唆女真使其胁迫宋要割地要贿赂的人，是郭药师。郭药师这个人，也熟知契丹加给宋的胁迫要求，而想让女真效仿，只是为了求取割地，求取贿赂，求取宋向女真屈服而已。所以在整个金朝入侵过程，也只是向宋提出这三个要求而已。而在黄河南面，国家破亡君主被俘，城邑千里都空无一人，女真还要把这些地区全部交给张邦昌、刘豫而不想由自己占有，难道是他们的贪心有所限度，才收兵停战吗？晋代永嘉以来，南北分为夷狄与华夏，分别以长江、淮河为界来作以防守，沿袭这种态势已经习惯了，局势就此稳固，女真的愿望也只是到这一步。汴京被攻破就扶立张邦昌、刘豫，效仿后晋石敬瑭的事例。和议谈成后就以淮河为界各自防守，是承袭拓拔氏原有做法。自从苻坚溃败之后，王猛告诉苻坚的话，就永远成了北人固守的鉴戒。所以北魏的拓拔佛狸兵临长江而不敢渡江。拥有国家正统的名义，上天赋予它；长江如同上天所设的壕沟，在地势上本来就限制了南北来往；即使北方的军力嚣张跋扈，却也都没有敢越过长江的志向。这样的话宋就掌握了女真不敢擅有中原的心意，如果女真想得到地，就必须等我割让给他，那么本来就有办法面对女真的割地要求。不割让三镇，也必须要有守卫三镇的办法。不割让两河，也必须要有守住两河的办法。想守住三镇、两河，必须固守黄河为作根本。想守住黄河，就必须储备粮草，修缮城堡，召集秦、陇、吴、蜀、三楚的人力、物力来保卫京城。不谋划这些事，只是说“祖宗的疆土，不能送给别人”。即使不想送给别人，却又不能禁止他不来夺取。空谈而没有实际对策，坐失良机而拖延下去，于是三镇、两河不用割让却已不是自己的了。女真的轻骑奔驰突袭汴京，而宋王朝的宗庙社稷就永远丧失了。疆土任由人家吞进吐出欺负，而割与不割还有什么区别可言呢？

然而女直之所欲者，且自三镇而止。彼且曰：“天以中原授中原之主，吾不得而力争。”故挞懒、兀术[①]，人异其志，金山之匹马，且以得返为幸，完颜亮马一南牧[2]，而群下叛离以致之死。然则处当日之情形，勿问三镇也，勿问两河也，抑可弗问汴京之守与不守也。名号存，呼召集，亲统六师以与相颉颃；充彼之欲，得河北而其愿已毕，气已折，力已疲，且安坐而饱饮以嬉游，天下事尚可徐图其大定。即令不克，亦岂授女直以意想不及之弋获[3]，而无所讫止乎？意想不及之获，可以获矣。立邦昌，而邦昌不能有；立刘豫，而刘豫不能有。大河以南人无主，而戴之以为君，则江、淮以南，何不可戴之以为君？蒙古氏乃以知天之无有定情，地之无有定域，而惟力是视，可有者无不可有矣。呜呼！不测其不敢深求之情，弱者靡、强者嚣，纵使氾澜而流及于广远，天且无如人何，而万古之纲维以裂。故曰中国之无人，非一晨一夕之故也。

【注释】①挞懒：即完颜昌（？—1139），金太祖弟弟，主要将领，主张在攫取南宋利益后与宋讲和，与秦桧来往密切。兀术：即完颜宗弼（？—1148），本名斡啜，金太祖阿骨打第四子。金朝名将、开国功臣。皇统元年，利用秦桧除掉岳飞等人，迫使南宋称臣并签定“绍兴和议”。

②完颜亮（1122—1161）：即海陵王帝，阿骨打孙，金朝第四位皇帝、文学家。其在位十二年，为人残暴狂傲，然而也励精图治，鼓励农业，整顿吏政，厉行革新，完善财制，并大力推广汉化，迁都燕京，极度加强中央集权，成就《续降制书》，进一步巩固奠定了金王朝本身的华夏正统性和在北方的统治。

③弋获：泛指擒获。

【译文】然而女真所想得到的，也只是三镇而已。他们已经说：

“上天把中原交给中原的君主，我不能力争抢夺。”所以挞懒、兀术，各自志向都不同，兀术在黄天荡战败，残余部队得以幸运返回，完颜亮的战马奔向南方，而众部下叛乱而导致自己死亡。像这样处于当时的情况，就不要问三镇了，也不要问两河了，还可以不用问汴京守还是不守。只要宋的名号还存在，号召各地的部队才能够聚集起来，亲自统帅六军来与女真相对抗；满足女真的欲望，他们得到河北愿望就实现了，士气已折损，力量已疲惫，而且已经安然坐着饱食嬉乐游玩，这样掌控天下的事还可以慢慢谋划以图大的安定。即使不攻克，还要让女真获得意想不到的战果而不停止吗？意想不到的收获，可以获得了。立张邦昌为帝，而张邦昌不能拥有这块土地，立刘豫为帝，而刘豫也不能拥有。黄河以南的人们没有君主，拥戴占有这块土地的人为君主，那么长江、淮河以南，为何不可以拥戴占有它的人为君主呢？蒙古人知道上天没有固定的心意，土地也没有固定的界限，只看谁的势力强大，可以占有它的人就无不能占有的。呜呼！不能测知女真当时不敢深求中原土地的心情，因此而使弱者更软弱、强者更嚣张，纵使这种情况泛滥延续得更加广远，上天也将对他们没有办法，而万古传下来的纲纪被破坏了。所以说中原没有人才，不是一朝一夕的缘故。

谢安石之知及此矣，故以一旅抗百万之众而不慑。自立也有本，则持重以待之，而其锋自折。气矜取胜，茫然于彼己之情伪，徒为大言以耸众听，流俗惊为伟人，而不知其无当于有无之数也，是可为大哀也矣！

【译文】谢安石的智慧已经知道这一点了，所以用一支部队抗击百万大军而不惧怕。自立时也有了根本，就会重视根本来维持它，而对方的锋芒自会受挫。当时宋朝的大臣用自大的气势来取胜，茫然不知敌我双方的真实情况，只说大话来耸人听闻，流俗惊叹成伟人，而不知道他并没有决定大局成败的方法，这可谓是他最可悲的地方啊！

三

上与下交争者，其国必倾。惟大臣能得之于上，而不使与下争；惟君子能辑之于下，而不使与上争。听其争而不能止者，具臣也。以身为争之衡，而上下交因之以争者，自居于有为有守，而实以贻上下之灾。衰乱之世，恒多有之，是人望之归也，而有道者弗取焉。

【译文】君主与臣下相互争斗，国家一定会倾覆。只有大臣能了解君主的情况，不让君主与民众相争；只有君子在下能和睦民众，不让他们在上与君主相争。听任上下相争而不能制止，这就是在臣位不司其职务。以自身作为争论的衡量标准，而上与下都要利用他来相争，他自居于有所作为有所职守的地位上，而实际上则产生了上与下的灾害。在衰乱的世道，常常多有这种人，他们是众望所归的，而道义之人不会取用这种做法。

凡争之兴，皆有名可据，有故可循。而上不见信，下不相从，乃相持而不相下。迨乎争矣，则意短而言长，言顺而气烈。气之已烈，得失、利害、存亡、生死皆所不谋，而愤兴于不自已。故

《盘庚》之诰曰："而胥动以浮言。"言勿问是非，一浮而是者已非，有道者甚畏天下之有此，而岂其以身为之的乎？气之浮也，必乘乎权，而后其动也无所复惮。上之权，以一人而争天下，以其崇高也；下之权，以匹夫而争天子，以其众多也。权者，势之所乘；发以气，乘以势，虽当乎理，而亦为乱倡。故曰"其国必倾"。汉、唐之季，其倾也皆然，而宋为甚。上之争下也，斥之、遡之、窜之、禁之，乃至刊之于籍，勒之于石，以大声疾呼而告天下。自熙宁以后，一邪一正，皆归于此，而王安石、司马光实以身受其冲。于是而下之争起矣。登屋援树，喧呼以争命相之权者，其流风所鼓，乃至万众奔号，蹙君门而为李纲鸣其不平。上既违之，下乃愤之；下且竞之，上愈疑之。交相持，而利害、生死俱所不恤。

【译文】凡是争论的兴起，都有名义可以依据，也有原因可以追寻。如果君主不被信任，百姓不听从，就会相持而不相屈服。等到了争论的时候，就会想法少而言论多，语言顺畅而意气却很激烈。意气激烈之后，得失、利害、存亡、生死都没有加以考虑，只有气愤产生出来并且制止不住。所以盘庚的诰言中说："借助虚无的谣言来相互动摇。"言论不问对与错，一旦是谣言就使正确的变成错误的，有道的人非常害怕天下出现这种情况，而有岂会亲自去做这种事情呢？意气虚浮，必定要借用权力，而后再行动也就无所畏惧了。在上之人的权力，用一个人与天下相争，是依赖他崇高的地位；在下之人的权力，是以匹夫来与天子相争，是靠他们众多的人数。权力，是势力所要利用的；用意气发作出来，利用势力，虽然合乎理，但也会引起祸乱。所以说“他们的国家必会倾覆”。汉代、唐代的末年，国家的倾覆也都是这样，而宋王朝的这种情况更为严重。在上的人与下面的人相争，对在下的人斥责、罢官、流放、禁锢，乃至于登录成册，并把名字刻在石碑上，大声疾呼宣告于天下。自宋神宗熙宁年间以后，一方邪一方正，两方都是如此，而王安石、司马光都最先受到伤害。于是在下面的人就产生了争论。有些人攀房爬树，大声喧呼来争论任命宰相的权力，受到这种风气的鼓动，以至于万人奔走呼号，拥簇到皇宫门前为李纲打抱不平。在上的人已经违背了他们的意志，在下的人就感到愤怒；在下的人竞相来争，在上的人就更怀疑他们。相互争持，而国家的利害、个人的生死就都已经不再顾及了。

夫新法之病民，迫欲司马之相以蠲除之者①，犹情理之正也。然而朝廷之用舍，国政之兴革，岂此喧呶一往之气所可取必者哉②？至若纲之得众心者，惟请内禅，守京都，保市廛庐舍之鲜华③，偷朝菌蟪蛄之宴乐④。而他日者，括金帛，掠子女，百万生齿流离于雨雪洊至之下，死者过半，则固不如早捐其总于货贿之情，远避凶危，以保妻子，尚可生生自庸也。而妇人稚子感纲之德，交赞于室，以动蚩蚩之众，攘臂而前，蔑君民之礼，践蹂宫门，国其尚可以安存乎？

【注释】①蠲（juān）除：废除，免除。

②喧呶（náo）：形容声音嘈杂。

③廛（chán）庐：古代城市平民一户人家所居的房产，也泛指城内的民居区域。在城内称为廛，在城外称为庐。

④蟪蛄（huì gū）：一种蝉科动物，也作“知了”。此处形容偷享安乐

的民众。

【译文】新法害及民众，迫使宰相司马光想办法将其废除，这还是正当的情理。但是朝廷官员的进用任免，国家政事的实行与变革，岂止是这些争吵宣泄以往的意气就能形成最终办法的呢？至于李纲能赢得民众之心，只有请求徽宗禅位给钦宗，守住京城，保住市街房屋的繁华，使人们能像朝生暮死的菌类和夏生秋死的知了一样偷安。而后女真入侵，搜刮金钱财物，抢夺妻子儿女，百万民众在雨雪交至的情况下流离失所，死者过半，这样还不如及早放弃贪恋财物的心思，远走躲避凶险危难，以保住妻子儿女，尚且可以保全自身生生不息。而妇人小儿还感谢李纲的恩德，在家里互相称赞，鼓动百姓挥着手臂向前，蔑视君主民众的礼节，践踏宫门，这样国家还能安稳存在吗？

且夫司马之不得行其志者，正以此也。故哲宗亲政之后，天子厚其疑忌，以为是率乱民而胁上以相己者，固已目无君上。则勒名党碑之首[①]，尽反元祐之为，以恣章惇、蔡京之奸，皆此致之。若纲，识虽不足，忠则有余，暗里主奸臣，固无得闲以相为仇忌；而一窜再窜，志终不伸。迄高宗之世，可以白矣，而指为朋党，以宋世不再举之刑，施之陈东。无他，惟伏阙呼号者不逞，而与天子争权，迹已逆而心终不可白矣。

【注释】①党碑：徽宗崇宁元年，蔡京为相，端礼门立碑，列举司马光等三百零九人罪状，称为党人碑。此碑后因星变灾异而毁掉。这些党人的子孙更以先祖之名曾列入此碑为荣，重新刻此碑。

【译文】况且司马光不能够实现他的志向，正是因为这个原因。

所以哲宗亲政以后，天子更增添了对他的猜疑，他的所行所为，让天子认为这是率领乱民来威胁君主而要保住自己的相位，本来就已是目无君主了。所以将他的名字放在元祐党人碑的首位，把元祐年间废除新法的做法全部纠正过来，让章惇、蔡京恣意来做奸邪之事，都是这种情况导致的。像李纲这样，见识虽然不足，忠诚却是有余的，昏暗的君主和奸邪的大臣，本来就没有借口以李纲的任相为仇忌；但他被一再流放，志向最终不得伸展。到高宗在位时，李纲的冤屈本来可以洗刷清白了，却被指为是陈东的同党，把宋朝不再使用的死刑，用到陈东身上。没有别的原因，正因陈东曾率众到宫门口跪着呼号而没有得逞，这是与天子争权，行为已是逆反，而心愿就最终不能得到表露了。

温公律己之严，非有所召致，而引儿童走卒以为羽翼，固已。即在纲也，危亡在目，殷忧在心，抑必不操券以致陈东，使率众以颂己。其当众情沸腾之下，固且无如之何，而不足为二公病。虽然，君子静天下之人心以靖国者，固有道矣。尽忠以与君谋，其可赞以必行者，言不容长也。秉正以与僚友谋，其所引以自任者，旁无所待也。同乎我者受之，而得当以行，喜勿遽也。异乎我者听之，裁之在我，怒勿形也。退而缄之于心，不以忼慨之容动众，而使依已以为宗也。不用而奉身以退，不自暴白其心，而激人以归怨于上也。失职之士，怨恣之民，达其愤，恤其隐，而勿引之以使尽其不平之鸣也。夫然，则谋定而人不知，功成而言不泄。忠不行，道不试，而微罪以去，恒有余地以待君之悟，而无所激以成乎不可已之争。则朝野兵民，各居静以待命，虽有巨奸猾寇，亦弗能窥我之涯际，而闲宵小以起收其利。如其终不见信于天子，不胜于奸邪，则亦天也。吾之自靖自献者无尤，则一死以报宗祊而无愧。而士民嚣陵之戾气，无自而开，则祸亦不永。君子之以靖共尔位，邀神听之和平者，此而已矣。以此求之，岂徒纲哉？温公固未之逮矣。

【译文】司马光律己很严，不会亲自招揽百姓，却让儿童走卒作为自己的羽翼，这是肯定的。即使是李纲，眼里看到国家的危亡，心中充满对国家的担忧，否则也必不会拿国家政事招来陈东，让他率领众人来歌颂自己。在民众情绪沸腾的情况下，本来就已经是无可奈何了，所以这种事不足以成为这两位的恶迹。即使这样，君子安静天下的人心来安定国家，一定是有方法的。竭尽忠诚来与君主谋划，那些可以赞同而必定实行的，言论上不用说得多。秉持正义来与同僚友人谋划，那些引为己任的，旁人是无所等待的。与我相同的就接受它，得当就实行，欢喜不急。和我不一样的就听他说，如何裁决在于我自己，愤怒不要表现出来。退后并藏在心里，不用慷慨的神情煽动民众，而使他们依从自己作为宗主。不任用就藏身后退，不暴露告白内心的想法，来激怒众人而归怨于在上的帝王。失职的士人，怨怒的民众，感受他的愤怒，体恤他的痛苦，不要引导他们发泄不平之鸣。如果能这样，就会谋划已定而人们不知，功绩已成而言语却不外泄。忠诚不能实行，道义不能试用，有小罪就离去，常留有余地以等待君主的醒悟，不要激愤以形成不可停止的争论。于是朝廷内外以及兵士和民众，各自安静地等待着命令，虽然有大奸人和狡诈的敌寇，也不能窥探到我的想法所达的边际，而防止小人起来攫取利益。如果他最终不被天子信任，不能战胜奸邪之人，那也是天意。我让自己镇静、让自己奉献的做法是没有错误的，哪怕以一死来报答国家也无愧疚。而士人和民众喧嚣陵暴的狠戾之气，没有机会发泄出来，灾祸也不会永在。君子用冷静和恭敬来对待他的官职，祈求神灵赐予和乐平静的福祉，就是这样而已。用这种做法去求，哪里只是李纲做不到呢？司马光固然也没有做到。

谢安石抗桓温，却苻坚，而民不知感。郭子仪戹于程元振[①]，困于鱼朝恩[②]，而众不为伸。种师道耄老无能，而褰帷呼跃[③]。成败之殊，其持之者异也。已乱者先已其争，争不甚者危不亟，存乎任国事者之有道也。子曰："君子无所争。"己且不争，况使君与民挟己以为争端乎？

【注释】①戹：同"厄"，穷困艰难，这里指受到排挤。程元振（？—764）：京兆三原（今陕西三原）人，唐肃宗、代宗时的宦官。因私人恩怨陷害大将来瑱和宰相裴冕，诋毁李光弼等，吐蕃之乱后被逐出朝政。

②鱼朝恩（722—770）：唐代宦官，安史之乱中，护送唐玄宗出逃，侍奉唐肃宗，颇得信任，手握朝廷大权，后遭代宗捕杀。

③褰（qiān）：揭起，掀起。

【译文】谢安抵抗桓温，击退苻坚，而民众却不知道感恩戴德。郭子仪受到程元振的排挤，受困于鱼朝恩，而民众不为他申冤。种师道年老无能，却掀开帷幕呼喊、跳跃。他们成败不同，是因为他们对待也是不同的。出现混乱时，要先停止争论，争论不严重的危难就不紧急，存留下来担任国家大事的人掌握大道。孔子说："君子没有可去争夺的。"自己尚且不争，怎能使君主与民众把自己作为争论的对象呢？

四

曹操之雄猜也，徐庶以刘先主之故[①]，终身不为一谋。操能杀荀彧[②]，而不能杀庶，委顺可为也，然犹曰庶未尝触操之忌也。司马昭之很也[③]，阮籍为草表[④]，而以箕、颍之节期之[⑤]。昭能杀嵇康[⑥]，而不能杀籍，隐默可为也，然犹曰微辞而未斥言之也。郅恽上书王莽[⑦]，陈谶纬[⑧]，谏其复汉室而归臣服。莽弗能杀，而及见光武之兴，婉曲可为也，然犹曰诡托符命以术制莽也。马伸于张邦昌之僭立[⑨]，上申状以请复辟，至再至三而不已，邦昌惧而从之。弗畏于逆臣，弗惧于狡虏，弗忧于吴开、莫俦之群小[⑩]，志至气充，不知有死，而死亦终弗及焉。然则士苟有志，昭昭然揭日月而行之，夷、齐扣马之谏[⑪]，奚必武王而后可施哉？

【注释】①徐庶：本名福，后因友人杀人而逃难，改名徐庶，字元直，颍川（今河南禹州）人。东汉末年刘备帐下谋士，后因其母被曹操囚禁而归曹操，仕于曹魏。

②荀彧（163—212）：字文若，颍川颍阴（今河南许昌）人，东汉末年著名政治家、战略家，曹操统一北方的首席谋臣和功臣。

③很：通“狠”，狠毒。

④阮籍（210—263）：字嗣宗，陈留尉氏（今河南尉氏）人。性格孤僻，大赋异禀，八岁可写文章，酷爱儒家，不慕名利。与嵇康、刘伶、山涛、向秀、王戎、阮咸等合称“竹林七贤”。

⑤箕、颍之节：指许由、巢父躲到箕山隐居和许由颍水洗耳。后世

以此比喻远离尘世凡物务的清高节操。

⑥嵇康(22—263):字叔夜,谯国胄(今安徽濉溪临涣镇)人。三国时期著名文学家、思想家、音乐家,娶长乐公主,拜中散大夫,世称“嵇中散”,为竹林七贤之一。

⑦郅恽:字君章,汝南西平(今河南西平)人。东汉官员、经学家。因劝谏王莽还政于刘氏,后被捕入狱,赦免后归家教书。

⑧谶(chèn)纬:谶书和纬书的合称。谶是秦汉间巫师、方士编造的预示吉凶的隐语。纬是汉代迷信附会儒家经义的一类书。

⑨马伸(?—1128):字时中,东平(今山东东平)人。北宋灭亡后金军立张邦昌为帝,马伸与御史吴给约秦桧共写议状,试图请求恢复赵氏继君位。张邦昌称帝后,马伸上疏请邦昌速迎康王赵构。

⑩吴开(jiān)、莫俦:金人欲立张邦昌为帝时,两人往返奔走积极为金人传旨,京师人称他们为“捷疾鬼”。

⑪夷、齐扣马之谏:指伯夷和叔齐对周武王伐纣的劝谏。姜太公称他们为“义人”,武王灭商后,他们逃到首阳山里,因不吃周朝的粮食而最终饿死在山中。

【译文】曹操生性雄豪好猜忌,徐庶却因为与刘先主的交情,终身不为曹操出一个计谋。曹操能杀荀彧,而不能杀徐庶,这说明向曹操表示顺从是徐庶可以做到的,但还要看到徐庶没有触及曹操的忌讳。司马昭虽然凶狠,阮籍为他草拟奏疏,司马昭却期望他有许由、巢父的节操。司马昭能杀嵇康,而不杀阮籍,说明隐忍沉默是可行的,但还要看到阮籍仅是用婉言表达自己的感情,而没有用斥责言论评说司马昭。郅恽上书王莽,陈述谶纬的事情,劝谏他恢复汉室而回归为臣。王莽却不能杀他,而他就能等着看到汉光武帝的中兴,说明委婉曲从是可以做的,但还要看到他应对王莽假托符命的说法,是用术数来约束王莽的。马伸对于张邦昌的僭越称帝,上奏疏申诉来请宋王朝复辟，一而再再而三地劝谏不停，张邦昌惧怕就听从了他。是因马伸不畏逆臣，不畏狡诈的敌寇，也不畏吴幵、莫俦这些小人，志气充足身心，不知道怕死，而死最终也没有降临他的身上。这样的话就可知士人如果有志气，可如日月闪亮光明正大地实行，那么伯夷、叔齐扣马劝谏，何必等着武王灭商而后才那么做呢？

呜呼！士不幸而生于危亡之世，君已俘，宗庙已墟，六宫尽辱，宗子无余，举国臣民寄死生于异类之手，而听其嚼啮，奸宄施施且拥叛逆而为主[①]，不死而何以自堪？乃自梅执礼、吴革、刘韐、李若水、张叔夜之外[②]，非有可死之几，死且无裨于名义，故张浚、赵鼎、胡寅唯匿形免污以自全[③]，无死地也。伸居台谏之职，欲求死地以致命，则唯有直责邦昌使奉康王之一说，可以自慰其梦魂而无疚憾。忤邦昌者，死地也。邦昌之从己而避位，非伸之所取必者也。岂有人方求为天子，而助逆者又进骑虎之说以怵之，可以笔舌力争夺其尊富哉？故曰死地也。稍一迟回，而姑为隐忍矣。以死为心，以成败委命，以纲常名义自任，而不求助于人，则亦何不可揭日月以行，而言犹嚅嗫乎？

【注释】①施施：形容洋洋得意。

②梅执礼（1079—1127）：字和胜，浦江通化（今浙江兰溪）人。为官刚正严明，不避权贵。宋金交战期间，为主战派，后被金军害死。吴革（？—1127）：字义夫，华州华阳（今四川双流）人，为抗金主战派。刘韐（1067—1127）：字仲偃，崇安（今福建武夷山）人。靖康之变后金人欲劝降，不屈，自缢而死。李若水（1093—1127）：字清卿，广平曲周（今河

北广平）人。靖康二年（1127年），跟随钦宗被俘虏至金营，怒斥金军完颜宗翰，不屈被害。

③胡寅（1098—1156）：字明仲，建州崇安（今福建武夷山）人。因主张抗金而与秦桧绝交，被贬谪于新州。秦桧死后他得以复官。

【译文】呜呼！士人不幸生在危亡之世，君主已经被俘，宗庙已成废墟，六宫后妃全尽受辱，皇族子弟无余存，举国上下的臣民都把自己的生死交在异族手上，而听任他们啃噬，奸邪的人得意地拥护叛逆者为主，此时不死又怎么能自己受得了这般耻辱？除了梅执礼、吴革、刘韐、李若水、张叔夜之外，没有可死的机会，死了也无助于功名道义，所以张浚、赵鼎、胡寅只有藏起来避免羞污以自我保全，这是因为没有死的地方。马伸身居台谏之职，想求得一处死地来效命，那就只有直接斥责张邦昌让他尊奉康王为帝这一个办法，可以慰藉他的梦魂而没有愧疚遗憾。背逆张邦昌，这就是他的死地。张邦昌听从马伸而避让了帝位，不是马伸必定想得到的结果。难道有人正在求做天子，而助他邪逆的人又献上骑虎难下之说让他害怕，对此可以通过笔墨口舌进行力争而夺掉他的尊富吗？所以说这是马伸的死地。稍有迟疑，就只能对张邦昌的称帝暂且强行忍耐了。抱着必死的决心，成败交由天命，以纲常名义自任，而不求助于人，那又为何不能对着日月光明正大地行动，却又说话吞吞吐吐起来呢？

子曰："邦无道，危行言孙。"无道者，君不明，而犹故国之君；俗不美，而犹中国之俗；非国破、君辱、逆臣窃位之谓也。言孙者，道不可亟明，则以微言待后；志不可急白，则以谦让自居；非谈笑以道君父之危，缓颊而免乱贼之怒也。当伸之世，操伸之志，以为伸之所得为，岂谓此哉？且伸之言，亦未尝不孙也。其申状于邦昌也，仍以台官上申宰相之礼；其进说也，仍期以定策立元辅之功。则以视段秀实之笏击朱泚也[①]，犹从容而不迫。非伸之气苶于秀实也，彼已成乎不可挽之势，而此则有可转之机也。然使邦昌怙恶而不从[②]，群奸交怼其异己，则伸亦与秀实同捐其肝脑。其危也，孙也；而其孙也，未尝不危也。伸于是合乎刚柔之节矣。

【注释】①段秀实（718—783）：字成公，陕西千阳（今陕西千阳）人。唐朝中期名将，建中四年（783年），泾原兵变发生，叛将朱泚企图称帝，段秀实当庭勃然而起，以笏板攻击朱泚，他身中数刀而亡。

②怙恶：坚持作恶。

【译文】孔子说："国家如果无道，行为要正直，言论需谦逊。"国家无道的时候，君主虽然不明智，但他还是故国的君主；风俗虽然不美，但它还是中国的风俗；无道并不是说国家破败、君主受辱、叛逆之臣窃取了帝位。言语谨慎谦逊，是说大道不能急于阐明，就用委婉的话语等待以后的时机；志向不能急于表明，就要自我保持谦让的态度；不能用谈笑的方式来说明君主、父亲的安危，表情和缓委婉地说情而免除叛乱贼子的愤怒。马伸处世时，具有马伸的志向，以为马伸所能做的，难道可以说成是这样的吗？而且马伸的言论也未尝不谦逊。他向张邦昌上书，仍是按照台谏官员给宰相上书的礼仪；他进上的言论，仍然期望张邦昌来确定天子而完成身为宰相的功绩。这与段秀实用笏板痛击朱泚相比，还是从容不迫的。不是马伸的志气要弱于段秀实，而是因为段秀实之时已经到了不可挽回的局势，而马伸之时则还有转机。然而假使张邦昌坚持作恶不悔改而不听从马伸的建议，群奸交互攻击马伸是异己分子，那么马伸也就会与段秀实一样不惜牺牲他的生命。他的正直，也正是谦逊；而他的谦逊，未尝不是正直。马伸在这个时势下的言行是符合刚柔并继的气节的。

夫人之于义也，岂患不知哉？患无其志耳。抑徒患其志之不存哉？患其气之不充耳。邦昌之不可帝也，天子之不可听女真立也，为宋之臣民不可戴邦昌为君也，夫人而知之，夫人而亦有其心矣。若有所覆而不得露，若有所掣而不得舒，若有所隔而不得吐，皆气不胜也。故持其志者，以气配义，而志乃伸。

【译文】那么人对于道义，怎么会担心不知道它呢？只是担心没有实践道义的志向而已。还是仅仅担心这种志向不存在吗？只是担心这种志气没有充满于心中而已。张邦昌之所以不可称帝，是天子不可听由女真来立，作为宋的臣民不能拥戴张邦昌为君主，人人都知道，人人也都会有这种心意。如果自己的志气有所遮盖而不能显露，如果有所牵掣而不能舒展，如果有所隔阂而不能吐露，都是因为志气没有占据优势。所以持有该志气的人，用志气配合道义，那他的志气就能得以伸展了。

卷十 高宗

扫码听谦德
君为您导读

【题解】宋高宗赵构（1107—1187），南宋开国皇帝，宋徽宗第九子，宋钦宗之弟。赵构在徽宗时历封蜀国公、广平郡王、康王。靖康元年（1126）金军第二次南下之际，他奉命出使金营求和，中途州官宗泽劝他折返，于是驻留相州。靖康二年（1127），金兵攻陷汴京，北宋灭亡。，他辗转至南京应天府（今河南商丘），在元祐皇后孟氏的指定下登基，改元建炎，建立南宋。最终在绍兴八年（1138）正式定都临安。在位初期，用李纲、宗泽等人抗金，后重用黄潜善、汪伯彦，把宋军防线从黄河一线后退到淮、汉、长江一线，金兵进入中原。后又重用秦桧，迫害岳飞，与金朝订立“绍兴和议”。绍兴三十二年（1162）退位，禅位于太子赵昚，自称太上皇。

从高宗时期起宋朝进入了历史中另一个阶段，因此段是两宋交替的重要时期，关于高宗对女真一度屈辱求和、李纲向高宗建言、岳飞的报国之志、秦桧诛逐异己及他的真实野心等重要问题，王夫之都着重加以评论。

一

光武跳身河北，仅有渔阳一旅，而平定天下者，收群盗之用也，故有铜马帝之号焉[①]。宗汝霖之守东京以抗女直[②]，用此术也。考之史册，光武所受群盗之降，几二千万。王莽之季，盗虽蜂起，亦不应如彼其多。盖降而或复叛，归于他盗，已而复降，至于三四，以有此数。不然，则建武之初，斥土未广，何所得粟以饲此众邪？宗汝霖所收王善等之众二百余万，其聚而有此众者，亦非尽剽悍贸死之壮夫也。徽宗之世，河北之盗已兴。迨及靖康，女直破汴京而不有，张邦昌僭大号而不尸，高宗远处淮左而不能令。郡邑无吏，吏无法。游奕之虏骑，往来蹂践，民莫能自保其命。豪强者聚众砦处[③]，而农人无可耕之土，市肆无可居之廛，则相率依之[④]，而据太行之麓，以延旦夕之命。室无终岁之计，瓮无宿舂之粮，鸟兽聚而飞虫游，勿问强弱，合而有此数也。闻汝霖受留守之命，依以自活，为之美名曰“忠义”以抚之，抑岂诚为忠义者哉？故汝霖之用之也，欲其急也。

【注释】①铜马帝：指东汉开国皇帝汉光武帝刘秀。因他迫降铜马农民起义军，并部分收兵编入军，故当时关中的人称刘秀为铜马帝。

②宗汝霖：即宗泽，宋朝名将，北宋、南宋抗金的民族英雄。

③砦（zhài）：同“寨”，此指营垒。

④相率：相继，一个接一个。

【译文】东汉光武帝从河北逃出时，只有渔阳一支部队，而他能平定天下，是因为收服了各地的起义部队，所以他有了铜马帝的称号。宗泽守卫东京以抵抗女真，也用此办法。考察史册，光武帝所接受各地起义军的投降人数，接近二千万。王莽末年，起义虽然蜂拥而起，也不应有如此之多。大部分是投降后又叛乱，归附其他的起义首领，之后又投降光武帝，如此反复再三，以至于军队到达这个数量。不然，在光武帝建武初年，所占土地不广，怎么能得到粮食来养这么多的部队呢？宗泽收服的王善等各部兵员二百多万，他招聚的兵员有如此之多，并不全都是剽悍敢死的勇壮之士。徽宗时期，河北地区的起义已经兴起。到了靖康年间，女真攻破汴京而不占有，张邦昌僭越皇帝位却空占位置不治理国事，高宗远在淮河一带而不能号令中原。郡县没有官吏，官吏也没有制度可遵。游弋巡逻的金兵，往来蹂躏践踏，民众无人能自保性命。豪强之人聚众筑寨防守，农民没有可以耕种的土地，商户也没有可以居住的房屋，就会相继来依附豪强，占据太行山麓，以延续旦夕不保的生命。每家都没过完一整年的办法，瓮里没有过夜的粮食，百姓只能像鸟兽一样聚合，又像飞虫一样游走，不问是强是弱，都会有这种情况。听说宗泽接受了留守汴京的命令，百姓就依靠宗泽来保命，宗泽给他们取美名“忠义”来安抚，而他们难道真是忠义的人吗？所以宗泽用他们，只是应对紧急情况。

光武之用群盗，唯知此也，故用之以转战，而不用之以固守。来者受之，去者不追，迨其有可归农之日，则自散归其田里。是以天下既定，此千余万者，不知其何往。用之以转战，而不用之以固守者，乘其方新之气也。来者受之，去者不追，可不重劳吾河内、宛、雒之民[①]，竭赀力以养之也[②]。汝霖之在当日，盖东京尚有积粟，可支二百万人一二岁之食，过此而固不能矣。

是以汝霖自受命守京，迄于病卒者仅一年，而迫于有为，屡请高宗归汴，以大举渡河，知其乍用而可因粮于敌，不可久处而变生于内也。奸邪中沮，志不遂而郁邑以陨命。渡河之呼，岂徒恸大计之不成？抑且虑此二百余万人非一汴之所能留也。汝霖卒，而复散为盗，流入江、湘、闽、粤，转掠数千里，不待女直之至，而江南早已糜烂。非韩、岳亟起而收之，宋必亡矣。

【注释】①河内：郡名，今河南沁阳。宛：春秋初期，楚国灭吕、申两国在此地建置宛邑。雒：即洛阳，简称洛。

②赀（zī）：同“资”，这里指财力、钱财。

【译文】光武帝任用起义军，也正是知道这点，所以用他们转移作战，而不用他们固守城池。是来投奔的人就都接受，离开的人也不去追，等到他们有一天可以返乡务农，就解散让他们返回家乡。所以天下安定之后，这一千多万的人，也不知道他们各自的去处。用他们进行转战，而不用他们进行固守，这是要利用他们刚刚新生的士气。来投奔的人就接受他们，离开的人也不追赶，可以不加重我国河内、宛、洛地区民众的劳役，竭尽人力物力来养他们。宗泽在当时，是因为东京还有囤积的粮食，可以支撑二百万人吃一两年，超过这个界限一定是不能的。所以宗泽自从接受命令守卫汴京，到他病逝只有一年，迫于要有所作为，屡次向高宗请命返回汴京，以便大举渡河，这是知道暂时用兵可以利用敌人手中的粮食，但不能让这么多的投奔者长久停留在汴京一带而内部会发生变故叛乱。受到奸邪小人在中间阻挠，他的志向不能实现，于是忧郁地死去。宗泽临终前连呼“渡河”，哪里只是因为大计不能完成而悲恸呢？更是担心这二百多万人不是一个汴京所能容留的。宗泽去世，这些人又都分散到各地成为盗匪，流窜到江、湘、闽、粤地区，又辗转掠夺数千里，不等女真到来，江南早已被他们破坏。如果不是韩世忠、岳飞紧急用兵收降，宋王朝必定灭亡。

无食不可以有兵，无土不可以得食，不进不可以有土。待食足而兴兵者，处全盛之宇，捍一方之寇，如赵充国之策羌是也。不可以用乌合之众，撄方张之虏，保已破之国，审矣。念吾之且必穷，知众之不久聚，忧内之必生变，更无余法以处此，唯速用其方新之气而已。急用而捷，所杀者敌也；急进而不利，所杀者盗也。鼓之舞之，使无倒戈内向者，则存乎主帅之恩威。夫此二百余万之盗，固皆有山砦可为退处之穴，而收吾简练之禁旅，进可为之援，退亦不恣其反噬。然此要非久留聚处，耗吾刍粟，扰吾农人，以生其狎侮之所能胜。是则汪、黄内蛊[1]，高宗中馁，旷日迁延，迟回汴土，即令汝霖不没，而事亦渐难矣。群盗之流入内地者，韩、岳竭力以芟夷之，歼杀过半，弱者抑散而佣食于四方，然后收其仅存之可用者以为吾用。非尽此食葚之鸮[2]，可帅之以所向无前也。故汝霖亦知独力任此之不足也，亟请高宗返驾京阙以弹压群桀，且可辇输东南之粟帛，调发入援之兵卒，而为可继之图。若孤恃汝霖之志义，而无刘裕匡复之威望以詟群雄[3]，抑无郭子仪朔方之部曲以立根本，仰给不赀，徒贻怨玩，刘越石之困于段匹磾者[4]，其前鉴也。上无君，内无相，始而盛者渐以衰，悲愤中来，坐视其败，虽欲不悒悒以自陨天年[5]，其可得乎？

【注释】①汪、黄：即汪伯彦（1071—1144）、黄潜善（1078—1130），两人均为主和派，二人不满李纲主张，遂贬逐李纲。

②食葚之鸮：食用桑葚的果实使猫头鹰的恶音变好。比喻因感恩而发生变化的人。食葚，比喻受人恩惠。鸮，即猫头鹰。

③詟（zhé）：丧胆；惧怕。

④段匹磾（dī ？—322）：西晋时鲜卑段部首领，曾被晋愍帝封为左贤王、抚军大将军。

⑤悒悒：忧郁，愁闷。

【译文】没有粮食就不可以用兵，没有兵士就不能得到粮食，士兵不进军就不可能拥有土地。等到粮食充足再起兵，在全盛时期的天下，来对抗一方的敌寇，就像赵充国对付羌人的策略那样。不能用乌合之众抵抗力量正强的敌寇和保卫已经残破的国家，这是审时明智的。想到我方终会粮食用尽，知道投奔的人不能长久聚在一地，担忧内部必会发生变乱，更没有其他的办法来处理这种情况，只能尽快使用他们刚刚新生的士气而已。紧急召用他们作战取胜，所杀的是敌寇；紧急进兵作战如果不利，被杀的也是那些盗匪。鼓舞他们，使他们没有倒戈或内部作乱的人，就取决于主帅的恩威。这二百多万人的盗匪，本来都有山寨可以作为自己退回去的巢穴，而收纳他们进入朝廷精锐的禁军，进可以作为支援部队，退也可以防止他们滋生叛乱。但这样做的关键是不让他们长久集中停留在汴京，消耗我们的粮草，扰乱我们的民众，以此使他们生出严重的轻慢态势。关于这个问题汪伯彦、黄潜善在内作恶，高宗内心气馁，旷日拖延，迟迟不回汴京，即使宗泽不死，而事情也逐渐艰难。众多的盗匪流入内地，韩世忠、岳飞竭力剿灭，歼杀过半，弱小的群体被打散而四处觅食，然后收服其仅存的可以为我所用的人员来为朝廷效力。不是说有这种改恶为善的人员都可以率领来所向无前的，所以宗泽也知道单靠自己的力量来做这件事还是不够的，紧急请求高宗的车驾返回汴京来弹压这些盗匪中的豪强人物，而且还可以输送东南地区的粮食布匹，调拨前来援救的一兵一卒，而为后继的发展谋划。如果仅凭宗泽的志气道义，而没有刘裕匡复晋朝的威望以震慑盗匪，又没有像郭子仪所统率的北方部队来作为宋朝廷的根本，物资供给不足，就只会给人留下怨恨和轻慢，那么刘琨受困于段匹磾的事，就是前车之鉴。上面无君主，朝内无明相，开始时的兴盛也会逐渐衰弱，心生悲愤，坐视它的败亡，虽然不想用忧郁来损耗自己的天年，但是能做到吗？

故谓汝霖不死，凭恃此众可席卷燕、云者，非能知汝霖茹荼之苦心也。驭之必有其权，养之必有其具，然后此二百余万乌合之旅，可收其利而不逢其害。非光武之聪明神武，而欲驯扰不轨之徒，以与虎狼争生死，岂易言哉！岂易言哉！

【译文】所以说如果宗泽不死，依仗这些众多的盗匪就可席卷燕、云的人，是不能知道宗泽受尽艰难的苦心的。驾驭他们必须有相应的权力，养活他们必须有依靠的财力，然后对这二百余万的乌合之众，可以收获利益而不会受到危害。如果不是汉光武帝的聪明神武，而想驯服这群不轨之徒，以与虎狼之敌进行生死战争，岂是说的那么容易！岂是说的那么容易！

二

高宗之畏女直也，窜身而不耻，屈膝而无惭，直不可谓有生人之气矣。乃考其言动，察其志趣，固非周赧、晋惠之比也。何以如是其馁也？李纲之言，非不知信也；宗泽之忠，非不知任也；韩世忠、岳飞之功，非不知赏也；吴敏、李棁、耿南仲[①]、李邦彦主和以误钦宗之罪，非不知贬也。而忘亲释怨，包羞丧节，乃至陈东、欧阳澈拂众怒而骈诛于市[②]，视李纲如仇雠，以释女直之恨。是岂汪、黄二竖子之能取必于高宗哉？且高宗亦终见其奸而斥之矣。抑主张屈辱者，非但汪、黄也。张浚、赵鼎力主战者，而首施两端，前却无定，抑不敢昌言和议之非。则自李纲、宗泽而外，能不以避寇求和为必不可者，一二冗散敢言之士而止。以时势度之，于斯时也，诚有旦夕不保之势，迟回葸畏，固有不足深责者焉。苟非汉光武之识量，足以屡败而不挠，则外竞者中必枵，况其不足以竞者乎？高宗为质于虏廷，熏灼于剽悍凶疾之气，俯身自顾，固非其敌。已而追帝者，滨海而至明州，追隆祐太后者[③]，薄岭而至皂口，去之不速，则相胥为俘而已。君不自保，臣不能保其君，震慑无聊，中人之恒也。亢言者恶足以振之哉？

【注释】①耿南仲（？—1129）：字希道，汴京（今河南开封）人。宋钦宗时，任签书枢密院事，金军入侵，他力主割地求和。宋高宗即位，罢为观文殿大学士，被贬单州别驾，行至吉州卒。

②欧阳澈（1097—1127）：字德明，抚州崇仁（今江西崇仁）人。中

国宋代词人，以布衣伏阙上书，请诛宰执黄潜善、汪伯彦等与陈东同被斩于市。

③隆祐太后（1073—1131）：洺州（今河北永年）人，元祐中，哲宗的孟皇后。因掖庭秘狱，被诏废。金兵攻陷汴京，她因不在宫中而幸免于难。金人立张邦昌为帝，张邦昌迎孟氏入宫，尊为太后，并请她垂帘听政。孟氏于是颁布手书命康王即帝位，被尊为隆祐太后。

【译文】宋高宗惧怕女真的程度，逃匿也不感到耻辱，下跪也不感到惭愧，真是不能称得上有活人的气节。但考察他的言行举止和志向情趣，却也并非周赧王、晋惠帝可以相比。为什么会如此害怕呢？李纲的话，他不是不知道相信；宗泽的忠心，他不是不知道信任；韩世忠、岳飞的战功，他不是不知道赏赐；吴敏、李棁、耿南仲、李邦彦等人主张求和而使钦宗被俘亡国的罪过，他不是不知道贬责。但他却忘记了被女真俘虏的亲属，把对女真的怨恨弃置一旁，甘愿承受耻辱，丧失气节，甚至陈东、欧阳澈因率领太学生伏阙上书而都被他杀掉，并把李纲看作是仇人一般，以消除女真的怨恨。难道这是因为汪伯彦、黄潜善这两个小人的能力被高宗看中了吗？但高宗最终也认识到他们的奸邪而罢斥了他们。而且主张对敌屈服逃跑的，也不只是汪、黄两人。张浚、赵鼎是极力主张与敌抗战的人物，但动摇不定，犹豫不决，也不敢公开指责与敌讲和的错误。可见，除李纲、宗泽以外，只有一两个闲散敢说话的人，能够认识到逃避敌人、与敌讲和是行不通的。从当时的形势考虑，确实存在着可能很快就保不住国家的局面，因而犹豫恐惧并不值得严厉苛责。如果没有东汉光武帝的见识与度量，虽多次战败但决不屈服，那么即使外表坚强的人，内心也一定会空虚，更何况根本就不是外表坚强的人呢？高宗在女真人手里做人质时，亲身感受到他们强悍勇猛、凶暴异常的气势，低头思量，自己根本不是他们的对手。后来他们追击高宗时，一直从海边追到明州，追击隆祐太后时，一直从山岭追到皂口，如果逃得不快的话，就都要被他们俘虏了。皇帝不能保护自己，大臣们不能保护他们的皇帝，恐惧害怕而毫无办法，平常人都是这样。那些说大话的人又怎么能使这些人振作起来呢？

靖康之祸，与永嘉等，而势则殊矣。怀、愍虽俘，晋元犹足以自立者：以外言之，晋惠之末，五胡争起，乱虽已极，而争起者非一，则互相禁制，而灭晋之情不果。女直则势统于一，唯其志之欲为而无所顾也。以内言之，江南之势，荆、湘为其上游，襄、汉为其右臂。晋则刘弘夙受方州之任[①]，财赋兵戎听其节制，而无所掣曳，顾、陆、周、贺诸大族[②]，自孙氏以来[③]，世系三吴之望，一归琅玡[④]，而众志交孚，王氏合族拥众偕来以相扶掖。宋则虽有广土，而无绥辑之人，数转运使在官如寄，优游偃息，民不与亲，而无一兵之可集、一粟之可支。高宗盱衡四顾[⑤]，一二议论之臣，相与周旋之外，奚恃而可谋一夕之安？琐琐一苗、刘之怀忿[⑥]，遽夺其位而幽之萧寺[⑦]，刘光世、韩世忠翱翔江上[⑧]，亦落拓而不效头目之捍。自非命世之英，则孑然孤处，虽怀悲愤，抑且谁为续命之丝？假使晋元处此，其能临江踞坐，弗忧系组之在目前哉？故高宗飘摇而无壮志，诸臣高论而无特操，所必然矣。

【注释】①刘弘（236—306）：字和季，沛国相（今安徽濉溪）人。西晋时荆州都督、镇南大将军，一身正气、学识渊博，被历代人所赞颂。

②顾、陆、周、贺：指三国时孙吴的将相周瑜、顾雍、陆逊和贺齐。

③孙氏：指三国孙氏所建的吴国。西晋咸宁五年（279年），晋武帝伐吴，次年孙吴灭亡。

④琅玡：指王氏的王敦、王导。琅玡王氏晋代四大盛门之首，是古代中国最具代表性的名门望族。琅琊王氏开基于两汉时期的琅琊临沂，鼎盛于魏晋时期，史称“王与马，共天下”。南朝以后走向衰弱。

⑤盱衡：扬眉举目。

⑥苗、刘：指苗傅、刘正彦。建炎三年（1129年）三月，二人护卫皇帝及皇室中发动政变，逼高宗禅位，后被讨伐同时被杀。

⑦萧寺：唐李肇《唐国史补》卷中：“梁武帝造寺，令萧子云飞白大书‘萧’字，至今一‘萧’字存焉。”后因此称佛寺为萧寺。

⑧刘光世（1089—1142）：字平叔，保安军（治所在今陕西志丹）人。南宋抗金将领，“中兴四将”之一。但其“御军姑息，无克复志”，饱受诟病。绍兴十一年（1141年），与韩世忠、张俊、岳飞一起被罢兵权。

【译文】北宋靖康亡国之祸，和西晋永嘉之乱相同，但势态却不一样。西晋怀帝、愍帝虽被匈奴俘虏，但东晋元帝还有完全可以自我存在的条件：从外部说，西晋惠帝末年，匈奴、鲜卑、羯、氐、羌五个少数民族争相兴起，混乱程度虽然已经达到极点，但争相兴起者并非只有一个，因此它们之间又彼此互相牵制，想要灭亡晋朝的情况就不能实现了。但女真的社会形势却是统一的，只要心里想做就可以去做，不必顾及其他。从内部说，长江以南的地理形势，荆南、湘江是长江上游，襄阳、汉水是其右臂。西晋时，刘弘就接受了荆州刺史的委任，财政、军队都听从他一人的指挥调度，没有人在旁边牵制他；顾、陆、周、贺等世家大族，自孙氏建立吴国以来，世世代代领导着三吴地区的声望，等到他们归服于琅玡王导，三吴地区的人民也全都信服，王导率领全家族的人都来到这里，和他们互相扶助。南宋虽有广大领土，但却没有可以安抚地方的大臣，多数转运使居官任职就如同寄居一般，悠闲安卧，不与百姓相亲近，没有兵员可以调集，没有粮食可以支配。高宗观察周围，除一两个只会评论是非的大臣在和他应酬外，还能靠谁可以谋得一天的安全呢？一个小小的苗傅、刘正彦因心怀愤怒而发动兵变，就夺了他的皇帝之位，逼他传位给太子，并把他囚禁在显忠寺里。刘光世、韩世忠的军队虽可在长江上畅行无阻，但也是放浪不羁而没有尽到作为将领应该承担的保卫职责。在这种情况下，如果不是名震一世的英才，一个人孤单单的，即使心里悲痛愤怒，又能指望谁来帮助呢？就算是让晋元帝来处在这样的环境下，他能面对长江而坐，不担心被俘的危机就在眼前吗？因此宋高宗到处逃跑而没有宏大的志愿，大臣们只是空论而没有独特的操守，也就都是必然的了。

于是而知国之一败而不可支者，唯其孤也。有萧何在关中，而汉高泗水之败，得有所归。有寇恂在河内[①]，而邓禹长安之败[②]，散而复合。崛起者且如是矣。若夫唐室屡覆，而朔方曲有可藉之元戎，江、淮有可通之财赋，储之裕而任之人者勿猜，非一朝一夕之积矣。宋则奄有九土[③]，北控狡夷，西御叛寇，而州无绥抚之臣，郡无持衡之长，军卫为罪人之梏，租庸归内帑之藏[④]。吏其土者，浮游以需，秩满而飏去。一旦故国倾颓，窜身无所，零丁江介，俯海澨以容身。陈东、欧阳澈慷慨而谈，其能保九子仅存之一线，不随二帝以囚死于燕山乎？《传》曰："周之东迁，晋、郑焉依。"言其必有依也。《诗》曰："池之竭矣，不云自频。"外已久枯，而中存之勺水一涸而无余也。宋自置通判于诸州，以夺州镇之权，大臣出而典郡者，非以逸老，则为左迁。富庶之江南，无人也；岩险之巴、蜀，无人也；扼要之荆、襄，无人也；枢要之淮、徐，无人也。峨冠长佩，容与于天下，贤者建宫墙以论道[⑤]，其次饰亭榭以冶游，其下攘民财以自润。天子且安之，曰："是虽不肖，亦不至攘臂相仍，而希干吾神器者也。"则求如晋元以庸懦之才，延宗社而免江、淮之民于左衽，不亦难乎？故以走为安，以求和为幸，亦未可遽责高宗于一旦也[⑥]。

【注释】①寇恂（？—36）：东汉上谷昌平（今北京昌平东南）人，字子翼。初为郡功曹，后归刘秀，拜偏将军。经明行修，名重朝廷，人称长者。封雍奴侯。

②邓禹（2—58）：东汉南阳新野（今属河南）人，字仲华。少游学长安，与刘秀亲善。后从刘秀镇压铜马起义军。刘秀称帝后，拜大司徒，封酂侯。后屡为赤眉军所败，被免大司徒。复拜右将军，封高密侯，行司徒事。明帝时拜太傅。

③九土：即九州，古代中国设置的九个州，具体名称有不同说法。这里泛指中国。

④内帑（tǎng）：指国库。

⑤宫墙：房屋的围墙。后以称师门。

⑥遽（jù）：急于；仓促。

【译文】由此可知，国家因一次失败就再也不能支撑下去的，只是因为孤立无援的缘故。因为有萧何在关中驻守，所以汉高祖在泗水战败之后，还有地方可以回去。因为有寇恂在河内驻守，所以邓禹在长安战败后，还可以将失散的军队重新聚合到一起。刚刚崛起的情况尚且都是这样。至于像唐朝那样，虽多次倾覆，但朔方仍有可以凭借的军队，江淮地区仍有可以运输的财物，这是因为储备充裕而委任之人不被猜忌的缘故，决不是短时间内就可以积累而成的。宋朝包有九州之地，北面要控制凶暴的契丹，西面要抵御反叛的西夏，但各州内没有善于安抚地方的大臣，郡内没有善于选拔人才的长官，军卫成了罪犯的桎梏，租税要交由国库收藏。在一方做官的人，是因为需要才暂且到那里漫游一下罢了，任期一满即迅速离去。一旦国家倾覆，无处藏身，只好孤单单地逃到江岸，潜伏在海边以安身。在这种情况下，陈东、欧阳澈谈论政事虽然慷慨激昂，但他们能保护徽宗的第九子赵构作为唯一幸存的赵氏血脉，不和徽、钦二帝一起被女真俘虏而囚禁死在燕山吗?《左传》上说："周平王东迁，以便依靠晋国、郑国。"也是讲必须有所依靠。《诗经》上说："池水的枯竭，是因为没有水从外面注入。"外面水源已经早就枯竭了，水池里面储存的那点儿水一旦干涸也就全没了。宋朝自从在各州设置通判一职，用以剥夺知州的部分权力以来，大臣出外担任州郡长官的，不是因为年老，就是因为降职。以致物产丰富而百姓众多的江南地区，没有能胜任的人来管理；地势险要的巴蜀地区，没有能胜任的人驻守；扼制要冲的荆南、襄阳，没有能胜任的人把守；中心地区的淮阳、徐州，没有能胜任的人镇守。大臣们一个个头上戴着高高的帽子，身上佩戴着长长的装饰品，整天安逸享乐，悠闲自得，其中，贤能之人还能授徒讲学，谈论治道原则，其次者则修建亭台楼阁以游玩，最差者则掠夺百姓财物以增加自己的财富。皇帝还很乐意看到这个样子，说什么："这些人虽然没有才能，但也不至于互相激励，图谋夺取我的皇位。"如此，想要找到一个像晋元帝那样平庸懦弱的人，来延续国家命运，使江淮地区百姓免于被外族统治，不也是很难的吗？于是，就都以避敌逃跑为安全，以与敌讲和为幸福，这也是不能急于斥责当时的宋高宗。

乃其后犹足以支者，则自张浚宣抚川、陕而奉便宜之诏始。宋乃西望而犹有可倚之形。且掣肘之防渐疏，则任事之心咸振。张、韩、岳、刘诸将竞起，以荡平群盗，收为部曲。宋乃于是而有兵。不絷其足者[1]，不仆其身；不刘其枝者，不槁其本。故垂及秦桧标削之余，而逆亮临江，高宗不为骇走，且下亲征之诏。则使前此者，有威望之重臣镇江、淮，以待高宗之至，亦未必气沮神销之至于如斯也。

【注释】①絷（zhí）：拴，捆，拘禁。

【译文】至于此后宋朝还能支撑住国势，那是从张浚安抚四川、陕西时接受了允许见机行事的诏书开始的。宋朝政府从西部看到了还有可以倚靠的形势。而且朝廷的牵制性防范也逐渐松懈，于是勇于担当国家大事的责任心都振奋起来。张俊、韩世忠、岳飞、刘光世等将领迅猛兴起，扫荡平定了各地的盗贼，并把他们收编入自己的军队中。南宋至此才有了可以打仗的军队。不拴住脚，全身就不会倒；不砍枝条，树根就不会枯干。因此直到秦桧削弱军力之后，女真皇帝完颜亮亲自率军南侵到长江边时，高宗也没有被吓跑，而且还颁发了亲自出征御敌的诏书。可见，如果此前能有有威势声望的重要将领镇守长江、淮河一线，等待高宗的到来，也就不必沮丧失神落魄到那种地步。

首其谋者，唯恐天下之不弱；继其后者，私幸靡散之无忧。

国已蹙，寇已深，而尸位之臣，争战争和，穴中相讼，无一人焉，惩诸路勤王之溃散，改覆辙以树援于外。宋本不孤，而孤之者，猜疑之家法也。以天子而争州郡之权，以全盛而成贫寡之势，以垂危而不求辅车之援[①]，稍自树立，而秦桧又以是惑高宗矣。和议再成，依然一毕士安之策也。岳飞诛死，韩世忠罢，继起无人，阃帅听短长于文吏，依然一赵普之心也。于是举中原以授蒙古，犹掇之矣[②]，岂真天骄之不可向迩哉[③]？有可藉之屏藩，高宗犹足嗣唐肃之平安史；无猜忌之家法，高宗犹足似唐德之任李晟[④]。故坏千万世中夏之大闲者[⑤]，赵普也。以太祖之明，而浸润之言，已沁入于肺腑，况后之豢养深宫，以眇躬莅四海者乎？光武不师高帝之诛夷，上哲能之，非可期于中材以下也。

【注释】①辅车：颊辅与牙床。一说车夹木与车舆。比喻事物互为依存的利害关系。

②犹掇：语出《庄子·达生》篇："仲尼适楚，出于林中，见痀偻者承蜩，犹掇之也。"犹掇，把蝉从树上弄下来后，又从地上拾起来，比喻获取的彻底，把握十足。

③天骄：这里指蒙古民族。

④李晟（727—793）：字良器，凯州临潭（今甘肃临潭）人。唐朝中期名将。安史之乱时，多次击退吐蕃，唐德宗即位后，李晟率兵收复长安，剿灭叛将李希烈，因功封西平郡王。

⑤大闲：指基本行为准则。出自《论语·子张》篇："大德不踰闲。"

【译文】首先做出防范猜忌武将的谋划的人，是只怕国家不衰弱；后来的继承者们，又暗自庆幸大臣们力量分散从而使自己不会有祸患。国家已经危急了，敌寇已经深入我境内了，但那些空占职位而不做事情的大臣们，还在争论是抗战还是讲和，在家里互相争辩，没有一个人吸取各地救援京师的军队之所以溃败的教训，改变做法，在京城以外地区部署救援力量。宋朝政府本来并不孤立，使它孤立的，是它自己猜忌怀疑他人的家法。堂堂天子，却要争夺州郡的权利，把极其兴盛的国家搞成了积贫积弱的形势，而到了非常危急的时刻，又不寻求民众的援助，稍微有点建树了，秦桧又来迷惑高宗。与女真的第二次讲和完成后，仍然采取北宋毕士安的策略。岳飞被杀，韩世忠被免官，后继无人，统兵在外的将帅要听从于文官的说短道长，这仍然是赵普猜忌和压制武将的心思。因此，最后蒙古占据中原地区，就犹如轻易地伸手摘取一般。难道真是蒙古不能抵抗吗？如果有可以凭借的保卫力量，高宗还是完全可以做出像唐肃宗平定安史之乱那样的事情的；如果没有猜忌武将的家法，高宗还是完全可以做出像唐德宗任用武将李晟那样的事情的。所以，败坏了千秋万代中原地区的基本行为准则的，就是赵普。以宋太祖的英明，赵普的谗言都已经渗入他的内心之中，更何况后来生长于皇宫的深宅大院之中，不谙世事而统治天下的帝王呢？东汉光武帝没有效法汉高祖诛杀武将功臣的做法，这是很正确的，但这只有特别聪明的人才能做到，是不能期望于中等才能及其以下之人的。

三

言有纲，道有宗。纲宗者，大正者也。故善言道者，言其宗而万殊得；善言治者，言其纲而万目张。循之而可以尽致，推之而可以知通，传之天下后世而莫能擿其瑕璺[①]。然而抑必有其立诚者，而后不仅以善言著也，且抑必听言者之知循知推，而见之行事者确也。抑亦必其势不迫，而可以徐引其绪；事不疑，而可以弗患其迷也。如是，则今日言之，今日行之，而效捷于影响。乃天下之尚言也，不如是以言者多矣。疏庸之士，剽窃正论，亦得相冒以自附于君子之言；宗不足以为万殊之宗，纲不足以为万目之纲，寻之不得其首，究之不得其尾，泛然而广列之，若可以施行，而莫知其所措。天下有乐道之者，而要为鞶帨之华[②]，亦奚用此喋喋者为哉？

【注释】①擿（tī）：挑剔；指摘。瑕璺（wèn）：斑点和裂纹。这里比喻人的瑕疵和缺点。

②鞶帨（pán shuì）：古代妇女用的小香囊和毛巾。这里比喻外在装饰华丽。

【译文】言有纲领，道有宗旨。纲领和宗旨，是大正之道。所以善于论说大道的人，阐明它的宗旨就能掌握万事的不同；善于论说治国的人，阐述它的纲领而万事细节就自然显现。遵循纲领和宗旨就可以尽览所有的情况和细节，加以推论就可以通晓所有，传给天下后世就不能指责它有瑕疵。而这还必须要求论说的人树立诚信，而不仅仅是靠善于言论，而且一定要求听他论说的人要知晓遵循、推论，见机行事的人是可以的。这还必须是形势不紧迫，才可以徐徐地引出事情的端绪；还必须是事情无疑，而可以不担心他的迷惑。像这样，今日说了的事，今日就来实行，其效果快得就像看到影子和听到回声。可是天下崇尚言论，而不像这样来发表言论的人太多了。疏浅平庸的士人，剽窃正确的言论，也能冒充这种正确的言论让自己依附在君子之言的名义下；其言论的宗旨不足以作为万事万物的宗旨，纲要不足以作为所有细节的纲要，寻讨起来找不到它的首，探究起来看不到它的尾，泛泛地广博列举，看似可以施行，却不知道怎么实行。天下有乐于这样称道的人，大多只是一种外在修饰的华丽，又哪里会采用这种喋喋不休的言论来实行呢？

高宗南渡，李伯纪之进言数矣。其言皆无可非也，顾其为纲宗者，报君父之仇也，复祖宗之宇也。又进而加详焉，远小人，亲君子也；议巡幸，决战守也；择将帅，简兵卒也；抚河北，镇荆、襄也。如纲之言，循之推之，以建中兴之业，允矣其无瑕璺矣。故天下后世无有得议其非者，而咎高宗之不用。虽然，以实求之，而奚足以当纲宗哉？足以立纲宗而非其诚，则纲宗者，虚设之纲宗，固无当也。

【译文】高宗南渡，李纲向高宗进言数次。他的言论都不可以非议，但他言论的纲要和宗旨，就是报君父之仇，恢复祖宗的庙宇。在此基础上进而提出更详的内容，这就是疏远小人，亲近君子；商议让高宗巡幸各地，决定作战守地；选择将帅，挑选兵卒；安抚河北，镇守荆、襄地区。像李纲所谏言的，遵循它、推行它，以建立中兴的功业，确实它是没有瑕疵。所以天下后世没有人能评议其说法不对，而怪罪高宗不采用李纲的进言。虽然如此，以实际情况来考察他的进言，又怎么值得以此作为纲要和宗旨呢？足以立为纲要和宗旨的不是出自他的诚意，那么纲要和宗旨，就是虚设的，从根本上就是不当的。

君父之痛，土宇之蹙，诚不容已者。然其容已与不容已，系乎嗣君之志而已。有其志，不待言也；无其志，言无益也。有其志而不知所以为之，弗示以方，固弗能奖也。故此二言者，人皆可言，人皆可信，而究止于空言也。进而加详，则固愿终其说以导之而出于迷涂，天下后世之所乐听，或亦高宗之所欲闻乎！其云亲君子，远小人，尚矣。苟非清狂不慧者，孰以为不然？乃君子小人，有定名而无定指者也。以小人为君子，而君子矣；以君子为小人，而小人矣。故诸葛《出师表》必目列其人以当之。今不直简贤而求其进，斥奸而请其退，则奚以知汪伯彦、黄潜善之非君子，而赵鼎、胡寅之非小人邪？议巡幸，决战守，急矣。而行伍之凭借，孰为干城？强敌之争趋，何从控御？刍粮何庤以不匮[①]？器仗何取以求精？岂天子匹马以前，疲卒扶羸以进，遂足定百年之鼎，成三捷之功乎？择将帅，简兵卒，尤其要者。抑就莅戎行而数奔者择之邪？无亦求之偏裨，求之卒伍，求之草泽而择之邪？天子自择之邪？纲可代为之择邪？天子自择之，则亦非不有所任用矣。纲可代择之，则胡不心维口诵于坐论之下，如赵普之为太祖谋者，而但虚悬一择之之号，以听人之诡遇乎？惊奔之余，兵卒之不足久矣。集之必有其方；部之伍之，必有其制；教之练之，督之绥之，必有其将。河北之南来，闽海、楚、蜀之新募，必有其可使战可使守之势。合其散而使壹，振其弱而使强，必有其道。纲诚以一身任安危之寄，则躬任之，默识之，日积月累，以几于成，尤非大声疾呼、悬一榜、下一令之所能胜也，则尤不可以空言效也。抚河北，镇襄、邓，诚形势之不容缓矣。河北之待抚，岂徒号于上曰“吾不割也”，众志遂以成城乎？

其吏民为朝廷守者，孰可任也？孰未可任，而急须别拣将帅以任之也？张所、傅亮固未足以胜任[②]，即令任之，而所以安所、亮而使尽其力者何术也？襄、邓之财赋兵戎，其可因仍者何若？其所补葺者何从？专任而无旁挠者何道？凡此，皆就事而谋之，因势而图之，非可一言而据为不拔之策。国政在握，成败在于目睫，迫与天子谋之，进群策以酌之，固有密藏于夙夜而研几于俄顷者，岂建鼓而亡子可追哉[③]？乃纲但琅琅乎其言之矣。一言而气已竭矣。则汪、黄之党且笑之曰：是老生之常谈，谓饥当食，而为无米之炊者也。恶足以拯吾君于危殆而措之安哉？于斯时也，二帝俘矣，两宫陷矣，自河朔以向江、淮，数千里城空野溃，飘摇徐、兖之郊，内顾而零丁孑处。纲以一身系九鼎之重，则宜以一言而析众论之归。犹且组练篇章，指未可遽行之规画，以祈免乎瑕璧。夫岂贾、董际汉盛时[④]，高论以立令名之日？则言之善者，不如其无言也。

【注释】①庤：储备、储藏。

②张所（？—1127）：青州（今山东益都）人。靖康元年（1126年），抗金名将。高宗即位后，曾上书提出还都汴京，收复失地。因言忤逆时任宰相黄潜善被贬。李纲为相时，提任后又遇害。傅亮（374—426）：字季友，灵州（今宁夏灵武）人。刘宋时期的重臣，佐助刘裕代晋建宋有功，官至辅政大臣。

③建鼓：古时军队作战，立起军鼓指挥进退，称为建鼓。

④贾、董：指贾谊和董仲舒。

【译文】君父被俘的悲痛，领土的胁迫，确实是不容置之不顾的。但是不论容忍还是不容忍，都是继位君主的志向所决定。有报仇复土的志向，不用等臣下进言；没有这种志向，即使进言也没有用。有这种志向而不知道怎么做，不提供方法，肯定也是不能帮助他。所以说这两件事，所有的人都可以说，所有的人都会相信，而最终不过是空言。进而更详细的论说，本来愿意把他的想法都说完而引导高宗脱离迷途，应当是天下后世的人所乐于听到的，或者也是高宗所想听到的吧！他说亲近君子，疏远小人，这是很高尚的。如果不是狂妄不聪慧的人，谁会认为说得不对呢？而君子小人，是有一定名义却没有具体指向的名词。把小人看作君子，那他也就是君子；把君子看作小人，那他也就是小人。所以诸葛亮《出师表》必要列出相关人物和得当的对应。如今不直接推荐贤材而进用，斥退奸邪而请求把他们贬退，那是怎么知道汪伯彦、黄潜善不是君子，而赵鼎、胡寅不是小人呢？建议高宗巡幸各地，决定作战和守御，这是很紧急的事情。但是行军打仗所要依仗的，有谁能来当得力干将来守城呢？强敌朝着宋王朝趋近争夺，如何加以控制和防御？粮草怎样储藏而不致匮乏？武器装备如何能求得精善？难道要天子单人匹马向前，让疲惫的士卒羸弱地跟进，就足以恢复宋王朝百年的王权，完成多次作战的胜利吗？选择将帅，挑选士兵，尤其是最重要的事情。是亲临军队在多次逃奔的人中选择吗？不然又从偏将裨将中寻找、在士卒中寻找、在民间挑选吗？是天子自己来选择呢？还是李纲可以代替天子来选择呢？天子自己选择将领，那么也不是不会有所任用。李纲可以代替来选择，那么为何不亲口讲诵在坐着发表言论之后，像赵普为宋太祖那样谋划，而只是悬虚地提出一个选择将领的说法，而任由小人们用诡计求得任用呢？在惊恐逃奔之后，兵卒早就不足了。召集兵卒，必须有方法；部队加以编制部署，必须要有制度；教化训练兵卒，督导安定他们，必须要有将领。河北的士卒来到南方，闽海、楚、蜀等地新招募的士兵，必须要有可以让他们作战和守御的形势。聚合分散的士兵让他们统一起来，振奋疲弱的士兵让他们强大起来，必须要有方法。李纲真是靠一己之力来承担国家安危，就要亲自实行，默默地了解这些情况，日积月累，以接近事情的成功，尤其不能只靠大声疾呼、悬挂一张告示、下达一个命令就能取胜，而且尤其不能用空话来效命。安抚河北，镇守襄阳、邓州，真是形势容不得迟缓了。河北等着安抚，难道只是向天子上奏说“我们不能割让河北”，众心就能成城吗？那些守卫朝廷的官吏和民众，谁是可以任用的？谁是不可以任用的，而必须紧急额外挑选将领加以任用？张所、傅亮本来不足以胜任，即使让他们上任了，而能让他们安心并奉献全部力量又以后什么方法呢？襄阳、邓州的财富兵力，它们又怎样可以依靠来进行防御？所要补充的人力物力又从哪来？专门任用张所、傅亮而无旁人干扰，又有什么办法？凡是这些事情，都要根据事情而进行谋划，根据形势而加以策划，不是一句话就成了不改的国策。国家政权在握，成败就在眼前，紧急地与天子进行谋划，进用群臣之策加以斟酌，应该将这些政事早晚密藏而快速研究决定，难道立军鼓就能追击逃亡的敌军了？可是李纲只是声音琅琅地谈论这些事。说一次气就已经耗尽了。于是汪伯彦、黄潜善的党人就嘲笑他说：这是老生常谈的问题，是说饥饿了就应当吃饭，但现实却是无米之炊。怎样能从危险之中拯救我们的君主并安全地安置他呢？此时，徽、钦二帝都已被俘虏，两宫也都陷落，从河北到江、淮一带，几千里内城邑空旷乡野溃散，人们在徐州、兖州的郊野中飘摇流离，反顾自己则是孤苦伶仃孑然独处。李纲孤人一身维系着整个国家的重任，就应该用简短的话语分析众人的言论并做出归纳。可是他还在组织文字琢磨篇章，提出不能即刻实行的规划策略，为的是祈求避免瑕疵过错。这哪里是像贾谊、董仲舒处于西汉强盛时期发出高调言论来树立美名的时候呢？所以这时善于论说言论的，不如不发表言论。

夫宋之所以浸弱浸削至于亡者，始终一纲宗之言，坐销岁月而已。继纲而献策者，杨中立、胡敬仲犹是也[①]。后乎此而陈言者，刘共父、真西山犹是也[②]。乃前乎此而倡之者，景祐以来，吕、范诸公以洎王介甫之邪僻，苏子瞻之纵横，无非是也。以拟诸道，皆提其宗；以考诸治，皆挈其纲。孰得指其瑕璧者？而求其言之即可行，行之即可效者，万不得一焉。故曰："其言之不怍[③]，则为之也难。"不怍者，可正告于天下后世，而不违于纲宗之大正者也。叩其所以为之而不得，则难矣。夫言也，而仅以祈免于怍也与哉？陆敬舆以奏议辅德宗[④]，而反奉天之驾，一议为一事而已，非建立纲宗、统万殊万目于数纸之中也，斯则诚为善言者乎！

【注释】①杨中立：即杨时，号龟山，祖籍弘农华阴，北宋学者、官吏。曾专门投于洛阳学者程颢门下，著名的"程门立雪"的典故出于他的尊师重道。胡敬仲：指胡安国，字康侯，建宁崇安（今福建武夷山）人，宋代著名经学家、湖湘学派的创始人之一。早年拜杨时为师，研究性命之学。高宗时召为中书舍人兼侍讲。

②刘共父：指刘珙（1122—1178），字共父，崇安人。曾任湖南安抚使、同知枢密院事、参知政事等，经手重建岳麓书院。真西山（1178-

1235)：真德秀，字景元，后改为希元，福建浦城（今浦城晋阳人），南宋后期理学家、大臣。为继朱熹之后的理学正宗传人，创“西山真氏学派”。

③怍（zuò）：怍，惭愧。

④陆敬舆：即陆贽，苏州嘉兴（今浙江嘉兴）人，唐朝政治家、文学家。贞元八年出任宰相，为官贞刚律己，德宗时期忠言劝谏，力挽危局，晚年受诬被贬。

【译文】宋王朝之所以逐渐衰弱直到最终灭亡，其原因就是始终只谈论一条可以作为纲要和宗旨的言论，坐等着岁月消逝而已。继李纲之后再献计谋的人，如杨时、胡安国也还是这样。在此之后向朝廷提出论说的人，如刘珙、真德秀也还是这样。而在此之前提出种种言论的人，景祐年间以来，吕夷简、范仲淹等大臣以及王安石的偏邪、苏轼的议论纵横，无不是这样。以此编制各大道义之说，都能揭示其中宗旨；拿来考察政治，都归纳了国政的纲要。谁能指出他们的言论有瑕疵呢？但是追究他们的言论能否立即可以施行，施行了能否当即有效，那就是一万条里找不到一条了。所以孔子说：“他言谈毫无愧疚，做起来就难了。”不愧疚，是说其言论可以正告于天下后代，而不违背纲要宗旨的大正。但是叩问如何来做到就得不到回答了，于是就难了。人们发表的言论，只是来祈求免于愧疚吗？陆贽用他的奏议辅助唐德宗，而让德宗逃到奉天的车驾返回到长安，一个奏议就为一件事而发，不是提出纲要宗旨、统筹万事万物在数页纸中，这才是善于发表言论的人了！

四

屈身逆乱之廷，隐忍以图存社稷，人臣之极致也，而抑视乎其所处矣。测其有可图之几，以待天下之变，姑且就之，两处于有余之地，以存其身与其禄位，而遽许之为行权以济险；则名义之途宽，而忠孝之防裂，君子所必严为之辨者也。其所处者可以置吾身，身虽危，犹安也。安其身而动，动而利，可以出君父于险；动而不利，不丧其身之所守；则生死成败，皆可以自靖，如是者尚矣。其次，则身非可安，而无可安之土，乃以身试不蠲，而思以济其志。志之得，则可以大有为于天下；志之不得，犹不以身为罪罔[①]，而毁分义之防。故陈平、周勃俯仰于吕后之侧[②]，非徒志在安刘也。惠帝崩，后宫之子，犹高帝之苗裔，可以为君者，依之以待吕氏之变，而伸其诛锄，固未尝一日辱其身于异姓也。王导之于苏峻[③]，王坦之[④]、谢安之于桓温，忍其熏灼，阳与相亲，贼未篡，吾君尚在，弗容立异以激祸之成。峻诛、温死，而其志伸；峻不诛，温不死，晋社已移，终弗能救，而后死之，未晚也。"苏武节"之诮[⑤]，不足以为之病矣。狄仁杰之仕于伪周也，庙已改，君已囚，无可仕矣。而仁杰当高宗之世，未与大臣之列，则舍武氏不仕，而更无可执国柄、进忠贤、以为兴复之基。灼知其逆，而投身以入，不恤垢辱以与从逆之臣齿，非但一死之不惜，操心愈隐，怀贞愈烈，尤非夫人之所可托者也。审此，则吕好问、朱胜非无所逃其同逆之辜[⑥]，不能为之掩覆矣。

【注释】①罪囮（é）：罪恶的媒介。囮，指媒介。

②陈平、周勃：西汉开国功臣，秦末随刘邦起兵，由进取关中时，屡建战功。吕后死后，二人合谋夺吕禄的军权，谋划消灭吕氏诸王，拥立汉文帝即位。

③苏峻（？—328）：字子高，长广郡掖县（今山东莱州）人。晋元帝时平定王敦叛乱有功，任为冠军将军。后被庾亮解除兵权。咸和三年（328年），他以讨庾亮为名，与祖约起兵反晋，攻入建康，不久温峤、陶侃起兵讨伐，战败被杀。

④王坦之（330—375）：字文度，太原晋阳（今山西太原）人。出身世家大族，曾任大司马桓温的长史、参军，桓温死后，与谢安王彪之共辅幼主。

⑤苏武（前140—前60）：字子卿，杜陵（今陕西西安东南）人。汉武帝时出使匈奴被扣留，拒绝匈奴威胁利诱，后被发配北海放羊，留居匈奴十九年，持节不屈。始元六年（前81年），获释回汉。死后，汉宣帝将他列为麒麟阁十一功臣之一。诮：责备。

⑥吕好问（1064—1131）：字舜徒，寿州（今安徽寿县）人。与杨时并为两宋之际著名学者，时称“南有杨中立，北有吕舜徒”。靖康之难时，劝傀儡皇帝张邦昌迎立赵构为帝。朱胜非（1082—1144）：字藏一，蔡州（今河南汝南）人。北宋亡，劝赵构称帝。南宋高宗时，官至宰相。支持岳飞北伐，与秦桧政见不合被废职。

【译文】屈身在逆乱的朝廷为臣，隐忍以求保存社稷，这是作人臣子的极致做法，但还要看他所处的环境。估计这时还有可以利用的机会，以等待天下的变化，姑且委身屈就，在正统和逆乱的两方朝廷中都处于游刃有余的位置，以保存自身及其禄位，如果马上称许这就是行使职权来渡过险难；就会使名义的范围过宽，而忠孝的防线破裂，君子必须严加对此辨析。所处这个情况下可以保存自身，虽危险，也还是安全的。使自身安全而后采取行动，行动的结果会有利，可以让君父脱离危险；即使行动的结果不利，不丧失其自身所要坚守的准则；那么生死成败，都可以让自身安心，像这样做就是最好的了。其次，就是自身不能安全，而也没有可以安全所处的地方，就自身尝试不被罢免，同时考虑实现自己的志向方法。志向实现了就可以在天下大有作为；志向不能实现，尚且不让自身成为罪恶的媒介，而毁坏名分大义的防线。所以陈平、周勃屈身俯仰在吕后身旁，不只是志在要安定刘氏王朝。汉惠帝去世，后宫中的皇子，还是汉高帝的直系后裔，可以成为君主，依靠这些后裔来等待吕氏的变化，而实现他们诛锄叛逆的愿望，本来就未曾受到一日的屈辱即使是在异姓统治之下。王导与苏峻，王坦之、谢安与桓温，都忍受彼此的逼人气势，表面相互亲近，贼人未篡夺皇位，我的君主还在，不容另立异谋来激起灾祸。苏峻被诛、桓温死去，王导等人的志向就得到了伸张；苏峻不被诛，桓温不死，晋王朝社稷发生转移，最终不能挽救，之后再为社稷而死也不算晚。“苏武式的守节”的嘲笑责备，这不足以反映他们的问题。狄仁杰在武周朝做官，此时宗庙已经改变，唐朝的君主已被囚禁，没有正统的王朝可以做官了。而狄仁杰虽在唐高宗的时候，还没有进入大臣的行列，那么如果放弃武氏朝廷的机会而不做官，就更没有机会能执掌国家大权、进用忠贤，并以此作为兴复唐王朝的根基。明知武氏是叛逆，而投身入仕，不顾受到诟病羞辱而与随从叛逆的大臣为同僚，这不只是不惜一死，而是用心更为隐忍，胸怀的忠贞更刚烈，尚且不是寻常人所能寄托的。思考这些道理，那么吕好问、朱胜非就无法逃避伙同叛逆的罪过，不能再为此罪过遮掩。

好问自中丞迁少宰，参国政久矣。张邦昌受虏册以篡大位，此何时也？马伸等犯死以争，而好问无言；赵鼎、胡寅洁身以逃，而好问不出。邦昌舞蹈以受冕旒[①]，好问从容而充陪列。已知众志之不归，乃问邦昌曰："真欲立邪？否邪？"邦昌遽有"不敢当"之对。则亦探邦昌不决之情，而姑为变计。然则高宗不系人望于济州，通国且戴邦昌以为主，好问受伪命之已久，又奚以自拔于逆廷哉？夫好问之心，固非若吴幵、莫俦之夸佐命也，亦非决志不污，如洪皓之誓死以不从刘豫也[②]。权处于进可宋、退可邦昌之歧途，以因风而草偃。则募人通帛书于高宗，亦游移两全之巧，无往而不足以自容。及王宾擿发已穷[③]，犹曰："世被国恩，受贤者之责。"将谁欺邪？且使于邦昌无"真立"之问，于高宗无尺帛之书，宋遂终无如邦昌何哉？密奏不足为有无，嗣君非因其护戴，唯此七尺之躯，一污而终不可浣。好问曰："闭门洁身，实不为难。"洁身而身存之非难，洁身而身死之岂易乎？果其为段司农不辱之身，则又能闭门而全其躯命邪？以此质之，好问之论定矣？

【注释】①冕旒（liú）：古代帝王的礼冠和礼冠前后的玉串，这里用作皇帝的代称。

②洪皓（1088—1155）：字光弼，乐平（今江西乐平）人。高宗时，出使金国被扣留15年，艰苦备尝，持节不屈，终得以放还。被人赞为"宋之苏武"。流放期间著有《松漠纪闻》一书，专门记述在金国时的见闻。

③王宾：字德卿，亳州人，宋高宗时任侍御史。

【译文】吕好问从中丞升为少宰，参与国家政事很久了。张邦昌接受金人的册封以篡取皇位，这是什么时候呢？马伸等人冒死以抗争，而吕好问此时没有说一句话；赵鼎、胡寅为洁身自保而逃离张邦昌的朝廷，而吕好问却没有出走。张邦昌手舞足蹈接受了皇帝的冠冕，吕好问从容地充当陪同的大臣。他已经知道众人的志向不是归附张邦昌，才问张邦昌说："你真的想立为帝吗？还是不想？"张邦昌慌张地以"不敢当"作答。这也是试探张邦昌是否有称帝的决心，而姑且为以后的变故谋划。然而如果宋高宗在济州没有聚拢人心声望，全国都将拥戴张邦昌作为君主，那时吕好问就是接受张邦昌伪朝任命已久，又怎能离开伪朝廷呢？吕好问的心意，本来不像吴开、莫俦等人那样骄矜自大，也不是决心不与伪王朝同流合污，像洪皓誓死不附从刘豫那样。他是权且处于进可投奔宋王朝、退可辅助张邦昌的岔路口上，像因风向而决定朝哪边倒的草一样。于是他广泛招贤给宋高宗送上帛书，也是游移在两方而求两全的手法，不论到哪个朝廷都能使自己容身。等王宾已把他的事情全部揭发出来，他还说："我家世代受国家恩典，受到人们对贤者的求全责备。"还要欺骗谁呢？况且假使张邦昌没有听到吕好问"是否真想立为帝"的责问，对宋高宗也没有送过绢帛的书信，宋王朝最终不能对张邦昌怎么样吗？密奏不足以确定有无，继位的君主都不是靠他拥戴，只是他的这个七尺之躯，一旦有了在伪朝任职的污点就终究不可洗刷。吕好问说："闭门洁身自保，实际并不困难。"洁身自好得以生存并不困难，那么洁身自好而为宋王朝送命难道就容易吗？他果真成为像段秀实那样不受朱波屈辱的人，则又能闭门不出而保全他的身躯性命吗？用这个问题质问他，对吕好问的评价论说就可以确定了吗？

若夫朱胜非者，尤不足齿于士类者也。苗、刘，二健卒耳。

权藉不重，党类不滋，逆谋不夙，所欲逞志者，王渊、康履而止[①]。浸淫及上，遂敢废人主而幽之萧寺。胜非躬秉大政，系百僚之望，使有不可夺之节，正色立朝，夫二贼者，讵敢尔哉[②]？乃内禅之举，胜非且尸陪列之长，为下改元之诏。德不重，才不赡，志不固，贼之藐之也久，故其胁之也轻，而胜非之从也易。乃使其祸不惩，则宋之危也亦亟矣。夫二贼所挟持以逞者，其心可洞见也。女直临江而思渡，江东之不保在旦夕矣。二贼岂有为宋守吴、会之心乎？始立婴儿以待变，女直至，则弑高宗，执子旉以纳降；女直不至，则徐揽众权，要九锡而规篡[③]。藉令三方之义师不星驰而至，贼势已成，虏兵且进，胜非其能事从中起，枭贼首以复辟乎？如其能之，则他日之自辩曰："偷生至此，欲图今日之事。"固可解也。而悲愤始于张浚，成谋定于吕颐浩[④]，奋勇决于韩世忠，胜非何与焉？其志欲图者，果何图也？察所怀来，一冯道、范质之心而已。胜非之生，无豪毛之益也。如其死也，则以明夫苗、刘之为贼，而激忠义之人心以起，诚重于泰山矣。无靖康之祸，有所奉之君，名义自己而立衡，存亡即于己而取决。事易于邦昌挟女直之势，而抑无好问通闲道之书。事定之余，优游以去，而贬窜不加焉，宋安得复有王章哉？

【注释】①王渊（1076—1129）：字几道，号方渠，迁居环州（今甘肃环县）。金人攻汴京，王渊奉命守卫皇家宗庙。高宗即位后，委以重任。后被统制官苗傅，发动政变杀害。康履（？—1129）：南宋宦官，因高宗逃亡时陪伴有功，因此仗着皇帝的恩宠肆意妄为，欺凌将领。后被苗傅与刘正彦发动兵变时将其腰斩枭首。

②讵：岂，怎么。

③九锡：指古代天子赐给诸侯、大臣车马、衣服、乐则、朱户、纳陛、虎贲、弓矢、茨钺、秬鬯九种器物表示最高礼遇。

④吕颐浩（1071—1139）：字元直，先为乐陵（今山东德州）人，后迁徙齐州（今山东济南）。两次拜相，安抚南方反叛军民，使南宋政权得以稳定。排挤秦桧、李纲、李光等人。

【译文】像朱胜非这样的人，尚且不足进入士大夫之列的。苗傅、刘正彦，只是两个健力兵将而已。他们的权势不重，同党不多，也不是素有叛逆的阴谋，所想得逞的志向，不过是杀死王渊、康履而已。逐渐向上发展，最终敢废黜君主而把他幽禁在佛寺里。朱胜非亲身秉持国家大政，身负百官众望，假使他有不可侵夺的气节，一脸正气立于朝廷上，苗、刘两个叛贼，怎么敢这样做？至于逼迫高宗禅让帝位给幼子赵旉的举动，朱胜非又居于百官之长的地位，为其颁布改变年号的诏书。他的威德不重，才能不足，意志不坚定，贼人藐视他已很久了，所以苗、刘二人只是稍稍威胁他，朱胜非就轻易地听从了。假使不惩处他们造成的祸乱，宋王朝的危亡也就很快到来了。苗、刘二贼所挟持以求得逞的事，其心是可以洞见的。女真兵临长江而想渡江，江东已是旦夕不保了。苗、刘二贼难道还有为宋王朝坚守吴郡、会稽的心吗？开始扶立婴儿赵旉以等待时局的变化，女真如果到了，就弑杀高宗，挟持着赵旉去投降；如果女真不来，就慢慢地揽取各种权力，索要九锡并谋划篡位。假使三方的义师不是日夜奔驰而来，贼人的势力已经形成，女真的军队将要攻进，朱胜非他能在中间起事，斩下二贼的首级让高宗得以复辟帝位吗？如果他能做到，那么日后他自会辩解说：“偷生到如今，就是为了谋划今日的事。”这就可以解释了。但是此事愤怒始于张浚，平定叛乱的谋划由吕颐浩决定，奋勇杀敌则取决于韩世忠，朱胜非又参与了什么呢？他的志向想有所图，到底是图什么呢？观察他所怀的心思，一如冯道、范质的心思而已。朱胜非活着，没有丝毫的益处。如果他死了，就能表明苗、刘二人为叛贼，激起忠义之人的平叛之心，这意义就真的重于泰山了。没有靖康之祸，而有要尊奉的君主，名义由自己确立标准，存亡取决于自己。这比张邦昌仗着女真之势称帝更容易，而且还没有吕好问派人送密信的麻烦。平定叛乱后，闲适地离去，而也不会施加贬官流放的罪责，宋王朝怎么会再有王法规章呢？

士所出身以事者，君也；所以事君者，身也。身之已辱，功且不足以盖之，而况其不足以言功也。身之所履，因乎心之所安；心之所安，因乎时之所处。有以处身而心乃裕，有以处心而事乃贞。大白不缁[①]，有其大白者存也。屈以求伸，有其必伸者在也。功名授之事外之人，节义存乎当局之正。好问死，不患拥戴康王之无将相；胜非死，不患革除明受之无义师。王蠋捐躯而齐复振[②]，翟义夷族而汉复兴[③]。死且非徒死而无益也，然而非果于义者之所期也。立身则有本末矣，立朝则有风裁矣[④]，立志则有衾影矣[⑤]。安能一日缓颊于乱贼之前，以观望其情，而徐图转计哉？留余地以待他日之辩，辩则辩矣，吾不知其启口之际，何以自扪其心也！

【注释】①缁：黑色。

②王蠋：战国时期齐国画邑（今山东临淄高阳乡）人。前284年，燕

将乐毅攻破齐国临淄，因敬慕王蠋，便以重金聘请，封万户封邑，王蠋拒绝，自缢而死。

③翟义（？—7）：字文仲，汉代上蔡（今河南上蔡）人。王莽时，翟义发动勇士起义，立刘信为帝，自号大司马柱天大将军。后被击败，被杀。

④风裁：风度神采，这里指刚正不阿的品格。

⑤衾影：这里指“衾影无惭”，问心无愧。衾，即被子。

【译文】士人出仕来侍奉的，是君主；用来君主做事的，是自身。身已受辱，有功劳还不足以遮住耻辱，更何况那些不足以宣扬的功劳。自身所履行的，遵循自己内心的安宁；内心的安宁，又遵循当时所的时势。有可以处身的时势，内心就会富足；有可以让内心安宁的时势，事情就会做得忠贞。大的白不会变黑，这是因为有能让它成为最大之白的原因存在。委屈以求得伸展，是因为有让志向必定能够伸展的原因存在。功名授予此事之外的人，让节义存在于当时局势的贞正之中。吕好问死了，不用担心没有拥戴康王称帝的将相；朱胜非死了，不用担心平定苗、刘的叛逆没有义师。王蠋捐躯而齐国再次振兴，翟义全族被杀而汉朝得以复兴。死并不只是白死没有益处，然而这并不是以道义为结果的人所期望的。立身有本有末，立于朝廷则有相应刚正不阿的品格，立志就要做到衾影无愧。怎能在叛乱的贼人面前缓言求情苟且一日，来观望形势，再慢慢地策划扭转的计谋呢？留有余地以等他日的辩解，辩解是辩解了，我不知道他在开口之际，如何能问心无愧！

五

兀术渡江而南，席卷吴、会，追高宗于四明[①]，东迤海滨；其别将追降祐太后，南至于虔州之皂口，西掠楚疆，陷岳、潭，而武昌在其怀袖。当是时也，江南糜烂，宋无一城之可恃，韩、岳浮寄于散地，而莫能自坚。此苻坚所几幸而不得[②]，拓拔佛狸所迁延而惮进者也。举天下而全有之，奚待蒙古于他日哉？然而兀术急于渡河而归，高宗且可画淮而守，此可以知国家安危之机，非一朝一夕之故矣。

【注释】①四明：山名，浙江省宁波市西南，也用作宁波的别称。②几（jǐ）幸：非分企求。几，通“冀”。

【译文】兀术渡过长江南下，席卷吴郡、会稽一带，追赶高宗到四明，向东进至海滨；他的其他部将追赶隆祐太后，向南到达虔州的皂口，向西掠劫楚地疆界，攻陷岳州、潭州，而武昌就已在他们的怀袖之中了。正当这个时候，江南已腐朽不堪，宋王朝没有一座城池可自恃，韩世忠、岳飞分散寄居在不同地区，尚且不能自行坚守。这就是苻坚怀着非分企求而没有得到，拓拔佛狸犹豫迁延而害怕进军的地方。整个天下被全部占有了，哪会等到蒙古人他日来占领呢？然而兀术急于渡过黄河返回，宋高宗尚且可以淮河为界而守住南宋的领土，由此就可以知道有关国家安危的机密，不是一朝一夕形成的。

女直之不能久处江东也，若有所怵惕，而梦寝不安。非其欲之有所厌也，非其力之不足恃也；攻有余而守不足者，无与故也。杜充之降[①]，疑有与矣。而充不足以当有无之数，孑然自以其身降，而号令不能及众；则女直之不能凭借以有江、淮，深知之矣。深入国境而能因而据之者，必有拥众降附代为招集之人。故刘整、吕文焕降于蒙古[②]，而后宋不能免于土崩。地非其地也，人非其人也，风土之刚柔，山川之险易，人心之向背，乍履其地而无以相知。安能孤军悬处，设守令，索刍粮，以无忧其困？师行千里而不见敌者，心必危；乌合以附而无任其安辑者，信之必不固。则兀术之方胜而惧，得地而不敢有，所必然矣。

【注释】①杜充（？—1141）：字公美，相州（今河南安阳）人。南宋初年宰相、叛臣。金兵南下，他几度弃城而逃，最终降金。

②刘整（1212—1275）：字武仲，邓州穰城（今河南邓县）人。金末时投奔南宋，沉毅有智谋，善骑，多次升迁。后恐遭迫害被迫降元，谋划进攻策略导致南宋灭亡。吕文焕：安丰（今安徽寿县西南）人，南宋后期将领。任守将时与蒙古军相持6年之久。后兵尽粮绝被迫投降元军。

【译文】女真不能长久驻扎江南，好像有所怵怕和警惕而寝梦难安。不是他们的欲望有所满足，也不是他们的力量不足依靠；他们进攻有余而驻守不足，是没有人协助的原因。杜充投降，似乎是在协助他们了。但杜充不足以决定大局的成败定数，只是孤立地自己投降，而他的号令也不能指挥大众；那么女真不能凭借他占有江、淮，女真对此也是深知的。深入国境而能顺势占据，必须要有众多拥护者和降附者，代替金人进行招降众人。所以刘整、吕文焕投降蒙古，而后宋王朝就不能避免土崩瓦解。土地不是金人自己的土地，百姓也不是自己的百姓，风土人情的刚柔性质，山川的险易形势，人心的向背，刚刚占领土地是无法了解的。怎能让孤军驻守在这样不牢靠的地方，设置郡县的守令，索取当地粮草，而不担忧有困扰呢？军队行走了千里而不见敌人，兵将内心必定感到危险；乌合之众向我投降而没有可以信任招安他们的人，那么对这些投降者的信任必定也不稳固。那么兀术刚刚取胜而感到畏惧，得到了土地而不敢占有，这是必然的了。

夫宋之得此，于天下虽无片土之安，而将帅牧守相持以不为女直用，固有以致之也。其于士大夫也，亦几失其心矣；然而诛夷不加也，鞭笞愈不敢施也。祖宗之家法定，奸邪虽逞，而天子不为之移，则奸邪亦知所禁而弗能播其凶德。其于武臣也，猜防之而不使展其勇略，是以弱也；然而有功而未尝故挫抑之，有过而未尝深求之，危困而未尝割弃之，败衅而未尝按诛之。待之也既使有余，而驭之也亦有其制。不使之擅部曲而听其去来，不使之幸寇存以胁吾权宠。不纵之于先而操之于后，则怨不深；不操之已穷而纵之使傲，则情不悖。故武人犹思媚于君，而部曲不从逆以靡。天下之大势，十已去其八九，而士心协，民志定，军情犹固；宋之所以立国百余年如一日，而濒危不改其恒也。

【译文】宋王朝有如此结果，天下虽然没有一片安全的土地，而将帅和地方官员全都坚持不受女真的任用，本来就有原因导致这种情况。宋王朝对于士大夫，也几乎让他们丧失忠心了；但对士大夫既不加诛夷之刑，鞭笞之刑更不敢施用。祖宗的家法确定下来，奸邪之人虽然有时得逞，但天子不为他们所改变，那么奸邪之人也就知道哪些事是被禁止的而不能传播他们的恶行。宋王朝对于武臣，猜疑防备而不让他们施展勇敢和谋略，这也导致宋王朝变弱；然而武臣立有功劳时则未尝故意打压抑制他们，有了过失也未尝深察，遇到危险困境时也未尝割舍抛弃他们，作战失败了也未尝治罪诛杀他们。对待他们已是宽容有余的，而驾驭他们也是有一定制度的。不让他们擅自领有部队而听任他们的来去，不让他们因为敌寇尚存而有侥幸心理，以此来胁迫朝廷放权和恩宠。不先放纵他们而在事后操控他们，他们的怨恨就不会深；不在穷困时操控他们，又不放纵让他们桀骜，他们在情感上就不会背叛。所以武臣还想向君主献媚，而他们手下的部队也不跟从叛逆投降。天下的大势，十分已去其八九，而士人的心还是一致的，民众的意志还是坚定的，军队的士气还是稳固的；这就是宋王朝之所以能立国百余年如一日，而濒临危险时不会改变他们一贯做法的原因。

至于史嵩之、贾似道起[①]，尽毁祖宗之成法，理宗汶弱而莫能问，士心始离，民心始散。将帅擅兵，存亡自主，而上不与谋，然后望风瓦解。蒙古安驱以入，晏坐以抚，拾天下如一羽而无所疑。不然，刘、吕虽降，安能举我所豢养之吏士直前相搏，而乐附狡夷如其父兄也哉？斩刘亟，则小人易激；鞭笞用，则君子亦离。部曲众而封赏早，则去来自恣；孤旅危而应援绝，则反噬必深。上与下泮涣而不相知[②]，敌乃坐收之，而反为吾腹心之患。宋之乱政，至蔡京当国、童贯临戎而极矣。而凡数者之病犹未剧也，是以高宗跳身航海而终不亡也。

【注释】①史嵩之（？—1256）：字子由，鄞县（今浙江宁波）人。金亡后他反对出兵收复失地，主张与元讲和。世人评价褒贬不一，后人认为他颇有才能、功勋显赫，又专权独断，排斥异己。

②泮涣：融解；分散；涣散。

【译文】到史嵩之、贾似道等人起势的时候，就彻底毁坏了祖宗的成法，理宗为人文弱而不能过问政事，士人的心开始离散，民众的心开始涣散。将帅擅自统兵，存亡自己作主，上下不互相谋划，然后自然就对蒙古军望风瓦解了。蒙古军队安心地长驱直入，不费兵卒稳坐就能抚定了天下，得到天下如同拾一根羽毛般没有任何疑虑。如果不是这样，刘整、吕文涣虽然投降，蒙古又怎能得到宋王朝豢养的全部官吏士人而直接与宋作战，并让宋人乐于依附狡诈的蒙古就像依附他们的父兄一般呢？屡次斩杀士人，小人就容易被激怒；用鞭笞之刑，那么君子也会离去。管理的部队太多而且封赏太早，他们的来去就会自由任意；孤军危险了而朝廷不派出救援，那么他们反叛投降的意愿就会更深。上下军心涣散而不相互了解，敌人就坐收其利，反而让投降的人成为宋王朝的心腹大患。宋王朝混乱的政治，到蔡京掌国、童贯领军时就达到了极点。但以上这些弊病还不是最猛烈的，才能让高宗逃身到海上却最终也没有亡国。

六

人之为言也，贸贸而思之，绵绵而弗绝，天可指，地可画，圣人可唯其攀引，六经可唯其摭拾[①]，而以成乎其说。违道之宜而以为德，大害于天下而以为利。探其所终，必不能如其言以行，而辄欲行之。时而有达情以体物、因势以衡理者，主持于上，必不听之以行。乃以号于天下曰：“吾说之不行，世衰道降，无英君哲相志帝王之盛治者使然也。”于是而有传于世，乃使殃民病国之邪臣，窃其说以文其恶，则民之憔悴，国之败亡，举繇乎此。要其徒以贼民而无能利国，则亦终莫能如其说以行也，祇为乱而已矣。

【注释】①摭（zhí）拾：收取；采集。

【译文】人们要提出言论，轻率地思考，连绵不绝，指天画地，圣人可以任他引用，六经可以任他收取，来凑成他的论说。违背道义要做的事却视为德，对天下有大害而视为利。探讨他的最终结果，必定不能按他的论说来行动，却总是想付诸行动。有时会通达人情而体察事物、根据时势来衡量道理的人，在上面主持大政，必定不会听这种人的论说去行动。这种人就会昭告天下说："我提出的论说不能实行，世道衰落，是没有英明君主和智慧宰相有志于帝王的盛治伟业造成的。"于是这些言语流传到世间，就会让祸国殃民的奸臣，窃取他的论说来文饰自己的恶行，那么民众的憔悴和国家的败亡，就都是由此产生。如果持这种论说的人只会害民而不能利国，那么也最终不能按他的论说来实行，只会造成祸乱而已。

当建炎之三年，宋之不亡如缕，民命之死生，人心之向背，岌岌乎求苟安而不得矣。有林勋者[①]，勒为成书，请行十一之税。一夫限田五十亩，十六夫为井，井赋二兵一马，丝麻之税又出其外。书奏，徼一官以去。呜呼！为勋干禄之资，则得矣。其言之足以杀天下而亡人之国，亦惨矣！时亦知其不可而弗行，而言之娓娓，附古道以罔天下，或犹称道之弗绝。垂至于贾似道，而立限以夺民田为公田，行经界以尽地力而增正赋，怨讟交起[②]，宋社以墟，盖亦自此启之也。

【注释】①林勋：桂岭（今广西贺州）人，徽宗政和五年进士。高宗建炎三年，献《本政书》，主张仿古代井田之制，使百姓拥有土地耕作，国家富裕，社会安定。其后，又进献《比较书》，极受朱熹所推崇。所施政治均为惠民之策。

②怨讟（dú）：怨恨诽谤。

【译文】在高宗建炎三年的时候，宋王朝虽未灭亡却已如缕如线，民众的死生，人心的向背，形势危急到想求得苟且偷安都做不到了。此时有位叫林勋的人，编写了一部《本政书》，请求征收十分之一的税收。主张一个农夫限田五十亩，十六夫的土地构成一井，每井交赋二兵一马，另外再交纳丝麻税。这部书上奏到朝廷，求得一官职后离去。呜呼！这部书及其主张作为林勋求官的资本，是已经得到了。他的主张足以害天下而让国家灭亡，也是非常悲惨的了！当时也知道他的主张不可行而没有实行，但书中的论说娓娓不绝，依附古人的道义来欺骗天下，有人还称赞说大道没有断绝。后来到了贾似道的时候，就立下限度来夺取民众的田地作为公田，实行经界法以充分发挥土地的效力而增加了正赋，怨恨四起，宋王朝的社稷由此被毁坏，大盖也是由此主张开始的吧。

古之言十一者，曰中正之赋。而孟子曰："轻之者貉道也[①]。"汉乃改之为三十而一，然则汉其貉乎？何以一人陶济万室之邑[②]，历千年而不忧其匮也？夫以天下而奉一人，礼际禄廪宫室车服之费则已约矣，非百里一邦制度繁殷之比也。而不但此也，古者建国分土，民各输于其都，自远郊而外，道里之远者，即在王畿，亦五百里而近。莫大诸侯，不过二百余里而已。而大夫之有采地者，即其都邑以出纳。唯然，则名十一而实亦十一已耳。

自汉合四海以贡天府，郡县去天子之畿，有逾于五千里者矣，其以输塞下养兵卫民者，又过于是。逆流而漕，车舆驴马任辇以行，其费不赀。使必盈十一以登太仓，三倍而不足以充。故合计民之所输将，名三十而实且溢于十一矣。且欲立取民之制，求盈于十一，民之膏脂尽于此，而尚足以生乎？今使勋计其亩田，令输十一于京、边，勋其能之而无怨邪？抑徒为此不仁之言，以导君于贪暴邪？况乎古之十一者，有田有莱[③]，有一易再易之差，则亦名十而实二十。汉之更制，乃以革李悝之虐，而通周制之穷，百王之大法也，其何容轻议哉？

【注释】①貉道：同“貊道”，旧时对北方少数民族的习俗、制度的贬称。这里指少数民族的二十税一制度。

②陶济：救济；养活。出自《抱朴子外篇·广譬》篇：“阴阳以广陶济物，三光以普照著明。”

③莱：古代指郊外轮休的田地。

【译文】古代所说的十分之一的税法，称为中正之赋。而孟子说：“税率如果比这个轻，那就是北方蛮族的税法了。”汉代把十一之税改为三十税一，那么能说汉代实行北方蛮族之道了吗？为什么以一人养活万户家室，历经千年而不担忧它匮乏呢？这是因为以整个天下来奉养一个人，用于礼仪官禄以及宫室车马服装的费用已经非常简约了，不是方圆百里的一国繁多的制度产生费用可比的。而且不但如此，古代封邦建国分封土地，民众各自输送赋税到国都，从都城的远郊往外，路途远一点的，即使在天子的王畿范围内，也近有五百里。而最大的诸侯国，距离也不过二百多里而已。而大夫有采地的，就在他的都邑内输送交纳。只有这样，才能保证名义上是十一之税，实际交上来也符合十分之一。自从汉朝汇合全天下赋税于朝廷，郡县离天子的都城，有超过五千里的地方了，还有输送到边境地区用来养兵的赋税，则又超过了这个。在河里逆着水流进行漕运，车辆驴马拉车前行，所耗费用不可计量。假使一定要交足十分之一税赋到都城的仓库，那么花费这个三倍的数量还不足以输送到都城仓库。所以合计民众要输送的赋税，名义上是三十税一，而实际上已超过了十一之税。而且想建立从民众手中征收赋税的制度，追求十一之税的足够数量，那么民众的财富就全都耗尽在这里边，还能满足他们生存的用度吗？如今假使用林勋统计各地的田亩，命令输送十一之税到京城和边境，林勋他能做到并让民众没有抱怨吗？或者只是用这不仁义的言论，来诱导君主变得贪婪残暴呢？何况古代的十一之税，农民有耕种的田地，有轮休的田地，期间一年轮换两年轮换的差别，那么也名为十一之税而实际却是二十税一的制度。汉代改变赋税制度，乃是革除李悝变法的暴虐之处，而变通周代制度的缺点，这是百代帝王都能施行的大法，怎么能允许轻易评议呢？

至欲于一井四百五十亩之中，赋二兵一马，以充戎行，不知勋之将以何为也。将以战与？则驱愿懦之农人，以与闵不畏死之盗贼、乐杀无厌之夷狄，贸躯命于喋血屠肝之地，一兵死而更责一兵，不杀尽农人而不止。无诛夷之峻法以督之，则闻金鼓而骇溃，国疾以亡。将以戍与？则荷戈而趋数千里之绝塞，饥寒冰雪，仅存者其余几何？抑且重为征发，而南亩之余以耕者，又几何也？三代之兵，所戍者，百里之疆埸也；所战者，乍相怨而终相好之友邦也；所争胜负者，车中之甲士也；追奔不穷日，俘馘不尽人[①]。乃欲以行之后世流血成渠之天下，虽微仁人，亦不禁为之恸哭矣。若马，则国有垧牧[②]，而益以商贾之征，固未尝责农人供戎车之用。勋欲更取盈焉，商鞅、李悝所不忍为而欲为之，亦可谓覆载不容之凶人矣！

【注释】①馘（guó）：古代战争中割取敌人的左耳以计数献功。这里指俘虏。

②垧（jiōng）牧：荒郊，远野。这里指郊外的牧场。

【译文】至于想在一井的四百五十亩之中，征收两人当兵和一匹马作为兵赋，来填充军队，不知按着林勋的策略将要用他们做什么。将要用他们作战吗？这么做就等于驱赶胆小怯懦的农民，来与凶残不怕死的盗贼、乐于屠杀无厌的夷狄作战，轻率地冒死拼命在血腥屠杀的战场，一兵战死就再命一兵顶上，不杀尽农民而不休止。没有诛杀夷狄的严峻法令来督管他们，那么他们一听到金鼓声就吓得溃退，国家很快就会灭亡。将要用用他们戍守边疆吗？那么让农民背着行囊兵器走数千里到绝境边塞绝路边塞，冰天雪地里忍受饥寒交迫，仅是存活的人能留下几个呢？而且还要重复征发兵役，那么田地里剩下来耕种的人，又有多少呢？夏、商、周三代的兵校，戍守边疆的地方，离家不过百里远；从事征战的对象，是开始有仇怨而终会友好的友邦；真正作战，争胜负的，是在战车中的披甲勇士；追击败军没有穷尽日，也不会把所有的人都捉来当俘虏。而想要施行这种制度在后世流血成河的天下中，虽然不足以是仁义之人，也忍不住为它恸哭啊。关于战马，因为国家有专门的郊野牧场，再加上从商人那里征收的马匹，本来就不曾苛责农民来上交马匹供战车使用。林勋想征收更充裕的马匹，这是商鞅、李悝不忍做的事而林勋却想做，他也可以说是天地所不容的恶人啊！

夫勋固曰："此先王之法也。"从而称之者，亦曰："此先王之制也。"建一先王以为号，而胁持天下之口，诚莫有能非之者。而度以先王之时，推以先王之心，其忍此乎？抑使勋自行之，而保民之不揭竿以起乎？且使行之于勋之田庐，而勋不弃产以逃乎？夫亦扪心而自问乎？

【译文】林勋坚持说："这是先王的法令。"跟随并称赞他的人也说："这是先王的法令。"立一个先王的名号，而来胁持天下人之口，确实没有人能非议他。但是审视先王的时代，推测先王的用心，他们会忍心这样做吗？或是林勋自己来实行它，能保证民众不揭竿而起吗？而且在林勋的田地和房屋中实行这种税法，林勋能不丢弃田产而逃跑吗？他也会扪心而自问吧？

奉一古人残缺之书，掠其迹以为言，而乱天下者，非徒勋也。庄周之言泰氏也，许行之言神农也，墨翟之言大禹也，乃至御女烧丹之言黄帝也，篡国之大恶而言舜、禹也，犯阙之巨盗而言汤、武也，皆有古之可为称说者也。古先圣王之仁育而义正者，精意存乎象外，微言善其变通，研诸虑，悦诸心，征之民而无怨于民，质之鬼神而无恫于鬼神，思之慎而言之讷，恶容此吮笔濡墨求充其幅者为哉？前乎勋而为王安石，亦《周官》也；后乎勋而为贾似道，亦经界也。安石急试其术而宋以乱，似道力行其法而宋亡。勋唯在建炎惊窜不遑之日，故人知其不可行而姑置之。陈亮犹曰①："考古验今，无以加也。"呜呼！安得此不仁之言而称之也哉？

【注释】①陈亮（1143—1194）：原名陈汝能，字同甫，号龙川，学者称为龙川先生。婺州永康（今浙江永康）人。南宋思想家、文学家。倡导经世济民的"事功之学"，反对空谈性命义理的理学。著作有《龙川文集》等。

【译文】遵奉一本古人残缺的书，掠取书中的只言片语作为自己的言论，以此来搅乱天下的人，不是只有林勋。庄周论说泰氏，许行论说神农，墨翟论说大禹，甚至御女炼丹的人论说黄帝，篡国的大恶人却谈论舜、禹，侵犯宫阙的巨盗谈论汤、武，他们都有古代的先王可以引用论说。古代先圣先王所论的仁育而义正的说法，精意存在于事象之外，微言重在善于变通，研究思虑，愉悦内心，征求于民而无怨于民，向鬼神求证却无惧于鬼神，思考慎重而言谈迟缓，哪里容得这种吮笔沾墨以求扩充其篇幅的人来引用呢？在林勋之前的是王安石，他也称引《周官》；在林勋之后的是贾似道，也引用经界说。王安石急着试用他的方法而宋王朝就出现祸乱，贾似道极力推行他的法令而使宋灭亡。林勋的言论只是在建炎年间高宗惊慌逃窜不及的时候，所以人们也知道他的言论不可行而姑且闲置。陈亮还说："考证古代验证当今，没有能超过他的人。"呜呼！怎能能得出如此不仁的言论来称赞他呢？

七

绍兴诸大帅所用之兵，皆群盗之降者也。高宗渡江以后，弱甚矣。张浚、岳飞受招讨之命，韩、刘继之。于是而范汝为、邵青、曹成、杨么之众皆降而充伍[1]，乃以复振。走刘豫，败女直，风闻惊窜之情，因以有定。盖群盗者，耐寒暑，攫锋镝，习之而不惊；甲仗具，部队分，仍之而无待，故足用也。不然，举江南厢军配囚脆弱之众，恶足以当巨寇哉？

【注释】①范汝为（？—1131）：建州瓯宁（今属福建建瓯）人。南宋农民起义首领。多次起兵，虽告失败，但是对夺取地主土地的尝试，对后代的农民革命有重要意义。邵青：南宋反叛者，以船为军被称为“水贼”，后被宋朝招安。曹成：南宋初，与其弟二人为盗，后被岳飞、韩世忠征剿。

【译文】绍兴年间的诸位大帅所用的士兵，都是各地盗匪的投降之人。高宗渡江以后，军力更加衰弱了。张浚、岳飞接受了朝廷对盗匪的招抚讨伐命令，韩世忠、刘锜也相继接到命令。于是各地盗匪如范汝为、邵青、曹成、杨么的部队都投降被补充到军队，宋王朝的兵力才得以重新振奋。击退刘豫，战败女真，人们听闻敌人一来就惊慌逃窜的心情，因此得以安定下来。这是因为各地的盗匪，能耐寒暑，使用锋利的武器，习惯了战争而不会惊慌；披甲执器的士兵准备充分，分到各个部队，直接整编为军队无需等待，所以作战足够了。不然，整个江南厢军配备囚犯等脆弱的士兵，怎么能够抵挡强大的敌寇呢？

乃考之古今，用群盗者，大利大害之司也。受其归者有权，收其用者有制。光武收铜马而帝，曹操兼黄巾而强，唐昭用朱温而亡，理宗抚李全而削[1]。盗固未可轻用也。以弱而受强，则宾欺其主；以强而受强，则相角以机；以强而受弱，则威生其信。无故而来归者，诈也。挫于彼而归于此者，弗能为助者也。以名相服，而无其实者，乍合而终离也。故欲抚群盗者，必先之以剿；而群盗之欲降也，抑先战胜而后从。虽已为我之部曲，犹以强弱与我争主客之权。唐何挟以受朱温？宋何恃以受李全？温与全且睥睨我而倒持其制，翱翔自得，复将谁与禁之？唯绍兴诸帅之知此也，风驰雨骤而急与之争，一败之，再败之，无不可败之盗，而后无不可受。群盗岂徒畏我哉？抑信其可恃为吾主，而可无衅折死亡之忧矣。此其受之之权也。

【注释】①李全（1190—1231）：潍州北海（今山东潍坊）人。金末地方武装集团的首领。宋嘉定十一年（1218年），依附南宋。金正大三年（1226年），元军进攻山东青州，李全次年五月出降。后又从元归宋，实为帮元，宋出兵讨伐，在逃走途中斩杀。

【译文】考察古往今来，任用众多盗匪的，会决定是有大利还是大害。接受盗匪投降的人要有权势，而收编他们来用的人要有相应制令。汉光武帝收服了铜马军而称帝，曹操兼并了黄巾军而变得强大，唐昭宗招用了朱温而使唐王朝灭亡，宋理宗招抚了李全而使宋王朝削弱。盗匪本来就不可轻易招用。靠自己微弱的实力来接受强大的盗匪投降，就会使作为宾客的盗匪欺侮他的君主；自身强大再接受强大的盗匪投降，就会有相互角斗的机会；自身强大而接受弱小的盗匪投降，就会产生威望而让他们信服。无缘无故来归顺的，这是诈降。在别处受挫而到此处归顺的，这是不能辅助我的。名义上归服，却没有实际归降的行动，只是短暂的相融而最终仍要叛离。所以要想安抚众多的盗匪，必须先要进军攻剿；而盗匪们想投降，也必须先战胜他们而后允许他们投降。他们即使已经成为我的部下，还会根据双方强弱的情况来与我争夺为主为客的权力。唐王朝倚仗什么而接受朱温的降服？宋王朝又倚仗什么接受了李全的降服？朱温与李全尚且对朝廷侧目窥伺，而朝廷就让他倒戈壁而秉持制度，他们行动自由，又有谁来禁止他们？只有绍兴年间的各位统帅知晓其中奥妙，让军队风驰电掣地对他们紧急进攻，一次又一次击败他们，没有不能击败的盗匪，而后就没有不能接受降服的盗匪了。盗匪们难道只是畏惧我们吗？或许是相信他们可以依仗朝廷，而可不再有被挑衅甚至死亡的威胁了。这才是接受盗匪降服应有的权势。

若夫所以用之者，尤有可用不可用之辨焉。均为盗，而既为之长矣，固袖然自大，而以为我有此众也。受命归降，而又崇其秩以统其众，则虽有居其上以控制之者，尊而不亲，而不能固保其尊。其来也，因之而来；则其去也，因之而去。其顺也，因之而顺；则其逆也，因之而逆。天子且拥虚名，元戎徒为旒缀。大且肉袒而市我于敌，夫且怀奸而代我以兴，矧望其策心戮力以死相报乎[①]？故盗可用，而渠帅不可用也。

【注释】①矧（shěn）：况且。

【译文】如果要任用降服的盗匪，尚且有可用和不可用的区别。都是盗匪，而已经成为盗匪首领的人，他们本来就会自大，会以为是自己统领这些部队的。接受朝廷的命令而归降，却又抬高这种人的官位让他继续统率他的部队，那么即使在上面有控制他的人，但他只会尊重而不亲近，而不能长久保持这种尊重。其他盗匪来降服，是跟着这种首领来降服的；那么他们的逃走，也是跟着这种首领而离去的。盗匪归顺是因为他，反叛也是因为他。对于这样的盗匪天子只是徒有虚名，军队将领也只能用他们作为自己外在的装饰。这种人将会裸露上身向敌人出卖我们，他们尚且还怀着奸心要取代我们而兴起，又怎能指望他们怀有忠心奋力杀敌以死来报效朝廷呢？所以降服的盗匪可用，而他们的首领不可用。

乃尤有固不可用者，即其戢志无他，而必不可图功。盖其初起也，皆比闾之俦伍[①]，无权藉以相事使，而群推一人以为长，此一人者，何以能折羿傲之众使不离哉[②]？固有工于为盗之术，而众乃弭耳以听。其为术也，非有规恢天下之略也，抑非智勇过人，而战无不胜也，不以败为忧，不以走为耻，不以旦此夕彼为疑。进之务有所卤获以饱众，退之知不可敌，而急去以全其军。得地而无固守之情，以善其规避；一战而不求再战，以节其劳疲；志在偷以求全其部曲，而不期乎功之必成。于是徜徉不幸之地，凭恃山川之险，以免其人于屠戮之苦，而有旁掠之利。于是贸贸而起者，乐推奉而戴之为尊。夫如是，欲使之争封疆于尺寸，贸身首以立功，未有能胜者也。败亦走，胜亦走，无所不走者，无所不掠。甚则坐视国家之倾危，而乘之收利。或叛或篡，皆其习气之无恒，熟用之而不恤者也。威不足以詟之，恩不足以怀之，非徒唐昭、宋理之无以驭之也[③]；即光武亦奚能洗涤其顽诡，使媢己以共死生哉？故光武于赤眉之帅，诮以“铁中铮铮”，唯待以不死；曹操收黄巾之众，终不任以一将之功。而朱温、李全仍拥部曲，屹为巨镇，进则败而退则逆，为盗魁者，习与性成，终不能悛也[4]。

【注释】①俦（chóu）伍：同类之人，同等之人。俦，同类；同辈。

②奡（ào）：古同“傲”，傲慢。

③唐昭：即唐昭宗李晔（867—904），唐懿宗第七子，唐僖宗之弟。在位十六年，先后被宦官和藩镇控制，最后被朱温从李茂贞等手中夺到，天复四年（904年），被带到汴梁，不久被弑杀。

④悛（quān）：悔改，改变。

【译文】然而还有本来就不可用的一种人，即他们收敛心志而没有别的意图，朝廷也必定不能他们建什么功劳。这是因为他们最初起兵的时候，都是同一个里巷的同伙，没有谁有权势能指使其他人，而起兵之后众人推举一人作为首领，这个首领，如何能折服傲慢的众人使他们不离去呢？这是他本来就有善于作盗匪的手段，而众人才俯首帖耳地听从他。这种人的手段，没有能夺得整个天下的谋略，也不是他的智勇过人能战无不胜，而是因为他们不为失败而担忧，也不因逃走而耻辱，也不会因早晨这晚上到那而有疑虑。他率领众人进军就是为了有所虏获而满足众人，知道敌不过就撤退，快速逃走以保全军队。占领一个地方没有固守的愿望，以求善于躲避；打一次仗后不想再次作战，以免部下疲劳；他的志向是偷安求生保全自己的部队，而不期望功成名就。于是他们就徘徊游走在朝廷军队没有到达的地方，凭借山川险要，以避免他们的部队遭受屠戮的苦难，而且还有抢掠周遭的好处。归因于此茫然起兵的人，就乐于推举这样的人作为首领。像这样，想让这种人为朝廷争得尺寸的封疆土地，舍弃性命建立战功，没有能胜任的。战败也是逃走，战胜也是逃走，无处不逃走，无处不抢掠。更有甚者会坐视国家的倾亡安危而不顾，并且乘机坐收私利。或是叛变或是篡权，都因为他们的习气不能固定不变的，熟练地多变而不管不顾。朝廷的威严不足以震慑他们，恩宠也不足以感化他们，不只是唐昭宗、宋理宗没有办法驾驭他们；即使是光武帝又怎能净化他们的顽劣诡诈的习性，让他们归顺自己而同生共死呢？所以光武帝对于赤眉军的将领，讥称为“铁中铮铮”，只是用不处死来对待他们；曹操收服大量黄巾军，最终也不任用一个为大功将领。而朱温、李全却是仍旧拥有自己的部队，驻屹成巨大的一方军镇，向他们进军就战败，撤退就反叛，他们作为盗匪首领，习惯与本性都已形成，终究是不能悔改的。

绍兴诸帅用群盗而废其长，张用、曹成、黄佐仅得生全[①]，范汝为、杨么皆从斩馘，李成、刘忠宁使之北降刘豫[②]，而不加收录。则根既拔者枝自靡，垢已涤者色以新。人皆吾人也，用唯吾用也，指臂相使之形成，以搏撠有余力矣[③]。宋之抚有江、淮，贻数世之安，在此也。荡涤尽，则民力裕；战胜频，则士气张；大憝诛[④]，则叛逆警；部曲众，则分应周；控制专，则进退决。故以走刘豫，挫兀术，而得志于淮、汴。垂及异日，完颜亮犹不能以一苇杭江而逞，皆诸帅决于灭贼之功也。非高宗之志变，秦桧之奸售，宋其兴矣。

【注释】①张用：相州（今河南安阳）人，宋高宗建炎三年（1129年）至四年（1130年），与王善等人在淮宁府、确山、汉阳军至江西一带叛乱，得劝降信投降岳飞。黄佐：湖南人，为杨么起义主要将领之一，后受岳飞民族大义感动，投降、忠心效力。

②刘忠：高宗建炎三年在蕲州起兵。绍兴二年（1332年），被韩世忠

所破，投奔刘豫，后为部下王林所杀。

③撠（jǐ）：击，刺。

④大憝（duì）：大恶之人。憝：坏，恶。

【译文】绍兴年间的各位将帅使用降服的盗匪时却废黜了他们的首领，张用、曹成、黄佐等人仅得以保命，范汝为、杨么就全部被斩首，李成、刘忠宁等人，就让他们到北方投降刘豫，而不加收编录用。这样盗匪们像被拔掉根的枝叶自然就委靡了，如同污垢已被洗涤而颜色就变新了。人都成了我的人，也只为我所用，形成了手臂指挥手指的形势，用来搏斗就有多余的力量了。宋王朝能抚有江、淮地区，保留数代人的安定，原因就在于此。各地的盗匪尽数被清除，则民力就充裕了；用来作战能频频取胜，士气就高涨起来了；大恶被诛杀，想要叛逆的人就警觉了；降服的部队人多，分到各处对应敌寇就周全了；对他们实行专门的控制，进军或是撤退就能决定了。所以用他们击退刘豫，挫败兀术，而得胜于淮、汴一带。这种局势延续到后来，完颜亮尚且不能乘船渡过长江而得逞，都取决于绍兴年间各位将帅消灭贼寇的功劳。如果不是高宗的意志改变了，让秦桧的奸邪得逞，宋王朝也将会再复兴。

八

上有不能言之隐，下有不能变之习，贤者且奉之以为道之纲，奸人遂乘之以售其忮害之术。迨乎害之已著，且莫知弊之所自，而但曰："知人其难！"故贤为奸惑，而庸主具臣勿论也，夫岂然哉？

【译文】君主有不能明说的隐衷，臣子养成了不愿改变现状的习惯，贤能的人还把这种情况尊奉为治道的纲领，于是奸邪之人就乘机兜售他们嫉妒、残害他人的伎俩。等到危害已经很明显了，却没有人明白弊病是怎么来的，只是说："了解一个人太难了！"因此，贤能的人也常常被奸邪之人所迷惑，平庸的君主和碌碌无为的臣子就更不用说了。但是，难道这是应该的吗？

尝读胡氏《春秋传》而有憾焉。是书也，著攘夷尊周之大义，入告高宗，出传天下，以正人心而雪靖康之耻，起建炎之衰，诚当时之龟鉴矣[①]。顾抑思之，夷不攘，则王不可得而尊。王之尊，非唯诺趋伏之能尊；夷之攘，非一身两臂之可攘。师之武，臣之力，上所知，上所任者也。而胡氏之说经也，于公子翚之伐郑[②]，公子庆父之伐于余邱[③]，两发"兵权不可假人"之说。不幸而翚与庆父终于弑逆，其说伸焉。而考古验今，人君驭将之道，夫岂然哉？前之胤侯之于夏，方叔、召虎、南仲之于周[④]；后之周亚夫、赵充国之于汉，郭子仪、李光弼之于唐；抑岂履霜弗戒，而必于"今将"也乎？"天下有道，征伐自天子出。"自出者，命自上行之谓也。故《易》曰："在师中，王三锡命。"锡命者王，在师中者"长子"。在其中，任其事，而以疑忌置之三军之外，恩不浃，威不伸，乍然使之，俄然夺之，为"弟子"而已。弟子者，卑而无权之谓也。将而无权，舆尸之凶，未有免焉者也。唯胡氏之言如此，故与秦桧贤奸迥异，而以志合相奖。非知人之明不至也，其所执以为道者非也。

【注释】①龟鉴：也说“龟镜”。龟可以卜吉凶，镜可以比美丑。故以此比喻借鉴前事。

②公子翚（huī）：即羽父，或称公子挥，春秋时鲁国人。为得宰相位而挑唆鲁隐公杀其弟，被拒绝后，反杀鲁隐公，而立其弟为鲁桓公。

③公子庆父（？—前659）：春秋时期鲁桓公子，鲁庄公弟。连续弑君乱鲁，逃亡莒国、齐国，被驱逐遣返，途中自缢。

④方叔：西周宣王时卿士。曾率兵车三千辆南征荆楚，北伐玁狁，有功于周。召虎：或做召伯虎，西周人。周厉王暴虐，他多次劝谏未果，被国人逐出国都。太子靖避居他家，他以自己儿子替死。厉王死后，他拥立靖为宣王。时淮夷不服，他奉命率师讨平之。宣王加封申伯地，他为之经营。卒谥穆，称召穆公。南仲：周宣王大臣，任卿士。曾与大师皇父、大司马程伯休父率六师南征徐淮，又曾北伐玁狁。

【译文】曾经阅读胡安国的《春秋传》而对书中言论抱有遗憾。这部书，主张攘平外夷而尊重周天子的大义，入朝中献给宋高宗，又在外传至天下，用来端正人心而雪靖康之耻，改变高宗建炎年间的衰弱形势，确实在当时可以奉为可借鉴的。但又思考一下，外夷不平定，那么天子就不能得天下而受尊重。天子的尊严，不只是来自对他唯唯诺诺趋进跪拜所能尊重的；外夷的攘平，不是一个身体两只臂膀所能攘平的。军队的勇猛，臣子的得力，是天子所要知道，天子所要任用的。而胡安国对《春秋》的解说，对于公子翚攻伐郑国，公子庆父攻伐余丘，两次提出“兵权不可借人”的说法。不幸的是公子翚和公子庆父最终弑君谋逆，这种说法得以延伸。但是考古验今，人君驾驭将领的大道，难道是这样的吗？前有胤侯之于夏朝，方叔、召虎、南仲之于周朝；后有周亚夫、赵充国之于汉朝，郭子仪、李光弼之于唐朝；难道这些帝王也不把“履霜坚冰至”的说法引为鉴戒，而在必要时才“于今时任为将”吗？孔子说“天下有道，则礼乐征伐自天子出。”自天子出，是说命令由上面颁布下来。所以《周易》中说：“在军中，天子对将领要下达三次命令。”颁发命令的是天子，在军中任将领的是“长子”。在军中，担任将领的事务，而把对于将领的疑忌置之三军之外，恩宠不广，成严就得不到伸展，突然之间任命他，忽然又剥夺他的军权，这只是把他当做“弟子”而已。所谓的弟子，是说地位低卑而没有权力的说法。作为将领而没有兵权，车裁尸体的凶险结果，就未有人能避免了。只是胡氏的说法如此，所以与秦桧相比贤奸差别很大，但却在志意上相合而相助。这不是他的知人之明达不到，而是他所信奉的道义错了。

然此非胡氏专家之说也，宋之君臣上下奉此以为藏身之固也，久矣。石守信、高怀德之解兵也[①]，曹翰之不使取幽州也[②]，王德用、狄青之屡蒙按劾也，皆畜菹醢之心[③]，而不惜长城之坏。天子含为隐虑，文臣守为朝章，胡氏沿染余风，沁入心肾，得一秦桧而喜其有同情焉。呜呼！夫岂知疑在岳、韩，而信在滔天之秦桧，其子弟欲为之盖愆，徒触怒以窜死，而终莫能挽哉！

【注释】①石守信、高怀德：二人均以拥立赵匡胤称帝有功，为北宋开国将领。后顺太祖之意，参与杯酒释兵权。

②曹翰：大名（今河北大名东）人，北宋初年名将。跟随宋太祖赵匡胤和宋太宗赵光义南征北战，因战功卓著而成为高级将领。

③菹醢（zū hǎi）：古代把人剁成肉酱的酷刑。后也泛指处死。

【译文】但遗憾的是，这并不是胡安国一个人的观点。长期以来，宋朝的君主和文臣们，上上下下都把它尊奉为保全国家的根本方法。北宋时的武将石守信、高怀德被解除兵权，曹翰被阻止去攻取幽州，王德用、狄青多次被弹劾，都是因为君臣上下怀有压制武将的心理，而不顾惜自身保卫力量的毁坏。君主一直把防范武将作为潜在的考虑，文臣们也把它作为朝廷的制度来坚守。胡安国因袭和沾染了流传下来的这种风气，并渗透到内心深处，于是遇到一个和自己有相同心思的秦桧，就非常喜欢他。唉！他哪里知道，他猜疑岳飞、韩世忠，信任犯下漫天罪恶的秦桧，他的后人想要为他掩盖过错，但也只是白白地惹人发怒，被贬逐而死，最终也未能挽回猜疑的看法！

桧之自虏归也，自谓有两言可以耸动天下。两言者：“以河北人归女直，河南人归刘豫也”。是其为说，狂騃而必不可行[1]。匪直资千秋之笑骂，高宗亦怒而榜其罪于朝堂。然而胡氏以管仲、荀彧期之，高宗终委国而听之，虽不知人，宁至于是！夫桧所欲遣归女直、刘豫者，非泛谓沦处江东之士民也。凡扈从南来分节建旄诸大帅，皆夹河南北之部曲，各有其军。而高宗宿卫之旅，不能与较盈虚。高宗惩苗、刘之难，心惴惴焉。桧以为尽遣北归，则枝弱者干自强，而芒刺之忧以释。盖亦与《胡氏春秋》之旨相符。特其奸计未周，发言太骤，故高宗亦为之愕异。而韩、岳之勋名尚浅，高宗亦在疑忌相参之际，故不即以为宜。而胡氏促膝密谈，深相契合者，犹未可即喻之高宗也。

【注释】①狂騃：指人狂妄。騃，指野兽快跑。

【译文】秦桧从女真回来后，自称有两句话可以震动全国。这两句话是："把南宋辖区内黄河以北的人送给女真，黄河以南的人送给女真建立的伪齐刘豫政权。"这个说法，真是颠狂至极，自然是必定行不通的，不只成为后世永远讥笑怒骂的对象，而且当时宋高宗也很恼怒，把他的罪过张榜公布于朝堂之上。但胡安国却把他比拟为管仲、荀彧，高宗最终也把国家大事委托他来办理，完全听信于他，就算这两个人没有识别贤愚善恶的能力，怎么就糊涂到这种地步呢！秦桧想要送给女真、刘豫的，并不是泛指沦落江东的士人和百姓。凡是跟随高宗到江南来的那些战区统帅，都带有来自黄河南北的自己的士兵，各自掌握着自己的军队。但高宗的警卫部队，战斗力远不能与他们比较高下。高宗鉴于苗傅、刘正彦兵变叛乱、自己被废的教训，对各位统帅的军队一直恐惧不安。秦桧认为把这些私人武装全部遣送回北方，就会削弱各位统帅的力量，从而使高宗警卫部队的力量得到增强，恐惧不安也就因此得以消除。这与胡安国《春秋传》的宗旨是符合的。只是他的奸诈计谋还不周全，发表意见又太急切突然，因而连高宗也对他惊讶不认可。此时韩世忠、岳飞都还功绩不多、名声不大，高宗对他们也处于怀疑、猜忌不定的时候，因此没有立即认可秦桧的奸计。从而胡安国与秦桧虽然面对面地秘密会谈，相当投合，但他们所谈的内容还不能立即就明白地告诉高宗。

已而群盗平矣，诸帅之军益振矣，屡挫女直之功日奏矣。三军之归向已深，万姓之凭依已审，士大夫之歌咏已喧，河北之企望已至，高宗之忌之也始甚。桧抑术愈工，志愈惨，以为驱之北而不可者，无如杀之罢之，权乃尽削而事易成。故和议不成，则岳飞之狱不可起，韩世忠之兵不可夺，刘光世、张俊不戢翼而效媚以自全。高宗之为计也，以解兵权而急于和；而桧之为计也，则以欲坚和议而必解诸将之兵；交相用而曲相成。在廷之臣，且以为子翚、庆父之祸可永杜于百年。呜呼！亦孰知桧之别有肺肠，睥睨宗社，使不死，乌可制哉？

【译文】不久各地的盗匪起义相继平定，各位统帅的军队更加强大，接连挫败女真的战功也一天天上奏进来。军队对将帅们的凝聚力已经很强，百姓的依赖之心已经很清楚，士大夫的歌颂声已经很大，黄河以北地区的人民对恢复北方的期望已经出现，高宗对将帅的猜忌也开始厉害起来。秦桧也手段越来越歹毒，心地越来越惨酷，认为既然不能遣送回北方，不如干脆诛杀或罢免，把各位统帅的兵权全部削夺，事情就容易办成。如果南宋与女真的讲和不成功，那么岳飞的冤狱就不会发生，韩世忠的兵权就不会被削夺，刘光世和张俊就不会收敛势力、主动讨好以自我保全性命。高宗的计划，是通过解除兵权而急于向女真求和；但秦桧的计划，却是认为要坚定不移地与女真讲和，就必须先解除各位将领的兵权。二人的计划交替施行，虽然不一样，但却正好相辅相成。当时的朝中大臣，还认为可以由此而永远杜绝公子翚、公子庆父那样的弑君之祸。唉！又有谁知道秦桧是另有一番心思，他是在窥伺国家。要是他没有死在高宗之前，又怎么能控制得住他呢？

九

高宗决策选太祖后立以为嗣，道之公也，义之正也，保固宗祧之大计也。而其议发于上虞丞娄寅亮，疏贱小臣，言出而天子之位定，大臣无与者，宋之无人久矣！寅亮之言，定一代之纲常，协千秋之公论，诚伟矣哉！顾其为人，前此无学术之表见，后此无德业之传闻，固非议定于诚，以天下为己任者也。高宗于此，犹在盛年，度以恒情，必逢恶怒。越位危言，曾不忧及罪罟，夫寅亮何以任此而无疑哉？盖高宗之畜此志久矣，其告范宗尹者明矣[①]。故溢传于外，寅亮与闻而深信之，以为先发夫人之所未发者，功可必，名可成，有荣而无辱也。是谋也，宗尹闻之，中外传之，寅亮处下位而深知之。在位大臣充耳结舌，曾无有能赞一言者，故曰宋无人也。

【注释】①范宗尹（1100—1136）：字觉民，襄阳邓城（今属湖北襄阳）人，南宋宰相。晚年为秦桧所排挤，退居天台，不久死去。

【译文】高宗决策选取宋太祖的后裔立为继承人，道义上合乎公道，符合正义，这是保住巩固宗庙社稷的重大计划。但这个议论却由上虞丞娄寅亮提出，一个疏远低贱的小臣，这个主张提出就确定了天子的皇位，朝中大臣却没人参与这件事，可见宋王朝很久没有人才了！娄寅亮的言论，确定了一代的纲常，合乎千秋的公论，确实是伟大的！顾及到他的为人，在此之前没有表现出他的学术，在此之后也没有留传下什么德业的传闻，可知他本来就不是出于忠诚而提出这个建议，不是以天下为己任的人。高宗在这时，还是盛年，以常情思量，提这个建议定会让高宗大怒。越级提出这种危险言论，不曾担忧会被治罪，娄寅亮靠什么来做此事而没有疑虑呢？这是因为高宗蓄谋这个意愿已经很久了，他告知范宗尹的话已经非常明白了。所以流传到宫外，娄寅亮听说后就深信不疑，认为自己先说出别人还没说的言论，功名都可成就，是有荣而没有辱的。这个谋划，范宗尹也听到了，朝廷内外都在流传，娄寅亮处于低级的官位而深加了解。在朝内的大臣却充耳不闻、结舌不语，未曾有人对此事提出赞同的言论，所以说宋王朝没有人材了。

夫宗尹诚不足道矣。张德远新平内难，任授分陕，赵惟重系属本支，尊参坐论；君有志而不能知，君有美而不能成，君有宗社生民之令图而不能决。所谓“焉用彼相”者，责奚辞哉？故高宗之任二相也不专，谋和与战也不定，以其无忧国之忱也。乃使自虏来归之秦桧，一旦躐级其上，而执诛赏之大权，诚有以致之者，而不足深怪也。

【译文】这范宗尹实在是微不足道的。张德远在刚刚平定内难之后，授命分任川陕事务，赵惟重属于皇家宗族的本支，地位尊贵而参与坐论国家大事；君主有意愿却不能被知晓，君主有美意而不能完成，君主有关于宗庙社稷生民的美好计划而不能决定。所谓“怎么用他这么个宰相”，他的罪责怎能推脱的掉呢？高宗任命的两个宰相都不专一，是谋和还是谋战也不确定，这是因为他们没有忧国的诚意。却差使从金人那里逃回来的秦桧，突然一朝越级登上相位，执掌诛杀赏罚的大权，确实是有导致这一局面的原因，不值得深怪了。

治末者先自本，治外者先自内。匡君之失者，必奖其善。欲行其志者，必有以大服君民上下之心。当其时，雪二帝之耻，复祖宗之地，正夷夏之防，诚切图矣，而抑犹其末也。阐太祖之幽，盖太宗之愆[①]，立义自己，以感天人之丕应，付畀得人，以垂统绪于灵长者，本也。故张子房当草昧之初，而亟垂家法；李长源当扰乱之世，而决定嫌疑。然后天子知有忧国如家之忠爱，而在旁之浸润不入；宵人知我有赞定大策之元功，而瓯臾之流丸自止[②]。自宫中以迄四海，咸知国家之祚胤方新。而谋自我成，道惟君建，则倾心壹志以待我之敷施。身居百僚之长，日与密勿之谋，曾此弗图，而借手望轻志末之小臣，进而与天子商天位之简畀[③]，是犹足推诚委国、争存亡胜败于强敌者乎？

【注释】①愆（qiān）：罪过，过失。

②瓯臾：指地面洼陷不平之处。流丸自止：这里指流言停止传播。

③简畀（bì）：指经过选择而给予。畀：给予。

【译文】治理末节的人要先从根本出发，治理外部的人要先从内部出发。匡正君主的过失，必须鼓励他的善。想实行自己志向的人，必须要有折服君民上下的决心。在当时，要洗去徽钦二帝被俘的耻辱，恢复祖宗的领土，摆正夷人与中原的界线，确实是急切要谋求的事，但这还是事情的末节。阐扬太祖的神灵，掩盖太宗的过失，树立自己的道义，以感应天人的应和，托付帝位给正确的人，传承宋王朝的统系传给太祖的后人，这才是事情的根本。所以张良在汉朝创立之初，就急忙确定传位的家法；李泌在动乱的世代，就要为唐的继承人排除嫌疑。这样做之后，天子才知道要有忧国如忧家的忠爱，而身旁小人的奸谋也浸入腐蚀不得；小人知道有协助确定国家大策的首功臣，那些流言如滚丸遇坑洼一般自动停止。从宫中延迄到整个天下，都知道国家的命脉有一个新的开端。而这样的谋划是由大臣来完成的，道义则只由君主来建立，那么君主就会专心一致地等待治国策略的实施。身居百官之首，每日与君主密商国家大事，未曾谋划此事，却借手寄希望于志向浅薄的低微小臣，进而与天子商议继承帝位的选择与付予，这尚且还值得诚心委托国事、与强敌抗争存亡胜败吗？

张德远之不及此，犹有说也。皇子旉之速毙，有物议焉，不敢称立嗣于高宗之前，有所避也。赵惟重何为者，而亦懵然弗问耶？高宗之世，将不乏人，而相为虚设久矣。其贤者，皆矜气近名，一往而无渊停岳立之弘猷者也。高宗几信几疑，而不见其可恃。故汪、黄、秦、汤术虽陋[①]，志虽邪，而犹倾心吐意，以违众直行，敢于自任，无迟回濡待之情。是以去此取彼，而从之若崩。藉令得韩、范以为肺腑之臣，则引社稷之存亡于一身，生死以之，而密谋皆夙，夫岂奸回之能遽夺哉[②]？济济盈廷，而不能为寅亮之言，其为上所轻而斥之窜之，不伸其志，非其自处者之自致乎？

【注释】①汪、黄、秦、汤：指先后在高宗时期任宰相的汪伯彦、黄潜善、秦桧、汤思退四人。

②奸回：指奸恶邪僻的人或事。

【译文】张浚没有想到这些，还有说辞。可皇子赵旉很小就毙命了，这就引起了人们的议论，不敢在高宗面前提出立太子的事，这是有所避讳的。赵惟重又为什么，竟然也不明貌不过问这件事？高宗时期，将领并不缺人，而宰相就形同虚设很久了。其中的贤者，都只看重气节，一直都不是深沉儆立能定大谋的人。高宗对他们或信或疑，但看不出他们可依靠之处。所以汪伯彦、黄潜善、秦桧、汤思退的权术虽然粗浅，志向虽然奸邪，但还能对高宗倾心吐露自己的心意，即使违背众人意愿而直接随心所欲行事，敢于自我承担，也没有犹豫迟疑的心情。所以舍弃这些奸邪之人而用那些看重声望的人，高宗如果听从国将崩塌。假使高宗能得到韩琦、范仲淹这样的人作为肺腑大臣，他们就会把社稷的存亡揽于自身，把自己的生死全部交给国家，而对国事大政的密谋早已完成，哪能容奸邪之人贸然掠夺呢？满朝廷的大臣，而不能提出像娄寅亮说的立太子的言论，他们必然受到君主的轻慢甚至斥责流放，不能施展自己的志向，不是他们自己处事而自己导致的结果吗？

十

自宋以来，州县之庭立《戒石铭》，蜀孟昶之词也。黄庭坚书之[①]，高宗命刻石焉。读者佥曰："励有司之廉隅[②]，恤生民之疾苦，仁者之言也。"呜呼！儒术不明，申、韩杂进，夷人道之大经，蔑君子之风操，导臣民以丧其忠厚和平之性，使怀利以相接而交怨一方者，皆此言也。孟昶僭伪亡国之主，无择而言之，可矣。君天下者，人心风化之宗也，而可揭此以正告天下乎？

【注释】①黄庭坚（1045—1105）：字鲁直，自号山谷道人、涪翁，又称豫章黄先生，洪州分宁（今江西修水）人。北宋著名诗人、书法家、

“江西诗派”始祖。与苏轼齐名，世称“苏黄”。为官耿直，绍圣初年，新党以其修《神宗实录》多诬不实，遭贬。

②廉隅：比喻端方不苟的行为、品性。

【译文】自宋朝建立以来，各州县的衙门庭院里就立有《戒石铭》的石碑，上面是后蜀孟昶撰写的官戒词。后来又由宋朝的黄庭坚书写出来，宋高宗时又命人刻成石碑。读到这条记载的人都说：“激励官员们德行端正清廉，体恤民众的疾苦，这真是仁者的言论啊。”呜呼！儒家学术得不到阐明，申不害、韩非的学说混合进用，毁灭了人道的根本原则，破坏了君子的风度节操，引导臣民丧失了他们忠厚和平的本性，使他们怀着求利的心相互来往却还怨恨一方的，都是因为这种言论。孟昶是僭越伪国的亡国君主，他别无选择而对官员提出这样的戒语，可以的。统领天下的君主，是人心风化的宗主，还能高举这种戒语言论来告示天下吗？

夫谓吏之虐取于民者，皆其膏脂，谓夫因公而科敛者也，峻罚其锾金者也[①]，纳贿而鬻狱者也，市贾而无值者也。若夫俸禄之颁，惟王所诏，吏不自取也。先王所制，例非特创也。小人耕而以其有余养君子，君子治而受其食以勤民事。取之有经，班之有等，民不怨于输将，上不勤于督责。天尊地卑，而其义定；典叙礼秩，而其分明。若曰是民之膏脂也，则天子受万方之贡赋，愈不忍言矣。率此言也，必天下之无吏而后可也；抑将必天下之无君，而后无不可矣。是之谓夷人道之大经也。

【注释】①锾金：代指罚金。锾，古代重量单位，亦是货币单位。

【译文】所说官吏残虐地榨取民众，都是手民脂民膏，所说利用公家的名义而对民众进行搜刮的官吏，都是对百姓罚以很重的罚金，接受贿赂又借着审理案件而收取金钱，还让百姓购买没有价值的东西。关于官吏俸禄的颁布制度，只是听从天子的诏令，官吏不会自取。先王定的制度，照例都不会是特设的。百姓耕种而用他们多余的粮食养活君子，君子治理国家而享受百姓的粮食再来为百姓的事辛勤工作。这就是取得俸禄要有道，颁发制度要按等级，百姓不抱怨给将士输送粮食，在上面的人也不经常督促苛责百姓。天尊地卑，这道义就确定了；典礼制度确定了秩序和等级，而各自的本分就明确了。如果说这是民脂民膏，那么天子受各方百姓朝贡纳赋，就更不忍心言说。若要施行这种官戒，那就必须是天下没有官吏而后才是可行的；也或是天下没有君主，而后才是无不可行的。这就是所谓的毁灭人道的根本原则。

君子之道，以无伤于物者自旌其志，苟非人所乐与者，一介不取，弗待于人之靳之也。如其所受之禄，斥言之曰此民之膏脂矣，恶有君子而食人之膏脂者乎？上既酬而升之，揖而进之，寄之以民社，而谓之曰："吾取民之膏脂以奉汝。"辱人贱行，至于此极，欲望其戒饬自矜，以全素履，其将能乎？是以谓毁君子之风操也。

【译文】君子讲求的道，是以不伤害万物而作为自我明示的志向，如果不是人们所乐于给予，就连小的一点点都不索取，不等人们舍不得拿出来。如果是他所应得到的俸禄，却斥责说这是民脂民膏，那么哪有君子还榨取人们的膏脂呢？君主既然给他酬劳而把他提升到官位上，向他施礼并进用他，把民众及国家的事情寄托给他，而且对他说："我拿民脂民膏给你用。"这就是羞辱人的低贱行为，到了这种极端的程度，那么还想让他自己戒惧修饰而自我矜持，以保全他素来的节操，他还能做到吗？所以说这是毁掉君子的风度节操啊。

易动而难静者，民之气也。得利为恩，失利则怨者，民之情也。故先王惧其怀私挟怨之习不可涤除，而政之所扬抑，言之所劝戒，务有以养之，而使泳游于雍和敬逊之休风，以复其忠顺之天彝[①]。故合之于饮烝，观之于乡射，逸之于大蜡[②]，劳之于工作，叙之以礼，裁之以义，远之于利，禁之于争，俾怨讟不生，而民志允定。今乃揭而示之曰："凡吏之受禄于国者，皆尔小民之膏脂也。"于是乍得其欢心，而疾视其长上。其情一启，其气一奔，则将视父母之食于其子者，亦其子之膏脂；趋利弃义，互相怨怒，而人道夷于禽兽矣。先王以君子长者之道期天下，而人犹自弃，则克己自责，以动之于不言之化。今置其土木、狗马、声色、宴游之糜民财者，曾不自省；而以升斗之颁指为朘削[③]，倡其民以嚣陵诟谇之口实[④]，使贼其天良，是之谓导臣民以丧其忠厚和平之性也。

【注释】①天彝：天理，天常。

②大蜡（zhà）：古代年终合祭农田诸神，祈求来年不降灾害。

③朘（juān）削：剥削，搜刮。

④嚣陵：喧嚷吵闹。诟谇：辱骂。

【译文】容易躁动而难以平静的，是民众的怨气。得到利益就是恩泽，失去利益就怨恨，这是民之常情。所以先王怕他们怀私心挟怨恨的恶习不能洗涤根除，就在政治上有所抑扬，在言语上有所劝诫，务求有方法来培养他们，而让他们沐浴在雍和敬逊的休养之中，以恢复他们忠顺的天性。所以用饮烝的礼仪来聚合他们，用乡射的礼仪来观察他们，让他们在大蜡礼仪中放松，在工作中辛劳，用礼制分出秩序，用道义加以裁定，让他们远离物利，禁止争夺，使他们不产生怨恨，而民众的心志就能安定了。如今却要写出来向他们告示说："凡是官吏所享受的俸禄，都是你们的民脂民膏。"这样就暂时讨得到了民众的欢心，而让他们仇视长官。这种心情一旦开启，这种心气一旦奔腾，就好似父母享受子女的食物，也看做是子女的脂膏；就使民众看重利益而抛弃道义，互相怨恨，而人道就被禽兽破坏了。先王用君子长者之道期望于天下，而人们还会自我抛弃，于是先王就克制自己、自我责求，用不言之教来感化天下之人。如今设置了土木建设、犬马声色、宴享游乐这些事来耗费民众的财物，不曾自我反省；却说对官吏所颁发的几升几斗的粮食是剥削民脂民膏，引导民众以此为理由来喧嚷吵闹、辱骂，使他们丧失善良的天性，这可以说是诱导臣民丧失了忠厚和平的本性。

迪君子以仁民者，教之有术也；进贤士以绥民者，选之有方也；饰吏治以勿虐民者，驭之有法也。仁不能教，义不能择，法不能整，乃假祸福以恐喝之曰："上天难欺。"无可如何，而恃鬼神之幽鉴。惟孟昶以不道之身，御交乱之众，故不得已而姑为诅咒，为人君者而焉事此乎？

【译文】启迪君子要仁爱民众，教化他们是有方法的；进用贤士来安定民众，选择贤士也是有方法的；整顿吏治不让他们虐民，驾驭他们是有方法的。仁不能教他们，义不能让他们选，法令不能整顿，却借祸福来威吓他们说："上天难欺。"没有办法，就依靠鬼神的暗自关照。只有孟杲因以自身无道，来统治交相混乱的民众，所以不得已而姑且进行诅咒，做人君主的人怎能做这种事呢？

王者之道，无不敬而已。敬天，而念天之所鉴者，惟予一人而已，非群工庶尹之得分其责也。敬民，而念民有秉彝之性，不以怀利事其长上，务奖之以坦然于好义也。敬臣，而念吾之率民以养贤者，礼必其至，物必其备，辞必其顺，而与共尽天职勤民事也。天子敬臣民，臣民相胥以敬天子，而吏敬其民以不侮，民敬其吏以不嚣。无不敬者无不和，则虽有墨吏，犹耻讥非；虽有顽民，犹安井牧[①]。畏清议也，甚于鬼神；贱货财也，甚于鞭挞。以宽大之心，出忠厚之语，平万族之情，定上下之纪，夫岂卞急刻峭之夫所得与也？君子出其言不善而千里违之，诅怨之言，何为在父母斯民者之庭哉？

【注释】①井牧：原指按照土质区划田地，或为井田来耕作，或为牧地来畜牧，两牧相当于一井，以便朝廷授田和收取贡赋。

【译文】君王的道，只是没有不敬罢了。敬天，就要想着上天的关照，只是给予我一个人而已，不是众大臣官员们能分担其责任的。敬民，就要想着民有秉持常道的本性，不以怀着私利之心来奉事官长，务求鼓励他们坦然地喜好道义。敬臣，就要想着我率领民众来养育贤者，礼必须送到，物品必须备齐，言辞必须敬顺，并且与他们一起尽到天职而勤于民众之事。天子敬重臣民，臣民共同敬重天子，而官吏敬重他所管的民众而不侮辱，民众敬重他们的官吏而不喧闹作乱。无不互相敬重就会无不和谐，那么即使会有贪官，还会以被别人批评非议为耻辱；即使有顽劣的百姓，还会安心从事农耕放牧和交纳赋税。畏惧清正舆论的评议，超过害怕鬼神；看轻财货，认为比受到鞭挞还严重。用宽大的心怀，说出忠厚的话语，让万族的心情都很平静，确定上下的秩序纲纪，哪里是严峻急迫的人所能参与做到的？君子说出的话如果不善，就会使方圆千里的人们都违背你，诅咒怨恨的言语，为什么会出现在百姓父母官的衙门里呢？

十 一

尽南宋之力，充岳侯之志，益之以韩、刘锜、二吴，可以复汴京、收陕右乎？曰，可也。由是而渡河以进，得则复石晋所割之地，驱女直于塞外；不得，亦据三关[①]，东有沧、瀛，西有太原，仍北宋之故宇乎？曰，不能也。凡得失之数，度之于彼，必察其情；度之于此，必审其势；非但其力之强弱也。情有所必争，力虽弱，未可夺也，强者勿论已；势有所不便，力虽强，未可恃也，弱者勿论已。

【注释】①三关：在今河北雄县，唐末在此设关防契丹的瓦桥关东、益津关、淤口关，合称三关。五代周世宗以此三关与契丹分界。

【译文】用尽南宋的全部国力，让岳飞的心志抱负得到尽情的发挥，再加上韩世忠、刘锜、吴玠、吴璘的援助，能够收复汴京和陕西地区吗？答曰：可以。由此而渡过黄河，向北推进，如果成功，就收复后晋石敬瑭当初割让给契丹的土地，把女真金朝驱逐到塞外；如果不成功，也可以占据三关地区，向东收复沧州、瀛洲，向西收复太原，恢复到北宋时代的疆土吗？答曰：不能。一般来说，战争胜利和失败的规律，从对方因素考虑，一定要考察他们的内心；从己方因素考虑，一定要审察所处的形势。这两方面都不只是力量的强弱问题。如果对方内心必然要争夺，那么即使力量弱小，也不可能从对方手里夺取，力量强的就更不用说了；如果己方形势不利，那么即使力量强大，也不值得依赖，力量弱的就更不用说了。

以河南、陕右言之：女直之初起也，积怨于契丹而求泄，既胜以还，亦思夺其所有之燕、云而止。及得燕而俯视河朔，得云而下窥汾、晋，皆伸臂而可收也，遂有吞并关南之志。乃起海上，卷朔漠，南掩燕南，直数千里，斗绝而难于遥制，故乘虚袭取三河、两镇，而所欲已厌矣。汴、雒、关、陕，宋不能守，势可坐拥神皋[①]，而去之若惊，不欲自有，以授之叛臣，则中原之土非其必争之地，明矣。朱仙一败，卷甲思奔，非但其力之不足也，情不属也。而宋自收群盗以后，诸帅愤盈，东西夹进，东清淮、泗，略梁、宋，有席卷之机；西扼秦、凤，指长安，有建瓴之势；岳侯从中而锐进，交相辅而不虑其孤，走兀术，收京阙，画河以守新复之疆，沛然无不足者，故可必也。

【注释】①神皋：神明所聚之地。指京畿，京城地区。

【译文】从河南、陕西的情况来说：女真的最初兴起，是因为和契丹积累的怨恨太深，寻求发泄，战胜契丹之后，也曾想过夺取契丹所占有的燕云地区后就停止。等到占领燕京后向南俯视黄河以北地区，占领云州后向南窥视汾州、晋阳，发现都是一伸胳膊就可以占领的地方，于是才有了并吞三关以南地区的想法。但他们起自海上，席卷北部沙漠，南面横扫燕南，转战几千里，战斗虽然结束了，但很难遥相控制，因此趁着宋朝空虚，突袭占领了三河两镇地区，但其欲望也已经满足了。汴京、洛阳和陕西地区，宋朝不能防守，而其地理形势正好可以占有京师一带的良田，但女真却像受到惊吓一样离开了那里，他们不想亲自占领，而是交给了叛降的刘豫，显然，中原的土地不是他们必然要争夺的。朱仙镇战败之后，女真军队收拾武器想要逃跑，这不只是他们力量不足，其内心也不在意这些地方。但宋朝自从收编了许多农民起义军后，诸位将领士气大振，东西夹攻，东面平定了淮阳、泗州地区，夺取了梁州、宋州，出现了全部占有东部的时机；西面扼制了秦州、凤州，直接指向了长安，出现了居高临下、不可遏制的势头；岳飞再从中部迅猛进攻，与东西两面互相辅助，而不必担心孤军深入的危险，那么，赶跑兀术，收复汴京，在黄河划分疆界，守住新收复的疆土，是完全可以做到的。因此说，收复汴京、陕西是一定能做到的。

以河北、燕南言之：女直自败盟而后，力未能得，而胁割于宋[①]，以其为燕之外护也，以其为刍粮金帛之所取给也，以其士马之可抚有而弥强也。郭药师一启戎心，而女直垂涎以歆其利，久矣为必争之地矣。军虽屡折，而宿将未凋，余威尚振。使宋渡河而北，则悉率海上之枭，决死以相枝拒，河阻其归，敌摧其进，求军之不覆没者，十不得一也。宋之诸将，位相亚，权相埒，力相等，功亦相次。岳侯以少年崛起而不任为元戎者，以张俊之故为主将，从中而沮之也。韩、刘、二吴，抑岂折节而安受其指麾？则雁行以进，麋骇而奔，功不任受，咎亦无归。故五国合从之师衅于函关，山东讨卓之兵阻于兖、豫，九节度北伐之军溃于河南，其不如刘裕孤军直进，擒姚泓、俘慕容超者，合离定于内，而成败券于外，未有爽焉者也。乃欲合我不戢，撄彼必争，当百战之骄虏，扼其吭而勿忧其反噬乎？若此，则虽高宗无疑畏之私，秦桧无腹心之蠹，张俊、刘光世无从旁之挠，且将忧为吴明彻淮北之续，退且河南之不保；而遥指黄龙，期饮策勋之爵，亦徒有此言，而必不能几幸者也。

【注释】①胁割于宋："宋"原作"众"，岳麓书社整理本的校记认为应当据嘉怡钞本改为"宋"。

【译文】就河北、燕南而论：女真自从毁掉盟约之后，他们的力量不能涉及到河北、燕南地区，而向宋王朝威胁要求割让这一地区，作为他们在燕地的外围保护带，作为他们粮草金钱布帛的供给地，还可以在这一地区获得士兵马匹而使自己更强。郭药师一旦开启了敌人的野心，女真就对这一地区垂涎而心中慕求其利，这一地区成为必争之地已经很久了。宋军虽然屡次受挫，但老将还没有凋败，余威尚可振起。假使宋王朝渡过黄河向北进军，女真就会调动海上的全部枭兵，决死来与宋军抗拒，黄河阻断了宋军的归路，敌人又挫败宋军前进的锋芒，要想宋军不覆没，就没有十分之一的可能。宋王朝的各将领，地位相仿，权力相当，力量相等，功劳也相差不多。岳飞年轻而崛起，但没有担任统军的主帅，是因为张浚原来就是他的主将，从中阻止了岳飞的提升。韩世忠、刘锜、吴玠、吴璘兄弟，难道还要折节而安心接受张浚的指挥吗？以大雁成行的姿态进军，像受惊麇鹿一般奔逃，有功也不能接受，有过也无所归咎。所以从前五国合纵的部队在函谷关挑衅，山东讨伐董卓的部队在兖州、豫州受阻，九个节度使进行北伐的部队在河南崩溃，这样的进军就不如刘裕率领一支部队孤军直进，擒捉姚泓、俘虏慕容超，其原因就在于自己的内部能决定是分还是合，而让成败取决于对外的作战，这就不会有差失了。宋朝却想聚合不能约束的各支部队，挑战敌人必争之地，与经过了百战的骄狂敌军对阵，扼住对方的喉咙而不担心他们会反咬一口吗？像这样的情况，虽然高宗未存对将领们的猜疑之心，秦桧没有在朝廷内的破坏，张俊、刘光世没有从旁边阻挠，都还要担心吴明彻断淮北的后续的情况，撤退且河南地区不保；而向远处指向黄龙府，期待喝封赏功勋的庆功酒，也就只是说说了，而一定不能侥幸获得成功。

是故《易》言鬼方之伐[①]，忧其难为继也；《春秋》许陉亭之次，谓其可以止也。自赵普沮曹翰之策，而燕、云不可问矣。自徽宗激郭药师之叛，而河北不可问矣。任诸帅阃外之权，斥奸人乞和之说，弃其所不争，攻其所不可御，东收徐、兖，西收关、陇，以环拱汴、雒而固存之；支之百年，以待兴王之起，不使完颜氏归死于蔡州，以导蒙古之毒流四海，犹有冀也。然抑止此而已矣。如曰因朱仙之捷，乘胜渡河，复汉、唐之区宇，不数年而九有廓清[②]，见弹而求鸮炙，不亦诞乎！

【注释】①鬼方：上古西北少数民族族名，为殷周西北境强敌。后被商周多次出兵攻打，远迁。

②九有：指九州，即整个天下。

【译文】所以《周易》说到鬼方的征伐，就担忧出兵之后难以为继；《春秋》赞许齐军驻扎在陉亭，也要说到这里就可以停止了。自从赵普阻止了曹翰的用兵谋略之后，燕、云地区的收复宋朝不可再过问。自从徽宗激起了郭药师的叛变，收复河北的事情也就不可过问了。如果对诸位将帅授以在各地战场作战的权力，斥退奸人求和的说法，放弃对方不来争夺的地区，攻击对方不能防御的地方，在东方收复徐州、兖州，在西方收复关中、陇右地区，以环拱之形守卫汴京、洛阳地区而加以固守；这样支撑一百年，以等待中兴之王的出现，不让完颜氏后来死在蔡州，以引导蒙古的毒害流及天下，宋王朝就还是有希望的。然而也仅此到这而已。如果说因为朱仙镇大捷，乘胜渡过黄河，收复汉、唐两朝的领土，用不了几年就可以统领天下版图清晰了，如同刚刚看到弹子就想到打下鸮鸟来烤食，不也是荒诞吗！

十二

相臣而立武功，周公而后，吾未见其人也。帅臣而求令誉，吾未知吉甫之果能称焉否也[①]？帅臣之得令誉也有三：严军令以禁掠夺，为软语以慰编氓[②]，则民之誉归之；修谦让以谨交际，习文词以相酬和，则士之誉归之；与廷议而持公论，屏奸邪以交君子，则公卿百僚之誉归之。岳侯之死，天下后世胥为扼腕，而称道之弗绝者，良繇是也。唯然，而君子惜之，惜其处功名之际，进无以效成劳于国，而退不自保其身。遇秦桧之奸而不免，即不遇秦桧之奸而抑难乎其免矣。

【注释】①吉甫：兮氏，名甲，字伯吉父（又作吉甫），又称尹吉甫，尹是官名，为西周宣王时的贤臣。

②编氓：编入户籍的平民。

【译文】作为宰相之臣而能建立武将之功的人，周公之后，我还没见过。作为将帅之臣而求得美誉，我不知道吉甫是否果真能与之相称？将帅之臣得到美誉的方法有三：严格军令以禁止兵士掠夺，用温和的话语来安慰编户的百姓，民众就会称誉这样的将帅之臣；修行谦让的品德而谨慎地与人交际，熟习文词来与人相互酬答，士人就会称誉这样的将帅之臣；参与朝廷的议政而坚持公正之论，屏退奸邪之人而与君子相交，公卿百官就会称誉这样的将帅之臣。岳侯的死，天下后世的人都为他扼腕叹息，对他的称道不曾断绝，确是这些原因使然。只有如此，君子才会惋惜，惋惜他在面对功名的时候，进不曾有功于社稷，而退不求保全自身。遇上秦桧的奸邪而不能免祸，即使不曾遇上秦桧这样的奸邪也还是难于免祸的。

《易》曰：“安其身而后动，定其交而后求。”谓名之不可亟居，功之不可乍获也。况帅臣者，统大众，持大权，立大功，任君父安危存亡之大计，则求以安身而定上下之交，尤非易易矣。身不安则志不宁，交不定则权不重。志不宁，权不重，则力不足以宣，而挠之者起。挠之者起，则欲忘身以救君父之危，而不能毕遂其事；非但身试不测之渊而逢其沉溺也。君非大有为之君，则才不足以相胜；不足以相胜，则恒疑其不足以相统。当世材勇之众归其握，历数战不折之威，又为敌惮；则天下且忘临其上者之有天子，而唯震于其名，其势既如此矣。而在廷在野，又以恤民下士之大美竞相推诩，犹不审，而修儒者之容，以艺文抒其悲壮。于是浮华之士，闻声而附，诗歌咏叹，洋溢中外，流风所被，里巷亦竞起而播为歌谣，且为庸主宵人之所侧目矣。乃君之有得失也，人之有贤奸也，庙算之有进止也，廷臣无匡救之力，引己为援，己复以身任之；主忌益深，奸人之媢疾益亟①，如是而能使身安以效于国者，未之有也。

【注释】①媢（mào）：憎恨、嫉妒。

【译文】《周易》里说："君子必先使自己身心安稳，然后才可以行动；必先以诚信待人，建立信誉交情，然后才可以提出要求。"这是说对于名誉不能突然占有，而功劳也不能在短时间内得到。何况作为将帅，统率大军，手持大权，立有大功，身负君父国家安危存亡的大计，那么求得安身而与上下级处好交情，就是更不是容易的事了。将帅自身不安就会使其心志不安，与人的交情不稳就会使自己的权势不重。心志不宁，权势不重，就不足以展示其力量，那么阻挠的人就会出现。阻挠的人出现，即便想忘身救君父于危险之中，也是不能完成这个大业的了；即使不亲自站在深渊旁边，也终会陷溺其中了让。君主并不是大有作为的君主，那么他的才能就不足以胜过阻挠的人；既然不足以胜过阻挠的人，就会总是对将帅有所猜疑，担心不能统率他们。当世的人才和勇士都归于将帅麾下，历经数次战役都不能折损他的威风，并且还被敌军所忌惮；那么天下的人就会忘了这个将帅之上还有天子，而只会为将帅之名所震撼，情势已是如此了。而在朝野，这个将帅又以爱护民众礼贤下士的美德受到士人的竞相称赞，自己不能审视，又自我修饰儒者的风貌，写诗词文章来抒发自己的悲壮情怀。那些崇尚浮华的士人，就会闻声而依附于他，创作诗歌进行咏叹，其影响流播于中外，流风所到之处，里巷的人们也竞相用歌谣进行传播，这位将帅就将会受到昏庸的君主和小人的侧目仇视了。而君主做事会有得失，人也会有贤人与奸人之分，朝廷的谋划也会有进有退，朝廷大臣没有匡救社稷的能力，而把自己引为声援，自己又以身承担天下的重任；君主猜忌进一步加深，奸人的嫉妒怀恨也会进一步加重，在这种情势下能保存自身又从而为国效力的人，还不曾有过呢。

故汉之功臣，发纵指示，一听之萧、张，绛、灌无文[①]，不与随、陆争春华之美[②]。郭子仪身任安危，知李泌、崔祐甫之贤[③]，而不与纳交以结君子之好；知元载、鱼朝恩之恶，而不相攻讦以触奸佞之机。李光弼改纪其军政，而不竞其长，仆固怀恩固属其部曲，而甘与为伍。乃以废斥之余，一旦跃起，而卒拯吐蕃之难。以是动，而动罔不利也；以是求，而求无不得也。岳侯诚有身任天下之志，以奠赵氏之宗祊，而胡不讲于此耶？

【注释】①绛、灌：汉绛侯周勃与颍阴侯灌婴。都是西汉的武将，也曾先后任丞相。

②随：即随何，西汉初年人，汉高祖军中的谒者，主管传达禀报，被派去游说九江王英布降汉，不辱使命，使英布投降。灭楚后，汉高祖贬低他的功劳，他用分析推理的手段为自己的功劳辩护。陆：即陆贾（约前240—前170），汉初楚国人，西汉思想家、政治家、外交家。陆贾早年追随刘邦，因能言善辩常出使诸侯，曾两次劝说南越王赵佗归汉。

③崔祐甫（721—780）：字贻孙，博陵安平（今河北安平）人。唐朝宰相，为人刚正不阿。擅于公正荐拔人才，一年内选拔任命近八百人。

【译文】因此，汉代的功臣发出指令，人们都会听从萧何、张良，绛侯周勃、灌婴少文，不会与随何、陆贾在文采上争美。郭子仪担当挽救唐朝安危的重任，知道李泌、崔祐甫的贤能，却不与李、崔二人结成君子式的良好关系；他又知道元载、鱼朝恩的奸恶，却不对他们加以攻击以触发奸佞之人害人的心机。李光弼代替郭子仪指挥朔方的部队后，也不与郭子仪比较长短。仆固怀恩原来是李光弼的部下，而李光弼在仆固怀恩升官后也甘于与他同列。但郭子仪和李光弼却能在唐朝废坏之际，大展身手，最终拯救了吐蕃对唐朝造成的危难局势；像这样来采取行动，就会使行动无所不利；像这样来挽救国家，就会使所追求的目标都能达成。岳飞确有担当拯救天下的志向，想要以此安定赵宋的宗庙社稷，可是他为什么不注意这些地方呢？

宋氏之以猜防待武臣，其来已夙矣。高宗之见废于苗、刘而益疑，其情易见矣。张浚之褊而无定，情已见乎辞矣。张俊、刘光世之以故帅先达不能相下，其隙已成矣。秦桧之险，不可以言语争、名义折，其势已坚矣。而且明张纪律，柔声下气，以来牛酒之欢迎；而且缀采敷文，网罗文士，以与张九成等相为浃洽[①]；而且内与谏臣迭相扬诩，以辨和议之非；而且崖岸自矜，标刚正之目，以与奸臣成不相下之势；而且讥评张俊，历诋群将，以折张浚之辨。合宰执、台谏、馆阁、守令之美，而皆引之于身，以受群言之赞颂。军归之，民归之，游士、墨客、清流、名宿莫不归之。其定交盛矣，而徒不能定天子之交；其立身卓矣，而不知其身之已危。如是而欲全其社稷之身以卫社稷也，庸可得乎？

【注释】①张九成（1092—1159）：字子韶，绍兴二年（1132年）中进士，南宋学者、官员，官至礼部侍郎。反对与金人议和，秦桧为相时被贬。浃洽：和谐、融洽。

【译文】宋朝皇帝对武臣的猜忌防范，已经由来已久了。宋高宗在遭受苗傅、刘正彦兵变废黜后就对武臣更加猜疑，他的心情不难理解。张浚为人狭隘而没有定性，他的这种性情已表现在言辞上了。张俊、刘光世作为原来先提拔上来的将领与后进的岳飞地位不相上下，已经有了嫌隙。秦桧的阴险，是不能用言语来争论、不能用名义来折服的，他的地位已经很稳固了。况且岳飞军纪严明，对百姓关怀备至，以致招来百姓用牛肉美酒对岳家军夹道欢迎；岳飞又喜欢编辑诗文，网罗文士，与张九成等人关系融洽；岳飞还在朝廷上与谏臣互相赞扬，以分辩和议的错谬；岳飞为人清高自矜，坚守刚强正直的原则，而与奸臣构成互不退让的形势；岳飞还对张俊进行批评，对群将都有所批评，以此来折服张浚的辩解。他把宰相、台谏、馆阁、守令等不同官职的美德都兼具于自身了，以至于受到人们的赞颂。军队归心于他，民众归心于他，游士、墨客、清流、有名望的大臣全都归心于他。他与人们的交游已经非常隆盛了，却单单不能与天子定下交情；他为人处世已经非常卓越了，却不知道他自身已处于危险中了。像这种情况，还想保全恢复社稷的自身而来护卫社稷，又怎么能做到呢？

呜呼！得失成败之枢，屈伸之间而已。屈于此者伸于彼，无两得之数，亦无不反之势也。故文武异用，而后协于一。当屈而屈者，于伸而伸，非迫求而皆得也。故进退无恒，而后善其用。岳侯受祸之时，身犹未老。使其韬光敛采，力谢众美之名；知难勇退，不争旦夕之功；秦桧之死，固可待也。完颜亮之背盟，犹可及也。高宗君臣，固将举社稷以唯吾是听，则壮志伸矣。韩、刘锜、二吴不惩风波之狱，而畜其余威以待，承女直内乱以蹑归师，大河以南，无难席卷。即不能犁庭扫穴以靖中原，亦何至日缴月削，以迄于亡哉？故君子深惜岳侯失安身定交之道，而尤致恨于誉岳侯者之适以杀岳侯也。悠悠之歌诵，毒于谤讪，可畏矣夫！知畏之，则所以弭之者，亦必有其道矣。

【译文】哎！得失成败的关键，就在于个人的屈伸之间罢了。在此处受到委屈就会在彼处得以伸展，不可能在彼此两处全都能伸展，也没有彼此两处互不相反的情势。因此，文与武有不同的用处，而后才能够整体协调。当屈就要屈，当伸就要伸，不是迫不及待的强求将屈伸兼得。因此，要知道进退没有固定，而后才能得进退的妙用。岳飞遭受灾祸时，年龄还不大。假使他能让自己隐藏光芒和收敛文采，大力谢绝各种美名；知难主动退却，不争一朝一夕的功劳；秦桧的死，本来是可以等到的。待完颜亮撕毁和议女真发生内讧的时机，也还能赶得上啊。届时高宗君臣，会坚定地将整个国家的大计听从岳飞的指挥，到这时壮志就可以伸展了。韩世忠、刘锜、吴玠、吴璘兄弟如果不是恐惧于岳飞死于风波亭的结局不敢作为，而是养蓄余威以等待，那么在女真出现内乱之后追击金人撤退的军队，黄河以南的广大地区是不难全部收复的。即使不能扫平女真的老巢以安定中原，也不会导致宋王朝的逐渐削弱破敝，以至于灭亡的呀！因此，有识之士深为叹惜岳飞有失安身定交之道，而更痛恨那些因赞誉令猜忌者起杀心的人。众多歌颂，比诽谤还有杀伤力，真是可怕啊！知道它的可怕，就要设法消除它，也必定是有合适方法的。

十 三

岳鹏举郾城之捷，太行义社[①]，两河豪杰，卫、相、晋、汾，皆期日兴兵以会北讨，秦桧矫诏班师，而事不成。然则桧不中沮，率此竞起之众，可以长驱河朔乎？曰：所可望者，鹏举屡胜之兵，及刘锜、韩世忠、二吴之相为掎角耳[②]。若所谓豪杰义社者，固无能为也。奚以明其然邪？义兵之兴，始于翟义，嗣其后者为徐敬业，其志可嘉，而其成败固可睹矣。故定大略、戡大难、摧大敌、成大功者，无所恃于此焉。

【注释】①太行义社：全称“太行忠义保社”，是一支南宋时期抗金的北方民间义军团体。

②掎角：分兵牵制或夹击敌人，互相呼应。语本《左传·襄公十四年》：“譬如捕鹿，晋人角之，诸戎掎之，与晋掊之。”

【译文】岳飞取得郾城大捷之后，太行山的忠义保社，黄河两岸的英雄豪杰，卫州、相州、晋州、汾州等地，都约定日期起兵以会合兵力向北讨伐，秦桧假借皇帝的诏书让岳飞班师，而岳飞痛击金军的计划未能完成。但是如果没有秦桧从中阻挠，率领这些纷纷起兵的众人，就可以长驱直入进军到河北了吗？回答说：可指望的，是岳飞屡次取胜的部队，以及刘锜、韩世忠、吴玠、吴璘兄弟相互分兵牵制、援救之势。倘若那些所谓的豪杰义社，本来就不能有所作为。那怎么能证明呢？义兵的兴起，始于翟义，继其后的是徐敬业，他们的志向可嘉，那么他们的成败就固然可以看到。所以确定雄图大略、平定国家的大难、摧毁强大的敌人、完成大战功的事情，不能依靠这类义兵团社的。

夫恃人者，无之而可恃也，久矣。所恃者强于己乎？则是己固弱也。己弱而恃人，盻盻然日有所望[1]，而其志不坚。弱者为主，强者为宾，敌且攻其弱而主溃；强者失主，而骇散以失其强，莫能救己也。所恃者弱于己乎？则弱固不可恃也。己不弱而犹资弱以自辅，弱者不能胜敌，敌一当之而靡，则势且先挫，而三军之气为之馁；敌人之气，以胜而益为之增；己虽强，气不胜而必倾矣。定大略、戡大难、摧大敌、成大功者，力足以相格，智足以相乘，气足以相震，一与一相当，有死无生，有前无却。上不恃天时，下不恃地利，而后可以决胜于白刃之下，复奚恃而可哉？

【注释】①盻盻（xì）然：勤苦不休息貌，这里指一直盯着盼着。

【译文】说到依靠别人，实际上是没有什么可依靠的，这是长久以来的经验。所依靠的人如果比自己强大？那么是自己本来就弱小。自己弱小而要依靠别人，只能每天不停息地盼望着，而自己的意志就不坚定了。让弱小的做主方，让强大的做客方，敌人只要进攻弱小那主方就溃败了；强大的客方失去了主方，也会惊恐四散而丧失他的强大，这样就无法自救了。所要依靠的是比自己弱小的人吗？那么弱小的人原本就不可依靠。自己不弱却要借助弱小的人来辅助自己，弱小的人并不能战胜敌人，一旦面对敌人就丧失斗志，这样在气势上就要受挫了，而三军就会为之灰心丧气；敌人就会士气大增；自己虽然强大，因为士气不能胜过敌人也就必然失败了。确定大的战略、消除大的祸乱、摧毁强大的敌人、完成大的功业的人，力量足以相互格斗，智力足以相互利用，气势足以相互震慑，一方与另一方旗鼓相当，有死无生，有进无退，上不凭借天时，下不凭借地利，而后可以短兵相接，又有什么需依靠的呢？

况乎义兵者，尤其不足恃者也。义军之兴也，痛故国之沦亡，悲衣冠之灭裂，念生民之涂炭，恻怛发中而不惜九族之肝脑者，数人而已。有闻义之名，而羡之以起者焉；有希功之成，而几幸其得者焉。其次，则有好动之民，喜于有事，而踸踔以兴者焉[①]。其次，则有徼幸掠获，而乘之以规利者焉。又其次，则有弱不能自主，为众所迫，不能自已者焉。又其次，则佃客厮养，听命于主伯，弗能自免焉。其名曰万，而实不得半也。即其实有万，而可战者，不得千也。可战者千，而能不大胜则前、小挫则却者，不得百也。无军令以整齐之，则游奕无恒[②]；无刍粮以馈给之，则掠夺不禁。游奕无恒，则敌来而不觉；掠夺不禁，则民怨而反戈。故以王莽、武氏之易诛，而翟、徐旋起而旋仆，况女直之駤戾驰突而不易当者乎[③]？梁兴渡河率之，而有垣曲、沁水之捷者，非其果足以胜也。义军之号，皆称“岳氏”，梁兴往而为之声援，女直不辨其非真，而为之震动。垣曲、沁水之守，抑河北初降之余烬，非海上鸷击之雄也，是以往而得志。浸令一试再试，情形尽见，女直且出锐师以捣之，则糜烂无余，所必然矣。一方既熸[④]，而勃然以兴者，皆茶然以返；屡前屡挫，则吾三军之气，亦沮丧而失所凭依。当日之未至于此也，班师故也。今试设身而审女直与宋彼己之情形，其坌涌而前，翻飞而散，不炯然在心目之间乎？义社恃大军以成，故鹏举一班师，而数十万人不知何往。大军恃义社以进止，则义社一败衅，而大军不足以孤存。两相恃则两相失，女直以专壹之兵，直前而无待，左披右靡，又恶足以当之？

【注释】①踸踔（chěn chuō）：跳跃。

②游奕：游弋，巡逻。

③駤戾：蛮横凶暴。

④熸（jiān）：熄灭。

【译文】何况所谓的义兵，更是不能依靠的。义军之所以兴起，的确是因为有人悲痛故国的沦亡，悲哀文化的毁坏，心念百姓的生灵涂炭，故而产生了恻隐之心而不惜让自己的九族肝脑涂地，只是这种人不过几个而已。有听到了起义的名声，有所羡慕而起兵的人；有希求取得成功，希冀侥幸能从中得到某种利益的人。其次，就是爱好动乱的百姓，喜欢有事发生，故而趁机跳出来起兵。再其次，就是希望侥幸趁乱抢掠财物，趁着动乱来求得利益的人。又其次，是本来就很弱而不能自我做主，被众人逼迫，由不得自己的人。又其次，就是大户所厮养的佃客，听命于他们的主人，自己不能躲避的人。义军名义上号称数万人，实际上人数不到一半。即便真有上万人，具有作战能力的人也不到一千人。能作战的一千人中，能不取得最终的胜利而依旧向前冲、小有挫败而不后退的人，不到一百人。这种义兵，如果没有军令来使他们井然有序，就会游弋不定；没有充足的粮草来供给他们，就无法禁止他们掠夺百姓。游弋不定，敌人来了也不会发觉；不能禁止他们掠夺百姓，老百姓就会因为怨恨反过来攻打他们。因而王莽、武则天容易被诛杀，而翟义、徐敬业起兵又随即失败，何况是面对女真军队的奔驰冲击而不易抵抗呢？梁兴渡过黄河统率义军，从而取得了垣曲、沁水的胜利，不是因为义军真的能战胜金兵。义军的名称，都是“岳家军”，梁兴前往而作为声援，金兵分不清楚他们不是真的岳家军，士气受到震动。金人在垣曲、沁水的守军，也还是河北刚刚投降的军队，并不是金兵在海上如鸳鸟一样凶狠的雄师，因此梁兴前往就能取胜。假使金军一战再战，义军真实情况全部显现，女真人再出动精锐部队来攻击义军，义军就会全军败溃，这是必然的。一支义军被消灭之后，那些短时间纷纷兴起的军队，就会全都衰颓地返回；屡次前进而屡次受挫，就会使宋军士气沮丧，无所依靠。当时没有走到这一步的原因，是因为宋军班师撤回了。如今设身处地来审察女真与宋王朝敌我双方的情形，那些纷纷涌现而前进的义军，很快就纷飞四散，不是清晰地摆在眼前吗？义社仗恃着朝廷的大军而形成，故而岳飞一班师回朝，那数十万义社之兵就不知到哪里去了。朝廷大军依靠义社的部队进军或撤退，那么义军一旦战败，就会使朝廷大军不能孤军存在。双方相互依靠就会使双方相互失去依靠，女真用专业从一的军队，直行无忌，所向披靡，这又怎能抵挡住他们呢？

夫用众不如用独，久矣。故谢安石力却桓冲入援之兵而胜，苻坚兼帅鲜卑、氐、羌、河西之众而亡。揭竿以为帜，挥锄以为兵，野食鹑栖以为屯聚，此群羊距虎之形也，而安可恃也？宗汝霖之用群盗，犹之可也。已为盗，则不畏死者也。因为盗，则自我洗涤之，其不任为兵者可汰也。为盗而有渠帅，则固可使就吾束伍也。去家为盗，则无身家之累，不以败为忧。故诸帅收之于江南，而藉其用。若义社，则既以义为名矣，汰之不忍其无归，帅之不能以行法。进退唯其意，而我不任为之主，则驭之也难矣。驭之且难，而况可恃之乎？宋之将亡也，江、湘、闽、广之间，起者众矣，而终不救硇门之祸。文信国无可恃而后恃之[①]，不得已之极思，非有可恃者之所宜恃也。

【注释】①文信国：即文天祥（1236—1283），初名云孙，字宋瑞，又字履善。自号浮休道人、文山。江南西路吉州庐陵县（今江西省吉安市青原区富田镇）人。南宋末年政治家、文学家，抗元名臣，民族英雄，与陆秀夫、张世杰并称为“宋末三杰”。《宋史》有其传。

【译文】动用一群乌合之众不如动用精良的孤军，自古如此。所以谢安因为击退桓冲的援军取胜，而苻坚统领鲜卑、氐、羌、河西的多种军队却战败。老百姓揭起竹竿作为旗帜，挥动锄头作为兵器，像田间的兽与鸟一样栖息吃食而屯聚在一起，这是羊群抗拒猛虎的样子，怎能依靠呢？宗泽使用各地降服的盗匪，还算可行。成为盗匪，就是不怕死的人。因为当了盗匪，就会自行淘汰，那些不能当兵作战的人就会被淘汰掉。做了盗匪就有了首领，当然可以让他们加入到朝廷的军队中来。离开家作盗匪，没有了身家的拖累，不必担忧战败。因而诸位将帅在江南收服各地的盗匪，借助他们来与金兵作战。像义社，既然是以义为名而起兵，淘汰他们又不忍心他们无处可归，统帅他们又不能执行军法。义军的进退都只能按他们的心意来办，朝廷将领的却不能统率他们，因此驾驭他们就非常困难了。驾驭他们都已困难，更何况是依靠他们抵抗金军呢？宋王朝将要灭亡之时，江、湘、闽、广之间，起兵的人非常多，但最终不能挽救宋王朝在硇门的灭亡之祸。文天祥没有什么可以依靠才依靠他们，这是迫不得已之后的最终办法，这样的义兵，不是在有依靠的力量时应该依靠的。

十 四

势无所藉，几无所乘，一念猝兴，图度天下，而期必于为天子者，自古迄今，未之或有。帝王之兴也，无心干禄，而天命自归，先儒之言详矣，非虚加之也。帝尧之世，岳牧盈廷，九男非皆败类[1]，耕稼陶渔者，而谓帝将禅我乎？武王养晦，年已耄矣，使大命未就而崩，非不寿也，冲人方弱，保国不遑，而况及天下？然且俟之十三年，而后秉钺以麾，假之年而赞其精魄，天也，非武王之可必也。故圣王无取天下之心，而乘时以御，因之而已。圣人且不可必，而况下此者乎？

【注释】①九男：相传为尧帝的九个儿子，据《史记·五帝本纪》记载，九男被尧派去观察舜的德行，结果都受感化，变得更加悼厚谨敬。

【译文】形势上无所依凭，时机又不在我，忽然产生了一个念头，就期望挽救整个天下，把希望完全寄托在天子身上，自古到今，没有这种事情。帝王的兴起，即使本人没有无心于帝位，天命自会归到其人身上，先儒对此说得已经非常详尽了，上天不是毫无原因就把天命加到一个人身上的。尧帝的时候，满朝都是四方的诸侯领袖，舜的九个儿子不都是败类，从事耕种制陶打鱼的人，能说尧帝将会禅位于自己？周武王韬光养晦，年龄已很老了，假使天命未到就死了，不是他不长寿，他的后人也还年幼，保住国家尚且来不及，又何况是夺得天下呢？然而武王还要等十三年，之后才能持斧指挥军队，上天让武王活得足够长而帮助他的精魂，这是天命使然，不是武王能力的缘故。所以圣王没有取天下的用心，不过是善于顺应时势罢了。圣人不能必然怎样，更何况不如圣人的呢？

一介之士，策名于当时者[①]，或为偏裨[②]，或为文吏，目之所规，心之所成，虽拓落而不可涯量，而其大概可知也。生死屈伸，荣辱贵贱，且乘于不测之数。志所至者，望之而不能必至；志所未至者，姑试之而渐进焉，非其所期也。使方小得志之日，遽踸踔以跃起，曰："吾将奄有方国，南面以驭四海之英尤，使俯首而称臣妾。"非狂人其孰念及此？藉其有此，必蹶然一起而疾就诛夷。故以知乱臣贼子之成乎篡夺者，亦初无此固获之情也。曹操之自言，"死而题征西将军之墓"，岂尽欺人哉？桥玄未尝期以天子[③]，而操感其知己，则出身仕汉之初，无窥夺刘宗之志，明矣。知此，则人主之驭臣，防其所不必防，而不防其所防者，非明于豫防之道者也。

【注释】①策名：报名参加科举考试。后指士人到朝廷出仕做官。②偏裨：偏将，裨将。将佐的通称。

③桥玄（109—183）：字公祖，睢阳（今河南商丘）人。汉桓帝末

年，为度辽将军，击败鲜卑、南匈奴、高句丽侵犯，保境安民。因坚持追究陈国相羊昌的恶行而闻名，早年便识得曹操的国人才干。

【译文】一个士人，将姓名写在策册上，有做偏将的，有做文吏的，眼睛所看到的，心中所想象的，即便自身还拓落失意但前途不可限量，那么他未来的大概情况就是可以知道的。生死屈伸，荣辱贵贱，都处于不可测知的状态。志向所要达到的程度，虽然心中希望达到但未必一定达到；志向不能达到之处，暂时尝试并逐渐有所前进，这不是他所能期望的。刚刚稍有得志的时候，马上就会跳跃起来，说："我将据有天下四方，身为帝王朝南而驾驭四海的英雄，让他们俯首称臣。"不是狂人，谁会想到这些？假使真有这种人，也必会在突然跃起之时就被诛杀。由此可知那些乱臣贼子最终篡夺王位的人，在开始时也没有想过必定能够获得王位。曹操自己说过，"死后我的墓碑上题'征西将军之墓'"，难道全是骗人的？桥玄未曾期望曹操能成为天子，曹操也感激桥玄了解自己，在他开始在汉朝做官的时候，并没有窥伺篡夺刘氏王朝的志向，这一点是很明确的。了解这些，君主驾驭大臣，防备没必要防的事，而不防备必需防备的事，那就是不明于防备之道的人了。

秦桧专政之暮年，大起刑狱，将尽杀张、赵、胡、洪诸公[①]，逮及宗室。当斯时也，诸公窜处遐方，不得复进一议，论和议之非，于桧无忤也。和已成，诸将之兵已解，桧总百揆，膺世禄，其所欲者无不遂也。桧死，而高宗忽释赵汾[②]，召还迁客，则桧之深惎诸公[③]，非必逢君也。桧之诛逐异己，不欲慭留一人者[④]，岂仅快一时之忿饮哉？遍置其党于要津，而不使宋有一亲臣之可倚，骨鳗已空，发蒙振落者疾起而收之，桧之厚植其势者，势无不成也。高宗之年已耄矣，普安拔自疏远⑤，未正嫡嗣之名；一旦宫车晏驾，桧犹不死，则将拔非所立之冲幼暂立之，旋起夺之；外有女直以为援引，内有群奸以为佐命，赵氏宗祊，且在其心目之中，易于掇芥。桧之志，岂待吹求而始见哉？

【注释】①张、赵、胡、洪：指张浚、赵鼎、胡铨、洪皓，此四人皆因与秦桧政见不和，遭到迫害。

②赵汾：赵鼎之子，秦桧诬陷他结交宗室，图谋不轨，将他逮捕入狱，并逼迫他诬告张浚、李光、胡寅等谋逆，将贤士五十三人全部诬告。

③深惎（jì）：非常憎恨。

④憖（yìn）留：情愿留下。

⑤普安：即普安郡王赵昚（1127—1194），初名伯琮，是宋太祖赵匡胤七世孙，生父为赵子偁。绍兴二年（1132年），他被宋高宗赵构育于宫中，翌年改名为瑗。绍兴十二年（1142年），进封普安郡王，出宫居住。绍兴三十二年（1162年），被立为皇太子，改名为昚。同年，高宗让位于赵昚，使宋朝的皇位再次回到宋太祖一系。

【译文】秦桧权倾朝野的暮年，大兴刑狱，打算把张浚、赵鼎、胡铨、洪皓等诸位大臣杀尽，而且涉及宋王朝的宗室。在当时，诸位大臣被流放于远方，不能再进献奏议，无法讨论宋金和议的错误，对于秦桧是没有抵忤的。和议完成之后，诸将的兵权已经解除，秦桧总掌朝中政务，享有世袭的官禄，想要的没有不能得到的。秦桧死后，宋高宗忽然释放了赵汾，召回了流放官员，那些秦桧深深忌恨的大臣，也未必就是遇到明君了。秦桧诛杀驱逐异己，不愿意留下一个不同于自己的人来，难道仅仅是为了自己的愤恨得到发泄而求得一时之快吗？他在关键职位上到处安插党羽，从而不让宋王朝有一个亲近的大臣可以依仗，朝廷没有刚直忠烈的大臣，轻而易举就可以收拾局面，秦桧大力培植的势力，在势头上没有不成的。高宗年迈，普安郡王又是从很疏远的宗室中挑选上来的，尚未有册封皇太子的名义；一旦高宗驾崩，秦桧还没有死，他就要挑选一个年幼的宗室后裔暂时继位，之后再由自己夺取帝位；外部有女真可以作为自己的外援，内部又有成群的奸人为他效命，赵氏的宗庙社稷，在秦桧的心目中，就像拾取草芥一样容易篡夺了。秦桧的志向，难道还用等着吹毛求疵之后才显现吗？

乃当靖康之年，始立台端，与马伸等共请女直立赵后，未尝念及此也。及其自虏来归，受挞懒旨，力主和议，亦祇求和成而居功受赏已也。即至逢高宗之欲，班北伐之师，解诸将之兵，独立百僚之上，犹未能遽取必于邪逆之成也。已而诸贤窜矣，岳侯死矣，韩世忠谢事闲居，刘锜、二吴敛手听命，张俊总领诸军之愿不遂，而亦废处矣。所欲为者，无不可为；所不可致者，无不致也。周回四顾，知天下之无能如己何，高宗亦惴惴然不知所以驭己，然后睥睨神器，而以诛逐先试其凶威。势之所激，鼠将变虎，亦奚待操心已久而后成乎大恶哉？故《易》曰："履霜，阴始凝也；驯致其道，至坚冰也。"驯致者，初非所至而渐以成乎至也。

【译文】秦桧是在靖康年间才进入朝廷的，之后与马伸等人共同请求金人扶立孟皇后，那时的他还未曾想到最终的这一步。等他从金国回到宋朝，秉受了挞懒的旨意，极力主张宋金和议，也只是想和议成了之后自己得到赏赐而已。哪怕后来他迎合高宗的意愿，迫使北伐的部队班师，解除诸位将领的兵权，让自己高居于百官之上，也没有马上就一定要形成邪逆阴谋。只有将各位贤臣流放之后，岳飞死了，韩世忠不再参与政事闲居于外，刘锜和吴玠、吴璘兄弟敛手听命于他，张俊总领各军的愿望落空，也被废黜了。秦桧想做的，没有不能做到的；他不可得到的，也全都得到了。他环顾四周，知道整个天下不能拿自己怎么样，高宗也心存畏惧而不知怎样驾驭自己，其后他就开始觊觎帝位，并以诛杀驱逐大臣先来逞他的凶恶威风。受到形势的激励，老鼠将要变成老虎，又何须操心很久之后才完成他的极大邪恶阴谋呢？所以《周易》里说：“踏着霜，阴气便开始凝结了；顺着这条路一直走下去，就会到达结成坚冰的程度了。”只要走上这条路，哪怕最初不是要达到这个目标，最后也会渐渐的到达这个目的地。

呜呼！宋之猜防其臣也，甚矣！鉴陈桥之已事，惩五代之前车，有功者必抑，有权者必夺；即至高宗，微弱已极，犹畏其臣之强盛，横加最削[①]。乃桧以文墨起家，孤身远至，自可信其无他。而罅从中决，成巨浸以滔天，成乎萧衍、杨坚之势[②]。高宗藏刃搾中，思与争死，而莫能自振，固非前此所能逆睹。则欲辨霜冰于早，亦奚辨而可哉？

【注释】①最削：削夺，削弱。这里指赵宋实行重文抑武的国策，大力削夺武将的权力。

②萧衍（464—549）：即南朝梁的开国皇帝梁武帝，字叔达，南兰陵中都里人（今江苏常州）人。南齐中兴二年（502年），齐和帝被迫“禅位”

于梁武帝，南梁建立。在位时间达四十八年，在位时笃信佛教，颇有政绩。晚年爆发“侯景之乱”，都城陷落，被侯景囚禁，死于台城。

【译文】呜呼！宋王朝猜忌防范大臣，太过分了！赵氏皇帝借鉴陈桥兵变的往事，吸取五代时期频繁兵变易主的教训，对有功的人一定要抑制，对有权的人一定要剥夺；即使到了高宗时期，宋王朝已经极为衰弱，宋高宗依然畏惧他的大臣太过强盛，对大臣的权力横加侵夺。秦桧以文墨小吏起家，孤身一人从金国逃回，高总自然相信他没有异心。从而国家的漏洞便由此出现，以巨大的缺口构成滔天大祸，让秦桧具有了像萧衍、杨坚那样的势力。高宗将短刀藏在靴子中，想要与秦桧拼死，他自己也不能自我振作，这本来也不是之前就能料想到的。那么想在很早就分辨出从霜到冰的变化，又如何分辨得出来呢？

夫霜非冰也，而阴森惨冽之气，一夕流空，则怆然怵栗之情，自感人之志气，欲辨之，亦何难辨之有乎？不可辨者，志也；所可辨者，人也。志，无定者也。志于正者，势溢而志或以淫；志于邪者，力穷而志因以避。人，有定者也。贤者之志虽已移，而必有所惮不敢为；奸人之志虽未萌，而必有所恃以操其利。故察之于始，桧非有操、懿之心，勿容苛论也。考之于其所行，不难为石敬塘、刘豫之为者，岂有察之而不易知者乎？

【译文】霜虽然不是冰，但有阴森冷冽之气，一个晚上就可遍布空中，那怆然怵栗的心情，本来就能打动人的志气，想加以分辨，又有什么难以分辨呢？不可分辨的，是人的心志；能分辨的，是人本身。人的心志，没有恒定的。心志正直的人，势必洋溢在外，而心志有时也会过度；心志邪恶的人，力量穷尽时心志也会为此丧失。人，确实是有定数的。贤人的心志即使已经改变，也定有所惧而不敢肆意妄为；奸佞之人的心志即便还没有萌发，也必然想以此牟利。所以在开始时观察，秦桧的确没有曹操、司马懿的野心，这是不容苛论的。考察他的所作所为，是不难做石敬塘、刘豫这一类人的，难道还能仔细观察了他而不容易知道吗？

其被囚而北也，与何桌、孙傅、司马朴同系[①]，而独不见杀；其羁于女直也，与洪皓、朱弁同留[②]，而不与同拘；其脱身以返也，保有其妻孥，而尽室以安归；则其狎凶狠之骄虏，使帖然听己之徜徉者，可畏也。张浚、赵鼎、李纲、胡寅皆高宗患难之君臣，屡退屡进，而莫能相舍；朝野兵民众望所归，而共倚其成；桧一得志，而屏息窜逐，莫敢与争者，可畏也。岳侯所收群盗，力战中原，将士乐为之死，而削之、斥之、囚之、杀之，曾莫有敢为之鸣控者，可畏也。韩世忠抚数万之众，脱高宗于幽縶，上得君心，下孚群望；而独于桧不能一词相拒，俯首解兵，苟以自全者，可畏也。张俊位望最隆，与桧合谋，夷岳氏之族，思得其兵，而桧转盼相违，夺兵去位，曾不能以夙约责桧，而帖耳伏从，尤可畏也。挟此数可畏之才，欲为则为之，为之甫成而又进为之；力甚鸷，机甚巧，其锐往而无定情也甚狡，其执持扼要而操以必得也甚坚；则不必久怀篡夺之心，乘乎可篡而篡焉，复何所戢而中止乎？

【注释】①何㮚、孙傅、司马朴：此三人在靖康之变时与秦桧一齐被俘，押往金国，后只有秦桧一人逃回，令大臣们质疑。

②朱弁（biàn 1085—1144）：南宋官员、文学家。字少章，号观如居士，徽州婺源（今属江西）人，朱熹叔祖，太学生出身。建炎元年自荐为通问副使赴金，为金所拘，不肯屈服，拘留十六年始得放归。曾劝宋高宗恢复中原，得罪秦桧，官终奉议郎。

【译文】秦桧被囚禁掳掠到北方的时候，与何㮚、孙傅、司马朴一同被关押，只有他没有被杀；他被女真人关押的时候，与洪皓、朱弁一同被拘留，却没有和他们囚禁在一处；他逃脱返回宋朝时，保住了自己的妻子儿女，带着全家平安归来；他能狎弄凶狠骄狂的金人，使他们顺从自己的意愿而随意来往，这确实可怕。张浚、赵鼎、李纲、胡寅都是高宗患难与共的大臣，他们屡次隐退又屡次任职，但君臣终是不能相互舍弃；他们是朝廷和民间全体军民众望所归的人物，大家都想倚赖着他们完成复兴大业；然而秦桧一旦得志，这些人就只能屏息无言而被流放驱逐，没有人敢与秦桧争锋，这也是很可怕的。岳飞凭着招降的各地盗匪，在中原与金兵大战，将士们都乐意为他效死，而秦桧削职、斥免、囚禁了他，甚至最后杀害了他，居然也没有人敢为岳飞鸣不平，这也是很可怕的。韩世忠统率数万部队，并且从囚禁中把高宗解救出来，在上能获得君主的信赖，在下能能俘获众人的拥护；面对秦桧却独独不能用一句话来抗拒，他俯首被解除了兵权，只能苟且保全自身，这也是很可怕的。张俊地位声望最高，与秦桧合谋，夷灭岳飞的家族，意欲得到岳飞的部队，秦桧转眼间就违背了他们之间的约定，削夺了张俊的兵权和官位，张俊也未曾用之前的旧约责备秦桧，只是俯首帖耳地服从，这是更可怕的。秦桧用这几种令人可怕的才能，想干什么就干什么，刚干成又进一步去做；他手段狠鸷，心机巧妙，他锐意前往而没有恒定的心志，又非常狡猾，他拥有权势执掌机要而怀着必得之心又非常坚定，那他也不必长久怀着篡夺帝位的心思，乘着可以篡夺的机会而篡夺，又哪里会有所收敛而中止呢？

主和议者，前有汪、黄，后有汤、史①，而人敢与争者，有可争之势也。君不固信者，无可信之术也。故旋用旋黜，而终不胜公论之归。桧独尽钳天下之口，尽反数十年之为，狡夷且入其牢笼，六军皆安其解散，爪牙角距，岂一旦之能快搏噬哉？当其时，觌其面目②，观其设施，闻其言说，苟有庸心于鉴微知著者，奚问其志哉？即其人而知之有余矣。坚冰者，非霜志也，势也。或驯致之，或不终致之，存乎辨之者尔。弗庸猜防也，弗庸禁制也，尤弗进而问其心也，固已辨矣。胡康侯之为桧欺也，据目前之志，忘驯致之变，宜其惑已。

【注释】①汤：即汤思退（1117—1164）：字进之，号湘水，处州龙泉（今浙江龙泉）人。历高宗、孝宗两朝，官至签书枢密院事、尚书右仆射、尚书左仆射（即宰相，前后三任）。聪明好学，为官清廉，办事谨慎。执政后，主张“金宋议和”，并奉旨割让疆土，极力排挤主战派张浚。后被罢官贬至永州，忧悸而死，是南宋最具争议的宰相。

②觌（dí）：观看，查看。

【译文】主张宋金和议的人，前有汪伯彦、黄潜善等人，后有汤思退、史弥远等人，当时人们敢于与他们争论，是因为有可以争论的形势。君主对他们的信任也不固定，也是因为他们没有可以让人信任的能力。所以他们处于一边被任用一边又被黜免的状态，从而最终不能战胜公论。只有秦桧能钳住天下人的口舌，完全反转了宋王朝数十年的做法，狡猾的金人都进入了他的牢笼，宋王朝的六军也安于被他解散，他的爪牙党羽，难道在一日间就能肆意残害吞噬所有的人吗？在当时，看他的面目，观察他的措施，听他的言论，如果真有人可以用心来鉴微知著，何必问他有什么用心呢？就他的这些情况便能对他了解得绰绰有余了。坚冰，不是霜降时就有的志向，而是事物演变到最后的必然状态。有人顺着这条路一直到达了目的地，有人没有到达最终的目的地，这是由人们的分辨决定的。不用猜疑防范，不用禁止抑制，特别是不用问他的用心是什么，本来就已经可以分辨清楚了。胡安国之所以会被秦桧欺骗，是因为他只根据秦桧目前的情况判断秦桧的志向，忽略了沿着这志向走下去会变生出什么情况，所以他更容易被迷惑。

十 五

以势震人者，其倾必速；震之而不震者，其守必坚。其间必有非望之祸，与之相乘；非望之福，与之相就。非一幸而一不幸也，理之所必有，势之所必致也。楚虔之于乾溪，夫差之于黄池，苻坚之于淝水，完颜之于瓜步，倾之速也，有合符焉。其恃威以震人者均，故其速倾均也。是以羊祜得西陵而固守[①]，高颎闻陈丧而班师[②]，拓拔佛狸临江而不渡，周世宗得淮南而许和。诚知夫极盛于外者，中且枵而难必起，自固其本，而后可徐图于后也。知此，则人震己以不可御之势，而凝立以待其自毙者，固必有道矣。

【注释】①羊祜(221—278):字叔子,兖州泰山郡南城县人。西晋时期杰出的战略家、政治家、文学家,曹魏上党太守羊衜之子,汉末才女蔡文姬的外甥。累官尚书右仆射、卫将军,封钜平侯。泰始五年(269年),出任车骑将军、开府仪同三司,都督荆州诸军事,坐镇襄阳。在荆州屯田兴学,以德怀柔,深得军民之心;扩充军备,训练士兵,全力筹备灭吴计划。

②高颎(541—607):隋朝著名宰相、军事谋臣。一名敏,字昭玄,鲜卑名独孤颎,自称渤海蓨(今河北景县东)人,隋朝杰出的政治家、战略家、军事家。后遭隋文帝猜忌,被免官免爵为民。隋炀帝时,被起用为太常卿。大业三年(607年),见炀帝奢靡,甚为忧虑,有所议论,为人告发,与贺若弼同时被杀害,享年六十六岁。诸子遭到流放。

【译文】用权势来震慑别人的人,他倾覆的必定很快;受到别人震慑而不害怕震慑的人,他坚守的志必然很坚定。这中间一定会有想不到的灾祸,与倾覆相互作用;有想不到的福禄,与自守相互助成。这不是一为幸运一为不幸,而是在道理上的必然,在事势上定会达到。楚灵王在乾溪,夫差在黄池,苻坚在淝水,完颜亮在瓜步,他们的倾覆都很快,就像与符命相应一样。那些依仗威权震吓别人的人都是一样的,因此他们的迅速倾覆也是同样的。故而羊祜占据了西陵就加以固守,高颎听说了陈朝的灭亡就班师,拓拔佛狸来到长江边而不渡江,周世宗得到了淮南就允许南唐讲和。这都是确实知道在外部达到了极盛的时候,内部就已虚耗而导致灾难将要发生,自己巩固自身立足的根本,之后才能慢慢地谋求大事。知道这些,那么别人来震吓自己用不可抵御的权势时,只要凝神站立而等待对方的灭亡,这本来就是有其道理的。

德不足以绥，义不足以正，名无可执，衅无可乘，竭己之威力以加于人，是浮动之气也。气者，一浮而无乎不动者也；合数十万人而动其浮气，则一夫蹶起，而九军之情皆荡。况乎不恤其内之已空，而淫于外，授人以余地，使无惮以生其心，有不可坐而待其毙者乎？且其极乎盛以相震者，数十万人也。其士卒，则强与弱之相间也；其将领，则忠与奸之相杂也。拊循不能周[①]，而怨起于内也；迁延以相待，而进无所决也。功成而无所专归，则欲进而情已漫也；奔北而无能尽诘，则虽退而罪可避也。部分进而不相知闻，则无望其相援也。簇进而壅于道路，则名众而实亦寡也。交相倚而恃人，则自固之谋必疏也。本以相震，而非以生死相贸，则不受其震而必自沮丧也。如是，则以我孤立之军，敌彼云集之旅，制在我而不在彼，明矣。故谢安谈笑而待捷书，虞允文乍至而决进战[②]，非幸也，实有其可以相御之理也。

【注释】①拊循：安抚；抚慰。

②虞允文（1110—1174）：字彬父，一作彬甫。隆州仁寿县（今四川省眉山市仁寿县）人。南宋初年名臣，唐朝名臣虞世南之后。宋高宗绍兴二十四年（1154年），虞允文登进士第。累官中书舍人、直学士院。他在出使金国时，见其大举运粮造船，便在回朝后请宋廷加强防御。绍兴三十一年（1161年），以参谋军事犒师于采石，指挥三军大破金帝完颜亮。

【译文】德行不足以让人信服，道义不足以贞正，没有可以秉持的名义，也没有可以利用的间歇，就竭尽自己的威势强加在别人身上，就是浮动的气。气，只要一浮动起来就无不动的；纠合数十万人还动了他们的浮动之气，那么但凡其中一个人失败，整个军队的士气就会被动摇。更何况不顾及自身内部已经空虚，而一味地在外部发泄淫威，就会给对方有了采取行动的余地，使对方不惧怕我方而产生攻击我方的心思，如果这样，还有不能坐等其灭亡的吗？而且极尽壮大来震动对方，要数十万人。其士卒，有强有弱；其将领，有忠诚有奸邪。安抚不周全，内部就会产生怨恨；拖延等待，前进就会不能决断。取得了成功而无特定归属，再想前进精神也已经涣散了；想逃跑也不能全部追责，那么退逃也就可免于罪名了。大军各部各自前进而互不知晓，就不要指望他们可以相互支援。大军一同前进堵塞在路上，就是名义上人数众多而战斗力实际上很少。相互倚靠又相互依恃，固守自身的谋划就必定有疏漏。原本是相互震动，而不是用生死来相交，那么在不等受到对方的震动之时己方就已经破坏了自身士气。像这样，就是让我方孤立的军队，与对方整齐划一的部队相对抗，收到事态限制的也在我方而不在对方，这是明显的。所以谢安谈笑间等着捷报，虞允文临时到来就决定进军作战，这不是依靠侥幸，是他们确实有可以控制局势的道理。

然则晋、郑锐起而向楚虔，当无楚矣；赵鞅蹶兴而薄夫差[①]，当无吴矣。然而不能者，为其所震而不知其不足震也。若夫公子比之入[②]，句践之兴，慕容垂之叛[③]，完颜雍之篡[④]，岂可几幸其必然哉？而一往之气，不恤其归；必得之情，不防其失；则不可几幸者，固可期也。是故居整以御散，用独以制众，散者必溃，众者必离。处静以待动，奋弱以抗强，动者必折，强者必摧。无他，虚与实之分，祸与福之纽也。君子观于此，而知所以自求，知所以应天下矣。见可忧者非忧也，见可惧者非惧也。所忧者无可忧之形，所惧者无可惧之迹也。姤之危也，始于羸豕；剥之孤也，终以得庐。守其大常，以御其至变。贞胜者，胜之以贞而已。

【注释】①赵鞅（？—前475）：春秋时期晋国赵氏的领袖，又名志父，亦称赵孟、赵简子。晋昭公时，赵简子为大夫，专国事，致力于改革，为后世魏文侯李悝变法、秦孝公商鞅变法和赵武灵王改革首开先河。

②公子比（？—前529）：楚共王之子，名比，字子干，楚灵王弟。原任右尹。楚郏敖四年（前541年），其兄围（即楚灵王）杀郏敖，夺得王位。子干奔晋，客居12年。前529年，在谋划复国的原蔡国大夫的策划下返楚，依靠其弟蔡公弃疾，进军郢都，被推为楚王。不久之后又为蔡公弃疾胁迫自杀。

③慕容垂（约326—396）：字道明，小字叔仁，昌黎棘城（今辽宁省义县）人，鲜卑族。十六国时期后燕开国君主、军事家，前燕文明帝慕容皝第五子。

④完颜雍（1123—1189）：女真名乌禄，金朝第五位皇帝，金太祖完颜旻之孙，金睿宗完颜宗辅之子。完颜雍早年受封葛王，海陵王完颜亮攻打南宋时，他出任东京辽阳府留守，后被拥立为帝，改元大定。即位后，镇压了契丹移窝斡起义，击退了南宋隆兴北伐，签署《隆兴和议》，开启了南北四十余年的和平局面，推动金朝转入和平发展轨道。国内实现了“大定之治”的繁荣局面，也被称为“小尧舜”。

【译文】这样说来，如果晋国、郑国能出动精锐部队向楚灵王进攻，结果就应当没有楚国了；如果赵鞅兴起而逼近夫差，结果就应当没有吴国了。然而不能做到这些，是因为受到对方的震动而不知道对方不足以震动自己。至于公子比进入国都，句践的兴起，慕容垂的反叛，完颜雍的篡位，难道可以企求他们必然成功吗？有一往无前的气势，就会不顾退路；有必得的意志，就不会防备失误；那么不可企求的成功，本来就是可以期待的。所以处于完备的状态来对抗分散的敌人，用独立的部队来制服众多的敌手，分散的必定溃败，众多的敌军必定离散。在安静之中面对处于行动的对方，使弱者奋起而抵抗强者，行动中的一方就必定会败折，而强者必定会被挫败。没有其他原因，这就是虚与实的区分，祸与福的关键。君子观察到这种情况，就知道如何要求自己，知道如何对应天下的事了。看到可担忧的事情，不忧虑，看到可畏惧的事情，也不畏惧。所要担忧的没有可以担忧的外在形态，所要畏惧的没有可以畏惧的迹象。姤卦的危险，始于瘦猪的轻浮躁动；剥卦的孤立，是最终得到了庐而未得到民众的拥戴。守着事物最大的常道，以对应事物的复杂变化，才能抵御最终的变化。所谓的贞胜，就是取胜关键来自于正道。

十六

荣悴之际，难言之已。贫贱者，悴且益难胜也；崇高者，荣愈不能割也。故代谢之悲，天子与匹夫均，而加甚焉。太宗册立爱子，犹不怿，曰：“人心遽属太子，置我何地？”高宗之于孝宗，未有毛里之恩也[①]。乃年方盛，而早育之宫中；天下粗定，而亟建为冢嗣；精力未衰，而遽授以内禅。迨其退养德寿，岁时欢宴，如周密所记者[②]，和气翔洽，溢于色笑，翛然无累忘其固有天下之荣[③]，得不谓高人一等乎？

【注释】①毛里之恩：指父母之恩。取自《诗经·小雅·小弁》中“不属于毛，不离于里。”毛在外，指父。里在内，指母。

②周密（1232—1298）：字公谨，号草窗，又号霄斋、蘋洲、萧斋，晚年号弁阳老人、四水潜夫、华不注山人。祖籍济南，吴兴（今浙江湖州）人。宋末元初词人、文学家、书画鉴赏家。宋度宗咸淳年间（1265—1274年），先后出任两浙运司掾属、丰储仓检查。期间他广泛交游，参加吟诗结社活动。宋末任义乌令（今属浙江）。南宋覆灭后，周密入元不仕，专心著述。

③翛（xiāo）然：指无拘无束、自由自在的样子。

【译文】荣华和衰败之间的区别，是很难明了的。贫穷且没有地位的人，越难承受枯悴；富贵且有地位的人，更不能舍弃荣华。因此就新旧交替的悲伤而言，天子与匹夫都是一样的，天子的悲伤可能更为沉痛。宋太宗册立真宗为太子，还在心中感到不快，说：“天下人都新归太子了，要将我置于何地？”高宗对孝宗，没有亲生父母的养育之恩，就在高宗还年富力强的时候，便把孝宗早早的收进宫中加以养育；天下基本上定之后，孝宗就很被快立为太子；高宗精力还没有衰竭的时候，就立刻在宫内禅让了帝位给孝宗。等到他在德寿宫退位修养的时候，逢年过节时与孝宗欢聚宴乐，像周密记载的，彼此之间的融洽和气，洋溢在脸色和笑容上，无拘无束没有拖累，忘了原来当皇帝时天下最高的荣华，能不说是高人一等吗？

人之于得失也，甚于生死。一介之士，身首可捐，而不能忘情于百金之产。苟能夷然澹定以处得失，而无悁忮之心[1]，是必其有定力者也。则以起任天下之艰危，眷怀君父之隐痛，复何所顾惜，而不可遂志孤行以立大节？物固莫御也。然而高宗忘父兄之怨，忍宗社之羞，屈膝称臣于骄虏，而无愧怍之色；虐杀功臣，遂其猜妨，而无不忍之心；倚任奸人，尽逐患难之亲臣，而无宽假之度。孱弱以偷一隅之安，幸存以享湖山之乐。惉滞残疆[②]，耻辱不恤，如此其甚者，求一念超出于利害而不可得。繇此言之，恬淡于名利之途者，其未足以与于道，不仅寻丈之间也。

【注释】①悁伎（jì zhì）：指强直刚戾。

②惉（zhān）滞：乐音不和谐，此处指国家敝败，残破。

【译文】人们看待得失，比生死还重。作为一个士人，生命可以捐弃，却不能忘情在百金的财产上。如果能淡然地看待得失，内心没有伤感愤恨，这样的人肯定是有定力的人。就可以起用他承担天下的艰危，只要他能眷顾关心君父的隐痛，难道还会顾惜什么而不能实现自己的志向，靠孤身践行以建立宏大的气节吗？什么也不能抵挡这种人。然而高宗忘了父兄被金人掳掠的仇恨，忍着宗庙社稷被毁坏的耻辱，向骄狂的金人屈膝称臣，而且脸上没有惭愧的脸色；残害功臣，了结了他对功臣的猜疑防范，这是没有不忍的心意；倚靠任用奸臣，将患难与共的大臣全部驱逐，这是没有宽容的度量。整个国家孱弱地在偏安一隅，而高宗却苟活在世上享受着游山玩水的快乐。面对残破剩余的疆土还不顾耻辱，像这样过分的人，企求他有一丝超越利害的念头都是不可能的。由此而言，那些恬淡于名利的人，不足以一起论道，这之间的差距不只在几尺或者一丈之间。

人之欲有所为者，其志持之已盈，其气张之已甚，操必得之情，则必假乎权势而不能自释。人之欲有所止者，其志甫萌而即自疑[①]，其气方动而遽求静，恒留余地以藏身，则必惜其精力而不能自坚。二者之患，皆本原于居心之量；而或逾其度，或阻其几，不能据中道以自成。要以远于道之所宜而堕其大业，皆志气之一张一弛者为之也。夫苟弛其志气以求安于分量之所可胜，则于立功立名之事，固将视为愿外之图，而不欲与天人争其贞胜。故严光、周党、林逋、魏野之流[②]，使出而任天下之重，非徒其无以济天下也，吾恐其于忠孝之谊，且有所推委而不能自靖者多也。诚一弛而不欲固张，则且重抑其情而祈以自保，末流之弊，将有不可胜言者矣。

【注释】①甫萌：刚刚萌芽。甫，刚刚；才。

②严光（前39—41）：又名遵，字子陵。汉族，会稽余姚人。东汉著名隐士。年少与东汉光武帝刘秀同学，亦为好友。刘秀即位后，多次请他任官。但他隐姓埋名，退居富春山。周党：西汉末至东汉初人，太原广武（今山西广武）人。家境原本殷实，父母早亡后家产尽失，流落至长安治学。王莽篡政时，他闭门闲居。汉光武多次召见，周党称病不仕，此后在渑池隐居。

【译文】人若要有所作为，他的志向就会充满胸中，他的气势就会充分伸张，怀着必然会得到的心情，那他必然要假借权势而不能自我释怀。人若要有所停止，他的志向刚刚萌发就会自我怀疑，他的心气才萌动就想寻求安静，老是留有余地来隐藏自己的真实想法，这样的人就必定爱惜精力而不能自我坚守。这两种情况的问题，根源都在于居心的度量；要么越过了其限度，要么心气刚刚萌动就受到阻挠，不能以中道完成自己的志向。总的来说，是偏离了道的准则导致了大业的毁坏，这都是志气的一张一弛造成的。倘若废弛了志气只想安心做他本分所能胜任的事，就会把立功立名的事看作超出本分的追求，从而不想与天与人争求贞胜了。因此严光、周党、林逋、魏野这样的人，让他们出仕为官并担当重任，不仅拯救不了天下，我还怕他们对于忠孝之义也会以很多理由加以推诿而不能自安。实在是因为人一旦松弛就不想伸张志气，情志被严重压抑了就会只求保全自身，这种处世态度达到极致的时候，将会有太多无法用语言表达的害处。

己与物往来之冲，有相为前却之几焉[①]。己进而加乎物，则物且退缩而听其所御；御之者，有得有失，而皆不能不受其御也。己退而忘乎物，则物且环至而反以相临；临己者，有顺有逆，而要不能胜其临也。夫苟不胜其临矣，力不可以相御与？则柔巽卑屈以暂求免于害者，无所复吝。力可以相御与？则畏之甚，疑之甚，忍于忮害以希自全。故庄生之沉溺于逍遥也，乃至以天下为羿之彀中[②]，而无一名义之可恃，以逃乎锋镝。不获已而有机可乘，有威可假，则淫刑以逞，如锋芒刺于衾簟，以求一夕之安。惟高宗之如是矣。故于其力不可御者，称臣可也，受册可也，割地可也，输币可也。于其力可御者，可逐则逐之已耳，可杀则杀之已耳。迨及得孝宗而授之，如脱桎梏而游于阆风之圃[③]，不知有天子之尊，不知有宗社之重，不知有辱人贱行之可耻，不知有不共戴天之不可忘。萧然自遂，拊髀雀跃于无何有之乡[④]，以是为愉快而已矣。

【注释】①几：苗头，指事物早期发生隐微的变化。

②彀中：指用力张弓套中，喻圈套、牢笼。形容对人的限制和约束。

③阆风之圃：即阆风巅。阆风，山名，在昆仑之上。古人认为阆风、玄圃是神仙所居之地。

④无何有之乡：语出《庄子·逍遥游》篇，无何有，指什么东西都没有。乡，指处所，地方。此处比喻空无一物的地方。

【译文】人自身与外界事物之间的往来对冲，有相互进退的隐微苗头。人自己前进时就把力量强加到外物身上，以使外物退缩而任由任控制；控制外物，有得有失，然而外物却不得不受人控制。人若要退缩，外物就将环绕而至，同时人自身也会受到外物的控制；控制人自身的外物，有顺也有逆，关键是人自身非但不能战胜外物反而还会被外物控制。如果人不能战胜外物的支配，难道是自己的力量不能与外物相互抗衡吗？倘若如此，人为了暂求免受祸害就会柔顺卑屈，做什么事也就无所吝惜了。人的力量真的可以控御外物吗？若真这样，也会因为自己对外物的非常畏惧和非常疑虑，而忍心残害他人以求得自全。因此庄子沉溺于逍遥，以至于把天下都看成后羿的箭套，而且没有一个名义可以凭恃，以躲避刀锋箭铜的威胁。不能脱离这种状态，一有机会就要利用，一有威势就要借用，让一个人淫刑得逞，就像用锋芒被子和衣服中刺透一样，用这种方式获得一夜的安宁。高宗正是如此，故而他的力量不能对抗对方时，向对方称臣可以，受封也可以，割地也可以，输送币帛也可以。他的力量可以对抗对方时，能放逐的就放逐，能杀掉的就杀掉。等到他获得孝宗就把帝位传给他，高宗自己如同摆脱了桎梏在神仙的境界中游玩，忘却了天子的尊贵，忘却了宗庙社稷的重要，忘却了受人羞辱和低贱行为之可耻，不知道还有不共戴天之仇是不可忘的。从此就过着自由自在，自我放逸的生活，拍着大腿在无何有之乡欢欣雀跃，把这个作为愉快的事罢了。

三代以下，人君之能享寿考者，莫高宗若也。其志逸，其气柔，其嗜欲浅，而富贵之戕生者无所耽溺，此抑其恬淡知足之自贻也。然而积渐以糜天下之生气，举皇帝王霸懋留之宇宙而授之异族，自此始矣。故曰："无欲然后可以语王道。"知其说者，非王道之仅以无欲得也。退而不多取之利欲者，进而必极其道义之力。自非圣人，则乘权处势以免天下于凶危者，尚矣。是岂徒人主为然哉？鸡鸣不起，无所孳孳[①]，进不为舜，退不为跖[②]，行吟坐啸，以求无所染。迨其势之已穷，则将滥入于跖之徒而不自戢，所必然矣。窜李纲，斩陈东[③]，杀岳飞，死李光[④]、赵鼎于瘴乡，其为跖之徒也，奚辞？君子鉴之，尚无以恬然自矜洁己哉！

【注释】①孳孳（zī zī）：勤勉的；孜孜。

②跖（zhí）：又盗跖，春秋末鲁国人，春秋战国之际的奴隶起义领袖，柳下惠的弟弟，公子展的后裔。，中国民间传说中春秋时期率领盗匪数千人的大盗。不通文墨，爱替百姓说话，打抱不平。

③陈东（1086—1127）：字少阳，北宋元祐元年（1086年）出生于一个"自五世以来，以儒嗣其业"的家庭。宣和七年（1125年）十二月二十七日上书请诛蔡京、童贯、王黼、梁师成、朱勔、李彦等"六贼"，以谢天下。后被宋高宗诛杀。

④李光（1078—1159）：字泰发，越州上虞（今浙江上虞）人。南宋词人，与李纲、赵鼎、胡铨并称"南宋四大名臣"，不睦于宰相秦桧，出

任绍兴知府、提举洞霄宫。绍兴十一年（1141年），贬于郴州安置。绍兴二十八年（1158年），复任左朝奉大夫。

【译文】夏、商、周三代以下，君主能享受高寿的，无人能与高宗相比。他的情志放逸，他的气度柔弱，他的嗜欲浅少，那些富贵之人危害生命的事他都不沉迷，这都是他恬淡自足的心境给予的。但是长期积累下去就会消靡天下的生气，将皇帝王霸遗留给后代的天下全都交给了异族，就是从这时开始的。古人说："没有私欲才可以谈论王道。"知晓这种说法的人，清楚王道不是仅凭没有私欲就能获得的。退而不想多取的利欲的人，进而必然极尽他的道义之力。他自己不是圣人，就会利用权势来使天下避免凶险，这是最高明的了。难道只有君主是这样的吗？鸡鸣不能早起，政事不能勤勉，进不能成为尧舜，退不会沦落为盗跖，只知行吟坐啸，以求不受他物影响。等到他的权势穷尽了，就将沦为盗跖的徒众之中而不能自拔，这是必然的。高宗流放李纲，斩首陈东，诛灭岳飞，将李光、赵鼎驱除到瘴疠之地逼死，就已然是盗跖之类了，何须争辩？君子若以此为鉴，自然就不会恬然自矜来让自己清高吧！

卷十一 孝宗

扫码听谦德
君为您导读

【题解】宋孝宗赵昚（1127—1194），南宋第二位皇帝，原名赵伯琮，为宋太祖的七世孙，1162至1189年在位。因宋高宗唯一亲生儿子元懿太子年幼夭折，高宗再无子，便在宗室子弟中选择一位为太子。赵伯琮中选入宫。绍兴三十二年（1162），高宗禅让帝位。孝宗即位后，面对内忧外患，励精图治、补偏救弊，又勤政节俭，创造了“乾淳之治”。对外又令老将张浚北伐，但在符离战败，不得已与金国签订“隆兴和议”。北伐失利、朝内无可用贤才，孝宗对政事日益倦怠，在淳熙十六年（1189），正式禅位于太子（宋光宗），自称太上皇。

本卷中王夫之对孝宗时期的评论，重点是论符离之战的溃败，同时对宋金再次和议有所评价。他认为不应为符离之战的一时溃败而丧失北伐的信心，并以西汉几代对匈奴的攻破之心为影射，说明议和是一种短见。并提出“天下虽安，忘战必危。安而忘战，其危可必，况在危而以忘战为安乎？”对后世有极深的警示意义。

汉之于匈奴也，高帝围，吕后嫚[①]，掠杀吏民，烽火通于甘泉，文帝顾若忘之，而姑与款之。垂及于景帝，休养数十年，人心固，士马充，武帝承之，乃始举有余之力，拔将于寒微，任其方新之气，以绝幕穷追，而匈奴破败以遁。东晋之势，弱不能支，祖逖死，桓温败，廷议不及中原者数十年。谢安端默凝立，声色不显，密任谢玄练北府之兵[②]，而苻坚百万之师披靡以溃。刘裕承之，俘姚泓，斩慕容超，拓拔、赫连无能与竞。使孝宗而知此，亦何至苻离一败[③]，萎敝而不复振，以迄于宋之亡哉？

【注释】①嫚：轻视，侮辱。

②北府兵：东晋孝武帝初年谢玄组建训练的军队。由北方流民组成的军事组织，并成为南朝军队主力。太元四年，谢玄加领徐州刺史，镇京口。东晋称京口为“北府”，所以称这支军队为北府兵。420年，刘裕称帝，建立宋，北府军成为其皇家军队的主力。

③苻离一败：即宋金符离之战，是宋金战争中的重要战役之一。此战宋军大败，对宋孝宗恢复中原，是个沉重打击。在主和派的压力下，宋孝宗不得不派使臣向金求和，双方签订“隆兴和议”，此后，金宋之间四十多年没有发生大的战争。

【译文】汉朝与匈奴，汉高祖曾在白登山被匈奴围困，吕后也曾被匈奴使者羞辱，匈奴人掳掠杀害汉朝的官吏百姓，双方之间的战火一度烧到了甘泉宫，汉文帝一味的强国富民好像忘记了这些耻辱，与匈奴姑且和平相处。到了汉景帝的时候，大汉王朝已经休养生息数十年，人心稳固，车马充足，汉武帝继承了这些财力，才开始用有余的国力，在寒微人群中提拔大将，使用他们的锐气，穿越匈奴人天然的屏障对他们穷追猛打，致使匈奴人破败而逃。东晋时的国势，衰弱至极，祖逖死后，桓温又战败，东晋朝廷议论国事不谈收复中原长达数十年之久。谢安端默凝神而立，喜怒哀乐不形于色，秘命谢玄训练北府兵，从而将苻坚百万大军打的丢盔弃甲。刘裕继承了东晋的力量，俘虏了姚泓，斩杀了慕容超，就算拓跋氏、赫连氏也不能与他抗衡。假若宋孝宗知道这些事，又怎会在符离战败之后，就萎靡不振，以至于宋王朝最终灭亡呢？

孝宗初立，锐志以图兴复，怨不可旦夕忘，时不可迁延失，诚哉其不容缓已。顾当其时，宋所凭借为折冲者奚恃哉[①]？摧折之余，凋零已尽，唯张德远之孤存耳。孝宗专寄腹心于德远，固舍此而无适与谋也。然而德远之克胜其任，未可轻许矣。其为人也，志大而量不弘，气胜而用不密。量不弘，用不密，则天下交拂其志，而气以盛而易亏。故自秦桧擅权以来，唯盛气以争得失，而不早自图惟：虏盟已败、桧奸已露之余，事权一旦归我，而何以操必胜之术？兵孰老而孰壮？将孰贤而孰奸？刍粮何取而不穷？马仗何从而给用？呼而即应者，何以得吏士之心？合而不乖者，何以成同舟之济？谋之不夙，则临事四顾而彷徨；信之不坚，则付托因人而即授。乃自其一窜再窜、颠倒于奸邪之手，君情不获，群望不归，观望者徙倚而谅其志之难成，媢嫉者侧目而幸其功之不就[②]。当其飘摇远徙，祸切焚身，避影销声，于当世无周爰之咨访；虽曰老臣，而拔起迁谪之中，犹新进也。一旦勃兴，与天子订谋于内，遂欲奋迅以希莫大之功，率一往之情，无可继之略，岂秉麾建旆，大声疾呼，张复仇雠、驱匪类之义声，遂足以抗百战不摧之骄虏哉？一败而终不复兴，固其所必然者也。

【注释】①折冲：克敌制胜。

②媢（mào）：嫉妒。

【译文】孝宗刚刚继承帝位的时候，锐意进取，时刻不能忘记与金人的怨仇，时机也不可拖延错失，确实是刻不容缓。然而当时，宋王朝与金人相争所依靠的又是什么呢？除了战败之外，可用的将领已经没有了，只有张浚一个人在世。孝宗的心腹之所以只有张浚一个人，就是因为除了张浚就没有其他人可以商议大事了。然而张浚能否胜任，也是不能随便就承认的。张浚为人志向远大但气量狭小，意气强盛但用心不周密。气量狭小，用心粗疏，导致天下人不断违背他的意志，而且意气越盛越容易虚亏。因此自秦桧专擅朝政大权以来，张浚只是用他强盛的意气与秦桧争得失，却不早早的考虑这些事：金人已经破坏双方盟约、秦桧的奸邪已经暴露，朝政大权一旦归我，怎么做才能有必胜的方法？大宋的军队那支军队疲弱那支军队强壮？统兵的将领那个贤明那个奸邪？怎么做才能使国家的粮食取之不尽？怎样做才能使武器装备供应充足？一呼而立即得到响应之后，怎样才能得到官吏将士的衷心拥护？集结众人而使他们服从命令，怎样做才能使让大家同舟共济？谋划如果不及时，事到临头只能四处张望、彷徨；不能坚定的信任他人，托付重任时就会因人而授命。当他被一而再再而三流放、被奸佞之人来回玩弄，不再获得君主的信任，人们对他也就不会再有什么期望，起初持观望态度的人就更加犹豫不决认为他的志向难以实现，嫉妒他的人侧目而视对他的失败感到幸灾乐祸。当他被流放飘摇远地的时候，不仅灾祸切近而且自身受伤，让自己的身影避开灾祸并沉寂于世，在当时没有可供周遍咨询的人才；张浚虽然是宋王朝的老臣，但他是在流放贬谪之中被重新提拔任用的，就如同新进的官员。一朝勃然兴起，与天子在内商议谋略，便想奋起以求莫大的事功，怀着一往无前的心情，却没有可以后继的谋略，难道手持大旗指挥军队，大声疾呼，提出对仇敌复仇、驱除匪敌的义声，就足以对抗百战不败的强虏吗？宋王朝一次战败后终不能复兴，也就是它必然的命运了。

夫孝宗而果为大有为之君，德远而果能立再造之功也，则处此固有道矣。完颜亮南犯而自殪矣，完颜雍新抚其众而不遑远图，未有寻盟索赂之使，渡淮而南。则固可急修内治，择帅简兵，缮备积储，而从容以求必胜之术也。汤思退可逐而未逐；尹穑、王之望可窜而未窜[①]；史浩可戒之以正[②]，而听其浮沉；虞允文、陈康伯可引与同心[③]，而未遑信任；朱元晦、刘共父可使秉国成，而尚淹冗散。如其进贤远奸，成画一之朝章，则国是定，而无伏莽之宵人乘小挫而进其邪说。于是而庙议辑矣，人心翕矣，犹无事遽尔张皇迫于求获也。杨存中、吴璘虽老[④]，犹可就访所托之偏裨；张、韩、刘、岳部曲虽凋，犹可求惯战之材勇。将未得人，草泽不无英尤之士；兵虽已弛，淮、襄、川、陕自多技击之材。罢湖山之游幸，以鼓舞人心；严渔侵之奸欺，以广储刍粟。缮淮、泗、襄、汉之城堡，进可战而退可凭；简西南溪峒之蛮兵，气用新而力用壮。经营密定于深宫，威信无猜于阃外，竭十年生聚教训之劳，收积渐观衅乘时之效。然后绝其信使，责以駾奔[⑤]。彼且怀忿而起不戢之兵，我固坚立以待狂兴之蹶[⑥]。如是以图之，燕、云即未可期，而东收汴、洛，西扫秦、川，可八九得矣。此之弗虑，猝起德远于摧抑之余，积不平之志气，视举朝如醉梦，而己独醒；却众议以愤兴，而激其妒忌。孝宗企足而望澄清，德远攘臂而争旦夕。孤遣一军，逍遥而进，横击率然之腰[⑦]，姑试拚蜂之螫[⑧]。李显忠万里初归，众无与亲；邵宏渊百战未经，怀私求试；则苻离之溃，虏不蹑迹而相乘，犹其幸也。

【注释】①尹穑：字少稷，河南人。符离兵溃，尹穑主张议和，后仍未阻挡金人入侵。孝宗将其废黜。王之望（1102—1170）：字瞻叔，襄阳谷城（今湖北谷城）人。南宋著名诗人、书法名家。高宗末年，力主和议，以割地啖敌为得计。收复十七郡撤军失利后，上奏孝宗，转移兵力自守，使南宋丧失北进收复的斗志。

②史浩（1106—1194）：字直翁，明州鄞县（今浙江宁波）人。宋高宗绍兴十四年（1144年）进士，由温州教授除太学正，升为国子博士。南宋政治家、词人。高宗时，他建议立太子；孝宗时，为赵鼎、李光、岳飞等人平反，因主张不战的主张未被采纳，因此罢相。

③陈康伯（1097—1165）：字长卿，一字安侯。信州弋阳（今江西省上饶市弋阳县南港口乡南山）人。南宋名臣、诗人、抗金宰相。金帝完颜亮南侵时，陈康伯力主抗金。危难之际，他迎眷属入临安，荐虞允文参谋军事，在采石大败金兵。后因“隆兴和议”罢官回乡。

④杨存中（1099—1164）：本名杨沂中，字正甫。代州崞县（今山西原平）人。南宋初年名将。北宋末年，杨存中应募成为张俊部将。金帝完颜亮南侵时，杨存中反对议和，并督军防守。吴璘（1102—1167）：字唐卿，德顺军陇干县（今甘肃静宁）人。南宋初年名将，四川宣抚使吴玠之弟。屡败金军，为保卫秦陇、屏障巴蜀立下了汗马功劳。至“隆兴和议”签

订后，退守四川。

⑤駾（tuì）奔：马受惊狂奔乱撞。

⑥踬（zhì）：被东西绊倒。此指对方士兵猛烈进攻后失利跌倒。

⑦率然之腰：率然，传说中的一种蛇。击其首则尾至，击其尾则首至，击其中则首尾俱至。此处指攻击敌军腰部，而不顾头尾反攻的不周密战法。

⑧拚蜂之螫：蜂不顾惜命的刺人，比喻拼死攻击。拚，舍弃；不顾惜。螫，有毒腺的虫子刺人或动物。

【译文】孝宗如果真是大有作为的君王，张浚如果真能建立再造宋朝的事功，那么处于这种局势本来是有办法的。完颜亮南下侵犯而因自己人兵变致死，完颜雍忙着安抚金国的众人而无瑕制定攻打远方的计划，没有派出使节与宋王朝订立盟约索要财物，未渡过淮河南侵宋朝。那么宋王朝本来可以紧急修整内务，选拔将帅，精简士兵，修整装备储备物资，而从容应对谋求必胜的方法。汤思退可以驱逐而没有驱逐；尹穑、王之望可以流放而没有流放；史浩可以用正道加以告诫，却听任他的沉浮；虞允文、陈康伯可以引导其同心同德，却未来得及加以信任；朱熹、刘珙可以让他们掌管国家的大政，却将他们淹没在拖沓闲散的官员中。孝宗如果能进用贤臣而远离奸臣，制定整齐划一的朝纲制度，那么国家就安定，而不会让躲在暗中的奸佞小人利用小挫败就进谗言。这样就会使朝堂议事和睦安稳，人心凝聚，而不会仓促张皇地急于求利。杨存中、吴璘虽然年老，朝廷事务还可咨询他们所托付的偏将；张俊、韩世忠、刘锜、岳飞的部队虽然已经衰落，朝廷还可寻求善战的智勇双全之士。将领没有找到合适的人选，民间不缺乏英雄才俊；部队虽已松弛，但在淮河、襄阳、川蜀、关陕地区还有不少可以作战的人才。停止湖山游幸，以此来鼓舞人心；严禁奸商强盗欺凌百姓，以此广储粮仓。修缮淮河、泗河、襄阳、汉中地区的城墙堡垒，进可攻退可守；挑选西南溪桐中的蛮族士兵，用他们的新生之锐气和壮勇之气力。在深宫中秘密商定经营的策略，对朝外的将士无猜忌并树立威信，竭尽十年时间来聚集教训的力量，收取逐渐积累而观察利用时机的功效。然后断绝与金人的信使来往，谴责他们军队冲击进攻。对方怀着愤恨之心而出动不约束的部队，我军坚守以待他们猛攻之后的失利跌倒。像这样谋划，燕、云即使不能期望收回，但向东收复汴京、洛阳地区，向西横扫三秦、川蜀地区，也有十之八九的把握了。这些都不考虑，仓促地启用贬斥流放中的张浚，他积攒心中的愤愤之气，看着满朝如醉生梦死的人们，他自己独自清醒；斥退众人的议论而愤然起来任职，就会激起人们对他的嫉妒。孝宗抬脚盼望用他来理清国家事务，而张浚却挥臂振奋争取朝夕的战功。孤单地派出一支部队，潇洒进军，横击敌军的腰部而忽略敌人头尾的反攻，姑且尝试向拼死命反击的敌人进攻。李显忠在万里之外刚刚归降，众军无人和他亲近；邵宏渊未经百战，怀着私心请求试用；符离之战溃败，敌军没有乘胜追击，还是宋王朝的幸运。

萧思话一溃[①]，而刘宋日削；吴明彻一奔[②]，而陈氏族亡；契丹之送死于女直，女直之舆尸于蒙古，皆是也。宋之不亡，其能几乎？人言和而我言战，义足以相胜，名足以相压。而强敌窥见其无成谋，则气益振；异己者坐待其无成绩，而互相摇；天下亦共望其有成功，而终不可得。史浩曰："一失之后，恐陛下不得复望中原。"未必非深识之言也。孝宗在位二十七年，德远虽没，未尝不可有嗣以图功者，惜哉其一仆而终不能兴矣。情愈迫者，从事愈舒；志愈专者，咨谋愈广；名愈正者，愈尽其实；断愈坚者，愈周其虑。大有为之君相，务此而已矣。

【注释】①萧思话（400—455）：南兰陵（今江苏武进）人，南朝宋文帝刘义隆及孝武帝刘骏的重臣。元嘉七年（430年），宋文帝北伐战败，檀道济救援途中粮草被烧退兵。萧思话见状也弃城逃跑，导致物资全部被烧。

②吴明彻（504—580）：字通昭，南兖州秦郡（今江苏省南京市六合区）人。南北朝时期陈朝名将。太建九年（577年）北伐，于吕梁大破北齐。不敌北周被俘，受礼待拜大将军。不久，因忧愤成疾，死于长安。

【译文】萧思话一溃败，刘宋王朝就日益衰弱了；吴明彻一逃奔，南陈的皇族就灭亡了；契丹向女真送死，女真用车拉着尸体向蒙古投降，都是如此。宋王朝的存续，它还能有多久呢？如果敌方说要讲和而我方说要战，那在道义上就能胜过对方，名义上就能压倒对方。如果强敌看穿了我方没有获得胜利的谋略，敌人的士气就会更加高昂；持不同政见的人坐等着执政者不能取得成功，而互相掣肘；就算天下人也希望朝廷能取得成功，但最终也是不能成功的。史浩说：“一次失败之后，恐怕陛下就不能再期待恢复中原了。”未必不是深有见识的话。孝宗在位共二十七年，张浚虽然死了，但也不是没有希求建立功业的继承者，可惜的是孝宗在一次失败之后就再也没有收复中原的心思了。心情越是紧迫，做事就越要舒缓；志向越是专一，咨询就越要广泛；名义越是正当，就越要了解它的实际内容；决断越是坚定，思考就越要周密。有大作为的君主和宰相，不过是做到这些罢了。

孝宗奉养德寿宫，极爱敬之忱，俾高宗安老以终寿考，三代以下，帝王事其亲者之所未有，为人后者为之子，道无以尚矣。夷考嗣立以后，多历年所，大典数行，徒于所生父母未闻有加崇之举。奉大义，尊正统，抑私恩，矫定陶、濮邸之失，其可为后世法乎？

【译文】孝宗奉养高宗在德寿宫，极为热爱尊敬，使高宗安心养老以长寿告终。夏商周三代以下，帝王侍奉他的亲人也没有像这样的，作为他人后代的人就是他人的儿子，从道义上讲没有比这更高的了。考察孝宗继位之后行为，在位多年，朝廷的重大典礼多次举行，只是他对自己的亲生父母从未有提高名号礼仪的举动。遵奉大义，守持正统，抑制私人的恩情，矫正定陶王、濮王的儿子提高亲生父亲名号的过失，孝宗这样的行为可以被后世所效法吗？

夫议道以垂大法、正大经者，固未可一概论也。《礼》曰："为人后者，为所生父母服期。"统之曰所生父母，则于所后者之族属，虽功缌以降，迄于服绝之远支而皆期也。名之曰父母，则尊之曰皇、曰帝，立庙以间所后者之祖考，固不可也。而竟没其父母之实，夷之所疏远之族人，抑不可也。光武之于南顿，无所加尊，而不失其亲亲之报，情伸而义无不正，奚不可哉？然而礼以义起，而求遂其心之所安，非一概之论可执也。则孝宗于此，未可以英宗之例例之矣。其于秀王偁无追崇之典[①]，可无遗憾也。

【注释】①秀王偁：即赵子偁，是南宋时的宗室，宋高宗兄长，宋孝宗生父。因高宗传位于孝宗，绍兴三十二年（1162年），追赠赵子偁为太师、中书令，追封秀王。

【译文】那些议论大道留传重大法度、阐明重大经义的人，原本就不可一概而论。《仪礼》中说："作为他人当后人的人，要为生身父母服一年的丧服。"统称为生身父母，对于他人的亲属，丧礼虽然在大功和缌服以下，但到断绝了丧服关系的远支亲属，也都要服一年的丧。名义上称为父母，尊称他们为皇、为帝，并建立宗庙和所继承的人的祖和父隔开，这本来就是不行的。若是君主一直掩藏了与父母之间的实际关系，而且把它看得与疏远的族人一样，就更不行了。光武帝对于南顿府君，没有增加他的尊贵，但也没有丧失对亲人的报答，既抒发了心情又没有使道义不正，又有何不可呢？然而礼仪制度的产生是因为道义，一个人要想得到内心的安宁，就不能执着地一概而论。那么孝宗在这个问题上，就不能用宋英宗的例子作为评判的参照了。孝宗对于他的亲生父亲秀王偁没有追加尊崇的典礼，是可以无遗憾的。

王珪之谏英宗曰："陛下富有四海，传之子孙，谁所贻而忍忘之？"鄙哉！其为小人之言也。仁宗以崇高富贵贻之己，而为父母；濮王无崇高富贵贻之己，而即非父母；然则利之所在，父母归之，而人理绝矣。而孝宗则异是。太祖之得天下虽幸也，而平西蜀，定两粤，下江南，距北狄，偃戈息民，布宽政，兴文治，以垂统于后，固将夷汉、唐而上之。其曰传长君以靖篡夺，法虽未善，而为计亦长。乃德昭不能保其躯命，其子以团练使降为疏属，是宋未亡，而太祖之亡久矣。幽明交恫者于兹六世，为其子孙者，弗能兴起，而聊长其子孙，是亦不容已于仁孝之心也。然则自秀王偁上至于德昭，含不敢言之恤，以徯后之兴者，九原当无异心[1]。高宗嗣子虽夭，徽宗八子虽绝，而自真宗以下，族属不乏贤者。乃创义以兴复之，而归神器于德昭之裔。是高宗者，非徒允为孝宗之父，实为太祖之云孙者也。秀王悦服，而愿以子孙为其子孙，情之至，即理之公矣。孝宗壹尽其忱，以致孝于高宗，即以追孝于太祖，则无所推崇于秀王也，庸何伤？

【注释】①九原：本为山名，在今山西新绛县北。相传春秋时晋国卿大夫的墓地在此，后世因称墓地为九原。

【译文】王珪劝谏英宗说："陛下富有四海，即便将帝位传给子孙，也要告诉后继者天下是谁留给他的，怎能忍心忘记呢？"鄙陋啊！王珪这是小人的言论。难道说仁宗把崇高富贵留给英宗，英宗就把他认作父母；濮王没有崇高富贵留给英宗，英宗就不认濮王作父母了；倘若谁对自己有利，就把谁当成父母，那人伦之道也就断绝了。然而孝宗却不是这样。太祖虽然是因为幸运得到天下的，但他平定西蜀，安定两粤，占据江南，抵抗北狄，之后息兵安民，施行宽大仁厚的政策，大兴文教，并将这种制度传给后人，原本就已经超过汉、唐而且高于汉、唐。他说将帝位传给年长的人是为了禁止篡夺帝位的事，方法虽不见得很好，但他的用心和思虑很长远。只是赵德昭不能保住自己的性命，他的儿子从团练使降为疏远的亲属，当宋王朝还未灭亡时，太祖一系的子孙就已亡了很久。生死交替到了孝宗之时，已经过了六代，作为太祖的子孙，不能重兴太祖一脉，只是徒然作为他的子孙的长子，这也是让自己没有仁孝之心。然而从秀王偁到赵德昭，其实心里都有着不敢言说的隐忧，他们期待后世子孙可以重新兴起，那他们在坟墓中也就没有其他心思了。高宗的儿子虽然夭折了，徽宗的八个儿子也都绝了后，但从真宗以下，太宗一族的宗族中不缺贤明的人。可高宗能根据大义让太祖的子孙重新兴起，把帝位归还给赵德昭的后裔。这样看来，高宗不仅是孝宗的父亲，事实上也是太祖的远孙。秀王对此心悦诚服，愿意让自己的儿子作为高宗的子孙，人情上达到了极致，义理上也就最为公正。孝宗尽他的全部忠诚热忱尽孝于高宗，就是对太祖追认孝道，那么孝宗不对秀王俩格外尊崇，这又有什么关系呢？

知此者，然后可以通天下之变，斟酌典礼而无所遗憾于人心。不然，执一概之说，坚持一理以与天下争，则有隙以授邪说之歧，而为所屈服。故张璁、桂萼相反相激而极乎泛滥[1]。故曰“唯忠信可以行礼”。谓尽己以精义，循物而无违其分也。研诸虑，悦诸心，准诸道，称诸时，化而裁之存乎变；而及其得也，终合于古人之尺度，而无铢累之差。夫古人之尺度，固非执一概之说所可取合也，久矣。

【注释】①张璁（cōng 1475—1539）：字秉用，号罗峰。浙江温州府永嘉县（今浙江省温州市龙湾区）人，明朝嘉靖年间重臣，“大礼议”事件中重要人物。明朝大改革的开启者。桂萼（1478—1531）：字子实，号见山，饶州府安仁县（今江西省余江县锦江镇）人，明朝中期大臣、政治家。在“大礼议”中极力支持嘉靖皇帝，深得嘉靖皇帝厚爱，得以重用。

【译文】知晓了这个道理，然后才可以通晓天下的变化，依据变化对典礼加以斟酌调整能让人心没有遗憾。要不然执着于粗疏片面的说法，持守一个道理与天下争论，就会使邪说陋见有机可趁，从而被这种邪说慑服。因此张璁、桂萼各持己见相互刺激而到了无法控制的地步。所以说“只有忠信之人才能践行礼仪”，这就是说要尽自己最大的努力明确礼仪的精义，遵循事物发展的规律而不违背它的尺度。在思虑中进行深究，愉悦人的内心，使之合乎道义，合乎时势的要求，在事物的变化中伴随变化做出裁断；那人所得到的结论，最终也就能合乎古人的准则，而没有丝毫的差异。古人的准则，本来也不是偏执于粗疏片面说法就能与之相合的，这种情况已经很久了。

今且有说于此：藩王之子，入为天子之嗣，迨及践阼，王犹未薨，若仅高官大爵，称为伯叔，则天子之制臣诸父，将使三朝拜表，北面称臣，如咸丘蒙之说[①]，而岂人子之所忍为乎？故执一概之说，未有不穷者也。诚使有此，而当国大臣，早为之虑，所不容事至周章而群起以争得失矣。则唯有一道焉，可以少安，而讲之不容不豫也。以先皇之遗诏，册王之次子嗣爵，以守侯度，而迎王入养于宫中，谢老安居，无所与闻，以终其寿考，其薨也，葬以王，祭以天子，天子废绝期之制，而行期服于宫中，以是为恩义两全之大略，变而能通，心得而道可无违，其庶几乎！虽然，准诸大义，顺乎人子之心，犹未可以此为不易之经也。自非若孝宗之上缵太祖者[②]，有父在，固不当贪大宝而出继天子也。

【注释】①咸丘蒙：战国时亚圣孟子的得意学生。

②缵（zuǎn）：继续，继承。

【译文】如今还有一个说法：藩王的儿子，入宫作了天子的继承人，等到他登基之后，藩王要还在世，倘若仅是授予藩王高级官职和爵位，称他为“伯叔”，那天子任命诸位叔父官职，就会让他们在外朝、内朝、燕朝向天子下拜并献上奏章，面向北面向天子称臣，就像咸丘蒙说的，为人之子怎能忍心这样做呢？故而持守片面粗疏的说法，没有不理屈词穷的。假如确实有这样的情况，那么掌握朝政的大臣，就应该早早的考虑解决问题的方法，不应该事到临头了才让人们相互争论其中的得失。对此就只有一个办法，能避免上述情况而稍微让人们安心，但讨论这种办法一定要早进行。那就是以先皇留下的遗诏为名，册封藩王的次子继承爵位，作为诸侯国，而把藩王迎回朝廷奉养，让他在宫中颐养天年，不要过问任何事务，以让他尽寿终正寝。藩王去世后，按照诸侯王的葬礼安葬，但用天子的礼仪祭祀他，天子要废除国家为藩王守丧一年的制度，天子只在宫中为他守丧一年，以此作为恩义两全的基本办法，变通后实行，就能让人们安心而不违背大道，这个办法就差不多完善了！就算这样，根据道义判断，这样做顺应了作为人子的心意，但还不能把这个办法当作不能变动的常道。如果不是像孝宗这样上继太祖，他的父亲还在世，原本便不应该为了贪图帝位而成为天子继承人。

人才之摧抑已极，则天下无才；流及于百年之余，非逢变革，未有能兴者也。故邪臣之恶，莫大于设刑网以摧士气，国乃渐积以亡。迨其后，摧折者之骨已朽矣，毛击钳网之风亦渐不行矣，后起者出而任当世之事，宜可尽出其才，建扶危定倾之休烈；而熏灼之气挫其初志，逼侧之形囿其见闻，则志淫者情为之靡，而怀贞者德亦已孤。情靡者相沿而滥，德孤者别立一不可辱之崖宇，退处以保其贞；于是而先正光昭俊伟之遗风，终不可复。如是者，其弊有三，要以无裨于国者均也。

【译文】人才的摧残和抑制到了极点，那天下就再无人才了；这种情况延续百年之后，没有大的变革，就不会有人才兴起而加以改变。所以邪恶之臣的罪恶，没有比设下刑网摧残士人的志气更大的了，正因这样才使国家逐渐积弱而至灭亡。只有等到后来，摧残人才之人的骨头腐朽了，那些寻找细微过失攻击和钳制人们言行的风气才会渐渐不再流行，后起的人出仕担任国家的大事，或许可以发挥他们全部的才能，成就他们扶救危世稳定倾厦的伟大功业；但是过去遗留下来声威逼人之气还会打击他们最初的志向，他的见闻还会囿于狭隘急迫的形势，这会使志气漂浮的人萎靡不振，孤立怀抱正直之人的美德。志气萎靡的人相互沿袭而泛滥成风，美德孤立的人只能另树一种不可侮辱的高洁气度，退隐而处以保持自己的贞洁；因此先代正人君子光明英杰伟大的遗风，终是不能恢复。像这样的情况，它的害处有三种，总之都无益于国家。

其下，目之所睹，耳之所闻，皆见夫世之不可抗志以相撄也，而求一深渊之区宇，以利其游泳。正与邪迭相往复，无定势矣。而正胜邪，小人之蒙谴也浅；邪胜正，君子之受祸也深。则趋彼避此，以徼所行之利，虽有才可试，亦乐用之于诡随[①]，而奚有于国事之平陂？

【注释】①诡随：指不顾是非一味地附和别人的意旨。

【译文】最严重的弊害莫过于人们眼睛看到的，耳朵听到的，都不能用高尚的志向来对抗，这种情况下，只好寻求一个深沉的空间，方便自己在其中活动。正邪相互交织反复，没有哪一方是固定不变的。当正压制邪的时候，小人受到的谴责也会很小；而当邪压制正的时候，哪怕是君子也要受到很深的祸患。因此人们往往趋利避害，以维护自己的利益，就算有才能可以一试，也乐于不顾是非一味地的符合别人的意旨，这对于国家大事的正邪变化又有什么用呢？

其次，其志亦怀贞而不欲托足于邪途矣。以为士自有安身利用之术，进不贻君子之讥，退不逢小人之怒，可以处闲散，可以试州郡，可以履台端[①]，可以位宰执。不导淫以蛊上，不生事以疲民，不排击以害忠良，不气矜以激水火。无必进之情，而进之也不辞；无必退之心，而退之也不吝。故当世习与相安，而获吉人之誉。如是，则才有所不尽效，而抑不求助于才以自辅。其究也，浸染以成风尚而不可问矣，始以容容，终以靡靡矣[②]。

【注释】①台端：唐侍御史的别称，职务有“推鞫、弹举、知公廨事、杂事”四种。这里指处理杂事的官职。

②靡靡：此处引申为随顺、依从。

【译文】其次的弊害，是那些怀着正直之志的有才之人也不想让自己走上邪路。他们认为读书人自有安定自身、发挥才能的方法，进到朝廷掌权执政不会受到君子的讥评，退居乡野也不会遭逢小人的怨恨，他们可以身处闲职，可以在州郡做官，可以去担任处理杂事的官职，也可以位列宰辅执掌朝政。不以邪淫之事蛊惑君主，不以乱政让百姓贫穷，不排挤、打击、陷害忠良，不会以个人意气以引起党派的争斗。没有必然得到高官厚禄的想法，但在身处高位时也不推辞；没有必然要退处闲散的心意，但该退居闲散时也会毫无吝啬。故而当世的人都习惯与他相安无事，从而他能获得吉人的美誉。倘若如此，自己的才华即使不能完全发挥，也不用求助于他人的才能来辅助自身。这样做的最终结果，是当世的人才受到这种状态的影响成为一种风气而执政者也不对此深加追穷，读书人期初是从容不迫的，最终就会顺随时代风气而丧失自我。

又其上，则固允矣为秉正之君子矣。观其所志与其所为，天下之所想望，后世之所推崇，伊、傅之德业[①]，舍此而不能与焉。故一时有志之士，乐就之以立风轨。然而终不能者，则惟德之孤也。天下无能与其德者，而德孤矣；视天下无能与其德者，因举天下置之德外，而德愈孤矣。其好善也笃，而立善之涂已隘；其恶恶也严，而摘恶于隐已苛。以义正名，名正而忘求其实；以言卫道，言长而益启其争。以视先正含弘广大之道[②]，默以持之如渊涵，慎以断之如岳立，操扶阳抑阴之权，密用而奸邪自敛；受智名勇功之集，挹取而左右皆宜；其意似不欲然也，而考其所成，则固不能然也。欲托以伊、周耆定之元功而未逮，即以絜韩琦、李沆定国是、济危疑之大猷，而亦有所未遑及此者。使当休明之世，无奸邪之余威以激其坚忍，无诡随之积习以触其恶怒，无异端之竞起以劳其琐辩，无庸懦之波流以待其气矜，则道以相挟而盛，业以相赞而成，其所就者岂但此哉？故摧抑人才者，虽不受其摧抑，而终为摧抑，害乃弥亘百年而不息[③]。故曰邪臣之恶，莫有大于此者也。

【注释】①伊：即伊尹，商朝开国元勋，杰出的政治家、思想家。经过成汤三聘之后，担任右相，联合仲虺辅佐商汤打败夏桀。辅政五十余年，为商朝兴盛富强立下汗马功劳。傅：指傅说（yuè 约前1335—前1246），殷商时期卓越的政治家、军事家，辅佐殷商高宗武丁安邦治国，形成了历史上有名“武丁中兴”的辉煌盛世。

②含弘广大：指包容博大宽厚而处世光明正大。含弘，包容博厚。

③弥亘：蔓延，绵延。

【译文】再向上轻的弊害是，自身本来是持守正道的君子。查看他的志向和他的作为，都是天下所期盼的，后世所推崇的，他们有伊尹、傅说的品德和功业，帝王舍弃他们就不能治理国家。所以一个时期的有志之人，乐意追随他从而形成一种风气。可是这样的人最终不能实现自己的志向，只能让自己孤守美德。天下没有人与他们一起坚守这种志向和美德，他们所坚守的这种美德就会孤单；看到天下没有人能与自己一起坚守这种志向和美德，就把整个天下排除在自己的志向和美德之外，而使自己的美德越加孤独。他信守正直之善是忠诚专一的，但他树立善道的路径却是狭隘的；他对丑恶的厌恶是极为严苛的，但他把别人的隐恶揭发出来，就显得很苛刻了。他根据道义辩证名称，名义纠正之后，却忘了追求它的内在内容；他用自己的言论捍卫正道，却因言论过多增加了自己他人之间的争论。那些秉持含弘广大之道的先代圣哲，他们在缄默中坚持正道就像深渊涵容他物一样，对事物的谨慎判断就像山岳屹立大地一样，执掌弘扬正道抑制奸邪的权力，只要秘密地加以运用就会使奸邪之人自行收敛；他们身上汇集了智慧、名誉、勇敢和功业，处理各种事务无论怎样做都是合适的；与先代圣哲的相比，那些持守大道之人的用心就有所不同，考察他们的成就，本来就没有达到圣哲那样的境界。若要将伊尹、周公辅助建立王朝、安定天下的至大功业托付给这种人，他就无法做到，哪怕与韩琦、李沆确定国家大计、救助危疑的大功相比，恐怕也赶不上。倘若这样的人处于政通人和的时代，没有奸佞的余威激起他们的坚忍意志，没有曲意随顺的积习触发他们对邪恶的厌恶和愤怒，没有异端之学竞相出现使他们疲劳地进行繁琐论辩，没有平庸懦弱的风气等待他们矜持气节，国家就会因为他们在道义上的相互支持而兴盛，功业也会因为他们的相互帮助而完成，他们所能取得的成就会不止于此。所以摧毁打击人才的风气一旦形成，即使还有未受到直接摧毁打击的人，最终也要被这种风气摧毁和打击，这种风气所造成的危害就会绵延上百年而不停息。因此说邪臣的最大恶行，没有比奉行这种摧毁人才的风气更严重的了。

宋自王安石倡“舜殛四凶”之说以动神宗[①]，及执大政，广设祠禄[②]，用排异己，其党因之搏击无已。迄于蔡京秉国，勒石题名，锢及子孙，而天下之士，有可用者，无不入于罪罟。延及靖康，女直长驱以入，二帝就俘，呼号出郭。而宋齐愈[③]、洪刍之流，非无才慧，亦有时名，或谈笑而书逆臣之名，或挟虏以乱宫嫔之列。于是时也，虽有愤耻自强之主，亦无如此痿痹不仁者之充塞何矣！高宗越在江表，士气未复，秦桧复起而重摧之，赵、张、胡、李几不保其死，群情震慑，靡所适从，奸慝相沿，取天下之士气抑之割之者且将百年矣。士生而闻其声，长而见其形，泛泛者如彼以相摇荡也，岌岌者如此以相惊叹也，则求其扩心振气以复出而规天下于方寸，庸讵能乎？

【注释】①舜殛四凶：相传为尧舜时代四个恶名昭彰的部族首领：浑敦、穷奇、梼杌、饕餮。舜摄政后，对他们采取惩罚流放等措施。这里指惩治恶人。殛：杀死、诛杀。

②祠禄：宋代被罢官的大臣会被派去管理道教宫观，以示优礼，没有实际的事务，但可以食用朝廷的俸禄，称为“祠禄”。

③宋齐愈（？—1127）：字文渊，号迟翁。宣和中为太学官，曾因为作梅词，受到徽宗称赞。后因推举张邦昌作金傀儡皇帝，被高宗处死。

【译文】宋王朝自从王安石倡导“舜诛杀四凶”的说法来打动神宗之后，到他执掌朝政，设立了大量宫观食俸的职位，用来安排那些不认同他政见的人，被他的党徒趁机打击、排斥的人不可胜数。等到蔡京执掌朝政，将元祐大臣的姓名刻在石碑上，禁止他们的子孙出仕为官，天下的读书人，即便有可用之才，也都被打入了罪网。这种情况延续到靖康年间，女真长驱直入，徽钦二帝被俘，呼喊着出了城郭。像宋齐愈、洪刍这些人，不是没有才能，在当时也有名气，有在谈笑中写出将被金人立为皇帝的叛逆大臣姓名的人，有仗着金人的兵势掳掠宋皇室宫女妃嫔的人。在当时，即使有因愤怒感到耻辱而想自强的君主，也拿委靡懦弱毫无道义的人充塞整个国家没办法了！高宗逃奔到江南，士气还没有恢复，秦桧又受到重用而对人才施以沉重打击，赵鼎、张浚、胡铨、李光等大臣几乎被诛杀，人们感到震惊，无所适从，奸邪之风得以相互沿袭，压抑打击天下的士人气节，持续了将近一百年。士人刚生下就听说了这种情况，长大之后又亲眼看到了这种事情，大多数像宋齐愈一样得平庸之人受到这种风气的影响，对这种状态感到危险而痛心的人相互惊叹，在这种情况下，要想让他们扩大心胸、振兴气节，以非凡的才能在心中规划天下大事，怎么能做到呢？

故孝宗立，奋志有为，而四顾以求人，远邪佞，隆恩礼，慎选而笃信之，乃其所得者，大概可睹矣。陈康伯、叶颙、陈俊卿、虞允文[①]，皆不可谓非一时之选也。内不失身，上不误国，兴可兴之利而民亦不伤，辨可辨之奸而主亦不惑。会君之不迷，幸敌之不竞，而国以小康。至若周必大、王十朋、范成大、杨万里之流[②]，亦铮铮表见，则抑文雅雍容，足以缘饰治平而止。絜之往代，其于王茂弘、谢安石、李长源、陆敬舆匡济之弘才，固莫窥其津涘。即以视郗鉴之方严[③]，谢弘微之雅量[④]，崔祐甫之清执[⑤]，杜黄裳之通识[⑥]，亦未可与相项背也。下此，则叶适、辛弃疾之以才自命[⑦]，有虚愿而无定情，愈不足言矣。

【注释】①叶颙（1100—1167）：字子昂。为南海主簿，高宗召见，上奏国仇未复，中原民众希望皇帝返回，语气中肯，后任尚书左仆射兼枢密使。为官清介，处理大事志不可夺。陈俊卿（1113—1186）：字应求，兴化（今福建莆田）人。宋孝宗时期名相、诗人。

②周必大（1126—1204）：字子充，庐陵（今江西吉安）人。南宋著名宰相、政治家、文学家。处世期间勤奋治政，处事有谋。晚年喜欢著书刻字，对中国活字印刷术作出了贡献。王十朋（1112—1171）：字龟龄，号梅溪，乐清（今浙江乐清）人。南宋著名政治家、诗人，爱国名臣。范成大（1126—1193）：字致能，平江吴郡（今江苏吴县）人。曾出使金国，慷慨抗节，不畏强暴，几乎被杀，不辱使命。与杨万里、陆游、尤袤合称南宋“中兴四大诗人”。杨万里（1127—1206）：字廷秀，号诚斋，江西吉州人（今江西吉水）。主战派人物。为官期间，实行不扰民政治，颇获政绩。诗词佳作颇多。

③郗（xī）鉴（269—339）：字道徽，高平金乡（今山东金乡）人。东

晋重臣、书法家，东汉御史大夫郗虑玄孙。参与讨平王敦之乱、苏峻之乱，并与王导、卞壶等同受遗诏辅晋成帝。

④谢弘微（392—434）：原名密，陈郡阳夏（今河南周口）人，晋末宋初谢氏家族中人。南朝宋文帝时，黄门侍郎，深受宠信，参预机密。生性谨慎，所奏皆焚毁，不令人知。

⑤杜黄裳（738—808）：字遵素，京兆万年（今陕西西安）人。唐代官吏，官至节度使。清廉正派，力主削弱藩镇势力。唐宪宗时号称唐之中兴，自杜黄裳启之。

⑥崔祐甫（721—780）：字贻孙，博陵安平（今河北省安平县）人。唐朝宰相，中书侍郎崔沔之子。忠贞正直，有重臣的节操，在宰相任上执政宽简，政声蔼然，颇有贞观之风。

⑦叶适（1150—1223）：字正则，号水心，祖籍浙江龙泉，后迁浙江瑞安。南宋著名思想家、文学家、政论家。在孝宗、光宗、宁宗三朝任职，力主抗金，反对和议。是南宋永嘉事功学派代表人物，与朱熹道学派、陆九渊心学派，并称“南宋三大学派”。

【译文】故而孝宗继位以后，奋发图强，他环顾四周寻求人才，远离奸佞之人，抬高人才的恩遇礼节，小心仔细的选拔，真诚地信任人才，就他所得到的人才而言，大致可以看到。如陈康伯、叶颙、陈俊卿、虞允文，都不得不说是一个时期之内的杰出人选。他们对自己不丧失自身的人格，对朝廷不误国家的大事，兴办可以兴办的有利之事而不让民众受伤害，分辨可以分辨的奸恶而不让君主感到迷惑。恰逢当时的孝宗不是昏惑之人，幸运的是敌人也不再强大，因此国家呈现小康的局面。至于像周必大、王十朋、范成大、杨万里这些人，也有铁骨铮铮的表现，他们也是文雅雍容的人才，足以修正制度使国家得到治理和和平。与前代的那些贤臣相比，如和王导、谢安、李泌、陆贽匡济天下的宏大才能相较，他们的确不能窥知人家的界限。即便与郗鉴的为人方正、谢弘微的雅量高致、崔祐甫的清廉自守、杜黄裳的学识渊博相比，他们也不能望其项背。比他们还差一点的，就是叶适、辛弃疾这种人，自命有才，有空虚的愿望而没有坚定的情志，就更不值得论说了。

推而上之，朱元晦、张敬夫、刘共父三君子者[1]，岂非旷代不易见之大贤哉？乃惩奸邪之已淫，故崖宇必崇，而器使之途或隘；鉴风波之无定，故洁身念切，而任重之志不坚。正报仇复宇之名，持固本自强之道，亦规恢之所及，而言论之徒长，其洗心藏密之神武，若有不敢轻试者焉。呜呼！能不为乱世所荧，而独立不闷；然且终为乱世之余风所窘，而体道未弘。德之孤，宋之积渐以乱德者孤之也。不得不孤，而终不能不自孤其德，则天下更奚望焉？即使孝宗三熏三沐，进三君子于百僚之上，亦不敢必其定命之讦谟，廓清九有也。藉其摧抑之不深也，则岂但三君子之足任大猷哉？凡当日之能奉身事主而寡过者，皆已豫求尊俎折冲之大用[2]，以蕲免斯民于左衽。惟染以熏心之厉，因其愒玩之谋[3]，日削月衰，坐待万古之中原沦于异族。追厥祸本，王安石妒才自用之恶，均于率兽食人；非但变法乱纪，虐当世之生民已也。

【注释】①朱元晦：即朱熹，宋代著名理学家。张敬夫：即张栻，号南轩，学者称南轩先生，后世又称张宣公。南宋汉州绵竹（今四川绵竹市）人，右相张浚之子。南宋初期学者、教育家。南宋孝宗乾道元年

（1165年），主管岳麓书院教事，成为一代学宗。其学自成一派，与朱熹、吕祖谦齐名，时称“东南三贤”。

②尊俎折冲：比喻宴席谈判中制胜对方。出自语本《晏子春秋·杂上十八》：“仲尼闻之曰：‘善哉！不出尊俎之间，而折冲于千里之外，晏子之谓也。’”

③愒玩之谋：让文武大臣放弃手中的权力去休闲玩乐。愒，休息。

【译文】再往上说，像朱熹、张栻、刘珙三个君子，难道就不是旷代难遇的大贤吗？可是他们因为奸佞之人已经发达，所以更多的用心在于要求个人的德行的清高，从而使他们应用于实际事务的途径变得狭隘了；他们又鉴于国家政治风波的变化，因此保持自身道德高洁的念头就非常迫切，而担当国家重任的志向就不够坚定。他们确定了为国家报仇、恢复疆域的名义，持守稳定国家根本的自强大道，在国家的长远谋划上也有涉及，但只是一味空谈，连清除杂念密谋大事的神武气度，似乎也不敢轻易尝试。呜呼！他们可以免受乱世的影响，独自坚守君子德行而不感到郁闷；但是最终也为乱世的萎靡之风困窘，在大道的体察上还不够宏大。他们之所以独守美德，是因为宋王朝逐渐积累形成的毁坏君子德行的萎靡之风导致的。在这种风气中，那些有德君子不能不孤立，在德行的持守上最终也必然自我孤立，那天下还有什么指望呢？即使孝宗用三熏三沐的重礼对待他们，让他们的地位处于百官之上，他们也未必可以拿出确定天命的伟大谋略，消除整个天下的战乱。假使宋王朝对人才的摧毁压抑不深，天下哪会只有三位君子能够担当国家的重任呢？但凡当时能够献身为君主做事而少有过失的人，都已经事先就期待他们在朝廷中为国家处理各种复杂事务，从而使百姓免遭异族的统治。只是赵氏君主受到利欲熏心的恶劣影响，实行让文武大臣沉溺于休憩玩乐的谋略，经年累月之后，就让当时的士人坐视传续了万年的中原沦丧到异族手中。追溯这一灾祸的源头，王安石的妒贤嫉能，就像孟子所说的带领着野兽吃人，不只是扰乱朝纲法纪制度，更是虐害当世的百姓。

《诗》曰："周王寿考，遐不作人。"如鸢之戾于天也，鱼之跃于渊也，各自得也。寿考作人，延及遐远。故周之衰也，鲁、卫多君子之器，齐有天下之才，乃以维中夏，攘四夷，延文、武之泽于不坠。世胄之子，不染患失之风；崛起之英，不抱孤危之恤。沉潜而能刚克[1]，不荏苒以忘忧；强毅而能弘通，不孤清以违众。言可昌，而不表暴于外以泄其藏；节可亢，而不过于绝物以废其用；后世可无传书，天地且从其志气。作人者之用大矣！不知出此，而持申、商之法，以解散天下之心而挫其气，嚣然曰"天下无才也"，然后天下果不能有才也。斯可为痛哭者也！

【注释】①申商：战国时法家的代表人物申不害与商鞅的并称。

【译文】《诗经》中说："周文王年高长寿，从长计议培养人才。"如同《诗经》说的"鸯鸟上飞直到天，鱼儿跳跃在深渊"一样，要使人才各尽其才。天子长寿而注意培养人才，这种做法影响长远。所以当周王朝衰落之后，鲁国、卫国还有很多君子人才，齐国有治理天下的人才，才能维系华夏的文化，攘平四方的夷人，延续文王、武王的恩泽而不坠失。世袭的贵族子孙，不受患得患失风气的影响；从民间崛起的英雄，也没有因为孤立无援而危险的忧虑。有的人才性格深沉稳健而又刚强，不会因为光阴的流逝而忘记国家的忧患；有的人才则是刚强坚毅而能宏大博通，不会孤傲清高与众人产生隔阂。可以提出明确的观点，但又不会因为外在的表现泄漏内心的远大谋略；拥有高昂不屈的气节，但又不会因为与他人的隔绝影响自己才能的发挥；纵然他没有传留后世的著作，但天地也会顺从于他的志气。培养人才的作用太大了！不采取这样的方法，而使用申不害、商鞅的办法，离散天下众人的忠心，挫败士人的志气，还叫嚣“天下没有人才”，之后天下就真的不会有可用之才了。这才是要为他们痛哭的事情啊！

四

乾道元年，和议再成，宋与女直无兵革之争者四十年。论者谓二主皆以仁恕宅心，而天下咸被其泽。呜呼！此偷安之士，难与虑始之民，乐怀利以罢三军，而不恤无穷之祸。流俗之言一倡，而天下交和，夫孰能听之哉？宋之决于和，非孝宗之心也。孝宗嗣立以来，宴寝不忘者兴复之举，岂忍以割地终之。完颜雍雄心虽戢，然抑岂有厌足之欲，顾江左而不垂涎者。故和者皆其所不得已，而姑以息民为名。贸贸者从而信之，交起而誉之，不亦愚乎？宋与女直，相枕而亡，其几兆于此矣。

【译文】宋孝宗乾道元年（1165），宋金两国再次签订和议，自此大宋与女真保持了四十年的和平。评论者认为这是由于双方君主的宅心仁厚导致的，从而让天下的人都受到了双方君主的恩泽。呜呼！这是苟且偷安之人以及难以事先谋划大事的百姓，乐于贪图不服兵役的好处而罢除三军，却不思考无穷的灾祸。流俗的言论一旦普遍传开，天下人就会交相附和，又有谁会听从他们的呢？宋金之间的合议，并不符合孝宗的心意。孝宗继位后，时刻不忘的就是振兴光复天下，怎会割地求和。完颜雍入侵中原的雄心虽然有所收敛，然而他的欲望怎会轻易满足，看着江南而不垂涎想得到呢。因此宋金合议都是不得已的，只是暂时以百姓的休养生息为名罢了。轻率的人不经深思熟虑就相信了这种说法，交相赞誉，不是很愚蠢吗？宋王朝与女真相互枕藉而亡，其征兆就在这里表现出来了。

宋自秦桧持权，摧折忠勇，其仅免于死亡者，循墙而走，不敢有所激扬，以徯国家他日干城之用[①]。诸帅老死，而充将领者，皆循文法、避指摘之庸材。其士卒，则甲断矛挠，逍遥坐食，抱子以嬉，视荷戈守垒之劳，如汤火之不可赴。其士大夫，则口虽竞而心疲，心虽愤而气茶；不肖者耽一日之娱嬉，贤者惜生平之进止；苟求无过，即自矜君子之徒，谈及封疆，且视为前生之梦。如是，则孝宗虽踸踔以兴，疾呼心亟，固无如此充耳无闻者何也！故苻离小衅，本无大损于国威，而生事劳民之怨谤已喧嚣而起。及其稍正敌礼，略减岁币，下即以此献谀，上亦不容不以自安；无可奈何，而委之于命，而一仆不能再起，奄奄衰息，无复生人之气矣。

【注释】①干城：干，指盾牌。城，指城墙。比喻国家的捍卫者。

【译文】宋王朝自从秦桧执掌朝政，就不断地摧毁打击忠诚勇敢的文武大臣，那些免于死亡的大臣，小心谨慎地靠着墙边行走，不敢奋发有为，等待有朝一日国家的召用充当保卫国家的干将。诸位将帅年老去世，担当将领的人，都是循规蹈矩、躲避人们批评的庸才。宋朝的士卒，则是盔甲破裂、戈矛折断、自由自在的坐着吃饭、抱着子女嬉戏，将肩扛武器守卫堡垒的辛劳，看作如同水火一样不敢奔赴。宋朝的士大夫，口头虽然争论不断内心却已疲惫不堪，心中虽然愤恨不已斗志却已萎靡不振；品行不正的人贪图享受每天的娱乐嬉戏，贤明的人过于珍惜自己在仕途上的德行名誉；力求没有过失，矜持自处做一个君子，谈到出任封疆大吏，就会视为前生的梦境。像这样，孝宗即使想奋勇兴起，迫切的大声疾呼，也拿这些对国家命运充耳不闻的人不能怎样！因此宋军在符离稍有受挫，原本对于国威没有多大损害，但指责孝宗兴师动众劳民伤财的埋怨和攻击就喧嚣不止。等到朝廷稍微改变一下对于敌人的礼节，略微减少一些送给金人的岁币，下面的人就借此机会阿谀奉承，孝宗未来让自己安宁也不能不接受；没有办法了，就把一切都交给命运，这就是在一次跌倒之后就不能再次奋起，衰微得奄奄一息，不再有活人的气息了。

女直之初起也，以海上之孤军，跳梁而不可御，骎骎而有中夏者[①]，恃其力之强也。以力立国者，兴衰视乎其力。至完颜亮之时，枭雄之将，敢死之兵，或老或死，而存者仅矣。逆亮又以猜忌之威，虔刘其部曲，牵率以南犯者，皆疲弱离心之下驷也[②]。故采石问渡，虞允文以不教之兵折之而有余。完颜雍虽为众所推，实篡弑也。乘机委顺，徇众志以藏身，而幸保其富贵；夫岂能秉钺一麾，操生死以制人，使冒白刃以驰荡乎天下者？众胥曰："逆亮之毒我，而藉尔以图安也。"雍亦曰："吾亦惩亮之佳兵而安尔也。"遑问江左乎？且以海滨穴处之众，浮寄于中华，衣锦含甘，笙歌燕婉，荡其犊雏之心。雍方四顾彷徨，无可托以骋雄心而窥江海，则延首以待王之望之来[③]，与宋共谋姑息，无可奈何之情，犹之宋也。讲敌国之礼，得四州之地，为幸多矣，而抑又何求！

【注释】①骎骎（qīn）：形容马跑的非常快。

②下驷：比喻物之粗劣，犹言下品或下等。

③王之望（1104—1171）：南宋著名诗人、书法名家。字瞻叔，襄阳谷城人（今湖北省谷城县），卒谥敏肃。

【译文】女真兴起的初期，用一支海上的孤军，跳梁攻打大宋，宋军不能抵抗，金军迅速占领了中原大部分地区，这是他们依仗强大的武力。以武立国的国家，国家的兴盛衰亡也是由武力来决定的。金国到完颜亮的时候，枭雄式的将领，不畏死的士兵，有的老了，有的死了，活着的已经没几个了。完颜亮又借着对大臣猜忌的威势，残害他的部属，他所率领的南下入侵大宋的士兵，都是疲弱离心的下等兵力。故而当他们打算在采石矶渡过长江时，虞允文用未经训练的部队就轻易击败了他。尽管完颜雍被金国的众人拥戴为君主，实际上是篡弑了完颜亮。他是乘着完颜亮被杀的机会而顺应众人，顺遂众人的意志来自保，能保住自己荣华富贵已是幸运；他哪是手握大斧指挥军队，手握生死大权控制众人，让所有人冒着白刃驰骋扫荡天下的人呢？金国的臣民都说："反逆的完颜亮毒害我们，靠你完颜雍我们才获得了安宁。"完颜雍也说："我也是因为完颜亮喜好穷兵黩武才取代了他以求安定你们。”由此可知他们只想安于现状，不用再说攻下江南了？况且金人原本是居住在海边洞中的民族，漂浮寄居在中华大地上，他们身上穿着锦绣服装，嘴里含着甘美的食物，耳里听着笙歌享受美好的酒宴，就让他们如牛犊小鸡一样的心变得荡漾起来。完颜雍刚为君时环顾四周感到彷徨，无处可以寄托和驰骋其雄心来窥探天下的江海，金人伸长脖子等待宋朝使节王之望的到来，以便与宋王朝一起商量停战的权宜之计，金国无可奈何的心情，与宋王朝是一样的。可是宋王朝还以隆重的礼节对待金国，并让他们得到了四个州的土地，对于金国来说，幸运多了，他们还有什么企求呢！

是则宋之为宋，一女直也；女直之为女直，一宋也。相效以趋于销铄，何贤乎？而岂果有不忍斯民之情，使脱干戈以安衽席乎？君为之名曰："吾以息民也。"下之贡谀者佥曰："息民者，大君之仁也。"贸贸之民，偷旦夕之安，争效其顺曰："吾君与当国者之能息我也。"汝欲息，而有不汝息者旁起而窥之。一息之余，波流日靡，大不可息之祸，亘百余年而不息，自其所必致者，奚待祸之已烈而始知哉？乃害已烈，而论者犹不知其兆先于此矣，则甚矣古今之积惑，不可瘳也。故曰："天下虽安，忘战必危。"安而忘战，其危可必；况在危而以忘战为安乎？

【译文】这样看来，宋王朝之所以是宋王朝，就像女真人是女真人一样；而女真之所以是女真，亦如宋王朝是宋王朝一样，双方相互仿效又同时走向了弱小和衰败，谁能比谁贤明呢？哪会是真的不忍人民劳苦，从而让他们脱离战争在家里安心生活呢？君主名义上说：“我要让民众休养生息。”下面那些阿谀奉承的人就说：“与民修养，这是君主仁爱之心的体现。”不能周密思考的民众，偷安于一朝一夕的安宁，争相表示忠顺说：“我们的君主和执掌朝政的大臣是为了让我们休养生息。”你想休养生息，但有不让你休养生息的人在旁边窥伺着你。一丝气息的剩余，就像水流的波动一样不停息，扩大了无法停止的灾祸，绵延了百年之久还不停止，之所以如此有其必然原因，怎能等到灾祸已经猛烈了才知道它呢？等到灾祸已经爆发了，议论的人竟然还不知道它的征兆早就在这个地方显示出来了，那古今积累起来的迷惑就太多了，也就无可救药了。因此古人说：“天下虽然安宁，但忘记了战备就必然会产生危机。”也就是说国家安定的时候忘记战争，其危险的到来是必然的；更何况在危险的时候忘记了战争还以为是平安呢？

女直则去其故穴，尽部落以栖苴于客土[①]，耽卤获之乐，解骄悍之气，据广斥之中原，无江、淮之米粟，其危也如彼。宋则冀、代之士马不存，河山之险阻已失，抚文弱之江东，居海陬之绝地，其危也又如此。危之不惩，亡将何恃？系之苞桑，犹恐不固，而系之春华浮艳之卉草，奚待有识而后为之寒心邪？以既衰之女直，而宋且无如之何，则强于女直者，愈可知矣。以积弱之宋，而女直无如之何，则苟非女直，固将能如之何也？女直一倾，而宋随以溃，奇渥温氏谈笑而睥睨之[②]，俟其羽翮之成而已[③]。羽翮成而复能以旦夕延哉？

【注释】①栖苴：即水中浮草栖于木上。用来比喻居住在异地，而不在故乡。穷困窘迫状。

②奇渥温氏：蒙古最古老的姓，奇渥温姓氏，是奇源部的错误译法。奇源是元太祖成吉思汗一族的蒙古人的部落名。

③翮（hé）：鸟翎的茎，翎管，泛指鸟的翅膀。

【译文】女真人离开了他们居住的洞穴，让整个部落都栖居在别人的土地上，痴迷于虏获的快乐，逐渐的丧失了骄狂强悍的士气，虽然占领了广大的中原地区，但没有长江和淮河地区的粮食供给，那他们面临的危险就和宋王朝一样了。就大宋而言，国家失去了冀、代之地的兵马，黄河太行山的天然险阻没有了，仅是控制着文弱的江南，居住在海边的绝地，其危险就是这样的。危险了还不时刻警惕，不想灭亡还能依仗什么呢？果实系在大树的树干上，还怕不稳固，倘若系在了春天开放的浮艳花草上，哪里又需要有识之士为它忧虑呢？女真已经衰弱了，宋王朝都不能怎么样它。如果是比女真还强大的敌人入侵，结果就轻易可知了。积弱难返的宋王朝，女真对它同样无可奈何，如果敌人不是女真，宋王朝又将会怎么样呢？女真灭亡之后，宋王朝就随之崩溃，成吉思汗在谈笑间就要夺取宋的天下了，只是他还要等着自己的羽翼更加丰满罢了。等到蒙古羽翼丰满了，宋王朝还能在旦夕间苟延残喘吗？

使宋能深入以伐女直，则威伸于北方，而踵起者亦有惧心。宋不能大逞志于女直，而女直之兵不解，则女直日习于战，而不自弛其备。即使女直能窥宋而犯江、淮，宋亦知警而谋自壮之略，尚不至蒙古之师一临，而疾入于海以亡。故兀术之南侵亟，而岳、韩、刘、吴之军日增其壮。迫之者，激之成也。拓拔氏通好于齐、梁，宴坐洛阳，缘饰文雅，而六镇寇起，元氏之族以赤。骄之者，陷之溺也。乍然一息，而国既危，民且终不保其生。此有通识者之洞观，非流俗之所得与知也。

【译文】倘若宋朝能深入敌境攻打女真，那它的威势就会延伸到北方，如此一来随着女真兴起的部族就会对宋朝怀有畏惧之心而不敢南犯。宋朝在女真人那里不能充分实现自己的意愿，女真的军队也没有解除，那女真人就会时刻娴熟于作战，不会松弛自己的战备。即使女真窥伺宋朝并侵犯宋朝的长江、淮河地区，宋朝也会提前警惕敌军从而策划发展自己的谋略，尚不至于等蒙古的军队一旦来临，就马上逃到海上导致国家灭亡。所以金兀术向南侵犯越紧迫，岳飞、韩世忠、刘锜、吴氏兄弟的军队就一天比一天强壮。敌军对宋朝的进犯越是迫切，就越能激励宋朝强大自己的军队。鲜卑的拓跋氏与南朝的齐、梁相互友好，鲜卑人安然地坐在洛阳，以汉文化的文雅修饰自己，等到六镇的叛军兴起之后，北魏的皇室就被杀戮殆尽。深思拓跋氏变得骄狂的原因，是他已经深陷于中华土地上如同溺水一样。突然变得奄奄一息，国家危险了，民众最终也就不能保住他们的生命。这是有见识的人洞察出来的见解，不是鄙俗之人所能知道的。

卷十二 光宗

扫码听谦德
君为您导读

【**题解**】南宋的第三位皇帝是宋光宗赵惇（1147—1200），他于1190至1194年在位，与父亲宋孝宗的关系不好，且被妒妇李皇后控制，致使心情抑郁、身体多病、也无心治理朝政。迫不得已的形势下，宗室赵汝愚等在得到太皇太后允许的情况下，逼迫光宗让位给太子，也就是后来的宁宗。

王夫之认为孝宗在选择光宗作为皇位继承人、仓促传位给光宗、欠缺对光宗的培养扶持，以及退身太上皇之后与光宗相处方面均存在重要失误，这是造成孝宗自己、光宗以及南宋命运走向悲剧的重要缘由。

王夫之还对光宗时期提出的治地之政经界法进行了论述。他分析了“均平详审”的经界法最终不能在天下施行的原因，以及人们希望通过施行经界法达成的目的本身存在谬误，还剖析了经界法如何演变成被奸人利用的苛敛民财之法。

此外，王夫之还严厉批评了光宗时期皇帝不知道珍重自己的名声，大臣、谏臣不积极作为致使局势恶化，众人群起批评皇帝，沽名钓誉者混杂其中，激发昏君奸臣更加拒不认错，局面进一步恶化的情况。这些思考对如何为君为臣，均有深远的启示。

孝宗急传位于其子，何为者也？春秋方盛，国步未康，廷无心膂之臣[①]，子有愚蒙之质，而遽以天下委之，诚不知其何为者也。以谓高宗崩，哀慕切，欲执三年之丧，谢绝庶政，日奉几筵[②]，曾是以为孝，非其饰辞，则愚甚矣。古之宅忧于谅阴者[③]，总百官以听冢宰[④]，六官之常职无与闻耳。至于宗社安危，生民生死，大臣进退之大政，则天子固居大位，操大权，而不敢以先君之付畀委之人[⑤]，而孤致其哭踊。且所听之宰，抑必绰有余裕于负荷之亲臣。夫岂不欲专致其哀哉？尽道以尽孝，初不相为妨也。况乎高宗之恩，均于生我者，唯其以天下授己也。则所以慰高宗于冥漠者[⑥]，亦唯以社稷有主，为精爽之所凭依。则孝宗之视天下也，如视高宗，亦殚心竭力以奠安天下，而以报高宗者至矣。若夫几筵之侍，必躬必亲，则但不息心以燕处，不分志于声色，罢昏祭之吉礼，停庆赏之覃恩，正自有余日余力以伸馈奠。奚必塞耳闭目，一不与物相接，而后可终丧纪哉？故以为哀之至而不能复居天位者，吾未之能信也。

【注释】①膂（lǚ）：“膂”本义脊梁骨，此处义指能担大任的大臣。

②几筵：亦作“几梴”。犹几席。即祭祀的席位，后亦因以称灵座。

③宅忧：在家为父母守丧期间。“忧”即父母的丧事之义。谅阴：指居丧时所住的房子。

④冢宰：官名，即太宰。殷商置，位仅次于三公，为六卿之首，相当于

后世之宰相。太宰原为掌管王家财务及宫内事务的官。周武王崩时，成王年少，周公就曾以冢宰之职摄政。

⑤畀（bì）：给予，赋予；与“付”“委”同义连用。

⑥冥漠：阴间，九泉之下。

【译文】孝宗匆忙传位给儿子，究竟是为了什么？当时孝宗正当盛年，国家治理尚未安定，朝廷之内没有得力的心腹大臣，儿子本身又不聪明，在这样的情况下突然把天下托付给他，真不知道为什么要这样做。如果认为是高宗去世后孝宗哀伤太过，想为高宗守丧三年，因此才谢绝各种政务，每天在高宗灵位前哀悼，如果把这么做称为孝道，那不是伪饰的言辞，就是太过愚痴了。古代天子为先王居家守丧时，让朝廷上的文武百官都听命于冢宰，不再亲自听取百官的日常职事。但关系到宗庙社稷安危、民众百姓生死、大臣进用退斥的重大政事，还是由天子牢牢掌握主导地位、操持大权，而不敢把先王托付的社稷完全交给别人，只顾着自己守丧尽哀。况且百官所听从的冢宰，也必须是足以有能力担负朝廷事务的亲近大臣。所以古代天子难道不想专心致志地为先王致哀吗？在道的层面尽心尽力，以此表达自己的孝心，这二者本来就不相妨碍。况且高宗对孝宗的恩情，在生养之恩方面与天下父母无异，区别在于高宗还将天下托付给了孝宗，所以只有社稷有主，才能安慰九泉之下的高宗，让他的精神与魂灵有所凭依。那么孝宗看待天下，就应该像看待高宗一样，应该殚精竭虑让天下安宁，这才是对高宗最好的报答。至于每天在高宗灵位前的侍奉、哀悼，只要能够自己诚心诚意地去做，不把心思分散到声色犬马的享乐上去，停止婚礼、祭祀天地祖宗圣贤的各种吉礼，也不再进行庆功行赏的各种恩赐，从而使自己有空余的时间精力去表达对高宗的祭奠之情。又何必堵上耳朵、闭上眼睛，完全不与外界的人事物接触，然后才算是对高宗守丧尽孝呢？所以，那种认为尽哀就不能居于天子之位、尽天子职责的说法，我是不能相信的。

夫身未耄倦，而遽传位于子，以自处于一人之上，于古未之前闻，始之者赵主父[①]，继之拓拔弘而已矣[②]。斯皆蔑礼败度，以亵大位者也。若高宗之内禅也，则又有说：已未有嗣，而孝宗以久废之宗支，七世之疏属，拔之于幼冲[③]，膺元良之休命[④]。高宗年垂六十，内禅时五十有七。为三代以后人君之所希有，国无可顾命之宗臣，一旦危病至而奸邪乘之，不容不早防其变。且于时女直寒盟[⑤]，兵争复起，衰年益馁，抑无以支不固之封疆。知孝宗之可与有为也，用其方新之气，以振久弛之人情，则及身之存，授以神器，亦道之权而不失其中也。自非然者，天子者既至尊而无尚矣，积累而上之，又有人焉，以俯而相临；则天位不尊，而事权相错，持两端者得起而售其奸矣。亦唯孝宗之犹堪负荷也，故高宗得优游于琴书花鸟之侧，而国事一无所问。则两宫之欢，无有从中间之。非此，而理乱安危不能尽释诸怀抱，小有箴砭，遂授宵人以离间之隙。基累者必倾，栋隆者且挠，大耋之嗟，焚如之咎，必不能保其终矣。又况光宗者，愚顽之声音笑貌，千载而下，犹可想见其情形，抑非有杨广之奸，可矫饰以欺其君父，则其不可以高宗之付已者付光宗，灼然易见。而何造次之顷，遽委神器于浮沉邪？

【注释】①赵主父：即赵武灵王。公元前326年，赵肃侯去世，赵武灵王继位。赵武灵王二十四年（前302年）颁布“胡服骑射”令，并废长立幼主动把自己的王位让给儿子自称“主父”，开“太上皇”之先。

②拓拔弘：即北魏孝文帝，汉名元宏，是中国古代杰出的政治家、改革家、文学家。在位期间，迁都洛阳，全面汉化，有力推动了北魏经济、文化、社会、政治、军事等方面的发展，史称“太和改制”。

③幼冲：年龄幼小。

④元良：太子的别称。休：美好。

⑤寒：此处义为背叛。

【译文】自己还没有年老体衰、精神倦怠，就匆忙把皇位传给儿子，而自己居于太上皇这个在皇帝一人之上的位置，这在古代是闻所未闻的事情，最早这样做的人是赵主父，后来又有拓跋弘步其后尘，仅有这两个人而已。这都是蔑视礼法、败坏制度、亵渎了帝王之位的人。对于高宗在宗族中的禅位，则又有一种说法：高宗自己没有亲生儿子，孝宗作为被废黜已久的宗族分支和早已疏远了宋太祖的七世孙，从年幼时就被选拔入宫，接受太子的美好任命。当时高宗年近六十，禅位时是五十七岁。高宗这种情况在三代以后的帝王中是很少见的，国家没有可以托付使命的宗亲大臣，一旦皇帝病危，奸邪之人就会乘机作乱，因此不能不早早提防这种动乱。况且当时女真人背叛盟约，致使南宋与女真的战争再次爆发，而高宗已经年老体衰、精力不济，也不足以支撑尚不稳固的江山。他知道孝宗是可以继位且有所作为的，可以用他正处于新生的蓬勃之气，来振奋宋朝早已懈怠的人心，因此趁自己还在世的时候，就把帝王之位传给孝宗，这也是合乎道义的权变之策，并没有失去中正。而从有弊端的一面看，天子既已是至尊之位，就没有比天子更高的位置了，如果在天子之上又有更高的位子，可以俯视天子，就会使天子之位不再处于至尊，处理国家大事的权力就会发生错位，那些奸邪之人就得以利用这种关系在天子和太上皇之间兜售他们的私心了。也只有孝宗还能承受这种压力，所以高宗才能在花鸟琴书间悠游自在，而对国家大事全不过问。太上皇和皇帝之间的欢愉之情也没有受到挑拨。如果不是这样，高宗与孝宗的相处间对于国家治乱安危之事不能完全释怀，那么稍微有一点批评指责，就会让小人有机会从中挑拨离间了。地基的负担过重，房屋必会倾倒；屋梁隆起，也难免会折断，年长之人不顺应天命让继承人接班，必会使余生有悔、空余嗟叹，而人的气势太盛，也会为自己招来祸患，必然不能保全自己的天年。又况且光宗这个人，他愚痴顽劣的音容笑貌，千年之后的人们还可以想象得到，他并不是杨广那种奸邪之人，通过矫饰就能骗过自己的父皇。因此，孝宗就不能把高宗托付给自己的帝位交给光宗，是显然可见的了。那孝宗到底为什么在匆忙间就把帝位交给光宗，从而使南宋的命运浮沉难料呢？

与子之法，定于適长，诚大常之经矣。然而汉武舍燕王旦而立昭帝[①]，光武舍东海王彊而立明帝，卒以允臧[②]。则变而能通，未为失也。晋武帝拒卫瓘之谏以立惠帝[③]，贾氏之恶以宣；唐太宗徇长孙之请以立高宗[④]，武氏之祸以烈。则守而不变，未为得也。夫光宗之视晋惠，差辨菽麦耳，其于唐高，犹在层累之下也。孝宗即守成宪，而不以意废置乎？则辅以正人，导以正学，惩其宵小，饬其宫闱，迨及弥留之际，简德望之大臣，受顾命而总百揆[⑤]；即有雷允恭、任守忠之内蛊，无难施窜殛之刑[⑥]；光宗虽闇，亦何至灭绝天彝，贻宗社以阽危之势哉？教之无方也，辅之无人也，俟之不待其时也，昏懦之习不察也，悍妻之煽无闻也。俄而使参国政矣，俄而使即大位矣。已已处于贵而无位、高而无民之地，乃恶李氏而有废之之语，嚅嗫于闲宫，以激其悖逆，岂非教不肖者以冥行乎？菀结而不永其天年⑦，亦自贻之矣。

【注释】①燕王旦：西汉燕王刘旦，汉武帝之子，汉昭帝异母兄弟。年长觊觎帝位，与宗室刘泽、刘长等谋划造反，因刘泽事发被逮捕，供出刘旦，被汉昭帝赦免后自杀。

②允臧：确实好；完善。

③卫瓘（guàn）：字伯玉。河东郡安邑县（今山西省夏县）人。三国曹魏后期至西晋初年重臣、书法家，曹魏尚书卫觊之子。卫瓘出身官宦世家，年轻时仕官于曹魏，后参与伐蜀战争。除政治、军事事务外，卫瓘还善写隶书及章草，其字体不仅兼工各体，还能学古人之长，是位颇有创意的书法家。

④长孙：即长孙无忌，字辅机，河南洛阳人，鲜卑族。唐朝初期宰相、外戚，文德皇后同母兄。长孙无忌参与发动玄武门之变，帮助李世民夺取帝位，被封赵国公。他反对武则天成为皇后，还主持修订了《唐律疏议》，奠定唐朝律法基础。

⑤百揆：指各种政务。

⑥窜殛（jí）：流放和杀戮。

⑦菀（yùn）结：即郁结，谓思积于中而不得发泄。

【译文】皇帝传位给儿子的方法，按规定是传给嫡长子，这诚然是重大且不可擅自改动的做法。然而汉武帝放弃燕王旦册立汉昭帝，光武帝放弃东海王刘彊而册立汉明帝，最后的结果也都很好，这是改变常规而能够行得通的例子，也不为失误。晋武帝拒绝了卫瓘的劝谏而册立晋惠帝，使贾皇后的凶恶后来得以显露；唐太宗依从了长孙无忌的请求而册立唐高宗，使武则天后来得以称帝并造成惨重的祸患。这是固守册立嫡长子的制度而不知变通的例子，也算不得正确的选择。宋光宗跟晋惠帝相比，差别之处只在于光宗还能够分辨豆麦，跟唐高宗相比，就已经差了很多个等级。这种情况下，孝宗还遵守成法，不根据自己的想法废黜和选择合适的太子人选吗？那么就让正人君子来辅佐太子，用正确的学问来引导太子，惩戒小人，整顿宫闱，等到自己弥留之际，再挑选德高望重之士作为顾命大臣，总理百官的各种政务；这样的话，即使有雷允恭、任守忠这样的内部蛀虫，也不难对他们施以流放或诛杀的刑罚；光宗虽然愚暗，又何至于使形势发展到灭绝天理、陷宗庙于危亡的情况呢？由此可知，孝宗对于光宗，是既没有用正确的方法去教导他，也没有选拔合适的人才去辅佐他，既没有按照他的节奏耐心等待他成长，对他昏庸懦弱的习性也没有察觉，对他凶悍的老婆也没有听闻。突然之间，就让他参与国家大政；突然之间，又让他继承帝位。自己已经处于尊贵却没有实位、高高在上却没有臣民的太上皇之位，才开始厌恶李皇后并说要废黜她，在宫中嘀咕这些话，以致激起他们的叛逆，这样做，难道不是让不肖子在黑暗中行走吗？所以孝宗内心悲伤而不能安享天年，也是他自己一手造成的。

高宗经营密勿者数十年[①]，裁之以道，审之以宜，举以授之于己；己乃无所图维，急遽以授不肖之子，而坐视其败；孝宗之于孝也，抑末矣。汶汶无择[②]，与其在位之用人行政，殊不相肖。繇今思之，诚不测其何心？意者嗣位之初，锐意有为，而功堕不就，故不欲居此位也已久；特以高宗在，而不容释，甫在苫次[3]，迫欲脱屣，愤耻之余，激为卤莽。诚然，则亦悁悁悻悻[4]，非君子之度矣。在位二十七年，民心未失，国是未乱，自可保遗绪以俟后人之兴。功不自我成，而能得守所付畀者，即其功也。亦何用此卞躁为也[5]！

【注释】①密勿：勤勉努力。

②汶汶：玷辱，污浊的样子，不明貌。

③苫次：苫，旧时居丧睡的草席。《仪礼·丧服》："居倚庐，寝苫枕块"。苫次，原指居亲丧的地方，也用作居亲丧的代称。

④悁悁（yuān）：忧闷貌。悻悻：怨恨失意貌；刚愎傲慢貌，出自《孟子·公孙丑下》。

⑤卞躁：急躁。

【译文】高宗勤勉经营了数十年，一直依照道义裁断政事，用适宜的方式审察事务，然后把整个天下交给孝宗，孝宗却没有进一步发奋图强去维系这种向好的状态，匆忙间就将天下交给自己的不肖子，而自己就坐视光宗走向失败。孝宗在尽孝方面，真是很差劲了。孝宗在传位这件事上昏昧不明的选择，和他在位时用人执政的表现很不一致。我们今天想来，真不知他当时是什么心思？猜测的话，大概他继位之初是锐意进取、积极作为的，但后来北伐失败而受到打击，由此不想坐在皇帝的位置上已经很长时间了；只是因为高宗还在世，不容自己放弃帝位，所以高宗一去世，还在守丧期就迫不及待地想要摆脱帝位，在激愤耻辱的情绪下，就做出这种鲁莽的事情了。如果事实真是这样的话，因为遇到挫折就忧闷愤恨，也不是君子应有的气度。孝宗在位二十七年，没有失去民心，国家政权也没有坏乱，自然是可以保住赵宋遗留下来的功业以待后人再谋兴起的。就算收复天下的功业不是由孝宗完成，但能够守住高宗托付的天下，这也是他的功劳，又何必采取这种急躁轻率的行为呢?

二

朱子知潭州，请行经界法，有诏从之。其为法也，均平详审，宜可以行之天下而皆准，而卒不能行。至贾似道乃窃其说以病民，宋繇是亡，而法终沮废[1]。然则言之善者，非行之善，固如斯乎！盖尝探其原而论之，天下之理，思而可得也；思而不得，学焉而愈可得也。而有非思与学之所能得者，则治地之政是已。

【注释】①沮废：阻遏，废弃。

【译文】朱子任潭州知州时请求施行经界法，光宗颁发诏书准许了他的请求。朱子制定的经界法平均、周详、审慎，应该可以按照既定的标准广施天下，但最终却不能施行。到后来贾似道为相的时候，窃取朱子的说法祸害民众，宋朝由此走向衰亡，改革之法也终被废止。这样看来，在理论层面说起来很完善的，施行起来不一定就真的好，本来就是这样的啊！我曾经探索其中的原因并进行论说：天下的道理，通过思考可以知道；通过思考却不能知道的，要通过学习才能知道。除此之外，还有些事不能仅靠思考和学习就能知道，而治理土地的政策就属于这类事项。

今试取一法而思之，无形而可使有形，无迹而可使有迹，张之使大，研之使密，委曲经营，即若有可绘可刊之图，了然于心目，如是者自信以为至矣。乃更端思之，又有一成型者，亦未尝不至也。则执其一以概见于施行，其不尽然者必多；而执其信诸心者坚，人固弗能辨也。故思者，利与害之交集也，故曰“殆”也。无已，其学乎！所学者，古之人屡言之矣。古人之所言者，亦既有行之者矣。然而言者非行也。古人之行，非我之行也；我之行，非天下之所行也。五味无定适，五色无定文，五音无定和。律吕在，而师旷之调[①]，师延之靡也[②]。规矩在，而公输之巧[③]，拙工之挠也。古之人教我以极深研几之学，而我浅尝而躁用之，举天下万民之情，皆以名相笼而驱入其中，故曰“罔”也。

【注释】①师旷：春秋晋国乐师，生而无目，精通音乐，善于辨音。后人认为他是听觉超凡，善辨音律的偶像人物。

②师延：商纣王的乐师，延精通阴阳，晓明象纬，自伏羲以来，历世均居乐官之职。纣王因他的奏乐淡而无味，禁之于狱中，为了免于刑罚，师延只得屈服，乃作迷魂荡魄、心神颠倒之曲，因是纣王转怒为喜，始免其将受炮烙之刑。后来武王伐纣，纣王自焚于鹿台，师延惧祸东逃，后投濮水自杀。

③公输：即鲁班，姬姓，公输氏，名般。又称公输子、公输盘、班输、鲁般。春秋时期鲁国人。木工师傅们用的手工工具，如钻、刨子、铲子、曲尺，划线用的墨斗，据说都是鲁班发明的，被认为是土木建筑鼻祖、木匠鼻祖和戏班的祖师。

【译文】现在试着来构思一个制度，没有形态的可以让它有形态，没有影迹的可以让它有影迹，把它铺张得宏大起来，通过研究使它变得周密起来，然后小心周到地加以经营，就像真的有了一幅可以描绘、可以刊刻的图景，已经在心中了了分明。思考到这样的程度，自信已经周详到极致了。于是再改变角度进行思考，又思考出一幅成型的图景，感觉也是已经周详到极致的。然后，取用图景中的一部分施行于现实，看其大概的情况，却必定出现很多不尽如预想的情况；但心里还是坚定不移地相信自己先前的设想，别人当然就不能再与他争辩了。所以仅仅思考的话，是有利也有害的，所以孔子说仅仅思考是危险的。不得已，还是要学习呀！而要学的东西，古人已经屡次说到了。古人所说的，也已经有人进行了实践。但言说不等于实践。古人的实践，不等于我的实践；我的实践，也不等于天下人的实践。这就像各种滋味的适用对象是不固定的，各种色彩如何搭配成纹饰没有一定的方法，各种声音如何鸣奏而达到和谐也是没有定法的。但只要有确定音调的律吕在，就既能调和出师旷所奏的曲调，也能调和出师延所奏的靡靡之音。只要有确定方圆的规矩在，就既能成就公输班这样的能工巧匠，也会有笨拙的工匠把木材折坏。古人教我们研究极为深奥、细微不同和幽微变化征兆的学问，我们却只粗浅了解就急躁地加以应用，把天下万民各不相同的情性都笼统归于一体，所以孔子说这是茫然无知。

所以然者，何也？天下之思而可得、学而可知者，理也；思而不能得、学而不能知者，物也。今夫物名则有涯矣，数则有量矣。乃若其实，则皆有类焉，类之中又有类焉，博而极之，尽巧历之终身而不能悉举。大木之叶，其数亿万，求一相肖而无毫发之差者无有也，而名恶足以限之？必有变焉，变之余又有变焉，流而览之，一日夜之间，而不如其故。晴雨之候，二端而止，拟一必然而无意外之差者无有也，而数恶足以期之？夫物则各有情矣。情者，实也。故曰："先王以人情为田。"人情者，非一人之思所能皆虑，非古人之可刻画今人而使不出于其域者也。乃极其所思，守其所学，以为天下之不越乎此，求其推行而准焉，不亦难乎！

【译文】之所以会这样，是什么原因呢？天下间通过思考可以获得、通过学习可以知道的，是理论层面的道理；通过思考不能获得、通过学习不能知道的，是实实在在的事物。而现在用以指称事物的名称是有限的，名称基础上的计数自然也是有定量的，可是这一定数量的名称所指代的实际事物，其中都还有类别，一类之中又可以再分细类，不断细分下去，可以分出无尽广博的类别，类别之多，让精于计算的人用尽一生也不能悉数列举。大树的叶子，数量有亿万之多，要在其中寻找两片相似到毫无差别地步的，却是寻不到的，那么"树叶"这个有限的名称又怎能表达这种无限的差别呢？所以相对于理论层面的道理而言，实实在在的事物必然蕴含着丰富的变化，变化之余又有新变化，以至于当我们浏览一天一夜间发生的无数变化时，不能探知发生这些变化的原因。就像天晴和下雨两种指称，表达的不过是截然相对的两种天气情况，要在这两者之间另外拟定一种能准确表达天气情况的指称是拟不出来的，那么数字又怎能足以表达呢？事物各有自己的"情"，即各自的实际情况。所以说："先王以人的实际情况制定土地政策。"而人的实际情况，不是一个人通过自己的思考就可以全考虑到的，也不是古人可以刻画出来，而当今的人就不会超出那个刻画的疆界的。所以自己思考到极致，固守自己所学的东西，以为这样天下间的事物就不会超出自己思与学的范围，因此希望将自己通过思与学构建的蓝图推广到天下，从而达到自己的预想的目的，这肯定是很困难的呀！

今夫经界，何为者邪？以为清口分之相侵越者乎[①]？则民自有其经界矣，而奚待于上？先世之所遗，乡邻之所识，方耕而各有其埒[②]，方获而各计其获，岁岁相承，而恶乎乱？若其积渐匿侵，自不能理，乡邻不能诘；则以南北殊方、乍来相莅之文吏，唯辞是听，睹此山川相缪之广甸，亦恶能以一日之聪明，折群疑于不言之块土乎？徒益其争，而狱讼日繁，智者不为也。

【注释】①口分：按人口分田。

②埒（liè）：矮墙，这里指田地之间的矮墙。

【译文】如今所谓的经界法，施行它是为了达成什么目的呢？是用来理清按人口分田造成田地互相越界情况的吗？民众本来就有自己的田界，又哪里要等朝廷替他们理清呢？祖上留传下来的田地，乡亲邻里之间都能分清，耕种时这些田地都各有边界，收获时也能各自计算收成，一年一年都是这样过来的，田界怎么会乱呢？如果有那种逐渐侵占别人田地，自己不能理清、乡亲邻里也不能过问的情况，那些初来乍到、来自南北不同地方担任官吏的人，也只能先听取当地人们的说辞，然后亲自视察当地山川交错间那些难以划清界限的田地，又怎能仅仅在一天之内，就用自己的聪明才智把人们对土地的疑问全部化解掉？那样做只是徒然增加争论，造成越来越多的官司和刑狱案件罢了，智者才不做那样的事。

以为辨赋役之相诡射者乎[①]？诡射者，人也，非地也。民即甚奸，不能没其地而使之无形。而地之有等，等之以三，等之以九，亦至粗之率耳。实则十百其等而不可殚。今且画地以责赋，豪民自可诡于界之有经，而图其逸；贫民乃以困于所经之界，而莫避其劳。如之何执一推排之法而可使均邪[②]？故均者，有不均也。以不均均，而民更无所愬矣。

【注释】①诡射：诡诈欺骗。

②推排：宋、金、元时三年一度核实厘正赋役的法制。

【译文】认为通过施行经界法，就可以分辨赋役中相互诡诈欺瞒的情况吗？诡诈欺瞒是人的行为，不是田地本身的事情。即使民众非常奸诈，也不能通过没收他的土地，就使他的奸诈消失。而田地是有等级的，不论分为三等，还是分为九等，都是非常粗略的划分而已。实际上就算分为十等、一百等也不能完全分清土地的等级。而今武断地划分地界，然后根据所划分的地界要求民众缴纳赋税，豪强之民自然可以在地界划分上行诡诈欺瞒之事，以谋求安逸；贫穷的百姓则要受困于地界的划分，无法躲避赋役之苦。怎能不知变通地施行一种推排之法，而使民众得到平均分配呢？所以说是平均，其中却有不平均的地方。用不平均的办法来推行平均，民众就更加无处诉说他们遭受的不平均对待了。

以为自此而可限民之田，使豪强之无兼并乎？此尤割肥人之肉置瘠人之身，瘠者不能受之以肥，而肥者毙矣。兼并者，非豪民之能钳束贫民而强夺之也。赋重而无等，役烦而无艺，有司之威，不可向迩[①]，吏胥之奸，不可致诘。于是均一赋也，豪民输之而轻，弱民输之而重；均一役也，豪民应之而易，弱民应之而难。于是豪民无所畏于多有田，而利有余；弱民苦于仅有之田，而害不能去。有司之鞭笞，吏胥之挫辱，迫于焚溺，自乐输其田于豪民，而若代为之受病；虽有经界，不能域之也。夫岂必堙其沟洫[②]，夷其隧埒，而后畸有所归哉？诚使减赋而轻之，节役而逸之，禁长吏之淫刑，惩猾胥里蠹之恫喝[③]，则贫富代谢之不常，而无苦于有田之民。则兼并者无可乘以恣其无厌之欲，人可有田，而田自均矣。若其不然，恃一旦之峻法，夺彼与此而不恤其安，疲懦之民，且匿走空山而不愿受。无已，则假立疆畛[④]，而兼并者自若，徒资姗笑而已[⑤]。若夫后世为经界之说者，则以搜剔民之隐田而尽赋之，于是逐亩推求，而无尺寸之土不隶于县官。呜呼！是岂仁人君子所忍言乎？

【注释】①向迩：接近，靠近。

②堙：填埋。

③里：里长。

④疆畛（zhěn）：地界；界限。

⑤姗笑：讥笑，嘲笑。

【译文】认为施行了经界法，就可以限制民众侵占更多的田地，使豪强之民不能再兼并土地了吗？这就像割胖人身上的肉放在瘦人身上，瘦人不会因此变成胖人，胖人却会因此毙命。兼并土地并不是豪强之民钳制了穷人从而强行夺取他们的土地。赋税太重又没有合理的分级，徭役过多而没有限度，官府的威风让人民不敢亲近，官吏奸恶，却不能加以审查诘问。在这种情况下，所有人平均成一种赋税，豪强之民缴纳起来很轻松，贫弱之民缴纳起来就很沉重；在这种情况下，所有人平均成一种徭役，豪强之民服劳役很容易，贫弱之民服徭役就难以应付。因此，豪强之民不会因为田地多而有所畏惧，因为田地越多越有利可图；贫弱之民却因为仅有的 点田地受苦受累，田地对他们有害无益，所以想要摆脱。而官府的鞭笞督促，官吏的欺压折辱，使贫弱之民受到水火交身一般的逼迫，自然乐于把田地输送给豪强之民，对于他们来说，这样做就像让人代替他们承受病痛的煎迫；所以即便施行经界法，也不能有效限制这种情况。哪里一定要等到填埋了田地中的沟渠，夷平了田间的地道与界墙，然后才能让不平均的土地分配情况回归正常呢？如果真的让官府减轻赋税、限制徭役，禁止长官滥施刑罚，对那些中饱私囊、恫吓民众的狡猾乡里小吏进行惩治，那么人们的贫穷和富有情况就不会一直固定不变，有田的民众也就不会因此受苦了。那么想兼并的人也没有可乘之机使自己的欲望不断放纵，人人都可以保有自己的田地，田地自然就可以平均了。如果不这样，仅仅倚仗短期内建立的严刑峻法，抢夺豪强的土地给贫弱之民，而不顾恤豪强之民的不安，那些疲惫怯懦的民众就会逃到山里不愿接受这种田地改革政策。迫不得已，只能在表面上假装设立了田界，但事实上兼并者还是跟以前一样，只是徒然增加他们对这种土地改革政策的嘲笑罢了。至于后世再次提倡经界之说的人，则是用它来搜刮民众隐藏的田地，目的是把这些田地全部加上赋税，于是一亩一亩地严格审查田地，为的是没有一尺一寸土地不属于官府管理的范畴。呜呼！这哪里是仁人君子忍心说的呢？

三代之制，有田有莱，莱者非果莱也。有一易，有再易，易者非果易也。留其有余以劝勤者，使竭力以耕，尽地利而无忧赋税耳。今彼此相推，而情形尽见，块泥株粟，无能脱也，夫是之谓箕敛也，奚辞哉？夫田为奸隐不入赋额者，诚有之矣。婢妾臼灶之奸，不足为富人病也，况仁君之抚四海者乎？抑有地本硗确[①]，而勤民以有余之力，强加水耕火耨之功，幸岁之穰而薄收者；亦有溪江洲渚，乍涌为邱，危岸穹崖，将倾未圮，目前之鳞次相仍，他日之沈坍不保者；亦有昔属一家，今分异主，割留横亘于山隈水曲而不可分疆埸者；若此之类，难以更仆而数。必欲执一画定之沟封，使一步之土必有所归，以悉索而征及毫末，李悝之尽地力，用此术也。为君子儒，以仁义赞人君之德政，其忍之乎？是则经界之弊，必流为贾似道之殃民。仁邪？暴邪？问之天下，问之万世，必有审此者矣。

【**注释**】①硗确：贫瘠的。

【**译文**】夏商周三代的制度，田地分为“田”和“莱”，所谓“莱”者，并不是真正荒着不种的土地，其中有一“易”的中等田地，有再“易”的下等田地，所谓“易“者，也不是真的交换田地的主人。留出上等田之外多余的田地，鼓励那些勤劳的人耕种完上等田之外，再去竭力耕种这些田地，这样既能尽量提升土地的产能，又不用担忧多缴纳赋税的问题。如今人们相互间推排丈量土地，使土地的占有情况一清二楚，连一块泥、一株谷子的归属都界定清晰，这就是苛敛民财的行为，还有什么好推脱的呢？田地被奸人隐瞒起来没能纳入国家赋税的情况确实是有的，这就像婢女侍妾在臼灶之间私藏一些钱财，对于富裕之家来说并不是什么大毛病，况且仁厚的君主是要安抚天下的呢？有些田地本来就是瘠薄的，勤劳的百姓花费他们多余的力气，付出水耕火耨的劳动，赶上丰收的年成才能有一些收获；也有溪流、江河边上的小块陆地，它们是因为水道的变化才突然变为土丘，形成陡峭的水岸山崖，即将倾塌但目前还没有倾塌，像鱼鳞一样有序排列开来，难保有一天不会坍塌；也有以前归属于某一户人家，如今分家归属不同主人的田地，那些被分割的田地横亘于山脚水边，难以分清界限；这些类别的田地是很难一一计算清楚的。一定要按照一条确定的准则划定田界，让每一寸土地都有明确的归属，以此把全部的土地都计算清楚，使每一毫厘的土地都纳入赋税，李悝使土地尽可能对政府产生效益，使用的就是这种方法。作为践行君子德行的儒士，是要用仁义辅助皇帝施行德政，会忍心这么做吗？如果这样做，经界法的弊端，必将演变得像贾似道所行的那样，造成祸国殃民的后果。这是仁义呢？还是残暴呢？去问天下的人，问万世的人，必定有人对此看得清清楚楚。

夫原本周官，因仍孟子，不可谓非学也。规画形势，备尽委曲，不可谓未思也。乃抑思商、周之天下，其于今者何如哉？侯国之境土，提封止于万井[①]；王畿之乡遂，采邑分授公卿。长民之吏，自酂鄙之师至于乡大夫[②]，皆百里以内耳目相习土著之士。为利为病，周知无余，因仍故址，小有补葺而已定。今则四海一王，九州殊壤，穷山纡曲，广野浩漫。天子无巡省之行，司农总无涯之计，郡邑之长，迁徙无恒。乃欲悬一式以驱民必从，贤智者力必不任，昏暴者幸以图成。在天，则南北寒燠之异候；在地，则肥瘠高下之异质；在百谷，则疏数稚壮之异种；在疆界，则陂陀敧整之异形；在人民，则强弱勤惰之异质；在民情，则愿朴诡谲之异情。此之所谓利者，于彼为病；此之所欲革者，彼之所因。固有见为甚利，而民视之如荼棘；见为甚害，而民安之如衽席。学不可知也，思不可得也。言之娓娓，行之汲汲，执之愈坚，所伤愈大。以是为仁，其蔽也愚，而害且无穷，久矣！

【注释】①井：古代的一种土地制度，以方九百亩为一里，划为九区，外形像个“井”字，故名。其中为公田，外八区为私田，八家均私百亩，同养公田。公事毕，然后治私事。从春秋时起，井田制日趋崩溃，逐渐被封建生产关系所取代。

②酇鄙：周制百家为酇，五百家为鄙。泛指郊野之地。

【译文】以《周官》为依据，承袭《孟子》的学说，不能说不是真学问。对形势进行规划，做得极为细致完备，也不能说没有认真思考。但还要考虑商、周两代的天下与当今相比，又有怎样的区别呢？商周时期，各诸侯国的领土，疆域不过一万井田大小；天子直接控制的王畿地区的乡和遂，则作为采邑分封给公卿。管理民众的官吏，从最基层的官员到乡大夫层级，都是方圆百里内大家耳熟能详的本地人士。治理方式有利还是有害，大家都知道得清清楚楚、毫无遗漏，所以只要承袭过去的治理，小小做些修补就可以把制度确定下来了。而当今天下共有一个天子，各地的情形却差别很大，无穷的山峦弯弯曲曲，广阔的田野浩大无边。天子不再有巡视各个诸侯国的出行，负责农业的官员要总管广阔无边的地域的农时，郡县乡里的长官到处迁徙调动，在这种情况下，设立一种确定不变的制度管理各地民众，这么做，贤明智慧的人必定不能胜任，昏庸暴虐的人则可能凭借侥幸获得成功。就天的方面而言，南北气候有冷热的差别；就地的方面而言，不同地方的土壤也有肥沃与瘠薄的差别；就各种庄稼而言，各种庄稼有稀疏、繁茂、幼弱和茁壮的差别；就疆界而言，各领土范围的地形有倾斜不平、残缺不全与规规整整的差别；在民俗风情方面，不同人民的素质有强弱、勤快与懒惰的差别。对这边有利的，在那边可能颇多弊病；这边想要革除的，可能是那边需要承袭的。所以会有看起来非常有利，民众却视之如扎人的荆棘一般想要避开的治理政策；有看起来非常有害，民众对它却像躺在自家席子被褥里一样安然舒适的治理政策。这些事情，不是仅靠学习就能知道的，也不是仅靠思考就能获得的。说起来娓娓动听，做起来努力精进，结果越是坚持已有的主意，造成的伤害就越大。把这当做仁义是非常愚昧的，而且造成的伤害也非常大，这种情况已经很久了！

故善治地者，因其地而治之。一乡之善政，不可以行之一邑；一邑之善政，不可以行之一州；一州之善政，不可以行之四海。约略其凡，无所大损于民，而天下固已大均矣。均之者，非齐之也。设政以驱之齐，民固不齐矣。则必刑以继之，而后可齐也。政有成型，而刑必滥，申、商之所以为天下贼，唯此而已矣。若夫匹夫以锱铢之利，设诈以逃唯正之供，则唯王者必世后仁之余，自输忱以献，岂元后父母所宜与争论也哉？以君子竞小人之智，以王章察聚敛之谋，以鸡鸣梦觉所虚揣之情形，以闭户读书所乍窥之经史，束四海兆民而入于图缋之中。言之诚是也，行则非所敢也。虽然，亡虑也。言此者，未有能行之者也。

【译文】所以善于治理土地的人，是根据当地的具体情况进行治理。一乡范围内施行得很好的政策，不能直接在一邑的范围内推行；一邑范围内施行得很好的政策，也不能直接在一州范围内推行；一州范围内施行得很好的政策，也不能直接在天下推行。制定土地政策只要大概把握土地的基本情况，不要对民生有严重损害，这样天下就已经差不多平均了。平均土地，不是说要完全整齐划一。制定政策使之整齐划一，但民众自身的情况本来就不是整齐划一的呀。所以接下来必然要通过制定刑罚，才能强行达到整齐划一。一旦这样的政策成型、固定下来，就一定会造成刑罚的滥用，申不害、商鞅之流之所以沦为天下人人喊打的贼人，就是因为做了这样的事。如果百姓为了一些蝇头小利，设法欺诈来逃避正当的赋税，要改变这种状况，只能是王者经过几十年努力使仁政得以推行，然后老百姓才会向天子现出他们的热忱。作为万民父母的天子又怎能与百姓争夺这些小利呢？作为君子却与百姓算计争竞，用王章严格审查百姓以聚敛财富的那套谋划，就像用清晨鸡刚开始鸣叫、人们刚从梦中醒来时头脑中存在的虚幻想法，以及用闭门读书时刚从经史书籍上看到的学问一样不切实际，用这些东西来管理、约束天下万民，使他们陷入这些不尽合理的规划中。这些规划谈说起来确实都是正确的，真正施行起来，却不敢完全按照所说的做。即便如此，也不用过于担心，因为谈论这些事情的人，还没有能够真正完全说到做到的。

三

君拒谏以宣欲，臣嫉贤而献谀，其于正谏之士，名之曰“沽名”。夫亦念名之所自生乎？名者，义之所显也，天下后世公是公非之衡也。有名可沽，则名在谏者矣。自处于不可名之慝，而以名授谏者，使可沽焉，其为无道之尤也，奚辞？故沽名者，使人君知有名而不可者也。君非无名，而沽者无可沽矣。

【译文】君主拒绝臣子的劝谏来发泄自己的欲望，大臣嫉贤妒能而争相献媚，对于正直劝谏的士人，把他们称为沽名钓誉之辈。有想过这样的称呼是怎么产生的吗？名称是事物内义的彰显，是天下后世人评判是非时用以衡量的东西。在有名声可以沽取的情况下，进谏的人才会获得名声。如果君主自处于不能彰显名声的邪恶之中，就相当于把名声自动授予了那些进谏者，使他们可以通过进谏沽取名声，这就是最无道的君主，还有什么可推脱的？所以沽名钓誉者的存在，是使君主知道要重视自己的名声，而且自己的名声是不可侵犯的。君主不是没有授予人名声的能力，而是要让那些沽名钓誉之辈在自己这里无名可沽。

虽然，人臣以此事君，而国又奚赖哉？君有巨慝，大臣任之；大臣不能言，而后谏臣任之；谏臣不能言，而后群工下至士民，皆可奋起而言之。若夫群然竞起，合大小臣民言之恐后，则首其议者，盖亦诚出于不容已。而相踵相附，未问从违，喧争不已，则其闲以沽名故喋喋相仍者，十有八九矣。于是而激庸主奸臣以不相下，言者且竞以削斥为荣，空国以去，置宗社于奸邪之掌，徒自奖曰：吾忠而获罪之正人也。则沽名之咎又奚逭邪[①]？且夫君之过，不至于戕天彝，绝人望，犹可浣濯于他日[②]，则相激不下，失犹小也。若夫天伦之叙斁[3]，人禽之界，存于一线，一陷于恶，而终无可逸；是岂可雷同相竞，使处于无可解免之地者哉？

【注释】①逭：逃避。

②浣濯：改正。

③斁（dù）：败坏。

【译文】即便如此，大臣用这样的方式侍奉君主，那国家又能倚赖什么呢？如果君主有严重的过错，大臣却听之任之；大臣不能指出君主的过错，而是后来才由负责进谏的臣子承担起这个责任；负责进谏的臣子不能指出君主的过错，然后才由百官以至士人、民众，都奋起批评君主的过失。如果人们都一群一群地奋起，大大小小的臣子和民众都争先恐后地批评君主，那么首先提出批评的人，大概确实是出于不得已吧。而后来加入并附和的人，往往不过问事实真相就喧闹争吵个不停，这些人中为了沽名钓誉而喋喋不休的占了十之八九。这样的情形，反而会激得昏君和奸臣坚决不认错，结果是提出批评的人争相以受到削职、贬斥为荣，纷纷离开朝廷，导致最后朝中无人可用、朝政交给奸邪之人把控的局面。而那些批评者还徒然自我夸耀："我是因为忠心才获罪的正人君子。"如果这么做的话，又怎能逃避沽名钓誉的指责呢？而且君主的过错，只要不至于戕害天理、灭绝人的希望，就仍有机会在日后涤荡归正。如果能持守正义、与君主不相妥协地抗争，造成的过失还是小的。如果天理被破坏，人与禽兽的界限危殆于一线一间，一旦跨过这条界限就陷身于禽兽不如的罪恶中，那就真的无可挽救了。这两种不同的情况怎能作为同一种情况对待，而只顾着争相批评，从而激怒君主，使他陷入过错无法挽回的境地呢?

子之事其亲也，仁之发也，即义之恒也。然岂以为义在当孝而始孝乎？其不孝者，固非谓宜于不孝而孝非义也。故称说孝道于孝子之前者，皆无当于孝子之心；称说孝道于不孝之前者，亦无能动不孝之心。无他，可言者，义之当然，而恻怛内动[①]，絪缊不解之忱[②]，固非言之所能及。其或利欲荧之[③]，妇人宵小闲之，夺其心以背其初志，皆藏于隐微，非可以言言者也。故舜之孝也至矣，蔑以尚矣。而其以人伦授契教民者，曰"敬敷五教[④]，在宽"。上不可以法绳其下，优而游之，乘罅而导之，去其荧之闲之者，以使自显其初心。则知悔者，若吾训以渐启仁爱之天怀；怙恶者，抑不相激以成人伦之大变。宽之用，大矣哉！而能以此导人主以全恩，李长源而外，难其人矣。长源始用之肃宗，继用之德宗，皆以父处子者也。涕泗长言，密移其情于坐论而不泄，独任其调停之责，而不待助于群言。其转移人主之积忿，犹掇轻羽也。乃至于肃宗事父之逆，独结舌而不言，夫岂忘其为巨慝而吝于规正哉？力不与张良娣[⑤]、李辅国争[⑥]，则言且不听，而激成乎不测之衅；则弗如姑与含容，犹使不孝者有所惜，而消不轨之心。长源之志苦矣，而唐亦苟安矣。

【注释】①恻怛（dá）：怜悯、悲悯、同情，类似于"恻隐"之心，此处指对父母的孝心。

②絪缊（yīn yūn）：古代指天地阴阳二气交互作用的状态。形容云烟弥漫、气氛浓盛的景象，此处指感情浓郁蕴藉的样子。

③荧：迷惑。

④敬敷五教：指对百姓进行五种道德规范教育，五教即父义、母慈、兄友、弟恭、子孝五种伦理道德的教育。

⑤张良娣：唐肃宗李亨的张皇后，邓州向城（今河南省南召县）人。美貌可人，狡黠刻薄，巧言令色，爱慕虚荣。嫁给太子李亨，授良娣，颇得宠爱。唐肃宗即位后，册为淑妃，勾结太监李辅国，干预政事，谋逐名臣李泌，迫害建宁王李倓。乾元元年（758年），册立为皇后，图谋废太子李豫，立己子李佋为太子，但并未成功。宝应元年（762年），图谋掌控政局，事泄被捕，幽禁于别殿，坐罪处死，追贬为庶人。

⑥李辅国（704—762）：字静忠，博陆郡（今北京市平谷区）人。唐朝中期权宦，唐代第一个封王拜相的宦官。李辅国样貌奇丑无比，早年净身入宫成为宦官，后因尽心侍奉太子李亨成为其心腹。唐代宗时期，李辅国因拥戴之功更加嚣张跋扈，擅权作福。后被刺杀。

【译文】作为儿子，侍奉双亲本是人天性中仁爱的发端，也是道义恒常所在的事情。但哪能认为是道义要求人们尽孝，人们才开始尽孝呢？那些不孝顺的人，也不是声称人应该不孝，所以孝顺不合道义。所以在孝子面前言说孝道，那些道理并不能真正合于孝子的赤诚之心；在不孝子之前言说孝道，那些道理也并不能打动不孝子的心。这没别的，因为凡是可以言说的，都只是道义层面应该怎样做的理而已，而恳切的情感是从人的内心生发出来的，由此形成浓厚的、不会消散的情意，这本来就不是语言说教可以达成的。或许会有人用利益、欲望迷惑他，有妇人小人从中挑拨离间，让他失去的本心，悖离自己的初始意志，这些都是隐微不显的，也不是言语可以说清楚的。所以舜的孝顺真是达到了极致，没有人能够超过他，他把人伦之道传授给契，用以教化民众，称为：“敬重地传布五种人伦关系的学说，教化中采取宽厚的态度。”在上位的人不能凭借严刑峻法来约束民众，而要让他们悠游自在地生活，善用机会来引导他们，除去那些迷惑他们、离间他们的人，使他们显现出自己本来具有的仁爱之心。那些知道悔改的人，就好像是我的教化逐渐启发了他仁爱的天性；那些仍然作恶的人，也不去刺激他以防造成人伦的重大变故。宽厚的用处真是很大啊！而能以宽厚引导君主从而保全君臣之间恩情的，除了李长源之外，很难找到其他人了。李长源先是辅佐肃宗，后来又辅佐德宗，都是用宽厚的行事方法，协助两位皇帝处理父子之间的关系。他留着眼泪与皇帝长谈，在私下里向皇帝进谏，不让这些情况泄露于大庭广众，独自一人承担起调和皇帝父子矛盾的责任，而没有等着依靠众人的言论来帮助自己。他善于化解君主长期累积的怨忿，就像捡起一根羽毛一样举重若轻。以至于他对于肃宗侍奉父亲不孝的地方完全闭口不言，难道他忘了这是大大的不孝，吝于去劝谏矫正吗？非也。他是知道自己的力量不能与张良娣、李辅国之流抗争，所以即便说了皇帝也不会听从，还会激得皇帝更加不管不顾，酿成难以预测的变故；那么不如姑且忍耐包容，这样还会让皇帝有所顾惜，消除心中不正的念头。李长源实在是用心良苦啊，李唐王朝也因此得以苟安。

呜呼！人君之忍绝其心，公为不孝以对天下而无怍者，唯光宗独耳。岂光宗者，旷古弥今、人貌禽心之无偶者乎？于是而留正之咎[①]，不能逃矣。叩阍牵衣[②]，百僚庶士之喧争，无与弭之，而委大臣之责以倒授之。乃使宁宗之立不正，韩侂胄之奸得逞[③]，毒流士类，祸贻边疆，其害岂浅鲜哉？盖哄然群起而争者，皆有名心，非能以推己之孝成尽己之忠者也。正之所自处者，谏不从则去而已。去者，名之所归也。君益彰其不孝之名，而已得洁身之名以去。天理民彝，争存亡于一闲，而心膂大臣，忍以覆载不容之名归之君父乎？若以去言，则光宗之不足相与为荃宰[④]，灼然易见者也。知不可相，而不去之于早；其去也，又且行且止，反覆于郊关，以摇众志；举动之轻，适足资奸邪之笑，久矣。

【注释】①留正（1129—1206）：字仲至。宋福建路泉州永春县昭善里留湾人，南宋宰相，历孝宗、光宗、宁宗三朝，是名副其实的"三朝元老"。为政清正廉明，文武并用。

②叩阍：指吏民到宫门前陈诉冤屈。阍，即皇宫门。

③韩侂胄（tuō zhòu 1152—1207）：字节夫，相州安阳（今河南安阳）人，南宋权相。绍熙五年（1194年），与知枢密院事赵汝愚等人策划绍熙内禅，拥立宋宁宗赵扩即位，以"翼戴之功"。任内禁绝朱熹理学，贬谪以宗室赵汝愚为代表的大臣，追封岳飞为鄂王，追削秦桧官爵，力主"开禧北伐"金国，因将帅乏人而功亏一篑。

④荃宰：指君臣。荃，比喻君。

【译文】呜呼！作为一国之君，忍心如此决然，公然以不孝面对天下臣民而不感到愧疚，这样做的只有光宗一位皇帝。从古到今，难道只有光宗是唯一一个空有人的长相，心肠却如禽兽一般的人吗？在光宗的这项过失上，留正所犯的错误是难以推脱的。敲叩宫门、牵拉衣服，百官和庶民争着向皇帝进谏，却没有人来止息这样喧闹的局面，这是把大臣的职责交付给百官庶民，结果是使宁宗的即位显得不正当，韩侂胄的奸邪用心因而得逞，毒害波及士大夫们，边疆也受到祸害，这造成的危害难道还小吗？大概那些哄然群起、争着向皇帝进谏的人，都有沽名钓誉之心，而不是能把自己对父母的孝心推广到为君主尽忠方面的人。留正的自处之道，是向君主进谏，君主不听从就辞官离开。离开的人，是获得名誉的人。他这样做，使君主愈发彰显了不孝的名声，自己则获得了高洁的名声。在天理人伦存于一线之间的危亡时刻，留正作为心腹大臣，竟然忍心使天地不容的不孝名声落到君主身上吗？如果这个时候离开君主，显而易见表现的，就是光宗这个人，不足与他一起君臣共事。既然知道不能在光宗手下做宰相，还不早早离去，离去的时候走走停停，在城郊反复徘徊，影响民众的意志，其举动之轻率，正好令奸邪之辈嘲笑，这种情况已经持续很久了。

夫光宗之恶，非若刘劭之凶威不可向迩者也[①]，悍妇宵人，噂沓而成否塞[②]。正为大臣，上被孝宗之知遇，内有两宫太后之倚任，诚能忘生死以卫社稷，而救人伦之斁绝，夫不有雷允恭、任守忠之家法乎？杨舜卿、陈源抑非有李辅国、鱼朝恩拥兵怙党之威，得两宫片纸，窜逐在须臾之闲尔。而正不能。如其不能，则留身密语，涕泣以道之，从容以引之，讳其大恶于外，而俾有可自新之路，李氏虽悍，而光宗易位，不能从中以起，则固未尝不可衔勒使驯者。而正又不能。如其不能，则姑已。唐肃之逆，猜嫌之甚，南内一迁，几有主父之危，而朝廷不为惊扰，国方乱而不害其固存。当是时也，强敌无压境之危，宗室无窥觎之衅，大臣无逼篡之谋，草泽无弄兵之变，静正之朝野，自可蒙安于无事。正乃无故周章，舍大臣之职，分其责于百僚，招引新进喜言之士，下逮太学高谈之子，一鸣百和，呼天吁地，以与昏主妒后争口舌之短长。不胜，则相率而奔，如烈火之焚身，须臾不缓，此何为者哉？昏悖之主固将曰："吾不孝之名，大臣已加我矣，群臣已加我矣，海内士民莫不加我矣，无可谢于后世矣！即以身试危机，就两宫而见幽废，人且曰非吾之能事吾亲也；举国之人，以大义束我，而使修寝门之节、倚庐之文也[3]。恶不可浣，而恶用浣为？彼分崩而去者，自少昧而反，奚所恤而不任吾之高卧哉？"于斯时也，张皇失据者，若有大祸之在旦夕，而不知其固无妨也。疑愈深，人心愈震，而后易位之策突起，以诧再造之功。揆其所繇，非正使然而孰使然乎？

【注释】①刘劭（约426—453）：刘宋第四位皇帝，字休远，宋文帝刘义隆长子，与其弟刘浚共谋，弑父篡位，导致众叛亲离，在位仅三月，即被率兵讨逆的刘骏所击溃，刘劭被俘后遭处斩，并被刘骏称为元凶。

②噂沓：议论纷纷。否塞：有闭塞不通，犹困厄的意思。

③倚庐：守丧者所住的草房。这种草房盖在中门之外的东墙下，向北开门，门上没有横梁和柱子，只是以草为屏障，不加泥涂。

【译文】光宗的邪恶，不是像刘劭那样凶恶威猛令人不可接近，凶悍的妇人和小人不断在孝宗和光宗之间搬弄是非，使他们父子之间不相往来。而留正作为大臣，在庙堂之上受到孝宗的知遇之恩，在宫内受到两宫太后的信任，他如果真能置自己的生死于度外，坚决捍卫社稷，挽救孝宗与光宗之间已经危绝的父子人伦，宋朝不是有处死雷允恭、流放任守忠的家法吗？况且杨舜卿、陈源还不像李辅国、鱼朝恩那样手下有军队、能够倚仗同党的威风，他只要能得到两宫太后的片纸诏令，转眼之间就能把这些奸邪小人流放驱逐，但他却没能这样做。如果他不能这样做，就应该留下来向皇帝秘密进谏，动之以情地流着泪向皇帝说明道理，镇定从容地引导皇帝，对外则替皇帝隐讳重大过错，使他还有自新的路可以走。皇后李氏虽然凶悍，但光宗的帝位被废黜而让位给宁宗，对于这种情况，李氏也没能从中作梗、加以反抗，可见她本来也未尝是不能被控制、约束进而驯服的，只是留正没能这样做。如果他不能这样做，那就是姑息养奸了。唐肃宗反叛唐玄宗，相互间有着很深的猜疑，唐肃宗迫使唐玄宗从南内的兴庆宫迁居到西内的太极宫，当时唐玄宗几乎有被害的危险，可是朝廷并没有因此惊恐慌乱，国家虽然有动乱，但没有危及存亡。而留正担任宰相的时候，国家外部没有强敌压境的危险，宗室之内没有觊觎皇位的反叛，朝中大臣没有图谋篡位的阴谋，民间没有起兵造反的变故，朝野上下都处于安定正常的状态，自然是可以大事化小、平安无事的。留正却无故大费周章，放弃自己的职责，把自己作为大臣应当做的事交给百官来做，从而招来了那些初入仕途、喜欢发表言论彰显自己才能的人，下至太学里那些向来喜欢高谈阔论的学生，一人发声而百人应和，呼天喊地要与昏君妒后在口舌上一争对错。争论没有获得胜利，就相偕着逃离朝廷，好像烈火快要烧到自己身上了一样刻不容缓，为何要这样做呢？昏庸的君主固然会说："不孝的名声，大臣已经加到我头上了，百官已经加到我头上了，天下的子民都已经加到我头上了，我是已经不能向后世谢罪了！那就何妨亲身试一试这危机，如果我去参见两宫太后，被幽禁或者废黜的话，人们又会说我不能侍奉亲长了。全天下的人，都以大道理来缚我，让我尽好对父王的孝道、满足他对我的期待。我的罪恶已经不能洗刷干净了，那还费心思洗刷什么？朝廷上那些分崩离析、弃我而去的人，自觉没有意思了就会回来，我又有何担心？且不如放任自己高卧安歇呢。"在这个时候，仓皇失措的人们就像快要大祸临头了一样，却不知道这本来是无妨的。疑虑愈深，人心愈是不安，而后又突然提出改换帝位的计策，使人们对辅佐新皇帝、再造社稷的功业感到惊诧。考察这件事情的源流，不是留正使事情发展成这样还是谁呢?

人而与人争名，名得而实已亏矣；大臣而与君争名，名在己而害在国矣。况君子而与至不肖之人争名，争其所不待争，而徒启其争，为愈陋乎？一谏一去，又恶足以增益留正君子之名哉？故以正为宗社计，非也；宗社尚未有危，危之者，正之倡众以去国也。以正为大伦计，尤非也；光宗之不孝，光宗自致之，正莫能救之，宁宗之不孝，背父以立，则正实使之然也。且使盈廷呼号奔散之后，光宗惧而就苫次以执丧，其于不孝之名，十不能减其一二，不孝之实，百不能救其毫末。正乃引以自居曰："此吾帅众以争之力也。"则谓之曰"沽名"，亦非求全之毁矣。

【译文】一旦人与人争名声，即便得到了名声，也已经名不副实了；大臣一旦与君主争名声，即便争得了名声，也会对国家产生危害。况且作为君子，与不肖之人争名声，这争的本来就是不用去争的东西，却徒然开启争端，不是愈发彰显自己鄙陋的行为吗？留正在进谏之后离去，又哪里可以彰显他的君子之名呢？所以认为留正的作为是为宗庙社稷做打算，那就错了；宗庙社稷本来没有危险，使宗庙社稷危险的，正是留正倡导人们纷纷离弃朝廷的行为。认为留正的作为是为了坚持人伦大义，也是错误的揣测；光宗的不孝，是光宗自作自受，留正没能挽救他；而宁宗的不孝，悖逆父亲称帝，却实在是留正的所作所为使他这样的。而且留正使满朝廷的人呼号奔走相继离去之后，光宗感到了害怕，就去守丧的苫席所在之处为孝宗服丧，但这时候才这么做，已经不能再为他减轻不孝的名声，也丝毫不能再挽回他不孝的实情了。留正却把这作为自己的功劳，说："这是我率领众人力争的结果。"留正的所作所为，称之为沽名钓誉，确实算不上求全之毁。

奚以知大臣之能尽其道哉？不倚谏臣以兴雷同之议，则体国之诚至矣。奚以知谏臣之能尽其职哉？不引群臣士庶以兴沸腾之口，则直道之行伸矣。若留正诸人者，任气以趋名，气盈而易竭；有权而不执，有几而不审；进退无恒，而召物之轻；生死累怀，而不任其害。宜乎其为庸主、悍后、奄人所目笑，而不恤其去留者也。

【译文】怎么知道大臣能否尽到其应尽的为臣之道呢？如果他们能够不倚靠进谏之臣提出与自己相同的奏议，那么他们为国家考虑的赤诚就到达很高的程度了。怎么知道进谏之臣能否尽到其应尽的职责呢？如果他们能够不引导群臣百官和庶民群起争喧，那么正直的道路就能得到伸张了。而像留正这些人，由着自己的意气行事，沽名钓誉，意气过盛而容易衰竭；掌握着权力却不去应用，对事情的微妙变化不加以细心审查；进退无常而召来外界的轻视；个人生死萦绕于心，而承担不起这样做的危害。这些人也确实应该受到昏庸皇帝、凶悍皇后和宦官们的耻笑，并且毫不顾惜他们的去留。

卷十三 宁宗

【题解】光宗被迫退位之后，太子赵扩（1168—1224）继位为宁宗，他于1194至1224年在位，在位初期宗室赵汝愚为宰相，赵汝愚被韩侂胄等奸人迫害致死后，宁宗专信韩侂胄，使其擅权长达十四年之久。开禧二年（1206），宁宗听从韩侂胄的建议，下诏攻打金国，战败后与金国签订了比此前更为屈辱的“嘉定和议”，韩侂胄因此被弹劾诛杀，但又由史弥远接着操纵朝政。

南宋后期，奸人常以“道学”“伪学”之名迫害正人君子，韩侂胄即以此为名对士人处以削官窜殛之刑，王夫之也对这种风气进行了分析与溯源，提出自己的独到见解。

此外，王夫之还对国家的宗庙祭祀发表了看法，指出宗庙祭祀的重要性，论述周礼和儒家正统的宗庙祭祀之道，并以术数家蔡季通的悲剧，指出君子仁人在应对宗庙祭祀之事上的正确做法，进而指出君子在朝政论辩中提出言论，不能只为压倒对方，也不应言过其实，要使自己的言论合于贞正之道，不依凭对方言论的谬误之处而彰显正确性，在任何时候都能合于中道，都能行得通。

最后，王夫之对秦桧、韩侂胄、史弥远、贾似道这些小人进行了论定，并就如何应对这些小人进行了发人深省的思考。

赵忠定不行定策之赏[①]，致韩侂胄、赵彦逾之怨[②]，窜死湖、湘，国乃危乱。或谓金日磾不受拥立之封[③]，丙吉不言护养之劳[④]，此君子之高致，不宜以望小人，薄酬以厌二竖之欲[⑤]，国庶以靖。呜呼！是岂足以知忠定之心哉？忠定之言曰：“身为贵戚之卿，侂胄为椒房之戚，宣劳于国，不宜膺赏。”此其可以言言者也。乃若中心内蕴，有必不可以策功赏者，则不可以言言者也。

【注释】①赵忠定（1140—1196）：即赵汝愚，字子直，原籍饶州余干（今江西省上饶市余干县）。南宋名臣、学者，南宋宗室。宋孝宗崩逝后，赵汝愚策划实施“绍熙内禅”，奉嘉王赵扩（宋宁宗）即位。以功升任右相，与留正同心辅政。

②赵彦逾：字德先，浙江四明人，南宋宗室大臣，联合赵汝愚、韩侂胄和郭杲拥立宁宗登基。庆元党禁时，与赵汝愚反目，依附宰臣韩侂胄。

③金日磾（mì dī 前134—前86）：，字翁叔，西汉时期政治家，汉昭帝刘弗陵四大辅臣之一。本是匈奴休屠王太子。武帝时，与家人沦为官奴，后受武帝赏识，任光禄大夫。武帝临终，托付他与霍光共同辅佐太子。西汉历史上一位有远见卓识的少数民族政治家。

④丙吉：一作邴吉，字少卿。鲁国人。西汉名臣。丙吉少时研习律令，初任鲁国狱史，累迁廷尉监。汉武帝末，奉诏治巫蛊郡邸狱，期间对皇曾孙刘询（汉宣帝）有护养之恩。

⑤竖：小人。

【译文】宗室名臣赵汝愚没有对帮助扶立宁宗的功臣进行赏赐，致使韩侂胄、赵彦逾心生怨恨，也导致自己被流放到湖湘地区身死，于是国家陷入危险祸乱的局面。有人说汉代的金日磾不接受拥立汉昭帝的封赏，丙吉不对人讲说自己护卫汉宣帝的功劳，但这是君子的高风亮节，不应该指望小人也能这样做。对于韩侂胄、赵彦逾这两个小人而言，只要给予一点报酬，就可以满足他们的欲望，国家人民就得以安宁了。呜呼！这样的想法，哪里足以知道赵汝愚的心意呢？赵汝愚说：“我身为皇亲国戚又是大臣，韩侂胄也是皇帝的姻亲，为国家尽心尽力不应该再接受赏赐。”这只是他可以用语言说出来的。至于他内心的想法，一定有他认为不可因为册立宁宗就给予赏赐的原因，那就是不可以用语言说出来的了。

光宗虽云内禅，其实废也。宁宗背其生父，正其不孝之罪；而急夺其位，且以扶立者为有大勋劳而报之，天理民彝，其尚有毫发之存焉者乎？宁宗以是感侂胄而重任之，加以不赀之荣宠。人知光宗之不孝，而不知宁宗之不孝，尤倍于光宗。忠定其忍以此自待，忍以此待其君乎？宁宗之立，忠定处于不得已之势，无可曲全，而行非常之事。揆其所自，非事势之必然，留正为之耳。于斯时也，廷臣空国而逃，太学卷堂而噪，都人失志而惊。乃亦何尝至此哉？光宗绝父子之恩，诚不足以为人君，而以视唐玄武之戈，南宫之锢，犹为末减。以害言之，唐且无宗社之忧，而况于宋。方其时，外戚无吕、武之谋，支庶无七国、八王之衅；李氏虽逆，而无外援；杨舜卿、陈源虽奸，而无兵柄。徒以举国张皇，遂若有不能终日之势，迫忠定以计出于此，而忠定之心滋戚矣。

【译文】光宗退位，虽然说是把帝位禅让给宁宗，其实是被废黜。宁宗悖逆了亲生父亲的心意，这是他的不孝之罪；他急于从父亲那里夺取皇位，并且认为扶立自己即位的人有重大功劳，从而对其加以报答，这么做还有一丝一毫的天理人伦吗？宁宗因为感谢韩侂胄扶立自己，对他委以重任，赐给他难以计数的荣华与恩宠。人们都知道光宗不孝，却不知道宁宗的不孝更甚于光宗。赵汝愚能忍心面对这种事，忍心让光宗面对这种事吗？册立宁宗，是赵汝愚在迫不得已的形势下，没有办法周全才做出的非常之举。考察他这么做的原因，并不是事情的发展已经到了必须这么做的形势，而是留正把事情推到了这种形势。在这个时候，大臣都逃离四散，朝中无人可用，太学中的学生集体鼓噪，都城里的人民则都失去了主心骨，心中感到惊惧。那又是为什么发展到这一步的呢？光宗对孝宗断绝了父子恩情，诚然是不够资格作为百姓的君主了，但把他跟唐玄宗发动玄武门兵变、明景泰帝将英宗禁锢在南宫的做法相比，他所犯的还可以算是小的罪过。但以造成的危害而言，玄武门兵变并没有造成唐王朝宗庙社稷的覆灭，那么按理说，光宗的作为更不应造成宋王朝覆灭的危害呀！在那个时候，外戚中没有吕后、武后这类的阴谋家，宗室中没有七国之乱、八王之乱这样的反叛；皇后李氏虽然大逆不道，但并没有外援；朝中虽有杨舜卿、陈源这样的奸邪之人，但他们并没有手握兵权。白白地使举国上下张皇失措，一步步演化为好像日子没法过下去了的情势，从而迫使赵汝愚制定出这样非常的计策，赵汝愚的内心就更加悲戚了。

所冀者，宁宗而有人之心邪？婉顺以事父母，而消其嫌隙；抱愧以临臣民，而勤于补过；涂饰以盖君父之愆，隆恩以报孝宗之德。则宁宗可无疚于天人，忠定亦自安其夙夜。此之不务，施施然偑扳己者以为德[①]，奖废父者以为功，若夺拱璧于盗贼之手，而勒其勋劳于旗常以告天下。则忠定之生，不如其窜死，宋室之安，不如其濒危矣。何也？无君有君，而父子之伦必不可灭也。桀无道而汤代以兴，犹曰惭德。父为桀，子为汤，为之臣者，居割正之功以徼荣利[②]，是可无惭，则其违禽兽奚远哉！褚渊、沈约之所不敢为[③]，而为君子者忍之邪？夫忠定不欲以禽兽自处，不敢以禽兽处君，且不忍以禽兽处同事之劳人，厚之至也。顾不能以此言告人者，一出诸口，而宁宗即无以自容也。故曰心滋戚矣。

【注释】①施施（yí）然：形容走路缓慢从容或洋洋得意的样子，实为“迤迤然”之误。

②割正：犹虐政。

③褚渊（435—482）：字彦回，河南郡阳翟县（今河南省禹州市）人，南朝宋、齐宰相、外戚、南齐开国元勋，太常褚秀之之孙，左仆射褚湛之之子，宋文帝之婿，479年又助萧道成代宋称帝，即齐高帝。沈约（441—513）：字休文，吴兴郡武康县（今浙江省德清县）人。是南朝梁开国功臣，政治家、文学家、史学家，历仕宋、齐、梁三朝。

【译文】赵汝愚所希望的，是宁宗能够有常人之心吧？能够委婉孝顺地侍奉父母，逐渐消解彼此之间的嫌隙；怀着惭愧之心来面对臣民，勤于补救自己的过失；修饰掩盖父亲光宗犯下的过错，用隆重的恩情报答孝宗的恩德，如果宁宗能这样做，也是可以没有负疚地面对上天和子民的，那么赵汝愚也能每天安心了。可是宁宗却没有做这些事，而是颇为自得地把那些依附自己的人作为有德之人，奖励那些废黜父王扶立自己的人的功劳，这就像从盗贼手中夺得珍贵的美玉，并且把他们的功劳刻写在旗子上宣告天下。宁宗如此行事，那么赵汝愚活着，还不如被流放而死，宋王朝安宁，还不如濒临危亡了。为什么呢？不管国家有没有君主，父子间的人伦关系是一定不能灭亡的。夏桀无道，自然有商汤代之而起，而商汤这么做，还要自称德行有缺、心中惭愧。父亲是夏桀，儿子是商汤，给他们做臣子，那是以割剥之政作为自己的功绩求取荣华富贵，如果这样都不感到惭愧，那离禽兽还有多远呢？褚渊、沈约都不敢做这样的事，仁人君子能忍心做这样的事吗？赵汝愚不想使自己成为一个禽兽，也不想让君主成为禽兽，并且也不忍心使与自己一起行策立之事的同事成为禽兽，真是厚道之至。但他不能说出这样的话告诉人们，因为一旦说出口，宁宗就无地自容，所以他的心中充满了悲戚。

然则忠定之为相者，何也？曰：相非赏功之官也。忠定既决策造非常之举，扶危救弊，唯其任而不可辞也。光宗无释位之心，李后有骄横之力，嗣主童昏，奸回充塞，弗获已而引大任于躬，生死之不谋而又何多让焉！舍忠定而他求，为耆旧者则留正尔。时艰则逃之江上，事定则复立廷端，其不足以规正宫闱、詟服群小也[①]，久矣。正而可任也，亦何至倒行逆施以致有今日哉？其复起也，聊以备员而已矣。然则其朱子乎！忠定则已急引而晋之，与共图宗社矣。资序未及而进以渐，其常也，贤者之所可受也。拔之于俦伍③，跻之于上位，唯英主之独断，非大臣之自我而专之，抑贤者所必不受也。升居馆阁，以俟嗣己而兴，则亦唯己既相，而后志可伸也。利有所不徼，害有所不恤，嫌有所不避，怨有所不辞，昭昭然揭日月而行之，何足以议忠定哉！

【注释】①詟（zhé）服：使人畏惧、信服。

②俦伍：同类之人；同等之人。

【译文】那么赵汝愚当宰相又是作什么的呢？回答是：宰相不是行奖赏之功的官职。赵汝愚既然已经制定决策采取非常举动，用以挽救危险的形势和补救弊病，那么只有当仁不让地担任宰相之职。光宗没有放弃帝位的心意，李皇后又骄蛮凶悍，即将继位的君主还年幼昏昧，奸邪之人充满了朝廷，在这种情况下，迫不得已，赵汝愚只能亲自担任宰相的重要职任，这么做已经是将生死置之度外了，因此又何须推让呢！舍弃赵汝愚另寻他人担当这个大任的话，就只有身为年长旧臣的留正了。而留正在时势最艰难的时候逃离朝廷躲避到江上，等事情有定案了，又回来立在朝廷之中，这种所作所为，使他不足以纠正宫内的风气、震慑成群的小人，这已是长期以来明摆着的情况了。如果留正堪当大任，又怎么会使宫中这一系列倒行逆施的行为发展到今天这种境地呢？留正被重新起用，不过是姑且补充官员人数而已。然而是不是可以任用朱子呢？赵汝愚已经急切地召来朱子并加以提拔任用，跟他一起谋划国家大政了。但朱子的资历还不够，只能逐步加以提升，这是提拔官员的惯常做法，这么做也是贤人们所能接受的。从众多同侪中提拔官员，使之登上高位，只有英明的君主能够独自做出这样的决断，大臣是不能这样擅自专断的，贤人们也必然不接受大臣这样做。赵汝愚将朱子提拔到馆阁的职位，等着他继承自己的位置而施展作为，也只有当他自己已经居于宰相的位子之后，他的这种志向才可以伸展。赵汝愚的作为，对于于己有利之处有所不求，对于于己有害之处有所不顾，对于嫌疑有所不避，对于怨恨有所不辞，他的所作所为光明正大如天上太阳和月亮，人们又哪里能够指责他呢？

二小人蛊君以害善类，所患无辞，而为之名曰“朋党”，则以钳网天下而有余。汉、唐以降，人亡邦瘁，皆此之繇也。而宋之季世，则尤有异焉，更名之曰“道学”。道学者，非恶声也。揭以为名，不足以为罪。乃知其不类之甚，而又为之名曰“伪学”。言伪者，非其本心也。其同类之相语以相消者，固曰道学，不言伪也。以道学为名而杀士，刘德秀、京镗、何澹、胡纮等成之[①]，韩侂胄尸之，而实不自此始也。高宗之世，已有请禁程氏学者。迨及孝宗，谢廓然以程氏与王安石并论[②]，请禁以其说取士。自是而后，浸淫以及于侂胄，乃加以削夺窜殛之法。盖数十年蕴隆必泄之毒，非德秀等突起而遽能然也。

【注释】①刘德秀、京镗、何澹、胡纮：韩侂胄当权时，与赵汝愚不和，图谋排斥赵汝愚，先后启用此四人等，将赵汝愚、朱熹一派及其同情者定为“逆党”，开列“伪学逆党”党籍，以“伪学”之名打击士人。

②谢廓然：字开之，临海人，以其父谢升俊余荫补官。孝宗淳熙四年（1177年）赐进士出身，除殿中侍御史。七年（1180年）五月由刑部尚书除签书枢密院事，八年（1181年）八月自权参知政事除同知枢密院事，九月复兼权参知政事，九年（1182年）因病致仕。

【译文】小人想要蛊惑君主来残害正人君子，只怕找不到理由，于是找了一个“朋党”的罪名，用这个罪名就把全天下的正人君子给钳制了。汉、唐以后，人才的消逝和国家的衰败，都是因此而造成的。而宋代末年更有不同之处，那就是将“朋党”之名改为“道学”。“道学”并不是很坏的名声。把“道学”拎出来作为一个名称，还不足以构成罪名。由此可知这个名称非常不伦不类，而小人们更进一步把“道学”称为“伪学”。之所以称为“伪”，是指其并非出自真心。那些同是学习儒学的人在谈话中相互攻击时，当然还是互指为“道学”，而不直接指责为“伪学”。用“道学”为名义杀害士人，是刘德秀、京镗、何澹、胡纮等人所为之事，韩侂胄则是其中的主事者。但实际上，这样的行事并不是由他们这些人开始的。早在宋高宗的时候，已经有人奏请禁止程氏之学。等到孝宗的时候，谢廓然把程氏与王安石相提并论，奏请在科举考试中禁止以他们的学说取士。自此以后，这种思潮逐渐演进，到韩侂胄时，又加之以削夺官职、流放、殛杀等刑法。大致说来，这是数十年积聚起来的毒素，早晚必定会发泄出来，并不是刘德秀等人突然兴起就很快能做到这样的。

夫人各有心，不相为谋。诸君子无伤于物，而举国之狂猘如此[①]。波流所届，乃至近世，江陵踵其戾气，奄党袭其炎威也[②]，又如此。察其所以蛊惑天下而售其恶者，非强辨有力者莫能也。则为之倡者谁邪？揆厥所繇，而苏轼兄弟之恶，恶于向魋久矣[③]。

【注释】①猘（yín）：拟声，狗叫声，此处指对人的不友好言论。

②奄党：以宦官为主结成的帮派。奄，也写作“阉”。此指以魏忠贤

为首的宦官集团。

③魋（tuí）：用同“颓”，恶劣。

【译文】人行事各有自己的心思，如果想法不一样是不会在一起共谋的。被称为“道学”的各位君子对外物并没有造成伤害，但举国上下的人却这样疯狂攻击他们。影响所及，直到近年，张居正继承这种狠戾之气，魏忠贤一派的宦官众人继承那种如火焰一般的威猛之势，又形成了近年以来的这种形势。要审查这种做法之所以能蛊惑天下从而使奸人得逞的原因，没有强大的思辨能力是做不到的，那么是谁最先提出这种罪名的呢？考察它的源头，就可追溯到苏氏兄弟所作的恶，这种恶朝着败坏的方向发展，已经持续很久了。

君子之学，其为道也，律己虽严，不无利用安身之益；莅物虽正，自有和平温厚之休。小人之倾妒，亦但求异于国事之从违，而无与于退居之诵说。亦何至标以为名，惑君臣朝野而共相排摈哉[①]？盖君子之以正人心、端风尚，有所必不为者。淫声冶色之必远也，苞苴贿赂之必拒也[②]，剧饮狂歌之必绝也，诙谐调笑之必不屑也，六博投琼[③]、流连昼夜之必不容也，缁黄游客[④]、嬉谈面谀之必不受也。凡此者，皆不肖者所耽，而求以自恣者也。徒以一厕士流，而名义相束，君子又从而饬之，苟逾其闲，则进不能获令誉于当官，退抑不能以先生长者自居于士类。狂心思逞，不敢自遂，引领而望曰：谁能解我之桎梏，以两得于显名厚实之通轨哉？而轼兄弟乘此以兴矣。

【注释】①排摈：排斥、摈弃。

②苞苴（bāo jū）：指馈赠的礼物。

③六博：又作陆博，是中国古代民间一种掷采行棋的博戏类游戏，因使用六根博箸所以称为六博，以吃子为胜。

④缁黄：指僧道。僧人著缁服，道士戴黄冠，故以“缁黄”代称。

【译文】君子的学问，它遵循的道是虽然严于律己，但也有可以用来安身立命的益处；对待外物虽然很正直，但又包含和平温厚的美德。小人对君子的倾轧和妒忌，也只是在对国家大事的分歧上寻找不同，而不会涉及公事之外日常生活中的治学方面。又何至于用一个专门的名称指称君子日常的治学，以此蛊惑君主大臣和朝野大众一起来排斥君子呢？这大概是因为君子既然要用他们的学说端正人心和社会风气，有些事就必定不会去做。君子必然要远离荒淫的音乐和妖冶的美色，必然要拒绝贿赂贪污，必然要断绝过量饮酒和疯狂的歌舞之乐，必然不屑于诙谐玩笑，必然不能容忍掷骰子赌博和日夜玩乐，必然不领受僧人道士和闲游之客的嬉笑谈说、当面奉承。凡是这些事，都是不肖之人所沉迷的，他们热衷于做这些事从而放纵自己的欲望。这种人一旦跻身士人行列，就不得不受到士人名义的约束，君子奉行这些名义从而对他们加以诫饬，使他们一旦逾越了这些规范，就会欲进而不能在任上获得好名声，欲退也不能在士人中以先生长者自居。他们张狂的内心亟欲得到释放，却又不能直接彰显出来，使自己遂心如愿，于是伸长脖子盼望：“谁能解除我的这些桎梏，能让我得到一条在显耀的名声和丰厚的实利两者之间贯通的道路啊？”而苏轼兄弟的学说就顺应他们的这种想法而兴起了。

自其父洵以小有才而游丹铅之垒[①]，弋韩愈之章程，即曰吾韩愈也；窃孟子之枝叶，即曰吾孟子也。轼兄弟益之以氾记之博，饰之以巧慧之才，浮游于六艺，沉湎于异端，倡为之说曰："率吾性，即道也；任吾情，即性也。"引秦观、李廌无行之少年为之羽翼[②]，杂浮屠黄冠近似之卮言为之谈助[③]；左妖童，右游妓，猖狂于花月之下。而测大易之旨，掠论语之肤，以性命之影迹，治道之偏端，文其耽酒嗜色、佚游宴乐之私。轩然曰："此君子之直道而行者也。彼言法言、服法服、行法行者，皆伪也。"伪之名自此而生矣。于是苟简卑陋之士，以为是释我之缚而游于浩荡之宇者。欲以之遂，而理即以之得；利以之享，而名即以之成；唯人之意欲，而出可为贤臣，处可为师儒，人皆仲尼，而世皆乐利。则褰裳以从，若将不及，一呼百集，群起以攻君子如仇雠，斥道学如盗贼，无所惮而不为矣。

【注释】①丹铅：出自《秋怀诗》，指点勘书籍用的朱砂和铅粉，此处指书籍。

②秦观（1049—1100）：字少游，号淮海居士，今江苏省高邮市三垛镇少游村人。北宋婉约派词人。少从苏轼游，以诗见赏于王安石。善诗赋策论，与黄庭坚、晁补之、张耒合称"苏门四学士"。李廌（zhì 1059—1109）：北宋文学家。字方叔，号齐南先生、太华逸民。汉族，今陕西华县人。6岁而孤，能发奋自学。少以文为苏轼所知，誉之为有"万人敌"之才，由此成为"苏门六君子"之一。文章喜论古今治乱，辨而中理。

③卮言：亦作"巵言"。意为自然随意之言或支离而无统绪或随人妄言，后人常用于对自己著作的谦词。

【译文】自从苏轼的父亲苏洵凭借小有才能而畅游于书籍学问

之事，他能够切中韩愈提倡的为文之法，于是就将韩愈的名声加在自己身上；又窃取了孟子学说中的一些枝叶，于是又将孟子的名声加在自己身上。苏轼兄弟则更加博学强记，又有着精巧聪慧的才能，善于自我修饰，他们凭借这些才能在六艺的学问中畅游，沉湎于正统儒学之外的异端学说，并且为自己的所作所为提出一种说法："顺从我的天性，这就是道；依从我的情感，这就是性。"他们又带领秦观、李廌这些素行不够端正的少年作为自己的党羽，混杂佛家、道家中与儒家近似的话语作为高谈阔论的辅助；左拥妖冶的童子，右携游玩的歌妓，在花前月下猖狂地玩乐。又妄自揣测《周易》的意旨，篡用《论语》的言辞，用性命学说的影迹和治国之道中那些偏离中道的义理，来文饰自己沉迷酒色、放纵宴游玩乐的私心。还公然说："我这是在践行君子正道直行的行为方式。那些说着正统言论、穿着正统服饰、做着正统行为的人，都是虚伪的。""伪"的名称就是从这里产生的。于是那些苟且浅薄卑鄙粗陋的士人，就把苏轼作为能够为他们解脱束缚，使他们得以在全世界纵情游玩乐的人。他们的欲望因此达成，这种道理也因此而得到认同；利益因此得以亨通，名声也因此得以成就；只要顺着自己的意愿和欲望，出仕就可以成为贤臣，退处则可以成为师长儒者，人人都可以成为仲尼，而世人都会因此而快乐获利。于是人们纷纷提起衣襟跟从，像是害怕赶不及一样，一人发出呼喊就有百人响应，纷纷起来像对待自己仇恨的人一样攻击正统的君子，把道学贬斥为盗贼一样的存在，心中无所敬畏，什么事都敢做。

故谢廓然之倡之也，以程氏与安石并论，则其所推戴者可知矣。视伊川如安石者，轼也。廓然曰："士当信道自守，以六经为学，以孔、孟为师。”夫轼亦窃六经而倚孔、孟为藏身之窟。乃以进狭邪之狎客为入室之英，逞北里之淫词为传心之典[①]；曰“此诚也，非是则伪也”。抑为钩距之深文[②]，谑浪之飞语，摇闇君以逞其戈矛，流滥之极，数百年而不息。轼兄弟之恶，夫岂在共、欢下哉？姑不念其狐媚以诱天下后世之悦己者，乃至裁巾割肉，东坡巾，东坡肉。争庖人缝人之长，辱人贱行之至此极乎！眉山之学不熄，君子之道不伸，祸讫于人伦，败贻于家国，禁讲说，毁书院，不旋踵而中国沦亡，人胥相食。呜呼！谁与卫道而除邪慝，火其书以救仅存之人纪者？不然，亦将安所届哉！

【注释】①北里：唐时长安的平康里，当时是妓女的聚居之地，因地处城北，所以也称北里，故“北里”即妓院代称。

②钩距：亦作“钩拒”，是古代的一种兵器，因兵器是用来防御和进攻的，所以又引申为对对手进行攻击与防御。

【译文】所以就有谢廓然提倡三苏之学，他将程氏兄弟和王安石相提并论，那么他所推重的人就可以知道了。因为将程伊川跟王安石相提并论的人，就是苏轼。谢廓然说：“士人应当相信大道并自我坚守，研习《六经》的学问，以孔子、孟子作为自己的老师。”这跟苏轼一样，也是窃取《六经》的学问，依赖孔、孟之名作为自己藏身的洞窟。于是就引荐狭隘奸邪的狎亵之客作为登堂入室的英才，放纵他们把粗俗淫荡的歌词作为儒家学说的心法要典，还声称“这就是诚，不这样就是伪。”他们还创作攻击和抵御对手的周密文章，书写戏谑放浪的轻佻文字，以此动摇昏庸的君主来使自己的主张得逞，其流播造成的影响恶劣到极点，经过数百年还没有消歇。苏轼兄弟的恶，难道在共工、欢兜之下吗？姑且不论他们用狐媚的文笔引诱天下和后世人喜欢他们的文章，就说他们裁布制作头巾、割肉制作菜肴的事，什么东坡巾、东坡肉，这是士大夫与庖厨和缝纫匠争短长，这种令人感到羞辱的低贱行为真是到了极点啊！苏氏的眉山之学不灭绝，君子之道就不能得到伸张，造成的灾祸波及人伦，甚至会使国家败亡，禁止君子讲说正统学问，禁毁书院，这样下去，不等人转个身的功夫，中国就要灭亡了，人们就要开始相互吃人了。呜呼！谁来与我一道保卫正道而消除邪恶，烧了他们的书来挽救人间的纲纪呢？不这样做的话，又将发展到什么地步呢！

三

孝宗升祔[1]，赵丞相议祧僖、宣二祖，毁其庙，朱子力争以为非。繇此观之，朱子之讲祭法也，不用汉儒之说，刻画周制，禁后王之损益，多矣。

【注释】①升祔（fù）：是指升入祖庙附祭于先祖。

【译文】把孝宗的牌位放进祖庙时，赵汝愚身为丞相与群臣商议供奉僖祖、宣祖牌位的事情，最后决定撤毁僖祖、宣祖的庙室，另外建庙来供奉他们，朱熹极力争论这样做是错的。由此看来，朱子对《礼记·祭法》的讲说，并没有采用汉儒的说法，而是仿效周代的制度，禁止后世帝王对祖庙的设置进行撤毁或增益，他的这种说法多有可取。

汉儒之言周制，周固未尽然也。说周制者曰："天子七庙，太祖一也，文、武二世室，三也，自祢至高祖，四世而已。递祔递祧，高祖以上，则撤榱桷更新之[1]。”抑考周公定礼之日，武王已升祔矣，上至太王，四世已讫。而云“上祀先公，自组绀以上至于公刘[2]”。则与“坛墠无祷乃止[3]、去墠为鬼”之说，显相背戾。故六经之文不言毁庙，周公之遗典，孔、孟之追述，未有异也。言毁庙者，汉儒始之。郑玄、王肃互相竞诤[4]，或七或九，或云藏之祖庙，或云瘗之阶闲[5]。洵使其然，后王尚可损益；况其不然，何为安忍哉？

【注释】①桷（jué）：方形的椽子。

②公刘：姬鞠之子，在位时迁都于豳（今陕西枸邑县），古代周部落的杰出首领，圈养家猪、发明御面、窑洞之祖、创建周礼。

③坛墠（tán shàn）：古代祭祀的场所。

④郑玄：中国东汉著名经学家，字康成，今山东高密西人。著述大抵以古文经学为宗，兼采今文经说，意主博通，是汉代经学集大成者。王肃（464—501）：字恭懿，琅邪郡临沂县（今山东省临沂市）人。北魏时期名臣、儒家学者、经学家。遍注群经，整理注释了《孔子家语》，借助政治上的优势地位，将其学说立为“官学”，其所注经学在历史上被称为“王学”，与郑玄所代表的“郑学”长期分庭抗礼。

⑤瘗（yì）：掩埋，埋葬；埋物祭地。

【译文】汉儒议论谈说周代的制度，周代的制度固然不是尽善尽美的。而汉代论说周代制度的人是这么说的：“依照周礼，天子设立七座祖庙，其中太祖一座，文王、武王两代各一座，合起来是三座庙。现在从先君上溯至高祖，不过四代而已。先君之后，再为后世君主相继建庙并移入他们的牌位，而高祖以上的庙就陆续撤掉，从而腾出空间为后来的帝王建庙。”他们又对周公制定周礼的时日进行了考察：当时武王的牌位已经升入祖庙受到供奉与祭祀，向上追溯到太王，武王继承了太王、王季、文王开创的基业，至此已经终结了四代。他们又论说道："周朝向上祭祀先君，从组绀往上一直祭祀到公刘"，然而这与《礼记·祭法》中"祭祀之所无人前去祈祷就将其撤除掉，被撤掉祭祀场所的就成为鬼"的说法是明显相悖的。所以《六经》中没有谈说毁除祖庙的事，这在周公流传下来的典籍和孔、孟的追述中，都是一样的。可见谈说毁掉祖庙，就是从汉儒开始的。汉儒中的郑玄、王肃两派互相争论，由此提出了多种说法，有的说设七座祖庙，有的说设九座祖庙，有的说要把更早先祖的祭祀牌位放在祖庙里面，有的则说要将其放在台阶之间。倘若真是这样的话，那么后代帝王尚且可以对祖先宗庙进行撤毁或增益，但实际情况并不是这样，那赵汝愚怎能安心并忍心撤掉祖先的宗庙呢？

古之有天下而事其先者，必推其所自出，立太祖之庙，非漫然也。古之天子，自诸侯而陟。其上世以元德显功，既启土受封而有社稷之事矣。则或守侯服，或膺大位，屈伸之闲，其为君一也。有天下而非骤享其荣，失天下而不终绝其食。则自太祖以后，世守其祀，绵延不绝，情以相引而升，理以相沿而格。而闲其中，断其续，则四世之祖上承太祖，亦辽阔而不相为绍[①]。亘塞陵躐[②]，精气不联，其所以事太祖者，亦苍茫恍忽而不信之以心矣。若曰"继世之君，虽承大位，而德不足以享无涯之位"，则子孙之事其先，唯所评骘[③]，而生我之德，不足以当一献之恩，固非人心之所忍自信也。况乎近者非无失德，远者或有累仁，固未可芟夷先世之休光，置若行路矣。且其言曰："坛墠有祷则祭，无祷则止。”祷而能庇佑及我者，必其精爽之在希微，固有存焉者也。精爽未亡，待有祷而后谄之，山川土木之神且将厌恶，而况一本相嗣，子孙之于先祖乎？

【注释】①绍：接续；继承。

②陵躐：超越等次。

③评骘（zhì）：评定，评价。

【译文】古代统治天下而侍奉祖先的人，必然推重自己的家族出身，为太祖建立宗庙，这绝不是漫不经心的事。古代的天子，是从诸侯上升而来的。他的先辈因为有大德和显著的功勋，才获得封地，从而有了宗庙社稷之事。那么他或是守着先辈留下的诸侯爵位，或是升任君主的大位，他在做诸侯和做君主之间屈伸，所行的君子之道是一致的。在他掌有天下的时候，不会纵情挥霍与享受作为君主的荣华，纵使失去天下，也不至于断绝自己作为诸侯的食禄。那么从太祖之后的历代帝王，应该世代守护家族的祭祀，使之绵延不断，在情感上前后相引，从而加深后代对祖先的情感，在道理上前后沿袭，使之形成一定的制度。而一旦这种世代沿袭中有了间隔，传续被中断，就只知道从自己向上数的四代祖先，对于更早祖先以至太祖的世系传承情况，就变得遥远、陌生而不能承继了。世系传承的脉络出现中断和陵越，就会使家族气脉的传承不能前后相连，用这种方式事奉太祖，就会对自己的家族出身产生苍茫恍惚之感，从而失去信心。如果说“继承世系的君主虽然承继了帝位，但他的德行不足以享有永远传承的帝位”，那么子孙奉事祖先时就会随意评判，认为祖先生下我的恩德，还抵不上我祭祀祖先一次的恩情，这本就不是人所忍心相信的事情。更何况近世的祖先并非没有过失，遥远世代的祖先或许不乏仁德之君，他虽然并不认为遥远世代祖先的仁德可以被近世祖先的过失完全抹杀掉，但也已经将其丢弃在路旁了。而且周礼中有这样的说法：“祖先的祭祀之所，有人前去祈祷就祭祀，没有人前去祈祷就停止祭祀。”如果是祈祷了才能庇护我的祖先，他们的精魂必定存于幽微之中，本来就在一定的地方。既然他们的精魂没有消亡，却等着人祈祷之后才向人献媚，山川土地树木的神灵都会厌恶这种行为，何况从一个祖先延续下来的后世子孙，他们不会厌恶祖先这样的行为吗？

又其说曰：“诚之所至，祭乃可通。五世以上，生不相及，情不相慕，虽仁人孝子居崇高之位，度其精意不能昭格[①]，无事以虚文为致孝。”此抑非也。情文之互相生起也，久矣。情生文者文为轻，文生情者文为重。思慕笃而祭行焉，情生文者也；思慕易忘，而因昭格之顷，感其洞洞属属之心[②]，以思成而不忍斁，文生情者也。故禘所自出之帝，祖其始封之君，思慕不逮，而洋洋如在者，百世如旦夕焉。祭之为用大矣！而恶可以情所不逮，遂弃其文邪？且夫继世之君，非必有聿追之忱矣。中材之主，知有祢而不知有祖；其在下愚，则方在殡而情已睽[③]。其抑将并虞祔之祭[④]，问其情之奚若而后行乎？天子之祀，靡所不通，名山大川百神之享，身未履其域，心未谙其实，遥闻以耳，因循以旧，柴、禜[⑤]、沈、狸，未尝废也。奚徒其祖而以远不相知澹忘若非有也？

【注释】①昭格：将祭祀的心意传达给天神，使之知晓。

②洞洞属属：形容恭敬谨慎的样子。

③睽：分离，疏远。

④虞祔：虞祭与祔祭。虞，为葬后之祭。祔，为合于先祖庙之祭。

⑤禜：古代一种祈求神灵消除灾祸的祭祀。

【译文】汉儒又有一种说法："诚意到达了，祭祀的心意才能感通神灵。对于五代以上的祖先，其在世时子孙没见过他们，所以对他们没有孺慕之情，那么即使是仁人孝子身处崇高的皇帝之位，估计他祭祀时的心意也不能达到五代以上的祖先神灵那里，所以就不用虚伪的祭礼表达孝顺了。"这个说法也不对。感情与礼仪是相互依存而产生的，长久以来都是这样。由情感生发出来的礼仪，礼仪比感情的分量轻；从礼仪中生发出来的情感，礼仪比感情的分量重。真心实意地思慕祖先而举行祭祀，这是由情感生发出礼仪；很容易忘记思慕祖先这回事，而在行祭礼的短暂时间内向祖先传达敬意，进而感发出对祖先的敬畏之情，这种由思索形成的情感也是不忍心让它败坏的，这就是从礼仪中生发感情。因此，要对自己出身家族的先祖进行神祭，对最初被封为诸侯的先君进行祭祀，即使对他们的追思孺慕之情不如祀礼隆重，也要像他们全都在场一样，即使祭祀的先祖先君与祭祀人之间隔了一百代，也要像只隔了一天一样。祭祀的作用是很大的啊！怎么可以因为感情不及祭礼隆重就放弃祭礼呢？况且继承世系的君主，本来不一定有追思祖先的诚意。中等才能的君主，只知道有父亲而不知道有先祖；下等的愚君，父亲尚在出殡之时，跟父亲的感情就已经疏远了。对于这种人，在举行虞、祔等祭祀之礼时，能先询问他们的感情是怎样的然后再举行祭礼吗？天子的祭祀，没有不能使自己内心与神灵通达的情况，对于名山大川各种神灵的祭祀，天子自身即使没有亲自到达那里，内心也并不熟知当地的实情，只是远远听说了一些相关情况，但还是因循旧的礼仪制度，举办柴、禜、沈、狸等名目繁多的祭祀礼仪，而没有把这些都废除掉。为什么唯独对于他的祖先，因为世代久远不相熟悉，就逐渐淡忘，好像没有这些祖先一样呢？

三代以降，与子法立，亲亲之道，尚于尊贤，上以事其先祖，下以传其子孙，仁至而义行焉，一也。自身以下，传之子，传之孙，传之曾玄以放，神器攸归，无所限止。徒于其祖，远而斥之坛墠，横于四世以上、太祖以下，为之割绝。何其爱子孙者无已，而敬祖考者易穷？度及此，能勿惨怛于中乎[①]？呜呼！一代之兴，传至五世七世，祚运已将衰矣，百年内外，且有灭亡之忧。一旦天不佑而人不归，宗庙鞠为茂草，子孙夷乎舆皂[②]，陌纸杯浆[③]，无复有过陵园而洒涕者。乃此国步尚康之日，惜锱铢之牲帛，惮一日之骏奔，倡为以义裁恩之说，登屋椓削[④]，弃主土壤，不待仁人孝子而可为寒心者矣！

【注释】①惨怛：悲痛忧伤。

②舆皂：古代十等人中两个低微等级的名称。

③陌纸：指纸钱。陌，通“佰”。

④椓削：拆毁房屋建筑。椓，敲。见《说文解字》：“椓，击也。从木，豖声。”

【译文】夏、商、周三代以后，传位给儿子的皇位继承制度确立起来，亲近亲人在道义上高于尊敬贤人，这道理向上用来事奉祖先，向下用来传位给子孙，由此既施行了仁也践行了义，使仁义得以统一起来。从自己以下，传位给儿子，传位给孙子，传给曾孙玄孙等，使帝位归于自己的子孙，这样一直传承下去。可后世子孙对于自己的祖先，感情疏远而将其从祭坛上排斥开，从四世祖以上到太祖以下，将这之间的世系传承横加截断，为何祖先对子孙的爱护没有止限，子孙对祖先的敬重却这样容易穷尽呢？想到这儿，能不令人心中感到悲惨难过吗？呜呼！一个朝代兴起，传到第五代、第七代左右，国运就已经快要衰败了，传到一百年左右，又面临灭亡的忧患。一旦上天不再庇佑、人心不再归顺，宗庙的承继就走向穷尽，昔日祭祀之所变成长满杂草的废墟，子孙变成低等的奴仆，不再有人路过陵园来烧一沓纸钱、敬一杯酒，洒一把眼泪了。在国家尚且安宁强大的时候，却吝惜一点点微不足道的祭品，害怕拿出一天时间到祖先宗庙中祭祀，还说这是根据道义削减对先祖的恩情，登上宗庙的屋顶拆毁梁柱，把祖先牌位丢弃在泥土之中，不用身为仁人孝子，都会为此感到寒心了！

汉儒之丛喙以争，言祧言毁，奉一若信若疑之周制，割人心不忍背之恩，固君子所抚心推类而恶闻其说者也。汉高之祀，止于太上皇，或其先世之弗传也；光武之亲庙，止于四世，以其承汉之大宗也；抑叔孙通、曹褒保残守陋[①]，不即人心，而以天下俭其亲也。恶足以为万世法哉？四世以上，相承而绍统者，为祖祢之所自出，则亲无与尚矣；保世滋大，以君万邦，则尊无与尚矣。亲至而不可谖[②]，尊至而不可诎，曾不得与井灶之神、猫虎之魃[③]、历百世而享一朝之报乎？稽之圣训，未有明文，周道亲亲，其不然也必矣。

【注释】①叔孙通：叔孙通，《楚汉春秋》作“叔孙何”，薛县人（今山东省枣庄市官桥镇），被秦二世封为博士。汉王刘邦统一天下后，为汉王制定朝仪，曾劝阻刘邦收回废太子的想法。汉惠帝即位后，用他制定了宗庙仪法及其他多种仪法。司马迁尊其为汉家儒宗。曹褒（？—166）：沛国谯县（今安徽亳州）人，官至颍川太守。慕叔孙通为汉礼仪，昼夜研精，褒博物识古，为儒家一代宗师。

②谖：忘记。

③魅：同魅，即魑魅，中国古代神话传说中山泽的鬼怪。另据传，魅是建宁府传说中古旧器物所变的精怪，会在夜里压住人，吸人的血。

【译文】汉代儒者争议纷纷，有的说应该将列代祖先的牌位都请进祖庙加以祭祀，有的说应该将一些祖先的庙撤毁，而他们声称自己尊奉的是同一种周代制度，这就使人们感觉周代制度是令人若信若疑的存在。割舍人心所不忍背弃的恩情，君子根据自己内心的情感以类相推，本来就不喜欢听闻这种说法。汉高祖的祭祀，向上只祭到他的父亲太上皇，这也许是因为他的祖先世系没有保存下来；汉光武帝的宗庙，只供奉了四代祖先，因为他承继的是汉王朝刘氏家族的大宗；汉代制定礼仪制度的叔孙通、曹褒等人却抱残守缺、不体察人心，让天下人在祭祀祖先的事情上过分节俭，这怎能足以成为后世万代效法的制度呢？距离自己四代以上，相互接续继承帝位的，也都是先祖的传人，在亲情上就没有比这更亲的人了；保有天下使之逐渐壮大，君临天下，在尊贵上也没有比他们更高的了。亲到极点而不可忘记，尊贵到极点而不可压低，他们竟然不能与家里的井神、灶神，还有那些猫精虎怪一起，历经百代仍然享受一个早晨的祭祀吗？考察圣人的告诫，并没有明文说不能祭祀历代的祖先，周王朝所尊奉的是亲近自己亲人的道，它必然不会允许这样做。

天子有禘[①]，诸侯有祫[②]，大夫士有馈食[③]，庶人有荐[④]，降杀因乎其分，而积累弗绝者，因乎其情。则后世无毁庙，而同堂异室，以俭而可久；顺人情，合天理，圣人复起，当无以易也。朱子之欲复斯世于三代，言之详矣。独于祧庙之说，因时而立义，诚见其不忍祧也。则后之言礼者，又胡忍以喋喋辩言，导人主以薄恩邪？

【注释】①禘：古代帝王或诸侯在始祖庙里对祖先的盛大祭祀。

②祫（xiá）：古时在太庙中合祭祖先。

③馈食：献熟食。古代的天子诸侯每月朔朝庙的一种祭礼。

④荐：献、祭。这里指以初熟谷物或时鲜果物祭献。

【译文】天子有禘祭，诸侯有祫祭，大夫士有馈食之祭，庶人有荐献之祭，人们虽然会随着身份等级降低祭祀礼仪的等级，但对历代先祖的祭祀却没有断绝的时候，这是顺乎人情的结果。所以后世没有毁庙的制度，人们把历代祖先的牌位放在同一祭堂的不同祭室里，是为了节俭一些，从而可以长久地祭祀下去；这样做顺应人情，合乎天理，即便圣人再次降生于世间，应该也不会改变这种制度。朱子想在当时恢复夏商周三代的制度，他说得很详细了。只是对于把历代祖先的牌位放进祖庙这项争论，他根据时代不同提出了自己的主张，从他的主张也确实能看出他不忍心把历代祖先的牌位排斥在祖庙之外。那么后来讨论礼制的人，又怎么忍心喋喋不休地争论，引导君主削弱对祖先的恩情呢？

四

韩侂胄立“伪学”之禁，以空善类，其必不两立者，留、赵二相，其次则朱子也。蔡季通隐处论学[1]，未尝持清议以讥朝政，未尝作词章以斥权奸，其于侂胄远矣。乃朱子虽罢，犹得优游林泉，为学者师。而季通独婴重罚，窜死遐方，且为之罪名，“伪”不足以尽之，而斥之曰“妖”。夫真与伪，难诬者心，而可倒者言也。真者伪其所伪，伪者伪其所真，相报以相诬，而名亦可立。今所讲者日用彝伦之事，而题之曰“妖”，虽佞人之口给，其能无据而恣其狂词哉？盖季通亦有以取之，而朱子于此，亦不能无惑矣。

【注释】①蔡季通（1135—1198）：名元定，学者称“西山先生”，建宁府建阳县（今属福建）人，蔡发之子。南宋著名理学家、律吕学家、堪舆学家，师事朱熹，熹视为讲友，朱熹理学的主要创建者之一，被誉为“朱门领袖”。

【译文】韩侂胄通过建立“伪学”之禁，将良善的正人君子扫除干净，与他势不两立的人，有留正、赵汝愚两位宰相，其次是朱子。蔡季通隐居起来论学，并没有发表清议讥讽朝政，也没有撰写文章斥责掌权的奸人，他与韩侂胄之间的距离是很远的。朱子虽然被罢官，还能在山野林泉之间优游，做学者们的老师。却唯独蔡季通触犯了严重的刑罚，被流放到偏远地方死去，而且加在他身上的罪名，“伪”还不足以表达他的罪过，更进一步将他斥责为“妖”。说到真与伪，虽然人的内心并不能轻易被污蔑打倒，但那些构陷的言论却可以让他倒下。坚守真实的人把假的说成假的，内心伪诈的人却把真的也说成假的，他们彼此之间相互指责、诬告，在这种对立中，“伪学”的名称建立起来。蔡季通所讲的都是我们日常生活中的伦常之道，却被人构陷为“妖”，虽然奸佞之人善于强词夺理，但他们能完全没有根据地恣意狂言吗？大概蔡季通也有过失让对方抓住，而朱子在这些事情上，也有他没能想明白的地方吧。

侂胄之深怨朱子者，以争殡宫故也。当是时，侂胄勤劳方著，恶迹未彰，即欲防其奸而斥远之，亦无可施其宪典。唯殡宫一议，足以倾动宫府，置诸不赦之罪。王孝先以加诸丁谓而俯首以死海滨者，此而已矣。今朱子之言曰：“不为宗社血食久远之计。”侂胄之夺魄寒心，与朱子不并立之势成矣。朱子既以此为侂胄罪，而抑请广询术人以求吉地。其所欲询者谁也？蔡神与以葬师为世业[①]，季通传其家学，而参之理数以精其说，推崇邵氏，以与濂、雒相抗[②]；是季通者，儒之淫于小道，而为术人之领袖者也。殡宫之吉否，朱子未能知之，而季通自谓知之；朱子即知，而亦以季通之术知之。然则其云术人者，盖有季通之徒，挟术思售，而季通隐主其取舍也。礼曰：“假于时日卜筮以惑民者杀。”则挟指天画地之说，以挠仁人孝子之心者，谓之曰“妖”，亦奚不可哉？此季通所以授小人以名，而使戕士类，诚有以致之。故早自知其不免于祸，诚哉其不可免也。

【注释】①蔡神与：蔡季通之父，风水先生。

②濂、雒：周敦颐的濂学、二程的洛学。

【译文】韩侂胄之所以深为怨恨朱子，是因为朱子跟他争论殡宫的事情。在当时，韩侂胄正立有卓著的功绩，奸恶的行迹还没暴露出来，就算想防备他的奸邪而斥责他，使他与皇帝不能亲近，也还没有可以借助的制度或律法。只有在议论殡宫这件事上，是足以震动宫廷和官府，从而给他加上不能赦免的罪名的。王孝先加罪名给丁谓，使其低头认罪进而被流放到海滨死去，就是在这件事情上。如今朱子说韩侂胄在殡宫问题上“不为国家的存续作长久考虑”，这种严厉的说辞令韩侂胄丧魂失魄、心惊胆寒，由此，他与朱子之间就形成了势不两立的形势。朱子指出韩侂胄的罪过之后，又提请广泛咨询术数家的意见，以寻找建立孝宗陵墓的风水宝地。那么他想要咨询的术数家是谁呢？蔡神与世代以风水师为业，蔡季通传承了他的家学，又从术数、义理的角度进行参悟，从而使自己的学说更为精到，他推崇北宋初年邵雍的学说，以此与周敦颐和程氏兄弟的学说相对抗；由此可见蔡季通这个人是偏执小道的儒者，同时也是术数家中的领袖人物。殡宫的吉利与否，朱子不能知晓，而蔡季通自称知晓；朱子即使知晓，也是靠蔡季通的术数知晓的。那么朱子所说的术数家，应当就是蔡季通这一类人，拿着术数向人兜售，而蔡季通在暗中主持了殡宫地点的取舍。《礼》书中说：“借用天时、日期卜筮，以此迷惑百姓的人要杀掉。”那么蔡季通这样的人，怀揣指天画地的学说扰乱仁人孝子之心，称他为“妖”又有什么不可以的呢？这是蔡季通让小人抓住了攻击自己的罪名，从而使他们残害士人，这祸事实在是他自己招来的。所以他自己很早就知道自己不能免于灾祸，后来的事实也确实如他所料。

呜呼！学君子之学，使小人得加以恶名而不能辞，修遁世无闷之德，而情移于吉凶，覆以与凶相触而危其身。处乱世之末流，正学衰，邪说逞，流俗之好尚易以移人。苟欲立于无过之地，履坦道以守贞者，可亵其身心以殉游食者之言，而自罹于咎哉？

【译文】呜呼！学习君子的学问，却让小人给自己加上了恶名，还不能推掉，修行隐遁于世而能怡然自得的德行，将喜好转移到判断事情的吉凶上，又因此遭遇大凶而危及性命。身处混乱衰颓的世道，正统学问衰落而邪说得逞，流于世俗的喜好与推尚容易改变人心。如果想立于没有过失的境地，走在平坦的大道上坚守正义，那么可以亵渎自己的身心来给那些四处游荡谋食之人的言论殉葬，进而使自己遭遇罪责吗？

夫道之与术，其大辨严矣。道者，得失之衡也；术者，祸福之测也。理者，道之所守也；数者，术之所窥也。大易即数以穷理，而得失审；小术托理以起数，而祸福淫。审于得失者，喻义之君子；淫于祸福者，喻利之小人。故葬也者，藏也。仁人孝子不忍暴其亲之形体而藏之也，知慎此而已矣。而喻利之小人，舍死者之安危，就生人之利害，则彝伦斁而天理灭矣。今有人焉，役其父母之手足，饰其父母之色笑，以取富贵，则鲜不以为禽兽矣。身已死，骨已寒，乃欲持此以求当于茫茫之土而希福焉，则是利其死以徼非望之获，为君子者，何忍出于此邪？

【译文】道与术，它们的根本区别是很严格的。道，是得失的衡量标准；术，是对祸福进行预测的方法。理，是道所守护的；数，是术所要窥测的。《周易》是根据数来穷究理，进而审查人事之得失；一些微末小术也假托义理来起数，进而沉迷于预测祸福。审查得失的人，应该是懂得义理的君子；沉迷于预测祸福的人，则是只懂得利益的小人。所谓葬，就是藏。仁人孝子不忍心使自己亲人的躯体暴露在野外，因而将其埋藏起来，知道慎重地对待这件事罢了。而只懂得利益的小人，根本不顾死者躯体的安危，只知道迎合活人的利害，那就导致人伦败坏而天理灭绝了。如今有一种人，明明做着使父母劳心费力的事，却还装作孝顺，使父母脸上挂着伪饰的笑容，以此求取富贵，这种人很少不是禽兽的。父母的身体已死，尸骨已寒，还想利用父母向士人们求得认可，希望因此获得福禄，这就是利用父母的死来求得非分的利益，作为君子，怎么忍心做出这种事呢？

且夫以祸福言，而其说之妄，亦易知矣。自古有天下而祚永者，莫周若也。诸侯世其国，大夫士世其禄，传家之永者，亦莫周若也。考之于礼，有墓大夫以司国君之墓，有墓人以司卿大夫之墓。正始祖之兆域于上，而后世以昭穆序葬于东西，非有择于形势也。天子七月，诸侯五月，大夫三月，士逾月。春秋：“雨，不克葬，日昃而葬。”非有择于时日也。而血食之长，子孙之庶，后世莫能及焉。岂徒后世之士，能以福泽被其尸而施及子孙乎？祈天永命者，德也；保世滋大者，业也。内政修，外侮御，而宗社必安；君不渔色，后不妒忌，而子孙必众。推以及乎士庶，厚以传家，勤以修业，则福泽自远。舍此不务，而以所生之骨骼，求大块之荣施，仁者所不容，尤智者所不齿也。

【译文】而且就祸福而言，他的说法之虚妄，也是容易知道的。自古统治天下而国运长久的，没有哪个朝代能比得上周朝。周朝的诸侯能够世代保有自己的封国，士大夫能够世代保有自己的官禄，将家业长久传承下去的，没有哪个朝代能比得上周。考察周朝的礼制，有墓大夫主管国君的坟墓，有墓人掌管卿大夫的坟墓。将墓地的正北方设定为始祖陵墓的方位，后世子孙就按照左昭右穆的顺序埋葬在东西两侧，而不是按照地形地势来确定陵墓方位。天子的葬期为七个月，诸侯为五个月，大夫三个月，士则是一个月多。《春秋》里说："下雨，没能下葬，那就等到太阳西斜的时候再下葬。"可见下葬的日期、时间也没有特定的选择。而周朝祭祀的长久，子孙的众多，后世没有哪个朝代能比得上。难道只有后世帝王的墓地，能因为所选墓地的风水好，从而使福泽落在先祖遗体上并惠及他的子孙吗？祈求上天赋予自己长久的福气，靠的是品德；保住天下而使之不断壮大，靠的是功业。修齐国内的政事，抵御外来的侵犯，那么宗庙社稷一定能安宁；作为君王不渔猎女色，作为皇后不妒忌妃嫔，子孙就一定众多。把这些道理推广到士人庶民身上，就是要靠仁厚来传家，要靠勤劳来建功立业，这样福泽自会深远。放弃这些事不做，却利用父母的尸骨求取天地对我的恩荣与施舍，这是仁者所不能容忍，更是智者所不齿去做的事情。

小人之欲售其术也，必诡于道以惑君子。故为葬师之言者，亦窃理与气之迹似以藻帨之[①]，而君子坐受其罔。乃乱道者，道之所必穷。故京房之谏邪佞[②]，非不正也，而为幸臣所困；郭璞之折篡逆[③]，非不义也，而为权奸所杀。妄言天者，天所不覆；妄言地者，地所不载；侮阴阳者，阴阳之灾必及之。房与璞之穷，自穷之也。充其说以浸淫于后世，于是而有委之野而不葬，以罹水火之灾者矣；于是有已葬复迁，割析之，焚烈之，以极乎惨毒者矣。导天下以枭獍之恶[④]，而以获罪于天、卒陨其世者，接踵相继。夫君子方欲辟异端以闲先圣之道，奈之何尸琐陋之术，曾不足以望异端之后尘者，公言于朝廷，姑试之君父也！以李通之好学深思也，于以望道也近矣。而其志乱，其学淫，卒以危其身于桎梏。为君子者，不以一眚丧其大德，可弗慎哉！可弗慎哉！

【注释】①藻帨（shuì）：指修饰、装饰。“藻”，藻饰。“帨”，古时的佩巾，像现在的手绢儿。

②京房（前77—前37）：西汉学者，本姓李，字君明，推律自定为京氏，东郡顿丘（今河南清丰西南）人。他受学于梁人焦延寿，说《易》长于灾变，分六十四卦更直日用事，以风雨寒温为候，各有占验。汉元帝初元四年（前45年），举孝廉为郎，后任魏郡太守。多次上疏论说灾异，引《春秋》《易》为说，得罪宦官石显，又与治《易》的权贵五鹿充宗学说相非，以“非谤政治，归恶天子”的罪名被弃市。其后京房三弟子殷嘉、姚平、乘弘皆为经学博士，于是《易》有京氏学。

③郭璞（276—324）：字景纯。河东郡闻喜县（今山西闻喜）人。两晋时期著名文学家、训诂学家、风水学者，建平太守郭瑗之子。两晋时代最著名的方术士，好古文、奇字，精天文、历算、卜筮，长于赋文，尤以“游仙诗”名重当世。

④枭獍（xiāo jìng）：旧说枭为恶鸟，生而食母；獍为恶兽，生而食

父。比喻忘恩负义之徒或狠毒的人。

【译文】小人想利用自己的方术谋利，必定要用道理对其进行伪饰，以此来迷惑君子。所以风水师所说的话，也是盗用理、气等正统学说中的道理来藻饰自己，而君子就白白受到他们的欺骗。这些扰乱大道的人，大道必定会让他走投无路。所以京房针对朝廷中的邪佞向皇帝进谏，这不是不正确，但他以术数为说辞劝谏，反而被佞幸之臣陷害；郭璞指责王敦等人阴谋篡逆，不是不正义，但他以术数为说辞指责，反而被权奸杀害。妄言天道的人，天不会护佑他；妄言地道的人，地不会承载他；对阴阳不敬的人，阴阳的灾害必定会落到他身上。京房与郭璞最终被害，是自己使自己走到这种地步的。传扬他们的学说而使后世人受到影响，于是就有了把人的尸体扔在野外不埋葬，从而使尸体遭到水淹火烧之害的情况；于是就有人已经下葬却再次迁葬，致使尸体被割裂、被焚烧的情况，真是残酷狠毒到极点了。用枭獍那样的凶恶狠毒引导天下人，从而被上天降罪、最终断送性命的人，前后相继接连不断。君子正要驳斥异端之学，弘扬先圣之道，对这种人又该怎么办？这种人只是掌握一些微贱浅陋的术数，离异端学说都还差得远，却敢在朝廷上公开谈论术数，并要将其应用在君父身上！而像蔡季通这样好学深思的人，其实离掌握大道已经很近了。但他的志向乱了，他的学说过度了，最终使自己身陷桎梏而危及身家性命。作君子的人，不能因为一次犯错而丧失自己的大德，能不谨慎吗！能不谨慎吗！

五

言期于相胜而已邪？则言之非难也。是之胜非，直之胜曲，正之胜邪，操常胜之势，揆之义而义存，建以为名而名正，何患乎其不胜哉？故言之也，无所复屈。其或时不能用，覆以得祸，而言传于天下，天下感之，言传于后世，后世诵之，其殆贞胜者乎？贞胜则无患其不胜矣。虽然，胜者，胜彼者也。彼非而胜之，则胜者是矣；彼曲而胜之，则胜者直矣；彼邪而胜之，则胜者正矣。是胜者仅以胜彼也，非贞胜也。且夫立两说而衡其得失，有定者也。就一事而计其初终，有恒者也。然而固无定而无恒也。特以庸主佞臣之所陷溺，而其为失也，天下交起而憎恶之；已而又有不然者，天下又起而易其所憎恶。故一事之两端，皆可执之以相胜。然则所以胜者之果为定论乎？

【译文】提出一种言论，期望它战胜对方就足够了吗？那么提出言论就不是什么难事了。对战胜错，直战胜曲，正战胜邪，只要占据通常情况下能够取胜的形势，考察道义使言论合于道义，建立名声使名声合于实际，如果能这样提出言论，又何用担心自己的言论不能战胜对方呢？所以这样提出言论，就不会被驳倒。但这些言论有时也不能发挥效用，还会因言得祸，它们流传于天下，使天下人为之感动，从而使之流传于后世，后世人不断传诵它们，这大概是凭借贞正之道而得胜的言论吧？凭借贞正之道而得胜的言论，就不用再担心它不能取胜。即使这样，得胜的言论，只是战胜对方。对方错误而战胜它，那么胜利的一方就是正确的；对方邪曲而战胜他，那么胜利的一方就是正直的；对方邪恶而战胜他，那么胜利的一方就是正义的。在这些情况里，胜利的言论仅仅是战胜了对方，还不是前面所说凭借贞正之道得胜的情况。而且提出两种相对的说法而衡量其各自得失，这是针对有定数的事情；规划一件事的始终，这是针对有恒常规律的事情。然而很多事情的发展，本来是既没有定数也没有恒常规律的。只是因为昏君佞臣使事态陷于邪恶，他们造成的过失，引起天下人起来争相憎恶；在这之后，又有人起来向相反的一面扭转形势，进而又引起天下人憎恶这种新局面。所以每一件事都有两个极端，执守这两个极端，都可以战胜相对的一方。但取胜的一方就果真能够成为定论吗?

定论者，胜此而不倚于彼者也。定论者，随时处中而自求之道皆得也。斯则贞胜者也。故言者以此而扶天下之危而定其倾，皆确乎其有不拔之守；推而行之，皆有不匮之业；不仅以胜彼者取天下后世之感诵，而言皆物也，故曰“君子之言有物”也。物也者，实也。言吾之是，非以折彼之非；言吾之直，非以辨彼之曲；言吾之正，非以争彼之邪。故曰“訏谟定命，远犹辰告”。唯其有定，故随时以告，而犹皆以致远，斯以为谟之訏者也。

【译文】所谓定论，是指能够战胜偏颇的一方，但并不以另一方的偏颇作为理由。所谓定论，是随时处于中正的位置，自己所追求的道在任何时候都行得通。这就是凭借贞正之道得胜的情况。所以提出言论的人用这种言论挽救天下的危险、稳住天下的倾覆，可以确定它们都有着无可撼动的原则；将这些言论推广并应用到实践中，则都会建立永不溃散的功业；这种言论不仅靠战胜对方而获得天下后世人的感动与传诵，而且都言之有物，所以《周易》家人卦里有

“君子言之有物”的说法。所谓物，就是实际。阐述我的正确观点，不是为了驳倒对方的错误观点；陈述我的正直，不是为了辩驳对方的邪曲；论说我的正义，不是为了与对方的邪恶相争。所以《诗经》里说“用远大宏伟的谋划确定国家的政令，虽然已经制定很久了，但还像早晨刚刚宣告一样适用”。正因为这些政令的制定是基于贞正之道，因而有定，正因其有定，所以可以随时起到告诫的效用，而且还都长久地发挥效用，这正是其远大宏伟之所在。

宋自南渡以后，所争者和与战耳。当秦桧之世，言战者以雪仇复宇为大义，则以胜桧之邪也有余。当韩侂胄之世，言和守者，以固本保邦为本计，则以胜侂胄之邪也有余。于是而为君子者，不遗余力而言之，以是而忤权奸，获罪罟；而其理之居胜者，煌煌奕奕，莫有能掩之者矣。乃诚如其言，绌秦桧而授之以兵柄，其遂能雪仇复宇邪？抑否也？斥侂胄而授之以国政，其果能固本保邦邪？抑否也？奚以知其未之逮也？其言也，至于胜桧与侂胄而止，而既胜之后，茫然未有胜之之实也。执桧之说，则可以胜侂胄矣，桧未尝不以固本保邦求当于君也。执侂胄之说，则可以胜桧矣，侂胄未尝不以雪仇复宇昌言于众也。反桧而得侂胄，反侂胄而又得史弥远。持之皆有故，号之皆有名，而按以其实，则皆义之所不许，名之所不称。故桧死，和议不终，苻离之师，先侂胄而沮败。侂胄诛，兵已罢，宋日以坐敝而讫于亡。无他，操议者但目击当国者之非，遽欲思反。而退求诸己，所以扶危定倾之实政、足以胜彼而大服其心、使无伺我之无成以反相嗤笑者，一无有也。不世之功，岂空言相胜之可坐致乎？侂胄倡北伐之谋，而岳飞之恤典行[①]，秦桧之恶谥定[②]；弥远修讲好之说，而赵汝愚之孤忠显，道学之严禁弛；是宜足以大快人心者，而人心益其危惧。徒相胜者，一泄而无余，天下亦何恃此清议哉？

【注释】①恤典：帝王对臣属规定的丧葬善后礼式。

②恶谥：指含贬义的谥号。

【译文】宋朝自从南渡以后，人们争论的事情就是要与金人作战还是讲和而已。秦桧当权的时候，主张作战的人以报仇雪恨和收复领土为大义，用这种主张战胜秦桧一派主和的邪说是绰绰有余的。而韩侂胄当权的时候，主张讲和与防守的人，以巩固国家的根基和保住国家为根本大计，用这种主张战胜韩侂胄一派主战的邪说也是绰绰有余的。在这个问题上，作为君子的一方不遗余力地发表言论，因此抵忤了当权的奸人并获得罪责；但他们的言论处于胜利的一方，这是彰显无遗、没人能够掩盖的。但真如他们所言，贬黜了秦桧并且把兵权交给当时主战的一派，他们就能报仇雪恨、收复领土吗？还是不能呢？同样地，如果真的贬斥韩侂胄并且把国政交给后来主张固守的一派，他们就真的能巩固国家的根本并保住国家吗？还是不能呢？怎么知道他们并不能做到自己所主张的呢？他们的言论，只讲到可以胜过秦桧和韩侂胄的地步就停止了，而在争得胜利之后，就茫茫然没有取得胜利的实际效用了。那么用秦桧的说法，也可以战胜韩侂胄的说法，因为秦桧未尝不以巩固国家根本和保住国家为理由，使君主觉得他的主张是正确的。用韩侂胄的说法，也可以战胜秦桧的说法，因为韩侂胄未尝不以报仇雪恨和收复领土为理由向众人宣讲。反对秦桧的观点，就得到韩侂胄的观点，反对韩侂胄的观点，就又得到后来史弥远的观点。他们对于自己的说法都自认为持之有故，讲起来也都头头是道，但是考察他们说法的实际效用，就会发现都是道义所不能允许，而且与名头不相符的。所以秦桧死去之后，和议还是没能告终，符离之战的军队，在韩侂胄倒台之前就战败了。韩侂胄被诛之后，主战派的军队已经被罢除，宋王朝就一天天地坐以待毙，最终走向灭亡了。之所以会这样，没有别的原因，提出言论的人只是着眼于当权者的不对，急着思考怎么去反对他们。而不这么急于争胜，退而反求诸己，用实实在在的政举挽救危亡、稳定倾覆，足以战胜对方并使之彻底心服，使对方不再把心思放在窥伺我的一事无成，从而等着反过来耻笑我的人，是一个也没有。不是每个时代都能建立的那种大功，难道是靠说空话战胜对方，然后坐着就能够获取的吗？韩侂胄提倡北伐的谋略，使得抚恤岳飞的典礼得以举行，彰显秦桧之恶的谥号也确定下来；史弥远提出与金人讲和的说法，使得赵汝愚孤身坚守的忠诚得以彰显，对道学的严厉禁令也松弛下来；这些本来都该是足以大快人心的，但人心却感到更加危险和畏惧了。因为人们只是在言论上互相争胜的政治生态，已经从这些事中显露无余了，保有天下又怎能倚赖这种清谈议政呢？

呜呼！宋自仁宗以后，相胜之习愈趋而下，因以相倾，皆言者之气矜为之也。始以君子而求胜乎小人，继以小人而还倾君子，继以君子之徒自起相胜，继以小人之还自相胜而相倾。至于小人之递起相倾，则窃名义以大相反戾，而宗社生民皆其所不恤。乃其所窃之名义，固即前之君子所执以胜小人者也。

【译文】呜呼！宋朝自仁宗以后，在言论上相互争论求胜的风气就越来越卑下，人们因此相互倾轧，这都是提出言论的人在意气上过于自矜导致的。最开始是君子要战胜小人，然后是小人反过来打压君子，接着君子的朋党之间也起来相互争胜，再接着是小人之间也相互争胜和倾轧。发展到小人一波又一波地出现并相互倾轧，还窃取名和义，用来大肆地相互对抗、打压，完全不顾惜宗庙社稷和天下生民。而他们窃取的名和义，本来就是之前的君子拿来战胜小人的那些名与义。

言何容易哉？言而不自省于心，为己之所有余，则是之与非，曲之与直，正之与邪，其相去也不远。何也？义在外，则皆袭取以助气之长者也。故君子知为之难而言之必讱[①]。岂悬一义以为标准，使天下后世争诵之，遂足以扶三纲、经百世、无所疚于天人乎？熟虑之于退思，进断之于密勿，舍之而固有所藏，用之而实有所行。持至是之术，充至直之用，尽至正之经。有弗言也，言之斯可行之。经之纬之，斡之旋之，道备于己，功如其志。则奸邪之异己者不能攻，相倾者不能窃，斯以为贞胜也矣。

【注释】①讱：说话谨慎。

【译文】提出言论谈何容易呢？提出言论却不在心中自我省察，使言论超出自己实有的品德和才能，那么是与非、曲与直、正与邪，它们之间的距离也就相差不远了。为什么呢？倘若言论中蕴含的道义在自己身外，那就都是从外界袭取道义来助长自己不正之气的言论。所以君子知道践行道义的困难，谈说道义时就很慎重，以免言过其实。难道只是把道义悬挂起来作为一个外在的准则，使天下后世人争相记诵，就足以扶立三纲、经历百代而无愧于上天和人民了吗？在退而反求诸己的过程中深思熟虑，在勤勉努力中进取而决断，有所舍弃当然也有所敛藏，应用的时候就要有实实在在的行动。持守最正确的方法，用到最正直的用途上，尽力履行最正当的常道。有的话是闭口不谈的，而只要说出来的话，就要能够践行。以各种常道为准绳制定合理的规划，根据当下的事态进行周密的斡旋，使道义齐备于自己身上，使事功合乎自己的志向。那么那些与自己志向不同的奸邪之人就无法攻击我，想打压我的人也没有空间耍阴谋手段，这就是以贞正之道取胜。

六

唐之中叶，祸乱屡作，而武、宣之世，犹自振起，御外侮，修内政，有可兴之几焉。宋则南渡以后，孝宗欲有为而不克，嗣是日羸日茶，以抵于亡。非其主之狂惑如唐僖、懿比也，唯其当国大臣擅执魁柄者，以奸相倾而还以相嗣，秦桧、韩侂胄、史弥远、贾似道蹑迹以相剥，繇辨及肤，而未尝有一思效于国者闲之也。然而抑有辨焉。春秋之法，原情定罪以为差等，同一恶而罪殊，同一罪而法殊。栾书、荀偃不与公子归生均服污潴之刑[①]。齐之灭纪，晋之灭虞，不与卫毁灭邢等膺灭同姓之诛。知此，然后可以服小人之心，而元恶无所分咎。抑君子以驭小人，处置有方，足以弭其恶而或收其用。衡有定而权可移，权不可移，则衡弗能为准也。夫然，则取史弥远而等之三凶，未可也。且取韩、贾二竖而等之秦桧，抑未可也。

【注释】①栾书（？—前573）：姬姓，栾氏，冀州栾邑（今河北省栾城县）人。春秋时期大臣，晋景公、晋厉公时期执政大臣、统帅。他才能卓越，却口蜜腹剑，包藏祸心，为保卫自己的权威与利益而不择手段，最终激化国内诸多矛盾，导致晋国内乱暴发。荀偃（？—前554）：姬姓，中行氏，名偃，字伯游，谥号“献”，又称中行偃，春秋中期晋国卿大夫。晋悼公时率齐、宋、鲁登十三国攻秦国，晋平公时，又率晋郑宋鲁卫五国大胜楚军。公子归生：春秋时期郑国执政大臣，郑文公之子。污潴：即污池，是古代一种严厉的刑罚。

【译文】唐代中叶，祸乱屡次出现，而武宗、宣宗时候还能自我振作起来，抵御外侮，修治内政，从而产生了可以复兴的征兆。宋朝则是在南渡以后，孝宗想要有所作为却没能做到，自此就一日日地越来越羸弱萎靡，从此就走向灭亡。并不是宋朝的君主癫狂糊涂到唐僖宗、唐懿宗那样的地步，只是当时朝中执掌权柄的大臣，前后之间使用奸邪的手段彼此倾轧，秦桧、韩侂胄、史弥远、贾似道这些人，都是沿着前任的足迹相互打击，这样下来，造成的破坏越来越严重，在这些人中，没有一个把报效国家放在心上的。然而这几个人还是有区别的。《春秋》的礼法，是根据人心中的想法定罪，并将罪责划分为不同的等级。同一种恶行，定的罪可能有所不同，同一种罪，用以惩罚的法度也可能不同。所以栾书、荀偃并未与公子归生一样受到污潴的刑罚。齐国灭纪国，晋国灭虞国，也没有跟卫国灭邢国一样受到灭同姓之国的诛伐。知道这一点，然后就可以使小人心服，但对于首恶之人，还是不能让别人为他分担罪过。另外，君子驾驭小人，如果处置有方，就足以消弭小人的罪恶，甚至还可能将其收归己用。这就像称重的时候，秤杆是确定的，但秤砣是可以移动的；如果秤砣不能移动，那么秤杆也不能作为衡量标准了。如果这样看，那么把史弥远跟其他三个恶人划为同等，是不可以的。而且把韩侂胄、贾似道两个小人与秦桧划为同等，也是不可以的。

秦桧者，其机深，其力鸷，其情不可测，其愿欲日进而无所讫止。故以俘虏之余，而驾耆旧元臣之上，以一人之力，而折朝野众论之公，唯所诛艾[①]。藉其有子可授，而天假以年，江左之提封，非宋有也。此大憝元凶[②]，不可以是非概论者也。韩侂胄、贾似道狭邪之小人耳。托宫闱之宠，乘闲以窃权，心计所营，不出于纳贿、渔色、骄蹇[③]、嬉游之中。上不知有国之濒危，下不知有身之不保。其挑衅开边、重敛虐民者，皆非其本志，献谀之夫为之从臾，以分徼幸之荣利，彼亦惛焉罔觉，姑且以之为戏。则抑杨国忠、王黼之俦，而固不如桧之阴惨也。然以之而亡人之国有余矣。

【注释】①艾：惩治。

②憝（duì）：坏；恶。

③骄蹇：傲慢；不顺从。

【译文】秦桧这个人，他的心机深沉，力量凶猛，心思不可预知，欲望不断膨胀且没有限度。所以作为一个逃回来的俘虏，他竟能凌驾于那些年高德劭的元老大臣之上，靠自己一个人的力量，就能击败朝野众人所持的公论，使众人任由他诛杀惩治。假如他有儿子可以传递权柄，上天再给他年寿，那么江南的领土就不会再会是宋王朝的了。这个最大的元凶，是不能简单地用是非一概而论的。韩侂胄、贾似道则不过是狭隘奸邪的小人而已，借着后宫的恩宠，利用机会窃取权力，他们心里所谋划的，不过是收取贿赂、猎取美色、骄狂傲慢、嬉乐游玩这些事情。上不知国家濒临危险，下不知自身难以保住。他们对外挑衅、发动战争，对内横征暴敛、危害人民，这本不是他们所追求的，而是那些阿谀奉承的人怂恿、奉承他们这样做，以谋求从中分得一些侥幸获得的名利，而他们对此也昏昏然没有觉察，只把做这些事当做游戏一般。那么就算是杨国忠、王黼之辈，固然也比不上秦桧阴毒。但这些人使国家灭亡，则是绰绰有余的了。

夫弥远则固有不然者。其一，擅置君之柄，以私怨黜济王竑而立理宗，非宁宗意也。然宁宗亦有以致之，而竑亦自有以取之也。仁宗之立英宗也，与韩魏公密谋之，韩公且不敢诵言其名，以须仁宗之独断。高宗之立孝宗也，以秦桧之挟权罔上，而不能与闻其事。宁宗则一任之弥远，而己无所可否，虚悬储位以听弥远之游移。弥远怀变易之心，然且密属余天锡、郑清之以徐察其德性[①]；非若王莽、梁冀贪立童昏[②]，以为窃国地，固欲远己之害，而不忘措国之安。等为支庶，而理宗之静，固贤于竑之躁也。是可原也。其一，函侂胄之首以媚女直，损国威而弛边防也。然诛止侂胄，而不及将领，密谋预备，固未忘北顾之忧。非若秦桧之陷杀人宗族，而尽解诸帅之兵，大坏军政，粉饰治平，延及孝宗而终莫能振也。其一，进李知孝、梁成大于台省以攻真、魏[③]。而二公之进，弥远固推毂焉[④]。及济邸难行，二公执清议以置弥远于无可自全之地，而激以反噬，祸福生死决于转移之顷，自非内省不疚者，未有不决裂以逞，而非坚持一意与君子为难，无故而空人之国者也。故弥远者，自利之私与利国之情，交萦于衷，而利国者不如其自利，是以成乎其为小人。平情以品隲之，其犹在吕夷简、夏竦之闲⑤。以主昏而得逞，故恶甚于吕、夏；乃以视彼三凶者，不犹愈乎？

【注释】①余天锡（1180—1241）：字淳父（或作纯父），号畏斋。庆元府昌国（今浙江舟山）人，南宋官员，官至参知政事兼同知枢密院事，受史弥远器重，对拥立宋理宗赵昀起到了重要作用。郑清之（1176—1252）：初名燮，字德源，又字文叔，别号安晚，庆元府鄞县（今浙江宁波）人。参与拥立宋理宗即位，任左丞相，累封齐国公。任内，建议揽用诸能臣名士，促成“端平更化”，又发动端平入洛之役，企图收复三京，但被蒙古击败。宋蒙战争兴起后，曾进《十龟元吉箴》，劝理宗励精图治。

②梁冀（？—159）：字伯卓，安定郡乌氏县（今宁夏固原东南）人。东汉外戚、奸臣，大将军梁商之子，两妹均为皇后。专擅朝政，结党营私，大肆将官爵给予亲族。先后立冲、质、桓三帝，专权近二十年，穷极奢侈。

③李知孝（1170—1238）：字孝章，南宋大臣，依附史弥远，与梁成大和莫泽三人合称“三凶”。屡次诋毁他人，投机钻营于仕途，对于皇帝、大小臣僚心怀欺诈，迷惑祸害国家，排斥各种贤能的人才，侵夺聚敛，不知守纪。最后因为贬逐而死。梁成大：字谦之，福建福州（今福建省福州市）人。南宋奸臣。谄事史弥远家臣以求进。宝庆元年，承史弥远旨，诬劾魏了翁、真德秀，迁监察御史。天性强暴残狠，残害忠良，巧取豪夺，无恶不作。

④推毂：荐举；援引。

⑤夏竦(985—1051)：字子乔，江州德安县(今江西九江市德安县车桥镇)人。北宋时期著名政治家、文学家，世称夏文庄公、夏英公、夏郑公。景祐年间，出知青州，支持守城卒子，修建青州南阳桥，是一般认为的中国最早出现的虹桥。

【译文】而史弥远当然有跟他们不同的地方。其一，他擅自把持设立君王的权柄，出于私怨废黜济王赵竑而扶立理宗，这并非宁宗的本意。但之所以会是这样的结果，宁宗方面也有一定的责任，济王赵竑在一定程度上也是自取其果。仁宗册立英宗时，曾与韩琦秘密商议，韩琦尚且不敢公开说出被册立之人的名字，而必须由仁宗自己宣布决断。高宗册立孝宗时，因为秦桧挟持大权欺君罔上，因此不让秦桧知道这件事。宁宗册立太子时，则完全听任史弥远，自己不置可否，空着太子的位置听任史弥远在册立之事上改换变动。史弥远怀着改换太子人选的心思，但还知道秘密嘱咐余天锡和郑清之慢慢考察太子人选的德性；而不像王莽、梁冀那样贪图册立年幼昏愚的人为太子，好为自己日后窃取国政打下基础。可见史弥远固然想使自己远避危害，但也没忘了使国家安宁。同样作为宋朝宗室的支系，理宗为人沉静，本来就比性情急躁的济王赵竑更贤明，因此可以原谅史弥远的用心。其二，史弥远将韩侂胄的首级装在木盒子里向女真献媚，这么做有损国威，而且使得宋朝的边防松弛怠惰下来。但是他诛杀韩侂胄时，仅止于韩侂胄一人，没有滥杀而殃及将领，而且事先进行了周密的谋划、预备，能这么做，固然也是没有忘记北方边境还存在忧患。不像秦桧，对别人整个宗族都加以构陷、诛杀，而且把将帅们的兵权解除殆尽，使军政大受破坏，还粉饰太平，其影响之恶劣，一直到孝宗时期，还是没能重振宋朝的军力。其三，史弥远提拔任用李知孝和梁成大到御史台、尚书、中书、门下三省的位置上，利用他们攻击真德秀、魏了翁二人。而真德秀、魏了翁的被起用，史弥远本来也发挥了推动作用。济王赵竑之祸发生时，真德秀、魏了翁二人发表清议，置史弥远于无法自我保全的境地，由此激起他对这两人反咬一口，人的祸福生死就在这些顷刻间发生的变化中决定了。史弥远这个人，自然不是那种能内心反省尚且问心无愧的，但也不是那种坚持与君子作对，无缘无故就排斥贤能从而使国家无人可用的人。所以史弥远这个人，是一个自私自利与利益国家在内心交织并存的人，但他利国的心情不如自利的私心强，所以才使他成了一个小人。平心而论，他的人品差不多在吕夷简、夏竦之间。因为君主昏庸，他的奸邪才得以发挥，所以他的罪恶比吕夷简和夏竦大；但是与秦桧、韩侂胄、贾似道三个大恶之人相比，不还是比他们好一些吗?

君子之道，以人治人者也。如其人以治之，则诛赏之法允；如其人治之而受治，则驾驭之道得。不然，任一往之情，见天下无不可杀之小人，反激而成鼎沸之朝廷，此汉、唐以来乱亡之阶也。而奚足尚哉？故使明主秉鉴于上，大臣持正以赞之，而酌罪以明刑，则唯秦桧者，当其履霜而早谨坚冰之戒。自虏来归，巧行反闲，其膺上刑，不宜在宋齐愈之下。盖其阴鸷之才，抑之而彼自伸，远之而彼自近。严以制之，而不敌其怀虿之毒[①]；柔以化之，而适入其网阱之中；则非服上刑，莫之能戢[②]。若侂胄、似道，则世固不乏其人矣。不授以权，则亦与姜特立、张说均为佞幸[③]，弗能为天下戎首也。若弥远，则檠之使正[④]，导之使顺，损其威福，录其勤劳，邪心不侈，而尺效可收；固弗待于迸逐，而恶不及于宗社。驭之之术，存乎其人而已矣。

【注释】①虿(chài)：蝎子一类的有毒的虫。

②戢(jí)：制止。

③姜特立(1125—1204)：字邦杰，浙江丽水人。生于宋徽宗宣和七年，太子即位，除知阁门事。恃恩纵恣，遂夺职。帝颇念旧，复除浙东马步军副总管。宁宗时，官终庆远军节度使。特立工于诗，意境超旷。张说(yuè 667—730)：字道济，一字说之，洛阳(今河南洛阳)人。唐朝宰相，政治家、军事家，文学家，西晋司空张华后裔。脾气暴躁，生性贪财，遭到弹劾，罢官致仕。前后三次为相，执掌文坛三十年，成为开元前期一代文宗，与许国公苏颋齐名，号称“燕许大手笔”。

④檠(qíng)：矫正弓弩的器具。引申为矫正。

【译文】君子所践行的道，是以人治人。如果是君子这样的人来治人，那么诛罚奖赏的法度就会公允；如果是君子这样的人来治人，并且人民接受他的治理，那么就会治国有道。不这样的话，完全任由自己的性情，看见天下的小人就觉得都要诛杀干净，这样反而会激起小人的反抗，使朝廷动荡不安，这是汉代、唐代以来导致国家丧乱灭亡的根由，哪里值得推崇呢？所以使贤明的君主明鉴于上，大臣坚持正道来协助君主，用明确的刑罚判定罪责，那么即使秦桧这种人，也应当在刚刚霜降的时候就知道及早警戒坚冰的到来了。自打秦桧从敌人手中逃回来，就巧妙地实行反间计，他应当受到最重的刑罚，所受刑罚不应在宋齐愈之下。因为他有阴险毒辣的能为，即便受到压抑也会自寻伸展，即便受到皇帝疏远也会寻找接近的机会；用严厉的刑罚惩治他，尚且敌不过他毒辣的害人之心；如果以温柔的手段感化他，就正好落入他的陷阱之中；因此如果不使用最重的刑罚，就不能制服他。像韩侂胄、贾似道这种人，则每个时代都不缺少这样的人。如果不交给他们大权，他们也只是和姜特立、张说一样做佞幸之人，并不能成为危害天下的元凶祸首。至于史弥远这样的人，矫正他还可以使他变得正直，引导他也可以使他顺服，减损他的威权和福禄，利用他的勤勉，使他的邪心不能放纵，就能收到一定的效用；本来是不必等他最后铸成大恶并被放逐，也不会等到他的罪恶影响到国家社稷。驾驭他的方法，在能掌握这种方法的人手中而已。

秦桧擅，而赵鼎、张浚不能遏；侂胄专，而赵汝愚、留正不能胜；似道横，而通国弗能诘；君子之穷也。当弥远之世，君子未穷，而自趋于穷，亦可惜也夫！亦可惜也夫！

【译文】秦桧专揽大权，而赵鼎、张浚不能阻止他；韩侂胄专揽大权，而赵汝愚、留正不能战胜他；贾似道横行霸道，而整个国家不能责问他；这就是君子的穷途末路啊。在史弥远掌权的时候，君子还没有走投无路，却在之后一步步走向穷途末路，也是令人痛惜的啊！也是令人痛惜啊！

卷十四 理宗

扫码听谦德
君为您导读

【题解】宋宁宗去世后，史弥远拥立宋太祖赵匡胤的十世孙赵昀为帝，即宋理宗。宋理宗于1224至1264年在位，在位前十年受到史弥远挟制，直到史弥远死后开始亲政，并于亲政之初实施了罢黜史党、澄清吏治、整顿财政等以中兴为目的的治理措施，史称“端平更化”。端平元年（1234），南宋联合蒙古灭金，金灭后宋企图趁机收复黄河以南地区，但收复三京的战役以失败告终，蒙古遂以南宋背信为由，开启了持续四十余年的宋蒙战争。开庆元年（1259），蒙古围攻鄂州，贾似道以宋理宗名义向蒙古称臣，并将南宋长江以北地区全部割让给蒙古。而宋理宗在执政后期也逐渐厌倦朝政，沉迷声色，听任丁大全、贾似道等奸人擅权，对朝政造成了恶劣后果。

对于史弥远专擅废立，逼杀济王赵竑而拥立理宗之事，王夫之认为史弥远虽有私心，但理宗确是胜过赵竑的皇帝人选。对于史弥远解除“道学”禁令、尊崇儒教的矫正之举，王夫之指出君子受人尊敬，靠的是他们的言行与发心，只有虚名，是对君子之道的辱没。进而结合理宗一朝君臣的作为，指出作为君子，应该进可治理国家，退可辅助教化，践行宽厚之道，明晰义利之分，能根据时势选择出仕或者退隐，面对不可与言的小人，言行也要合于道义，使自己具有静定、专一而充盈的士气，不做没有价值的牺牲。

此外，对于战争中依凭地势之险，王夫之指出“江东之险在楚，楚之险在江与汉之上流”，并认为这是“千秋之永鉴”的经验教训。

济王竑之死[①]，真、魏二公力讼其冤，责史弥远之妄杀，匡理宗以全恩，以正彝伦[②]，以扶风化，韪哉其言之也[③]！弗得而訾之矣。虽然，言之善者，善以其时也，二公之言此也，不已晚乎？

【注释】①济王竑：即赵竑，宋太祖四子秦王赵德芳的九世孙，宋宁宗赵扩的养子，并立为太子，封为济国公。宋宁宗病重，史弥远矫诏废赵竑太子位，改立赵昀为帝，宝庆元年（1225年）被史弥远害死。

②彝伦：指伦常，出自《书·洪范》。

③韪（wěi）：是；对（常与“不”字连用，指过失或谬误）。

【译文】济王赵竑之死，真德秀、魏了翁二人极力为其辩说冤屈，谴责史弥远妄杀，匡正理宗以保全宗族恩情，纠正人伦的偏颇，扶助风气与教化，他们的言论很正确啊！是不能诋毁他们的。即使这样，好的言论，也要能够在恰好的时机提出来，这俩人这个时候才提出这种言论，不是已经太晚了吗？

潘壬诛[1]，湖州平，济王之于此也危甚。弥远积恨而益之以惧，理宗隐忧而厚用其疑。夫诚欲全竑以敦厚道，固当乘其未即杀竑之时，迪天良以诏理宗，明大义以告弥远，择善地、简守令以护竑，而俾远于奸人，则竑全而理宗免残忍之愆。如其不听，引身而退，无可如何而聊以自靖，君子之道，如斯而已。竑既杀矣，复其王封，厚其祭葬，立嗣以世奉其祀，皆名也。涂饰之以掩前慝，非果能小补于彝伦也。而竑之受诬既白，则弥远擅杀宗亲之罪不可逭。弥远之罪不赦，则必追论其废立之恶，以为潘壬昭雪。追论废立之非，则理宗不可无所受命，听弥远之扳己，而遂为天下君。引其端者，必竟其绪，以此而望之庸主与不令之臣，其将能乎？

【注释】①潘壬（？—1225）：南宋湖州（今浙江湖州）人。与弟潘丙同为太学生。宋理宗赵昀宝庆元年（1225年）正月，因不满宰相史弥远擅自废济王、拥立理宗，与其弟潘丙、从兄潘甫等人密谋发动政变，以武力胁迫赵竑穿上黄袍。赵竑不从，并向朝廷报告了潘氏兄弟的情况。事败后，潘丙被杀。潘壬脱逃至楚州，被捕，死于临安。

【译文】潘壬被诛杀之后，湖州之乱被平定下来，济王在这个时候就已经非常危险了。史弥远对济王积恨已深，还心存畏惧，宋理宗对济王也心存忧虑，对他有很重的猜疑。如果真德秀和魏了翁二人真心要保全济王以促进忠厚之道，固然应该乘他们还没有逼杀济王的时候，用良善之心开导理宗，阐明大义来告诉史弥远，让他们选择一处恰当的地方、挑选一位合适的护卫来保护济王，使他远离奸邪之人，那么济王赵竑就能够保全性命，理宗也能够避免残杀宗室的过失。如果他们不听从，再引身退处，虽然无可奈何，但至少自己可以安心，君子之道，就是这样做而已。济王赵竑已经被逼杀了，再恢复他的王爵封号，对他进行隆重地祭祀和殡葬，为他确定继承人以享受世代供奉与祭祀，这些都是虚名罢了。用这些虚名掩饰自己之前的过失，并不能真的对人伦有所补救。而一旦济王赵竑受到的诬陷大白于天下，那么史弥远擅自逼杀皇族宗亲的罪过就不可逃脱了。史弥远的罪行不可赦免，就必定会追究他废黜济王而扶立理宗的罪恶，以此为潘壬平反。追究废立皇帝之事的过失，那理宗也不能是没有接受当皇帝的使命，只听任史弥远扶立自己就成为天下君主的。引发事情开端的人，必定要好好地把这一系列事情做完，指望昏庸的君主和不肖的大臣来做这些事，他们能做到吗？

夫潘壬之起，其祸亦酷矣。使李全如壬之约，举兵内向，则与何进之召董卓也奚殊①？宋之宗社，不一旦而糜烂也，几何哉？天下方岌岌焉，而我咎既往以起风波。言则善矣，抑将何以保其终也？夫以竑先之以避匿，继之以入告而讨壬，谓其无心争立而终可无他者，非也。李嗣源为乱兵劫以同反②，嗣源跳出，会师以讨反者，亦未尝遽与同谋，不思自拔。而其后竟如之何也？竑之始，亦与壬有勿伤太后及官家之约矣。李全不至，哄然起者皆太湖渔人，知事不成，而后改图入告，以势为从违，非以义为逆顺。竑可弗杀，而岂必其不可杀乎？

【注释】①何进（？—189）：字遂高，南阳郡宛县（今河南省南阳市）人。东汉时期外戚、大臣，灵思皇后之兄。黄巾起义爆发时，拜为大将军，总镇京师，发现并镇压马元义的密谋，因功封为慎侯。中平六年（189

年），不纳曹操和陈琳的劝谏，阴结军阀董卓来谋诛宦竖。事情败露后，为中常侍张让等人所杀，其后代是魏晋高门士族南阳何氏。

②李嗣源（867—933）：后唐明宗，本名邈佶烈，称帝后更名李亶，五代时期后唐第二位皇帝。在位七年，杀贪腐，褒廉吏，罢宫人、除伶官，废内库，注意民间疾苦，号称小康。但后期姑息藩镇，孟知祥据两川而反，又御下乏术，权臣安重诲跋扈而不能制，次子李从荣骄纵而不得法，以致变乱迭起，朝政混乱。

【译文】潘壬的起兵，所造成的灾祸已经很残酷了。假使当初李全遵照了与潘壬的约定，率兵向内地进发，那么与何进召董卓引兵入京的事又有什么不同呢？宋朝的宗庙社稷，就会在一夕之间糜烂，差不多是这样吧？天下正岌岌可危的时候，我却在追究已往的过失，从而造成更大的风波。虽然提出的批评言论是正确的，但又将如何保住天下呢？就济王赵竑来说，他对潘壬等人的态度起先是躲避、藏匿，之后又向朝廷告发他们并加入讨伐他们的队伍，因为这样的表现，就说他本来无心争夺皇位、始终没有其他的目的，这是不对的。李嗣源被乱兵劫持之后与他们一同造反，脱身之后，又与朝廷军队会师并反过来讨伐叛兵，他也未尝慌乱地与乱兵合谋造反，不过是没有思考从中脱身罢了。但他后来竟然怎样了呢？济王赵竑在一开始的时候，也与潘壬有不要伤害太后和皇家的约定。是因为李全没有遵照约定而来，哄然起兵的都是些太湖的渔民，济王知道起事不能成功，所以才改变意图向朝廷报告，这是根据形势决定自己跟从还是不跟从，而不是根据道义决定自己跟从还是不跟从。济王可以不杀，然而难道他是必定不可杀的吗？

若夫废立之故，宁宗汶汶而委之弥远[①]，当其时亦未有昌言为竑定策者。且竑之不足以为人子，即不足以为人君，西山亦既知之矣。均之为宗支也，以族属言，则更有亲焉者；以长幼言，则更有长焉者。知其不可，而更易之于未册立之前，非夺适乱宗，道法之不可易者也。均可继，而择之也唯其人。理宗无君人之才，而犹有君人之度。竑以庶支入嗣，拒西山之谏，而以口舌笔锋睨弥远而欲致之死，其为躁人也奚辞？躁人而能不丧其匕鬯者，未之前闻。孝宗之锐志恢复，为皇子时，非无其志。秦桧乘权，而缄默以处；岳飞入见，交相信爱，抑视其死而不争。乃至李林甫之奸，迫胁肃宗，忧生不保，形容槁悴，妃孕而欲堕之；然不敢斥林甫之奸，以恤投鼠之器。为人子者，道固然也。梁昭明小有同异[②]，而怀郁以死；戾太子致恨江充，而身膺国刑。竑曾不察，而忿戾形于声色，且以未受誓命之国储，延眄宫车之晏驾，以逞志于君父之大臣，见废固其宜也。潘壬，乱人耳。名曰义举，何义哉？匹夫不逞，挟贼兴戎，竑弗能远，则其死也，较之子纠，尤为自取。其视涪陵废锢，背约幽冥，推刃同气者，不愈迳庭乎？君子于此，姑置之可也。弥远病国之奸，欲为国而斥远之也，不患无名。乃挟此为名，伸竑以抑弥远，则弥远无所逃其死，理宗亦不可居人上。己论伸而国恶彰。将孔子为司寇，掌国刑，亦必追季氏逐君之恶，俾定公不安其位，而后变鲁以至道哉？言不可以无择，情不可以不平。奉一义以赫赫炎炎[③]，而致人于无可容之地，岂非君子之过与？

【注释】①汶汶：玷辱，污浊的样子，不明貌。

②梁昭明：即萧统(501—531)，字德施，小字维摩，南兰陵郡兰陵县(今江苏省常州市武进区)人。南朝梁宗室、文学家，梁武帝萧衍长子，萧统于天监元年(502年)被册立为太子。他举止大方，在东宫以仁德而闻名，受朝野及百姓爱戴。因病早逝，时年三十一岁。谥号昭明，葬安宁陵，史称“昭明太子”。酷爱读书，笃好玄学，在太子位上广纳人才，勤于著述。他主持编撰的《文选》(史称《昭明文选》)，是中国现存最早的大型诗文总集。

③赫赫炎炎：形容势焰炽盛热盛貌，出自《诗经·大雅·云汉》。

【译文】至于废黜和另立太子的缘由，宁宗昏庸不明，把这件事完全交给史弥远，当时朝中也没有人发言为济王制定策略。况且济王不足以作一个合格的儿子，也就不足以作一位合格的君主，真德秀对此也是已经知道的。同样是皇家宗室的支系，就族属远近而言，还有更亲的册立人选；从长幼上说，也还有更年长的册立人选。明知济王不可担当太子之位，那么就在尚未册立前加以改变，这不是剥夺嫡子的继承权、祸乱宗室的传承，恰恰是遵从道法不可改变的原则。同样可以继位，那么选择的时候就只看谁最合适。虽然理宗也没有作为君主的才能，但还有作为君主的度量。而济王作为宗室旁支的子孙被作为继承人选，他拒绝听从真德秀的进谏，在口舌与文字上蔑视史弥远，想把他置于死地，可见他是一个急躁的人，这哪里能推脱呢？急躁而能够不丧失宗庙祭祀的，在此之前还没有听说过。例如孝宗锐意进取，想要收复领土，他做皇子时就有这种志向。但后来秦桧专权，他默然相对；岳飞入朝觐见的时候，他虽然与岳飞相交，表现出信任和喜爱，但后来岳飞被秦桧诬陷致死，他眼看着这一切发生却没有为岳飞辩白。至于李林甫奸邪，迫胁做太子时的唐肃宗，到达使他担忧生命不保，身形面容枯槁憔悴，连妃子怀孕都想堕掉的地步；然而当时肃宗却不敢斥责李林甫的奸邪，为的是担心投鼠忌器。作为儿子，确实是应该这样做的。梁朝的昭明太子对此稍有不同的看法，导致他怀着郁闷而死；戾太子受到江充的忌恨，致使自己遭受到被国家处死的刑罚。济王未曾了解这些事情，把愤恨表现在脸色和言语上，而且在自己的身份还是没有接受册命的国家储君之时，就表现出对皇帝驾崩的期盼，等皇帝驾崩、自己登基之后，自己好实现对大臣加以惩罚的意愿，因此他被废黜，本来就是应当的。潘壬，是一个作乱之人，名义上说是出于道义而举兵，可又是什么义呢？一个人不能得逞，就利用贼人兴兵作乱，而济王不远离这种人，那么他的死，与公子纠相比，更是自己招惹的。把他跟被废黜并禁锢起来的涪陵王相比较来看，暗中背叛皇帝，并且用武力向同胞兄弟复仇，这种做法与涪陵王相比，不是相差太远了吗？君子对于这种人，姑且把他放置在一边就可以了。史弥远作为祸害国家的奸人，想为了国家将其排斥疏远，不用担心没有名义。于是真德秀、魏了翁二人就用济王的死作为名义，为济王申冤而贬抑史弥远，那么史弥远就无法逃避死罪，理宗也不能再坐在皇帝的位子上。真德秀、魏了翁二人这样做的结果，使自己的言论得到了认可，但也使国家的丑恶彰显出来。任用孔子担任司寇，执掌国家的刑罚，他也必定追究季氏驱逐国君的罪恶，从而使鲁定公不能安居君位，然后再用最高的道义来改变鲁国吗？所以言论不能没有选择，情感不能不平和。尊奉一条道义而使自己处于势焰炽盛的位置，从而让别人处于不能容身的境地，这难道不是君子的过错吗？

二

自史弥远矫韩侂胄之奸，解道学之禁，褒崇儒先，而请谥、请赠、请封、请录子孙、请授山长，有请必得，迄于蒙古渡江，旦夕垂亡之日而不辍，儒者之荣也。呜呼！以此为荣，而教衰行薄，使后世以儒为膻，而儒为天下贱，胥此启之也。夫君子之道异于异端者，非徒以其言，以其行也。非徒以其行，以其心也。心异端之所欲，行异端之所尚，以表章儒者之言，而冀以动天下之利于为儒，则欲天下之弗贱之也，不可得已。

【译文】自从史弥远对韩侂胄的奸邪加以矫正，解除对道学的禁令，褒扬和尊崇儒家先辈，请求为儒家先辈追加谥号、追加赏赐、追封官爵、追加录用其子孙后代、追授其山长称号，凡有此类的请求，必然能得到准许。直到蒙古军队渡过长江，宋王朝的存亡危在旦夕之时，这类事情还一直在继续，这是儒者的荣耀。呜呼！如果以此为荣耀，那么儒教衰微、世行浅薄，从而使后世人把儒者看得如同膻腥之物一样令人嫌弃，认为儒者是天下间极为低贱的存在，也都是由这些事情引起的。君子之道之所以区别于异端邪说，并不只是靠他们的言论，而是靠他们的行为。并不只是靠他们的行为，而是靠他们的发心。如果内心追求的是异端邪说所追求的东西，行为是异端所崇尚的行为，却希望让儒者享受天下间各种利益，那么想让天下人不鄙视儒者是做不到的。

古之治教统于一，君师皆天子之事也。天子建极以为立教之本，而分授于司徒、师保、司成，皆设官以任教，非因其能教而宠之以官。人习于善，士习于学，学成而习于教，各尽其职分之所当为，无假于宠，而抑岂人爵之所能宠哉？周衰教弛，而孔子不用于天下，乃以其道与学者修明之，不得已而行天子之事，以绍帝王之统。故上不待命于宗周，下不假权于鲁、卫。其没也，哀公以下大夫之礼诔之曰尼父而无谥，子思自列于士而无世官①。非七十子之不能请，而哀公缺于尊贤也。君子之道，行则以治邦国，不行则以教子弟。以治邦国，则受天位而治天职；以教子弟，则尽人道以正人伦。其尤重者，莫大于义利之分。受天位者，利之所归，而实义之所允，极乎崇高而非有所让。尽人道者，义之所慎，而必利之所远，世虽我贵，而必有所不居。崇廉耻，谨取舍，导天下以远于荣利，俾人知虽在衡茅，而分天降下民宠绥以善之重任，斯孔子所以德逾尧、舜而允配乎天也。孔子没，七十子之徒，学散而教淫，于是有异端者兴，若田骈、惠施之流②，道不足以胜天下之贤智，乃假借时君之推尚，以诱人之师己。故齐王欲以万钟养弟子，而孟子斥为垄断之贱夫，退而著书以开来学。其视世主之尊礼，如尘垢之在体，而浣濯之唯恐不夙。存义利之大闲，而后不辱君子之道，严哉！舜、跖之分，其不容相涉久矣。

【注释】①子思（前483—前402）：即孔伋鲁国人，孔子的嫡孙、孔子之子孔鲤的儿子。春秋时期著名思想家。受教于孔子的高足曾参，子思的门人再传孟子。后人把子思、孟子并称为思孟学派，因而子思上承曾参，下启孟子，在孔孟“道统”的传承中有重要地位。

②田骈：中国战国时期的思想家、教育家，先秦天下十豪之一。又称陈骈，齐国人，与田齐宗室出于同姓，是稷下学宫中最具有影响的学者之一。他与慎到齐名。曾讲学稷下，雄于辩才，代表作品有《田子》。惠施（约前370—前310）：惠氏，名施，即惠子，战国中期宋国（今河南商丘）人。著名的政治家、思想家、哲学家，名家学派的开山鼻祖和主要代表人物，也是庄子的至交好友。惠施为战国时代“名辩”思潮中的思想巨子，与公孙龙共同将名辩学说推向顶峰，对中国古代逻辑学和哲学的发展和认识做出了开创性的贡献。

【译文】古代的治国和教化是统于一体的，所以天子既是君主，也要能够为人师表。天子建立治国教民的最高准则，以此作为天下教化的根本，然后将这种最高准则分别授予司徒、师保和司成，都设定官职，使其担任教化之职，而不是因为他们能教化民众，才用官职来奖赏他们。人们学习为善，士人学习治学，士人学成之后则更进一步学习教化百姓，大家各自尽力做好自己职分内应当做的事，而不是依靠恩宠才这样做，况且这岂是靠赐予爵位的恩宠就能做到的？随着周的衰败，教化逐渐废弛，使得孔子这样的有道之人在天下得不到重用，于是就与学者一起研究大道，致力于将其发扬光大，这是孔子迫不得已去做本该由天子做的事，为的是使自古以来帝王的道统有所承继。所以在上不等着周天子宗室下达命令，在下不借用鲁、卫诸侯国的权力，就自己着手去做这件事了。孔子去世之后，鲁哀公用对待下大夫的礼节为孔子作诔词，在其中称他为“尼父”而没有谥号，所以孔子的嫡孙子思虽然身列于士的行列，却没有世代承袭的官爵。这不是因为孔子的七十个著名弟子不能为自己的老师提请追加谥号和官爵，而是因为鲁哀公缺乏对贤人的尊尚之心。君子之道，实行起来就能够治理国家，得不到实行就用来教导子弟。

用来治理国家，就接受上天授予的官职而尽好应尽的职责；用来教导子弟，就尽力践行为人之道以校正人伦。其中最重要的，没有比在道义与实利的分别上坚守正确的做法更重要的了。接受上天所授官位的君子，现世的利益也会集中流向他，而这是实实在在的道义所许可的，因此他们可以到达极为尊贵的地位而不必推让。尽力践行为人之道以校正人伦的君子，依照道义需要戒慎行事，因此必定要远离现世利益，那么即便世人让我身居显贵之位，我也必定不能接受。推崇廉洁与知耻，谨慎于取舍之事，引导天下远离荣华与实利，使人知道即便身居民间草野的简陋屋室，也要分担上天赐予下民恩宠安宁从而使他们处于美好状态的重任，这就是孔子之所以德行超过尧、舜而能够与天相配的原因所在。孔子去世后，他的七十个弟子，在学术上走向分散，教化上也变得混乱，于是就有异端出现了，像田骈、惠施这些人，道术不足以胜过天下间贤能有智慧的人，就利用当时君主的推举与抬高，来引诱人们以自己为师。所以齐威王想用万钟的俸禄供养学者，而孟子斥为垄断学术的下贱之人，愤而辞去，著书立说来启示后世学者。他把当朝君王对他的尊崇礼遇，视为尘垢落在身上一样，唯恐不能尽早沐浴洗涤。坚守义与利的重要区别，然后才能不辱没君子之道，这是一件很严肃的事情啊！就像舜和盗跖的区别，长久以来就是不容人们混淆的。

老子之学，流而为神仙，其说妖，其术鄙，非得势不行也。故文成、五利之于汉，寇谦之之于拓拔氏[①]，赵归真、柳泌之于唐[②]，王老志、林灵素之于宋[③]，锡以师号，加以官爵，没而祀之，而后天下之趋黄冠也如骛。浮屠之学，流入中国，其说纤，其术悖，非得势不行也。故佛图澄之于石虎[④]，鸠摩罗什之于苻坚[⑤]，宝志之于梁[⑥]，智顗之于隋[⑦]，乃至禅学兴而五宗世继，擅名山之利者，必倚诏命，锡以金紫，宠以师号，没而赐以塔庙，加以美谥，而后天下之趋缁流也如骛。柰之何为君子儒者，一出登朝，急陈其所师者推为教主，请于衰世之庸君奸相，徼一命以为辉光，与缁黄争美利，而得不谓之辱人贱行乎？

【注释】①寇谦之（365—448）：字辅真，上谷郡昌平县（今北京市昌平区）。北魏时期道教代表人物与改革者，新天师道（北天师道）的领袖。始光元年（424年），献道于太武帝拓跋焘，倡导道教改革，制订乐章，诵戒新法，得到太武帝和宰臣崔浩鼎力支持，亲赴道场受箓，修建新天师道场。

②赵归真（？—846）：中国道教名人，唐代道士。向敬宗“说以神仙之术，宜访求异人以师其道。”武宗好道术修摄之事，对赵归真更为宠信。柳泌：唐方士。元和间结识宰相皇甫傅，向唐宪宗进药，宪宗服其所进金石药，躁怒，左右多得罪，不久暴死。柳泌在穆宗即位后被杖杀。

③王老志（？—1122）：濮州临濮人。初为转运小吏，后遇异人入道，遂弃妻子结草庐田间，以道术知名。被引荐给宋徽宗，召至京师，赐号洞微先生。林灵素：北宋人，字通叟，温州人。为道士，善雷法，以法术得幸徽宗，赐号通真达灵先生，加号元妙先生、金门羽客。提出了“神霄说”引诱宋徽宗成为“教主”，掌握北宋教权。

④佛图澄：《高僧传》卷九《佛图澄传》中记述：佛图澄是西域人，本姓帛氏。少年时出家学道，能背诵经文数百万言，善解文义。虽然没有读汉地儒学史书，而与诸位学者高士辩论质疑，全能符合理义，没有人能难倒他。石虎（295—349）：羯族，字季龙，上党郡武乡县（今山西省榆社县）人。后赵明帝石勒堂侄，十六国时期后赵君主。善于骑射，勇冠当时。

统治时期极度荒淫残暴，肆意屠杀大臣，百姓民不聊生，起义不断。崇信佛教，促进佛教在中原地区迅速传播。

⑤鸠摩罗什（343—413）：东晋十六国时期后秦高僧，中国汉传佛教四大佛经翻译家之一。博读大小乘经论，名闻西域，在汉地也有传闻。

⑥宝志（418—514）：僧人。俗姓朱氏，南朝梁代句容县东阳镇（今属南京市栖霞区）人。7岁随法俭和尚出家，苦守古佛青灯50多年，为释门名僧。南朝梁武帝国师。

⑦智顗（538—597）：一般是指“智者大师”，中国佛教天台宗四祖。俗姓陈，字德安。十八岁投湘州（今湖南长沙市）果愿寺法绪出家，日夜勤习，造诣甚深。曾讲《法华经》《大智度论》《次第禅门》等。生平造寺三十六所，入灭后，晋王依照他的遗愿在天台山另行创建佛刹，后于大业元年（605年）题名为国清寺。

【译文】老子的学说，在后世流传过程中演变出一种神仙之学，这种学说的言谈妖妄，术法鄙陋，不依凭官方势力的加持就不能流行起来。所以汉代有文成将军、五利将军，拓跋氏主政的北魏有寇谦之，唐代有赵归真、柳泌，宋代有王老志、林灵素，这些人都被天子赐予天师一类的封号，还加官进爵，死后还要祭祀他们，而后天下间迎合依附道士的人像野鸭子一样成群结队赶来。佛教的学说传入中国，其学说纤细精微，其方法悖于一般的学问，不得到官府势力的加持也不能流行。所以有佛图澄辅佐石虎，鸠摩罗什辅佐苻坚，宝志辅佐梁朝，智顗辅佐隋朝，而后禅学得以兴起并出现了五家宗派世代传承，那些独揽名山宝刹之利的人，一定要仰仗皇帝的诏命，赐给他们或金或紫的官服，冠以大师的名号以示恩宠，死后还赐建塔庙，加封好听的谥号，而后天下间迎合依附僧侣的人也像野鸭子一样成群结队赶来。奈何那些做君子儒的人，一旦出仕登上朝廷，也急于称扬他们的老师，将其推崇为教主，向衰微之世的昏庸君主、奸邪宰相提出请求，求取一个称号作为自己的荣光，从而与僧侣道士争夺丰厚的利益，他们这样做，能不被称为人品可耻、行为低贱吗？

夫君子之道，弘传奕世，非徒以迹美而名高也。使后起之君相，知之真，行之力，学其所学，以饬正其身；行其所行，以治平其天下；则旷百世以相承，而君子之志得矣。如其不能，而徒尚以名，则虽同堂而处，百拜以求，登之于公辅，而视之无异于褐夫；禄之以万钟，而视之无殊于草芥。则身没以后，片语之褒，一官之命，以莛叩钟[①]，漠乎其不相应也。为之徒者，弗能推此志以尊其师。而营营汲汲，伏伺于辇毂，奔走于权门，迨其得之，乃以骄语于俦伍。身辱者，自取之也；辱其所师以辱道，不已甚乎！

【注释】①以莛（tíng）叩钟：原意是钟的音量大，用草茎去敲，就不能使它发出应有的响声。后比喻学识浅薄的人向知识渊博的人请教。出自汉代东方朔《答客难》。

【译文】君子之道，弘扬传播并且世代相传，靠的不只是美好的行迹和高远的名声。假使后世的君主宰相，对君子之道知道得真切，践行得用心，用其来修整纠正自身；践行君子之道所应践行的，用来治理和平定天下；那么即便久远到百代之后，天下也能够一脉相承，君子的志向也就得以实现了。如果他们不能做到这样，而只是崇尚君子之道的名声，那么即便他们与君子同处一个屋堂之下，拜了上百次来求道，并且登上了三公宰相的官位，看起来还是跟普通农夫没什么区别；即便他们享有万钟粮食的俸禄，看起来还是跟草芥一样没什么价值。那么在他们身死以后，只能得到只言片语的褒奖，一个官位的命名，那就像用一根草来敲钟一样，是默默然不会有所响应的。作为他们弟子的人，也不能推行君子之道的志向，从而使自己的老师真正得到世人的尊崇。他们只知道急切地营求利益，在皇帝、官员的车轮后隐伏窥伺，在权贵门前来往奔走，等他们得到了自己想要的，就用骄傲的语言向自己的同伴夸耀。他们自身受辱，是自己求取的；但辱没了老师又辱没了君子之道，不是太过分了吗！

夫为此者之志，大可见矣。志之未壹也，业之未崇也，大义弗能服躬也，微言弗能得意也。委琐因仍以相授受者，非浸淫于异教，则自比于蒙师。所恃以自旌于里塾，曰吾理学之正传，推所渊源，而天子尊之矣，天下其何弗吾尚也？非是，则丰屋之下，三岁而不觌一人[①]，其为儒也亦鲜味矣。耀枯木之余焰，续白日之光辉，故朱子没而嗣其传者无一人也，是可为长太息者也！理宗之为理也末矣。则朱门之儒为山长者，愈不足道矣。宜其借光于史弥远、贾似道之灶炀也[②]。

【注释】①觌（dí）：见，相见，观察，察看，显示，显现。

②炀：火、火光。

【译文】这么做的人的志向，大致可以看出来了。他们的志向不专一，修业缺乏崇敬之心，对于君子之道的大义不能亲身躬行，对于经典的微言大义也不能掌握。他们的学识鄙陋委琐，所以只能靠机械地沿袭来传授学问，不是淫浸于异端邪说，就是自比为启蒙儿童的老师。这类人在乡间里塾进行自我表彰的仗恃，就是自称："我是理学的正统传人，推究我学识的渊源，连天子也要尊崇它，那么天下人怎能不尊崇我呢？"如果不这样强行自我表彰，那么他们高大的房屋之下，就三年也见不到一个人，他们作为儒者也就太没意思了。他们这是用枯木燃烧所剩的零星火焰承续白天太阳的光辉，这是不可能的。所以朱子死后没有一个人能继承他的学说，这真是令人长长叹息的啊！理宗皇帝以"理"为名，这个"理"也真是末流了。那么朱子之门里作为书院山长的后继儒者，就更不值得一提了。他们只能借助史弥远、贾似道之流炉灶里的一点火光为自己增光罢了。

三会女直以灭契丹，会蒙古以灭女直，旋以自灭，若合符券。悬明鉴于眉睫而不能知，理宗君臣之愚不可瘳[①]，通古今天下未有不笑之者也。虽然，设身以处之，理宗之应此也亦难矣。会女直以灭契丹，非女直之为之也。女直无藉援于宋之情，亦无遽思吞宋之志。童贯听赵良嗣闲道以往约[②]，而后启不戢之戎心。使宋闭关以固守，则女直不能测宋之短长以思凌夺。且宋之于契丹也，无君父之仇，则援而存之以为外蔽，亦一策也。不此之虑，而自挑之，其咎无可委也。会蒙古以灭女直，则宋未有往迎之心，而王楫自来，其势殊矣。蒙古之蹂女直也，闻之则震，当之则靡，左驰右突，无不逞之愿欲。其将渡河而殄绝之，岂待宋之夹攻而后可取必？然且闲道命使，求之于宋者，其志可知矣。女直已归其股掌，而涎垂及宋，殆以是探其情实，使迟回于为欣为拒之两途，而自呈其善败。故曰宋之应此亦难矣。

【注释】①瘳（chōu）：本义疾病消失了，此处指治愈。

②赵良嗣：即马植（？—1126），字良嗣，北平郡徐无县（今河北省遵化市）人。世为辽国大族，后降北宋，宋金和议的首倡者。赐姓赵氏，宣和间，七次赴金与阿骨打约定攻辽，加官光禄大夫。因反对收纳张觉，被削职。钦宗时因金兵南侵，贬郴州处死。

【译文】宋朝先联合女真灭了契丹，又联合蒙古灭了女真，不久自己也灭亡了，这些事情的接连发生，就像符与券完全相契合一样。明明白白的前车之鉴就摆着在眼前却不能预知，理宗君臣的愚蠢真是无药可救了，古往今来天下没有不笑话他们的人。即便如此，设身处地作想，理宗也是很难去应付这种形势了。宋朝联合女真灭契丹，并不是女真要这么做的。女真没有借助宋朝援助的心情，也没有马上吞并宋朝的志向。是童贯听从了赵良嗣的计策，走小路前去与金国约定，由此开启了他们无止无休的争战之心。假使宋朝闭关固守，那么女真就不能测知宋朝的实力，也就不会想着来欺凌和侵夺宋朝。而且宋朝与契丹并没有国仇家恨，因此援助并使之保存，正好可以让它成为自己在北方的屏障，这也是一种计策。不但不考虑这些，还自己挑起战争，宋朝的过错真是无可推诿了。联合蒙古灭女真时，宋朝并没有前往蒙古出使或迎接蒙古来使的心情，而蒙古使者王楫自己前来商议，这形势跟之前就不一样了。蒙古对女真的蹂躏，令女真人仅仅是听闻就感到震惊与害怕，一旦与蒙古军相抗就崩溃败北，蒙古军左冲右突，没有不能达到自己意愿的。蒙古本来就快要渡过黄河灭绝女真了，哪里需要等宋朝配合自己夹攻，而后才必定攻下女真呢？但蒙古还是从小路派来使者，向宋朝提出联合灭亡女真的请求，蒙古的志向由此而知了。女真已经落入他们的股掌之中，他们又进一步垂涎宋朝，所以大概是用这个办法来探测宋朝的虚实，让宋朝在欣然接受和拒绝两种方案上犹豫不决，由此呈现出自己的虚实情况。所以当时宋朝要应对这种情形确实是很困难了。

藉不许其约而拒之与？则必有拒之之辞矣。有其辞，抑必有其践之之实矣。拒之而不以其理，则辞先诎；如其辞之不诎，而无以践之，则为挑衅之媒，而固苶然不敢尽其辞。将应之曰："金，吾与国也，世与通好，盟不可寒。今穷而南依于我，固不忍乘其危而规以为利。"如是以为辞，而我诎矣。君父囚死于彼，宗社倾覆于彼，陵寝发掘于彼，而以迫胁要盟之约为信，抑将谁欺？明恃女直为外护，以缓须臾之祸，而阳托不忍乘危以夸志义；怯懦之情不可掩，而使其谋我之志益坚，则辞先诎，而势亦随之以诎矣。惟其不可，故史嵩之亦无可如何，宁蹈童贯败亡之轨而不容已于夹攻之约。昏庸之臣主，势所不能自免也。

【译文】如果不答应蒙古的请求而拒绝他们呢？那就必定要有拒绝他们的说辞。有了拒绝的说辞，就必须要有落实自己说辞的实际行动。拒绝他们却拿不出合乎道理的说辞，那么拒绝起来首先就理屈了；如果拒绝的说辞并不理屈，却没有落实自己说辞的实际行动，那这种说辞就会成为挑起争端的导火线，而宋朝本来就虚弱胆小，不敢态度鲜明地拒绝。如果宋朝接下来的回应是："金，是我国的友邦，我国世世代代都与它友好往来，两国之间的盟约不能废除。现在金国走投无路，向南来依靠我国，我们固然不忍心乘着它危殆而图谋求利。"如果这样来回应蒙古，那就是我国理屈了。宋朝的君父被囚禁并死在金国，宗庙社稷被金国颠覆，先代帝王的陵墓也被金国挖开，却用在金的胁迫下签订的和约作为需要信守的承诺，这又打算欺骗谁呢？明明是仗着女真作为宋朝在关外的守护，才得以延缓即将到来的亡国之祸，表面上却假托自己是不忍心趁着女真危险攻打它，以此夸大自己的志向和义气；怯懦之情掩盖不住，就会使蒙古图谋我方的志向更为坚定，这就是言辞上先已理屈，形势上也会随之力屈。正因为不能这样做，所以史嵩之也无可奈何，宁愿重蹈童贯败亡的覆辙而不能不与蒙古签订夹攻女真的条约。这是昏庸的君主与臣子迫于形势所不能自免其祸的。

诚欲拒之而善其辞，必将应之曰："金，吾世仇也，往者我有不令之臣，听其诈诱，资之兵力以灭辽，谓举燕、云以归我；辽命既剿，猝起败盟，乘我不备而倾我宗社，吾之不与共戴天久矣。徒以挫折之后，国本未固，姑许之和，以息吾民而用之。今者生聚于数十年之余，正思悉率师武臣力以洒前耻，而天假于彼，驱之渡河，使送死于汴、蔡。今河北之地，彼且渐收之以入版图，河南为吾陵寝之土，我固将起而收之，俘守绪而献之祖庙[①]。定河北者，在彼有余力而可不须我也；河南者，固在我运筹之中，而抑可不重烦于彼。吾视吾力以进，各以所得为疆域；待之金孽尽殄，封畛相联，然后遣使修好，讲睦邻之盛事。今方各有中原之事，未遑将币，信使之来，钦挹嘉问，敬闻命矣。"如是以答之，则我义既伸，彼奸亦擿。辞不诎矣，而实不足以践之，狡焉思逞之猾虏，岂可以虚声詟服者哉？志不定，胆不充，固呐焉不能出诸口也。

【注释】①守绪（1198—1234）：即完颜守绪，本名完颜守礼、完颜宁甲速，大兴府大兴县（今北京市）人，金朝第九位皇帝。在位十年，期间任用了完颜陈和尚、完颜合达等名将抗击蒙古，又尝试改善与西夏、南宋的关系，并进行了一系列的改革，但是均以失败告终。敌不过蒙宋联军，最后逃往蔡州，被围困数月后，传位于东面元帅完颜承麟，自己则自缢于幽兰轩，时年37岁。至此，立国120年的金朝宣告灭亡。

【译文】诚然想拒绝蒙古又找到好的说辞，必将回应蒙古说：“金国，与我国世代有仇，以前我国有不忠贞的大臣，听信了他们的欺诈和引诱，协助他们出兵灭了辽，说要把整个燕、云地区都归还我国。但辽灭亡之后，金国却突然起来破坏了盟约，还乘我国不备颠覆了我国的朝廷，因此很长时期以来，我国与金国都是不共戴天的仇人。只是我国在受到挫折之后，国家的根本尚未巩固，所以姑且先与他讲和，以使我国人民有休养生息的时间。现在我国已经休养生息了数十年多，正想着动用军队和武将的力量雪耻。而上天借助你们的意志，驱赶金国渡过黄河，让他们到汴、蔡地区送死。如今河北的土地，你们且逐渐收入自己的版图；河南是我国帝王的寝陵之地，我国本来就要出兵收回，俘虏金国的皇帝完颜守绪，将他献到祖庙里祭祀祖先。安定河北，你们自有余力而可以不用依靠我国；收复河南地区，则本来在我国的运筹谋划之中，也可以不必麻烦蒙古。我国根据自己的力量进兵，咱们各自以得到的土地为疆界；等到金国的罪孽全部被消灭，我们两方的疆土相连，然后再派出使者建立友好关系，谈讲睦邻友好的盛事。如今正是两国在中原用兵的时节，来不及带上礼物，你们的信使前来，我国敬受美好的问候，已经知道你们的意思了。”像这样回应蒙古，那么我方的正义既得到伸张，对方的奸邪也予以揭发了。如果只逞言辞上不屈，实力上却不足以做到自己所说的，狡猾地想在同样狡猾的敌人面前逞言辞之快，难道可以用虚张声势来镇服他们吗？意志不坚定，胆量不充足，固然会张口结舌地说不出口了。

虽然，宋于此时，诚欲践此言，抑岂无可恃之具哉？童贯之夹攻契丹也，与刘延庆辈茸阘之将，率坐食之军，小入则小败，大入则大溃，残辽且竞起而笑之。祸已成，势已倾，所仰望以支危亡者，又种师道之衰老无能者也。及理宗之世而势屡变矣，岳、韩、刘、吴之威，挫于秦桧，而成闵、邵弘渊、王权、张子盖习于选懦[①]，故韩侂胄蹶起而旋仆。乃自侂胄之乐进武人而重奖之也，于是而虔矫之才亦为之磨厉。孟宗政、赵方、孟珙、余玠、彭大雅之流起[②]，而兵犹足为兵，将犹足为将，战犹有以战，守犹有以守，胜犹非其徼幸，败犹足以自持。左支右拒于淮、襄、楚、蜀之闲，不但以半割残金，而且以抗衡蒙古。垂至于将亡之际，而西川之争，旋陷旋复，襄、樊之守，愈困愈坚。吕文焕、刘整反面倒戈，而驰突无前，率先阿术[③]、伯颜以进。如使君非至闇，相匪甚奸，则尽东南之力，以扑灭分崩之女真而收汴、雒，固其可奏之功。以视昔之闻声而栗、望影而奔者，强弱之相差亦远矣。诚奉直词以答蒙古，奚患言之不践，徒资敌笑乎？

【注释】①成闵：字居仁，邢州人。南宋大将。靖康初，在刘韐麾下，抗击金兵。邵宏渊：南宋将领，在宋孝宗即位之后，与李显忠一起主持“隆兴北伐”。邵宏渊为人争强好胜，心胸狭隘，与李显忠不和。妒功不救，并蛊惑士卒，涣散军心，酿成符离之败，被迫签订了屈辱的“隆兴和议”。王权：字秀山，太原人，五代时后晋大臣。因坚决拒绝石敬瑭丧权辱国出使契丹的诏命，坐罪停职。张子盖（1112—1162）：字德高。凤翔府成纪县（今甘肃天水）人。南宋初年将领，太师张俊从子。在海州取得大捷，成为南宋“中兴十三处战功”之一，张子盖亦得以列名“南渡十将”。

②孟宗政（1164—1223）：字德夫，绛州（山西新绛县）人，南宋名将。岳飞部将孟林之子，少从父抗金，随军徙居襄阳枣阳（今湖北），自幼豪伟，有胆略。知兵善战，多次打败金军，金人畏之如虎。孟珙（1195—1246）：字璞玉，号无庵居士，随州枣阳（今湖北枣阳）人，南宋中后期军事家，民族英雄，抗金、抗蒙名将，左武卫将军孟宗政第四子。由于其在抵抗蒙古军的杰出表现，被后世军史家称之“机动防御大师”。孟珙虽为武将，但注重文教事业，于战乱之际兴建公安书院、南阳书院。彭大雅（？—1245）：字子文，南宋鄱阳（今江西省鄱阳县）人。将亲身见闻写成《黑鞑事略》，是研究蒙古开创历史的珍贵资料。彭大雅曾修筑重庆城防，在历史上遏制了蒙军的灭宋进程，然而因功高受人嫉恨，被屡进谗言，不久贬为庶人，发配赣州，后于忧愤中死去。

③阿术（1234—1287）：即兀良哈·阿术，元朝初期名将，蒙古族、蒙古国开国功臣速不台之孙，都元帅兀良合台之子。蒙哥汗时，从父征西南夷，平大理，克诸部，降交趾。

【译文】即便如此，宋朝在这个时候，如果真想按这个说法去做，难道没有可以依恃的吗？童贯与金国夹攻契丹时，与刘延庆等一伙愚蠢无能的将领，率领着只会吃军饷的军队，小规模出动就小败，大规模出动就大败，使得残缺不全的辽国都竞相起来嘲笑他们。靖康时灾祸已经形成，形势已经倾覆，人们所仰望希冀其能支撑危亡局势的，又是种师道这样衰老无能的将领。到理宗的时候，形势已经发生了多次改变，岳飞、韩世忠、刘锜、吴玠吴璘兄弟的军威，已经被秦桧挫毁，而成闵、邵弘渊、王权、张子盖都是柔弱怯懦之辈，所以才有韩侂胄的突然兴起，不久又仆倒在地。自从韩侂胄乐于进用武人并且对他们重加奖赏，那些习惯欺压掠夺别人的人也受到了磨砺。孟宗政、赵方、孟珙、余玠、彭大雅之流兴起，兵士还足以作为兵士，将领还足以作为将领，作战还足以作战，防守还足以防守，取胜还不是靠侥幸，失败还足以自我维持。他们在淮、襄、楚、蜀地区之间左右支撑和抵抗，不但能击败残余的金人，还能与蒙古抗衡。直到宋朝快要灭亡的时候，他们在西川与蒙古争夺，也是一时失陷一时又能收复，襄阳、樊城的守卫战，愈是艰难反而愈发坚守。吕文焕、刘整反叛倒戈之后，蒙古军队才奔驰突进无可抵挡，吕、刘二人率军在阿术、伯颜的军队前面向宋朝进军。如果不是君主昏庸至极，宰相奸邪至极，那么用东南地区的全部力量扑灭分崩离析的女真，进而收复汴、雒之地，一定是可以达成的功业。这与以前听到敌人的声音就发抖、望见敌人的影子就奔逃的军队相比，强弱的差别是很大的。如果真的直言回应蒙古，哪里需要担心所说的话不能做到，只能让敌人嘲笑呢？

君国者，理宗也；秉成者，史嵩之也；继之者，贾似道也。通蒙古亦亡，拒蒙古亦亡，无往而不亡，则虽欲善为辞以应之，而固无可应。不得已而姑许之，明悬一童贯、王黼之昭鉴[①]，为异日败亡之符券，而有所不能避，固其必然矣。通而计之，酌时势而度之，固有可不亡之道。而要非徒拒蒙古会师之约，可以空言为宋救也。空言者，气矜而不以实者也。

【注释】①昭鉴：明鉴，指能够引以为戒的明显的前例。

【译文】国家的君主，是理宗；主和的人，是史嵩之；继承他的人，是贾似道。与蒙古合作也灭亡，拒绝蒙古也灭亡，无论做什么都要灭亡，那么即使想用妥善的言辞回应蒙古，也本来就没什么话可以回应。迫不得已，只好姑且答应对方，以童贯、王黼作为前车之鉴，清晰地映照出自己在他日也必然走向败亡的轨迹，却又不能避开，这本来就是必然的了。整体看来，斟酌时势而加以度量，本来有可以不走向灭亡的道路。而其要点，在于不是只在言辞上拒绝蒙古联合出兵的盟约，空言是不能挽救宋朝的。所谓空言，就是只逞意气而不考虑实际情况的言辞。

四

尝论之曰：浮屠氏以生死为大事。生死者，一屈一伸之数，天之化，人无得而与焉，知命者不立乎岩墙之下而可矣，恶足以当大事哉？君子之大事，在仕与隐。仕隐者，君子之生死也。方仕而隐，伸而必屈也，而唯己自屈，物不能屈焉。方隐而仕，伸其所屈也，而唯己自伸，物不能伸焉。有可以仕，有不可不仕；有可以隐，有不可不隐。持之以大贞而存其义，酌之以时宜而知其几。生以之生，死以之死，生不虚而死不妄。不轻以身试天下，不轻以天下试其身。终身守之，俄顷决之，皆存乎一心。故曰仕隐者，君子之生死也。

【**译文**】我曾做过这样的论说：佛教把生死看做大事。生和死，是气数一屈一伸两种情况，是上天的造化，人不能参与干涉这件事，知道命数的人能做到不立于危墙之下就可以了，哪里足以面对生死这样的大事呢？君子的大事，在于选择出仕或隐居。出仕和隐居，就是君子的生和死。其从仕宦归于隐居之时，之前伸展的必然屈折起来，而君子只能由自己来屈折，外物不能使之屈折。其从隐居进入仕途之时，是从折屈变成伸展，而君子只能由自己来伸展，外物也不能使之伸展；有的情况是可以出仕的，有的情况是不可以出仕的；有的情况是可以隐居的，有的情况是不可以不隐居的。持守大道而保持正义，再对当时的具体情况加以斟酌，就会知道它的变化征兆。生就依凭这个来生，死就依凭这个去死，这就使得生不空虚而死不空妄。不轻率地为天下牺牲自己的身家性命，也不轻率地为了保全自己的身家性命，置天下于不顾。终身持守这个原则，每一瞬间的决断，都存于这种坚定不移的志向中。所以说出仕和隐居，就是君子的生和死。

君子之道，仕者其义也，隐者其常也，知仕则知隐矣。故君子之仕，其道非一，而要皆以可于心者为可于道，则一也。天下待以定，民待以安，君待以正，道诚在己，时不可违，此其不可不仕者也。鲁两生之德[①]，不足以胜之，而高自骄语，无谓也。其次，则天下已治安矣，出而无以大异于出也，而君以诚求，贤以汇升，治以赞襄而益盛，则义在必仕而时顺之，虽可以隐弗隐也。周党、严光、魏野、林逋之欲自逸者，非也。其次，则治与乱介，而国是未定；贤与奸杂，而流品未清；君子急将伯之呼，小人深侧目之妒，可弗仕也。而自牖之约可纳[②]，同声之应不鲜[③]，志诚贞而忧患诚不能以中辍，则出入于风波之中，而犹可不为之葸退，固志士之自命者然也。其下，则君昏而不察，相奸而不容，怀悲愤以愍颠隮[④]，忤权臣而争邪正，于是斥之、罢之、窜之、逐之，乃至诬以罪罟，罗以朋党，而伏尸于都市，此诚不可仕矣。而业已在位，无可避之鈇钺，则逄[⑤]、比之遗烈，未尝不可追，而勿为挟全躯保妻子之谋，以引身佚处。仕与死相因，死不可畏，仕亦不可为之中沮矣。

【注释】①鲁两生：《史记．刘敬叔孙通列传》："叔孙通使征鲁诸生三十余人。鲁有两生不肯行。"后便以"鲁两生"指保持儒家节操，不与时俗同流合污的代表人物。亦指迂腐不知时变者。

②自牖之约可纳：语出《周易·坎》："六四……纳约自牖"。"纳"（亦写作内）为入，意指献祭；"约"简约；"牖"，窗，窗下。此句是说：献祭简约到在窗下进行。

③同声之应：指志趣、意见相同的人互相响应，自然地结合在一起。出自《周易·乾》："同声相应，同气相求。水流湿，火就燥。"

④愍（mǐn）：担忧。

⑤逄（前1713—前1620）：即关龙逄（也作关龙逢），发、桀两代夏王的相，中国历史上第一位名相，因为进谏忠言而被杀。

【译文】君子之道，出仕是君子义所应为之事，隐居则是君子本来应处的常态。知道出仕之道，就自然知道隐居之道。所以君子的出仕，其途径不是只有一种，而各种途径的要点都在于，君子心中所认可的应该合乎道，那么出仕、隐居就一致起来了。天下等着君子来安定，民众等着君子来安抚，君主等着君子来扶持其行走在正义之道上，那么道如果真的在我身上，这样的时机是不可违逆的，这就是君子不可不出仕的原因。汉初时鲁国两位儒生的德行，不足以胜过君子，却自我抬高、言语傲慢，这是没有意义的。其次，当天下已经治理安宁，君子的出仕跟别人的出仕没有根本不同，但君主以诚意寻求君子，贤人以类相聚而得以升用，国家治理由于君子的襄助而更为兴盛，那么义之所在，君子也必须顺应时势出来做官，即使可以隐居却不隐居。周党、严光、魏野、林逋这些人想自我安逸，也是不对的。再次，则是国家介于治与乱的中间，国家大政尚未确定；贤人与奸臣混杂为用，人物的品类还没有区分清楚；君子被急切地召唤来担任将领和大臣，小人对君子侧目窥视而心怀妒忌，这种时候君子可以不出仕。但如果有人诚意与我交往，那也是可以接纳的，不缺少志同道合者之间彼此呼应的声音，而且大家的志向确实贞正，忧患也确实不能中断，那么就是出入于风波之中，也可以不感到畏惧和退缩，这本来就是志士仁人赋予自己的使命。再下一等的，是君主昏庸而不能明辨是非，宰相奸邪而不能容人，君子内心怀着悲愤而担忧国家的危亡，忤逆权臣而与之争论正邪，于是遭到贬斥、罢官、流放、驱逐，乃至于用罪名诬陷君子，罗织以朋党之罪，使诸多君子在都市被处死，这就真是不可以出仕的时候了。而那些已经在官位上的人，面对不能躲开的刑罚迫害，关龙逄、比干那种殉国的忠烈行为，未尝不可以追加仿效，但不要怀着保全生命和妻子儿女的想法，就退引到安闲放逸的所在。出仕与死相互联系，死不可怕，出仕也不可因为可能会死而中途废止。

呜呼！小人之杀君子，君子弗避焉者，假以君之威灵，诬以国之刑典，既分义之不可逃；而其死也，昭昭然揭日月以正告于天下，则奚必死之愈于生哉？凡小人之贼贤以乱国者，类出于此。唯理宗之世，史嵩之当国，其杀人独异于是。忌之也愈甚，而仇之也愈隐。议论弗争也，禄位弗夺也，酬酢如相忘也[①]，宴笑如相好也，投酖于杯酒盂羹之中，仓卒以死，而片语不能自伸。天子莫能测其械，盈廷莫能讼其冤。若此者，犹与之共立于朝以相抵牾，是抱蝮以寝而采堇以茹也[②]。则诚所谓岩墙者矣。焉有君子而陨其生于杯酒盂羹者乎？需迟顾眄，不勇退于崇朝，不亦惑乎？

【注释】①酬酢：宾主互相敬酒，泛指交际应酬。。

②蝮：毒蛇。堇：毒草。

【译文】呜呼！小人杀害君子，君子却不能躲避，是因为小人借着君主的威势，利用国家的刑法，对君子加以诬告，形成道义、名分上让君子无从逃避的罪责；而君子的死，光明正大如日月之行，能够将正义昭示天下，为什么死一定比生更好呢？因为凡是小人贼害贤人而祸乱国家，大多都是这种情况。只是在理宗时期，史嵩之执掌大权的时候，他杀害君子的情况却与此不同。他对一个人忌恨越深，就越是将对这个人的仇恨隐藏起来。议论朝政时也不与这个人争论，也不剥夺这个人的官职俸禄，还像忘记了仇恨一样与这个人应酬往来，宴乐欢笑如常就像彼此是好朋友一样，同时却把毒药投放在酒杯菜肴之中，使其突然死去，一句为自己争论辩白的机会也没有。天子也不能测知他用什么武器杀人，满朝的人也不能为此人鸣冤。像史嵩之这样的人，还与他一起站在朝廷之中相互抵牾，这就是抱着蝮蛇睡觉、采摘毒草当菜吃，真是所谓不可立于其下的高墙。哪里有君子会让自己在一杯酒、一盘菜中丧失性命呢？这种情况下还顾盼左右、迟疑不决，不尽快激流勇退，不也是太昏惑了吗？

不可死，则不可仕。不可仕而不谋隐，可不死而不贵生，死有轻于鸿毛，徐元杰、刘汉弼、杜范当之矣[①]。乃于时环顾在廷，无有引身而去者，则当时之人才亦大可见矣，尚望其能扶人之社稷之亡而致之存哉？呜呼！不可仕而犹可隐，以视进不可仕、退不可隐者，又奚若邪？嵩之杀士之日，去宋之亡犹三十余年，则知命贵生以不自辱，固有余地以置此身。若嵩之者，不与争权而毒亦释矣。过此而愈难矣。谢皋羽、龚圣予、郑忆翁、汪水云诸子者[②]，仕既无君，隐亦无土，欲求一曲之水，一卷之山，散发行吟，与中原遗黎较晴雨、采橡梠而不可得，然后君子之道果穷。如之何可隐不隐，而以死殉簪绂也哉[③]！

【注释】①徐元杰（1196—1246）：字仁伯，号梅野，南宋诗人、理学家，是上饶县历史上唯一的状元。早从朱熹门人陈文蔚学，后师事真德秀学习理学。杜范入相，徐元杰上书言事，慷慨陈词，力主排外患，修内政，保境安民。后疑奸人毒害而亡。刘汉弼：字正甫，上虞人。生二岁而孤，母谢氏抚而教之。嘉定九年举进士，授吉州教授。杜范（1182—1245）：字成之，号立斋，南宋宰相。淳祐四年（1244年）十二月，任右丞相兼枢密使，整肃朝纲，选拔贤才，驱逐史嵩之党羽。

②谢皋羽（1249—1295）：指“谢翱”，原籍长溪（今福建霞浦）人，南宋爱国诗人，“福安三贤”之一。倾尽家资，募兵八百，着布衣从军赴国难。投奔文天祥帐下，文天祥兵败被俘，谢翱不投降元，隐居在桐庐白云源芦茨村。龚圣予（1222—1304）：指龚开，南宋末诗人、画家。曾在两淮制置司李庭芝幕府任职，南宋灭亡后隐居不仕。郑忆翁（1241—1318）：指郑思肖，宋末诗人、画家。南宋灭亡后，不臣服蒙元的统治，自称“孤臣”。充分表述自己的爱国与忠诚。汪水云（1241—1304）：即汪元量，字大有，号水云，晚号楚狂。中国南宋末诗人、词人。宋亡后，亲身经历了三

宦北上、燕京生活，作品具有强烈纪实性。

③簪绂（zān fú）：冠簪和缨带，古代官员服饰，亦比喻显贵，仕宦。

【译文】没有不怕死的勇气，就不可以选择出仕。不可出仕的时候，却不谋划退隐，可以不死的时候，却不把生命看得珍贵，从而使自己死得比鸿毛还轻，徐元杰、刘汉弼、杜范就是这样的反例。在这个时候，还在朝廷环顾张望，没有引身而退的人，由此也大概可以窥见当时朝廷上没有什么真正的人才了，又怎能指望这些人来扶救国家社稷的危亡，从而使之得以保存呢？呜呼！君子不可以出仕还可以隐居，以此来看这些进不能出仕、退不能隐居的人，他们又是怎样的呢？史嵩之杀害士人的时候，距离宋朝灭亡还有三十多年，那么了解命运、珍视生命的人为了不使自己受辱，本来是还有安置自身的空间的。像史嵩之这样的人，如果不跟他争权，他的恶毒也就可以躲过了。但过了这个时期形势就更加困难了。谢皋羽、龚圣予、郑忆翁、汪水云这几位先生，想出仕已经没有君主可以效劳，想隐居也已经没有地方可去，想找到一湾清水，一处青山，披散头发行走着吟诗，像中原遗老那样讨论天气的晴雨、采摘橡树的果实也做不到了，然后君子之道就真的走到了穷途末路。为什么在可以隐居的时候不隐居，却以死为出仕殉葬呢！

五

不仁者不可与言，不可与言而言，失言。不仁之尤，冒不孝之恶，为清议所攻，犹多其口说以相拒，恶至斯而极矣。如是，而可执名义以与之争得失哉？尸大臣之位，徼起复之命，以招言者之攻击，自史嵩之始，而李贤、张居正、杨嗣昌仍之[1]。徐元杰抗论以强抑之而死于毒，至不仁者为蛇蝎以螫人，无足怪也。然则罗彝正、邹尔瞻、黄幼元之昌言名义[2]，娓娓而不穷，不已赘乎！夫子之斥宰予也，曰："女安，则为之。"弗与争也。但言安，而其天良之剿绝，不可复容于覆载。君子一字而烈于鈇钺，自此以外，无足与不仁者辨矣。

【注释】①李贤（1409—1467）：字原德，今河南邓州市人。明代的治世良臣，官至当朝首辅。明代名臣。入阁后，他举贤任能，以惜人才、开言路为急务，名臣多为其所识拔。他为人耿介忠直，深受英宗宠待。杨嗣昌（1588—1641）：字文弱，一字子微，自号肥翁、肥居士，晚年号苦庵，今湖南常德人，中国明朝后期大臣、诗人。深受崇祯皇帝信任。面对内忧外患的时局，杨嗣昌提出"四正六隅、十面张网"之策镇压农民军，同时主张对清朝议和。后计划失败，身患重病，惊惧交加而死。

②罗彝正（1431—1478）：即罗伦，中国明代文学家。为文有刚毅之气，诗作磊落不凡。邹元标（1551—1624）：字尔瞻，号南皋。江西吉水县县城小东门邹家人，明代东林党首领之一，与赵南星、顾宪成号为"三君"。为人敢言，勇于抨击时弊，因反对张居正"夺情"，被当场廷杖，发配贵州，潜心钻研理学。天启元年（1621年）任吏部左侍郎，后因魏忠贤乱政求去。黄幼元（1585—1646）：即黄道周，为明末学者、书画家、文学家、民族英雄。与刘宗周并称"二周"。因抗清失败被俘，壮烈殉国。

【译文】对于不仁的人，不可与其交谈；不可与其交谈而与其交谈了，就是失言。对于极其不仁的人，不顾不孝的恶名，受到清议的攻击，还用很多口舌为自己辩护，恶到这个地步也算到了极点。像这样的人，还能用名义与他争论得失吗？占着大臣的官位，谋求再次被起用的诏命，因此招来言官的攻击，这种情况是从史嵩之开始的，而李贤、张居正、杨嗣昌也都继续这么做。徐元杰抗议他们这么做并对其进行强行压制，最终死于被人下毒，最不仁的人会像蛇蝎一样螫人，这本是不足为怪的。形势都已经到达这样恶劣的地步了，罗彝正、邹尔瞻、黄幼元还提出言论讲谈“名”“义”，娓娓而谈没有穷尽，这么做不是过于累赘了吗！孔子斥责宰予时说：“只要你安心，你就这样做吧。”并不与他争论。只说安心就好，而他天良灭绝的话，自然不能为天地所容。君子说出一个字就比杀人的大斧还厉害，除此之外，没什么足以与不仁的人争辩的。

先王之使人子终丧而后从政，岂以禁制之哉？以仁人孝子之道相期，深愍而慰安之，意良厚也。以为子之所致于亲者已穷矣，但此三年之内，可薄效其哭踊奠送之忱，创钜痛深，有毁瘠灭性之忧，不忍复以国事相劳而重困之也。是上之所以待之者，方举而登之君子之堂；而顾自灭裂之以陷于禽兽之阱，则恻隐之心亡，而羞恶之心亦绝矣。夫至于羞恶之心绝，则莠言自口，谁扪其舌，而立身扬名、移孝作忠之说，皆唯其口给以与人相啮蹄，复何所忌，而尚可与之正言乎？

【译文】先王规定作为人子，必须在守丧告终后才可以从事政务，这难道是禁止人从事政务吗？这是以仁人孝子的道义君臣相期，深为怜惜而安慰臣民，用意实在是厚道的。因为身为人子，为亲人尽孝已经到了尽头，只能在三年丧期之内，用哭泣、顿足、祭奠、追怀来略微表达自己的诚心，但内心的创伤是巨大的，心中的伤痛是很深的，以致有令人毁伤身体、废坏性情的担忧，因此不忍心再用国家政务使其劳心，从而加重困扰。君主之所以这么体恤地对待他，是打算将来托举他登上君子的殿堂，而不是成为一个只顾自己、灭绝自然性情以至陷于禽兽之道陷阱中的人，因为如果那样，人的恻隐之心就灭亡了，羞恶之心也会断绝。如果到了羞恶之心断绝的地步，口中就会说出丑恶的言语，到了那个地步，谁还能去捂住他的嘴？而立身扬名、使孝心转移变成忠心的说辞，也只能由着他的利口与人们争辩，又还有什么忌讳，还有谁能与他谈论正道呢？

且夫庸主之徇其邪心，而必欲逆众论以起复之也，岂果谓此一人者不可旦夕不立于廷哉？藉其触严寒、犯炎暑、五日不汗以死，而社稷遂无所托邪？盖不仁者之得此于庸主，亦非易易也。或侧媚宫闱以倾主志，或结交宦寺以窥主心，或援引邪朋以称其才，或簧鼓吏民以颂其功。当父母尚存之日，早亿其且死，而为不可去之情形，胁上以祸福，留未了之残局，待己以始终。汶汶者遂入其罔而坚信之，曰：是诚不可使旦夕去我者也。夫然，则其为此也亦劳矣。而起复在位之日，腼颜以居百僚之上，气必有所沮，事必有所掣，终不能昂首伸眉，若前此之得志而骄。

【译文】而昏庸的君主依从这种人的邪心，定要违背众人的意见再次起用他，难道真是这个人一天不站在朝堂之上就不行吗？假如这个人受了严寒酷暑、五天没发汗而死，那国家社稷就没有人可以依靠了吗？大概不仁的人能够让昏庸的君主这样对待他，也不是一件很容易的事。或是从侧面向后宫妃嫔献媚以改变君主的意志，或是结交宦官以窥伺君主的心思，或是结交和借助邪恶朋党来称赞自己的才能，或是鼓动如簧之舌来煽动吏民歌颂自己的功劳。这种人当他的父母还在世的时候，早就想着父母赶快下世，由此好安排一个使自己不能离开朝廷的局面，用祸福的变化来胁迫君主，留下没有结束的残局，只有等待自己收拾残局才能让事情有始有终。昏庸不明的君主于是就落入这种人的圈套，坚定地相信他，说：这真是一天都不能让他离我而去的人。如果是这样，那么这种人处心积虑做到这一步，也是煞费苦心了。而当他终于被重新起用的那一天，厚着脸皮身居百官之上的位置，他的志气必定会有所挫败，做事也必定会有所掣肘，最终也不能昂首伸眉，像以前那样得意而骄傲了。

夫终丧之日短，而仕进之日长，亦何吝此三年之姑退，以需异日之复兴。然而决忍于禽兽之为，亦有繇已。持大权，居大位，与闻国之大计，而进退绰然，可因时以任己志者，唯君子能也。否则居心以坦，制行以恪，无险陂刻核之政，可寡过以免于弹射者也。旦进之而夕可退矣，夕退之而旦又可进矣。任事数十年，而决去一朝，可矣；投闲已久，而复起一朝，可矣。若夫不仁者，褊妒以妨贤，其积怨者深也；饰奸以罔上，其匿情者多也；擅权以远众，其欲相代以兴者伙也。所恃以钳盈廷之口、掩不轨之情者，唯魁柄在握，日得与宫廷相接纳，而欲指摘之者不得其要领耳。非无同恶之淫朋，而两奸相匿者，必隐而相倾。则一离乎其位，大则祸亟随之，小亦不能以更进。故史嵩之一退，而徐元杰果大反其所为。不得已而以酖毒杀正士，以自全也。不然，嵩之误国之辜，其不为丁谓、章惇之窜死也几何哉？

【译文】完成守丧的时间短，而出仕做官的时间长，又何必吝惜这三年守丧时期的暂时隐退，用以求取今后被重新起用呢？然而决意狠下心做禽兽所作的事，也是有原因的。掌握大权，身居高位，参与国家大政方针的决策，进退都显得宽裕坦然，可以根据时势按照自己的志向行事，只有君子能这样做。不然的话，就要保持居心坦荡，谨敬地自我克制，并且不使用阴险奸邪严刻寡恩的政治手段，才可以少犯过失并且避免被别人弹劾。这种人早上进用而晚上就可以退位，晚上退位而早上又可以进用。担任国家政务数十年，而可能在某一个早晨就决心离去，这是他可以做到的；长期被置于清闲的位置，却在某一个早晨突然被重新起用，也是可以的。如果是那种不仁的人，狭隘嫉妒而妨害贤人，内心有着很深的积怨；伪饰自己的奸邪以欺骗君主，他所隐藏的事情很多；专擅权柄而疏远众人，他想取而代之从而使自己得到重用的人也很多。他所凭恃的，就是钳住满朝大臣的口、掩盖自己不法的内情，只要自己权柄在手，每天都能与宫廷内部的人接触来往，那么想指摘他错误的人就抓不住要领。他也不是没有一同作恶的坏朋友，但是这种人相互间也会彼此欺瞒，一定有所隐瞒并且相互攻击。那么这种人一旦离开他的官位，严重的话灾祸马上就会临头，不严重的也不能再次受到进用。所以史嵩之一旦退位，徐元杰果然就将其掌权时的做法完全反过来了。史嵩之迫不得已，就用下毒的办法杀害正人君子，为的是保全自己。如果不这样做，按照史嵩之误国的罪行，他不像丁谓、章惇那样被流放而死，还会有什么不同的结局呢？

知小人之情出于此，则知其灭绝天彝之繇，实为国家之大蠹。直揭其所以求容之隐，勿但以求君子者责之于仁孝，奸无所容，而恶亦戢矣。宾宾然取仁人孝子孺慕之哀，天经地义人禽同异之理，与之相折，使得逞违心之邪说，蒙面以相诘，复恶从而禁之？斩蛇者，不责其大之吞小也，防其毒也；驱枭者，不责其子之食母也，恶其妖也。为毒为妖，足以当一死矣。是故诸君子之以仁孝攻史、李、张、杨也，亵道而失言，不如其已之也。

【译文】知道了小人的心情是出于这种情况，就会知道他们灭绝天理的缘由，他们实在是国家的大祸害。直接揭发他们使君主能够容忍他们在身边的隐情，而不必用要求君子的仁、孝问责于他们，那么小人的奸邪就会没有容身之地，他们的恶行也自然会有所收敛。客客气气地拿仁人孝子在亲人去世后思慕悼念的哀伤之情，拿这种将人类与禽兽区别开来的天经地义的道义去他们争辩，想以此使小人屈折，结果使小人逞言自己那一套违背人本心的歪理邪说，不要脸皮地与君子相互争论，这又怎能禁止他？斩杀毒蛇的人，不责问它以大吞小的恶毒，却只是防备它的毒；驱逐枭鸟的人，不责问它作为小鸟为何吃掉自己的母亲，却只是厌恶它的妖异。其实不论是毒还是妖，都足以让它死掉。所以君子用仁孝为理由攻击史嵩之、李贤、张居正、杨嗣昌之流，是对正道的亵渎，是不该与其交谈却与其交谈，不如停止使用这种做法。

刑具之有木棓、竹根、箍头、拶指、绞踝、立枷、匣床诸酷

具[1]，被之者求死不得，自唐武氏后，无用此以毒民者。宋之末年，有司始复用之。流及于今，法司郡邑下至丞尉，皆以逞其暴怒，而血肉横飞，不但北寺缇帅为然也[2]。呜呼！宋以此故，腥闻于上天，亟剿其命，不得已授赤子于异类，而冀使息虐，亦惨矣哉！宋之先世以宽仁立国，故其得天下也不正，而保世滋大，受天之祐，不期后之酷烈至此也！揆其所繇，自光宗以后，君皆昏瘘，委国于权奸；吏以贿升，恣行其污暴。虽理宗制"疾痛犹己"之刑箴，降"延及无辜"之禁令，而不为之式遏。祖宗矜恤之至意，炳于日星，数小人殄灭之而有余。小人之害亦烈矣！

【注释】①木棓（bàng）："棓"同"棒"，棒子。拶（zǎn）指：夹手指，是用夹棍夹住手指用力拉。

②北寺缇帅：锦衣卫指挥使。

【译文】刑具中有木棓、竹根、箍头、拶指、绞踝、立枷、匣床等各种酷刑用具，受到这些酷刑用具的折磨，会使人想求死却做不到，自唐朝武则天以后，就没有用这类刑具毒害人民的了。宋朝末年，官府又开始使用这类刑具。延续到现在，司法部门、地方郡县以至县丞、县尉等官吏，都使用这类刑具发泄他们的暴虐与怒气，使受刑的人血肉横飞，而不只是锦衣卫的北寺缇帅这样做。呜呼！宋朝因为这个缘故，血腥的气息已经传到上天那里，于是上天很快就断绝了它的天命，不得已而把百姓交给异族统治，希望以此止息宋朝的残虐，这也是很悲惨的啊！宋朝的先代帝王以宽容仁爱建立国家，所以虽然其得到天下的手段不太正当，但是却能保住国运而逐渐强大，受到上天的庇佑，没料到后世的酷烈竟达到这种程度！考察它的原由，自从光宗以后，君主都是昏庸萎靡的人，把国家大政交给奸邪弄权之人；官吏升迁靠的不是政绩而是彼此间的行贿，贪官污吏因此得以恣意实行他们的污秽和暴虐。虽然后来理宗制定了“痛苦就像自己亲身遭受一样”的用刑箴言，颁发了禁止“波及无辜”的法令，但情况也没有因此得到遏止。祖宗怜悯体恤民众的美好愿意，像日月星辰一样明亮，但仅仅几个小人就将其完全破坏殆尽。小人的危害实在是太严重了！

虽然，端本清源，以究其害之所自兴，则不但自小人始也。大臣之不法，小臣之不廉，若唐之有韦保衡、路岩①，宋先世之有蔡京、秦桧，恶岂减于史、贾哉？而有司不为之加暴。故知淫刑之害，不但自小人始也。

【注释】①韦保衡（？—873）：字蕴用，京兆杜陵（今陕西省西安市）人。唐朝宰相、驸马，礼部侍郎韦悫的儿子。迎娶同昌公主，仕途平步青云，恃恩据权，排除异己。公主去世后，恩礼日益减少。唐僖宗即位（873年），受到揭发，外贬贺州刺史，再贬澄迈县令，坐罪赐死。路岩（827—874）：字鲁瞻，魏州冠氏（今山东冠县）人。自幼聪敏过人，唐懿宗朝同中书门下平章事。居相位八年，当时皇权衰微，宰相用事，他委用亲吏边咸，大收贿赂，与韦保衡同为相，权势熏人，当时称其党为“牛头阿旁”。

【译文】即便如此，正本清源，以考察这种危害产生的源头，就会发现不只是从小人开始的。大臣的不法行为，小臣的不廉洁，就像唐朝有韦保衡、路岩一样，宋朝先前也有蔡京、秦桧，他们的凶恶难道比史嵩之、贾似道少吗？而当时的官府还没有因为这个别人的凶恶而变得更加残暴。由此知道过度刑罚造成的危害，不只是从小人开始的。

异端之言治，与王者之道相背戾者，黄、老也，申、韩也。黄、老之弊，掊礼乐[①]，击刑政，解纽决防，以与天下相委随，使其民宕佚而不得游于仁义之圃。然而师之为政者，唯汉文、景，而天下亦以小康。其尤弊者，晋人反曹魏之苛核，荡尽廉隅廉隅[②]，以召永嘉之祸[③]。乃王导、谢安不惩其弊而仍之以宽，卒以定江左二百余年五姓之祚[④]，虽有苻坚、拓拔宏之强，莫之能毁。盖亦庶几有胜残去杀之风焉。

【注释】①掊（pǒu）：打击。

②廉隅：比喻端方不苟的行为、品性。

③永嘉之祸：西晋怀帝永嘉五年（311年），政权衰弱，经济残破，社会矛盾尖锐，匈奴军队在刘渊之子刘聪率领下击败西晋京师洛阳的守军，攻陷洛阳并大肆抢掠杀戮，更俘掳晋怀帝等王公大臣，杀王公士民十万余人的一场乱事。永嘉七年（313年），晋怀帝被杀死，司马邺于长安即皇帝位，改元建兴。后建兴四年（316年），刘曜又攻入长安，俘晋愍帝，西晋灭亡。318年初，晋愍帝被杀死。"永嘉之乱"致使中国再次走向分裂。中国北部进入战乱不休的五胡十六国；南方则建立起东晋政权，史称"衣冠南渡"。

④五姓之祚：东晋和南朝宋、齐、梁、陈，五个王朝。

【译文】异端学说谈论的治国理念，是与儒家的王道学说相悖逆的，黄帝、老子之学和申不害、韩非之学都是这样。黄、老学说的弊端，是攻击礼乐，批评使用刑法来治理国家，主张解除治国的枢纽与防范机制，与天下相随顺，结果使天下的民众放逸不拘，从而不能进入仁义的天地悠游。然而以黄、老之学为师治理国家的，只有汉文帝、汉景帝，天下也因其治理达到了小康的程度。弊害最为严重的，是晋朝人反对曹魏时期严苛的刑罚，到了将礼义廉耻荡除干净的地步，从而召来了永嘉年间的灾祸。可是王导、谢安没有严惩这种弊害，仍然采取宽松的治国方针，最终奠定了江南在二百多年间先后出现五个朝廷的局面，虽然北方有苻坚、拓拔宏这样强大的政权，也没能摧毁南方的朝廷。这大概是因为南朝还保留了儒家以仁义驯服残暴、去除刑杀的风气。

若申、韩，则其贼仁义也烈矣。师之者，嬴政也，曹操也，武曌也，杨坚也，其亡也忽焉。画一天下而齐之以威，民不畏死，以死威之，而民之不畏也益滋。则惟惨毒生心，乐人之痛彻心脾，而自矜其能也。以君子慎修畏咎之道责小人，小人固不能喻；以小人愚惰顽恶之禁禁君子，君子亦所不防。以闺房醉饱之愆，督人于名义，而终陷于污；以博弈嬉游之失，束人于昏夜，而重困其情。于是薄惩之而不知戒也，则怒激于心，忿然曰："此骄悍之民，恃其罪之不至于死，而必不我从；则必使之惨彻肌肤，求死不得，而后吾法可行焉。"其为说亦近似乎治人之术也。而宋之为君子者，以其律己之严，责愚贱之不若，隐中其邪。顾且曰："先王之敕法明刑，以正风俗、起教化者，必是而后不与黄、老之解散纲维者等。"于是有狡悍不输情实之奸民，屡惩不知悛改之罢民，触其愤懑，而以酷吏虐民之刑具施之；痛苦亦其所宜也，瘐死亦其自取也，乃更涣然释其悁疾之心[1]，曰："吾有以矫恶俗而正之矣。"

【注释】①悁（yuān）：愤怒。

【译文】至于申不害、韩非的学说，贼害仁义的程度也相当严重。以他们学说为师的人，有秦始皇嬴政、曹操、武则天、隋文帝杨坚，他们的灭亡都是在转眼之间。他们用刑威治天下使其整齐划一，逼得百姓不再怕死，却还用死来威胁他们，那么百姓对死就更不害怕了。只有内心里生发出残忍狠毒，以看到别人痛彻心扉为乐事的人，才会以此夸耀自己的本事。用君子戒慎自修、害怕过失的君子之道责问于小人，小人本来就不能理解；用小人愚蠢懒惰、顽劣恶毒的严厉禁令来管制君子，君子也是难以招架的。用人们在家中内室酒足饭饱后犯的小过失，来督察人的名声与道义，终会使人的名义陷于污泥之中；用打赌嬉乐游戏中的小过失，约束人们在夜晚的行动，终会严重困扰人的天然性情。因此，对于这些小过失只加以轻微惩罚的话，人们也就不知道去彻底戒除它，治国者的心里就会倍感愤怒，愤恨地说："这种骄悍的民众，仗着自己犯的罪不至于被处死，所以一定不服从我；必须让他们遭受惨酷的肌肤之痛，使之求死不能，然后我的法律才可以推行。"他们的说法也近似于治人的方法。而宋代做君子的人，以他们律己的严厉程度，责备愚贱的民众不像自己那样严于自律，这也暗合于上述治人之术的偏邪。而且还说："先王敕定法律明确刑罚，用以纠正风俗、施行教化，必须这样做，然后才不会和黄、老学说破坏纲纪的做法一样。"于是，那些狡猾凶悍隐瞒真实情况的奸恶之民，屡次受到惩罚却不知改正的疲困之民，正好触犯了这些君子的愤懑之心，就让酷吏虐害民众的刑具加之于民众；认为他们受到痛苦也是他们该受的，病死在监狱中也是咎由自取的，于是君子们的愤恨之心就涣然消解了，说：“我有矫正恶俗、使之回到正道的方法了。”

夫惟为君子者，不以刑为不得已之事而利用之，则虐风乘之以扇，而酷吏益以此市威福而导天下以乐祸之情。懦民见豪民之罹此，则快矣；愚民见黠民之罹此，则快矣；贫民见富民之罹此，则快矣；无藉之民，见自矜之民罹此，则抑快矣。民愚而相胥以快也，乃反栩栩然自慰曰：“吾之所为，大快人心也。”呜呼！人与人为伦，而幸彼之裂肌肉、折筋骨以为快，导天下以趋于残忍，快之快之，而快人者行将自及，抑且有所当悲闵而快焉者，浸淫及于父子兄弟不知。为政者，期于纾一时愚贱之忿疾而使之快，其率天下以贼仁也，不已甚乎！毒具已陈，乱法不禁，则且使贪墨者用之以责苞苴，怀毒者用之以报睚眦；则且使饮食之人用之以责厨传，淫酗之夫用之以逞酒狂。避道不遑，而尸陈于市廛；鸡犬不收，而血流于妇稚。为君子者，虽欲挽之而莫能，孰知其自己先之哉？

【译文】只要做君子的人不把刑罚作为迫不得已的情况下才使用的手段，虐民的风气就会乘机受到煽动，那些酷吏更会使用酷刑来求得威福，从而将天下人导向彼此幸灾乐祸的情形。懦弱的民众看到豪强之民遭到酷刑，心里觉得很痛快；愚蠢的民众看到狡黠的民众遭受酷刑，心里觉得很快乐；贫穷的百姓看到富裕的百姓受到酷刑，心里也觉得舒畅；没有依靠的百姓看到自夸有依靠的百姓受到了酷刑，心里也感到痛快。民众愚蠢而相互乐见别人遭到酷刑，使用酷刑的人就会反过来洋洋得意地安慰自己："我的做法是大快人心的。"呜呼！人与人之间要依照一定的关系相处，以别人的肌体被撕裂、筋骨被折断作为自己的快乐，这是将天下人引向越来越残忍，人们不断地以别人的痛苦为快乐，感到快乐的人却不知自己也将在某天遭受酷刑，而且对本应感到悲哀怜悯的事也觉得快乐，这样不断演进，等这样的事落在自己的父子兄弟头上，自己还浑然不觉。治理国家的人，期望纾解自己一时间因百姓愚蠢卑贱而感到的愤怒，以使心情痛快，这样做就是引导天下来贼害仁义，不是已经太过分了吗！狠毒的刑具已经陈列出来，混乱的法律不能禁止，就使得贪官污吏用酷刑向人民索求贿赂，内心狠毒的人用酷刑报自己的睚眦之仇；还将使享用饮食的人用酷刑责求厨师和传菜的人，荒淫酗酒的人用酷刑来发泄醉酒后的狂妄。走在道路上躲避不及，就可能导致陈尸于街市；鸡犬没有关好的小事，就可能引发妇人儿童流血。做君子的人，即使想挽救这种情况也做不到，谁知这正是自己最先引导出来的呢？

帝王之不得已而用刑也，恶之大者，罪极于死，不使之求死而不得也。其次，流之也有地，释之也有时。其次，杖之笞之也有数，荆竹之长短大小也有度。所以养君子之怒，使有所止而不过，意甚深也。无所止，而怒虽以理，抑且以覆蔽其恻隐之心，而伤天地之和。审是，则黄、老之不尚刑者，愈于申、韩远矣。夫君子之恶恶已甚，而启淫刑之具，岂自以为申、韩哉？而一怒之不止，或且为申、韩之所不为。故甚为宋之君子惜，而尤为宋以后之愚民悲也。虏刘已亟[①]，更投命于异类，有王者起，其尚念之哉!

【注释】①虔刘:指劫掠、杀戮。出自《左传·成公十三年》。

【译文】帝王不得已才使用刑罚治国,罪恶大的人,罪大恶极到被处以死刑的地步,不让他死也是做不到的。其次,流放罪犯是有地方的,释放罪犯也是有时间的。再次,用棍子打、用鞭子抽也是有一定数量的,所用荆条竹棒的长短大小也是有一定限度的。所以君子发泄自己的愤怒情绪,要使之有所限度而不超过,其用意是很深的。没有限度,那么愤怒得即使有理,也将会遮蔽住君子的恻隐之心,进而伤害天地间的和气。明白这一点,就知道黄帝、老子学说不提倡用刑,远远超过申不害和韩非的学说。如果君子过度地厌恶罪恶,进而使用过度用刑的刑具,难道是要以申不害、韩非之流自居吗?而且一旦愤怒没有止限,或许还会做出申不害、韩非都不做的事。所以非常为宋朝的君子感到惋惜,而尤其为宋朝以后的愚民感到悲伤。他们受到的残害已达到极点,之后又不得不将自己的命运交给异族,后世有能够称王于天下的人兴起,也还会顾念百姓的悲苦吧!

七

世降道衰,有士气之说焉。谁为倡之?相率以趋而不知戒。于天下无裨也,于风俗无善也,反激以启祸于士,或死或辱,而辱且甚于死。故以士气鸣者,士之荑稗也,嘉谷以荒矣。夫士,有志、有行、有守,修此三者,而士道立焉。以志帅气,则气正;以气动志,则志骄;以行舒气,则气达;以气鼓行,则行躁;以守植气，则气刚；以气为守，则守窒。养气者，不守其约，而亟以加物，是助长也。激天下之祸，导风俗之浇，而还以自罹于死辱；斯其为气也，习气而已矣。

【译文】世道不断衰微下行，于是出现了“士气”的说法。谁提倡的这个说法？人们相继追随这个说法却不知戒慎。这个说法对天下是没有裨益的，对风俗也是没有改善的，反而激发了降到士人身上的灾祸，致使有的士人死去，有的受辱，而受辱的比死去的还悲惨。所以提倡士气之说的人，就是士人中的野草稗子，美好的谷子就是因他们而荒芜。所谓士，是指有志向，能践行志向，而且有操守的人，有这三种修养，士人的道就树立起来了。用志向统率自己的气，那么气就会贞正；用气扰动自己的志向，那么志向就会骄狂；用行为抒发自己的气，那么气就会畅达；用气鼓动自己的行为，那么行为就会躁进；用操守培植自己的气，那么气就会刚强；用气作为自己操守，那么操守就容易困穷。所以养自己的气，如果不遵守养气的方法，而急于将气使用在外事外物上，就是揠苗助长。激起天下的灾祸，使风俗变得浇薄，而且还让自己也遭受死亡和羞辱，这样的气，只是习气罢了。

且夫气者，人各有之，具于当体之中，以听心之所使，而不相为贷。不相为贷者，己之气，不以人之动之而增；人之气，亦非己气之溢出以相鼓动而可伸者也。所谓士气者，合众人之气以为气。呜呼！岂有合众气以为气而得其理者哉？今使合老少、羸壮、饥饱、劳佚之数十百人，以哄然与人相搏，其不为敌所挠败者鲜矣。故气者，用独者也。使士也以天下为志，以道义为行，以轻生死、忘贫贱为守；于以忧君父之危，伤彝伦之斁，恤生民之苦，愤忠贤之黜，而上犯其君、下触权奸之大臣以求直；则一与一相当，捐顶踵以争得失，虽起草茅干九阍，越其畔矣，而气固盈也。乃忧其独之不足以胜，贷于众以袭义而矜其群，是先馁也。于己不足，而资哄然之气以兴，夫岂有九死不回之义哉？以为名高，以为势盛，惟名与势，初无定在，而强有力者得乘权以居胜地。于是死与辱及其身，而益彼之恶，以为天下害，斯岂足为士气之浩然者乎？

【译文】而所谓的气，人各有自己的气，这气内充于人的身体之中，听从心的指使，而不能让气和心互为主使。心和气不互为主使，那么自己的气就不会因为别人的挑动而增加；别人的气，也不会因为自己的气溢出而受到鼓动，从而有所伸展。人们所谓的士气，就是将众人的气合起来作为一股气。呜呼！哪里有将众人的气合起来作为一股气的道理呢？现在假使集合老少、弱壮、饥饱、劳佚不同的数十上百人，让他们乱哄哄地与别人搏斗，他们不被敌人打败的可能性很小。所以所谓的气，是要用单独一个人的。假如士人以治平天下为自己的志向，以践行道义为自己的行为，以看轻生死、淡忘贫贱为自己的操守；由此担忧君主的危险，悲伤人伦的破坏，体恤人民的痛苦，愤慨忠贤遭到废黜，从而对上冒犯他的君主、对下抵牾执掌大权的奸邪大臣以追求正直；那么单独一个人面对另一个人，捐舍出身家性命来争论是非，即使这位士人出身于居住茅草屋的贫寒人家，越过阶级界限触犯了朝廷，但他的气本身是盈满的。如果担忧自己一个人不足以取胜，借助众人以从外界获取更多道义上的支持，并且以人多为矜夸，这是已经先气馁了。对于自己气的不足，想借助众人哄哄然的气势而起，这样做，哪里还有九死而不悔的道义？认为这样做就会赢得更高的名声，更盛的气势，可是名和势两样东西，在争论的初始阶段并不是确定的存在，而是在争论过程中，强有力的一方利用权势才占据了取胜之地。于是死亡和羞辱降临到身上，只是增加了对方的罪恶，使之残害天下，这难道足以称为士气是浩然充沛吗？

宋之多有此也，不审者以为士气之昌也，不知其气之已枵也[①]。当李伯纪之见废，而学宫之士哄然一起矣；逮史嵩之之复起，哄然再起矣；徐元杰、刘汉弼以毒死，而蔡德润等哄然三起矣；丁大全之逐董槐[②]，而陈宜中等哄然四起矣[③]。凡其所言，皆忧国疾谗、饬彝伦、正风化者也。理以御气，而气固可伸；乃以理御气，而气配理，亦从乎人之独心而已。己正而邪者屈，己直而枉者伏。乃凡此群竞而起者，揣其志，果皆忧国如家，足以胜诸奸之诬上行私者乎？稽其行，果皆孝于而亲，信于而友，足以胜诸奸之污辱风化者乎？度其守，果皆可贫可贱，可穷可死，而一介必严，足以胜诸奸之贪叨无厌者乎？倡之者，或庶几焉。而闻风而起，见影而驰，如骛如奔，逐行随队者之不可保，十且八九也。诸奸且目笑而视之，如飞鸟之集林；庸主亦厌听之，如群蛙之喧夜。则弋获国士之名，自诩清流之党，浸令任之，固不足以拯阽危之祸，国家亦何赖有此士哉？政之不纲也，君之不德也，奸之不戢而祸至之无日也，无能拯救。而徒大声以号之，怨诅下逮于编氓，秽迹彰闻于强敌，群情摇动，而堕其亲上死长之情。则国势之衰，风俗之薄，实自此贻之矣。辑辑翻翻，游谈之习胜，物极必反，烖必逮身[4]。迨至蒙古入杭，群驱北徙，瘃足堕指[5]，啼饥僦食于原野；曾无一人焉，捐此蟪蛄之生，就孔子之堂，择干净土以为死所。则向之浮气坌兴、山摇川决者，今安往邪？

【注释】①枵（xiāo）：空虚。

②丁大全（1191—1263）：字子万，镇江（今江苏镇江）人，南宋官员。为史嵩之所器重，把持朝政期间，专权结党，排斥异己，内结阎贵妃，外与马天骥专恣用事。移徙海岛逃往途中，被押解将官挤入水中而死。董槐（？—1262）：南宋濠州定远（今属安徽）人，字庭植，号榘堂，嘉定进士。北宋时期的一位著名文学家、政治家和军事家。蒙古攻四川，他率重兵扼守夔门，对朝政边备多有建明。宝祐三年（1255年），进右相兼枢密使，整顿法纪，旋为丁大全所逐。

③陈宜中（1218—1283）：字与权，温州永嘉（今属浙江温州市龙湾区前街村）人。南宋末年宰相。接任贾似道任相期间南宋有过英勇抵抗。南宋灭亡后，与张世杰、文天祥、陆秀夫、赵与择一道在福州建立宋末行朝。后撤往崖山，宋军在崖山海战覆灭。

④烖（āi）：字从火，烖同灾，灾害。

⑤瘃（zhú）：冻伤。

【译文】宋朝有很多这种情况，对这种情况不加审查的人将其当作为士气昌盛的表现，却不知这些士人的气已经很虚了。当初李纲被废黜的时候，学宫里的太学生哄然起来反对；等到史嵩之重新被起用，他们又一次哄然而起；等到徐元杰、刘汉弼中毒身亡，蔡德润等人第三次带头哄然而起；丁大全驱逐董槐，陈宜中等人则是第四次带头哄然而起。这些人一再哄然而起所提请的，都是些担忧国家、痛恨谗言、要求整饬人伦、端正风化的言论。理统御气，气自然就可以得到伸展；于是用理统御气，使气与理相配，这也与人慎独的心情相一致。自己的理正，邪恶的人理就屈，自己正直，邪曲的人就倒伏。可是这些成群而起争论的人，揣摩他们的志向，他们果真都是像关切自家一样心忧国家，足以胜过诸位奸邪之人的欺君瞒上、大行私心吗？考察他们的言行，果真都是对亲人孝顺、对朋友诚信，足以胜过诸位奸邪之人对社会风化的辱没吗？考量他们的操守，果真都是可以安于贫寒低贱、可以穷困、不畏惧死亡，而且在每件小事上都严于律己，足以胜过诸位奸邪之人的贪得无厌吗？提倡这些主张的带头人，或许差不多能做到这些，但大多数闻风而起、见到个影子就疾驰狂奔过来，追逐众人加入倡言队伍中的人就不能保证也能做到这些了，而这种人占了总人数的十之八九。于是诸位奸人笑着看他们，就像看飞鸟成群集中在树林一样；昏庸的君主也讨厌听他们的言论，因为听起来就像成群的青蛙在夜里大声鸣叫那样烦人。这些人因此获得国士的名声，自诩为清流人士，假如真的任用他们，本来就不足拯救危亡的灾祸，国家又能指望这些人什么呢？国政不合乎纲纪，君主没有德行，奸人不加收敛而灾祸不久就要降临，面对这种情势却不能拯救，只会大声呼号，使自己的怨恨诅咒向下传播到民众那里，使国家的污行秽迹让强大的敌人也都摸得一清二楚，使人民群众的心情惶惑不安，从而丧失亲近君主和为君主效命的心情。那么国势的衰微，风俗的浇薄，实在是从这个时候就开始了。人们成群聚在一起而动荡不定，游谈之风胜过沉静的风气，等到物极必反，灾祸就必定降临到自己身上了。直到蒙古军队进入杭州，驱赶人们成群结队地向北方迁徙，人们在迁徙途中冻伤手脚，在荒野中饥饿啼哭寻找食物；而在此之前，就不曾有一个人愿意为国家捐弃这如同蟪蛄一样短暂、卑微的生命，去往孔夫子的殿堂，选择一块干净的土壤作为自己的葬身之所。那么从前那些浮荡之气喷涌兴起、如同山摇河决一样的人，这时候又到哪里去了？

先王之造士也，宾之于饮，序之于射，节之以礼，和之以乐。其尊之也，乞之而后言；其观之也，旅而后语。分之于党塾、州序，以静其志；升之于司马，而即试以功。其以立国体也，即以敦士行也。驯其气而使安也，即以专其气而使昌也。使之求诸己而无待于物也，即以公诸天下而介协于众也。故虽有乱世暴君、奸人逆党，而不能加以非道之刑戮。战国之士气张，而来嬴政之坑；东汉之士气竞，而致奄人之害；南宋之士气嚣，而召蒙古之辱。诚以先王之育士者待士，士亦诚以先王之育士者自育，岂至此哉？诗云："鸢飞戾天，鱼跃于渊。"各安于其所，而作人之化成①。鱼乱于下，鸟乱于上，则网罟兴焉。气机之发，无中止之势，何轻言气哉！

【注释】①作人：指作人要从根本上抓起，出自《诗·大雅·棫朴》："周王寿考，遐不作人。"孔颖达疏："作人者，变旧造新之辞。"后因称任用和造就人才为"作人"。

【译文】先王培养士人，使其在饮酒中学习主宾应酬，在射箭中学习先后秩序，用礼仪节制自己的言行，用音乐促进人们之间的和谐。为表达尊重之心，要在人们有所提请之后才发出言论；作为观看者的时候，要在别人做完陈述之后再说话。使他们分别进入各级学校中，培养出静定的心志；然后再提拔他们担任司马等官职，用事功来测试他们的能为。先王用这些措施建立国家的体统，也是用这些措施敦促士人的行为。驯服他们的气从而使他们安心，就是使他们的气专一从而旺盛。使他们凡事能够反求诸己而不要依赖外物，就是能够心胸坦荡地面对天下并且能够与民众协同。所以即使有乱世暴君、奸邪之人、叛逆之党，也不能对他们施加不合于道义的刑罚与屠戮。战国时候士气张扬，从而招来了秦王嬴政的坑杀；东汉时士气与宦官争竞，从而招致了宦官的迫害；南宋时士气喧嚣，从而召来了蒙古的羞辱。如果真的用先王教育士人的方法对待士人，士人也真的用先王培养士人的方法提升自我修养，怎会落到这个地步呢？《诗经》里说："鸢鸟飞到天上，鱼儿跳跃在深渊。"万物都能在自己的天地里找到位置，那么培养人才的教化就成功了。鱼在水里乱游，鸟在天上乱飞，捕鱼捉鸟的网就势必要出现了。气的枢机一旦发动，势必就不会中止，为什么要轻率地说气呢！

八

恃险，亡道也；弃险，尤必亡之道也。恃险而亡，非险使之亡也。任非其人，行非其政，民怨而非其民，兵窳而非其兵[①]，积金粟而糜之，非其金粟，险无与守，均于无险，恃险之亡，亦弃险亡之也。易曰："王公设险以守其国。"是故守国者，不可以不知险。知险者，明乎险与非险之数，非一山之岿崿[②]，一水之波涛，足以为险也。有可据之险，而居高积厚，以下应乎广衍之神皋，如手足处末而卫其头目，夫是之谓真险。善攻者期于争此，善守者亦守此而已矣。

【注释】①窳（yǔ）：（事物）恶劣；败坏。

②岞崿（zuò è）：山势高峻貌。

【译文】倚仗险要的地势，是灭亡之道；放弃险要的地势，就更是注定的灭亡之道。仗恃险要的地势而灭亡，并不是险要的地势使它灭亡的。任用了错误的人选，采取了错误的政策，民众因此怨恨，就不再是这个国家的人民了，兵力因此衰弱，就不再是这个国家的兵力了，积聚的金钱粮食都糜烂了，就不再是金钱和粮食，险要的地势没有人来防守，就和没有险要地势一个样。倚仗险要地势而灭亡，也是放弃了险要地势从而灭亡的。《周易》里说："王公设下险要的地势，以此守卫自己的国家。"所以守卫国家的人，不可以不知道险要的地势。知道险要的地势，明白险要和不险要的情况，并不是一座山的险峭、一条河的波涛，就足以成为险要地势的。有可以倚恃的险要地势，占据高处，有充足的粮草积累，向下能够与广阔的神圣土地相呼应，就像手脚在肢体末端保卫它的头部一样，这才能称为真正的险要。善于攻打的人都希望争到这种险要，而善于防守的人也只是守住这种险要而已。

江东自孙氏以来，东晋、南宋因之以立国者皆百余年。长淮、大江为其障蔽，"天堑"之号，繇此而兴。而以实求之，险固不在是也。曹魏临濡须而退[①]，石勒至寿春而返[②]，苻坚渡淝水而奔，拓拔饮江水而止，周世宗破滁阳而罢，完颜亮窥采石而溃，则既已全有长淮而分江之险。乃至兀术直捣建康，立马金山，东陷四明，南驰豫章，终以寝不安席，遽求北走。盖一苇之可杭，无重关之足扼，江东之险，不在此悠悠之带水明矣。

【注释】①濡须：水名，今称运漕河。源出安徽省巢湖，东流至今芜湖市裕溪口入长江。古代当江淮间交通要道，魏晋南北朝时为兵争要地。

②石勒（274—333）：本名訇勒，字世龙，上党郡武乡县（今山西省武乡县）人，羯族。光初二年（319年），自称大赵天王，建立后赵，定都襄国，平定关中地区，灭亡前赵，南掠晋土，北侵代国，推动后赵成为北方地区最强的国家。石勒喜欢儒家文化，减租缓刑，开办学校，核定户籍，重新制定度量衡，促进北方经济发展。

【译文】江东自从孙吴割据以来，东晋、南宋凭借这一地区建立国家都长达一百多年。淮河和长江作为江东的屏障，“天堑”的称呼就由此而来。但根据实际情况来看，险要本来并不在这里。曹魏的军队打到临濡而后退军，石勒的军队打到寿春后返回，苻坚的军队渡过淝水就四散逃奔，拓跋氏的军队在江边饮马而后停止，周世宗的军队攻破滁阳后罢兵，完颜亮的军队窥伺采石而后溃败，在这些例子中，他们都已经完全占有了长江和淮河，从而减轻了长江的险要。到金兀术的军队直捣建康、立马金山，向东进军攻陷四明，向南驰马直到豫章，最终还是不能睡在席子上安寝，很快就向北撤走。这大概是因为虽然只要一只船就可以渡江，但渡江后没有重要的关隘足以扼守，所以江东的险要，并不在于这一条悠悠的长江，这是很明显的了。

险不在此，则其立国而不可拔者，固有在也。昭烈有汉中，而曹仁乃却[①]；刘弘镇襄[②]、汉，而琅邪乃兴；桓温缚李势[③]，而氐、羌不敢内犯；张浚督荆、襄，二吴争秦、巩，而女直息其南窥。其亡也：秦灭巴蜀，而捍关破，鄢郢举，走楚于吴，而楚以熸[④]；魏灭蜀汉，迫西陵，王浚因以兴师东指[⑤]，而孙氏以亡；宇文氏灭萧纪，下萧岿，而隋人南渡之师长驱无忌；宋俘孟昶，下高季兴[⑥]，而南唐之灭易于摧枯。以是验之，江东之险在楚，楚之险在江与汉之上流。恃大江者非所恃，弃上流者弃其所依。得失之枢，未有爽焉者也。

【注释】①曹仁（168—223）：字子孝，沛国谯县（今安徽省亳州市）人，汉末三国时期曹魏名将，魏武帝曹操从弟。跟从曹操征战四方，立下汗马功劳。曹丕嗣位后，拜大将军、大司马，执掌军事大权。

②刘弘（？—前180）：即西汉后少帝，汉惠帝刘盈之子，西汉第四位皇帝，当了四年多有名无实的皇帝，最后在汉文帝刘恒即位后被处死。

③李势（？—361）：字子仁，今四川省成都市人，汉昭文帝李寿之子，成汉末代皇帝。在位时，骄狂吝啬，贪财好色，杀人夺妻，不理国事，残害大臣，滥用刑法。嘉宁二年（347年），东晋大司马桓温率军伐汉，李势兵败投降，成汉灭亡。

④熸（jiān）：灭亡。

⑤王浚（252—314）：字彭祖，今山西省太原人。西晋时期将领，曹魏司空王昶侄孙，骠骑将军王沈之子。长期驻防北方疆土，镇抚北方边族。永嘉之乱爆发，面对天下无主，萌生不臣之心，又与段部鲜卑交恶，势力逐渐衰弱。

⑥高季兴（858—929）：原名高季昌，字贻孙，今河南三门峡人，南平开国国君。先后向后梁、后唐称臣。修建中国最早的汉江大堤雏形。

【译文】险要不在于长江，那么这些人建立国家而不被攻克，本来就是另有原因的。汉昭烈帝刘备据有了汉中，于是曹仁就退兵了；刘弘镇守着襄阳、汉中，琅邪王司马睿就兴起了；桓温俘获了李势，氐、羌族人才不敢向内侵犯；张浚督军荆州、襄阳，吴玠吴璘兄弟争夺秦、巩地区，于是女真就不再窥伺南方了。江东地区朝廷灭亡的情况有：秦灭巴蜀，攻破了捍关和鄢郢，楚人只能逃到吴地，楚国就灭亡了；魏灭蜀汉，军队逼近西陵，王浚因此向东发兵，孙吴因此而灭亡；北周宇文氏灭萧纪，攻下萧岿，于是隋人的南渡之师就能长驱直入而没有忌讳了；宋朝俘虏了孟昶，攻下了高季兴所守之险，南唐的灭亡就像摧枯拉朽一样容易了。用这些史实加以验证，可知江东的险要在于楚地，楚地的险要在长江和汉水的上游。仅仅倚仗长江为险要的人，他们所倚仗的就不是真正的险要，放弃上游的人才是放弃了他们所要倚仗的险要。以此作为得失的枢机，是不会有差错的。

盖吴、越，委也；江、汉之上流，源也。以攻者言，从源而输于委，顺也；不得其源而求诸委，逆也。应援之相踵，刍粮之相济[1]，甲仗车牛之相辅，顺以及之，而军无中匮之忧。顺而下攻，易也；逆而上退，难也。知进之易于攻，而退之难于却，则人有致死之心。此横江而渡者之无成功，而凭高以下者之得胜算也。以守者言，击其头而手足应，制其手足而头不能援。江与汉之上流，刍粮之所给也，材勇之所生也。故吴、越虽已糜烂，而巴、蜀、湘、粤，可阻险以争衡；上游已就沉沦，则吴、会、越、闽，先魂夺而坐毙。苏峻据石头，而陶侃、温峤率江、湘之义旅[2]，掩取之如笼鸟；侯景陷台城，而王僧辩[3]、陈霸先以脆弱之粤人，网举之如游鲦[④]。险在千里之外，而机应于桴鼓之捷，古今辙迹，无有不同焉者。

【注释】①刍粮：粮草。多指供军队用的饲料和粮食。

②陶侃（259—334）：字士衡（一作士行），原籍鄱阳郡，后迁居庐江郡寻阳县。中国晋朝时期重要的军事将领，为东晋政权的建立及巩固立有大功。又精勤于吏职，两镇荆州，为后世所称道。温峤（288—329）：字泰真，并州太原郡祁县（今山西省祁县）人。东晋名将，司徒温羡的侄子。西晋灭亡后，拥戴晋元帝即位，拜散骑常侍。晋明帝即位，拜侍中、中书令，从平王敦之乱。

③王僧辩（？—555）：字君才，太原郡祁县（今山西省祁县）人。南朝梁名将，右卫将军王神念次子。智勇兼备，所经战阵，屡获胜利，官至骠骑大将军、尚书令。承圣四年，在北齐的威逼利诱下，迎立北齐扶植的贞阳侯萧渊明为皇帝，遭到陈霸先反对。后陈霸先起兵攻入建康，王僧辩被擒杀。

④鲦（tiáo）：鱼名，淡水鱼。鱼纲鲤科，体长，侧扁，银白色，侧线紧靠腹部，性活泼，善跳跃，常在水面结群往来，迅速游动。

【译文】大概吴、越地区，是长江的下游；长江、汉水的上游，是长江的源头。从进攻的角度而言，从长江的源头到达长江下游，是顺流而下；没得到长江源头地区却想得到下游，则是逆流而上。顺流而下，响应和支援就能够相继到来，粮草也能够接济得上，兵甲装备和车马也能够作为辅助，顺着水势向下游进军，军队就没有中途休止的担忧。顺看水势向下游进攻，是容易的；逆着水势向上游退却，则是困难的。知道顺看水势向下游进攻是容易的，逆着水势向上游退却是困难的，那么向下游进攻的军队就会有拼死一战的决心。这就是横渡长江的人没有成功的，从上游向下进军的人却能操胜算的原因。从防守的角度而言，攻击一个人的头，他的手脚就会起来应救，钳制住他的手脚，他的头却不能有效支援。长江与汉水的上游，是供给粮草的地方，也是出产物资与人力的地方。所以即便吴、越地区已经糜烂不堪，但巴、蜀、湘、粤地区，还可以凭借险要地势，还可以凭借天险阻止进攻，从而争取能够与对方抗衡的局势；如果上游已经沦陷，那么吴、会、越、闽一带的人们，就会像先被夺去魂魄的人一样，只能坐以待毙。苏峻占据石头城，而陶侃、温峤率领长江中游和湘地的义军，攻取石头城就像捉取笼中的鸟一样；侯景攻下台城，而王僧辩、陈霸先用不堪一击的粤人攻击他，就像用网渔猎长江中游动的鲦鱼一样，将其一网打尽。江东之险远在千里之外，而战机随着战鼓的声音很快就传到，古往今来的前车之辙，在这件事情上没有不同的。

然则宋当理宗之世，岂其必亡哉？弃险以自亡，而贾似道之罪，不可胜诛。非但其纳款忽必烈而背之以召寇也。以贿赂望阃帅[①]，以柔媚掌兵权，以伉直为仇仇，以爱憎为刑赏；于是余玠死而川蜀之危不支[②]，刘整叛而川蜀之亡以必[③]，吕文焕之援绝而阳逻之渡不可复遏[④]。迨及临安已破，江南瓦解，扬州之守犹岿然而存。江、淮之堑，不足以固江东，势所不趋，非存亡之纽明矣。故知险者，知天下之大险也，非一山一水在眉睫之闲，见为可恃，以使人骄玩者也。以南为守，而失汉中、巴、蜀，以孤江、湘；以北为守，而失朔方、云中，以危河朔。北倚南之资粮，而徐、泗无衔尾之运；南恃北之捍蔽，而相、魏无屯练之兵；虽英主不能以抚中夏，况中材而际运会之屯者乎？故险者，非可恃也，尤非可弃也；此千秋之永鉴也。

【注释】①阃(kǔn)帅：指地方上的军事统帅。

②余玠(1199—1253)：字义夫，号樵隐。今浙江开化村头镇人，侨居现湖北蕲春。南宋名将。淳祐元年(1241年)，以兵部侍郎衔出任四川安抚制置使、四川总领兼夔州路转运使。励精图治，构筑了后世闻名的山城防御体系。余玠受任于南宋危难之际，竭力经营巴蜀，为支撑南宋王朝半壁河山做出了杰出贡献。

③刘整(1212—1275)：字武仲，今河南邓州市人，宋末元初著名将领，元朝水军的创始人之一。本为宋朝名将，由于受到吕文德的陷害，被迫降元，提出“欲灭南宋，先取襄阳”的关键战略，官至骠骑卫上将军、行中书左丞，卒赠龙虎卫上将军、中书右丞，谥号“武敏”。

④吕文焕(？—1298)：中国南宋后期将领。号常山，小名吕六，安丰军霍丘县(今安徽霍邱)人。吕文焕在宋蒙襄樊之战后期任宋朝守将，与蒙元相持达6年之久。1273年，襄阳兵尽粮绝，吕文焕投降元朝，并为元朝策划攻打鄂州(今湖北武汉)，自请为先锋。随后为伯颜向导，引元军东下，攻破及招降沿江诸州。1276年，元军占领南宋都城临安(今浙江杭州)，吕文焕与伯颜一起入城。他官至江淮行省右丞，1286年告老还乡，大德年间卒于家。

【译文】然而宋朝在宋理宗时候，难道就注定要灭亡了吗？放弃险要使自己灭亡，贾似道的罪过之多，不能一件一件地计算清楚而加以诛杀，不单是他向忽必烈求和之后又背信弃义，因此而召来了敌寇。他还用贿赂指望军队的将帅，用柔媚的手段执掌兵权，视刚直之人为仇敌，根据自己的爱憎实行刑赏，于是余玠身死，川蜀的局势就不能支撑了，刘整反叛，川蜀的灭亡就成为必然了，吕文涣断绝支援，元军在阳逻的渡江就不能再遏止了。等到临安被攻破，江南支离破碎，扬州的守卫却还能岿然不动。可见长江、淮河的天堑，不足以固守江东，蒙古军势必不会向那里进军，因为那里并不是存亡的枢纽，这是很明显的。所以懂得险要形势的人，是知道天下的最大险要不在于眼前的一山一水，看到眼前的险要就以为足以倚仗，会使人骄傲轻慢和玩忽职守。防守长江以南的地区，而失去汉中、巴、蜀，就会使湖北、湖南地区孤立无援；防守长江以北的地区，而失去朔方、云中，就会使河北陷入危险。北方倚赖南方的物质和粮食，而徐州、泗水一带没有首尾相连的输运渠道；南方仗恃北方作为保护的屏障，而相州、魏州没有驻扎训练的军队。如果是这种情况，即便有英明的君主也不能安定华夏，何况中等才能的人又恰好遇到了艰难的时运呢？所以险要不是可以倚仗的，更不是可以放弃的，这是千秋万世都要永远明鉴的经验与教训。

卷十五 度宗

扫码听谦德
君为您导读

【题解】景定五年（1264），宋理宗病死，理宗之侄、养子赵禥（1240—1274）继位，成为南宋的第六位皇帝，即宋度宗。宋度宗孱弱无能、比理宗更加昏庸荒淫，朝政完全把控在贾似道手中。贾似道深知度宗无能、离不开自己，于是专横跋扈、目无天子，大肆祸乱朝政，稍不如意便以辞官要挟度宗。咸淳四年（1268），蒙古包围襄阳，次年又围攻樊城，贾似道却隐匿不报，致使襄樊被围攻三年，直到咸淳九年（1273）樊城失陷，襄阳守将吕文焕粮尽援绝而投降。咸淳十年（1274），度宗因酒色过度而死。

王夫之也指出，理宗晚年，南宋的灭亡已是必然，但如此局势之下，度宗竟然还能苟享受一时的富贵安乐，怀抱私心，对拥立自己的人感恩戴德，将大好江山交给专擅弄权的奸人，简直恬不知耻。度宗本没有成为皇帝的资格，只是被贾似道等小人扶立以谋求控制的。而臣子专擅皇位继承人的废立，是从宁宗将废立太子之权交给史弥远开始的。史弥远因为扶立理宗得到丰厚的利益，由此开了个坏头。后来的贾似道比史弥远更奸邪，致使南宋江山一步步葬送。

王夫之由此指出，皇位继承人应该君臣参谋，最后由皇帝决断。皇帝不能将扶立自己作为私下的恩德，皇帝继位是靠祖宗庇佑与道义，不能将其作为可以交换的利益。

宋迨理宗之末造，其亡必矣。然使嗣立之主，愤耻自强，固结众志，即如刘继元之乘城坚守[①]，屡攻而不下，犹有待也。抑不能然，跳身而出，收溃散之卒，勉以忠义，如苻登之誓死以搏姚苌[②]，身虽死，国虽亡，犹足为中原存生人之气。而偷一日之安富，怀拥立之私恩，委国以授之权奸，至于降席稽颡[③]，恬不知怍，而后赵氏之宗祊瓦解灰飞，莫之能挽。呜呼！迹其为君，盖周赧、晋惠之流，得死牖闲，犹为幸矣。

【注释】①刘继元（？—992）：本姓何，北汉末代皇帝，被辽朝册封为英武帝，北汉世祖刘旻之外孙，北汉睿宗刘钧之外甥、养子，刘继恩同母异父弟。刘继元继位后为人残忍嗜杀，嫡母及刘旻之子皆被其所杀；亦动辄将忤逆他的臣属灭族。天会十三年（969年）宋太祖赵匡胤亲征北汉，宋军久攻不下。广运六年，宋军再度北伐，刘继元投降。

②苻登（343—394）：字文高，略阳郡临渭县（今甘肃省秦安县）人。前秦第五位皇帝，宣昭帝苻坚从孙。苻登恭谨忠厚，颇有豪气，器度不群。太初元年（386年），正式即位，大赦境内，征伐后秦，收复冀城、陇城、平凉、雍城等地。太初九年（394年），遭到后秦皇帝姚兴攻击，兵败被杀。姚苌（330—393）：羌族，字景茂，南安郡赤亭县（今甘肃省陇西

县）人。十六国时期后秦开国皇帝。淝水之战后，随同苻睿征讨慕容泓，战败逃亡。得到古羌和西州豪族的推戴，建立后秦政权。联合西燕对抗前秦。白雀三年（386年），入据长安，正式称帝，定都长安，改元建初。提倡节俭，大兴儒学，广建学校，礼遇儒生，击败西燕皇帝慕容永、东晋名将杨佺期。

③稽颡（qǐ sǎng）：古代的一种礼节，屈膝下跪，双手朝前，以额触地，表示极度的虔诚，后世称为“五体投地”。出自《仪礼·士丧礼》。

【译文】宋王朝到了理宗末年，灭亡已经是必然的了。但是假使继位的君主宋度宗能够发奋知耻而自强，巩固团结众人的意志，就像刘继元利用城池坚守，使敌人屡次进攻都不能攻克一样，那就还是有指望的。即使也不能做到这样，那么脱身逃出，然后收集溃散的士兵，用忠义勉励他们，就像苻坚誓死与姚苌拼杀，身虽死，国虽亡，还足以为中原保存鲜活的生气。而宋度宗却苟且享受短暂的安乐与富贵，对拥立自己的人抱以自私的感恩之情，因此将国家交给专擅大权的奸人，甚至于走下皇位向权臣叩头，简直恬不知耻，而后赵宋的宗庙很快就灰飞烟灭，没人能够挽救得了。呜呼！考察他作为君主的行迹，大致就是周赧王、晋惠帝之流，能死在自己居住的房间里，还是幸运的。

晋惠之立也，议者犹咎武帝之托非其人。以分则适，以年则长，嗣国之常经在焉，苟非通识，莫能易也。而度宗异是。理宗无子，谋立之于吴潜[①]，潜曰：“臣无弥远之才，忠王无陛下之福。”夫岂言之无择而卤戆若斯哉[②]？度宗之不任为君而足以亡宋者，臣民具知之矣。出自庶支，名位未正，非有不可废者存也。选于太祖之裔孙，岂无愈者，而必此是与；则理宗晚多内宠，宦寺内荧，奸臣外拥，度宗以柔选无骨，貌似仁孝，宵小以此惑上，幸其得立，而居门生天子之功也[3]。故吴潜以为不可者，正似道之所深可。一立乎位，而屈膝无惭，江万里莫能掖止[4]，果以遂小人之愿欲，其所以得立者可知已。河山虚掷，庙社邱墟，岂似道之所置诸怀抱者乎？则甚矣理宗之愚以召亡也。

【注释】①吴潜（1195—1262）：字毅夫，号履斋，原籍宣州宁国（今属安徽），出生于浙江德清新市镇。南宋中晚期名臣，出任地方、朝廷要员时均颇有建树。其亦工词，词风近于辛弃疾，多抒发济时忧国的抱负与报国无门的悲愤，格调沉郁，感慨特深。

②卤戆（gàng）：鲁莽。

③门生天子：因为中唐以后，登临帝位人选多由宦官决定，所以宦官觉得自己功劳大荣耀大，可视皇帝为自己的门生。

④江万里：末年民族英雄、政治家、教育家，江西著名的地方先贤之一。从政四十五年，为官九十一任，秉性耿直，遇事敢言，为政清廉，关心民疾。一生为官清廉，政绩斐然，直言敢谏，忧国爱民。在国破家亡之际，江万里与其子江镐，毅然率家人投止水池殉国，堪称千古道德风范楷模。

【译文】晋惠帝的继位，论史的人还责怪是晋武帝所托非人。按照名分他是嫡子，因此是合适的；按照年龄他是长子，继承王位的通常规则也是这样，如果不是有渊博卓越的见识，是不能轻易改变这个规则的。而宋度宗与晋惠帝的情况不同。宋理宗没有儿子，他与吴潜商议册立继位者，吴潜说：“臣没有史弥远的才能，忠王也没有陛下的福气。”他怎能说出这样不加选择的话语并且鲁莽憨直到这种程度？宋度宗不能胜任皇帝之位，并且足以使宋朝灭亡，宋朝的大臣百姓都很清楚地知道这一点。宋度宗出自宗室庶子的支系，名与位并不相称，并没有不可以废黜的理由。另外在太祖的后裔子孙中挑选继承人，难道就没有比他强的人，就一定要选他当继承人吗？而理宗晚年在宫内有不少恩宠的人，宦官在宫内蛊惑理宗，奸臣在宫外前拥后戴，度宗其人柔弱得好像没有骨头，从形貌上看像是仁孝之人，小人们就以此来迷惑理宗，希望度宗能被立为太子，好让自己居有天子门生的功劳。所以吴潜认为不能册立的人选，恰恰是贾似道所深为认可的。度宗一旦登上帝位，就不知惭愧地向宦官和权臣屈膝，江万里也不能扶正并制止他的这种行为，果真让一众小人们实现了愿望，度宗之所以能被册立的原因就可想而知了。把大好河山白白丢掉，让宗庙社稷变成废墟，这难道就是贾似道内心的愿望吗？比这更严重的，是理宗的愚蠢招来了宋朝的灭亡。

夫选贤以建元良，谋之大臣，以致慎也。而决之于独断者，大臣不敢尸焉。故与闻定策以相翼戴，虽优以恩礼，而必不可怀之以为私恩。非是，则权柄下移，而祸必中于家国。故昭子不赏竖牛[①]，而叔孙太去安。汉文之于周勃，汉宣之于霍光，虽曰寡恩，亦宰制纲维之大义，不可徇矣。天子者，极乎尊而无上者也。有提之携之以致之上者，则德可市，功可居，而更临其上。故小人乐以其身任废立之大权，而贪立菲才，以唯己之志欲。乱之所繇生，莫可救药，必然之券也。

【注释】①昭子不赏竖牛：叔孙豹逃亡到齐国时与庚宗妇人所生的儿子名为牛。叔孙豹回国继位后，就让牛回来主持家政，官为“竖”，故称“竖牛”。竖牛野心大，为达目的害死同父异母的兄弟孟丙和仲壬，再将叔孙豹害死后，又让叔孙豹的小儿子叔孙诺袭爵，即叔孙昭子，自己为相，以便于自己操纵政务。然而昭子认为竖牛是使家族出现祸乱的罪魁祸首，便召集家臣意图攻杀竖牛，竖牛害怕，便逃亡到齐国，终被孟丙和仲壬的儿子们杀死，头颅被抛荆棘丛里。

【译文】选拔贤明之人册立为优秀的皇位继承人，和大臣商议这件事，是为了求得谨慎。最后由皇帝一个人做出决断，大臣不敢在这个事情上做主。所以大臣参与确定太子人选的策划，对新册立的太子表示拥戴，被册立的太子登上皇位之后，虽然可以用感恩礼遇来优待他们，但必定不能在心中将其视为私人恩德。不这样的话，就会使权力从皇帝手里旁落到大臣手里，由此必然引起家国之祸。所以昭子不奖赏竖牛，从而使叔孙氏得以安宁。汉文帝对于周勃，汉宣帝对于霍光，虽然因为赐予的恩宠少而被说寡恩，但也是在很清醒地把控着治理国家的纲维大义，不屈从于私人恩情。天子，是极为尊贵而没有比他更高的存在了。如果有人可以提携人登上天子的宝座，那么这种恩德就可以要求回报，这种功劳就可以揽过来自居，从而使自己的位置更高于天子。所以小人喜欢掌握废黜和扶立天子的大权，他们贪图扶立没有才能的人，然后就可以谋求扶立的皇帝只按照自己的意愿办事。祸乱由此而生，没有人能够挽救，这是必然的了。

且夫拔起而登天位，遗大投艰于眇躬[①]，亦甚难矣。况在强寇压境之日，其难尤倍。锦衣玉食处堂之嬉，亦奚足为惠而怀之？即令膺祚以及子孙，抑亦宗庙之灵，先君之义，天下臣民之所推戴，岂赞我以立者之可鬻贩以为厚德哉？自宁宗委废立于弥远，而理宗感之以为恩；弥远以享厚利，奸人垂涎而思效之，无足怪者。吴潜曰“臣无弥远之才”。非无其才也，无其市天位以擅大权之奸谋也。夫弥远避祸之情，深于邀福。虽怀私以废济王，犹知密访理宗之器识以冀得人。故理宗虽闇，早岁之设施，犹有可观者。其隙既开，其流愈下，似道乃利建此行尸坐肉之童昏，匍伏以听己；于是而一丝九鼎之残疆，唯其所弃掷，而莫敢谁何。要其祸之所自生，则宁宗始之，理宗成之，非旦夕之故也。夫以韩魏公之公忠，而两朝定策，引退不遑，岂可望之史、贾之流者乎？孝宗嗣而娄寅亮、张焘之赏不行[②]。小人怀惠，而天下随倾，亦烈矣！故王圭之言曰：“陛下有富贵传子孙，皆先帝之恩。”君子甚恶其言。以有天下享崇高之奉，而感之以为恩，此乡里小生得一举而感举主者，尊之为师，戴之如父，寒乞之情也。然而不亡者，未之有也。

【注释】①遗大投艰：谓赋予重大艰难之任。引自《书·大诰》：“予造天役，遗大投艰于朕身。”眇躬：旧时帝后自称之词。

②娄寅亮：字陟明，永嘉人。政和二年进士，为上虞丞。建炎四年，上疏劝告高宗用人选人之道。帝读之感悟，受到富直柔推荐，升为监察御史。因刚直性情，受到秦桧厌恶排挤。张焘（1092—1166）：字子公，饶之德兴人，秘阁修撰张根之子，宋代词人。先后历任太学博士、秘书省正字、通判湖州、兵部侍郎、权吏部尚书等。因上书力诋和议忤秦桧，被调知成都府。秦桧死后历任吏部尚书、同知枢密院、参知政事。

【译文】况且提拔一个人登上天子的高位，把重大责任和艰难的事业压在他渺小的身躯之上，也是很艰难的。何况是在强敌逼临国境的时候，这种艰难就更加倍了。皇家的锦衣玉食，在堂屋里游戏作乐，这些又怎么足以被认为是好处从而念念不忘呢？即使可以让自己的子孙后代继承国祚，也是靠宗庙的神灵、先代君父的道义，以及天下臣民的拥戴，哪里是支持我继位的人能用来换取禄利、据为深恩厚德的呢？自从宁宗把废立太子的大权交给史弥远，使理宗觉得史弥远对自己有恩从而心怀感激；史弥远得以享受到优厚的利益，其他奸人对此垂涎不已，因而想效法史弥远，这是不足为怪的。吴潜说“臣没有史弥远的才能”，并不是没有史弥远的治国才能，而是没有史弥远那样通过扶立天子换取利益，从而得以专擅大权的奸谋。史弥远躲避灾祸的心，比邀求福禄的心更深。虽然他怀着私心废黜了济王，但他还知道秘密探访理宗的根器、见识，希望找到适合的皇帝人选。所以理宗虽然暗弱，但他早年的作为，还是有可观之处的。但由大臣确定太子的做法既然已经开了头，后来的发展就越来越恶劣，贾似道就扶立了这个行尸走肉一般年幼又昏庸的人当皇帝，以此谋求私利，让他匍匐着听从自己，于是天下残存的最后一丝疆域，也被他抛弃掉，而没有人敢责问于他。总而言之，灾祸的产生是由宁宗开始，到理宗完成的，不是一朝一夕间形成的。以当年韩琦的公正忠诚，参与了两代皇位继承人的册立还急忙引退，怎能以他的行事指望史弥远、贾似道这样的人呢？孝宗继位之后，没有对娄寅亮、张焘加以奖赏，而这些小人想得到好处，天下就因之走向倾覆，这后果也是太严重了！所以王硅曾经说过：“陛下有富贵传给子孙，这都是先帝的恩德。”君子非常厌恶他这种说法。因为有天下而享受到崇高的尊奉，就对把天下给予自己的人感恩戴德，这就像乡里小生得到别人的一次举荐，就对举荐他的人感恩不已，尊称其为老师，像对待父亲一样拥戴他，这是如同寒门乞怜的情感。这样做还不灭亡，是自古以来所没有的。

恭宗 端宗 祥兴帝

【题解】恭宗、端宗和祥兴帝是南宋最末的三位皇帝，他们即位时年龄都很小，在位时间也都很短。其中恭宗赵㬎（1271-1323）是度宗次子，1274至1276年在位，即位时只有四岁，即位第二年元军就包围了南宋都城临安，他被谢太后抱着出城投降，后被元朝封为瀛国公，遣送吐蕃学习藏文、佛经，出家为僧。至治三年（1323），因其所赋诗词中表达思念故国之情，被元英宗赐死。

端宗赵昰（1269-1278）为宋度宗长子，1276至1278年在位，即位时年仅七岁。恭宗被元军虏往北方后，赵昰在母亲杨淑妃、弟弟赵昺（即祥兴帝，1272-1279）等皇室人员和殿前禁军护卫下出逃，于福州改元称帝，但因屡受颠簸、惊病交加，称帝次年即去世。

祥兴帝赵昺为宋度宗的第三个儿子，1278年至1279年在位，即位时年仅六岁，祥兴二年（1279），在宋军与元军的崖山海战中，陆秀夫背着年仅八岁的祥兴帝跳海而死，南宋王朝至此彻底灭亡。

元军包围临安时，文天祥听命于谢太后，忍辱负重向蒙古投降，以求苟安。王夫之认为，文天祥明知已经走到穷途末路，仍然听命谢太后向蒙古投降，这样做并不能保全国家，只是徒增南宋王朝和他个人的悲剧，他这么做真是忠诚太过了。

最后，王夫之论述了“觌文匿武”的治国之道，即彰显文教、匿用武力，所谓“匿用武力”，不是将武力销毁，而是“藏之固、用之密”，天子有道，善用四方边境的武将为其守疆卫土。南宋王朝正是因为猜忌和压制武将，使得国家武装力量越来越衰弱，从而沦落到被异族蹂躏的地步。这种深刻的见解，也非常引人深思。

文信国之言曰：“父母病，知不可起，无不下药之理。”悲哉！身履其时，为其事，同其无成，而后知其言之切也。今夫父母之病，当其未笃，则无妄之药，不敢轻试；无所补而或有所伤，宁勿药也。故春秋传曰：“于许世子止[①]，见孝子之至。”言孝子之情，不敢不慎也。迨及革矣，望其愈而终不可愈，冀其生而不可得生。于斯时也，苟有以疗之者，不以药之珍而患贫也，不以炮制之难而惮劳也，不以迂而罔济而忽之也，不以缓而弗及而辍之也，不以前之屡试无功而中沮也，不以后之追悔太过而怀疑也。其求之也，瞿瞿乎其若贪也[②]；其营之也，惘惘乎其若愚也[③]。夫岂不知有命自天之不可强哉？欲已之，而心不我许，抑竭力殚心以为其所能为而已矣。然而或为之谋者，䴙鸡刲豖[④]，以媚山巢妖狐之神而乞命，则孝子弗为。其弗为也，非有所吝也，不敢以辱吾亲，不忍以辱吾亲也。

【注释】①许世子止：许国国君许悼公的世子。前523年五月初四戊辰，许悼公饮太子止的药后，夏季许悼公暴虐。被指“弑其君”，太子逃到晋国。君子曰：“尽心力以事君，舍药物可也。”

②瞿瞿乎：眼目转动求索貌。

③惘惘乎：遑遽而无所适从的样子。

④䠙（pì）：古同“副”，剖，破开。刲（kuī）：刺；杀。

【译文】文天祥曾说过：“父母生病，即便知道治不好了，也没有不用药的道理。”悲哀啊！他身处于自己所说那样无药可救的时代，按照自己所说的那样做了自己该做的事，也确实像自己所预知的那样没做出什么成就，而后才知道他这句话中包含的切肤之痛。现在父母生病的话，在疾病还没有很严重的时候，就不敢轻率试用没有把握的药；没有补救或许还会造成伤害的药，就宁可不用。所以《春秋传》说：“在许世子止为父亲进药的事上，可以看到子女尽孝的极致。”是说孝子的心情，是不敢不谨慎。等到父母病危的时候，盼望他能病愈却始终不能病愈，盼望他能活下来却不能活下来。在这个时候，如果有治疗方案的话，就不会因为药很珍贵担心用药会造成家庭的贫困，不会因为炮制药物很困难就害怕其中的辛劳，不会因为药效迂远而不济事就忽略不用，不会因为药效迟缓来不及就停止不用，不会因为之前屡次使用没有效果而中止不再使用，不会因为后来过度追悔没能及时用药从而对药效产生怀疑。孝子寻求救治父母的药物和方法，转动着眼睛到处探寻，就像是很贪婪的样子；孝子营求各种救治父母的药物和方法，迷惘而无所适从地到处营求，就像是很愚蠢的样子。孝子难道不知道生死有命而不可强求吗？他想停下来，但孝心不允许他那样做，还是要竭尽全力殚精竭虑地去做他所能做的事。然而有些为孝子出谋划策的人，建议他杀鸡杀猪以供奉讨好山中的妖狐之神，乞求它们帮忙救命，这种事情孝子是不会做的。他不做这种事，不是舍不得杀鸡杀猪，而是不敢用这种做法辱没自己的亲人，不忍用这种做法辱没自己的亲人。

夫忠臣于君国之危亡，致命以与天争兴废，亦如是焉而已。当德祐时，蒙古兵压临安，亡在旦夕，求所以存宋者终无术矣。诚不忍国亡而无能为救，则婴城死守，君臣毕命以殉社稷，可也。奉君出走，收余烬以借一，不胜，则委骨于原隰，可也。死不我值，求先君之遗裔，联草泽之英雄，有一日之生，尽一日之瘁，则信国他日者亦屡用之矣。乃仓卒之下，听女主乞活之谋，衔称臣纳贡之命，徼封豕长蛇之恩[1]，以为属国于江介。爱君而非所以爱，存国而固不可存，信国之忠，洵忠而过矣。

【注释】①封豕长蛇：封：大。封豕：大猪。长蛇：大蛇。意思是贪婪如大猪，残暴如大蛇。比喻贪婪凶残的蒙古军队。

【译文】忠臣在君主国家危亡的时候，牺牲自己的性命，也要与上天争夺国家的兴灭之机，这正如孝子救治病危的父母一样。在宋恭帝德祐年间，蒙古军队已经逼压到临安城，宋朝的灭亡就在旦夕之间，想要保全宋朝，确实已经没有办法了。可是真的不忍心看着国家灭亡却无力挽救，因此就只能君臣拼上性命死守城池，以身殉国，这是可以的。护着君主出走，收拾残余力量与敌人做最后的决战，如果不能取胜，就将尸骨抛洒在荒郊野外，也是可以的。认为死去不能发挥自己的最大价值，就留着身家性命，去寻找先君的后裔，联结民间的英雄，有一天的生命，就尽一天的忠心，文天祥在后来的日子里也是屡次用这种想法鼓舞自己吧。于是在仓促之际，他听从了皇后乞求活命的计谋，带着向蒙古称臣纳贡的命令，去向凶猛残暴的蒙古请求开恩，让宋朝作为蒙古的属国在江南一带继续存在。爱护君主不是这个爱法，想保存国家却不能靠这样做保存国家，文天祥的忠诚，实在是忠诚过了头。

曾元请及旦以易箦[①]，而曾子斥之曰："细人之爱人也以姑息。"姑息云者，姑贷须臾之安，以求活鲋于沾濡，妇寺之忠孝也[②]。以堂堂十五叶中国之天子，匍伏丐尺土于他族，生不如死，存不如亡，久矣。信国自处以君子，而以细人之道爱其君乎？且夫为降附称臣之说，其愚甚矣。即令蒙古之许之与！萧岿臣于宇文[③]，以保一州，而旋以灭亡；钱俶臣于宋[④]，以免征伐，而终于纳土。朝菌之晦朔，奚有于国祚之短长？况乎徐铉之辨言[⑤]，徒供姗笑；徽、钦之归命，祇取俘囚。已入虎吻，而犹祝其勿吞，词愈哀，志愈辱，其亡愈可伤矣！信国之为此也，摇惑于妇人之柔靡，震动于通国之狂迷，欲以曲遂其成仁取义之心，而择之不精，执之不固，故曰忠而过也。

【注释】①曾元：字子元，春秋战国，武城（今山东费县）人。春秋孔子学生。曾参之子。

②妇寺：宫中的婢女近侍。

③萧岿（542—585）：即梁明帝，字仁远，南兰陵（今江苏省常州市

武进区)人。西梁第二位皇帝，机敏善辩，富有文采。善于抚御部下，深得众心。深得周武帝赏识和隋文帝的礼遇，隋文帝纳其女为晋王杨广正妃。

④钱俶(929—988)：原名钱弘俶，因避宋太祖之父赵弘殷名讳，入宋只称俶，小字虎子，改字文德，杭州临安(今浙江临安)人。吴越末代国君。继位后，励精图治，改税制，民心大悦。开宝八年(975年)，钱俶应赵匡胤约，出兵与北宋会师南唐都城金陵。十二月，入朝表贺。钱俶嗣位三十余年，期间为保一方平安，倾国所有以事贡献后汉、后周和北宋。

⑤徐铉(916—991)：字鼎臣，扬州广陵(今江苏扬州市)人。五代至北宋时期大臣、学者、书法家。南唐灭亡，跟随后主李煜归顺北宋，历任太子率更令、散骑常侍，世称“徐骑省”。此外工于书法，喜好李斯小篆，与弟徐锴合称“江东二徐”。

【译文】曾元请求到早上再更换寝席，曾子训斥他说：“鄙陋浅薄之人爱人也是用姑息的做法。”所谓的姑息，是指姑且求得暂时的安宁，只求能让鲋鱼在小水坑浸湿身子而得以存活，这就是妇人和奴仆的忠孝。以堂堂传承了十五代的整个中国的天子，匍匐下来向异族哀求请求保留尺寸之地以存身，这样生不如死，存不如亡的情况，已经持续很久了。文天祥以君子之道要求自己，却用鄙陋浅薄之人的办法爱护自己的君主吗？况且提出向蒙古投降归附称臣的说法，这真是很愚蠢了。是要让蒙古应允这个请求吗！萧岿向北周宇文氏称臣以保住一州的地盘，但很快就被消灭了；钱俶向宋朝称臣以免除被宋朝征伐，但最终还是交上了领土。朝生暮死的菌类不知道什么是日夜更替，又哪有思虑国家命运长短的眼光？何况南唐后主李煜派出能言善辩的徐铉出使宋朝，也只落得被宋人嘲笑；徽宗、钦宗向金人投降称臣，也只得到被俘虏成为阶下囚的结果。已经落入虎口，还请求它不要吞掉自己，言词越是哀切，志气越是屈辱，它的灭亡就越是令人悲伤！文天祥做这样的事，是被宫中妇人的柔弱无力所动摇、迷惑，又被举国上下狂乱迷惑的状态所震动，想通过迂回的办法实现自己取义成仁的心愿，但在具体怎么做上选择得不精，执行得不坚定，所以说他是忠诚过度了。

或曰：句践之请命于吴也，自请为臣，妻请为妾，而卒以沼吴①。信国之志，其在斯乎！而奚为不可？曰：巽以行权者，惟其理也；屈而能伸者，惟其势也。吴之与越，以爵土言，皆诸侯也；以五服言，皆蛮夷也；以先世言，一为泰伯之裔，一为大禹之胄也。春秋之世，友邦相伐，力不敌而请降者多矣。受其降者，不得而臣之，已而复与于会盟，仍友邦也。上有守府之天子②，其以强大相役属，同是冠带之伦，而义可以相服者也。故句践即不沼吴，而终不为吴之臣妾。宋之于蒙古，岂其比哉？宋之亡，亡于屈而已。澶渊一屈矣，东京再屈矣，秦桧请和而三屈矣。至于此，而屈至于无可屈。以哀鸣望瓦全，弗救于亡，而徒为万世羞。时异而势异，势异而理亦异。句践之所为，非宋所得假以掩其耻也。故杨后之命可以不受，而后信国之忠，纯白而无疵。择义以行仁，去其姑息者而得矣。

【注释】①沼吴：灭吴。沼，沼泽，这里为使对方跌入沼泽陷阱。②守府：保存先王的府藏。引申为守住先人的基业。

【译文】有人说：句践向吴国请命，请求自己作吴王的臣子，自己的妻子作吴王的婢妾，而最终灭了吴国。文天祥的志向，大概就是句践这样吧！为什么不可以呢？回答说“卑顺地进行权变，只要合乎道理；先屈而后才能伸，只要顺应形势。吴国和越国，从爵位和国土方面而言，都是诸侯；从距离天子统治地区的五种远近距离划分而言，都是蛮夷；从他们的先祖而言，一个是泰伯的后裔，一个是大禹的子孙。春秋时期，邻国之间相互攻伐，力量不足相抗而向对方请求投降的有很多。接受对方投降的国家，在不得已的情况下让对方向自己称臣，之后又一同参与会盟，仍然还是友邦。在上有依守先王制度的天子，他以自身的强大统率着各个诸侯国，各诸侯国都是有着礼仪教化的封国，从道义上也是可以相互承认的。所以即使句践不去灭吴，最终也不会沦为吴的臣子婢妾。而宋朝之于蒙古，怎能与春秋时的吴越两国相比呢？宋朝的灭亡，亡于向敌人屈服而已。澶渊之盟是第一次屈服，东京沦陷、二帝被俘是第二次屈服，秦桧请求讲和是第三次屈服。到这个地步，想更进一步屈服也没有屈服的余地了。靠着向敌人苦苦哀求，期望得以保全片瓦，这不但不能挽救灭亡，还只能成为万代的羞辱。时代不同形势也就不同了，形势不同道理也就不同了。宋朝不能用春秋时勾践的所作所为，拿来掩盖自己的耻辱。所以杨皇后的命令可以不接受，而后文天祥的忠诚，就得以纯白而没有瑕疵了。选择道义而践行仁义，抛弃姑息做法，才可以得到这种纯白无瑕的忠诚。

二

汉、唐之亡，皆自亡也。宋亡，则举黄帝、尧、舜以来道法相传之天下而亡之也。是岂徒徽、钦以降之多败德，蔡、秦、贾、史之挟奸私，遂至于斯哉？其所繇来者渐矣。

【译文】汉、唐两代的灭亡，都只是王朝自身的灭亡。宋朝的灭亡，则是把黄帝、尧、舜以来按照道法相传的天下都给灭亡了。这难道只是因为宋徽宗、宋钦宗之后的皇帝大多德行败坏，蔡京、秦桧、贾似道、史弥远之流挟着奸邪的私心，才使情势到达这么严重的程度吗？情势之所以到达这种严重的程度，是逐渐发展而来的。

古之言治者，曰“觌文匿武”。匿云者，非其销之之谓也，藏之也固，用之也密，不待觌而自成其用之谓也。故书曰：“迪惟有夏，乃有室大竞。”竞之不大，栋折榱崩，欲支之也难矣！其竞之也，非必若汉武、隋炀穷兵远塞而以自疲也。一室之栋，一二而已，欂、栌、榱、桷，相倚以安[1]，而不任竞之力。故用之专者，物莫能胜；守之壹者，寇莫能侵。率万人以相搏，而其相敌也，一与一相当，而群无所用。自辽海以西，迄于夏、朔；自贺兰以南，垂于洮、岷[2]；其外之逐水草、工骑射、好战乐杀、以睥睨中土者，地犹是地，人犹是族，自古迄今，岂有异哉？

【注释】①欂（bó）：椽子。栌：斗栱；梁上短柱。

②洮（táo）、岷：洮，即洮河，水名，在甘肃；岷，县名，在中国甘肃省南部、定西市西南部，是定西市下辖县。

【译文】古代讨论国家治理的人，说“彰显文教，匿用武力”。所谓藏匿，并不是说把武器都销毁，而是说把武器妥当地收藏起来，慎密地加以使用，不等人们看到它就已完成了它的使命。所以《尚书》说：“正是到了夏代，卿大夫才强大起来。”卿大夫的力量不强大，宗庙的栋梁折断、椽子崩塌，再想支撑就很困难了！国家的强大，不是一定要像汉武帝、隋炀帝那样在边境穷兵黩武，从而使自己的国家疲敝。一个房子的栋梁，就一两根而已，它和椽子、檩子、斗拱等相互撑持，才使整座房屋得以安稳，而不是仅靠栋梁的强力支撑。所以能够将力量运用到专一方向的，外物不能战胜它；能够专一守卫的国家，敌寇就无法从外侵入。率领上万人与之相搏，而它抗衡起来，一个人与一个人相对，成群的人就被各个击破。从辽海以西，直到夏州、朔州；从贺兰山向南，直到洮州、岷州；外部的少数民族逐水草居、擅长骑马射箭、喜好争战、乐见杀伐而窥伺中原土地的人，地还是那些地，人还是那些民族的人，自古到今，哪里会有不同呢？

三代之治，千有余岁，天子不以为忧，其制之之道，无所考矣。自春秋以及战国，中国自相争战，而燕、赵独以二国之力，控制北陲。秦人外应关东，而以余力独捍西圉，东不贷力于齐，南不藉援于韩、魏。江、淮以南，则尤耳不闻朔漠之有骄虏也。及秦灭燕、代，并六合，率天下之力以防胡，而匈奴始大。汉竭力以御之，而终莫之能抑。至于灵、献之世，中国复分，而刘虞、公孙瓒、袁绍[1]，不闻有北塞之忧。曹操起而抚之，鲜卑、匈奴皆内徙焉。蜀、吴不相闻也。晋兼三国，而五胡竞起。垂及于唐，突厥、奚[2]、契丹相仍内扰。及安、史之乱，河北叛臣各据数州之土以抗天子，而蓟、云之烽燧不闻者百年[3]。繇此言之，合天下以求竞而不竞，控数州以匿武，而竟莫加焉。则中国所以卫此觌文之区者，大略可知矣。

【注释】①刘虞（？—193）：字伯安。东汉宗室大臣、政治家，东海郡郯县（今山东省郯城县）人。为政宽仁，安抚百姓，深得人心，主张以怀柔政策对待当地的游牧民族，累授大司马，封襄贲侯。董卓之乱时，拒绝袁绍的拥戴。初平四年（193年），率兵攻打公孙瓒，兵败被俘，惨遭杀害。公孙瓒（？—199）：字伯圭，辽西令支（今河北迁安）人，东汉末年武将、军阀，汉末群雄之一。以强硬的态度对抗北方游牧民族，作战勇猛，威震边疆。公孙瓒好战，与上司刘虞不和，矛盾逐渐激化。初平四年（193年），公孙瓒击杀刘虞，并挟持朝廷使者，成为北方最强大的诸侯之一。后被袁绍击败。袁绍（？—202）：字本初，汝南汝阳（今河南省商水县）人。东汉末年军阀，汉末群雄之一，司空袁逢的儿子。袁绍出身“四世三公”，起家大将军何进，励精图治，统一河北地区，交好北方少数民族，势力达到顶点。建安五年（200年），发动官渡之战，兵败于曹操。

②奚：即库莫奚族，属东胡一支，中国古代东北方少数民族。以游猎、畜牧为主，兼营少量农业。以善于造车见称于历史。

③云：即云州，地名，燕云十六州之一，自古为北方边境军事重镇。秦汉时期为云中郡，唐代为云州（平城），为山西省大同市的前身。

【译文】夏、商、周三代的统治，持续了一千多年，天子不把治理天下作为忧心之事，他们统治天下的方法，已经无处可以考据了。自春秋到战国，中原各国相互争战，而燕、赵只靠两国的力量，就控制了北方的边境地区。秦人对外要应付关东各国，而用剩余的力量独自捍卫西部边境，在东边不借力于齐国，在南边不借助韩国与魏国的外援。即便这样，长江、淮河以南地区的人，耳朵里也并未听闻北方荒漠有强悍的敌寇。等到秦国灭亡了燕国和代国，统一了天下，率领天下的力量来防卫北方的胡人，匈奴才开始变得强大。汉朝竭尽全力抵御匈奴，而最终不能抑制住匈奴。到了汉灵帝、汉献帝的时代，中国再一次走向分裂，有刘虞、公孙瓒、袁绍势力，没听说有北方边塞的忧虑。曹操兴起后安抚北方民族，鲜卑、匈奴都向内地迁徙。蜀汉和东吴没有听说过这类的事情。西晋兼并三国，五胡的少数民族又竞相兴起了。等到唐代，突厥、奚、契丹少数民族相继侵扰内地。到安史之乱的时候，河北反叛的将领各自占据几个州与天子抗衡，而北方边境蓟州、云州也有一百年不再燃起战争的烽火。由此说来，统一天下以求取对外的强大，结果竟是不强大，控制几个州藏匿武备以待使用，结果却是强大得无人能超过。那么中国用以捍卫文治区域的手段，就大体可知了。

东汉之强，不敌西汉，而无北顾之忧者，有黎阳之屯在也。天宝以后，内乱方兴，不敌开元以前，而无山后之警者，有魏博之牙兵在也[①]。外重渔阳、上郡、云中之守[②]，而黎阳承其后；外建卢龙、定难、振武之节，而魏博辅其威。以其地任其人，以其人守其地。金粟自赡也，士马自简也，险隘自固也，甲仗自营也。无巡边之大使以督其簿责，无遥制之廷臣以掣其进止，虽寡而众矣，虽弱而强矣。故曰“天子有道，守在四夷”。言四裔之边臣各自守，而不待天子之守之也。牵帅海内以守非所自守之地，则漫不关情而自怠；奔走远人以战非所习战之方，则其力先竭而必颓。然而庸主具臣之谋，固必出于此者，事已迫，则不容不疲中国以争；难未形，则唯恐将帅之倚兵而侵上也。

【注释】①牙兵：即亲兵或卫兵，从“牙旗”一词引申而来，是唐末和五代时期特有的一种军队名称，是中唐以后节度使的私兵，是节度使专兵的产物。牙通衙，古代大将出镇，例建牙旗，仗节而行，他们的官署称牙，后作衙。

②渔阳：古有三处，分别位于北京市密云区、天津市武清区、天津市蓟州区。这里指北京市密云区。上郡：古代郡名，据传最早为战国时期魏文侯所置，隋朝时鄜城郡改名为“上郡”，唐朝以后成为历史名词。云中：战国时期，赵武灵王在“云中郡”开始兴建“云中城”，作为“云中郡”驻地。城址在今托克托县（归呼和浩特所管辖）古城乡古城村。这是呼和浩特地区最古老的一座古城址。

【译文】东汉的强大，敌不过西汉，而东汉在北方边境没有担忧，这是因为它在黎阳地区有军队驻扎。天宝年间以后，内乱正在形成，敌不上开元以前强大，但后方没有少数民族侵扰的警报，这是因为在魏博镇设有牙兵。东汉在北边重视渔阳、上郡和云中地区的防守，而黎阳的防守在后面加以支援；天宝以后北边设有卢龙、定难、振武节度使，而用魏博镇的牙兵辅助这些节度使的军威。将这些地区交给合适的将领守卫，任用合适的将领守卫这些地区。金钱粮食自行供给，兵士马匹自行挑选，险要的关隘自行固守，武器装备自行营造。没有巡视边防的大臣督察他们的账簿和职责，没有遥加控制的朝廷大臣掣肘他们指挥军队的进退，虽然兵力较少，但可以达到兵力众多的效果，虽然看起来弱，但实际上很强。所以说“天子有道，四方边境的人都为天子守卫疆土”。这是说四方边境的守边大臣各自守卫疆土，而不等着天子来守卫边境。调动率领海内的兵力来守卫不是他们自己要守的地方，他们就会漫不经心而自行怠慢；让远方的人奔走到不是他们熟习作战的地方来作战，他们的战力就会不战自竭而必定颓败。然而昏庸的君主、滥竽充数的大臣，他们所谋划制定的边防策略，固然必定是出于此种情况：局势已经发展到紧迫的地步，才不得不使中国陷于疲敝的状态以与外族斗争；而在灾难尚未形成的时候，却唯恐将帅倚靠他所统率的军队而侵犯君主。

鸣呼！宋之所以裂天维[①]、倾地纪、乱人群、贻无穷之祸者，此而已矣。其得天下也不正，而厚疑攘臂之仍；其制天下也无权，而深怀尾大之忌。前之以赵普之佞，逢其君猜妒之私；继之以毕士安之庸，徇愚氓姑息之逸。于是关南、河北数千里阒其无人[②]。迨及勍敌介马而驰，乃驱南方不教之兵，震惊海内，而与相枝距。未战而耳目先迷于向往，一溃而奔保其乡曲。无可匿也，斯亦无能竞也。而自轩辕迄夏后以力挽天纲者，糜散于百年之内。呜呼！天不可问，谁为为之而令至此极乎？向令宋当削平僭伪之日，宿重兵于河北，择人以任之，君释其猜嫌，众宽其指摘，临三关以扼契丹；即不能席卷燕、云，而契丹已亡，女直不能内蹂。亦何至弃中州为完颜归死之穴[③]，而召蒙古以临淮、泗哉？

【注释】①天维：天的纲维，后来用于比喻国家的纲纪。

②阒（qù）：静寂，没有一点声音。

③中州为完颜归死之穴：金朝于1115年由东北女真族完颜氏建立，共传十帝。1233年六月，金哀宗逃亡蔡州后，被蒙古军和宋兵围攻，1234年正月，金国灭亡。由于中州是蔡州中城，所以王夫之有此言。

【译文】鸣呼！宋王朝之所以天纲断裂、地纲倾覆、人伦大乱、遗留下无穷的祸患，就是这个原因而已。宋王朝得到天下的手段是不正当的，所以会深深猜疑军人将挥动着手臂争夺帝位；宋王朝对天下的统治是没有掌握实权的，所以对将相深深怀有尾大不掉的猜忌。前有赵普这样的奸佞，去迎合君主猜忌的私心；接着又有毕士安这样的庸臣，去顺从愚民和姑息政策的安逸，于是关南、河北地区，数千里范围内竟然没有一兵一卒。等到强敌穿着盔甲骑着战马奔驰而来，才驱赶着南方没有经过训练的士兵，在天下都深感震动的情况下与强敌对抗。还没有与强敌交上手，这些士兵的耳目就已经对将要前往的战场感到迷惑了，一交手更是很快溃败奔逃回家乡，只求能保住自己的乡里。这就是朝廷没有藏匿武力，也就无力与敌人争强。而从黄帝到夏代的帝王，用以挽救天下纲维的手段，在宋代的百年之内就全都糜烂、消散了。呜呼！不能问天，那就问是谁这样做而使天下到了这种地步呢？以前宋朝削平各地割据称王之人的时候，曾在河北驻扎重兵，并选择合适的人选任命为将领，君主放弃对将领的猜疑，众人也放宽对将领的指摘，使其得以率军严守河北的瓦桥关等三关，阻止契丹的入侵，即使不能卷席燕、云地区，也使得契丹灭亡之后，女真不能进军内地蹂躏中原，又何至于放弃中州，使它成为金国首领完颜氏最终死去的地方，并且招来蒙古军队兵临淮河、泗水地区呢？

人本自竞，无待吾之竞之也，不挫之而亦足以竞矣。均此同生并育于声名文物之地，以相为土辅，而视若芒刺之在背。威之弗能也，信之弗固也，宰之弗法也。弃其人，旷其土，以榱支宇[1]，而栋之折也已久。孰令宋之失道若斯其愚邪？天地之气，五百余年而必复。周亡而天下一，宋兴而割据绝。后有起者，鉴于斯以立国，庶有待乎！平其情，公其志，立其义以奠其维。斯则继轩辕、大禹而允为天地之肖子也夫！

【注释】①榱（cuī）：即椽，放在檩上支持屋面和瓦片的木条。秦名为屋椽，周谓之榱，齐鲁谓之桷。

【译文】人本来自己就会争取强大，而不需要等别人来与他争强，不用受到挫败也足以使他自行强大。人们同样生长在有着美好名声和深厚文化底蕴的国度，相互间作为君主和臣辅，看待彼此就像芒刺在背，以激励自己不断自强。想有威严却做不到，想使人相信自己却不能坚定别人的信任，想统治别人却不得其法。放弃了人民，荒废了土地，用小小的椽子支撑整个房屋，而房屋的大梁已经折断很久了。是谁让宋朝失去大道到这样的程度进而愚蠢至此呢？天地间气的循环，经过五百多年就必定有一个往复。周朝灭亡后天下走向统一，宋朝兴起后割据的状态消失。以后再有兴起的王朝，以此为鉴来建立国家，就差不多可以指望了！使情感平静下来，让志向合乎公义，树立道义来奠定国家的纲维，这样就能成为在黄帝、大禹之后，真正称得上皇天后土所孕育的贤明子孙了啊！

谦德国学文库丛书

（已出书目）

弟子规·感应篇·十善业道经
三字经·百家姓·千字文·德育启蒙
千家诗
幼学琼林
龙文鞭影
女四书
了凡四训
孝经·女孝经
增广贤文
格言联璧
大学·中庸
论语
孟子
周易
礼记
左传
尚书
诗经
史记
汉书
后汉书
三国志
道德经
庄子
世说新语
墨子
荀子
韩非子
鬼谷子
山海经
孙子兵法·三十六计
素书·黄帝阴符经
近思录
传习录
洗冤集录
颜氏家训
列子
心经·金刚经
六祖坛经

茶经·续茶经
唐诗三百首
宋词三百首
元曲三百首
小窗幽记
菜根谭
围炉夜话
呻吟语
人间词话
古文观止
黄帝内经
五种遗规
一梦漫言
楚辞
说文解字
资治通鉴
智囊全集
酉阳杂俎
商君书
读书录
战国策
吕氏春秋
淮南子
营造法式
韩诗外传
长短经

虞初新志
迪吉录
浮生六记
文心雕龙
幽梦影
东京梦华录
阅微草堂笔记
说苑
竹窗随笔
国语
日知录
帝京景物略
子不语
水经注
徐霞客游记
聊斋志异
清代三大尺牍：小仓山房尺牍
清代三大尺牍：秋水轩尺牍
清代三大尺牍：雪鸿轩尺牍
孔子家语
贤母录
张岱文集：陶庵梦忆
张岱文集：西湖梦寻
张岱文集：快园道古
群书类编故事
管子

安士全书
感应篇汇编
天工开物
梦溪笔谈
古今谭概
劝戒录全集
曾国藩家书
宋论